Leo Karrer
Katholische Kirche Schweiz

Leo Karrer

Katholische Kirche Schweiz

Der schwierige Weg in die Zukunft

Universitätsverlag ● Paulusverlag
Freiburg Schweiz

CIP-Titelaufnahme der Deutschen Bibliothek

Karrer, Leo:
Katholische Kirche Schweiz: der schwierige Weg in die Zukunft / Leo Karrer. — Freiburg, Schweiz: Univ.-Verl.; Freiburg, Schweiz: Paulusverl., 1991
ISBN 3-7278-0770-9 (Univ.-Verl.)
ISBN 3-7228-0268-7 (Paulusverl.)

ISBN 3-7278-0770-9 (Universitätsverlag)
ISBN 3-7228-0268-7 (Paulusverlag)

Inhalt

Bischof Anton Hänggi
und
Bischof Otto Wüst
gewidmet

Vorwort

Dieses Buch erscheint mitten im Jubiläumsjahr „700 Jahre Eidgenossenschaft“ — ein Zufall, den ich als sehr sinnvoll erachte.
Jubeltage und Gedenkstunden sind bekanntlich nicht ungefährlich, vor allem dann, wenn sie zu Reisen in eine verklärte Vergangenheit verkommen und uns dazu verleiten, die Gegenwart und die Zukunft zu schwänzen. Wenn wir unsere Augen und Ohren jedoch für das offenhalten, was heute und morgen nottut, dann ist ein Jubiläum allerdings nicht minder gefährlich; denn es muß der Brückenschlag zwischen dem Gestern und dem Morgen gewagt werden. Und dieser Brückenschlag zwischen einer reichen Erbschaft aus der Vergangenheit zu den ungestümer werdenden Problemen der Zukunft ist die bedrängende Aufgabe der unmittelbaren schweizerischen Gegenwart. — Es ist genau die Situation, in der nach der Rolle der Kirchen bzw. der Christinnen und Christen in diesem Land zu fragen ist.
Mit der vorliegenden Publikation wird der Versuch einer Rechenschaft vorgelegt, warum und wie die katholische Kirche Schweiz — vor dem Hintergrund der geschichtlich gewachsenen Verhältnisse und der gesellschaftlichen Herausforderungen — ihrer Aufgabe und — theologisch gesprochen — ihrer Sendung gerecht werden kann. Es geht dabei um keine Patentrezepte; ich sehe sie schlichtweg nicht. Vielmehr handelt es sich um so etwas wie „dumme Fragen“, die eine breitere Diskussion und einen vertieften Dialog über den weiteren Weg der katholischen Kirche in unserem Lande verstärken helfen wollen. Denn es ist nötig, daß wir gemeinsam klarer sehen, einander besser verstehen und miteinander verantwortlich handeln können.
Bei der konkreten Durchführung dieses Versuchs sind nun die einzelnen Kapitel so konzipiert worden, daß sie in der Regel je für sich lesbar sind, ohne daß wichtige andere Teile des Buches vorausgesetzt werden müssen. Dies war aber nur zum Preis einiger Wiederholungen möglich, die allerdings sehr knapp gehalten sind.
Der Entwurf zur vorliegenden Schrift ist zur Hauptsache zwischen August 1990 und Februar 1991 entstanden (Freisemester!). — Interessant dabei war die Beobachtung, daß in der allgemeinen politischen Diskussion durchaus auch helvetische „Dogmen“ innert weniger Monate viel offener

geworden bzw. plötzlich in Fluß geraten sind (wie z.B. Beitritt zu einem geeinten Europa oder ein gewandeltes Verständnis unserer bisherigen Neutralität).

Die intensive Befassung mit der katholischen Kirche Schweiz verlangte — wie leicht zu verstehen ist — viel Kraft, war aber auch eine faszinierende Erfahrung. Dazu beigetragen haben vor allem die vielen Gespräche zum Thema, vor allem die ungemein freundliche Bereitschaft all jener Frauen und Männer, die mit Informationen, Unterlagen und Dokumentationen geholfen haben; das allein schon hat das Wagnis einer solchen Publikation für mich menschlich bereichernd werden lassen; und dafür möchte ich meinen Dank aussprechen. — Mein Dank gilt vor allem auch jenen, die mit viel persönlichem Engagement meiner „Zumutung" entsprochen und das ganze Manuskript oder größere Teile daraus kritisch gegengelesen haben; namentlich nennen darf ich (es sind nicht alle): Brigitte Licciano (Melchtal), Marie Theres Perler-Züsli (Marly), Angelika Piek-Hahne (Rossens), Sr. Rosmarie Sieber (Freiburg), P. Willi Anderau (Zürich), Pfr. Winfried Bächler (Freiburg), Dr. Anton Bernet-Strahm (Luzern), Philipp Hautle-Stillhart (St. Gallen), Matthias Mettner (Zürich), Alois Reinhard-Hitz (Solothurn), Beat Schlauri-Kurmann (Zürich), Pierre Stutz (Zürich) und meinen Assistenten Zeno Cavigelli. Ganz besonderen Dank schulde ich Bernadette Schacher, die nicht nur das Manuskript sorgfältig betreut hat, sondern stets auch interessiert und kritisch Gesprächspartnerin gewesen ist. Anton Scherer-Münch und Hans Thomas-Kanka vom Universitätsverlag Freiburg spreche ich meinen Dank für die sehr engagierte Zusammenarbeit aus. — Schließen möchte ich diesen Reigen mit einem ganz herzlichen Dankeswort an meine Frau, Maria Karrer-Leuker, die auf ihre Weise Mitautorin ist und die sich zudem der Mühsal des Korrekturenlesens unterzogen hat.

Auch die Widmung ist als Dank zu verstehen. Sie gilt den Bischöfen von Basel Prof. Dr. Anton Hänggi (1968—1982) und Dr. Otto Wüst, die trotz zunehmend schwerer Zeiten kirchliche Freiräume eröffnet und geschützt haben und an deren Ordinariat ich menschlich wie beruflich bereichernde Jahre erleben durfte. Dort habe ich nach immerhin fast 20 Jahren Aufenthalt in verschiedenen Ländern die katholische Kirche Schweiz wieder neu entdecken und auch schätzen gelernt.

Freiburg/Marly, 2. August 1991

Leo Karrer

I.
Einleitung: Katholische Kirche Schweiz — über den Tag hinaus . . .

Im Jubiläumsjahr „700 Jahre Schweizerische Eidgenossenschaft" scheint eine nach den Aufbrüchen in Osteuropa euphorische Welt in eine von tiefen Krisen erschütterte und in eine von Kriegen zerrissene Depression gefallen zu sein. In der Schweiz selbst sind wir mit Skandalen und mit Fragen um ihren weiteren Weg in die Zukunft befaßt; und die katholische Kirche Schweiz gibt ein Bild ab, das an alles andere als ein „Haus voll Glorie" erinnert. — Die Welt, die Schweiz und auch die Kirche sind gebeutelt — wie schon lange nicht mehr.

1. Das ist Grund genug, nicht einfach zur Tagesordnung überzugehen und sich unbekümmert oder ängstlich in eine Alltagsidylle zurückzuziehen. Vielmehr kommt es darauf an, sich dieser aktuellen Situation zu stellen. Das bedeutet, sich der Frage auszusetzen, wie der Weg aus dieser Situation — über den Tag hinaus — in die Zukunft mit ihren Herausforderungen zu wagen ist.

Von der katholischen Kirche Schweiz gewinnt man über weite Strecken den Eindruck, als ob sie insgesamt einer Anästhesie des Bewußtseins verfallen sei, was ihre kritisch-prophetische Präsenz in der gesellschaftlichen Landschaft der Schweiz bedeuten könnte. Zudem wirkt sie einerseits durch die kirchenintern ausgelösten Konflikte wie gelähmt und nur noch mit sich selbst beschäftigt. Andererseits „läuft" ungemein viel im Detail; es bricht manches auf — und das macht den Charme der katholischen Kirche Schweiz aus. Aber es verläuft sich auch vieles. So muß die Frage zugelassen werden: Sind die katholische Kirche Schweiz und der mit ihr engstens verwobene Katholizismus prophetisch nicht zu bewußtlos, zu müde und fast resigniert? — Ist dieser Eindruck falsch? Huldige ich damit einer kritischen Attitüde oder der scheinbar intellektuell drapierten Spielart einer grüblerischen Wehleidigkeit? Aber: wie werden wir unserer gesellschaftlichen Situation in der Schweiz inne? Und wie verarbeiten wir die uns von der Welt und ihrer Tagesordnung aufgedrängten Fragen und Nöte? Mit kritisch-prophetischer Kraft der katholischen Kirche Schweiz ist einerseits die Wachheit und Rechenschaft über den geschichtlich-gewachsenen und gesellschaftlichen Standort der Kirche Schweiz gemeint, zum anderen die Bereitschaft, sich im Geiste des Evangeliums auf die bedrängenden Fragen der Menschen — auf die „heißen Eisen“ — einzulassen. Mit der hier aufgeworfenen Frage wird keineswegs bestritten, daß sozial und pastoral, kirchlich und verbandlich viel geschieht und einzelne Gruppierungen herausfordernde Probleme wach aufgreifen. Die vorhandene Vielfalt wirkt aber eher wie ein lockeres Puzzle, bei dem man oft nicht einmal merkt, welche Teile fehlen, und kaum als die mühevolle Rechenschaft (Vision) der vielen Teile über gemeinsame Verpflichtungen der katholischen Kirche Schweiz vom gesellschaftlichen und weltkirchlichen Hintergrund her. Um letzteres zu versuchen, geht es in dieser Schrift.

2. Im folgenden ist eine solche Rechenschaft über den Weg der katholischen Kirche Schweiz in die Zukunft mit den heute spürbaren Aufgaben beabsichtigt. Es geht entscheidend um die Frage der Aufgabenwahrnehmung für unsere Kirche und um verantwortbare Wege und Instrumente dieser Aufgabenbewältigung. Es handelt sich somit nicht um pastoraltheologische Einzelthemen, so sehr sie eine angemessene Erörterung verdienten. Wieviele pastorale Themen stellen sich nicht schon auf Pfarreiebene, in der sakramentalen Praxis, im sensiblen Bereich des liturgischen Lebens, angesichts der Kirchendistanzierung und des wachsenden Fundamentalismus, bei der Kinder- und Jugendpastoral, angesichts der vielen ethischen Fragestellungen und des erwachten charismatischen Selbstbewußtseins vieler Frauen und Männer in der Kirche usw.!

3. Die Grundoption zielt auf eine katholische Kirche Schweiz, die sich berufen weiß, Volk des Gottes Jesu zu sein, und die sich aus dieser Solidarität Gottes mit uns Menschen hinaus auf den Weg zu einer Solidaritätspraxis begibt. Die Christen und Christinnen werden dadurch „Volk Gottes“ und damit Subjekt der Kirche, daß sie die ihnen geschenkte Hoffnung in konkreten Hoffnungsschritten leben. Das Grundthema lautet deshalb: Aus der Solidargemeinschaft des Gottes Jesu mit uns zu einer mit den Menschen und ihrer Welt solidarischen Kirche Schweiz werden.

4. Es ist offensichtlich, daß ein solch hoher Anspruch — wie so vieles im Leben — wohl nur in bruchstückhafter Verwirklichung eingelöst werden kann. Als Hauptspannung zeigt sich hier die Polarität von Idealität und Realität. Das ist aber nur auf den ersten Blick eine ausschließlich praktische Frage. Es ist vielmehr von grundlegender Bedeutung, ob nämlich die Wirklichkeit zugunsten einer lehramtlichen oder akademischen Idealität vergessen und unterschlagen wird oder ob man sich einfach der Pragmatik der Situation und der Zweckmäßigkeit und der Macht der sie bestimmenden Faktoren überläßt. Das eine Extrem kommt nie auf den Boden — das andere bleibt am Boden kleben.
Auch im theologisch-kirchlichen Bereich ist immer wieder zu erleben, daß

man von theoretischer Normativität ausgeht und von der reinen Lehre her die Wirklichkeit „sieht“ und interpretiert, aber die Theorie nicht von den Bedingungen der Realitäten her. Man weiß zwar viel, aber ahnt doch nichts. Es wird allzuleicht formuliert, wie es sein sollte, ohne auch genügend zu fragen, ob man kann und vermag, was man sollte und müßte. Für viele Frauen und Männer, vorab für Jugendliche, ist damit Kirche schon vielfach „daneben“. Eine praxisferne „Theorie“ ist für mich allerdings nur noch spekulative Wahrheit, während eine zuverlässige Theorie stets auch geerdet ist in der Welt der Menschen, im Humus (auch Dreck!) der Wirklichkeit. — Das ist auch das Problem in vielen pastoralen Problemfeldern, daß lehramtlich nur die Idealität des Anspruchs vertreten wird und nicht auch die Realität des Lebens (Geschiedene Wiederverheiratete, Konflikte ...). Aber akademisch perfekte Ideale und moralische Höchstpreise können sich praktisch nur jene leisten, die nicht handeln müssen und die die praktischen Kosten nicht selber zu den von ihnen vertretenen Höchstpreisen übernehmen. Das sind die heimlichen Fallen aller „Lehrämter“, nicht nur in der Kirche. Sie erinnern zuweilen an die Art und Weise, wie weiland Gretchen schwärmerisch bzw. illusorisch über Glück und Liebe nachsann ... allerdings, bevor ihm Faust „in der Tat“ begegnet ist. Die Wirklichkeit bleibt bei solchen Vorstellungen weit abgeschlagen hinter der Illusion zurück. Auch Kirchenträume verlieren ihre Unschuld, wenn sie zum Rückzug von der Praxis verkommen und das notwendige und immer beschränkte Handeln vertagen oder anderen überlassen.
Die andere Gefahr ist jener platte Realismus, der sich selber gegenüber — was Herkunft, Gegenwart und Zukunft des Handelns betrifft — bewußtlos oder arglos bleibt. Man glaubt, mit subjektivem Eindruck und mit pastoralen Faustregeln durchzukommen und Herausforderungen zu verstehen. Die Praxis bedarf der zu ihr gewissermaßen auf reflektierende Distanz gehenden Theorie, um analysieren, beurteilen und eventuell korrigieren zu können. Im reinen Pragmatismus erstickt man leicht an der Wucht der Realitäten und an der Macht der un-übersehbaren Fakten oder man erblindet in einem Aktivismus. Dieser hat für herausfordernde Kriterien und weiterführende Perspektiven keine Sichtweite mehr, ähnlich wie ein Flugzeug nur in Distanz zum Boden fliegen, Strecken überwinden und eine Übersicht über ein größeres Gelände gewinnen kann; ansonsten zerschellt es. Handeln ohne Perspektiven läßt sehr schnell ermüden, Praxis ohne Theorie erblinden.
Im übrigen bleibe nicht unerwähnt, daß dieses Wirklichkeits-Verständnis seine tiefe Bedeutung für das Verständnis der Kirche und ihre sakramentale Dimension hat. Die theologische Tiefe der Kirche ist eben keine sakrale Sonderwelt (Idealität), sondern eine sakramentale Dichte, in der die konkrete Wirklichkeit und das Volk Gottes zum Zeichen für das heranbrechende Reich Gottes werden, zum Ort, wo Gott in Solidarität den Men-

schen nahe sein will. — Und letztlich war auch die grauenhafte Karfreitagserfahrung selbst für Jesus kein Weg über eine gedachte Idealität, sondern mitten durch die furchtbare Realität des Kreuzes hindurch.

5. Wenn nun im folgenden der Versuch einer praxisorientierten Kirchentheorie der katholischen Kirche Schweiz — wenigstens in Elementen („Bausteine") — versucht wird, dann ist darauf zu achten, daß Erfahrung im umfassenden Sinn ernst genommen wird. Erfahrung meint sowohl Wirklichkeitszufuhr (Realität) als auch Wirklichkeits-Verarbeitung (Reflexion) im Blick auf den weiteren Weg im gesellschaftlichen Ambiente hierzulande. Wie schon angesprochen, ist das Grundanliegen für eine handlungsorientierte Kirchentheorie die Solidarität von Christinnen und Christen bzw. eine Kirche, die sich nicht auf ihre Institutionalität zurückzieht, sondern die vielmehr kritisch-prophetisch noch mehr in Bewegung gerät und Bewegung auslöst.
Das hat methodisch zur Folge, daß viel von der Kirche Schweiz erzählt und zu vermitteln versucht wird. Das hat ebenfalls zur Folge, daß es auch zu Wiederholungen kommt, weil die einzelnen Kapitel so angelegt sind, daß sie relativ selbständige Abschnitte darstellen und ohne ermüdende Querverweise für sich selbst gelesen werden können; zudem werden manche Wiederholungen unausweichlich, weil die gleichen Fakten von verschiedenen Blickwinkeln her beleuchtet und reflektiert werden. Es ist wichtig, wahrzunehmen und zu würdigen, was auch in der Stille geschieht und durchaus ermutigend ist. Zum narrativen Aspekt kommt auch das Gewicht der praktischen Wege und Instrumente zur Einlösung der gestellten und vorfindlichen Aufgaben.

6. Das Ganze darf nicht geschichtlich, gesellschaftlich und theologisch (ekklesiologisch) bewußtlos erfolgen, sondern setzt die Wahrnehmung der historischen und gesellschaftlichen Situation und die Rechenschaft über Sendung und Aufgaben bzw. Herausforderung der Kirche voraus. Demzufolge ist die inhaltliche Disposition gegliedert. — Die thematische Gliederung ist durchaus im Sinne der erkenntnistheoretischen Schritte der Praktischen Theologie strukturiert (Sehen — Urteilen — Handeln).

- Im ersten Teil geht es um die Wahrnehmung der Situation der katholischen Kirche Schweiz, um sie von ihrem schweizerischen Hintergrund her zu erkennen und aus der Erbschaft ihrer Geschichte zu verstehen. Wie im individualpsychologischen Bereich ist es auch für die Kirche wichtig, sich von der Vergangenheit und ihrer aktuellen Lage her wahrzunehmen. Aber das genügt nicht.
- Im zweiten Teil geht es um die Kriterien für das solidarische Handeln der katholischen Kirche Schweiz. Dem dient die theologische Rechenschaft. Da aber christliche Berufung und kirchliche Solidaritätspraxis

immer die beiden Pole Glaube und praktische Glaubwürdigkeit bzw. Orthodoxie und Orthopraxie, Berufung und Sendung, Gottesdienst und Menschendienst verbindet, ist auch den gesellschaftlichen und individuellen Herausforderungen in der Welt bzw. in der Schweiz nachzugehen. Nur über beide Pole definieren sich Gottes Dienstanweisungen an die Christinnen und Christen in der Schweiz. — Dabei wird nicht von monokausalen Gesellschaftstheorien ausgegangen, die oft eher logisch als analytisch differenziert sind und die leicht ideologisch (idealistisch) werten und die Welt in Schuldige und Unschuldige einteilen. Natürlich bleiben die differenzierten Analysen einschlägiger Fachleute unverzichtbar (auf sie wird in den Anmerkungen verwiesen). Hier wird eher beschreibend-analysierend von der konkreten Benennung der sich aufdrängenden Nöte, Fragen und Problemfelder die Rede sein.

— Im dritten und längsten Teil geht es um Skizzen für das solidarische Verhalten der Christinnen und Christen sowie für das pastorale Handeln, wobei Teilaspekte gleichsam nur exemplarisch für ein größeres Handlungsnetz angesprochen werden können.

In einer Kurzformel: Die katholische Kirche Schweiz darf und kann viel mehr Mut entwickeln, in vielen Gruppierungen und überschaubaren Gemeinschaften eine Bewegung zu werden, in der die Menschen Solidarität erfahren und Solidarität schenken. Aber dieser Bewegungsreichtum bedarf auch seiner Vernetzung und Solidaritäts-Strukturen, um gesamtschweizerisch an den „Hecken und Zäunen" des Lebens kritisch-prophetisch präsent zu sein. — Nur so kann ansatzweise überwunden werden, daß die Sorge um die binnenkirchlichen Instrumente das charismatische Selbstbewußtsein des Volkes Gottes einengt. Es entsteht dabei der Eindruck, daß wir viel zu viel Institution Kirche haben, und zwar eine Kirche, die unter wirklichkeitsfernen, sozusagen klinischen Bedingungen wirken will. Kirche darf doch viel mehr Bewegung riskieren. So fing es (in der Ur-Kirche) ja schon einmal an ... und man erblickte darin das Wehen und Wirken des Geistes Jesu.

7. Zu guter Letzt sei für eine besonders auffällige Einseitigkeit um Entschuldigung gebeten.

Im Verlaufe der Recherchen und des Studiums der katholischen Kirche Schweiz ist noch klarer geworden, daß sich dieses Thema einer harmonisierbaren oder gar stromlinienförmigen Darstellung völlig entzieht. Das hat keineswegs damit zu tun, daß wir Schweizer etwa zu revolutionären Überraschungen stets aufgelegt wären; weiß Gott, revolutionär sind wir nicht, eher schon bockig und aufsässig. Aber im Detail gibt es eine solche Unsumme von Fakten, Traditionen, Meinungen und Lösungswegen, daß es schier unmöglich erscheint, diese bunte Vielfalt systematisch zu bändigen.

Von diesem Hintergrund her wird wohl erst recht ersichtlich, daß es mir persönlich nicht möglich gewesen ist, den einzelnen Sprachregionen gerecht zu werden. Sie sollten unbedingt einbezogen sein. Es wäre jedoch vermessen und gar indiskret gewesen, in der Pose eines Kenners der welschen, italienischsprachigen oder der räto-romanischen Schweiz auftreten zu wollen. Die großartige und meiner Meinung nach viel zu wenig genutzte Chance für uns in der Schweiz wäre gerade auch im kirchlichen Bereich der interkulturelle Brückenschlag zwischen den verschiedenen Sprachregionen. Ich bin mir insbesondere durch die Studien für diese Publikation bewußt geworden, wieviel wir in der deutschsprachigen Schweiz von den Überlegungen und pastoralen Geh-Versuchen, von den kritischen Fragen und alternativen Modellen in den anderen Sprachregionen zu lernen hätten. Natürlich weiß ich auch um die Mentalitätsbarrieren und um den Argwohn (Teutonica non leguntur!), um die leichte Verletzbarkeit des gehüteten Gleichgewichts. Für die kommenden Jahre wird indessen (in Zusammenarbeit mit Prof. Dr. M. Donzé) ein Sammelband in Aussicht genommen, der einem solchen Brückenschlag dienen soll. Wenn ich trotz dieser Einseitigkeit von „Kirche Schweiz" spreche, dann geschieht es unter dem genannten Vorbehalt, aber auch aus einer Sorge für die ganze Kirche Schweiz. Denn auch die katholische Kirche unseres Landes hat zu viele Fragen gesamtschweizerisch zu lösen, als daß sie sich auf sprachregionalen Provinzialismus zurückziehen dürfte. So ist zu hoffen, daß auch trotz der begrenzten Sichtweise die Versuchsskizzen in diesem Buch auch in den anderen Sprachregionen dem Gespräch über den gemeinsamen Weg der katholischen Kirche Schweiz förderlich sein können.
Zudem werden jene enttäuscht sein, die Patentrezepte und Lösungs-Modelle erwarten. Manchmal ist es schon viel, Fragen zu verstehen oder gar sogenannte dumme Fragen zu stellen. Praktische Theologie findet sich ohnehin oft in der Rolle eines „Hofnarren" vor. Ihr kommt es darauf an, sich gehört zu wissen. Auch die folgenden Überlegungen wollen nichts weniger als die Diskussion über die katholische Kirche Schweiz verstärkt anzetteln und in den Dialog mit ihr verwickeln.

Erster Teil

Ortsbesichtigung: Unüberschaubare Vielfalt auf engem Raum

Das schweizerische Erdreich als Herausforderung und als Humus für das kirchliche Leben

Methodische Präambel

Wenn wir nach dem Wohin der Kirche in der Schweiz fragen, dann kommen wir um eine realistische Situationsvergewisserung und Rechenschaft über die Bedingungen dieses Weges nicht herum. Allzuleicht würden wir dem uns bewußt oder weniger bewußt steuernden Woher gegenüber achtlos. Im folgenden soll versucht werden, anhand einiger Charakteristika, die für die gewachsenen Verhaltensweisen der Schweizer und Schweizerinnen durchaus „typisch“ zu nennen sind, die Hintergründe für das kirchliche Handeln zu benennen. Dieser mehr horizontalen Betrachtungsweise schließen sich einige geschichtliche Ergebnisse an, um die Erbschaft der Geschichte kurz anzudeuten, in die Kirche und Katholizismus in der Schweiz feinmaschig verwoben sind.

Mit diesem Ausgangspunkt nehmen wir übrigens auch ein theologisches Prinzip ernst. Im Gefolge der Missions- und Befreiungstheologie ist die Kontextualität betont worden, wonach christliche Glaubensinhalte bewußt in den Kontext und in die Geschichte der jeweiligen Kultur bzw. des jeweiligen Landes oder Kulturraums einzubinden sind. Trotz der universellen Bedeutung des christlichen Glaubens darf sich dieser nicht auf abstrakte Verallgemeinerungen zurückziehen. Christlicher Glaube will konkret gelebt sein. Mit anderen Worten: Gelebtes Christsein ist nur im konkreten Humus des individuellen sowie gesellschaftlichen Lebens möglich. Die Sendung der Kirche muß die Menschen in ihrer Subjekthaftigkeit fördern und sie deshalb in ihren alltäglichen Lebenszusammenhängen zu erreichen versuchen. Die praktische *Vielfalt* der *einen Heilssendung* nehmen sich dabei aus wie die beiden Brennpunkte einer Ellipse. Damit wird auch dem Anliegen der Inkulturation des II. Vatikanischen Konzils entsprochen, demzufolge „jene geistlichen und sittlichen Güter und auch die sozialkulturellen Werte, die sich bei ihnen finden“ anzuerkennen, zu wahren und zu fördern sind (Nostra aetate, 2). — Dieses Vorgehen ist nicht als bedrohlicher Synkretismus zu diffamieren, sondern weist auf eine selbstverständliche Tatsache[1] hin, daß nämlich christliche Gläubigkeit nur als Osmose von Glauben und Leben möglich ist. Es geht um das kulturelle, staatliche und ökonomische Erdreich und um den Erdboden, wo Men-

[1] L. Boff, Kirche: Charisma und Macht (Düsseldorf 1985) 164ff.

schen leben und sich erleben. Wo immer sich die christliche Hoffnung im Leben der Christinnen und Christen auswirken soll, verbinden sich das Leiden und Suchen der Menschen, ihre Wertvorstellungen und familiäre Herkunft, Lebenswelt und gesellschaftliche Verfassung usw. mit ihrem Glauben und prägen die empirische Wirklichkeit der Kirche.
Wie zeigt sich dies nun bei den katholischen Christen und Christinnen in der Schweiz? Es ist praktisch unmöglich, aufgrund von Umfragen sowie von hieb- und stichfesten Analysen verallgemeinernde Aussagen über den typischen „Schweizer" zu treffen. Trotzdem wird man gewisse Eigentümlichkeiten und Mentalitäten benennen können, die in der Diskussion auftauchen, auch wenn sie im einzelnen eher Annäherungswerte signalisieren und weniger fixe Merkmale. Die nachfolgenden Ausführungen wollen nicht systematisieren, sondern sich an die schweizerische Mentalität herantasten. Gibt es also einen kulturellen Habitus, und gibt es Weisen und Attitüden der Lebensart in der Schweiz, die das kirchliche Leben spezifisch prägen können?

II.
Prägen schweizerische Eigentümlichkeiten das kirchliche Leben? (Horizontale Betrachtungsweise)

Unter dem Vorbehalt, daß sich über die kleine Schweiz schwerlich generelle Aussagen treffen lassen, sollen doch einige Hinweise im Sinne von Auffindungs-Stichworten gewagt werden, die einen Verständniszugang zur „typischen" Situation der Kirche Schweiz eröffnen können.

1. Das föderalistische Gefüge

Wenn man im deutschsprachigen Ausland unsere staatskirchlichen Strukturen erklären will, erweckt nicht nur das Phänomen Pfarrerwahl erhebliches Erstaunen. Probleme schaffen schon die Sprache und die Begrifflichkeit, denn für die Seelsorge und Seelsorgerinnen z.B. in der Bundesrepublik bedeutet Kirchgemeinde soviel wie Pfarrei, während Kirchgemeinde in der Schweiz eine staatskirchenrechtliche Einrichtung meint. In allergrößte Verlegenheit gerät, wer in einem Artikel für den englischen „Tablet" einige Grundstrukturen unseres Staatskirchenrechts nahebringen soll. Es gibt keine Brücke über eine klare Terminologie; mühsame Umschreibungen sind geboten. — Diese scheinbar belanglosen Erfahrungen deuten indes klar darauf hin, daß sich die föderalistische Grundstruktur der Schweiz — mit der hohen Autonomie der Kantone und Gemeinden — auch im kirchlichen Bereich widerspiegelt.
Dabei ist nicht zu übersehen, daß insbesondere die kirchliche Einheit „Pfarrei" als Kirche am Ort durch die straff gebietskörperschaftlich ausgerichtete staatskirchliche Organisation erst recht in ihrer Verlagerung an die Basis gefestigt wird. Ihre „Boden-Ständigkeit" ist pastoral und staatskirchlich verankert. — Damit hängt zusammen, daß sich die „unteren" Ebenen im Vergleich zu den „oberen" differenzierter und eigenständiger konsolidieren konnten, zumal der Schweizer „die da oben" (z.B. die öffentliche Hand) gerne sehr knapp hält. Im überschaubaren Rahmen wahrt er kleinräumig eine möglichst große Eigenständigkeit. — Im kirchlich-pastoralen Bereich bringt dies ohne Zweifel manche Vorteile mit sich, so z.B. die unmittelbare Verantwortung für die personellen, administrativen und ökonomischen Belange einer Pfarrei bzw. einer Kirchgemeinde, vor allem, wenn man dies mit einer zentralistischen Kir-

chenstruktur vergleicht, wie sie etwa in den deutschen Diözesen entwikkelt ist.[1]
Diese Vorteile sollen indes nicht darüber hinwegtäuschen, daß die Verlagerung vieler Kompetenzen auf die kirchliche Parzelle Pfarrei bzw. Kirchgemeinde zu einer Art kirchlichem Kongregationalismus führt, der das Eigenleben einzelner (Territorial-)Pfarreien so sehr betont, daß die Probleme über die Pfarreigrenzen hinaus in der größeren Welt, in Gesellschaft und Kirche leicht nur mehr unter dem verengten Blickwinkel des eigenen Kirchturms wahrgenommen und beurteilt werden. Solidarität mit überpfarreilichen Projekten (z.B. ökumenische Beratungsstellen, Gründung von Pfarrei-Verbänden ...), Solidarisierung mit außerpfarreilichen Aufgaben (z.B. mit Bewegungen, Ausländerseelsorge) oder mit regionalen Aufgaben und Arbeitsstellen (in Bereichen der Erwachsenenbildung und Mitarbeiterschulung, Kirche und Industrie, Spezialseelsorge, Medien, pastoralsoziologische Studienstellen etc.) oder gar mit gesamtschweizerischen Initiativen haben es auf dieser Ebene — rein institutionell — sehr schwer. Dies ist in der Regel nur möglich, wenn vorher lange motivierende Bewußtseinsbildung und Information stattgefunden haben. — Die Abstimmung im Kanton Freiburg am 28. September 1986 über das Gesetz Kirchen/Staat und die damals in diesem Zusammenhang geführte Diskussion konnten unter dem Aspekt der Solidarität reicher Pfarreien mit überpfarreilichen Aufgaben erneut ernüchtern und nachdenklich stimmen, auch wenn man weiß, daß das Sprachproblem keine geringe Rolle spielte. Im übrigen — nicht untypisch für die Situation — ist dieser für unser System bezeichnende Vorgang (Ablehnung des Gesetzesvorschlags) über die Kantonsgrenzen hinaus kaum zur Kenntnis genommen worden.
Angesichts dieser Sachlage ist nun aber eine Entwicklung nicht zu übersehen, die sich zwar besonders im staatlichen Bereich abzeichnet, aber auch für die Kirche in ähnlicher Form bezeichnend ist. — Angesichts der immer komplizierter werdenden Herausforderungen und der über die Grenzen hinausgehenden politischen und wirtschaftlichen Vernetzungen der Probleme mit dem Druck auf hochspezialisierte Analysen, Beratung und Sachkompetenz im Detail wären die herkömmlichen Instrumente der territorialen Einheiten wie Gemeinde oder Kanton und zum Teil auch der Eidgenossenschaft überfordert. Oft wären sie sogar untauglich, wenn sie im Alleingang Lösungsversuche anstreben müßten. Dem Problem der Rheinverschmutzung z.B. kann nur noch grenzüberschreitend erfolgreich begegnet werden. Die Wirtschafts- und Umweltprobleme oder Verkehrs- und Medienpolitik sind im schweizerischen Alleingang nicht zu bewältigen.

---

[1] Auf das staatskirchliche Gewand in der Schweiz werden wir eigens umfassender zurückkommen (S. 349—377).

Auch im kirchlichen Bereich kann eine starre Gebietsstruktur das situationsgerechte und im Glauben verankerte Handeln der Kirche nicht mehr alleine garantieren. Auch sie bedarf zunehmend nebst der territorialen Verankerung zusätzlich der sogenannten kategorialen (d.h. der auf spezifische Aufgabenbereiche bezogenen) Strukturen oder Mittel, um beweglicher auf regionaler oder gesamtschweizerischer Ebene problemorientiert auf Sachfragen oder Personengruppen eingehen zu können. — Einzelne Kantonalkirchen haben auf diesen zunehmenden pastoralen Sach-Zwang mit der Bildung von Arbeitsstellen für Katechese, für Jugendarbeit, Sozialarbeit, für Ausländerseelsorge oder Erwachsenenbildung und Medienarbeit etc. reagiert. Aber auch im Kompetenzbereich der Bischofskonferenz sind — sprachregional und gesamtschweizerisch — Stabsstellen und Fachkommissionen errichtet und ökumenische Arbeitsgemeinschaften gegründet worden. Zahlreiche gesellschaftspolitische Stellungnahmen der Bischofskonferenz zu sozialen Problemen wie z.B. zur Friedensfrage, zur Ausländerpolitik, zur Asylpraxis, zum Schwangerschaftsabbruch, zur Mitbestimmung und zum Zivildienst etc. belegen nur, daß für eine kritisch-prophetische Präsenz der Kirche in unserem Lande eine nach unten verlagerte föderalistische Territorialstruktur alleine nicht mehr genügen kann. Dies zeigt sich für mich auch darin, daß eine nach pastoralen Gesichtspunkten geplante Neueinteilung der Bistümer gerade am Veto der (Konkordats-)Kantone zu scheitern scheint. Die jüngsten Diskussionen um ein Bistum Zürich im Zusammhang mit der Ernennung von W. Haas zum Bischof von Chur verdecken wohl nur diesen Gesamteindruck.
Das Grundproblem besteht darin, daß die vielfältig parzellierte Kirche Schweiz, die sehr unterschiedlich entfaltete staatskirchenrechtliche Struktur, die kirchlich-pastoralen Institutionen und die sprachregionalen und gesamtschweizerischen Verbände und Stabsstellen (viele „Säulen“) *nebeneinander* funktionieren und arbeiten. Dabei weiß die Rechte oft nicht, was die Linke tut; an manchen Orten bastelt und arbeitet man an den gleichen Problemen und erfährt dies oft nur durch Zufall. Sie alle bedürfen eines Forums, das sie nicht ihrer jeweilige Eigenständigkeit beschneidet, sondern dieses Nebeneinander in vermehrtem Maße zu einem Miteinander zusammenführt und verbindet. — Ohne ein solches Forum können Bewußtseins-Bildung und Kraft zu solidarischem Handeln abhanden kommen. Das Ganze wirkt wie ein Tempel mit vielen Säulen, aber ohne Dach. Auch darauf werden wir zurückkommen müssen.
In diesem Problemzusammenhang hilft das durch das Konzil ins Leben gerufene Rätewesen nicht automatisch weiter. Die Räte fänden bei einem stärkeren Ausbau ihrer formalen Kompetenzen, der unbedingt nottut, ihre Bedeutung vor allem im Blick auf territoriale Größen wie Pfarrei und Diözese. Es wäre aber kurzsichtig, mit dem Slogan der siebziger Jahre „Nach dem Verbandskatholizismus nun die Bahn frei für den Rätekatholizis-

mus“ die Verbände und Vereine samt und sonders mit großen Gesten verabschieden zu wollen. Manche Verbände sind zwar massiv geschrumpft, zum Teil durch neue Bewegungen konkurrenziert oder einem einschneidenden Gestaltwandel unterzogen worden. Letzteres dürfte insbesondere auf Jugendverbände zutreffen, die in jüngerer Zeit wieder vermehrt das Gewicht an die Basis (in der Pfarrei) zu verlegen suchen. Man sollte sich auch nicht durch den Umstand täuschen lassen, daß einige Verbände zum Teil fast lautlos zerfallen sind (wie z.B. der Jungmannschafts-Verband) bzw. eine Nachfolgeorganisation nötig wurde (Schweiz. Kirchliche Jugendbewegung SKJB, Junge Gemeinde) oder geschichtlich bedingte Zielsetzungen an Aktualität verloren haben (warum darf das nicht legitim sein?). Der Schweiz. Kath. Volksverein (SKVV) umfaßte gegen Ende der siebziger Jahre immerhin noch 22 Verbände, Institutionen und Organisationen, deren Mitglieder vorwiegend Männer waren. Andere wiederum wurden aufgrund gesellschaftlicher Entwicklungen gestärkt, so beispielsweise der Schweiz. Kath. Frauenbund (Frauenstimmrecht: 1971; Gleiche Rechte für Mann und Frau: 1981). „Die Diskussion um die Frauenfragen gab Anlaß zur Neubesinnung und zum Aufbruch zu neuem Leben und Blühen in den Frauenverbänden“ (A. Höchli-Zen Ruffinen). — Gerade die Verbände und Vereine böten zusammen mit den berufsorientierten Organisationen und neuen Stabsstellen und Fachgruppen (von der Pastoralplanungskommission und ihren Arbeitsgruppen über die ökumenischen Gesprächskreise bis hin zu Justitia et Pax . . .) eine funktionale Möglichkeit, die kategorialen Aufgaben mitzutragen und auf den verschiedenen Ebenen zu vernetzen. Sie wären wichtige Brückenbauer zu Fragen und Nöten in der Welt und in unserer schweizerischen Gesellschaft.

2. Konkordanz als Gleichgewicht der Kräfte

Ein weiterer Gesichtspunkt vom schweizerischen Hintergrund (demokratischer Föderalismus, Neutralitätspolitik) her ist der kleinräumige Selbstbezug mit dem Hang zur *Konkordanz*, das heißt zum möglichst störungsfreien Gleichgewicht der Kräfte und Interessen. Die politische, kulturelle, sprachliche, wirtschaftliche und religiöse Vielfalt der Schweiz müsse auf engem Raum ausbalanciert werden; sonst werden die Sicherheit und Zuverlässigkeit des Ganzen labil und unsicher, äußern die Verfechter des Konkordanz-Prinzips.

Es ist in der Tat ein wesentliches Merkmal der territorial kleinen Schweiz, daß auf ihrem Gebiet mehrere Kulturen, Sprachen und Konfessionen zusammenströmen. Es grenzt fast an ein historisches Wunder, daß ein solches Gebilde im Laufe der Jahrhunderte — bei der streitsüchtigen Art der alten Eidgenossen — nicht auseinandergebrochen ist. Im Gegenteil, en miniature ist einem Vereinten Europa das politische Modell von Einheit in Vielfalt vorgeübt worden. Das Geheimnis für das Gelingen einer solch kaum überschaubaren Vielfalt auf engem Raum liegt wohl darin, daß in der föderalistischen Struktur, die sich in der Geschichte der Schweiz-Werdung herauskristallisiert hat, immer wieder der Konsens gesucht und bewerkstelligt werden mußte. Treu und Glauben, Konzessionen, Einwilligung auf Gegenseitigkeit und Konsensfindung drängen sich geradezu auf. In diesem Sinn sprechen wir von einer Konkordanz-Demokratie (nicht nur seit der „Zauberformel" von 1959), die sich allerdings kleinräumig verlieren kann und langsam arbeitet; denn Mehrheitsbeschlüsse müssen jeweils auf viele warten.

Von diesem alltäglichen Hintergrund her reagieren wir auch im kirchlichen Bereich empfindlich gegenüber allen Störungen, die dieses Gleichgewicht erschüttern könnten. Dieses hat sich ja auch in unserem Lande über einen mühsamen Weg des Abbaus von Mißtrauen in einmaliger Weise herausgebildet. Man klammert sich an das, was mit der Zeit Sicherheit geschaffen hat. Das hat zur Folge, daß alles vermieden werden soll, was den „konfessionellen Frieden" stören könnte (z.B. ein Papstbesuch in den Augen mancher Eidgenossen). Man wehrt sich gegen eine Bischofsernennung, die gegen Treu und Glauben verstößt. Und der Bundesgerichtsentscheid 1990 über das Kruzifix in einer Tessiner Schule erregt die Gemüter. Auch am Verhältnis zum Staat und am staatskirchlichen Gewand soll nicht gerüttelt werden.

Um Änderungen zu bewirken, ist ein bemühend langer Marsch bis zur mehrheitsfähigen Konsensbildung nötig. Nüchternheit, Realitätssinn und Toleranz (Minderheitenschutz), die oft schweizerische Eigenschaften genannt werden, sind in diesem Zusammenhang zu sehen; übrigens auch die meiner Ansicht nach eingeübte Fähigkeit, andere zu kontrollieren (z.B. Höhe der Steuern) und niemanden überdurchschnittlich ausscheren zu lassen. Extreme Gruppen, die gegen einen solchen Verhaltenskodex verstoßen, die das Harmoniebedürfnis und den „lieben Frieden" stören, haben es in der Eidgenossenschaft nicht leicht.

Andererseits ist nicht zu übersehen, daß das Konkordanzdenken und der Druck zum Gleichgewicht der Interessen mit der Notwendigkeit zu stets neuen Kompromissen, zum Ausgleich und zu defensiven Rücksichtnahmen auf Kosten inhaltlicher Auseinandersetzung, differenzierter Problemerfassung und letztlich auch profilierter Programme gehen können. Allzu vieles nimmt sich aus wie ein Gemisch von Interessen und Gefügigkeiten; viele Absichten decken bei genauerem Hinsehen oft hintergründige Rücksichten. Alternativen gibt es schon; aber nur im Nebeneinander, kaum in der gegenseitigen Auseinandersetzung und im Ringen um eine verbindliche Programmatik. Dies fördert nicht gerade die Fähigkeit zur wachen Selbstkritik, denn die Wahrung des Konsenses sichert das labile Gleichge-

wicht. Übersehen wir nicht leicht, daß das Konkordanz-Prinzip zu einem gegenüber neuen Herausforderungen blinden und hermetisch abgeriegelten System verkommen kann? Die Konkordanz-Verwalter bleiben interessengebunden unter sich. Neue Fragen, Probleme und vor allem Perspektiven oder gar Opposition, deren auch die Schweizer Politik auf Sein oder Nichtsein bedarf, haben wenig Chancen, einbrechen und aufbrechen zu dürfen. Wir reagieren dann nicht mehr verhältnismäßig. Ein Fall Kopp und eine Fichen-Affäre werden dann als Nestbeschmutzung oder als alleinige Produkte der Medien verdrängt; oder man dramatisiert auf der anderen Seite den totalen geistigen Staatsbankrott. Auf beiden Seiten gibt es intellektuelle Fiktionen, die nicht dadurch wahrer werden, daß man sie dauernd wiederholt oder bis ins Detail stets neu imitiert.
So ist denn der Frage nicht auszuweichen, ob es auch an diesem Phänomen liegt, daß die katholische Kirche Schweiz offenkundig größte Mühe hat, ihren aktuellen Auftrag im gesamtgesellschaftlichen Horizont profiliert zu finden und ihn mit einer vernehmbaren Stimme gelegen oder ungelegen zu vertreten, sich Gehör zu verschaffen und auch genau hinzuhören. Es gibt zwar viele eindrucksvolle Stimmen. Aber wo und wie verbinden sie sich zu einem ganzen Chor oder zu einem gemeinsamen Konzert?

3. Sprichwörtlicher Pragmatismus

Mit den föderalistischen, auf Konsens drängenden Lebensbedingungen hängt für mich der wohl unbestrittene Sinn des Schweizers für die praktische Seite seines Handelns beim Verfolgen seiner Interessen zusammen. *Pragmatismus* wird uns allenthalben nachgesagt. Damit einher geht der Argwohn gegenüber allen zentralistischen Tendenzen und Bemühungen („Zentren"), aber ebenso gegenüber Theorielastigkeit, Ideologisierungen und apodiktischer Denkart, die primär von Grundsätzen aus handelt. Ein deutscher Pfarrer äußerte einmal, er sei froh darüber, daß seine Kollegen in der Schweiz nicht so „überbau-anfällig" wären. Das scheint man schon früh begriffen zu haben, denn es wird überliefert, daß den zu den Alten Eidgenossen entsandten Päpstlichen Legaten jeweils empfohlen worden sei: „Bisogno lasciar gli Svizzeri negli loro usi ed abusi", das heißt: „Man muß die Schweizer bei ihren Bräuchen lassen, aber auch bei ihren Mißbräuchen".
Dieser Pragmatismus fördert ohne Zweifel im Alltag zuverlässige, klare und geordnete Verhältnisse. Überdies werden im Alltag die Kosten scharf nach ihren Nutzen kontrolliert. Er ist zum Teil aber auch Voraussetzung dafür, daß sich manche kirchliche Initiativen, die anderswo entstanden sind, in der Schweiz unbeschwerter und behender Bahn brechen konnten. Das war schon mit der liturgischen Bewegung der Fall, aber auch mit den

Synoden und vor allem mit den neuen pastoralen Diensten etc. Pragmatisches Handeln läßt sich nicht so schnell von ideologischen Sperren und zentral gesteuerten Hemmnissen abhalten, wenn sich eine Praxis als sinnvoll und als Problem-entlastend herausgestellt hat. Im Rahmen des Möglichen wird der gangbare Weg relativ unbekümmert beschritten, wenn die alteingefahrene Praxis nicht mehr spielt. Für Experimente und Pioniererfahrungen sind dies günstige Bedingungen. So sind es zum Beispiel Frauengruppen und Müttergemeinschaften gewesen, die sich vor Ort um die Frage und Gestaltung der Wortgottesdienste in „priesterlosen Gemeinden" gekümmert haben und von ihren Verbänden darin unterstützt und geschult worden sind. Auch haben die Jugendverbände — im Vergleich zur Bundesrepublik — noch einen freieren Experimentierraum im Verhältnis zu den Bischöfen und Kirchenbehörden.

Aber je mehr sich solche Experimente oder „eigenwillige" Versuche, vorwärtsweisende und mutige Impulse (die auf Außenstehende oft wie ein „Sonderzüglein" wirken) konsolidieren wollen, um so drängender wird die konzeptionelle Auseinandersetzung und — vorab im Raum der katholischen Kirche — die institutionelle Erweiterung, des innerkirchlichen Spielraums (z.B. Pfarreien ohne Priester, Laientheologen/innen, pastorale Eigenverantwortung der Ortskirchen . . .). Die Frage ist, ob und wie man darüber miteinander ins Gespräch kommt, ob man über unterschiedliche Meinungslager und Positionen hinweg miteinander ringt und auch grundsätzliche Überlegungen erörtern kann und sich auf Handlungs-Perspektiven einigt.

Ansonsten besteht die Gefahr des sogenannten Nischenkatholizismus (der stets lokal „kleine Päpste" hochkommen läßt), und dies gerade in einer Zeit, in der die Kirche gesellschaftlich nicht mehr die gleiche Rolle spielt wie früher und sich die Gesellschaft von der Kirche (bei allen Erwartungen an sie und auch bei allem Respekt für sie) zurückzuziehen scheint. Bei einer solchen Sachlage wird es verständlich, daß man die Chance nützt, um vor Ort nach eigenem Gutdünken oder subjektivem Befinden vorzugehen. Man ist auch kirchlich gerne „Herr im eigenen Haus" und zieht sich zurück auf die Pflege seines eigenen pastoralen Gärtchens. Man sichert und erweitert so seinen Interessenbereich und den persönlichen Manövrierraum; insgesamt nicht gerade günstige Voraussetzungen für Solidarisierung. Es entsteht dadurch der Eindruck, daß im kleinen und im großen der Schweizer Katholizismus ein System von vielen Sonderzügen ist, auf die man besonders dann aufmerksam wird, wenn einige vorauseilende Sonderzüge Schwierigkeiten bekommen, weil die langsameren Züge die schnelleren bremsen wollen. So gibt es ein großes Gefälle zwischen den Pfarreien und besonders auch bei den Bistümern.

Es stellt sich die Frage, ob eine extreme Pragmatik zu Formen der Isolation führt und insgesamt zum Rückzug der Christen und Christinnen von

einer kritischen und prophetisch-selbstbewußten Präsenz in der schweizerischen Gesellschaft. Denn die Gefahr ist nicht von der Hand zu weisen, daß die „pragmatische“ Denkart zu einer Duldsamkeit führt, die schon auf der Ebene der grundsätzlichen Optionen so etwas wie Kompromisse und Entgegenkommen (Konsens!) einkalkuliert, welche aber erst auf der Ebene der Praxis und des Handelns nötig und sinnvoll sind. Routine und Gewohnheit ersticken dann leicht notwendige prophetische Intervention. — Damit muß wohl auch zusammenhängen, daß den meisten Pfarrern und Laientheologen/innen in der Schweiz kaum bewußt zu sein scheint, welch kirchlichen und von einzelnen Bischöfen geschützten Freiraum sie im Vergleich zu den anderen deutschsprachigen Ländern noch haben. Und: weiß ein Pastoralassistent im Bistum Basel, wie es seinen Kollegen/innen im Bistum St. Gallen oder Chur ergeht und welche gemeinsamen Probleme sie zu bewältigen hätten. Um ein solches Bewußtseins-Gefälle auf solidarisches Handelns hin zu überwinden, treffen sich seit 1987 die Vertreter/innen der diözesanen Laientheologen-Ausschüsse jährlich zum „Gedankenaustausch“.
Eine kritisch-prophetische Präsenz der Kirche in der gesellschaftlichen Situation der Schweiz und in den Herausforderungen der Welt, die an den Schweizer Grenzen nicht haltmachen, bedingt jedoch die Bereitschaft zu schöpferischem Mut und zur Analyse und kritischen Beurteilung der Wirklichkeit sowie jene Phantasie, die Lösungen vorschlägt und Konzepte entwickelt und auf dieser Basis zu handeln sucht. Das ist kein konfliktloser Vorschlag, denn Auseinandersetzungen als Dialoge in harter Währung und neue Ideen „stören“, wenn man *nur* pragmatisch bleiben möchte und nur einen „lieben“ statt echten Frieden will.
Aber der Preis dafür ist auch zu bedenken, denn die Pflege „kleiner Gärtchen“ läßt neidvoll auf andere Gärten schielen, und man erlahmt an der selbstverordneten Enge und verliert sich allzuleicht in Wehleidigkeiten und im Mief geschlossener Räume. Solidarität kann aber nur wachsen, wenn man sich gegenseitig vermittelt und zur Kenntnis nimmt, über klare Stellungnahmen und eventuelle Auseinandersetzungen auf Empfehlungen hinarbeitet und gemeinsame Optionen wagt. Aber dafür bedarf es über die pfarreilichen und regionalen Möglichkeiten hinaus eines geeigneten Forums, um auf gesamtschweizerischer Ebene drängende Fragen zu erkennen, Problem-Zusammenhänge zu verstehen und aufeinander zu hören.
Im Zusammenhang mit der helvetischen Neigung, die praktische Seite des Handelns zu „bedenken“, erlebt man sich zuweilen mit der hämischen Frage konfrontiert, ob es in der so geschäftstüchtigen Schweiz auch Intellektuelle gebe oder gar Philosophen. Ohne nun solche rhetorische Fragen als arrogant oder als Test für den Schweizer-Humor abtun zu wollen, so fällt doch im kirchlichen Bereich wie allgemein in der Schweiz auf, daß wir Mühe haben mit „Intellektuellen“ und Literaten. Es ist für viele bei

uns schon suspekt, gut formulieren zu können. Steckt dahinter ein Minderwertigkeitsgefühl gegenüber den sprachlich gewandteren Nachbarn im Norden? Zum Teil mag das eine Rolle spielen, wobei nicht zu vergessen ist, daß der Anspruch, dem wir scheinbar nicht zu genügen glauben, in uns selber steckt. — Aber im Zusammenhang mit der pragmatischen Denkart ist immerhin in Erinnerung zu rufen, daß diese der Tendenz unterliegt, die Probleme gleichsam vordergründig nur punktuell nach Nützlichkeitserwägungen zu erfassen, sich am unmittelbaren Sachverhalt, an Alltagsplausibilitäten oder an kurzfristigem Interessendenken zu orientieren. „Nur vernünftig sein" heißt dann, sich an das faktisch und unmittelbare Gegebene und Machbare anzupassen und grundsätzliche Fragen oder eingehende Analysen unter dem Druck konfliktloser Sofortmaßnahmen zu handhaben. Die „intellektuelle Figur" eines solche Pragmatismus, der sich in bestimmende Interessen einordnet und im System angemessen funktioniert, anstatt Perspektiven zu erarbeiten und Freiräume für schöpferische Mitverantwortung zu öffnen, ist nach meiner Überzeugung nicht intelligent, sondern höchstens clever. Sie orientiert sich am Machbaren und nicht am Wünschbaren. Die Krise dieses Pragmatismus liegt darin, daß er selbst die Probleme definiert und den Rahmen der Problemlösung im vorhinein festlegt. — Im Unterschied dazu ist jene Pragmatik zu sehen, die problembewußt handelt, sich praktisch aber einfordern läßt, die auch um die Gesetze des Wachsens und Reifens weiß und die im Ringen um bessere Handlungskonzepte sich zur Argumentation und Gegenargumentation verpflichtet weiß. Sind nicht gerade die Untersuchungen zur Frauenarmut in der Schweiz durch den Kath. Frauenbund (und die Caritas Schweiz) Beispiele für solche „intelligente Pragmatik"?
Aber im Blick auf die Kirche Schweiz erhebt sich doch die Frage, ob nicht im einzelnen zwar sehr viel getan und tapfer unternommen wird, daß aber für die sich anbahnenden Probleme und auch für kulturelle Herausforderungen zu wenig Sensorien und „Instrumente" entwickelt werden. Das hat wohl auch mit der historisch bedingten Tatsache des katholischen Bildungsdefizits zu tun[2], aber zweifelsohne auch mit der helvetischen Tendenz und Angst, Überregionales anzupacken und sich größeren Problemen zu stellen. Dieser Rückzug in die Optik des eigenen Kirchturms, zuweilen als helvetische Selbstbescheidung ausgegeben, wirkt auf die Dauer aber lähmend und langweilig. Die Stärke des schweizerischen Systems mit der nach unten verlagerten überschaubaren Verantwortung und Haftbarkeit darf aber nicht zum „Kantönligeist" verkommen, der sich in die kleinräumigen Zonen (Regionalismus!) zurückzieht vor den größeren Herausforderungen der schweizerischen Gesellschaft und der Welt. Mit

[2] Vgl. Civitas 20 (1965) 367—446: Umfrage von Walter Gut zum katholischen Bildungsdefizit.

einem Reduit-Denken nämlich läßt sich die Zukunft der Schweiz nicht mehr retten. Ein solcher Pragmatismus, gerade wenn er perfekt und wirkungsvoll funktioniert (wie z.B. im ökonomischen Bereich), kann blenden und zur Erblindung führen.

4. Miliz-System zwischen territorialer und funktionaler Demokratie

Die föderalistische Struktur unserer auf Konsens basierenden Demokratie spielt(e) in dem, was wir etwas unscharf Miliz-System nennen. Es ist eigentlich erstaunlich, daß in einer Zeit der Bürgerinitiativen und des Protestes gegen die unübersehbare und unkontrollierbare Macht der Systeme und Institutionen sowie des Rufs nach Selbst-Hilfe das sogenannte Miliz-System nicht eingehender erörtert wird, nämlich die Verlagerung des verantwortlichen und damit haftbaren Handelns möglichst an die Basis und verteilt auf viele Schultern. Wir haben nicht nur eine Miliz-Armee, sondern auch ein Miliz-Parlament, das seit 1848 als nebenamtliches Gremium eingerichtet wurde und es auch bis heute geblieben ist. Auch auf Kantons- und Gemeindeebene ist diese Struktur durchgezogen; die meisten kollegialen Behörden sind nicht vollamtlich. Auf kommunaler Ebene wird in der Schweiz weitgehend von nebenamtlichen Kommissionen verwaltet, was z.B. in der Bundesrepublik Referatsleitern bzw. Referenten/innen unterstellt ist.

Eine solche Milizdemokratie gilt es unter allen Umständen zu bewahren bzw. zu „retten", denn es liegt auf der Hand, daß sie viele Vorzüge aufweist. Sie gerät aber von zwei Seiten in die Krise. Auf der einen Seite sind der sogenannte Rückzug breiter Bevölkerungskreise vom politischen Tagesgeschehen, die Wahl- und Abstimmungsabstinenz zu nennen, aber auch die zunehmende Schwierigkeit, die junge und zunehmend auch mittlere Generation für Behörden, Kommissionen und die Parteiarbeit zu gewinnen. Dagegen scheint bisher kein Kraut gewachsen zu sein. Das Milizsystem lebt aber davon, daß nicht wenige alles, sondern viele etwas tun. Das Milizsystem lebt bis zu einem gewissen Grad von der Ehrenamtlichkeit. Wenn „Ehrenamtlichkeit" nur noch gegen Bezahlung möglich sein soll, dann ist nicht zu übersehen, daß man nicht unbedingt die Besseren gewinnt und daß eventuell die Falschen zur Krippe drängen.

Auf der anderen Seite scheint gerade diese Miliz-Struktur durch die gewandelten gesellschaftlichen und internationalen Verhältnisse in mancher Hinsicht auch überfordert. Es ist schon darauf hingewiesen worden, daß eine rein territorial nach unten verlagerte Demokratie den heutigen Herausforderungen nicht mehr voll Genüge leisten kann. Wir sprechen deshalb auch von einer funktionalen Demokratie, weil immer mehr Probleme nur übergemeindlich oder überkantonal, ja sogar nur noch in internationalen Verflechtungen zu lösen und zu koordinieren sind. Können also die politischen Institutionen, die in ihrer Struktur seit 1848 fast unverändert geblieben sind — bis hin zum Sitzungsrhythmus —, aber vor 100 Jahren wohl funktioniert haben, weiterhin ihre Dienste tun? Oder ist uns Langsamkeit gesetzlich verordnet? Risikos unter allen Umständen zu verhindern kann gerade heute zum Risiko werden. Das Thema Uno-Beitritt hat sich bis zur Abstimmung im Jahre 1986 fast vier Jahrzehnte hingezogen; die Einrichtung der Mutterschaftsversicherung ist Jahrzehnte lang hingeschleppt worden; die Diskussion um den Beitritt zur europäischen Sozialcharta braucht mehr als 20 Jahre; ebensolang ist die Totalrevision der Bundesverfassung hängig; das Umweltschutzgesetz benötigt ebenfalls 20 Jahre; die Mühlen der Gesetzgebung mahlen auch bei Ehe- und Familienrecht, bei Energie- und Verkehrspolitik ungemein langsam. — In allen diesen Bereichen sind komplizierte Sachverhalte sachkundig zu analysieren, zu bewerten, umfassende Lösungen anzustreben, die notfalls einen Druck in Richtung größerer Professionalität von Experten und damit hauptberuflicher Kompetenz steigern. Die Politik gerät sonst noch mehr in Zeitverzug und in Kompetenz- und Entscheidungsnot. Dies ist auf gemeindlicher Ebene nicht im gleichen Umfang wie auf kantonaler oder gar eidgenössischer Ebene zwingend. Aber es ist unübersehbar, daß auch hier die Bewegungsfreiheit inzwischen sehr eingeschränkt ist, denn schon allein der finanzielle Spielraum ist für die meisten Kommunen ungemein schmal geworden. Da ist es verständlich, daß die Stimmung allgemein resignativ und apathisch wirkt: „Was nützt es, sich politisch zu engagieren? Was bringen Petitionen, unsere Referendumsmöglichkeiten und Volksinitiativen?" — „Man kann doch nichts ausrichten, denn die da oben machen doch, was sie wollen . . ."

Auch in der Kirche ist der Sachverhalt ähnlich. Einerseits gibt es Besucherschwund und Wegzug von der Kirche, die bekannte „Abstimmung mit den Füßen". Andererseits ist in der Kirche im Verlaufe der letzten 30 Jahre die aktive Mitarbeit von Frauen und Männern auch in pastoralen Aufgabenfeldern — auf allen Ebenen — in erstaunlichem Maße gewachsen. Und die staatsbürgerliche Einübung der Schweizer mag da ohne Zweifel — vor allem im staatskirchlichen Bereich — motivationsstützend gewesen sein. Aber auch hier wird das Modell an sich stärker verteidigt (vor allem, wenn es angetastet werden sollte) als konkret von den einzelnen Bürgern und Bürgerinnen praktiziert. Vermutlich sind die Schweizer durch das föderalistische „Miliz-System" im Rechtsempfinden stärker davon geprägt, als bewußt ist. Man reagiert mißtrauisch gegen alle Formen der Einmischung, gegen ferne Zentren und fremde Vögte, gegen Diktate und Beschlüsse von außen, gegen Frauen als Eindringlinge (Landsgemeinde!) und gegen unerprobte Theorien sowie hochtrabende Ideologien. Die

„Herr im eigenen Haus"-Mentalität hat sich in einer langen Geschichte tief einnisten können. Dieses schweizerische Empfinden ist — zusätzlich zu allen grundlegenden Rechtsfragen — allem Anschein nach bei der Ernennung von W. Haas zum Bischof von Chur mißachtet und unterschätzt worden.
Im kirchlichen Bereich sind die Pfarrer und Bischöfe — im Vergleich zu anderen Ländern — in der Regel nicht zu Alleingängen und einsamen Entscheidungen „von oben" in der Lage; sie sind vielfältigst an die „Basis" gebunden und auf Absprache und die Rücksichtnahme auf viele praktisch angewiesen. Sie verfügen über keinen dominanten Verwaltungsapparat, allerdings oft auch nicht über genügend kompetent besetzte Stabsstellen.

5. Mangel an Öffentlichkeit (Zwischen starker Basis und schwachen Zentren)

Stärker als der gesellschaftliche Bereich scheint die Kirche Schweiz an einem Mangel an Öffentlichkeit zu leiden. Aber auch im helvetischen Alltag denken die Schweizer eher von der „Provinz" her; man ist zuerst Stadtberner, Urner oder Jurassier und dann erst Schweizer. Eine Identifikation mit der Schweiz als Staat scheint im Vergleich zu früher eher Mühe zu bereiten; man idealisiert oder negativiert sie eher, als daß man sie präzise kennt. Ein Kollektivbewußtsein scheint sich kaum zu bewegen, außer vielleicht durch die jüngsten Affären aufgeschreckt. Das mag insgesamt viele und weit über die Schweiz hinausgehende Gründe haben. Auf die Frage der „Freiburger Nachrichten" zum 1. August 1990, ob das Vertrauen in die Schweizer Politik angesichts von Fichenaffäre und umstrittenem Mieterschutzgesetz erschüttert sei, lautete eine Antwort: „Nein, ich habe mich mit diesen Problemen nicht befaßt. Es hat zwar im Moment schon zu denken gegeben. Doch solange es mir gut geht, sind mir Fichenskandale egal. Ich mache mir keine Gedanken. Ich habe zur Schweiz und zur Schweizer Politik ein gutes Verhältnis. Ich schätze die Freiheit, ich kann machen, was ich will." Zu verallgemeinern ist diese Antwort nicht; aber sie ist doch auch wieder bezeichnend für eine bestimmte Mentalität der Bewußtlosigkeit oder gar praktischer „Distanzierung" vom Ganzen als Rückzug in die kleine eigene Lebenswelt, die ja funktionieren soll und nicht gestört sein will.
Wer aber mit offenen Augen nur schon auf den Raum der katholischen Kirche Schweiz schaut, wird im einzelnen erstaunliche Entdeckungen machen können: neue Wege der Gemeindebildung und der Glaubensvermittlung in manchen Pfarreien; neue Wege in den Jugendverbänden (Herdenbrief, Ranfttreffen...) und in der Jugendseelsorge (Ostertreffen etc.);

wegweisende Initiativen von Ordensleuten; Kooperation von Verbänden mit Orden (Schweiz. Kath. Frauenbund und der Vereinigung der Ordensoberinnen VONOS); ökumenische Zusammenarbeit und ökumenische Pfarrei-Zentren; „pastorale“ Konzepte von Buchhandlungen (Bibliotherapie und Buchpastoral ...) und eindrucksvolle Zeitschriften, zum Teil in ökumenischer Trägerschaft; genossenschaftliche Verlagsprojekte; im Vergleich zu anderen Ländern mutige Schritte in Richtung einer Vielfalt neuer Dienste; neue Versuche, die Spannung zwischen „Mystik und Politik“ (J. B. Metz) in der Schweiz und in Ländern der Dritten Welt glaubwürdig zu verwirklichen (Basisgruppen, Interteam, Theologische Bewegung für solidarische Entwicklung etc.); „Aufbruch“ als Forum für eine offene Kirche; eine Vielfalt von allerdings gegensätzlichen Bewegungen und Zusammenschlüssen (z.B. zu Beginn der achtziger Jahre für die Anliegen von Konzil und Synode), die die Kluft zwischen Kirche und Gesellschaft zu überwinden bemüht sind, aber leider zum Teil kaum die Kraft zu einer gesellschaftlich wie kirchlich relevanten Solidaritätsbewegung aufbringen; herausfordernde „Erklärungen“ (z.B. Kooperation mit der Erklärung von Bern) und Projekte von gesellschaftlich engagierten und kirchlich-institutionell nicht „versäulten“ (integrierten) Christinnen und Christen, die die Gedankenlosigkeit auch in den schweizerischen Kirchen aufbrechen möchten ...; eine Kirchliche Frauenkommission der Bischofskonferenz; institutionalisierter Austausch zwischen dem Ordinariat in Solothurn und der Theologischen Fakultät Luzern; neues Leben in den Verbänden durch Begegnungen mit Laien auf europäischer Ebene (vor allem in der französischsprachigen Schweiz), um nur einige zu nennen. Um ihrer Bedeutung und Qualität willen dürfen hier die „Orientierung“ (Zürich) und die „Schweizerische Kirchenzeitung“ (Luzern) nicht unterschlagen werden.
Es geschieht also viel im Raum der Kirche und des schweizerischen Katholizismus; manchen Impulsen und Projekten würde man wünschen, daß sie sich einer kritischen Öffentlichkeit stellen; aber auch, daß sie selber Öffentlichkeit verstärkt herstellen. Das Ganze würde phantasievoller und konzeptionell farbenreicher und bunter, als wenn sich die Bischofskonferenz oder einzelne Gruppierungen punktuell oder andere Ereignisse kommentierend vernehmen lassen. Nur durch eine bewußtseinsbildende Öffentlichkeitsarbeit und konzeptionell überlegte Präsenz in der schweizerischen Öffentlichkeit ist in etwa zu verhindern, daß unerwartete Verlautbarungen (wie z.B. 1986 die Erklärung zur Eucharistischen Gastfreundschaft) wie unvorhergesehene Naturkatastrophen unvorbereitet oder gar ahnungslos überraschen.
Manche Entdeckungen gäbe es im Raume der Kirche Schweiz zu machen, die sogar zu exportieren wären. Aber: wer macht die Entdeckungen? Wer interessiert sich für sie? Wo geschieht Austausch? — Etwas plastisch formuliert: Wir haben auch im katholischen Lager der Schweiz sehr verschie-

dene und unterschiedliche Lagerbildungen und „Kirchenbilder“ — bis hin zu bemühenden Flügelkämpfen zwischen progressiven und traditionellen Katholiken/innen; wir spielen im Alltag viele Variationen des Verhältnisses zwischen Kirche und Staat und des Verhältnisses zu den Parteien; wir haben höchst unterschiedliche katholische „Kirchen-Ordnungen“ — durch das staatskirchliche System bedingt; wir beten, reden und „seelsorgern“ in vier verschiedenen Landessprachen und haben unsere sprachregionalen kirchlichen Organe; wir haben — wie schon gesagt — unsere Lebensgewohnheiten und unsere Art, Politik zu betreiben, Verbände und Vereine und unsere Geschichte etc.

Die Frage ist nun nicht das Faktum, sondern die Form der Orientierung und der Vergewisserung über diese Vielfalt. Wo zeigt und vermittelt sich diese Fülle und dieser zu wenig an die Öffentlichkeit gehobene Reichtum mit seinen Problemen? Wo nehmen wir uns gegenseitig wahr mit all den Erfahrungen, Handlungsmöglichkeiten und Herausforderungen? Wo hört man aufeinander, und wo darf eventuell auch im guten Sinn des Wortes gestritten werden? Im übertragenen Sinn sind wir auch von unserer Landschaft geprägt, von unserer Beziehung zu Bergen und Seen: Man weiß um die Täler und Regionen, aber man besucht und kennt sich zu wenig. Die einzelnen „Täler“ und „Regionen“ sind sogar recht gut erschlossen; aber insgesamt fehlt eine Infrastruktur der Kommunikation und der Aufgaben-Vergewisserung für so etwas wie eine geistige Reisefreudigkeit. Damit ist in keiner Weise ein Plädoyer für ein Zentrum und für große Institutionen oder Vereinheitlichung abgelegt; vielmehr wird eingetreten für kreatives Wahrnehmen und kritisches Bewußtmachen unserer gesellschaftlichen und kirchlichen Situation. Nur so ist auf die Dauer der Eindruck von Aufgabenlosigkeit ansatzweise zu überwinden oder das Gefühl, daß wir uns vor uns selber „verstecken“. Kirchliches Handeln bedarf der konzeptionell erarbeiteten Perspektiven und der Phantasie für die meist kleinen Schritte großer Optionen. Ohne diese angestrengte Arbeit, die viele verbinden müßte, findet die Kirche Schweiz ihre Aufgabe (Sendung) im konkreten gesamtschweizerischen Zusammenhang und darüber hinaus sowie auch gesamtkirchlich nicht. Es handelt sich dabei nicht um ein ungutes Sendungsbewußtsein, sondern um das Bewußtsein für die je konkrete „Sendung“. Dieser Auftrag wird nicht eingelöst, wenn man sich in vielen Aktivitäten, Routinen, Geschäftigkeiten, organisatorischen Anstrengungen und in vielen kleinen Gruppen („Kongregationalismus“) erschöpft. Geistige Erschöpfung und Langeweile, Verdrossenheit und Apathie könnten sich einschleichen und zu den vielen offenen und heimlichen Formen des kirchlichen Eskapismus verführen, den wir übrigens auch im gesellschaftlichen Bereich feststellen können (auch bei der Jugend).

Nun sind aber gerade von der sogenannten Basis her auch die Erwartungen und Forderungen offenkundig. Die konkreten Möglichkeiten z.B. der

Bischofskonferenz oder von Verbänden sind jedoch massiv überfordert. Dies ist ein Symptom für ein allgemeineres Problem, nämlich den Mangel an „Instrumenten“ zur Erreichung der Ziele auf gesamtschweizerischer Ebene. Der Inlandteil des Fastenopfers (Unterstützung kirchlicher Werke in der Schweiz) macht dieses Problem auf seine Weise sichtbar. — Könnte es also sein, daß die stimmschwache und bis vor kurzem wie bewußtlos wirkende Befindlichkeit der schweizerischen Kirche auch mit ihrer strukturellen Verfassung zu tun hat? Mit anderen Worten: für die geistige und im umfassenden Sinn spirituelle (kritisch-prophetische) Präsenz der Kirche im gesamtgesellschaftlichen Zusammenhang braucht es so etwas wie cinc Plattform, nicht nur Stabsstellen und Kommissionen (die ohnehin punktuell und oft nach Gutdünken bemüht werden), und neue Formen der Präsenz.

6. Geschichtliche Unschulds-Mentalität

Doch wird nach meiner Überzeugung ein weiterer Aspekt in der gesellschaftlichen und kirchlichen Diskussion unterschlagen oder übersehen, nämlich so etwas wie eine *geschichtliche* Unschulds-Mentalität in der Schweiz. — Durch die im Vergleich zum Ausland doch stetige Aufwärtsentwicklung des schweizerischen Staatswesens seit Mitte des letzten Jahrhunderts mit seiner fast gleichgebliebenen Behördenstruktur, durch die wirtschaftliche Prosperität, vor allem dadurch aber, daß wir von den schrecklichen Zusammenbrüchen dieses Jahrhunderts verschont geblieben sind, drängt sich (sozusagen) keine Vergangenheits-Bewältigung auf. Es ergibt sich scheinbar kein Druck, sich mit der Vergangenheit zu konfrontieren und zu versöhnen. Wir hatten deshalb — mit Ausnahme der Arbeiterbewegung und des Pazifismus — kaum ein gebrochenes Verhältnis zu unserer Armee, denn ihre geschichtliche Bedeutung lag für uns darin, daß sie bis auf „vergessene“ Ausnahmen „keine Geschichten“ gemacht hat. Von der jüngeren Vergangenheit her mahnte uns kein schlechtes Gewissen, als es um die Frage der Zivildienstinitiative ging. — Oder: Aufgrund des stetigen Anstiegs wirtschaftlicher Prosperität und des materiellen Wohlstands sowie der langandauernden „Gunst der Geschichte“, die wir durchaus auch unserer Tüchtigkeit zuschrieben, haben wir die Schattenseiten als subjektive Schicksale, nicht als strukturelle Probleme interpretiert; deshalb haben wir die Armut in der Schweiz kaum wahrgenommen. — Daran muß es auch liegen, daß die Schweiz für den Schweizer in der Regel kaum ein Thema ist, eher schon die kleineren Räume wie sein Kanton und besonders seine Gemeinde . . ., außer die Probleme nötigen dazu. Wir leben gleichsam in einem geschichtlichen Unschuldsgefühl und reagieren leicht gereizt, wenn einige am Ideal-Bild der Schweiz herummä-

keln (z.B. Flüchtlingspolitik während des Zweiten Weltkrieges). Allerdings ist nun innerhalb kurzer Zeit einiges ins Rollen geraten. Der Boykott der 700-Jahr-Feier der Eidgenossenschaft durch die Kulturschaffenden und die sich Dazuzählenden mag dafür ein beredtes Zeugnis sein.
Vielleicht hindert aber auch unsere „pragmatische Art" zusätzlich die Bereitschaft, die geschichtliche Erbschaft anerkennend und kritisch zu verarbeiten. Sicher hat dies mit unserer tief im Volksbewußtsein verankerten außenpolitischen Abstinenz bzw. Neutralitätspolitik zu tun, die allerdings jüngst durch das Zusammenrücken der westeuropäischen Staaten in der Europäischen Gemeinschaft, durch die Schaffung des Europäischen Wirtschaftraumes (EWR) und durch die wirtschaftliche, kulturelle und politische Vernetzung im internationalen Kontext neu interpretiert werden muß. Und wir tun uns ungemein schwer damit. Zudem befindet sich die Schweiz nicht ewig im Belagerungszustand. Also müssen wir auch nicht vorsorglich die totale Verteidigung simulieren. Eine Neutralitätspolitik, die sich in keine militärischen Allianzen hineinziehen ließ — eine Maxime, die bekanntlich bis auf die Zeit des Dreißigjährigen Krieges zurückgeht (1618—48) —, hat sich bis jetzt gelohnt; sie hat im wahrsten Sinn Früchte getragen. Aber gerade diese Tatsache, für die wir dankbar sein dürfen, kann uns auf die Vergangenheit so abonnieren, daß wir auf die Gegenwart und ihre Herausforderungen für die Zukunft bewußtlos, phantasielos und hilflos reagieren. — Es mögen verschiedene Gründe für diese geschichtliche Unschulds-Mentalität gegenüber der eigenen Vergangenheit wirksam sein, die im einzelnen nicht restlos beweiskräftig, aber doch recht plausibel sind. Denn die Tatsache selber fällt all jenen Schweizern und Schweizerinnen in die Augen, die über längere Zeit im Ausland geweilt haben und Vergleiche ziehen werden. Allerdings wird dann auch bewußter, wovor die Schweiz verschont geblieben ist und wofür wir uns heute „erkenntlich" zeigen sollen. — Aber politische Phantasie ist eine kaum eingeübte Tugend: Wenn in Europa — um die Schweiz herum — die Grenzen fallen, kommen wir nicht darum herum, auch unsere Grenzen zu öffnen und unseren regionalen Kulturraum in Europa selbstbewußt einzubringen.
Schlägt sich diese geschichtliche Unschulds-Mentalität nicht auch innerkirchlich nieder? Wo fordert uns unsere eigene kirchliche Vergangenheit geistig heraus zu einer Art Trauerarbeit, was Nachdenken über sich und die eigene aktuelle Praxis bedeutet. — Erst im Spiegel eines Einzelschicksals wie beispielsweise von Otto Karrer[3] wird den engagierten Schweizer Katholikinnen und Katholiken betroffen dokumentiert, daß so un-schuldig die Verhältnisse auch bei uns nicht gewesen sind. Es würde auch heute

---

[3] S. L. Höfer, Otto Karrer, Kämpfen und Leiden für eine weltoffene Kirche (Freiburg i.Br. [2]1986).

guttun, bei der jüngeren Geschichte zur Schule zu gehen, denn die Art und Weise der heutigen Auseinandersetzungen ähneln oft bis ins Detail den Denunziationen und äußerst primitiven Diffamierungen, wie sie Otto Karrer zum Teil von führenden „Rechtsaußen“ der katholischen Kirche zuteil geworden sind.[4]

In dieser geschichtlichen Anästhesie der katholischen Kirche Schweiz und in der allgemeinen, gegenüber der eigenen Vergangenheit mit einer Unschulds-Mentalität bemäntelten Bewußtseins-Lage in der Schweiz mag die Unfähigkeit zur Selbstkritik liegen. Natürlich gibt es dafür noch andere Ursachen. Seit den siebziger Jahren sind wir uns dieser Versagen in der Tat bewußter geworden. — Immerhin äußerte sich der Kapuziner Leutfried Signer über die frühen vierziger Jahre: „Die Defensiv- und Offensivstellung, in die uns Kulturkampf und Aufklärung getrieben, lähmt auf unserer Seite manch frische Unternehmungslust. Ein gewisser Traditionalismus voll hausbackener Selbstzufriedenheit sieht Mängel nicht ein und gibt Schwächen nicht zu . . .“[5] A. Stoecklin sieht darin die ersten Anfänge einer echten Selbstkritik, die bis zu Zeit der Synoden „nie recht gedeihen konnte“.[6]

Dafür mag ein Grund darin zu finden sein, daß der schweizerische Katholizismus sich zu wenig Instrumente zur Verfügung stellt, um über sich zu reflektieren und sich über die eigene Geschichte und Verhältnisse Rechenschaft zu geben, weder intellektuell noch organisatorisch. Gibt es eine „katholische Kirchengeschichte“ der Schweiz? Ansätze, dieses Defizit zu überwinden, sehe ich in den Publikationen von A. Stoecklin[7], L. Höfer[8], V. Conzemius und St. Leimgruber[9] oder in der Katholizismusforschung von U. Altermatt[10], A. Imstepf[11], J. Jung[12], Ch. Mutter[13] usw.

---

[4] A.a.O., 19—36, 150—155; vgl. auch A. Stoecklin, Schweizer Katholizismus (Einsiedeln — Zürich 1978) 93f, 116, 132.

[5] Katholisches Handbuch der Schweiz (Luzern 1943) 312.

[6] A. Stoecklin, a.a.O., 56.

[7] A.a.O.

[8] A.a.O.

[9] V. Conzemius, in der Einleitung zu L. Höfer, a.a.O., 9—40; ders., Der Schweizer Katholizismus — Zukunftsaufgaben aus geschichtliche, Perspektiver in: Die Zukunft der Schweiz (Bern 1991) 274—301; St. Leimgruber, Ethikunterricht an den katholischen Gymnasien und Lehrerseminarien der Schweiz. Praktische Theologie im Dialog Bd. 3 (Freiburg Schweiz 1989); St. Leimgruber/M. Schoch (Hrsg.), Gegen die Gottvergessenheit. Schweizer Theologen im 19. und 20. Jahrhundert (Freiburg i.Br. 1990).

[10] Standardwerke: Der Weg der Schweizer Katholiken ins Ghetto (Einsiedeln — Zürich ^{2}1991); ders., Katholizismus und Moderne (Zürich 1989).

[11] Die schweizerischen Katholikentage 1903—1954 (Freiburg Schweiz 1987).

[12] Katholische Jugendbewegung in der deutschen Schweiz (Freiburg Schweiz 1988).

[13] Ch. Mutter, Frauenbild und politisches Bewußtsein im Schweiz. Kath. Frauenbund (Liz.-Arbeit/Freiburg Schweiz 1987). Eine frauenspezifische Aufarbeitung der Geschichte des schweizerischen Katholizismus fehlt leider.

Aber auch für den schweizerischen Katholizismus gilt wohl, daß man kaum ein Verhältnis zur Gegenwart finden kann, wenn man sich nicht der Vergangenheit stellt und zu ihr in die Schule geht. Geschichtliche Bewußtlosigkeit öffnet Tür und Tor für Idealisierungen, die auf Außenstehende kleinkariert und leicht lächerlich wirken, oder für eine arrogante Selbstüberschätzung, die beide durchaus mit Inferioritätsgefühlen zu tun haben können. Damit kann zusammenhängen, daß uns Schweizern zuweilen unscharf „Nationalismus“ vorgeworfen wird. Ich unterscheide allerdings Nationalismus von Patriotismus, denn der Nationalismus legt Wert auf das „eigene Volk“ und das „Völkische“ (das Deutschtum, La Francité, Italianità, The British . . .), während der Patriotismus eher das Land und die Heimat betont. Wenn der Nationalismus forciert wird, kann er gefährlich werden. Wenn hingegen der Patriotismus forciert wird, wirkt er eher lächerlich und naiv. — Eine solche (patriotische) Unschuldsmentalität gegenüber der eigenen Vergangenheit kann leicht dazu verführen, sich über die eigene Gegenwart zu täuschen und die Herausforderungen der Zukunft zu unterschätzen. Der Sinn der 1.-August-Feiern und insbesondere der 700-Jahr-Feier der Eidgenossenschaft liegt für mich gerade darin, die Gegenwart als Brücke zwischen der Erbschaft unserer Vergangenheit und der herandrängenden Zukunft noch bewußter zu verstehen und zu gestalten.

Im Blick auf die katholische Kirche Schweiz und unseren Katholizismus ist eine Geschichts-Vergessenheit insofern bedenklich, als wir uns zu wenig bewußt werden über die Hintergründe und das Ausmaß des Umbruchs, der sich auch in der katholischen Kirche Schweiz vollzieht und daß viele Elemente und Formen des schweizerischen Katholizismus (als Sozialform, mit der die Kirche und ihre Glieder ihr Verhältnis zum Staat und zur Gesellschaft gestalten) schlichtweg in Auflösung begriffen sind oder sich zum Teil schon lautlos verabschiedet haben. Bedauerlich ist dies auch deshalb, weil nicht zu übersehen ist, daß die kleine Kirche Schweiz über ein großes Potential an Kräften, geistigen Initativen und pastoralen Erfahrungen verfügt, die sich zu wenig finden, gegenseitig tragen und herausfordern können noch sich grenzüberschreitend vermitteln lassen. — Während bei der föderalistischen Struktur, beim Konkordanzdenken, beim Pragmatismus oder Miliz-System die hilfreichen oder förderlichen Aspekte trotz aller Ambivalenz zu behüten und zu bewahren sind, sehe ich in dieser geschichtlichen Unschulds-Mentalität helvetischer Provenienz (auch eine Art von Neutralität!) eine äußerst bedenkliche Krisen-Ursache, die es zu überwinden gilt.

7. Selbst-Wahrnehmung nur im fremden Spiegel?

All die genannten Faktoren zum schweizerischen Hintergrund für das kirchliche Agieren in diesem Land, die im einzelnen nicht zwingend, aber doch recht augenscheinlich sind, bestärken oder bedingen eine Beobachtung: daß wir uns nämlich in der Schweiz doch recht häufig nicht aus eigener Kraft und Initiative wahrnehmen, sondern sozusagen im Echo auf Ereignisse in der Welt, gleichsam in Reaktion auf Geschehnisse, für die wir nicht selber verantwortlich sind. Nehmen wir uns mehr oder weniger im fremden Spiegel wahr? — Auch hier mag der Eindruck einseitig formuliert sein.

In dieser Frage wird man durch eine Äußerung des Engländers Will Hutton bestärkt, die im Magazin des „Tages-Anzeiger" (vom 30.6.1990) unmißverständlich nachzulesen ist: „Die Schweiz ist, wie Großbritannien, ein sehr altes Staatsgebilde, bei dem eine Modernisierung von innen heraus fast unmöglich ist. Es bedarf in der Regel eines verlorenen Krieges, einer Revolution oder anderer die Seele der Nation erschütternder Ereignisse, um Umwälzungen ... möglich zu machen." Das sich einende Europa bringt uns in Zugzwang. Durch die moderne Frauenbewegung werden wir uns der Defizite in Menschenrechtsfragen inne. Die Diskussion um das Asylrecht, um die Armee-Abschaffungsinitiative, vor allem aber die Entrüstung über den „Fall Kopp" und die Fichenaffäre sowie die Planung der „700-Jahr-Feier" der Eidgenossenschaft zeigen doch mit unübersehbarer Deutlichkeit die Schwierigkeit, die „Schweiz" heute zu verstehen. Und dies in einer Zeit, in der es diesem Land politisch und wirtschaftlich unangefochten sehr gut geht. Aber das Selbst-Verständnis und die Identität dieses Landes machen Mühe; ja es gibt durchaus Stimmen von Schriftstellern, die sogar die Existenzberechtigung der Schweiz in Frage stellen wollen.

Dies ist in unserem Zusammenhang durchaus keine müßige Spekulation, sondern die Frage, wie wir uns wahrnehmen und erfahren. Ein Defensiv-Verhalten, wie es etwa dem Reduit-Gedanken zu Grunde lag, ist in der heutigen Zeit undenkbar, obwohl der eidgenössische Alltag oft zu defensiv wirkt. Oder hat uns die Abwehr jeweils zusammengeführt? So waren denn viele Reaktionen auf die Affäre Kopp oder auf den Fichenskandal zu sehr davon gezeichnet, entweder ein sozusagen „heiles Bild" von der Schweiz zu retten oder diese Vorgänge so zu dramatisieren, daß sie gar nicht mehr angemessen und kritisch zu verdauen gewesen sind.

Ein Modell, wie wir uns in der Schweiz mit internen Krisen geistig auseinandersetzen, konnte ich darin nicht erblicken. Im Gegenteil, vor lauter Überbeanspruchung mit den internen Problemen (wobei die Fichenaffäre über gewisse Strecken kleinkariert und lächerlich wirkt) nahmen wir die epochalen atemberaubenden Umwälzungen in Osteuropa oder den Einigungsprozeß in Deutschland mehr oder weniger nur häppchenweise und auf Distanz zur Kenntnis. Und trotzdem ist schon jetzt zu spüren, daß von dieser Entwicklung Langzeitwirkungen auf die Schweiz ausgehen. Wir werden unseren Weg im Echo auf europäische Vorgänge und Initiativen suchen und finden müssen. Wenn wir nicht selber agieren, wird man uns mindestens nötigen zu reagieren.

Sehr viel deutlicher zeigt sich dies angesichts der Schaffung eines einheitlichen EG-Binnenmarktes im Jahr 1992. Wie wir im letzten Jahrhundert zu lernen hatten, daß es nicht genügte, Aargauer, Tessiner oder Freiburger zu sein, sondern daß der Bund zunehmend Aufgaben koordinieren mußte, ist nun zu lernen, daß auch die Schweiz keine Insel für sich bleiben kann. Manche spüren das und haben sich damit auseinandergesetzt. Indem wir zuerst mit Skepsis und bis in die frühen achtziger Jahre mit Zufriedenheit reagiert haben, „beherrscht Beunruhigung die Schweizer Szene heute".[14] Wer aufmerksam die Berichte über die Bundesfeier 1990 (vor 1991) las, konnte dafür Hinweise finden. Insgesamt gelingt es trotz vieler „Errungenschaften" sehr schwer, Perspektiven und Konzepte angesichts der Herausforderungen (auf die später einzugehen ist) und Probleme zu entwikkeln, einen breiten Bewußtseins-Wandel auszulösen und entsprechende Schritte zu tun. Vielleicht braucht es noch mehr Problemdruck, um veränderungsbereit zu werden und aus defensiven Bastionen auszubrechen. Die Veränderungen in Europa werden uns wohl schneller, als wir zur Zeit denken, beschleunigte Prozesse zumuten. Auch kulturhistorisch könnte man diese Frage aufrollen, ob sich nämlich im Bereich unseres Landes kulturelle Strömungen nicht doch verzögert und in etwa schon abgeschwächt einfinden und sich dann oft vermischen? Unser pragmatischer Föderalismus führt zum Kultursynkretismus als Reaktion auf Einflüsse von „außerhalb". Vielleicht ändert sich auch dies bald.

Deutlicher sehe ich diese Tendenz im Bereich der katholischen Kirche Schweiz. Wer die geistige Landschaft des schweizerischen Katholizismus nach den Synodenerfahrungen auf seine prophetischen und geistig herausfordernden Impulse seit ca. 1980 hin absucht, stellt eine insgesamt rückläufige Tendenz fest. Über weite Strecken gewinnt man den Eindruck, als ob der schweizerische Katholizismus und die Kirche auch sich selbst gegenüber geradezu einer Schwäche des Bewußtseins verfallen wären, die sich in den verstrickten Zusammenhängen der gesellschaftlichen Situation und der Herausforderungen im Weltmaßstab keine prophetische Rechenschaft zu geben vermögen. Es geht doch um die Frage: Auf welche Art und Weise nehmen wir Kirche und uns in ihr wahr? Wie werden wir unserer Situation in der Schweiz inne, und wie verarbeiten wir die uns von der Welt und ihrer Tagesordnung gestellten Fragen und Nöte?

---

[14] A. Riklin, Die Schweiz in der Europäischen Gemeinschaft, in: J. Gemperle (Hrsg.), Der Bund der Eid-Genossen (Luzern 1990) 195.

Einige Tatbestände seien in Erinnerung gerufen, die wie Blitzlichter die Situation der vergangenen Jahre etwas zu erhellen vermögen. — Als im Herbst 1983 die Bischofssynode zum Thema „Versöhnung und Buße im Sendungsauftrag der Kirche" stattfand, erfuhren die Schweizer Vertreter zu ihrem eigenen Erstaunen, daß eine ähnliche Praxis der Bußfeiern wie bei uns auch in anderen Teilen der Weltkirche üblich zu sein scheint und daß die Delegierten anderer Länder froh darüber gewesen sind, daß unsere Bischöfe sich hinter die Bußfeiern stellten. — Im Jahre 1983 wird das neue Kirchenrecht promulgiert; und wir Schweizer diskutieren in diesem Zusammenhang unsere pastorale und staatskirchliche Sondersituation. Ebenfalls im Jahre 1983 übernehmen die Schweizer Bischöfe den Hirtenbrief der Deutschen Bischofskonferenz: „Gerechtigkeit schafft Frieden — Dienst der Kirche am Frieden" und ergänzen ihn mit knappen Anmerkungen aus „schweizerischer Sicht". — Anläßlich des Papstbesuches 1984 wurde uns Schweizern in ernüchternder Weise bewußt, in welchem Umfang innerkirchliche Polarisierungen und Empfindlichkeiten zwischen den Kirchen noch vorhanden sind. — 1985 findet in Rom eine außerordentliche Bischofssynode statt, in deren Folge wir unser Verhältnis zu den Impulsen des II. Vatikanischen Konzils und zur nachkonziliären Entwicklung zaghaft diskutieren. Im Frühjahr des gleichen Jahres beherbergt Basel das 5. deutschsprachige Gemeindeforum . . . und manche basiskirchlichen Gruppierungen nehmen zur Kenntnis, daß sie in der Schweiz gar nicht so alleine dastehen. Schon im Zusammenhang mit dem „Fall Küng" haben wir uns über die eigene „kirchliche Schiedsgerichtsbarkeit" in Konfliktfällen Gedanken gemacht; und darüber hinaus ist sich die Schweizer Seele erneut bewußt geworden, wie schwer sie es mit „Obrigkeiten" und mit „Zentren" hat. — Die Bischofssynode im Jahre 1987 zur „Berufung und Sendung des Laien in der Kirche" war es, die in vielen Gremien, Gruppen und Ausschüssen zu einer wertvollen problembewußten und damit bewußtseinserweiternden Arbeit geführt hat. — Kennzeichnend ist auch die Tatsache, daß der früher alljährlich herausgegebene Jahresbericht der Bistümer mit dem Abschnitt über den Dienst der Kirche auf schweizerischer Ebene nicht mehr erscheint; und wer vermißt diese Form der Rechenschaft? — Stellt sich angesichts dieser ausgewählten Fakten nicht die Frage, ob wir Schweizer Katholiken und Katholikinnen uns mehr oder weniger im *fremden Spiegel* wahrnehmen? Wir re-agieren auf Initiativen und Impulse, die von außen an uns herangetragen werden. — Mit Ausnahme des Pastoralforums 1981 in Lugano ist gesamtschweizerisch seit bald zehn Jahren keine Initiative zustande gekommen, die dem schweizerischen Katholizismus als Forum gedient hätte, auf dem die bedrängenden Fragen der Menschen und die sogenannten heißen Eisen in der Kirche im Geiste des Evangeliums (prophetisch) einen offenen Diskurs gefunden hätten. Mit der hier aufgeworfenen Frage wird keineswegs

bestritten, daß pastoral und kirchlich viel geschieht und auch herausfordernde Probleme unserer Gesellschaft wach zur Kenntnis genommen werden. Aber diese vorhandene Vielfalt wirkt — wie schon gesagt — eher wie die vielen lockeren Teile eines Puzzles. Wir scheuen davor zurück, pastoral weiterführende Schritte nach außen — grenzüberschreitend — weiterzuerzählen oder gar argumentativ zu vertreten aus Furcht, man könnte uns den erworbenen und nicht zugesprochenen Besitzstand streitig machen. Dabei ist zu denken an die Bußfeiern, an ökumenische Zentren, an die schweizerische Form der Indienstnahme von Pastoralassistenten/innen (Institutio) und Katecheten/innen mit Schwerpunkt auf Gemeinde-Ebene, an unsere Ausbildungsform in den Seminarien und im Pastoralkurs, an den pastoralen Dienst auch von dispensierten Priestern und dergleichen mehr. — Selbstbewußt treten wir eher dann auf, wenn wir uns staatskirchenrechtlich — auch Rom gegenüber — abgesichert fühlen. Dies zeigte sich insbesondere bei der Ernennung von W. Haas zum Koadjutor-Weihbischof von Chur im Jahre 1988, das von den Bischöfen als „Kein leichtes Jahr“[15] qualifiziert wurde, und dessen Erhebung zum Diözesanbischof im Mai 1990. In dieser bis jetzt ungebrochenen Protest-Reaktion finden sich viele Schweizer; sie werden erst dadurch gewahr, welche Protest-Instrumente ihnen durch das staatskirchenrechtliche System gegeben sind; und es ergeben sich Solidarisierungen (Aufbruch-Bewegung), die vermutlich in kirchlichen „Friedenszeiten“ so kaum an Kraft gewonnen hätten.
Insgesamt wird man den Eindruck nicht los, daß auch die katholische Kirche Schweiz eine ausgeprägte Symptomträgerin ist für die Art der Schweizer, sich doch eher im fremden Spiegel wahrzunehmen. — Schon die Worte „Eidgenossen“ und „Bund“ weisen durchaus hintergründig auf den Sachverhalt hin, schreibt doch der Historiker Niklaus von Flüe: „Der Bund unserer Väter war . . . nicht auf Veränderung, schon gar nicht auf revolutionäre und gewaltsame angelegt, sondern auf Ruhe und Ordnung, auf Überlieferung und Bewahrung sowie auf gegenseitige Unterstützung.“[16]

[15] Schweiz. Kirchenzeitung 157 (1989) 1f.

[16] N. von Flüe, Sternstunden in 700 Jahren Bund, in: J. Gemperle (Hrsg.), a.a.O., 71.

III.
Kirche und Katholizismus in wachsender Spannung zu ihrer geschichtlichen Erbschaft (Vertikale Betrachtungsweise)

Nicht nur die Mentalitäten und die politischen Strukturen der Schweizer und Schweizerinnen prägen den kirchlichen Alltag. Bestimmt ist er auch von der Erbschaft der eigenen Vergangenheit, einer Vergangenheit, die eben vielfach kaum zur Kenntnis genommen wird. Dabei könnte gerade ein geschichtlicher Zugang viele aktuelle Probleme und Spannungen erhellen und eventuell verständlich machen. Eine Rechenschaft über die katholische Kirche Schweiz kann sich somit eine wenn auch knappe Auseinandersetzung über die historischen Voraussetzungen ihres pastoralen Handelns und Suchens nicht schenken.

1. Katholizismus zwischen Kirche und Staat

Es ist wohl hilfreicher, nicht mit der binnenkirchlichen Problemstellung des Umbruchs und Wandels anzusetzen, sondern mit umfassenderen Prozessen der Kirche im Zusammenhang mit der neuzeitlichen Gesellschaftsentwicklung.[1] — Im Rückblick sind wir zuweilen dazu verführt, die Vergangenheit zu idealisieren und auch die kirchlichen Verhältnisse als problemlos, perfekt und vollkommen einzuschätzen. Man bedauert in der Gegenwart, daß dieser Friede und die Klarheit der Verhältnisse zerbrochen und verschwunden sind. Man möchte es zum Teil wie ehemals haben.
Könnte es nun sein, daß auch früher die Verhältnisse so ideal gar nicht gewesen sind und daß heute nur frühere Bedingungen des kirchlichen Wirkens in die Krise geraten sind? Vielleicht hat die Kirche trotz vielen Wandels, der ihr in den letzten beiden Jahrzehnten auch in der Schweiz zugemutet worden ist, keine wesentlichen Elemente ihrer Berufung aufgegeben, sondern nur historisch bedingte Voraussetzungen ihrer Sendung ver-

---

[1] Vgl. dazu: F. X. Kaufmann, Kirche begreifen (Freiburg i.Br. 1979); ders./K. Gabriel (Hrsg.), Zur Soziologie des Katholizismus (Mainz 1980); F. X. Kaufmann/J. B. Metz, Zukunftsfähigkeit. Suchbewegungen im Christentum (Freiburg i. Br. 1987); K. Gabriel, Nachchristliche Gesellschaft heute!, in: Diakonia 19 (1988) 27—34; L. Karrer, Aufbruch der Christen. Das Ende der klerikalen Kirche (München 1989) 50—90. Für die Schweiz das Standardwerk: U. Altermatt, Katholizismus und Moderne (Zürich 1989); s. auch ders., Der Weg der Schweizer Katholiken ins Ghetto (Zürich — Einsiedeln ²1991).

loren. Dann müßte die Kirche nicht ihre historische Vergangenheit zu kopieren und zu restaurieren bemüht sein, sondern aus der Geschichte lernen. Wer kopiert, lernt nicht. Aber zu lernen ist viel auch aus der jüngeren Geschichte des Katholizismus und der katholischen Kirche in der Schweiz.

a) Bildung des schweizerischen Katholizismus als Schutzschild für die Kirche

Wie schon die Formulierung des letzten Satzes nahelegt, sind Kirche und Katholizismus nicht einfach gleichzusetzen, auch wenn beide engstens und vielfach miteinander verbunden und verwoben sind. Mit Katholizismus ist vielmehr die gesellschaftliche Präsenz der Kirche gemeint, wie sie sich vor allem im letzten Jahrhundert entwickelt hat.

Unter dem Druck der Aufklärung, der durch die Französische Revolution inspirierten liberalen Staatsideen und Emanzipationsbewegungen und der zeitweilig recht bedrohlichen Einengung durch den absolutistischen Staat sowie durch die Auswirkungen der Industrialisierung geriet das Christentum in arge Bedrängnis und in die Defensive.

Gegenüber den vorausgehenden Jahrhunderten war damit die Verflechtung von Gesellschaft und Religion nicht mehr so selbstverständlich gegeben. Auf diese Krise reagierten die Konfessionen unterschiedlich, obwohl es in den ersten Jahrzehnten des letzten Jahrhunderts noch ein Tauwetter zwischen Protestanten und Katholiken gab.[2] — Ähnlich wie im Deutschen Reich oder in den Niederlanden versuchten auch in der Schweiz die Katholiken, sich als Minderheiten durch Zusammenschlüsse zu behaupten und zu wehren. Dies geschah in der ersten Hälfte des 19. Jahrhunderts in einer arg zerstrittenen Eidgenossenschaft: Die alten Kantone standen gegen die neuen, Liberale gegen Konservative, fortschrittliche Unternehmer und Kaufleute in den damaligen Städten (mit Kulturzentren wie Universitäten) gegen die rückwärtsgewandten Bauern in den eher katholischen Kantonen, Anhänger föderalistischer und konfessioneller Traditionen gegen Verfechter aufgeklärter und zentralistischer Staatsauffassungen.[3] Die Polarisierungen zwischen den mehr protestantischen Radikalen und den mehr katholischen Konservativen bereiteten die Zerreißprobe vor, die sich im Sonder-

---

[2] Vgl. V. Conzemius, Der Schweizer Katholizismus — Zukunftsaufgaben aus geschichtlicher Perspektive, in: Die Zukunft der Schweiz, hrsg. v. d. Stiftung für Geisteswissenschaften (Zürich 1991) 274; A. Lindt, Das Reformationsjubiläum 1817 und das Ende des Tauwetters zwischen Protestanten und Katholiken im frühen 19. Jahrhundert, in: Traditio-Krisis-Renovatio aus theologischer Sicht (Marburg 1976).

[3] N. von Flüe, Sternstunden in 700 Jahren Bund, in: B. Gemperle (Hrsg.), Der Bund der Eid-Genossen (Luzern 1990) 81.

bundskrieg (1847) entlud. Obwohl die Sieger insgesamt recht maßvoll reagierten, führte die weitere Entwicklung zur Rekonfessionalisierung auf beiden Seiten, die sich zunächst in einem schleichenden, dann offenen Kulturkampf äußerte.[4] Im Unterschied zur Reformation, als primär religiöse und kirchliche Fragen den Ausschlag gaben, waren es in den Krisen des 19. Jahrhunderts nebst den kirchlichen vor allem auch politische, gesellschaftliche und soziale Probleme. Der Katholizismus bildete somit eine Sozialform zwischen Kirche und Staat, wodurch der gesellschaftliche Einfluß der Katholiken in der Schweiz und die kirchliche Freiheit zurückgewonnen bzw. gesichert werden sollten. Der Katholizismus bildete sich als schützender Schild für die Kirche gegenüber den der Kirche feindlich gesonnenen Kräften im Staat und als Block bzw. als Milieu, das den Katholiken eine Ersatzheimat bot. Wie ist das genauer zu verstehen?

Um sich als konfessionelle Minderheit behaupten und die pastorale Freiheit der Kirche sichern zu können, griffen die katholischen Männer und zunehmend auch Frauen in der Mitte des letzten Jahrhunderts gerade jene Wege und Errungenschaften auf, die ihnen von den sogenannten gegnerischen Kräften und dem liberalen Staat zugewachsen waren: konfessionelle Neutralität, Gewissens- und Religionsfreiheit, Niederlassungs- und Pressefreiheit, Recht auf Zusammenschluß in Verbänden, Vereinen, Parteien etc. Alle diese neuen bürgerlichen Freiheiten entwickelten sich nun in der Hand des erwachenden Katholizismus zu Instrumenten der politisch-gesellschaftlichen Selbstbehauptung (Emanzipation) und zur Wahrung des kirchlichen und religiösen Handlungsspielraumes (Identitäts-Sicherung). Es waren also gerade jene Ideen und Prinzipien wegweisend und hilfreich, die die Kirche ihrerseits offiziell lange und unerbittlich bekämpft hatte (und damit praktisch diese „ideologische Schlacht" durch die eigene Praxis verloren hat.)

Gegenüber der Macht und Suggestion der aufgeklärten Wissenschaften und den gesellschaftlichen Strömungen im Staat gab es die katholische Sammlung der Kräfte im politischen, karitativen und sozialen Verbands- und Vereinskatholizismus. In dieser defensiven Einstellung schuf man sich auf eindrucksvoll aktive Weise in lebens- und berufsspezifischen Vereinigungen, Verbänden, Parteien und Organisationen eine breite gesellschaftliche Ausgangsbasis zur Durchsetzung der politischen, sozialen, kulturellen und kirchlich-religiösen Ziele.

---

[4] Mit Recht weist V. Conzemius auf die vielfach unterschlagene Tatsache hin (a. a. O., 275), daß es nicht zuletzt freisinnige Katholiken gewesen sind, die den Kulturkampf schürten und Feindbilder innerhalb und außerhalb der Schweiz suchten und fanden. Vgl. dazu: P. Stadler, Konfessionalismus im schweizerischen Bundesstaat 1848—1914, in: Auf dem Weg zu einer schweizerischen Identität 1848—1914, hrsg. v. F. de Capitani/G. Germann (Freiburg Schweiz 1987) 85—91; ders., Der Kulturkampf in der Schweiz. Eidgenossenschaft und Katholische Kirche im europäischen Umkreis (Frauenfeld/Stuttgart 1984).

Gleichzeitig orientierte man sich stärker an der zentralen Kirchenleitung in Rom (ultra-montan), denn parallel zum Verlust des Kirchenstaates gewann der Papst an geistiger Autorität. Durch das Erste Vatikanische Konzil (1869/70), das mit dem Ziel ausgeschrieben worden ist, „moderne Irrtümer abzuwehren und die kirchliche Gesetzgebung zeitgemäß zu verbessern“[5], und durch die Unfehlbarkeits-Erklärung ergab sich eine zentralisierte Geschlossenheit der Kirche nach innen und ein Rückzug von der Welt in sich selbst. Der Name Pius-Verein, der zur Sammlung der Kräfte 1857 gegründet worden und Vorläufer des späteren Katholischen Volksvereins gewesen ist, ist für diese Verbundenheit mit Rom Symptom.

Durch diese Tendenzen vertieften sich die konfessionellen Gräben; und die an Rom orientierten Katholiken isolierten sich im Bundesstaat, wodurch die kirchlich gebundenen Katholiken für nahezu ein Jahrhundert zu Randbürgern oder gar zu „Hinterwäldnern“ abgestempelt wurden. In den Organen der Bundesverwaltung, im kulturellen Geistesleben, in den Chefetagen der Wirtschaft und vor allem in den höheren Rängen des Militärs blieben Katholiken bis weit in die zweite Hälfte des 20. Jahrhunderts untervertreten.[6]

Dieser Rückzug in ein defensives Reduit zeitigte aber auch einen aktiven Zusammenschluß und geschlossenen Zusammenhalt. Ähnlich wie im damaligen Deutschen Reich bildete sich eine katholische Subkultur mit bewahrendem Charakter (Milieu). Im Jahre 1841 entstand der Studentenverein und 1857 der schon genannte Pius-Verein; die Inländische Mission zur Unterstützung der kirchlichen Anliegen in der Diaspora ist 1863 gegründet worden, der Gesellenverein 1853, seit den siebziger Jahren des letzten Jahrhunderts die Müttervereine in den Pfarreien, der Verband der Männer- und Arbeitervereine 1887/88, zur gleichen Zeit die „Fédération des cercles et sociétés catholiques de la Suisse Romande“, die Caritas 1901; es entstanden die christlichen Gewerkschaften, Primar- und Klosterschulen und eine Vielzahl von Standesorganisationen auf Pfarreiebene sowie eine Katholische Universität (1889) etc.

Die nationale Einigung dieser Rinnsale und Flüßchen gelang erst zu Beginn dieses Jahrhunderts. Die Vereine und Verbände schlossen sich 1905 im Schweizerischen Volksverein (SKVV) zusammen; 1912 taten dies die Frauenvereine im Schweizerischen Katholischen Frauenbund ebenfalls. Um die Jahrhundertwende konsolidierten sich auch die katholischen Jugendverbände; und zwischen den beiden Weltkriegen breiteten sich die Jugendorganisationen für die Schülergeneration (Jungwacht, Blauring, Pfadfinder) aus.

---

[5] R. Aubert, Vatikanisches Konzil, in: J. Höfer u.a. (Hrsg.), Lexikon für Theologie und Kirche X (Freiburg i.Br. [2]1965) 636.

[6] V. Conzemius, a.a.O., 276.

Der politische Katholizismus errang seine Erfolge im 19. Jahrhundert, als er in den ehemaligen Sonderbundskantonen die politische Herrschaft zurückgewann und 1891 zum ersten Mal ein konservativ-katholisches Bundesratsmandat durchsetzte. Zu einer modernen Landespartei der Schweizer Katholiken wurde die „Schweizerische Konservative Volkspartei" erst 1912. Im Jahre 1919 folgte die Gründung des christlich-sozialen Arbeiterbundes der Schweiz.

Der Aufbruch des Verbandskatholizismus blieb natürlich nicht nur an die katholischen Stammlande (Kantone!) gebunden. Durch die zunehmende Industrialisierung und aufgrund der Niederlassungsfreiheit kam es nicht zu der von einigen Katholiken befürchteten protestantischen Überflutung. Die neu gewonnene Mobilität entwickelte sich umgekehrt: dorthin, wo Arbeit und Verdienst zu finden waren. Der Verbandskatholizismus, durch das Pressewesen und durch Schulen verstärkt, setzte sich in reformierten Städten wie St. Gallen, Genf, Basel und Zürich durch. Nicht unerwähnt bleibe, daß etwa ein Drittel dieser katholischen Zuwanderer und Einwanderer (aus dem benachbarten Ausland) die Verbindung zur katholischen Kirche verlor.[7]

Ungefähr zwei Drittel dieser fast ausschließlich den einfachen Schichten angehörigen Zuwanderer blieben jedoch der Kirche verbunden. Die katholischen Pfarreien boten ihnen Sozialisationsmöglichkeiten: Standesvereine, Berufsverbände, katholische Schulen und Spitäler, katholische Zeitungen, Freizeitorganisationen und Krankenkassen, Ferienhäuser und Ehevermittlung. Ein enormer Zulauf zu neuen Frauenkongregationen (Baldegg, Ingenbohl, Menzingen . . .), das Erstarken der Frauen- und Männerorden und die bildungsmäßigen Voraussetzungen für einen rollenbewußten Pfarreiklerus und für den Kader des katholischen Organisatonssystems waren Voraussetzungen und Zeichen für diesen kirchlichen „Boom".

Die Strategie der Selbstbehauptung und zur Durchsetzung der Ziele setzten nicht nur die Anpassung an die Zeit und ihre Möglichkeiten voraus, sondern auch die innere Geschlossenheit der Subgesellschaft, das Milieu, das damit auch leicht zum defensiven und beschirmenden Reduit und zum bewahrenden Getto werden konnte. Die seit 1903 bis 1954 in Abständen wiederkehrenden Katholikentage stellten Höhepunkte des individuellen und gemeinsamen religiösen und kirchlichen Lebens dar. Noch immer markierten sie eine triumphale Geschlossenheit sowie demonstrative Präsenz („Front").

Einprägsam wird dieses Bild des schweizerischen Katholizismus von U. Altermatt geschildert: „Nach außen präsentiert sich bis in die jüngste Gegenwart hinein das . . . als ein vielfältiges Geflecht vielzähliger Organi-

---

[7] U. Altermatt, Katholizismus und Moderne, 191.

sationen und Institutionen, die dem einzelnen Katholiken buchstäblich von der Wiege bis zur Bahre katholische Dienstleistungsorganisationen ... zur Verfügung stellten. Es entsprach in einzelnen Gegenden durchaus nicht einem Einzelfall, wenn ein Katholik bis zur Universität katholische Schulen besuchte, daneben katholische Zeitschriften und Zeitungen las, später die Kandidaten der katholischen Partei wählte und in zahlreichen katholischen Vereinen als aktives Mitglied mitmachte. Es war ebenfalls nicht ungewöhnlich, wenn sich der gleiche Katholik gleichzeitig bei einer katholischen Krankenkasse gegen Unfall und Krankheit versicherte und sein Geld auf einer katholischen Sparkasse anlegte. Denn: Die katholische Subgesellschaft stellte für die meisten Lebensbereiche und Lebensbedürfnisse gesonderte Organisationen und Institutionen zur Verfügung und bot damit dem einzelnen Katholiken so etwas wie Ersatzheimat."[8]
Zur Hauptsache ist damit der Zeitraum von 1850 bis 1950/60 bezeichnet. Es ist die Zeit des Wachsens und der Hochblüte des „Block-Katholizismus", bei dem in der Regel der Verteidigung nach außen eine Geschlossenheit nach innen entsprach. Die Sozialform dieses insgesamt eindrucksvoll durchorganisierten Katholizismus bestand aus einer Mischung von traditionellen Elementen (vor allem in den bäuerlichen Gebieten), von kirchlicher Lehre und Praxis sowie von religiösen Frömmigkeitsformen mit ihrem das Jahr, die Woche und den Tag prägenden Rhythmus; aber auch von damals hochmodernen Chancen der Selbst-Organisation, der Bildung und der Öffentlichkeitsbeeinflussung (Presse) und vor allem von einem sozialen und politischen Handlungsbedarf bzw. einer klaren Herausforderung. Diese Mischung ergab ein historisches Profil, allerdings um den Preis des Rückzugs ins Getto. Man war weitgehend unter sich. Das Ergebnis war das Milieu mit deutlichen Abgrenzungen und Feindbildern, eine Heimat, die — wie schon angedeutet — den einzelnen Katholiken in ein wirksames Sondermilieu einband, ihn soweit möglich von Nichtkatholiken absonderte und ihn bis in den persönlichen und familiären Alltag hinein aber auch kontrollierte.
Wäre dieses Modell der Vergangenheit nun eines, das als Modell für die Zukunft dienen könnte?

b) Differenzierung der Gesellschaft und verdunstender Einfluß der Kirche

Wer dieser Vergangenheit nachtrauern und diese „gute alte Zeit" wiederherstellen wollte, müßte zur Kenntnis nehmen, daß die Situation und die Bedingungen des Handelns sich seit Mitte dieses Jahrhunderts noch radikaler geändert haben als hundert Jahre zuvor. Bei dem schon im letzten

[8] U. Altermatt, Abschied vom katholischen Block-Denken, in: Civitas 30 (1975) 564f.

Jahrhundert wahrgenommenen Auseinanderdriften von Christentum (Christenheit!) und Gesellschaft, als nämlich Politik, Wissenschaft und Wirtschaft ihre dominierende und kontrollierende Rolle wahrzunehmen begannen, bildete vor allem die katholische Teiltradition des Christentums einen der wirksamsten Kristallisationspunkte der Versäulung und Milieubildung.[9] Die damalige Modernisierung parierte man also katholischerseits damit, daß man die sich anbahnende moderne Welt in ein christliches Milieu band („integrierte“) und einen Kommunikationszusammenhang unter der Kontrolle und moralischen Führung der Kirche schuf. Kirche und Gesellschaft waren in der Subgesellschaft mehr oder weniger deckungsgleich. Der Katholizismus war demzufolge die „Beheimatung“ der Gesellschaft unter kirchlicher Führung, indem Politik, Rechtsprechung, Bildung, Freizeit und Sitte, Werke und Normen, Wirtschaft und Wissenschaft etc. in kirchlich-religiösen Zusammenhängen verblieben. Der Minderheit gelang es, die Entwicklung kirchlich umzuleiten im Rahmen einer katholischen Teilgesellschaft, die die einzelnen Katholiken und Katholikinnen gegenüber der Gesamtgesellschaft wie in einem Kokon bzw. Schutzgespinst verpackte und vereinnahmte. So gesehen entstand der Katholizismus als Reaktion der Kirche gegenüber der Modernisierung im letzten Jahrhundert. Der Weg war — soweit als damals möglich — die konfessionelle Einkapselung. So folgerichtig es ist, diesen Katholizismus von seiner gesellschaftlichen Defensiv-Stellung und von seiner zusehends erworbenen Machtbasis her zu begreifen, so ist doch nicht zu übersehen, daß er insgesamt geistig, ethisch und religiös ganz an die Kirche gebunden und institutionell in ihren Binnenstrukturen verankert war. Im Unterschied zur Katholizismus-Entwicklung in Deutschland, Österreich, Holland und Belgien fällt in der Schweiz die viel stärkere eigene Verantwortung der Laien auf. Allerdings hatten die Schweizer Verfassungen von 1848 und 1874 gegen politisierende Geistliche einen Riegel vorgestoßen — mit einer deutlichen Spitze gegen katholische Priester.[10] — Aber die Stoß-Richtung der Laien-Aktivitäten im Katholizismus zielte nicht auf die innerkirchlichen Verhältnisse, sondern auf das Handeln in Staat und Gesellschaft. Die geistige Ausrichtung unterlag der bestehenden gesamtkirchlichen Struktur und der amtlich verfaßten Kirche.

Wenn natürlich im praktischen Alltag die Verhältnisse nicht so ideal gewesen sind, wie sie zuweilen erscheinen mögen, so war diese Zuordnung grundsätzlich doch unbestritten. Im Gegenteil: diese Tendenz wurde durch das schon erwähnte Erste Vatikanum und nach der rigorosen Anwendung des päpstlichen Jurisdiktionsprimates ausgebaut. Auch kirchlich

---

[9] K. Gabriel, a.a.O., 28f.

[10] V. Conzemius, Geistliche in der Schweiz, Bürger zweiter Klasse, in: Vaterland (Nr. 219) v. 21. 9. 1975.

schienen innere Straffung und Vereinheitlichung ein Gebot der Stunde zu sein. Wer somit heute den Traditionen und dem sichere Heimat gewährenden geschlossenen Milieu nachtrauert, wird sich fragen lassen müssen, ob es wirklich religiöse und kirchliche Anliegen sind, deren Verschwinden man bedauert, oder zeitgebundene Bedingungen, die dem kirchlichen Leben Schubkraft gaben und zusätzliche Funktionen aufsattelten. Es waren noch lange nicht nur religiöse Motive und tiefe Glaubensbetroffenheit, die die gute alte Zeit so wirksam und so effektiv erscheinen ließen. Vieles hing an damaligen Zeit-Umständen und zeitgenössischen Herausforderungen.
Wie schon vermerkt, ist mit Katholizismus die gesellschaftliche Präsenz der Kirche gemeint, und zwar in der Form einer subgesellschaftlichen Sozial-Struktur, die sich im 19. Jahrhundert herausgebildet hat. Das Verhältnis zwischen Staat bzw. Gesellschaft und Kirche und damit Katholizismus wird sich zwangsweise ändern und wandeln müssen, sobald sich die gesellschaftlichen Bedingungen geändert haben und sowohl Gesellschaft als auch Kirche in Krisen und Wandlungsprozesse geraten. Und dies vollzieht sich seit den sechziger Jahren und unterzieht das feinmaschig ausgebaute Netz von Kirche und Katholizismus einem tiefgreifenden Wandel mit schmerzlichen Zerreißproben. Das muß genauer dargestellt werden, um die heutige Situation und die heutigen Herausforderungen des nähern orten und wahrnehmen zu können.
Im Schema könnte das herkömmliche Modell wie auf folgender Seite dargestellt werden.[11]
Das Ergebnis dieser Verhältnisbestimmung zwischen Kirche und Staat läßt sich mit den Worten von K. Gabriel folgendermaßen zusammenfassen: „Obwohl die Gesellschaft insgesamt längst ‚nachchristlich' geworden war, blieben insbesondere für die Katholiken gesellschaftliche Bedingungen erhalten, die denen einer ‚christlichen Gesellschaft' ähnlich waren."[12]
Die Bedingungen des 19. Jahrhunderts, die bis in die Mitte dieses Jahrhunderts wirksam gewesen sind, haben sich im Verlaufe der letzten Jahrzehnte nun radikal geändert. Damit stehen Katholizismus und Kirche vor neuen Herausforderungen und der Notwendigkeit, sich neu zu orten und zu bestimmen.[13]
Nachdem der historisch gewachsene Katholizismus viele der früheren Funktionen nicht mehr wahrnehmen muß (die letzte Bastion fiel 1973 durch die Volksabstimmung, als die konfessionellen Ausnahmeartikel abgeschafft wurden), weil die sozialen und politischen Ziele erreicht und frühere Gegnerschaften abgebaut worden sind und weil vor allem auch die Kirche soweit arriviert ist, daß sie des Schutzschildes nicht mehr be-

[11] Vgl. L. Karrer, a.a.O., 62f.
[12] K. Gabriel, a.a.O., 31.
[13] Vgl. L. Karrer, a.a.O., 64—74.

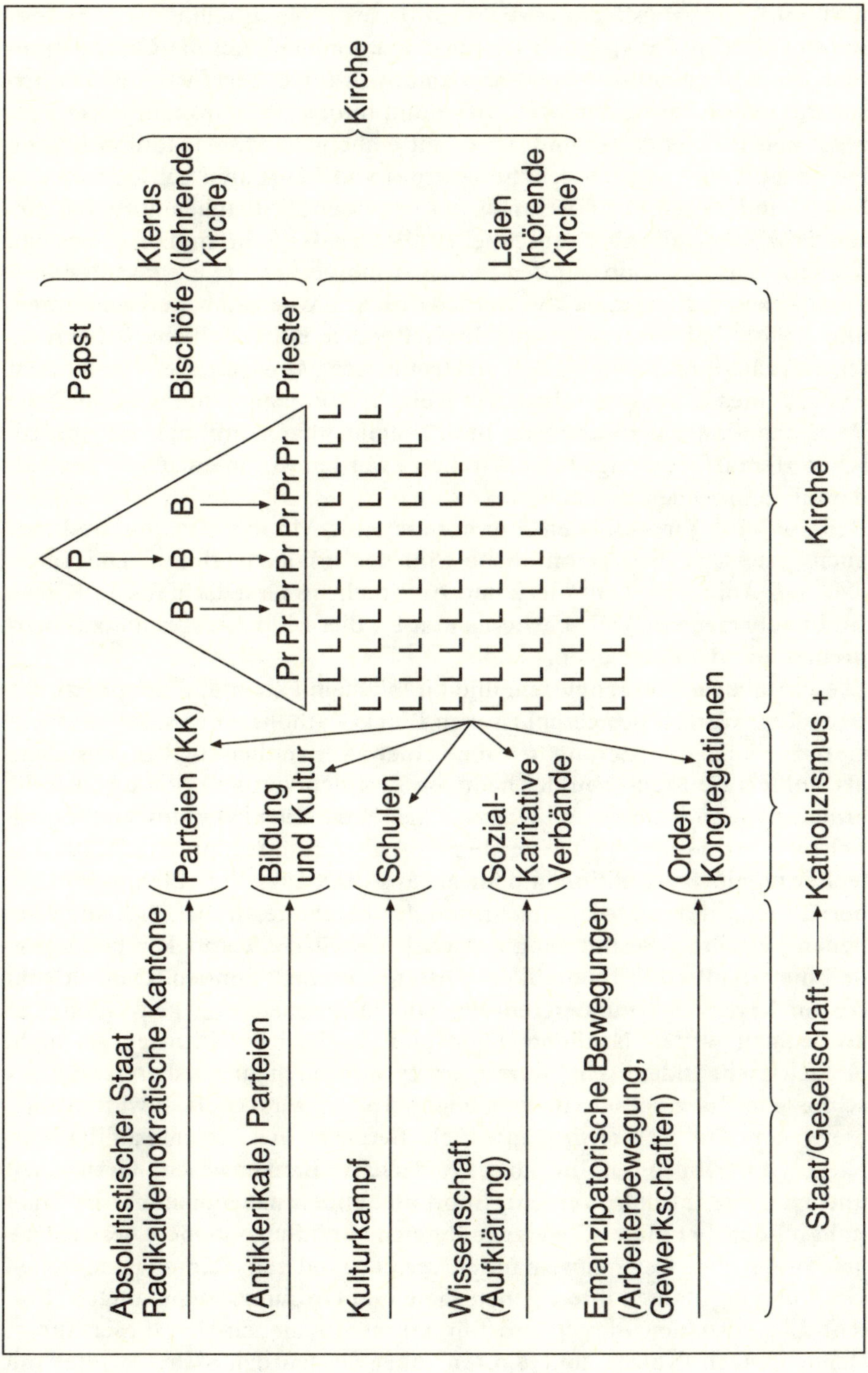
Absolutistischer Staat
Radikaldemokratische Kantone
(Antiklerikale) Parteien
Kulturkampf
Wissenschaft
(Aufklärung)
Emanzipatorische Bewegungen
(Arbeiterbewegung,
Gewerkschaften)
Parteien (KK)
Bildung
und Kultur
Schulen
Sozial-
Karitative
Verbände
Orden
Kongregationen
P
B
B
B
Pr Pr Pr Pr Pr Pr Pr
L L L L L L L L L L
Papst
Bischöfe
Priester
Klerus
(lehrende
Kirche)
Laien
(hörende
Kirche)
Kirche
Staat/Gesellschaft
Katholizismus +
Kirche

darf, muß er zwangsläufig in die Krise geraten. Natürlich hängt es mit gesellschaftlichen Entwicklungstendenzen zusammen, daß die Geschlossenheit des Milieukatholizismus abschmolz. Infolge der füchterlichen Erschütterungen der beiden Weltkriege und infolge weltumspannender Prozesse und Problemberge und der damit einhergehenden Traditionsbrüche haben sich die Lage der Kirche und des von den Laien getragenen Verbands- und Parteienkatholizismus tief verändert. Wir stehen mitten in diesen Prozessen, die nicht abschließend zu analysieren sind. Der erneute Modernisierungsschub seit den fünfziger Jahren brachte ein rasantes wirtschaftliches und technisch-wissenschaftliches Wachstum und eine ungeahnte Mobilität bei wachsender Freizeit sowie einen beinahe unbegrenzten Informationszugang zu den elektronischen Massenmedien. Unter dem Einfluß dieser Faktoren brachen viele Traditionen und herkömmliche Wertvorstellungen zusammen. Im Zusammenhang mit der zeitgenössischen Herausforderung an die Kirche(n) werden wir im einzelnen genauer darauf zu sprechen kommen.
Religion und Kirche haben ihre normierende Monopolstellung und ihre auch gesellschaftlich verbindliche Einheitsfunktion verloren. Die Tatsachen des Abbruchs, Umbruchs und Aufbruchs in Gesellschaft und Kirche sind unübersehbar. Viel schwieriger ist es, diese Fülle insgesamt zu interpretieren und zu verstehen.
Dieser Rückgang an religiösem und kirchlichem Leben und der praktische Bedeutungsverlust des geschlossenen Block-Katholizismus sind nun nicht einfach als Säkularisierung im Sinne einer „Verweltlichung“ zu verstehen, als wollten die Menschen der heutigen Zeit sich von Religion und Kirche grundsätzlich distanzieren. Was wir heute als Rückgang des kirchlichen Lebens — vor allem auf Pfarreiebene —, als Zusammenbruch jahrhundertealter religiöser Traditionen oder als auswählendes Verhalten gegenüber der Lehre und den Moralvorschriften der Kirche feststellen, hat mit einer neuen Verhältnis-Bestimmung zwischen Gesellschaft und Kirche zu tun, den die Gesellschaftstheoretiker „Differenzierung“ nennen. Danach geht die im letzten Jahrhundert einsetzende Modernisierung gewissermaßen konsequent weiter. Nachdem Staat und Kirche bzw. Christentum nicht einfach mehr „identisch“ waren, ist es nun auch die bisher relativ geschlossene Subgesellschaft nicht mehr. In ihr wirkt sich unwiderruflich die weitere Differenzierung aus. Viele Bereiche wie Arbeit, Familie, Parteien, Gewerkschaften, Bildung, Wirtschaft, Bankenwesen, Gesundheit und Fürsorge, Militär, Verkehr, Sport etc. bilden nebeneinander im Staat (und oft darüber hinaus) je eigene Bereiche und Subsysteme. Diese einzelnen Subsysteme treten auseinander, verselbständigen sich in einem hohen Grad und bestimmen ihre eigenen Ziele und Ordnungsvorstellungen (Rollen). Die einzelnen Bürger und Bürgerinnen bedienen sich dieser Subsysteme je nach Nutzen und Kosten; aber sie würden sich nie total mit

ihnen identifizieren oder sich nur von einem einzigen Subsystem her verstehen.
Innerhalb der einzelnen Subsysteme bedarf es zunehmend der Spezialisten bzw. der Professionellen, die entsprechend (als Anlageberater, als Arzt, als Funktionär ...) qualifiziert sind, während die anderen teilnehmen können als Kunden, Konsumenten, Klienten ... Die einzelnen Subsysteme wahren einen möglichst zielorientierten Handlungsspielraum, sollen sich gegenseitig also nicht „ins Gehege" kommen, sich aber sonst an die im demokratischen Staat geltenden Spielregeln halten. In diesem Zusammenhang ist auch jene Tendenz zu sehen, die mit funktionaler Demokratie umschrieben worden ist. Die Gesellschaft differenziert sich nach spezifischen Funktionen, die von Teilsystemen erbracht werden, aus; und diese Tendenz sprengt eine rein territoriale Struktur. So kann z. B. die Schweiz auf dem eigenen Territorium viele Probleme gar nicht im Alleingang lösen, ohne sich funktional über den eigenen Staat hinaus zu engagieren bzw. zu differenzieren. Die Kraft der funktionalen Differenzierung sprengt eine nur territorial ausgerichtete Handlungsebene.
Nicht unähnlich gefordert ist nun das pastorale Wirken und die Institution der Kirche(n). Vom pluralen und vielschichtigen gesellschaftlichen Kräftefeld her ist dann auch die Kirche ein Substystem unter vielen. Sie ist toleriert und akzeptiert, wenn sie sich an die Spielregeln der Aufgabenteilung hält. Sie ist dann für die religiöse Sinndimension und die religiösen Bedürfnisse der Menschen zuständig, sozusagen für jene Bereiche, die die anderen Subsysteme nicht wahrnehmen können noch wollen.
Das Religiöse bleibt eine „Sinnprovinz" oder ein Teil unter vielen, aber durchdringt nicht mehr als Fundament oder Gesamtrahmen alle Bereiche des persönlichen und gesellschaftlichen Lebens. Die Kirche wird dann anerkannt, wenn sie sich nicht in die Sektoren z. B. Wirtschaft, Militär, Parteien, Gesetzgebung (z. B. Asylpolitik), persönliche Freiheit (Geburtenregelung) usw. einmischt, sondern sich mit ihrer religiösen Funktion bescheidet. Das gesellschaftliche Überleben der Kirche ist also — im Unterschied zum 19. Jahrhundert — kein Problem mehr. Aber sie ist nur eine unter vielen bestimmenden Größen. Ihre frühere Monopol-Stellung ist einer Konkurrenz-Situation gewichen.
Nun muß die Kirche erfahren, daß sie wenig „ganzheitlich" erlebt wird, sondern eher auch funktional nach einer Nutzen-Kosten-Rechnung. Man geht zur Kirche, wenn man sie braucht. Aber man identifiziert sich nicht mehr mit ihr als ganzer Organisation. Leicht erscheint auch sie wie eine andere Institution mit speziell qualifizierten Professionellen und der großen Schar von Kunden (bzw. Gläubigen), die mehr oder weniger am kirchlichen Leben teilnehmen. Natürlich spürt auch die Kirche den gesellschaftlich erwirkten Rückzug vieler Menschen von der Welt der Systeme

in den privaten Lebensraum der Familie, der Hobbies oder der Freizeit. Diese Individualisierung zeigt sich im heute viel distanzierteren und auswahlchristlichen Verhältnis der Katholiken und Katholikinnen zum Katholizismus und zur Kirche.
Vor dem Hintergrund der nur skizzenhaft dargestellten Entwicklung wird deutlich, daß dem institutionalisierten Katholizismus die Möglichkeit entglitten ist, die alte Sondergesellschaft aufrechtzuerhalten. Es hilft nichts, die alten Zeiten beschwören zu wollen, denn die Kirche kann keine christliche Teilgesellschaft künstlich erhalten, weil die gesellschaftliche Entwicklung nicht nur dem geschlossenen katholischen Milieu die Grundlagen entzogen hat, sondern unmittelbar in die Kirche selber eingedrungen ist. Sie ist heute vor Herausforderungen gestellt, vor denen sie sich vor 100 Jahren noch hinter dem Schutzschild des Katholizismus in einem innerkirchlichen Reduit verschanzen konnte. Die Kirche findet sich somit in einer völlig neuen Situation vor; und die gesellschaftliche Entwicklung mit all ihren „Errungenschaften" wie demokratische Mitsprache, Gleichberechtigung von Mann und Frau, gerechte Prozeßordnung, Freiheitsrechte und Eigenverantwortung usw. kolonisieren den pastoralen „Binnen-Raum" der Kirche (auch wenn sich die Institution Kirche noch wehren mag).

2. Kirche und Moderne: Ein bis heute schwer gestörtes Verhältnis

Bevor nun auf das Verhältnis der Kirche zur eigenen Vergangenheit näher eingegangen wird, ist noch zu erklären, warum die Konflikte des letzten Jahrhunderts im Grunde genommen immer noch nicht überwunden sind. Es zeigt sich ein tief gestörtes Verhältnis der Kirche zur Gegenwart. Mit dem Begriff der „Moderne" kann meines Erachtens das Problem bis zu einem gewissen Grad (hypothetisch) beleuchtet werden. Dabei ist allerdings zu beachten, daß der Begriff „Moderne" nicht nach allen Seiten abgestützt zu definieren ist. Noch viel schwieriger ist es, genau zu verstehen, was mit dem Jargon der „Postmoderne" nun genau gemeint ist. Ist der darüber geführte Diskurs mehr als eine der intellektuellen Moden, von denen es ja geradezu wimmelt? Oder will man damit sagen, daß die Moderne mit ihren Hoffnungen auf mehr Humanität und Freiheit durch rationale Aufklärung und technischen Fortschritt doch „gescheitert" ist?
Während der Katholizismus sich politisch, sozial und bildungspolitisch auf der Basis der bürgerlichen und staatsliberalen Errungenschaften im leztzten Jahrhundert organisierte und strukturierte, entfremdete sich die Kirche der damaligen Zeitkultur. Man gebrauchte zwar die technischen und praktischen Fortschritte, zog sich aber geistig zurück.

Die fundamentalen Fragen und tiefgreifenden Auseinandersetzungen konnten so nicht wahrgenommen und produktiv verarbeitet werden. Die dominierende Kultur (Zivilisation) des vom Bürgertum verantworteten aufsteigenden Kapitalismus und der die Arbeiterschaft ausbeutenden Industrialisierung war in den Augen der Kirche und der katholischen „Welt“ liberal bzw. frei-sinnig, rationalistisch aufgeklärt und religiös indifferent, wenn nicht sogar ausgesprochen anti-religiös. Diese „Zeit“ mit einer solchen Kultur und gesellschaftlichen Ordnung mußte abgelehnt werden. Dadurch konnte man aber nicht zeit-gemäß denken und handeln.
Gleichzeitig reagierte die Leitung der katholischen Kirche auf die mannigfachen Bedrohungen und Verluste (unter anderem des Kirchenstaates) mit einem doktrinären und institutionellen Rückzug in sich selbst. Durch die Lehre vom Universalepiskopat und der lehramtlichen Unfehlbarkeit des Papstes (Erstes Vatikanisches Konzil: 1869/70) erreichte die Kirche eine exklusive Konzentrierung auf das Papsttum in Rom. Um so geschlossener versuchte man, gegen die „moderne“ Welt anzutreten. So verwarf schon zuvor der Syllabus von Papst Pius IX. aus dem Jahre 1864, ähnlich wie die Enzyklika „Mirari vos“ von Papst Gregor XVI. aus dem Jahre 1832, alle modernen Strömungen und Ideen bis hin zur Gewissens- und Religionsfreiheit, Pressefreiheit usw. — Beim Lesen der einschlägigen Dokumente fällt auf, wie sehr sich in ihnen die Abwehr von „Freiheit“ und von allem, was damit zusammenhängt, durchzieht. Unerträglich ist es, wenn in der Enzyklika „Quanta cura“ (Syllabus) von Pius IX. zu lesen ist, daß die „schrankenlose Redefreiheit frech gegen die Wahrheit auftrete“, die vom Papst natürlich zu schützen sei. „Hierhin gehört auch jene nie genug zu verurteilende und zu verabscheuende Freiheit der Presse . . . Alle verkehrten Meinungen und Lehren also . . . weisen Wir kraft Unserer apostolischen Vollmacht zurück, verbieten sie und verdammen sie und wollen, daß alle Söhne der katholischen Kirche sie durchaus als zurückgewiesen, verboten und verdammt ansehen.“[14] Man ist erschüttert ob der arroganten Unfähigkeit, Wirklichkeit wahrzunehmen und angemessen zu beurteilen. Freiheit, soziale Gerechtigkeit (Arbeiterbewegung), neue Rechte, demokratische Verfassung, Freiheit des Denkens und des Redens usw. waren aber exakt die sich herausschälenden Zielsetzungen und politischen Absichten der damaligen „Moderne“. Die Kirche reagierte — bis auf wenige Ausnahmen — antimodern: gegen die Zeitkultur, gegen die Neuerungen, gegen die Fakten und gegen die Wirklichkeit. Antimodernismus wurde zum verbissenen Programm. Diese Unfähigkeit, auf Wirklichkeit einzugehen, hat uns in der Kirche bis zum heutigen Tag die Modernismuskrise beschert. — Und wenn in diesen Tagen an die Sozialenzyklika von Leo XIII. „Rerum novarum“ (1891) erinnert wird, so darf nicht übersehen werden,

[14] Zit. bei C. M. Auer, Gegen den Geist der Neuerung, in: Civitas 46 (1991) 49ff.

daß diese vielgepriesene Enzyklika zwar die soziale Frage (endlich) wahrnimmt und Kritik am Kapitalismus übt, aber bezüglich der Rechtsstaatlichkeit, der Bewegung für Demokratie (alles Recht geht vom Volk aus) und der Gewaltenteilung sowie der Menschenrechte in einem neoscholastisch begründeten Gegenprogramm steckenbleibt. Ist es da erstaunlich, wenn C. M. Auer schreibt: „Große Teile des für den Kapitalismus verantwortlichen Bürgertums und der von ihm ‚ausgebeuteten' Arbeiterschaft hat dieses Lehrschreiben längst nicht mehr erreichen können... Der Grund dafür ist in der Rerum novarum vorausliegenden Staats- und Gesellschaftslehre des päpstlichen Lehramtes zu suchen..."[15] — Von daher wirkt es folgerichtig, daß sich der formierende politische Katholizismus der Schweiz gegen Ende des letzten Jahrhunderts der radikal-liberalen Mehrheitspartei annäherte (wenn auch in ideologischer Distanz), und zwar in einer gemeinsamen (bürgerlichen) Abwehrhaltung gegenüber der aufsteigenden sozialdemokratischen Arbeiterbewegung. „Die klassenkämpferische Radikalisierung der sozialistischen Arbeiterbewegung trieb den politischen Katholizismus, der letztlich bäuerlich und gewerblich geprägt war, in die Arme des bürgerlichen Freisinns und verbaute so einer möglichen Linkskoalition den Weg."[16]

Nach den erneuten Modernisierungsschüben — Differenzierung der Gesellschaft, Mitspracherechte, Menschenrechte, Emanzipation, Gleichberechtigung von Mann und Frau, Bildungsmobilität, Tourismus, Medien usw. — zeigt sich nun ein ähnliches Bild. Wiederum ist es die offizielle Kirchenleitung, die zwar auf die menschlichen Kosten des Fortschritts und auf die Probleme der Armut und der Ungerechtigkeit usw. in eindrucksvollen Voten hinweist, aber einem Gesellschafts- und Menschenbild sowie einem Kirchenbild verhaften bleibt, das der heutigen „Moderne" entgegengesetzt ist. Kirche verweigert in diesem Sinn wiederum eine notwendige und mögliche Zeit-Genossenschaft. Wer nicht die Freiheit des Menschen, die Menschenrechte, Gleichberechtigung und Mitsprache im eigenen Handlungsraum verficht und schützt, gerät in den begründeten Verdacht, irgendwo vor dem letzten Jahrhundert steckengeblieben zu sein. Zudem wird man so an den Rand der gesellschaftlichen Prozesse und Fragen weggeschwemmt; man wird schlechterdings kulturunfähig und wirklichkeitsblind. Man wähnt sich binnenkirchlich vielleicht noch im Zentrum, merkt aber nicht, daß man gesellschaftlich schon längst „draußen"

---

[15] A.a.O., 49. Ob es mit der neuen Enzyklika „Centesimus annus" nicht ähnlich sein wird? Zwar nennt der Papst bedrohliche Zeitzeichen, geht aber davon aus, daß die Neuevangelisierung der modernen Welt eine Hilfe sei, deren wesentlichen Bestandteile die Verkündigung der kirchlichen Soziallehre sei. Dann aber müßte die Kirche im eigenen Bereich praktizieren, wofür sie der modernen Welt gegenüber eintritt. Vgl. dazu: K. Obermüller, Im Vatikan hat der Kapitalismus keine gute Presse, in: Die Weltwoche v. 16. 5. 1991, 27.

[16] U. Altermatt, Katholizismus und Moderne, 153.

und nicht gefragt ist. Das ist das Vergiftende an der „ewigen Modernismuskrise“ der Kirche, daß sie Wirklichkeit und soziale Probleme nicht angemessen wahrnimmt und sich des kulturellen Brückenschlags beraubt. Auf dieser Ebene gibt es kein echt streitbares und fruchtbares Verhältnis zur Moderne, keine Versöhnung mit der Freiheit.

Dies ist deshalb bedauerlich, weil die Kirche dort nicht mehr ernst genommen wird, wo ihre Stimme angesichts der Bedrohungen in der Moderne erst recht gefordert wäre — im Verbund mit den anderen Kirchen und Weltreligionen: für Gerechtigkeit, für Frieden und für eine menschenwürdige Zukunft. Ist es da erstaunlich, daß viele Menschen im Fundamentalismus, in Esoterik und in neuen religiösen Bewegungen eine Antwort suchen, aber kaum bei den etablierten Kirchen? Für die katholische Kirche bedeutet dies, zu den positiven Errungenschaften der Moderne ein kritisch-konstruktives Verhältnis zu finden und sich im eigenen Verantwortungsbereich dafür zu öffnen, aber auch die kulturelle Auseinandersetzung mit den Brüchigkeiten der Moderne in der westlichen Gesellschaft zu wagen. Die Modelle, wonach die Gesellschaft und Kultur „heim“ in die Kirche zu holen sind (integralistisches Modell, Re-Evangelisierung, Opus Dei . . .), haben keinen Sitz im heutigen Leben mehr. Vielmehr käme es darauf an, in der „modernen“ Welt mit ihren zukunftsweisenden Impulsen und zukunftszerstörerischen Kräften kritisch-prophetisch präsent zu sein.

Damit ist eine neue Ausgangslage geschaffen für die bedrängende pastorale Sorge, wie die katholische Kirche Schweiz unter den gewandelten Bedingungen ihrer Berufung und Sendung praktisch nachkommen kann.

3. Kirche — zwischen Vergangenheit und Zukunft

Aber nicht nur die gesellschaftlichen Gegebenheiten, sondern auch die Kirche selbst ist von einem tiefgreifenden Wandel erfaßt. So wie die gesellschaftlichen Wandlungsprozesse natürlich nicht nur schweizerische Ursachen haben, sondern weit über die Schweiz hinausweisen, so verhält es sich mit der Kirche. In der Schweiz zeigen sich die allgemeinen Umbrüche der gesamten katholischen Kirche, wenn auch auf spezifische Weise. Im historischen Ablauf dieser Umbruchsituation kommt dem II. Vatikanischen Konzil (1962—65) zweifelsohne eine Schlüsselstellung zu, denn es hat in unerwarteter Weise eine Dynamik aufbrechen lassen und Fragen zum Durchbruch verholfen, die bis auf den heutigen Tag die Tagesordnung der Kirche prägen. Es wäre jedoch zu naiv, die Umbruchsituation und den innerkirchlichen Wendepunkt als im Konzil selbst begründet und von ihm ausgelöst zu sehen. Noch bedenklicher wäre es, die Notwendigkeit des konziliaren Durchbruches zu verkennen und hinter all den gegen-

wärtigen Problemen einfachhin nur negative Krisenzeichen zu wittern. Die Herausforderungen der Kirche und ihre Krisen sind weit mehr als „nur" innerkirchliche Problemzeichen. Oft sind sie eher Varianten einer allgemeineren Umorientierung und Umwertung herkömmlicher Normen, denen auch andere gesellschaftlichen Gruppierungen ausgeliefert sind (z. B. Parteien, Gewerkschaften . . .). Von daher muß davor gewarnt werden, Krisen in der Kirche samt und sonders als Krisen nur der Kirche bewerten und heilen zu wollen (Distanziertheit, Jugendprobleme, Ehe- und Familienmodelle . . .). Die empirische Kirche ist in der Regel viel weniger ein Kontrast-Gegenüber zur Gesellschaft, auch wenn sie sich grundsätzlich theologisch so verstehen mag, sondern sie schwimnt vielfach im gesellschaftlichen Boot mit und reflektiert die dortigen Verhaltensweisen und Kräfteverhältnisse.
Die inhaltlichen Hauptlinien der Kräfteverschiebung seit dem II. Vatikanischen Konzil eindeutig zu benennen ist ein waghalsiges Experiment. Offensichtlich sind ein triumphalistisches Kirchenverständnis und ein starres ungeschichtliches Glaubensverständnis verabschiedet worden. Das Konzil befreite eine nur auf sich selbst bezogene juridisch zementierte Kirchlichkeit auf die Herausforderungen der heutigen Welt hin; es bahnte mit seinen Aussagen zur Stellung der Kirche in der Welt von heute (Konstitution Gaudium et Spes, 1965) den Weg zur Offenheit für die Welt und zur Dialogbereitschaft mit anderen weltanschaulichen und kulturellen Gruppen und Kräften. Es ebnete damit ein unbelasteteres Grundverständnis für die missionarische Präsenz der Kirche in der heutigen Zeit. Gleichzeitig versuchte das Konzil mit dem Dekret über den Ökumenismus (Unitatis redintegratio, 1964) und seiner Erklärung über das Verhältnis der Kirche zu den nichtchristlichen Religionen (Nostra aetate, 1965) sowie seinem Eintreten für Religions- und Gewissensfreiheit eine Neuorientierung, das einem kirchlichen Integralismus und einem katholischen Block- oder gar Reduit-Denken eindeutig die Grundlagen entzog. Nicht unerwähnt darf das Dekret über das Laienapostolat (Apostolicam actuositatem, 1965) bleiben, das die Eigenverantwortung und die Sachkompetenz der Laien verdeutlichte und zur Zusammenarbeit mit allen Menschen guten Willens aufrief (Nr. 27). Eine der Großtaten des Konzils war ohne Zweifel die Kirchenkonstitution mit dem bezeichnenden Titel: „Licht der Völker" (Lumen gentium, 1964); diese Konstitution thematisiert nicht zuerst — wie das damals noch geltende Kirchenrecht und trotz Versuche kurialer Kreise — die hierarchische Ordnung mit ihren Über- und Unterordnungen; vielmehr betont sie die „wahre Gleichheit" aller Glaubenden (Nr. 32). Der Gedanke von der Kirche als „Volk Gottes" (Lumen gentium, Kap. 2) korrigiert ein einseitig auf den Klerus zentriertes Kirchenbild. Kirche als Volk Gottes bedeutet vor aller charismatischen und amtlichen Unterscheidung oder Aufgliederung auf der kirchlichen Ebene die Gleichwertigkeit aller

getauften und gefirmten Christen und Christinnen auf der pneumatisch-fundamentalen bzw. christlichen Ebene. Nach den Worten des Konzils haben die Christen nicht irgend einen Anteil an der Sendung der Kirche, sondern sie sind vielmehr „berufen, als lebendige Glieder . . . alle ihre Kräfte . . . zum Wachstum und zur ständigen Heiligung der Kirche beizutragen“ (Lumen gentium 33), denn „alles, was über das Volk Gottes gesagt wurde, richtet sich in gleicher Weise an Laien, Ordensleute und Kleriker“ (ebd. 30).

Die Kirche gerät zusehends in den Sog ihrer konziliären Öffnung. Der Wandel rührt so sehr an die Tiefe ihrer eigenen Grundlagen, daß sie in ihrer praktischen Pastoral sowie in ihrer institutionellen Gestalt und Selbstdarstellung davon nicht unberührt und unangefragt bleiben kann. Eine Kirche, die aus eigener historischer Enge aufbricht und die Öffnung auf die Welt und die Menschen hin wagt, wird von den Fragen der Menschen und von den gesellschaftlichen Wandlungsprozessen (z. B. Emanzipationsbewegungen, Menschenrechtsdiskussion, Demokratisierung, Gleichberechtigung . . .) selber eingeholt. Die Welt stellt sich selber der Kirche und fragt nach der praktischen Relevanz ihrer Hoffnung. Dadurch hat sich der konziliare Impuls zur Weltverantwortung ausgeweitet, z. B. auf die Bemühungen um die aktive Sicherung des Weltfriedens, die gerechte Umverteilung der Güter dieser Erde, das Eintreten für eine gerechtere Wirtschafts- und Gesellschaftsordnung, für das Überleben der Schöpfung, alles doch Impulse, die weit über den Horizont des Konzils hinausgediehen sind und in die Basler Konvokation im Jahre 1989 mündeten, in die Ökumenische Versammlung „Frieden in Gerechtigkeit“. Dem „Auszug in die Welt“ und zu den Menschen entspricht der Aufbruch des Kirchenbewußtseins auf seiten des Volkes Gottes.

Die bewußtseinsbildenden Großtaten des Konzil werden je länger um so mehr durch die weitergehenden Entwicklungen seit dem Konzil zu Spätzündern auch für die Kirchenordnung und für die Fragen um Dienste und Ämter. Im beschränkten Rahmen dieser Ausführungen kann die unübersehbare Fülle der Mit-Beteiligung und des Engagements so vieler Frauen und Männer in allen Teilen der Weltkirche leider nur genannt werden (im einzelnen kommen wir später darauf zurück): in der Diakonie und Caritas; im individuellen, sozialen und gesellschaftspolitischen Bereich; in den katechetischen und religionspädagogischen Aufgabenfeldern; in der Verkündigung und Theologie, in der Erwachsenenbildung, Medien- und Öffentlichkeitsarbeit; im gottesdienstlichen und sakramentalen Leben der Kirche und Pfarreien; in Verbänden und Räten sowie in der Administration usw. Einschneidende Veränderungen und Initiativen haben stattgefunden: Seit den sechziger Jahren erfuhr die katholische Kirche sozusagen auch interne Veränderungen: Laien wirken mitentscheidend in Synoden, Seelsorgeräten, Basisgemeinden, Solidaritäts- und Ökumenegruppen mit;

ohne das Engagement von Laientheologen und -theologinnen, Katecheten und Katechetinnen, Jugendseelsorgern und Jugendseelsorgerinnen sind Pastoral und Verkündigung immer weniger denkbar. Auf Initiative von Laien oder in Zusammenarbeit mit Laien entstanden weltumspannende Hilfsorganisationen wie Fastenopfer, Misereor, Adveniat, Missio . . .
Diese erfreuliche üppige Vielfalt und die veränderte Bewußtseinslage verlangen aber nach einer ihnen entsprechend dienstbaren Kirchenordnung und nach einer neuen Rollenbestimmung des kirchlichen Amtes, denn das Schema „Klerus—Laie" kann nicht mehr wie ehedem spielen. Die kirchliche Entwicklung der letzten Jahre (einschließlich der Bischofssynode 1987 über Berufung und Sendung der Laien) zeigt allerdings auch mit Deutlichkeit, daß dieser Wandel zu einer schweren Prüfung der Kirche wird. Ob es um die theologischen Grundlagen (Weltdienst—Heilsdienst: hier ist auch das II. Vatikanische Konzil schillernd), um die Spiritualität der Laien, um das Verhältnis der Kirche zur Welt, um die Amtsfrage und Amts-Bedingungen, um die Analysen der geschichtlichen und kirchlichen Wirklichkeit geht, hintergündig ist eine heimliche Zwiespältigkeit (Dualismus) am Werk: Offensiv schickt man die Laien in die Welt (Missio), und defensiv grenzt man sich im innerkirchlichen Raum (Communio) von ihnen ab. In der Welt sind sie handelnde Erwachsene, während sie in kirchlichen Belangen über den Status des gesteuerten und betreuten Kindes nicht hinausgewachsen sind. Strukturell ist der Laie damit ein geteiltes Subjekt.
Die vermehrte Laien-Aktivität ist gerade durch den Katholizismus auf breiter Basis verbreitet worden, denn dort waren und sind Laien — in demokratischen Strukturen — tragend und entscheidend. Darin dürfte auch der Unterschied der Laien-Tradition in den deutschsprachigen Ländern im Vergleich zu anderen Teilen der Weltkirche und den romanischen Sprachregionen der Schweiz bestehen. Das System des Katholizismus war in diesem Sinn „autonomer" als das in den romanischen Ländern geförderte Modell der Katholischen Aktion.[17]
Alle Versuche, die den Laien durch eine zweitrangige binnenkirchliche Ortszuweisung bzw. durch eine ab- und ausgrenzende Verhältnisbestimmung zum Klerus ableiten und deuten wollen, führen zu Scheingefechten. Die Fragen nach Charismen, Ämtern und Kirchenordnungen stellen sich auf der kirchlichen Ebene, sind also praktischer Art und beziehen sich auf die empirische Seite der Kirche („Außenseite" der Kirche). Die Frage nach der Kirchenmitgliedschaft stellt sich auf der pneumatisch-fundamentalen Ebene, also auf der Ebene des Christseins („Innenseite" der Kirche). Auf dieser entscheidenden Ebene, die Frauen und Männer, „Kleriker" und „Laien" zu einem Volk Gottes eint, verläuft die Unterscheidungslinie zwischen Glaubenden und Nicht-Glaubenden. Das kirchliche Amt steht

[17] L. Karrer, a.a.O., 59—62.

im Dienste dessen, wofür Kirche Instrument und Provisorium ist. In diesem Sinn ist es durchaus konstitutiv für die Kirche. Aber die Kirche und ihre Sendung definieren ihre Dienste und ihre Ämter, nicht umgekehrt. Der theologische Dienst des Amtes liegt somit darin, *daß* Glaube, Hoffnung und Liebe möglich und gelebt werden, *daß* Kirche sich vollzieht in Verkündigung, Liturgie und Diakonie und darin Gemeinschaft werde. Der Sinn des kirchlichen Dienstes liegt nicht darin, alles selbst zu tun, was der Kirche als Sendung aufgetragen ist, sondern dafür Sorge zu tragen, *daß* die Kirche als Volk Gottes ihrer Sendung nachkommt. So dürfen wir folgern, daß die Fragen um Amt und Kirchenordnung praktische Fragen sind. Das hat natürlich weitreichende praktische Konsequenzen. Die Kirche ist in der Gestaltung ihrer Strukturen und Dienste beziehungsweise Ämter viel freier, als sie vorgibt.

Das II. Vatikanische Konzil „drang" auch in die Kirche Schweiz ein und löste eine Dynamik bei Kräften aus, die zum Teil schon aufgebrochen waren oder noch schlummerten.[18] Durch das Konzil wurde das in der Schweiz psychologisch ohnehin schon vorhandene ortskirchliche Bewußtsein nun auch theologisch legitimiert und anerkannt. Zudem wurde das Konzil auch in der Schweiz und durch die Vermittlung der Medien über den konfessionellen Rahmen hinaus zu einem beachteten und bewegenden Ereignis; immerhin haben auch reformierte Theologen aus der Schweiz als Beobachter daran teilgenommen (Oscar Cullmann, Lukas Vischer, Karl Barth).[19]

Das Konzil vermochte durchaus den konservativen Status in der Kirche Schweiz zu bewegen, wie insgesamt der Immobilismus in der Schweiz seinerseits durch die revolutionierenden Bewegungen in der Welt der späten sechziger Jahre aufgebrochen wurde.

Die Stimmung des kirchlichen Aufbruchs und das Programm des konziliären „Aggiornamento" entsprachen aber auch einer optimistischen Grundstimmung in der Welt: Es erfolgte damals die Gründung des Europäischen Parlamentes, der Kalte Krieg wurde von der Koexistenz von Ost und West abgelöst, in den Vereinigten Staaten wurde die Rassentrennung aufgehoben, dort regierte mit jugendlichem Elan John F. Kennedy usw.

Die Aufbruchstimmung in der Kirche Schweiz war natürlich auch eine Abbruch-Phase, in der herkömmliche Prinzipien einer Revision unterzogen wurden und Traditionen manchmal fast lautlos verschwanden. Symptome dafür waren die Austrittswellen aus dem Klerus und den Orden, die zunehmend wahrgenommene Kirchenkrise und das, was oberflächlich

---

[18] A. Helbling, Die katholische Kirche im Aargau seit dem Zweiten Vatikanischen Konzil, in: 100 Jahre Römisch-Katholische Landeskirche des Kantons Aargau, hrsg. im Auftrag des Röm.-kath. Kirchenrates des Kantons Aargau (Baden 1986) 145—153.

[19] Dazu: A. Stoecklin, Schweizer Katholizismus (Zürich — Einsiedeln 1978) 211—235.

Glaubensschwund genannt wird, sowie Block-Bildungen auf traditioneller oder progressiver Seite.
Andererseits war die nachkonziliare Phase von Initiativen und neuen seelsorglichen Wegen gekennzeichnet, die heute das kirchliche Leben prägen, wie Mitsprache in den Räten auf Pfarrei- und Bistumsebene, die zunehmende Zahl an Katecheten und Katechetinnen (Gründung des Katechetischen Instituts in Luzern 1964 durch Alois Gügler) sowie Laientheologen und -innen und vor allem auch die breitere Mitarbeit so vieler Frauen und Männer in den Pfarreien, die Gründung von Personalpfarreien („Missionen") für die italienisch- und spanischsprechenden Gastarbeiter usw.
In ökumenischer Hinsicht verdanken sich die zwischen-kirchlichen Gesprächskommissionen (mit dem Schweizerischen Evangelischen Kirchenbund und mit der Christkatholischen Kirche in der Schweiz, 1965) den Impulsen des Konzils. Die drei Landeskirchen haben sich 1971 zudem mit Frei- und Minderheiten-Kirchen zur Arbeitsgemeinschaft christlicher Kirchen in der Schweiz zusammengeschlossen, ein wichtiges ökumenisches Ereignis auf offizieller Ebene. — Da die orthodoxen Kirchen in dieser Arbeitsgemeinschaft nicht beteiligt sind, ist 1980 die Orthodox/Römisch-katholische Gesprächskommission gegründet worden.
Im Zuge dieses Aufbruchs erfolgten organisatorische Maßnahmen wie die auf Anregung der Männerorden zurückgehende Pastoralplanungskommission zuhanden der Schweizerischen Bischofskonferenz (1966). Im Jahre 1968 wurde das ständige Sekretariat der Bischofskonferenz errichtet; 1967 die Konferenz der katholischen kantonal-kirchlichen Organisationen, die sich 1971 als Römisch-Katholische Zentralkonferenz konstituierte. In Basel und Zürich erhielten die Katholiken nach langer Zeit des Wartens die Anerkennung als öffentlich-rechtliche Körperschaft und damit das Steuerrecht (1963). — So spürt man den Versuch, im Sinne der funktionalen Demokratie die über die lokale Ebene hinausgehenden Aufgaben sachgemäßer anzugehen und sich dafür die Voraussetzungen und Instrumente zu schaffen.
Ein Beweis, daß die katholische Kirche Schweiz in den sechziger und siebziger Jahren nicht nur ökumenisch und infrastrukturell, sondern auch wacher auf den gesellschaftlichen und innerkirchlichen Aufbruch reagierte, ist das Fastenopfer. Soweit man das im Rückblick und damit sozusagen von außen beurteilen kann, ist das Fastenopfer die großartigste längerfristig anhaltende Initiative der Kirche Schweiz in jüngerer Zeit. Vorläufer war das von den Jugendverbänden getragene Missionsjahr 1960/61, das schon von einem Geist beseelt gewesen ist, der auf dem unmittelbar bevorstehenden Konzil zum Durchbruch gelangen sollte. — In diesem Zusammenhang ist ebenfalls an die „Brücke der Bruderhilfe" zu erinnern (seit 1955) und an das Entwicklungshilfswerk „Elisabethenopfer" (Frauen helfen Frauen) des Schweiz. Kath. Frauenbundes (1957). Das Fastenopfer ist

1962 als gesamtschweizerische Einrichtung gegründet worden, also im Eröffnungsjahr des Konzils.[20] Es verkörperte im Geiste des Konzils den Gedanken weltweiter kirchlicher Solidarität mit der Dritten Welt und denjenigen gesamtschweizerischer Solidarität. Zudem wurde es nebst der schon erwähnten institutionalisierten Zusammenarbeit der Kirchen zum Träger praktischer ökumenischer Arbeit, verband es sich doch seit 1970 mit der Aktion „Brot für Brüder“ (seit 1990: „Brot für alle“).

Gesamtschweizerischen Charakter trägt auch die Kommission Iustitia et Pax, die als Stabsorgan der Schweizer Bischofskonferenz den Auftrag hat, in Zusammenarbeit mit anderen kirchlichen und zivilen Institutionen einen Beitrag zur Förderung der Gerechtigkeit und des Friedens innerhalb unseres Landes und in der Welt zu leisten.[21] Auf die Probleme der Ausländer — immerhin erhöhte sich in den Jahren 1950—70 der Ausländeranteil an der Wohnbevölkerung um beinahe das Vierfache — vermochte die Schweizerische Katholische Arbeitsgemeinschaft für Ausländerfragen (SKAF) einzugehen. Dieser selbständige Verein wurde 1970 von der Bischofskonferenz zu ihrer Fachkommission erklärt. — Im Zeichen der Professionalisierung im Bildungssektor steht der fachliche Zusammenschluß der katholischen Arbeitsgemeinschaft für Erwachsenenbildung (KAGEB), in der grundsätzliche wie praktische Fragen der Erwachsenenbildung in katholischer Trägerschaft besprochen werden. Die KAGEB trifft sich auch zur „Reflexionskonferenz Bildungshäuser“ mit den Leitern und Mitarbeitern aller katholischen Bildungszentren einer Sprachregion. Da wir auf die einzelnen Aufgabenbereiche der Kirche Schweiz noch zu sprechen kommen werden, soll hier die Entwicklung nur mehr in groben Zügen überschaubar gemacht werden.

Die sechziger Jahre der katholischen Kirche Schweiz waren — wie anderswo auch — vom Wandel des Verbands- zum Rätekatholizismus geprägt, wobei nicht nur an die Räte auf Pfarrei- und Bistumsebene zu denken ist, sondern auch an fachorientierte Räte und beratende Kommissionen.[22] — Gesamtschweizerisch gab es im Blick auf pastorale und kirchliche Fragen kein entsprechendes Beratungsorgan gegenüber der Bischofskonferenz wie z. B. einen Priester- bzw. Diözesanrat auf Bistumsebene oder den Pfarreirat (bzw. Seelsorgerat in der Westschweiz) auf Pfarreiebene. Natürlich haben viele Motive und Anregungen die Synode 72 veranlaßt und begleitet: Die konziliären Anregungen waren auf die Schweizer Verhältnisse umzuschreiben; es begann ein reges synodales Geschehen in Mitteleuropa (besonders erstaunten die Vorgänge auf dem holländischen Pastoralkonzil in Nordwijkerhout Ende der sechziger Jahre); die Probleme und Span-

[20] F. Demmel, Ein Blick zurück — 20 Jahre Fastenopfer, in: Civitas 36 (1981) 351—356.

[21] P. Hafner, Justitia et Pax — ein Programm, in: Schweiz. Kirchenzeitung 148 (1980) 423f.

[22] R. Weibel, Kirche in bedächtigem Aufbruch, in: Herder Korrespondenz 30 (1976) 214.

nungen in der eigenen Kirche traten deutlicher zutage — vor allem nach der Unruhe um „Humanae vitae", um die Ernennung von P. Mamie zum Bischof von Lausanne, Genf und Freiburg, der Polarisierung zwischen progressiven und konservativen Kräften sowie der Pfürtner-Affäre. So verdichteten sich viele Erwartungen auf das neue Experiment Synode, in dem Laien und Klerus bzw. Ordensleute, Frauen und Männer, Gastarbeiter und Einheimische, Christen aus den Kirchen der Reformation und Katholiken sich einfinden sollten, um Rechenschaft abzulegen über den künftigen Kurs der katholischen Kirche in der Schweiz. Immerhin schreibt A. Stoecklin zur Synode 72: „Wie das Vatikanische Konzil für die Weltkirche, sollte sie für den Schweizer Katholizismus eine ähnlich bewegende, ja für das Jahrhundertende entscheidende Rolle spielen."[23]
Das Synoden-Modell entsprach einem kooperativen Föderalismus, denn die Synoden wurden von den Schweizer Bischöfen 1969 als Diözesansynoden einberufen, wobei sie gemeinsam vorbereitet, aber von den einzelnen Diözesen selbständig durchgeführt wurden.[24] Zur Sprache kamen nicht nur ausgewählte Fragen, sondern das kirchliche Leben in seiner ganzen Breite. Es war ja nicht zu übersehen, daß die aufbrechenden Krisen, aber auch Impulse zu Entscheidungen und zur Klärung der einzuschlagenden Richtung drängten. Der Aufbruch der Frauen, das Ernstnehmen der biblischen Botschaft mit den darin enthaltenen sozialen Dimensionen, die Erneuerungsbestrebungen in Vereinen und Verbänden, die Gehversuche mancher Räte, die ersten Erfahrungen mit neuen Seelsorger-Kategorien sind dabei zu nennen. Besonders die bedeutende Einwanderung von ausländischen Arbeitern veranlaßte die Verantwortlichen dazu, die für die Pastoral dieser Menschen zuständigen Seelsorgestationen mit einem Klerus aus dem Heimatland auszubauen und deren Fragen zu thematisieren usw. Zwölf Sachbereiche wurden diskutiert, um sich den Fragen der Welt und ihrer Menschen zu stellen: Glaube und Glaubensverkündigung heute — Gebet, Gottesdienst und Sakramente im Leben der Gemeinde — Kirchlicher Dienst — Kirche heute — Ökumenischer Auftrag in unserer Gesellschaft — Verantwortung des Christen in Arbeit und Wirtschaft — Soziale Aufgaben der Kirche in der Schweiz — Beziehungen zwischen Kirche und politischen Gemeinschaften — Weltweites Christsein: die Verantwortung der Kirche in der Schweiz für Frieden — Entwicklung und Mission — Bildungsfragen und Freizeitgestaltung — Information und Meinungsbildung in Kirche und Öffentlichkeit. Diese Aufzählung gibt eine Ahnung von der Fülle der angesprochenen Fragen, aber auch von der Kraft und Bereitschaft, sich auf die Probleme einzulassen. Die synodale Arbeit hat darüber

---

[23] A. Stoecklin, a.a.O., 236.

[24] G. Hangartner-Everts, Synode 72 (Luzern 1978); s. auch W. Künzle u.a. (Hrsg.), Was kann die Synode? (Olten 1972); A. Stoecklin, a.a.O., 236—271; A. Helbling, a.a.O., 154—156.

hinaus Katholiken und Katholikinnen aus allen Landesteilen und Ausländer zusammengebracht und so zur Erfahrung geführt, „daß es Kirche in der Schweiz gibt und daß die Kirche in der Schweiz überaus vielfältig ist“.[25]

Unabhängig von allen Ergebnissen in pastoraler und kommunikativer Hinsicht (nicht zu vergessen die Kommission „Neueinteilung der Bistümer in der Schweiz“, deren Bericht und Dokumentation 1980 vorgelegt wurden), hatte sich hier die katholische Kirche Schweiz zum ersten Mal als solche wahrgenommen und sich auf die gesellschaftliche Situation hin reflektiert. Von daher war es nur folgerichtig, daß die Zusammenarbeit eine dauerhafte institutionelle Absicherung finden sollte in der Form eines Schweizerischen Pastoralrates, der der Bischofskonferenz gleichsam wie ein interdiözesaner Seelsorgerat zur Seite stehen würde. Die Vatikanische Kongregation für den Klerus versagte dafür ihr Einverständnis, woraufhin die Bischofskonferenz am 30. September 1977 ein gesamtschweizerisches Koordinationsgremium „Diözesane Seelsorgeräte — interdiözesane Organisationen“ beschloß. Es wurde nie konstituiert. Statt dessen trat zweimal das Interdiözesane Pastoralforum zusammen. Das erste Pastoralforum im Jahre 1978 in Einsiedeln nahm eine nachsynodale Bestandsaufnahme vor und bezeichnete „lebendige und missionarische Gemeinden unter den gesellschaftlichen kulturellen Bedingungen der Welt von heute“ als vordringlichstes pastorales Anliegen und die „Dienste und Ämter“ dieser Gemeinden als wichtigsten Gesichtspunkt. — Damit war das Thema für das zweite Pastoralforum 1981 in Lugano gegeben. „Weil diese Leitgedanken aber selbst von den diözesanen Seelsorgeräten nicht ernsthaft aufgegriffen wurden und zusätzliche Vorschläge zu einer gesamtschweizerischen Koordination der Arbeit dieser Räte zu keinem Ergebnis geführt haben, ist ein drittes Pastoralforum nicht zu erwarten.“[26]

Seither sind die Initiativen für ein Forum der Kirche Schweiz praktisch eingeschlafen. Trotzdem ist der Bedarf nach einem sammelnden und motivierenden Instrument unterschwellig breiter vorhanden, als es ein oberflächlicher Blick vermuten läßt. Der Vorschlag zu einer „Tagsatzung der Katholiken und Katholikinnen in der Schweiz“ hat ein solches Echo ausgelöst[27], welches auch Jahre danach nicht verstummt ist, daß darin fast schon eine plebiszitäre Legitimation angenommen werden darf. Mit „Tagsatzung“ ist ein regelmäßiges Zusammenkommen gemeint, bei dem die katholische Kirche Schweiz ihre kritisch-prophetische Präsenz angesichts der gegebenen gesellschaftlichen Situation mit ihren Herausforderungen

---

[25] I. Fürer, Gesamtschweizerische Zusammenarbeit in der Synode 72, in: Schweiz. Kirchenzeitung 143 (1975) 613.

[26] R. Weibel, Schweizer Katholizismus heute (Zürich 1989) 22.

[27] L. Karrer, in: Schweiz. Kirchenzeitung 155 (1987) 97—102, 113—118, 129—131.

wagt. Denn es ist nicht zu übersehen, daß die Kirche in vielen Bereichen wohl engagiert und aktiv ist, aber unendlich Mühe hat, ihre Aufgaben insgesamt auf schweizerischer Ebene wahrzunehmen und die Fragen der Menschen und die gesellschaftlich andrängenden Probleme aufzunehmen. Insgesamt sind nach den kirchlichen Aufbrüchen in den sechziger Jahren und den pastoralen Durchbrüchen der siebziger Jahre seit Beginn der achtziger Jahre eine zunehmende Verlegenheit und ein Phantasieverlust festzustellen, ebenso Müdigkeit und Passivität.[28] Selbst der Papstbesuch (1984) blieb — wenn man ehrlich bleiben will — eher ein punktuelles Ereignis denn ein spirituell nachhaltiger Impuls.
Nach dem Schreiben der Bischofskonferenz zur „Ökumenischen Gastfreundschaft" (1986) gab es ein kurzes Aufflackern des Protestes, aber schwach im Vergleich zum kollektiven Aufschrei, als Hans Küng die Lehrerlaubnis entzogen wurde (1979/80). Erst die Ernennung von W. Haas zum Koadjutor und Weihbischof von Chur im Jahre 1988 und seine im Mai 1990 erfolgte Erhebung zum Diözesanbischof haben eine Welle des Protestes und der Solidarisierung (Bewegung um „Aufbruch. Forum für eine offene Kirche") ausgelöst und auf vorhandene Potentiale im schweizerischen Katholizismus hingewiesen. Ob eine solche Bewegung über die Reaktion auf das sie auslösende Ereignis hinaus zu einer Zukunft gestaltenden und tragenden Kraft werden kann, müssen die nächsten Jahre zeigen. Betroffen machen konnten allenthalben die tiefe Spaltung, die auch quer durch den Katholizismus und die Kirche geht, und die Erfahrung, daß es unendlich viel Mühe kostet, trotz unterschiedlicher Meinungen und Einschätzungen wenigstens tolerant aufeinander zuzugehen.
Vor diesem aktuellen und historisch gewachsenen Hintergrund der katholischen Kirche Schweiz ist die Frage nach Berufung und Sendung der Kirche Schweiz anzugehen. Denn auch spirituell gesehen sind es die konkreten Realitäten, in die hinein auch heute der Ruf zur Berufung und Sendung an die Christen ergeht. — Bevor wir jedoch dazu grundsätzliche Gesichtspunkte ansprechen, ist in kurzer Form noch auf die konfliktgeladene Situation und Ausgangslage einzugehen.

---

[28] R. Weibel schreibt schon 1976 von einer „Kirche in bedächtigem Aufbruch", in: Herder Korrespondenz 30 (1976) 211—217.

4. Kirche im Engpaß von Spannungen und Ermüdungen

Schon seit Jahren wird immer wieder registriert, daß die katholische Kirche Schweiz insgesamt passiv wirkt und Mühe bekundet, ihre kritisch-prophetische Präsenz in der schweizerischen Gesellschaft und vor dem Hintergrund der Welt-Probleme wahrzunehmen.[29]— Schon vor über zehn Jahren registrierte A. Stoecklin: „1960 hatte ich das Gefühl, die Macht des Bestehenden sei stärker als die nach Veränderungen und Reform drängenden Kräfte. Zur gegenteiligen Meinung neigte ich dann zehn Jahre später. Damals schien ihr die Erneuerungskraft des Konzils ... stärker und durchschlagender, und man konnte sich im Hinblick auf die bevorstehende Synode 72 doch neuen Hoffnungen hingeben. Seither sind wir jedoch nicht nur in eine Periode wirschaftlicher, sondern auch konziliarer Rezession eingetreten ..."[30]

a) Wenn im folgenden einige Krisenursachen benannt werden, dann darf nicht übersehen werden, daß sie Anteile eines tiefgreifenden Wandels und vieler Umbrüche, aber auch von Aufbrüchen und positiven Durchbrüchen sind. Zum anderen können die klare Benennung von Krisen und der Versuch, ihre Ursachen zu durchschauen, die Lust an Feindbildern verringern und falsche oder einseitige Schuldzuweisungen verhindern.

Wie schon früher angesprochen, ist das Auf und Ab des kirchlichen Schiffes vom Wellengang der gesellschaftlichen Entwicklung abhängig. Die ökonomischen und geistigen Herausforderungen, auf die wir noch zurückkommen werden, der Modernisierungsschub (K. Gabriel) mit all den Tendenzen einer individualistischen Lebensart haben sich dem herkömmlich geschlossenen katholischen Milieu eingeprägt und es aufgelöst. Die dort wirksame Verflechtung von Christentum, Kirche und Gesellschaft, die die einzelnen Katholiken trug und kontrollierte, hat ihre Voraussetzungen verloren. Der Modernisierungsschub beinhaltet die oben schon erwähnte gesellschaftliche Differenzierung, die das katholische Milieu und die Kirche spezifisch trifft. Mit anderen Worten: Die säkularen („säkularisierten") Bereiche von Wirtschaft, Politik, Wissenschaft, Technik, Medizin sowie die ungeahnten Möglichkeiten der Kommunikation und Mobilität hatten auch vor den Grenzen der katholischen Subgesellschaft nicht haltgemacht, sondern sie vielmehr überwunden oder einstürzen lassen. Zudem hatte der organisierte Katholizismus auch viele Aufgaben, die sich ihm früher stellten („Emanzipation"), gelöst bzw. verloren. „Viele Katholiken sahen und erlebten sich in Spannung und Konflikten zwischen dem von

---

[29] R. Weibel, Eigener Weg mit Verunsicherungen, in: Herder Korrespondenz 38 (1984) 287 ff.; vgl. auch die Umfrage: „Der Papst in der Schweiz: Begegnung mit einem Sonderfall?", in: Civitas 39 (1984) 158–181, partim; K. Odermatt, Bistümer der Schweiz, in: Sonntag (Journal) Nr. 49/88, 19; U. Altermatt, Katholizismus und Moderne, 385–390.

[30] A. Stoecklin, a.a.O., 272.

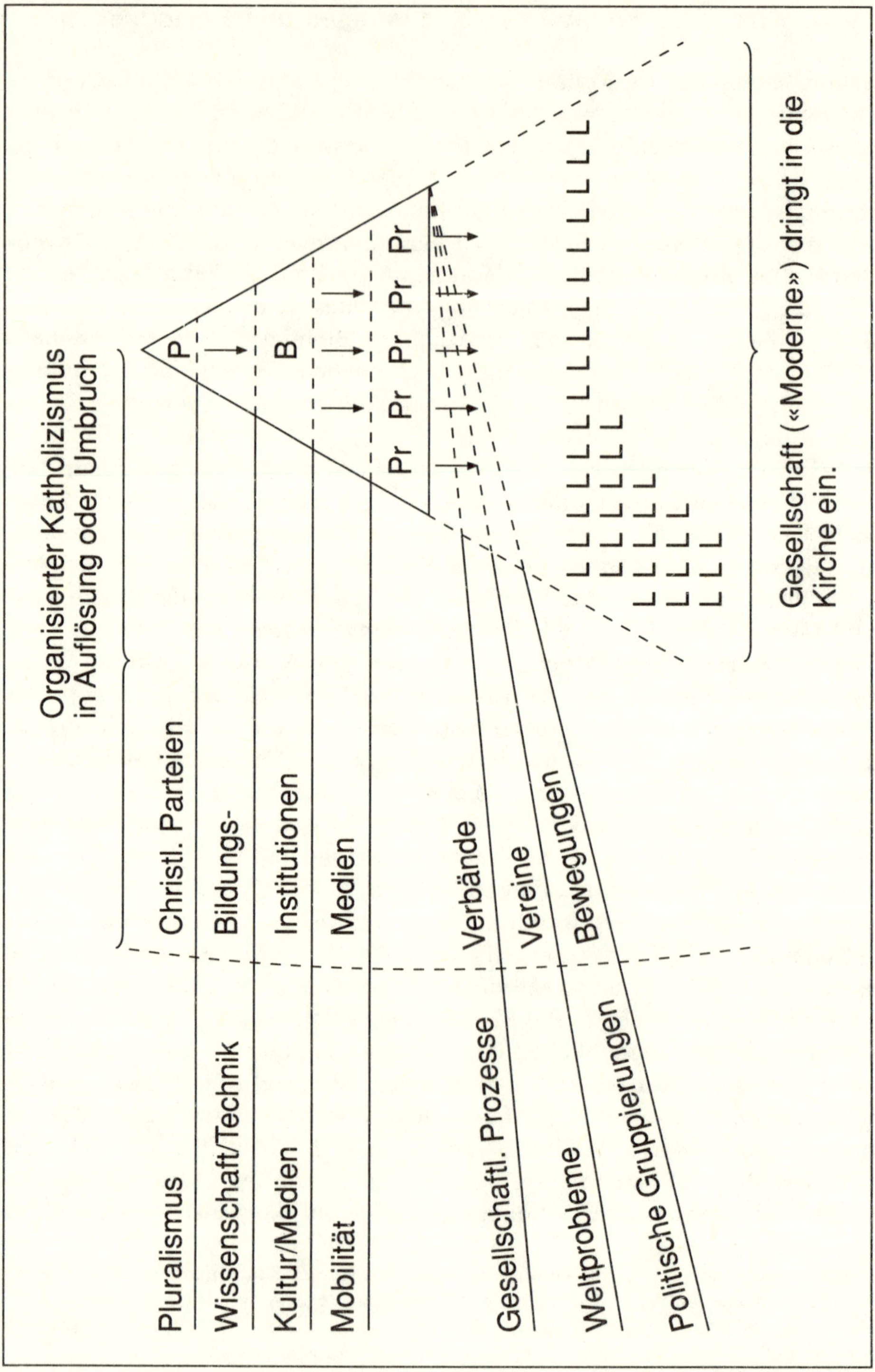
Organisierter Katholizismus in Auflösung oder Umbruch
Christl. Parteien
Bildungs- Institutionen
Medien
Verbände
Vereine
Bewegungen
Pluralismus
Wissenschaft/Technik
Kultur/Medien
Mobilität
Gesellschaftl. Prozesse
Weltprobleme
Politische Gruppierungen
Gesellschaft («Moderne») dringt in die Kirche ein.

der Kirche repräsentierten Wertsystem einerseits und dem gesellschaftlichen Wertsystem andererseits."[31] Dies zeigt das Schema auf S. 70.
Dies mußte notgedrungen zu einer Identitätskrise führen, denn nun war es nicht mehr die Religion — wie im geschlossenen Milieu-Katholizismus —, die alles normierte, zusammenband und bis ins alltägliche Detail hinein beeinflußte. Religion wurde zu einem Sektor unter vielen und eher zur privaten Entscheidung des einzelnen. Die gesellschaftlichen Entwicklungen emanzipierten sich von Kirche bzw. Religion, so daß die gesellschaftlichen Bedingungen die religiöse Entscheidung und die Teilnahme am kirchlichen Leben den einzelnen Katholiken und Katholikinnen freigaben. Sie steht im Wettbewerb mit anderen weltanschaulichen Angeboten; ihr früheres Monopol ist abgeschmolzen. Die früheren Befehlsempfänger sind in einer pluralistischen Gesellschaft zu freien Entscheidungsträgern geworden. Die Katholikinnen und Katholiken sehen sich vor dem Hintergrund hochgezüchteter Technik, Industrialisierung, Fürsorgeinstitutionen sowie überbordendem Wohlstandsdenken nun mit Meinungen, Bedürfnissen und Wertungen konfrontiert, die den herkömmlichen katholischen Werten zum Teil entgegengesetzt sind. Damit ist eindeutig diagnostiziert, daß der früher gangbare Weg des geschlossenen (wenn auch in sich beileibe nicht widerspruchslosen) Milieu-Katholizismus zu Ende ist. Das Getto in diesem Sinn hat sich manchmal fast lautlos und insgesamt erstaunlich schnell aufgelöst. Es läßt sich nicht mehr als Modell für die Zukunft gesundbeten.
Daraus wird nun ersichtlich, daß die Kirche ihr Selbstverständnis in der Öffentlichkeit höchstens bedingt wird artikulieren können. Vielmehr prägt nun die gesellschaftliche und plurale Öffentlichkeit das Bild der Kirche. Und selbst die Kirchenmitglieder — je weniger sie „praktizieren" — werden in ihrer Einstellung und freien Entscheidung für die Kirche wohl mehr von deren gesellschaftlichem Image in den Medien geprägt und beeinflußt als vom Verständnis der Kirche als „Volk Gottes" und von einem „Wir-Gefühl" der Pfarrei.
Im Spiegel dieses gesellschaftlichen Differenzierungsprozesses wird auch einsichtig, daß Religion bzw. christlicher Glaube sich aus den verschiedenen Bereichen und Subsystemen verflüchtigt, sich aber um so stärker auf die Kirche konzentriert. Kirche ist zum Subsystem für Religion und für die Sinnperspektive geworden. F. X. Kaufmann spricht von der „Verkirchlichung des Christentums".[32] Man delegiert und verweist an die Kirche(n), wovon die Wirtschaft, der Rechtsbereich, Medizin, Technik, Medien usw. verschont und ungestört verbleiben möchten. Religion allein stabilisiert die Gesellschaft somit nicht mehr. Diese scheint sich auf funk-

---

[31] K. Gabriel, a.a.O., 32.
[32] F. X. Kaufmann, Kirche begreifen (Freiburg i.Br. 1979) 101.

tionale Weise dadurch zu stabilisieren, daß das Miteinander der verschiedenen Sektoren oder Subsysteme garantiert und bewacht wird. Aber die gemeinsame Konsensgrundlage ist dünner geworden oder hat sich in Richtung Demokratisierung auf der Basis der individuellen Freiheit und der Gleichberechtigung eingependelt. — Auf dieser Basis ist Religion zugelassen, aber auch gesucht.
b) Aber nicht nur die historischen Voraussetzungen des früheren Milieu-Katholizismus haben sich gewandelt, sondern — wie schon kurz angesprochen — auch das Bild und Selbstverständnis der Kirche. Die Kirche, in die noch viele selbstverständlich hineingeboren worden sind, existiert heute nicht mehr wie vor dem Konzil. Dieser weite Weg von einem Kirchenbild, das am unfehlbaren Lehramt und an unfehlbaren Wahrheiten und an „ewigen" Traditionen orientiert ist, hin zum dynamischen Verständnis von Kirche als Volk Gottes mit Partizipation aller getauften Christen und Christinnen ist in kurzer Zeit zurückgelegt worden. Und das Bild von Kirche hängt nicht nur mit dem Gottesbild zusammen, sondern auch mit der Art und Weise, wie man sich selber sieht und erlebt. Emotionales und Intellektuelles, Atmosphäre und Traditionsbrüche, Heimatsuche und Argwohn gegenüber Institutionen, Mystik und Politik, Persönliches und „Sachliches" gehen vielfach und gleichermaßen bewußt und weniger bewußt ineinander über. Nur realitätsferne Blindheit kann in solcher Lage Krisen und Konflikte grundsätzlich verübeln.
Man muß sich vorstellen, welcher Bewußtseinswandel seit dem II. Vatikanischen Konzil und vor allem seit den Synoden sich innerkirchlich ereignet hat und den „Gläubigen" teilweise auch zugemutet worden ist. Eine Hauptspannung mußte sich ergeben aus dem vorkonziliaren Kirchenverständnis, das vielfach noch vorhanden ist, und einem nachkonziliaren Kirchenbild, das in verschiedenen Formen unterwegs ist und die heutige Kirche herausfordert.
Das innerkirchliche Problem liegt zur Hauptsache wohl darin, daß wir bewußtseinsmäßig mit verschiedenen und widersprüchlichen Kirchenbildern gleichzeitig konfrontiert sind und daß aber institutionell noch vorkonziliare strukturelle Bedingungen „herrschen" und zum Teil seit zehn Jahren eher wieder verstärkt werden. Die Institution und gesamtkirchliche pastorale Planung und „Steuerung" hinken hinter den pluralen Bewußtseinsprozessen nach und werden der unmittelbaren Probleme und Fragen im pastoralen Alltag kaum gewahr.[33] Diese Wende im Verständnis und Bild von der Kirche als monarchisch organisierter Pyramide hin zur Kirche als Volk Gottes und als Leib Christi mit den damit ausgelösten Spannungen läßt sich im Schema wie auf der folgenden Seite skizzieren:

[33] L. Karrer, Aufbruch der Christen, 92ff; ähnlich formuliert auch U. Altermatt, in: Neue Modernismuskrise in der Katholischen Kirche?, in: Vaterland v. 3. Nov. 1989.

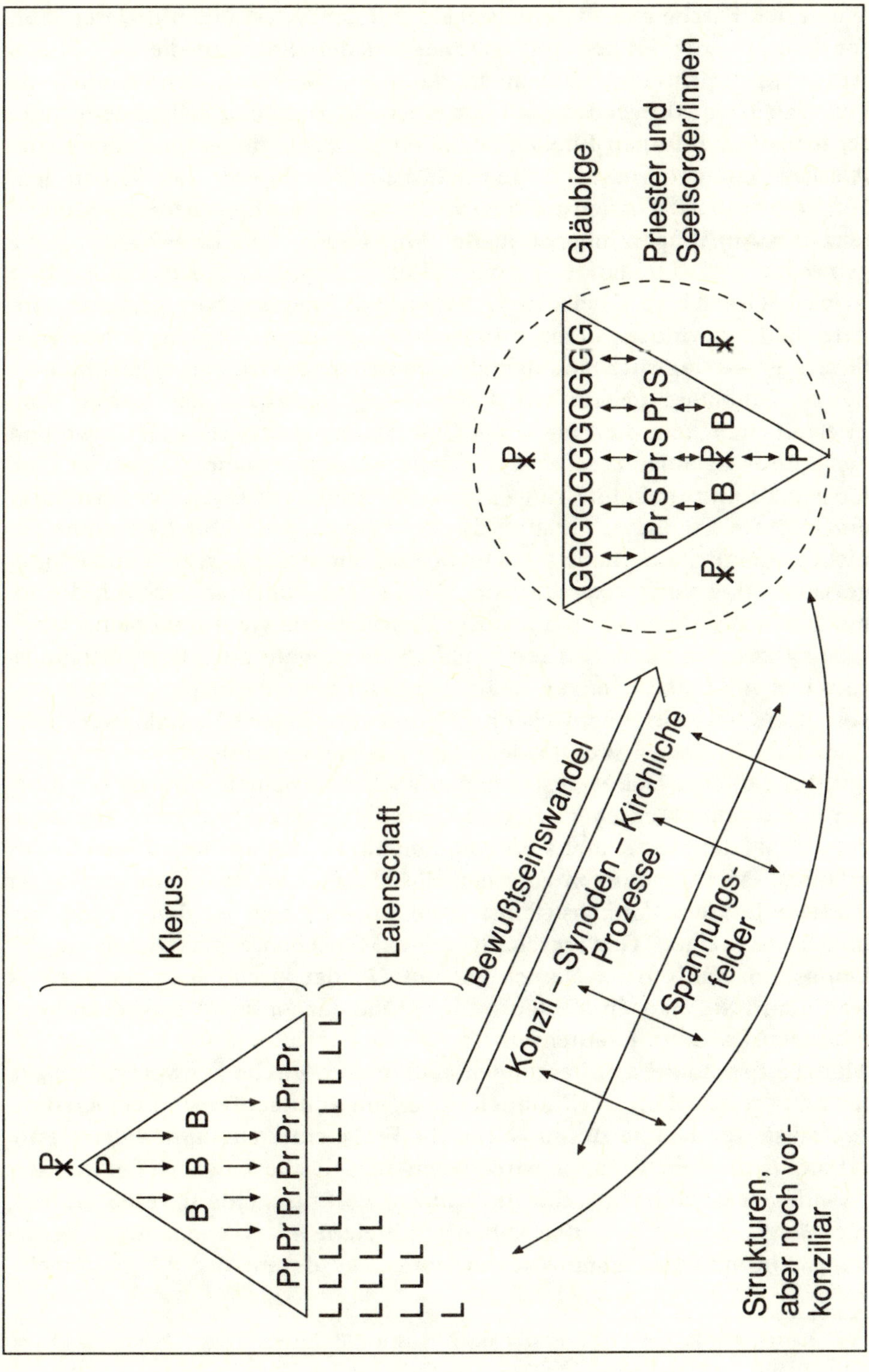
Klerus
Laienschaft
Bewußtseinswandel
Konzil – Synoden – Kirchliche Prozesse
Spannungs-felder
Strukturen, aber noch vor-konziliar
Gläubige
Priester und Seelsorger/innen

Wenn sich Kirche praktisch nicht mehr mit dem Klerus identifizieren läßt, sondern getaufte Frauen und Männer mit den Priestern die vielfältigen Aufgaben der Kirche wahrnehmen, dann stellt sich auch institutionell die Frage gleicher „Bürger-Rechte" in der Kirche, das heißt nach einer echten Partizipation auf allen Ebenen der Kirche. Diese müßten über die ersten Ansätze „kompetenzloser" Räte hinausgedeihen dürfen. Dabei ist zu denken an synodale Kirchenstrukturen, bei denen die Entscheidungskompetenz der Amtsträger/innen und die Mitsprache der „Basis" gegenseitig gebunden und aufeinander bezogen sind. Mit synodaler Kirchenordnung ist weiß Gott keine Kirche ohne Papst und ohne Bischöfe gemeint, sondern die Überwindung einer institutionell-empirischen Kirche „ohne Volk Gottes".[34] — Natürlich sind damit heiße Eisen berührt, z. B. Gleichberechtigung, zölibatäre Lebensform für Priester, Ausschluß der Frauen vom priesterlichen Amt, die Fragen um Gemeindemodelle etc. — Heiß werden diese Eisen, weil sie zur Zeit innerkirchlich keine Chance haben, im Dialog geklärt und „gekühlt" zu werden. Sitz-Streiks vor Bischofsweihen oder eine Kölner Erklärung (1989) beispielsweise halte ich für Symptome für nicht vorhandene partizipatorische Strukturen in der Kirche. Dieser Mangel an Dialog und entsprechenden Dialog-Instrumenten vergiftet die innerkirchliche Atmosphäre, nicht die Verlegenheit, wie die Probleme einer Lösung zuzuführen sind. Innerkirchliche Reservate oder Beschäftigungsgärtchen für Laien genügen nicht mehr, sondern Partizipation aufgrund von Taufe und Firmung wartet auf ihre institutionelle Verankerung.

Zum Dialog gibt es auch in der Kirche keine sinnvolle Alternative. Auf der Basis solcher Dialog-Instrumente fänden die echten Probleme und tiefen Sorgen der Menschen eher ein Forum, um zur Sprache zu kommen. Angesichts der Menschheits-Sorgen können wir uns doch nicht den Luxus erlauben, Ministrantinnen zu einem Problem zu machen. Zudem: in der Außenpolitik des Vatikans (Papstreisen, -ansprachen) werden soziale Probleme wie Freiheit, Gewerkschaftsrechte, Menschenrechte, Dialog mit der Opposition mutig beim Namen genannt. In der kirchlichen Innenpolitik wären nun die eigenen Kosten in der Höhe der an die Welt verkündeten ethischen Preise zu übernehmen.

Manche Ermüdungserscheinungen auch in der Kirche Schweiz haben ohne Zweifel mit dem institutionell zu engen Rahmen einer über Gebühr zentralisierten Kirche zu tun. Wenn die Frage eines nachsynodalen Pastoralrates von Rom gekappt wird, wenn eine Reihe bewährter pastoraler „Sonderentwicklungen", die die römischen Entscheidungsträger stören, rückgängig gemacht werden sollen (Bußfeiern mit sakramentaler Vergebung, Einsatz von Laientheologen/innen und deren Ausbildung gemein-

[34] L. Karrer, a.a.O., 109—148; ders., Laie/Klerus, in: P. Eicher (Hrsg.), Neues Handbuch theologischer Grundbegriffe 2 (München 1984) 367—374.

sam mit den künftigen Priestern, pastorales Weiterwirken dispensierter Priester, ökumenische Gastfreundschaft . . .) und wenn Bischöfe im Sinne der römischen Kirchenraison aufgedrängt werden sollen, wenn bei kirchlichen Verfahren Rechtsunsicherheit besteht usw., dann darf man sich nicht wundern, daß Kirchenverdrossenheit oder gar -ermüdung zum Leiden vieler aktiver Christen und Christinnen sowie Seelsorger/innen gleicherweise wird. Appelle im Rahmen der Ein-Weg-Kommunikation von oben nach unten greifen nicht mehr. Die Kirche muß sich auf Gegen-Verkehr gefaßt machen.

c) Aber nicht nur die institutionelle Seite der Kirche ist zur Zeit krisen- und problem-produktiv. Die Reaktionen auf den Verlust des geschlossenen kirchlich bestimmten Milieus oder auf die Befreiung aus der kirchlichen Bevormundung sind vielfältig. Die christliche Identität scheint überall dort gefährdet, wo Christen und Christinnen sich von der Kirche entfernen, weil sie glauben, daß die gesellschaftlichen Herausforderungen nur in Distanz zur Kirche oder gegen die Kirche wahrzunehmen sind. Eine weitere Variante zeichnet sich in der privatisierenden Haltung oder in der Meinung ab, ohne Kirche glauben bzw. Christ sein zu können. Manche wenden sich auch verletzt und angewidert von der Kirche ab. Anderen wiederum würde man zuviel Ehre antun, hinter ihrer Distanz mehr als Langeweile und Konsum-Mentalität zu vermuten. Eine solche Einstellung überläßt die Kirche sich selbst. Solche Haltungen führen aber — soweit die Phantasie zu reichen vermag — zu keinem überzeugendem Modell von eigenem Christen-Mut, aufzuwachen und Aufbrüche von Christen so zu gestalten, daß sie auch zu einer größeren Mit-Verantwortung der Frauen und Männer in der Kirche führen und damit zu einer produktiven und prophetischen Überwindung des Gegensatzes von Kirche des Klerus und Kirche der Laien.

Die christliche Identität wird aber auch durch innerkirchliche Rückzüge gefährdet, die sich ebenfalls nicht als Modelle für Auf-Brüche von Christen und Christinnen empfehlen. — In Zeiten, in denen anscheinend in Gesellschaft und Kirche die Probleme unlösbar sich auftürmen und bisherige Solidaritäts-Strukturen und Werte in die Krise geraten, ist es verständlich, daß Menschen in Angst fallen. Sie suchen eine schützende Heimat und entlastende Absicherung. Innerkirchlich sehe ich solche Tendenzen im starren Traditionalismus, der das Handeln Gottes an historisch gewachsenen Formen festbinden will. Ähnlich liegt es bei doktrinären Verhärtungen, die Sicherheit nur durch wortwörtliche Treue gegenüber Bibel und kirchlicher Lehre zu erhalten glauben: das ist die Gefahr des Fundamentalismus, der keine Visionen für Aufbrüche und solidarische Praxis entwickelt, sondern nur rigoros eine einheitliche Orientierung bieten will. Ist es da nicht verständlich, daß die autoritäre Variante ganz naheliegt, nach der das kirchliche Amt diese Sicherheiten garantieren und dafür geradestehen soll, was gilt?

Der Wunsch nach Heimat und Sicherheit bedeutet für andere wiederum: Rückzug in das Erleben von Gemeinschaft, Nestsuche in kirchlichen Nischen mit zum Teil ausgeprägten Ausrichtungen und in den vor der rauhen Luft der Wirklichkeit schützenden Unterständen — oft geschart um dominante Männer oder Frauen („Gurus").
So bietet sich in dieser spannungsvollen Zeit ein vielfarbiges Bild. Es gibt durchaus geistliche Gruppen oder Bewegungen, in denen neue Aufbrüche der Frömmigkeit in Gemeinden gewagt werden (Basisgruppen) und erfahrbare Gemeinschaft gesucht wird (Schönstatt, Fokolare). Dadurch können Spannungen auch in einer Pfarrei entstehen. Andererseits markiert diese Entwicklung den Wandel von einer volkskirchlichen Selbstverständlichkeit im herkömmlichen Katholizismus zu einem mehr persönlich entschiedeneren Christsein.
In diesem Zusammenhang ist auch auf Strömungen oder auf Gruppen hinzuweisen, die fast vergessene oder verloren geglaubte Formen der Volksfrömmigkeit aufleben lassen, nachdem gerade diese in der nachkonziliaren Zeit harter Kritik ausgesetzt gewesen sind (Prozessionen, Wallfahrten, Roratemessen in der Adventszeit usw.).[35] Das Hungertuch in der Fastenzeit, durch das Fastenopfer neu aufgenommen, verbindet einen alten Brauch mit einem aktuellen Sinn.
Andererseits ist die Schweiz auch Ort des starren Festhaltens an ehemals gangbaren Formen und eines Kirchen-Modells, das sich nur an historisch verblichenen traditionellen Handlungsmustern orientiert.[36] Seit dem Bruch zwischen Erzbischof Lefèbvre und dem Papst (1988) ist es um die Priesterbruderschaft St. Pius X. in den Medien ruhiger geworden. Aber im Zusammenhang mit der Ernennung von W. Haas zum Koadjutor (1988) und zum Diözesanbischof (1990) ist die Beunruhigung um das anonym operierende, aber deshalb nicht weniger präsente Opus Dei wieder stärker aufgebrochen.[37]
So stehen sich in der Kirche Schweiz gleichzeitig die unterschiedlichsten Vorstellungen, wie es in und mit der Kirche weitergehen soll, gegenüber. An und für sich ist eine solche Konfliktlage nicht erstaunlich, sondern sehr verständlich, wenn man sich vergewissert, welch weiter Weg in kurzer Zeit auch die Kirche Schweiz ging und gehen mußte. In diese Stimmungslage, die durch die Churer Ereignisse ungemein aufgewühlt worden ist, mischen sich allgemeine Fragen der Kirche wie Vermittlung der Botschaft

---

[35] J. Baumgartner (Hrsg.), Wiederentdeckung der Volksreligiosität (Regensburg 1979); W. Heim, Volkbrauch im Kirchenjahr heute (Basel 1983); Iso Baumer, Vielfalt in der Schweizer Volksfrömmigkeit, in: M. Ebertz/F. Schultheis (Hrsg.), Volksfrömmigkeit in Europa (München 1986) 102—114.

[36] A. Schifferle, Marcel Lefèbvre — Ärgernis und Besinnung (Kevelaer ^{2}1984); ders., Das Ärgernis Lefèbvre (Freiburg Schweiz 1989).

[37] Tages-Anzeiger v. 28. Mai 1990, S. 21.

Jesu an die künftigen Generationen, die Kirchendistanzierung trotz verstärkter Mitarbeit der „Laien", die Austrocknung der personellen Decke in den Pfarreien und in den Stabsstellen, die Polarisierungen, die Mühe mit den restaurativen Bestrebungen des Vatikans usw.
Die Gefahr ist bei alledem, daß auch die Kirche Schweiz allzusehr mit sich selbst beschäftigt ist, viel zu sehr um sich selber kreist und in der Hitze und Schwüle des Alltags die Perspektiven und den langen Atem verliert. — Der Ton zwischen den Lagern und verschiedenen Positionen ist sehr oft gereizt und alles andere als von der Freude der Christenmenschen gezeichnet. Und die Vorgänge in Chur machen manche krank.
Vor allem lassen sich die traditionellen Kräfte lauter vernehmen (Katholische Wochenzeitung usw.). Man ist oft betroffen und erschreckt ob der unduldsamen Unterstellungen und der persönlichen und nicht argumentierenden Diffamierungen gerade derjenigen, die die Variablen und Anpassungschancen der Kirche offener und als notwendig einschätzen. Kirchlicher Integralismus kann doch keine pastorale Antwort auf die Herausforderungen der heutigen Zeit und die Fragen der Menschen sein. Auch der Fundamentalismus kann keine Antwort auf die religiöse Not sein, denn er vergißt die menschliche Situation (Horizontale) und richtet alle Konzentration auf eine leistungsbetonte „Vertikale" zu Gott, um Heil zu sichern. Das ist zutiefst ein freudloser Heils-Pessimismus, der letztlich sich selbst mit Garantien eindecken will, aber kaum in konkreten menschlichen Erfahrungen sein ganzes Vertrauen auf den Gott Jesu setzt (Heils-Optimismus). — Es fehlen der Kirche insgesamt nicht nur die Instrumente, fair und tolerant miteinander zu streiten, es fehlt in der Kirche Schweiz eine Streit- und Konfliktkultur[38], eine Spiritualität der Versöhnungsbereitschaft, letztlich die Fähigkeit zum Pluralismus. Das ist aber Voraussetzung, um alte und neue Krisen gemeinsam zu bewältigen, damit wieder Atmosphäre und Raum geschaffen werden, einander zum Anlaß von Hoffnung und praktischem Christenmut zu werden. Am meisten vermisse ich die Freude und den unverdrossenen Mut, sich für eine glaubwürdige Kirche „verbrauchen" zu lassen. Dafür ist allerdings nötig, sich auf die christliche bzw. mystische Tiefe des Christseins zu besinnen und die Herausforderungen wahrzunehmen, die der Christen und Christinnen bzw. ihrer Kirche in der Welt und in der Schweiz harren.

---

[38] W. Gut, Politische Kultur in der Kirche (Freiburg Schweiz 1990).

Zweiter Teil

Grundlegende Vergewisserung: Entscheidende Kriterien für Solidarität — Wie lautet der Auftrag?

Präambel: Gottesdienst und Menschendienst

Nachdem im letzten Kapitel eine Analyse des kulturell und geschichtlich verwurzelten Standortes der katholischen Kirche in der Schweiz gewagt worden ist, stellt sich nun die Frage nach dem geforderten Standort (Sollens-Anspruch). Das Woher verbindet sich mit der Orientierung am Wohin. In diesem Sinn ist die bisherige Rechenschaft über die Herkunft und Situation als eine Art Situationsvergewisserung für die Aufgabenstellung und deren Lösung zu verstehen. Die Kriterien und Anhaltspunkte für das künftige Handeln und die weitere Wegrichtung der (katholischen) Kirche Schweiz sind nun zu suchen und zu erkunden.

Damit sind wir auf die theologischen Grundlagen unseres Glaubens, auf das Verstehen der christlichen Berufung sowie auf die Kirche als Glaubens- und Hoffnungsgemeinschaft verwiesen. Das ist die eine unverzichtbare Quelle, die unsere Überlegungen über die Sendung der Kirche hierzulande nähren muß. An ihr können wir nicht vorbei, wenn wir als Christinnen und Christen geistesgegenwärtig leben und handeln wollen. Doch diese Vertikale allein, so sehr sie entscheidend die Quelle für charismatischen Christen-Mut bildet, genügt nicht. Wir haben auch die konkreten Herausforderungen der heutigen Zeit, die Fragen und Nöte der Menschen und die Probleme der nahen und weiten Welt ins Auge zu fassen, wenn wir Christsein konkret und christliche Spiritualität für die Kirche Schweiz praktisch definieren wollen. Gottes Dienstanweisungen an uns Christen und Christinnen bzw. an die Kirche(n) ergeben sich erst aus der Kreuzung dieser beiden Linien, aus dem Koordinatensystem des „vertikalen" Gottesdienstes und des „horizontalen" Menschendienstes.[1] Für eine christliche Spiritualität — und ihr hat Kirche zu Diensten zu sein — sind die leidenschaftliche Verankerung in der Botschaft Jesu und zugleich das unverdrossene Hinausgehen an die Hecken und Zäune des persönlichen und gesellschaftlichen Lebens die beiden bestimmenden Pole. — In diesem

[1] Vgl. dazu: L. Karrer, Damit Gemeinde lebt, in: ders. (Hrsg.), Handbuch praktischer Gemeindearbeit (Freiburg i. Br. 1990) 291—296; ders., Aufbruch der Christen (München 1989) 151—156.

Kapitel erfolgt die Besinnung auf die christliche Berufung, die im Glauben an Jesus Christus geschenkte Hoffnung zur konkreten Hoffnungspraxis auferstehen zu lassen. Im nächsten Kapitel stellt sich dann die Frage nach der praktischen Einlösung und nach den Herausforderungsfeldern für diese Hoffnungspraxis im Blick auf die Kirche(n) Schweiz.

IV.
Kirche — als solidarische Hoffnungsgemeinschaft (Communio) von Christen und Christinnen

Die bestehende kirchliche Praxis ist im Lichte der biblischen Botschaft und der Glaubensgeschichte der Kirche immer wieder neu zu überprüfen und zu vertiefen. Eindrucksvoll hat dies P. M. Zulehner wie folgt umschrieben: „Die christliche Praxis (der Kirchen) ist ‚auftragsgebunden'. Hauptkriterium für diese Praxis ist damit die Praxis Jesu, seine Menschwerdung, sein Leben und Wirken, sein Tod und seine Auferstehung. Jesus Christus ist jenes Kriterium, das die Kirche tradiert und welches sie permanent selbst richtet und aufrichtet, also auch ihre Praxis ausrichtet. Er wird erinnert als das Heil der Welt, als das unwiderrufliche Ja Gottes zu den Menschen, in dem das Reich Gottes angebrochen ist, der also truglos Gottes Willen interpretiert und erfüllt, nämlich die Sehnsucht Gottes danach, daß das Leben der Menschen heil wird, und dies vor und nach dem Tod, indem er selbst für uns zur Gabe wird."[2]
Christlicher Glaube ist somit zuletzt das, als was er oft erscheinen mag, eine schöne Theorie, ein Glaubensgebäude aus theologischen Sätzen oder eine den Fakten der Realitäten und des Lebens aufgesetzte und übergestülpte Sonderwelt, die sich spiritualistisch verflüchtigt.

1. Das unterscheidend Christliche: Jesus Christus

Der christliche Glaube ist demgegenüber vielmehr die Botschaft und Kunde vom gelungenen Menschsein in unbegrenzter Fülle im Leben und in der Person Jesu von Nazaret. Er ist der zuverlässige Hinweis und Weg dafür, was es mit der Welt und mit den Menschen vom Gott Jesu her auf sich hat. Wir dürfen im Vertrauen auf das Wort, die Wunder, die Botschaft und das Leben Jesu annehmen, daß — wie K. Rahner sagt — „nicht nur der Mensch nicht ruht, bis er ruht in Gott, sondern daß auch Gott nicht ruht, bis er ruht im Menschen".[3]

---

[2] Zit. in: N. Mette/M. Blasberg-Kuhnke, Kirche auf dem Weg ins Jahr 2000 (Düsseldorf 1986) 132 (dortige Seitenangabe stimmt nicht.)

[3] P. M. Zulehner, „Denn du kommst unserem Tun mit Deiner Gnade zuvor . . ." Zur Theologie der Seelsorge heute. P. M. Zulehner im Gespräch mit K. Rahner (Düsseldorf 1984) 57.

Die Tiefe des Christlichen liegt in eben diesem geschichtlichen Ereignis der Botschaft und der Person Jesu. Sein Leben und Sterben, seine Verkündigung und seine Nähe zu den Menschen offenbaren jene erfüllte Freiheit und unbegrenzte Lebenserfüllung, die den Menschen als Heil von Gott her eröffnet werden, der darin die Menschen als freie Partner und Partnerinnen ruft.

Durch die Offenbarung wurde offengelegt, auf was hin Menschsein angelegt ist. In seinen Begegnungen mit den verschiedenen Menschen zeigt Jesus, wie er jeden Menschen ernst nimmt und damit in Liebe annimmt: die Kinder, die Ehebrecherin, die Frau am Jakobsbrunnen, die Armen, den Zöllner, den Soldaten, die Kranken, die Heiden, die Sünderin, Nikodemus und Pilatus, den reichen Jüngling, Martha und Maria, Lazarus usw. Im Unterschied zu den Gegnern Jesu gilt seine befreiende und heilende Sorge dem Menschen, wie sich gerade an der Erzählung von der Ehebrecherin zeigt (Joh 8,1—11). Jesus richtet die Menschen auf, um ihnen Heil und Heilung, heiles Menschsein und befreites Dasein zu eröffnen und zu ermöglichen. Dieses heilende Wirken und Reden und Handeln Jesu sind ganz geprägt und getragen von seiner Kunde von einem Gott, dessen Herrschaft sich nicht in einer erdrückenden Gesetzesreligiosität oder in einem niederdrückenden Schuldgefühl zeigt, sondern als Reich Gottes in Frieden, Freiheit und Gerechtigkeit. Im Angesichte dieses Gottes Jesu, von dem dieser als von seinem Vater spricht, werden die Menschen Brüder und Schwestern, geeint in einem Bund, der die Menschen mit Gott und untereinander verbindet. Aus dem Verhalten und der Handlungsweise Jesu spricht ein beispielhaftes Ernstnehmen der Gleichheit bzw. Brüderlichkeit und Schwesterlichkeit aller. — Das war seinerzeit und ist in unserer Zeit umstürzlerisch. Jesu Botschaft sprengt alle Ordnungen und Gesetze, in denen Menschen sich einrichten wollen in arm und reich, in unten und oben, in Mann und Frau, in Freund und Feind, in Klerus und Laien, in Schuldige und Unschuldige. Er geht hinter das Gesetz, auf das Entscheidende zu: den Menschen Hoffnung zu schenken, indem er ihnen Heil zuspricht, das heißt das Reich Gottes ankündigt.

Das Bekenntnis zum gestorbenen und in das Leben Gottes aufgenommenen Jesus Christus[4] bedeutet für die Menschen die Verheißung einer fundamentalen Sinndimension: daß nämlich die Menschen die volle Verwirklichung ihres menschlichen Daseins als ihre eigene und ihnen geschenkte Möglichkeit zur Vollendung erwarten und erhoffen dürfen — trotz Leid, Schulderfahrung und Sterben ... Christen glauben, daß Gott, den Jesus seinen Vater nennt, in Jesus Christus zum Menschen in unwiderruflicher Liebe und Treue Ja gesagt hat ... und daß sich darin das Ja des Menschen

---

[4] Vgl. K. Rahner, Gott ist Mensch geworden (Freiburg i.Br. 1975) 63ff; L. Karrer, Gottes fremde Sprache. Das Kreuz mit dem Leid (Freiburg i.Br. 1990) 42—50.

zu Gott ermöglicht und erfüllt hat. Mit Berufung auf Jesus Christus hoffen wir nun, daß im Leben der Menschheit und des einzelnen, durch all die befreienden und leidvollen Erfahrungen hindurch, trotz Schuld und Bosheit sowie Leiden und Sterben sich das schon ansagt und verheißt, was wir von Jesus Christus glaubend bekennen: das Ja der Liebe Gottes zum Menschen, das das Ja der Liebe des Menschen zu Gott ermöglicht und vollendet.

Aus diesem Ja der Liebe des Gottes Jesu zum Menschen und aus dem Vertrauen, daß Gott für die Menschen eintritt, wo wir nicht mehr für uns eintreten können, „entspringen" Lebens-Mut, Zuversicht und Hoffnung — trotz aller Sterbeprozesse und Todeserfahrungen im individuellen und gesellschaftlichen Leben.

Wenn Jesus von Nazaret Wort Gottes an die Menschen und Ant-Wort des Menschen in einem ist und dadurch zwischen seinem Gott und uns Menschen ein die menschliche Geschichte heilender, befreiender und sinnerfüllender Bund geschenkt und gestiftet wird, dann ist das Bekenntnis „Jesus ist der Christus" genau das, was die Christen und Christinnen eint und verbindet sowie zum gemeinsamen Bezeugen und „Tun der Wahrheit" ruft. Die geschenkte Hoffnung ruft nach entsprechendem Handeln und Verhalten. Sie weist in Richtung des Handelns im Geiste Jesu und der konkreten Nachfolge in seinen Fuß-Spuren. „Wir sollen einander lieben" (1 Joh 3,11), „nicht mit Wort und Zunge, sondern in Tat und Wahrheit" (1 Joh 3,18).

Diese in Jesus Christus uns eröffnete Hoffnung im Glauben an ihn als „Wort Gottes" und als „Antwort an Gott" ist die fundamentale und mystische Quelle für die Gemeinschaft der Christen und Christinnen, für die Kirche. Ohne Verankerung und Verwurzelung in der Lebenspraxis und ohne die Orientierung am Lebensentwurf Jesu von Nazaret wäre und ist die Kirche nicht „Volk Gottes" oder „Kirche Christi".

2. Kirche als Gemeinschaft des „Volkes Gottes" (Berufung)

Beim historischen Rückblick auf die Kirche zwischen Vergangenheit und Zukunft ist vom tiefgreifenden Wandel im Selbstverständnis der Kirche die Rede gewesen und von der bewußtseinsverstärkenden Bedeutung des II. Vatikanischen Konzils. In diesem Zusammenhang ist auf Kernaussagen in der Konzilskonstitution „Lumen gentium" („Licht der Völker") hingewiesen worden, die diesen Wandel im Kirchenbild markieren: weg von einem starr zentralistischen, kirchenrechtlich orientierten und klerus-zentrierten Kirchenbild zu einer dynamischeren und geschichtlichen Auffassung von Kirche, die biblisch fundiert wird und sich im Dienst an der Welt versteht. Ein großartiges Wort dieser Konzilskonstitution ist die Aussage über die Kirche als Heilssakrament: „Die Kirche ist ja in Christus gleichsam das Sakrament, das heißt Zeichen und Werkzeug für die innigste Vereinigung mit Gott wie für die Einheit der ganzen Menschheit" (LG 1; vgl. auch 48). Die geschichtliche und soziale Seite der Kirche, die empirische Kirche — wenn man so will —, wird zum Ort und Symbol erklärt, wo das in Jesus Christus eröffnete und verheißene Heil zeichenhaft schon gegenwärtig ist. Die Kirche hat in der Treue gegenüber ihrem einzigen Herrn, Jesus Christus, mit dem Heraufkommen des Reiches Gottes zu tun (vgl. LG 8). Dem hat alles, was Kirche ausmacht, Rechnung zu tragen. Daran ist die ganze Pastoral und Institution der Kirche zu prüfen.

Gleichsam, als wollte das Konzil gegenüber der Gefahr, daß Kirche als Mysterium einseitig in sakraler Weise auf das Amt bzw. auf den Klerus zurückgestutzt würde, eine Blockade aufrichten, thematisiert es Kirche als Volk Gottes. Damit wird ihr nicht etwas zugesprochen oder auf sie übertragen, sondern sie ist in ihrer konkreten, geschichtlichen und gesellschaftlichen (also empirischen) Wirklichkeit Volk Gottes. Und dieses Volk Gottes ist Symbol und Träger der Kirche als Heilssakrament, eben „Zeichen und Werkzeug für die innigste Vereinigung mit Gott und für die Einheit der ganzen Menschheit" (LG 1). Daher handelt es sich nicht um eine äußere organisatorische Frage; vielmehr wird über die innere Qualität bzw. die christliche Tiefendimension von Kirche Entscheidendes ausgesagt: Kirche als „Volk Gottes" gehört Gott; sie ist in ein Beziehungsverhältnis zu ihm eingebunden und gleichsam in das Leben Gottes hinein erlöst und befreit. Mit dieser Grundaussage ist eine biblische Wahrheit wieder an das Licht des kirchlichen Bewußtseins getreten, die lange Jahrhunderte hindurch im reichen Glaubensschatz der Kirche geschlummert hat. — Gleich zu Beginn des zweiten Kapitels von „Lumen gentium" wird unüberhörbar betont: „Gott hat es aber gefallen, die Menschen nicht einzeln . . . zu heiligen und zu retten, sondern sie zu einem Volke zu machen, das ihn in Wahrheit anerkennen und ihm in Heiligkeit dienen soll. So hat er sich das Volk Israel zum Eigenvolk erwählt und hat mit ihm einen Bund geschlossen . . . Dies tat er, indem er sich und seinen Heilsratschluß in dessen Geschichte offenbarte und sich dieses Volk heiligte. Dies alles aber wurde zur Vorbereitung und zum Vorausbild jenes neuen und vollkommenen Bundes, der in Christus geschlossen . . . werden sollte" (LG 9). Die Betonung liegt somit auf dem Verhältnis Gottes zu seinem Volk; Gott ist der primär Handelnde.[5] Mit „Volk Gottes" ist somit die unübertragbare Subjekthaftigkeit (Würde) aller ausgesagt, die auf den Namen Jesu getauft und gefirmt sind. „Durch die Wiedergeburt und die Salbung mit dem Hl. Geist werden die Getauften zu einem geistigen Bau und einem heiligen Priestertum geweiht" (LG 10).

---

[5] H. J. Klauck, Gemeinde—Amt—Sakrament (Würzburg 1989) 229.

Diese Großtat des Zweiten Vatikanischen Konzils ist indes nicht unumstritten geblieben, zumal gerade das 1983 in Kraft getretene Kirchenrecht, abgesehen von wenigen positiven Ansätzen (Stellung der Laien, Ehe- und Prozeßrecht), die zentralistische Kirchenordnung so betont, daß die Impulse des letzten Konzils kaum darin aufscheinen. Auf der außerordentlichen Bischofssynode 1985 zum 20jährigen Gedenken des Konzilsabschlusses ist auf die Communio-Ekklesiologie besonderes Gewicht gelegt worden.[6] Im Schlußdokument dieser Bischofssynode vom 9. Dezember 1985 heißt es: „Seit dem zweiten Vatikanischen Konzil geschah viel, damit die Kirche als ‚Communio' klarer verstanden und konkreter ins Leben umgesetzt wurde."[7] Damit wird sachte auf die seit dem Konzil unterschiedlichen Kirchenbilder hingewiesen, die letztlich in ihrem unverbundenen Nebeneinander und in der Ambivalenz der Konzilstexte selbst ihre Ursachen haben. Schon in den Konzilstexten ist die spätere Spannung zwischen dem Verständnis der Kirche als Communio und der Kirche als Hierarchie angelegt. Und so ist H. J. Pottmeyer nur beizupflichten, wenn er die weitere Vertiefung und Entfaltung der Communio-Ekklesiologie anmahnt, die der Kirche „eine deutlichere und konsequentere Kontur als communio ecclesiarum und communio fidelium"[8] gibt. Zwar schreibt auch W. Kasper von kritischen Stellungnahmen im Vorfeld der Bischofssynode 1985 im Zusammenhang mit der Communio-Ekklesiologie; er erinnert dabei an das Verhältnis von Universal- und Partikularkirche, an die unmißverständliche Kritik am Zentralismus kurialer Kirchenleitung, an die stärkere Stellung der Bischofskonferenzen und der Bischofssynode, an das Subsidiaritätsprinzip, welches besagt, „daß die übergeordnete Instanz nur dann eingreifen soll, wenn die untergeordnete Instanz . . . allein nicht fertig wird" usw.[9] Nach ihm drückte sich die Synode keineswegs um diese Strukturfragen. „Ihre Mysterien-Ekklesiologie sollte diese Strukturfrage nicht verdrängen, sondern vielmehr in rechter Weise grundlegen und damit zeigen, daß es dabei immer um mehr als nur Strukturen, Machtverteilung, Kirchenrecht u.ä. geht."[10]

Dieser Grundsatz wird überhaupt nicht bestritten. Aber wiederum zeigt sich das Schisma zwischen der ideellen Vorstellung und der reellen Wirklichkeit. Man kann nicht ideell geben, was reell auf der Erfahrungsebene vorenthalten und genommen wird. Es ist doch nicht zu übersehen, daß insgesamt von der Kirchenleitung mit den im Geiste des Konzils notwen-

---

[6] S. den Text in: W. Kasper, Zukunft aus der Kraft des Konzils (Freiburg i.Br. 1986) 19—45; insbes. 33ff.

[7] Ebd., 33.

[8] H. J. Pottmeyer, Der eine Geist als Prinzip der Einheit in Vielfalt. Auswege aus einer christomonistischen Ekklesiologie, in: Pastoraltheologische Informationen 2/1985, 273.

[9] W. Kasper, a.a.O., 88.

[10] Ebd.

digen Strukturfragen nicht ernst gemacht wird. Die Bischofsernennungen, Prozesse und Theologenschelte, das Nichtwahrhabenwollen der Frauenfrage usw. sprechen doch genau in die entgegengesetzte Richtung. Warum also ein grundsätzliches „Mehr" so euphemistisch (=verhüllend) umschreiben, wenn das praktische „Wenige" überhaupt nicht aufgegriffen wird?

Dies ist deshalb mit allem Ernst zu diskutieren, weil das „Volk Gottes" diese feierlich proklamierten Widersprüche zwischen ideeller und empirischer Kirche so nicht mehr zu akzeptieren gewillt und in der Lage ist. Zum andern wird dadurch genau die oben zitierte Sakramentalität der Kirche diffus und idealistisch ausgehöhlt, wenn nicht das Volk Gottes bzw. die geschichtlich erfahrene und konkrete Kirche als Symbol und als Ort des Heilshandelns Gottes gedeutet und in allen Belangen auch praktisch „eingesetzt" wird.

Vom biblischen Verständnis her ist — wie das Konzil betont — das Volk Gottes in seiner Gesamtheit Heilszeichen und Sakrament für die Einheit der Menschen mit dem Gott Jesu. Das hat natürlich Konsequenzen, die all jene in der Tat zu „fürchten" haben, die Kirche nur klerikerzentriert und nur durch das Amt repräsentiert denken können (oder wollen), also auf sich selbst bezogen.

Demgegenüber führen die Darlegungen des letzten Konzils über das Volk Gottes eindeutig weiter in Richtung einer Communio, einer Gemeinschaft, in der alle auf den Namen Jesu Getauften und mit seinem Heiligen Geist Gefirmten in gleicher Weise Schwestern und Brüder sind. Dies ist gleichsam die pneumatische „Innenseite" bzw. geistgewirkte Tiefendimension der Kirche.

Diese theologische und nicht kirchenrechtliche Sicht der Kirche hat dazu verholfen, daß nun auch die strukturelle Zweiklassengesellschaft in der Kirche, nämlich Klerus—Laien, grundsätzlich überwunden worden ist. Damit definiert sich der Laie nicht mehr in der Absonderung und Unterscheidung von Geistlichen, vom Klerus. Vielmehr hat dadurch der Laie auch wieder seinen theologischen Ort gefunden, auch wenn natürlich noch nicht den institutionellen gleichberechtigten Ort in einer partizipatorischen Kirchenordnung. Rechtliche Veränderungen brauchen meistens eine längere Laufzeit.

Leonardo Boff hat demgegenüber schon vor Jahren darauf hingewiesen, daß die gesamte Kirche aus Klerikern und Laien das messianische Gottesvolk ausmacht. Nachdem das II. Vatikanische Konzil „das Wesen der Kirche als Mysterium/Sakrament hervorgehoben hatte, wollte es eine Bezeichnung einführen, die alle Gläubigen, bevor weitere Unterschiede zwischen ihnen gemacht wurden, umfaßte, und wählte die Kategorie ‚Volk Gottes'. Damit ging auch eine Neuentdeckung der biblischen Dimension der Geschichte, des Bundes, der Auserwählung, der Weihe/Sendung und

des pilgernden Unterwegsseins zum eschatologischen Reich einher. Das Konzil unterstrich, daß das Amtspriestertum und das allgemeine Priestertum der Gläubigen einander zugeordnet und beide in dem einzigen Priestertum Christi verwurzelt sind ..."[11]
Von daher kann das Konzil sagen: „... so waltet doch unter allen eine wahre Gleichheit in der allen Gläubigen gemeinsamen Würde und Tätigkeit zum Aufbau des Leibes Christi" (LG 32). Eindeutig ist in diesem Zusammenhang die konziliare Schlußfolgerung: „Alles, was über das Volk Gottes gesagt wurde, richtet sich in gleicher Weise an Laien, Ordensleute und Kleriker" (LG 30). Von daher ist es nur allzu logisch, eine bewußtseinsmäßig verschollene alte Kirchenweisheit wieder in Erinnerung zu rufen, nämlich „die Gesamtheit der Gläubigen ... kann nicht irren" (LG 12).

3. Die gemeinsame Sendung aller Christinnen und Christen (Sendung in der Vielfalt der Charismen)

Die geistgewirkte Communio führt zur Sendung (Missio) und Fruchtbarkeit der Charismen. Auch diesbezüglich sind die Konzilsaussagen überdeutlich: Die Teilnahme am Dienst Christi (LG 10—12) verwirklicht sich nämlich konkret in der aktiven Beteiligung der Gläubigen an den verschiedenen Diensten in der Kirche und in der Wahrnehmung der Charismen, die ihnen zum gemeinsamen Wohl gegeben worden sind.
In der dem Konzil eigenen und für uns teilweise befremdlich wirkenden Sprache heißt es diesbezüglich: „Derselbe Heilige Geist heiligt außerdem nicht nur das Gottesvolk durch die Sakramente und die Dienstleistungen ..., sondern ‚teilt den Einzelnen, wie er will' (1 Kor 12, 11) seine Gaben aus und verteilt unter den Gläubigen jeglichen Standes auch besondere Gnaden. Durch diese macht er sie geeignet und bereit, für die Erneuerung und den vollen Aufbau der Kirche verschiedene Werke und Dienste zu übernehmen ..." (LG 12).
Diese Charismen werden nicht kirchlich zugewiesen, sondern sind persönliche und unübertragbare Geistesgaben, die aber immer für die gemeinsame Sendung fruchtbar werden sollen. Im Konzilsdekret über das Laienapostolat aus dem Jahre 1965 wird betont, daß die Pflicht und das Recht zum Apostolat auch den Laien „kraft ihrer Vereinigung mit Christus" zukommt und daß zum Vollzug dieses Apostolats „der Heilige Geist den Gläubigen auch noch besondere Gaben schenkt" (AA 3).
Diese persönlichen Geistesgaben, in denen sich die gemeinsame funda-

[11] L. Boff, Was bedeutet theologisch „Volk Gottes" und „Volkskirche"?, in: Concilium 20 (1984) 516.

mentale Berufung zum Christsein als individuelle und konkrete Sendung verleiblicht, dienen indes keiner intoleranten Selbstbehauptung, keinem selbstgenügsamen spirituellen Individualismus oder einem subjektiven Machtkalkül; vielmehr dient dieser unterschiedliche Reichtum der Charismen dem Aufbau der Gemeinde und dem Vollzug ihrer Sendung und Mission in der Welt: „Aus dem Empfang dieser Charismen ... erwächst jedem Glaubenden das Recht und die Pflicht, sie in Kirche und Welt zum Wohle der Menschen und zum Aufbau der Kirche zu gebrauchen" (AA 3).
Diese Charismen werden zum kirchlichen Strukturprinzip. Ihre Gemeindebezogenheit zeigt sich vor allem in den Paulusbriefen an die Gemeinde von Korinth. „Es ist der eine Geist, der in den verschiedenen Zuteilungen von Charismen wirkt (1 Kor 12,4). Die Charismen sind selbst Erscheinungsformen des Geistes (1 Kor 12,7) ... Alles bleibt dem Handeln Gottes anheimgestellt. Wir können also sagen: Das Charisma ist die Gnade als frei geschenkte Gabe, insofern sie sich auf geistgewirkte Weise in der Gemeinde ausdifferenziert und in Einzelpersonen Gestalt gewinnt."[12]
Von diesem Hintergrund her, den das Zweite Vatikanum in immer neuen Wendungen und Bildern unübersehbar markiert hat, ist deutlich gemacht, daß der einzige „Herr" der Kirche der Auferstandene ist, der durch seinen Geist die Gaben zuweist und dadurch gründet und in ihr weiterwirkt.
Das Grundcharisma bildet indessen die Liebe (1 Kor 13). Sie ist vor aller Differenzierung der Charismen das Grundkriterium für alle Prozesse, Suchbewegungen und Aufgabenbereiche der Gemeinde sowie für das solidarische und partizipatorische Miteinander der Christen und Christinnen bei Aufbau und Gestaltung einer christlichen Gemeinde. Die Vielfalt der Charismen zu entdecken und deren Kraft sich entfalten zu lassen ist somit für die Gemeinde Ernstfall ihrer pneumatischen (geistgewirkten) Gemeinschaftwerdung und ihrer missionarischen Sendung.
Der Dienst des kirchlichen Amtes liegt darin, dieser in Jesus Christus eröffneten Lebenshoffnung mit und unter den Menschen zu „Diensten" zu sein. Sein Dienst-Sinn ist darin zu finden, daß und damit Glaube, Hoffnung und Liebe erlebt und gelebt werden.[13] Es gewinnt somit gegenüber der Berufung und Sendung des Volkes Gottes theologisch kein qualitatives Mehr hinzu. Die Theologie des kirchlichen Amtes ist die Theologie der Kirche bzw. die Berufung und Sendung der Gemeinde Jesu Christi; das hat sich geschichtlich schon darin gezeigt und erprobt, daß die christlichen Gemeinden der ersten Jahrhunderte in erstaunlicher Weise frei und situationsgemäß ihre Dienste und „Ämter" eingerichtet und gestaltet haben.
Um zu wiederholen: Die Fragen um Kirchenordnungen stellen sich auf

---

[12] H. J. Klauck, a.a.O., 226.
[13] L. Karrer, Aufbruch der Christen, 85—90.

der konkreten Ebene der Kirche und beziehen sich auf ihre empirische „Außenseite“. Die Frage nach der Mitgliedschaft zum Volk Gottes bzw. zur Kirche stellt sich auf der pneumatisch-fundamentalen Ebene, also auf der Ebene des Christseins („Innenseite“ der Kirche). Auf dieser entscheidenden Ebene, die Frauen und Männer, „Kleriker“ und „Laien“ unterschiedslos zu einem Volk Gottes eint, verläuft die Unterscheidungslinie zwischen Glaubenden und Nicht-Glaubenden (zwischen Christen und Welt wie in der Urkirche). Die Innen- und die Außenseite durchdringen sich — ähnlich wie bei der Osmose das Wasser von einer Zelle in die andere dringt. — Wenn nun das kirchliche Amt als ein für die christliche bzw. pneumatische Dimension von Kirche zweckmäßiger und notwendiger Dienst betrachtet wird, dann sind die Fragen um Amt und Kirchenordnung eine praktische Frage. Die Kirche in ihren Entscheidungsträgern darf sich in der Gestaltung ihrer Dienste einer Freiheit bedienen, die sie in den ersten Jahrhunderten selbstverständlich praktiziert hat. —
Das Problem in der Diskussion um die Laien und um das Amt (Klerus) liegt darin, daß die empirisch-kirchliche Ebene („Außenseite“) und die pneumatisch-christliche Tiefen-Dimension („Innenseite“) oft miteinander vermischt bzw. verwechselt werden, und zwar in der Art, daß dem Amtsträger ein *christliches* „Mehr“ zugesprochen wird, das dem Laien abgeht (repraesentatio Christi, in persona Christi agere . . .). Die Unterscheidung Klerus — Laie (Besonderes Priestertum — Gemeinsames Priestertum) so „grundsätzlich“ zu treffen verbaut vermutlich eine Lösung, weil die Frage falsch gestellt ist; und zwar dadurch, daß eine wurzelhaft praktische Fragestellung grundsätzlich und theoretisch zu beantworten versucht wird. Damit wird die angemessene Antwort von ihrer Lösungsebene abgehoben.

4. Die dreifache Quelle für die Gemeinschaft (Koinonia): Grundgesten des Volkes Gottes in der Nachfolge Jesu

Wenn die ganze Kirche (und letztlich jede christliche Gemeinde) Subjekt der Nachfolge Jesu ist und wenn sie darin und dadurch zum konkreten Erfahrungsraum von christlicher Hoffnungspraxis wird, dann ist zu fragen, wie sie und wie sich das zeigt.

a) Glaube—Hoffnung—Liebe

Schon im Neuen Testament wird in vielfacher Weise von den drei Grundvollzügen des christlichen Lebens gesprochen, nämlich von *Glaube, Hoffnung* und *Liebe*. In ihnen verdichten und differenzieren sich die Berufung und Sendung der Kirche von Jesus Christus her.

Wichtig ist deshalb für alle drei Grunddimensionen oder Entfaltungen des Christseins die Verankerung in der Lebenspraxis und die Orientierung am Lebensentwurf bzw. an der Botschaft Jesu von Nazaret. Das unterscheidend Christliche geht von Jesus Christus aus und führt zu ihm. In der Erfahrung christlicher Gemeinschaft erleben die Christen und Christinnen die Gegenwart Jesu, den wir als den in das Leben Gottes aufgenommenen Christus bekennen. „Wo zwei oder drei in meinem Namen versammelt sind, da bin ich mitten unter ihnen" (Mt 18,20). Jesus ist das Haupt seiner Kirche (Eph 1,22f; Kol 1,18). Die Gläubigen sind Glieder seines Leibes (1 Kor 12,12—30). Sie sollen dem Herrn verbunden leben wie Reben am Weinstock (Joh 15,1—8). — Die inneren Qualitätsmerkmale einer Gemeinde sind somit die Treue zu Jesus und die konkrete Weise seiner Nähe und Gegenwart (Hl. Geist). Ohne diese pneumatische Lebens-Tiefe kann eine Gemeinde nicht Gemeinde Jesu sein. — Nur aus dieser Quelle und in dieser Verankerung kann die christliche Gemeinde Grundgesten vollziehen, die die christlichen Grundvollzüge der einzelnen Menschen (Glauben—Hoffen—Lieben) überhaupt erst möglich machen.

In einer gewissen Übereinstimmung zu diesen Grundvollzügen christlicher Existenz erwähnt das Neue Testament für die „Gemeinde" drei Grunddimensionen oder Lebensvollzüge. Es sind das Hören und Bezeugen der frohen Botschaft: das prophetische Glaubenszeugnis; der gemeinsame Vollzug des Gottesdienstes und des Betens: Liturgie und Gottesdienst; das Beschenken und Empfangen gemeinschaftlicher Solidarität: Liebe in Diakonie/Caritas (vgl. Apg 2,42—47; 4,31; Röm 12; Eph 3,12—21).

Von diesen drei Grundvollzügen der christlichen Gemeinde gehen das II. Vatikanische Konzil und mit Bezug auf dieses die Würzburger Synode aus, wenn sie von der Verkündigung, vom Gottesdienst und von der Diakonie sprechen.[14]

Entscheidend ist, daß die einzelnen Dimensionen nicht wie Sektoren nebeneinander betrachtet werden, sondern sich gegenseitig durchdringen und beleuchten, indem die Botschaft Jesu verkündet und gelebt wird als Kunde vom Gott und Vater Jesu, der jeden Menschen annimmt und in Liebe bejaht, der die Nähe zu den Menschen sucht und der das Leben und die Überwindung aller Sterbeprozesse und aller Tode will: „Ich bin gekommen, damit sie das Leben haben und damit sie es in Fülle haben" (Joh 10,10). In diesem Sinn durchdringen und „durchsäuern" sich diese Grundfunktionen gegenseitig. Sie gehören qualitativ zusammen und sind nicht arbeitsteilige Seelsorgebereiche unverbunden nebeneinander.

---

[14] H. Wieh, Das Gemeindeverständnis des Konzils und der Synode, in: H. Frankenmölle (Hrsg.), Kirche von unten (Mainz—München 1981) 62—77.

b) Grundperspektive: Im Geiste Jesu kommunikative bzw. geschwisterliche Kirche (Koinonia)

Wenn Kirche schon als „Hoffnungs*gemeinschaft*" von Menschen umschrieben worden ist, die sich auf Jesus Christus einläßt und sich auf ihn verläßt, dann ist mit dieser theologischen Deutung die soziale Bedeutung von Kommunikation zwischen den Menschen eingefaßt und grundgelegt. Folgerichtig spricht das II. Vatikanische Konzil von der Kirche als Zeichen und Werkzeug der Einheit mit Gott und der Einheit der Menschen untereinander (Lumen gentium 1). Die Kirche ist somit vor aller funktionalen Bestimmung und der Vielfalt im Tun eine Gemeinschaft. „Schon die Erwählung Israels, die Herausführung, die Heimholung und die Verheißung richtete sich immer an das Bundes*volk*, eine Dimension, in der auch Jesus selber in seinem jüdischen Glauben und in seiner eschatologischen Hoffnung lebte, handelte und verkündete ... Bei aller Wandlung des soziokulturellen Kontextes vom Judenchristentum zum hellenistisch-heidenchristlichen Raum bleibt es selbstverständlich, daß christlicher Glaube sich immer eingebettet, verflochten und in wechselseitiger Kommunikation mit anderen Männern und Frauen, mit kleinen Hausgemeinden oder einer größeren Kirche befindet."[15]

Allzuleicht wird die Kirche Mittel zum Zweck, wenn Martyria, Leiturgia und Diakonia wie drei wesentliche Aufgaben funktional verstanden werden ohne Einbettung in eine schwesterliche und brüderliche Gemeinschaft bzw. Gemeinde. Kirche wird somit durch mitmenschliche Beziehungen und Kommunikation zum Zeichen des anbrechenden Reiches Gottes und zum Sakrament des Heiles. „Liebt einander. Wie ich euch geliebt habe, so sollt auch ihr einander lieben" (Joh 13,34). Wenn in diesem Zusammenhang von Koinonia die Rede ist, dann ist damit kein Nebeneinander von vielen Aktivitäten, kein diffuses Wir-Gefühl oder Gruppendisziplin im Sinne des Korpsgeistes gemeint, sondern das Offenbarwerden der Güte und Menschlichkeit, die von Jesus Christus her zur Sprache kommen und zu einem neuen Verhalten führen. In diesem Sinn ist die „Koinonia" keine vierte Grundfunktion neben Martyria (Verkündigung), Leiturgia und Diakonia. „Communio" (Liebe, Solidarität) vollzieht sich nicht sektoral daneben, sondern durch die Grundvollzüge der Kirche in Verkündigung, Liturgie und Diakonie hindurch.

Daß damit eine eminent kirchen- bzw. gemeindekritische Dimension eingebracht ist, liegt auf der Hand, wenn wir an die innerkirchliche Kommu-

---

[15] D. Wiederkehr, Grundvollzüge christlicher Gemeinde, in: L. Karrer (Hrsg.), Handbuch der praktischen Gemeindearbeit (Freiburg i.Br. 1990) 34f. — Grundlegend zu Koinonia siehe H. Brantzen, Gemeinde als Heimat. Integrative Pastoral unter semiotischer Perspektive (Habilitation/Freiburg Schweiz 1991): erscheint demnächst.

nikation auf den verschiedenen Ebenen, an das Gefälle Klerus—Laien, an die Dominanz der Männer in den Entscheidungsgremien, an die mangelnde Partizipation und Schiedsgerichtsbarkeit, an viele anonym wirkende „volkskirchliche" Pfarreien oder an die zentralistische Großkirche und an den zögerlichen ökumenischen Brückenschlag denken.
Demgegenüber sind in der Nachfolge Jesu Gemeinden gegründet worden, in denen die Menschen gerade die Vereinzelung überwinden und zur Gemeinschaft und zu solidarischem Handeln finden. Alle Grundfunktionen der Kirche und der christlichen Gemeinden haben eine eminent gemeinschaftsbildende Zeugniskraft und bewirken geschwisterliche Kirche (Koinonia). Alle getauften und gefirmten Christinnen und Christen sind berufen, durch das gelebte Zeugnis die Gemeinde Jesu Christi und damit die Communio aufzubauen und mitzutragen und in der Vielfalt der Charismen ihre Sendung auf die Menschen und ihre Welt hin (Missio) wahrzunehmen.

c) Bezeugende und prophetische Kirche (Martyria)

Zuerst ist von der Martyria als Grundvollzug zu sprechen. Gemeint ist damit die Verkündigung, die Erinnerung und die Bezeugung des Wortes Gottes. Die Kirche erschafft sich nicht selber, kann ihren Glauben nicht eigen-mächtig hervorbringen und das erlösende und befreiende Wort nicht sozusagen „aus eigenen Gnaden" sich selbst zusprechen.
Kirche bzw. christliche Gemeinde entsteht und wird aus dem Hören des Wortes und dem sich empfangenden Glauben.[16] Das Hören und Empfangen des Wortes und der Frohbotschaft wie auch die Empfänglichkeit für die Gaben des Geistes münden in einen lebendigen Prozeß des Aufnehmens, der Vertiefung und der vielschichtigen Fruchtbarkeit. Das gemeindliche Bekenntnis weist über sich auf die Bezeugung vor den Menschen und in der Welt hin. Das Zeugnis vom Heil für alle Menschen in und durch Jesus Christus lebt davon, daß es auf verschiedenen Wegen und über unterschiedliche Kanäle vernommen, gehört, angenommen und glaubwürdig bezeugt wird.
Eine unübertragbare Aufgabe der christlichen Gemeinde bzw. des Volkes Gottes liegt darin, diese Botschaft unverkürzt und unverfälscht weiterzusagen und in die unmittelbaren Verhältnisse des individuellen und gesellschaftlichen Lebens auszurufen. Damit lädt sie ein, die konkrete Lebenspraxis von Geiste Jesu her kritisch-prophetisch zu hinterfragen und entsprechend zu verändern (Umkehr!).
Praktisch löst die Gemeinde diese ihre wesentliche Aufgabe u.a. im Reli-

[16] Vgl. D. Wiederkehr, a.a.O., 15—22.

gionsunterricht ein, in der Gemeindekatechese und in der Hinführung zu den Sakramenten, in Glaubenskursen und in der Erwachsenenbildung, in Elternkreisen, Meditationsgruppen, im Glaubensgespräch, in der Predigtverkündigung, aber auch in der Öffentlichkeitsarbeit (z. B. Pfarreibrief) und gegebenenfalls auch in Stellungnahmen zu politischen und gesellschaftlichen Problemen. Aber auf allen Ebenen des sogenannten kirchlichen Lebens ist in verschiedenen Gestalten der Glaube zu bezeugen, im theologischen und katechetischen Bereich, im kritischen Dialog mit dem kulturellen Leben, mit den Medien usw. sowie in kritischer Auseinandersetzung mit dem, was wir „Zeitgeist" nennen. Unsere Zeit bedarf nicht weniger als frühere Zeiten der religiösen Sinnfindung und der sprachlichen Ausdrucksformen des Religiösen. Der einzelne Christ gewinnt somit nur über andere Menschen und über die Erfahrung mit christlicher Gemeinschaft Zugang zum Leben und Wort Jesu. Versagt sich der einzelne diesem Dienst oder versagt dieser Dienst der Kirche, dann wird der Glaube unversehens stillgeschwiegen; er wird sprach-los und blind. Die Menschen verfügen, auch wenn sie getauft sind und Kirchensteuern bezahlen, auf Dauer nicht mehr über die wesentlichen Grundvorstellungen von dem, was es mit dem Glauben an Jesus Christus auf sich hat. Um so mehr bleibt man bezüglich Religion und Kirche auf Klischees abonniert, die von den Medien verbreitet oder am Arbeitsplatz und in den Familien herumgereicht werden. Die Fragen nach der religiösen Grundorientierung verdunsten um so leichter.

d) Feiernde Kirche: Gottesdienst und Liturgie der Sakramente (Leiturgia)

Eine weitere unverzichtbare Aufgabe der christlichen Gemeinde ist die Feier ihrer „Gabe", nämlich die erinnernde, zur Umkehr einladende, versöhnende und befreiende, mit Christus verbindende und danksagende Feier seiner Gegenwart; also Gottesdienste mit dem Zentrum in der Eucharistiefeier und mit der ganzen Vielfalt der sakramentalen Praxis.
Im gottesdienstlichen Tun besinnt sich die Gemeinde darauf, daß Jesus Christus ihr „einziger Herr" ist, von dem her sie zu leben, zu glauben, zu hoffen und zu lieben versucht. Sie will dadurch zum Ausdruck bringen, wie sie in der gläubigen Erinnerung an den Tod und die Auferweckung Jesu Christi und im hoffenden Vertrauen auf den Geist Jesu Grenzen menschlichen Daseins überwindet. Sie zeigt darin, daß sie von einer Nähe lebt und sich von einer Nähe her versteht, die sie auf keinem Weg selbst herstellen oder geschichtlich herbeizwingen könnte. Kirche und damit Pfarrei verdanken sich nicht ihren eigenen Leistungen, sondern dem, zu dem sie in der Liturgie beten. So ist es höchst angemessen, wenn die Kir-

che die intensive Form ihres gottesdienstlichen Tuns Eucharistie nennt: Dank-Sagung.

Letzten Endes geht es darum, daß Gott als Er selber in der Geschichte des einzelnen und der ganzen Menschheit ankommen möge. Das ist der tiefste Sinn vom Anbeten, Danksagen, Loben und Preisen.[17] Glaubende Gemeinde wird so zur feiernden und sich verdankenden Gemeinde. „Die Herkunfts-, Gegenwarts- und Zukunftsbeziehung der Kirche zu Gott, zu seinem Wort und zu seinem Geist, wird also nicht nur zur praktischen Sicherstellung der Ursprungsenergie thematisiert; Gott verdient vielmehr um seiner selber willen die Anbetung, den Dank und die Bitte.“[18]

Träger der gottesdienstlichen und sakramentalen Praxis bzw. der Gemeinde-Liturgie ist das ganze Volk Gottes, auch wenn die Gestalten und aktuellen Träger des Gottesdienstes immer wieder eingeengt und durch die Kirchenordnung verfestigt worden sind. Da alle menschlichen Erfahrungen „Rohstoff“ sind, um im Gebet und Gottesdienst vor den Gott Jesu zu kommen, also gebetswürdig sind, ist eine vitale Fülle der Gebetsformen und der feiernden Liturgie zu gewärtigen und zu wagen.

e) Diakonisch-solidarische Kirche (Diakonia)

Beunruhigend muß es sein, daß Matthäus der „Bruderliebe“ vor dem „Gottesdienst“ den Vorrang gibt (vgl. Mt 5,23f). Die Liturgie und die Glaubenswahrheit dürfen nicht der Liebe und Solidarität im Wege stehen. Die praktizierte Liebe ist vielmehr der Test für den Glauben ... und dieser Satz ist nicht einfach umkehrbar. So äußert die schon erwähnte Würzburger Synode: „Zur Sendung der Gemeinde gehört wesentlich ihre Sorge um die einzelnen in ihrer vielgestaltigen Not wie der Einsatz für Frieden, Gerechtigkeit und Freiheit. Die Gemeinde darf nicht neben den Problemen der Gesellschaft herleben, sondern muß mitten in ihr präsent sein. Sie muß sich verantwortlich wissen für die gesellschaftlich an den Rand Gedrängten und Zurückgesetzten, für die Entrechteten und alle Menschen in Not“ (Dienste und Ämter 2.3.3).

Die Glaubwürdigkeit der Kirche steht und fällt somit mit ihrer *Dienst*bereitschaft und Offenheit zu solidarischem Handeln. Kirche und christliche Gemeinde sind nicht Selbstzweck, sondern sie sind für die Menschen da. Jesus verband mit dem Abendmahl die Fußwaschung; und in der Urkirche gehörten Eucharistie und Mahlgemeinschaft zusammen.

So wichtig es ist, die Sinndeutung im Glauben als Grundfunktion kirchlicher Gemeinde zu betonen, so entscheidend ist es andererseits, deren Sen-

---

[17] L. Karrer, Gottes fremde Sprache (Freiburg i.Br. 1990) 85.

[18] D. Wiederkehr, a.a.O., 29.

dung zu mitmenschlichem und zu gesellschaftlichem Engagement im Leben des Alltags zu erkennen. Glaubensverkündigung und Liturgie werden zu einem kultivierten Getue, zu weltflüchtiger Theorie und zu einem äußerlichen, unglaubwürdigen Aktivismus, wenn die christliche Gemeinde nicht selbst ein Stück schlicht menschlicher Gemeinschaft und gegenseitiger Solidarität und Hilfe und darin christlich betrachtet ein Stück neuen Lebens im Geist einer neuen Gerechtigkeit, Liebe und Hoffnung darstellt (G. Schüepp).

Wenn schon betont worden ist, daß sich die einzelnen Grundfunktionen einer christlichen Gemeinde bzw. die Grundgesten der Kirche nicht auseinanderreißen lassen, sondern sich gegenseitig bedingen und durchdringen, dann ist damit eine äußerst kritische Dimension gegenüber einer kirchlichen und pfarreilichen Praxis ins Spiel gebracht.[19] Wieviel Konzentration erfahren Martyria und Leiturgia, während Diakonia dann Probleme schafft und beargwöhnt wird, wenn sie über die karitative Zuwendung einzelnen Menschen gegenüber hinausgeht; sobald es nämlich um das Eintreten für das Leben aller geht und damit auch um kritisch-prophetische Präsenz in unserer Gesellschaft. „Das Mißtrauen und die Mißverständnisse, aber auch die mißlichen Maßnahmen gegenüber der Befreiungstheologie, näherhin in Europa gegenüber dem Engagement vieler Christen und Kirchen für ‚Frieden, Gerechtigkeit und Bewahrung der Schöpfung‘, erklärt sich aus einem Versäumnis solcher Martyria, solcher Bewußtseinsbildung und Information. Es käme nicht zu den unglücklichen Aufspaltungen, in denen sich ‚Religiöses‘ und ‚Politisches‘ beziehungsweise ihre Verfechter gegenüberstehen, wenn schon vorher die Bewußtseinsbildung über die Ganzheit und Unteilbarkeit des Heils an die Hand genommen worden wäre.“[20]

5. Zukunftsperspektiven im Wandel der Kirche

Ausgehend von der geschichtlich gewachsenen Situation der Schweizer Kirche(n) und angesichts der theologischen Visionen einer auf Gott hin offenen und menschenfreundlichen Kirche als Hoffnungsgemeinschaft, stellt sich die Frage nach durchlaufenden Optionen. Gemeint sind damit Perspektiven im Spannungsfeld zwischen Vergangenheit und Zukunft, die durchgängig zu berücksichtigen sind. Damit wird möglich, einige Grundlinien zu benennen und sich nicht in das undurchdringbare Dickicht von vielen Einzelthemen zu verlieren. Durchlaufende Perspektiven bündeln

---

[19] Vgl. die Beiträge von N. Mette, F. Kerstiens und K. Koch in: L. Karrer (Hrsg.), Handbuch der praktischen Gemeindearbeit (Freiburg i.Br. 1990) 198—245.

[20] D. Wiederkehr, a.a.O., 23f.

die isolierten Teilbereiche und pastoralen Einzelprobleme in größere Zusammenhänge, wobei sie die konkrete Situation mit der wünschbaren Bewegungsrichtung verbinden. Sie stellen durchaus kritische Elemente für ein pastorales Zielkonzept dar.[21]

a) Verantwortung des ganzen Gottesvolkes für die Sendung der Kirche

Bewußtseinsmäßig hat die Kirche seit dem II. Vatikanischen Konzil in kurzer Zeit einen weiten Weg beschritten, auch wenn es institutionell noch kein nachhaltiges Echo ausgelöst hat. Die vom letzten Konzil in Erinnerung gerufene Verantwortung aller Glieder der Kirche hat ihren Niederschlag in den Dokumenten der Synode 72 gefunden: „Wenn wir ... von Kirche sprechen, verstehen wir sie als die Gemeinschaft aller Menschen, die auf den Namen Jesu Christi getauft sind und versuchen, sein Evangelium zu leben. Wir sind Kirche. Uns betrifft konkret, was der Auftrag der Kirche ist und was ihr Zeugnis sein muß ..." (Synode 72. Kirche heute, Diözese Basel IV,4). Dieses Verständnis von Kirche wirkte sich bis in ein verändertes Liturgieverständnis aus, denn auch das kleruszentrierte gottesdienstliche Handeln wurde auf die aktive Teilnahme aller Gläubigen hin ausgeweitet.[22] Somit ist im eigenen Raum mit den Grundgeboten der kirchlichen Soziallehre wie Subsidiarität, Partizipation und Mitentscheidung ernst zu machen.

b) Kirche als Gemeinschaft von Frauen und Männern

Die Schweizer Synode 72 verurteilt entschieden „alle Formen von Diskriminierung, seien sie ideologischer, rassistischer oder anderer Art ..." (Weltweites Christsein, Diözese Basel X, 5.2.2), und kritisch an die Adresse der Kirche wird vermerkt: „Die Kirche diskriminiert die Frau. Die Stellung der Frau in der Kirche ist immer noch untergeordnet" (Kirche heute IV, 2.5). Diese Worte der Synode 72 sind überdeutlich, obwohl die Texte insgesamt nicht gerade feministisch inspiriert erscheinen.
Gerade durch die feministische Theologie sind wir indessen gewahr geworden, daß die Frage nach der Frau auch in der Kirche eine Frage der Gerechtigkeit und der echten Katholizität ist, sozusagen eine Befreiungsbewegung aus einer einengenden Kirchlichkeit hinaus zu einer schwester-

---

[21] Vgl. dazu: N. Mette—M. Blasberg-Kuhnke, a.a.O., 27ff.

[22] St. Schmid-Keiser, Aktive Teilnahme. Kriterium gottesdienstlichen Handelns und Feierns I+II (Bern 1985); s. auch E. Christen, Der Laie in der Kirche, in: Schweiz. Kirchenzeitung 152 (1984) 198—200, 226—228.

lichen und brüderlichen Kirche.[23] Auch wenn uns diesbezüglich noch viele Bewußtseinsprozesse bevorstehen, so ist doch auch hier darauf hinzuweisen, daß diese Perspektive trotz des Herausforderungscharakters vom Geist und der Tiefe der Kirche selber etwas freilegt und freisetzt. Es geht nämlich nicht nur um die vordergründige quantitative, das heißt zahlenmäßige Mitgestaltung der Kirche durch Frauen, sondern zuerst um eine qualitative Veränderung auf eine ganzheitlich gelebte Gestalt des christlichen Glaubens hin. Es handelt sich dabei um einen Ernstfall partnerschaftlichen Verhaltens in der Kirche, der sich nicht nur im Verhältnis Männer und Frauen sowie Frauen und Männer zu bewähren hat, sondern auch im Verhältnis der Generationen zueinander und der Menschen mit verschiedenen Lebenserfahrungen und unterschiedlichen Standorten.
„So wird die Kirche zu einer aus dem Geiste Gottes lebendigen Gemeinschaft. In ihr sollen junge und alte Menschen, Frauen und Männer, Gesunde und Kranke, Ausländer und Schweizer ihren Platz finden und sich in Freiheit, Gerechtigkeit, ... in Liebe entfalten können" (Synode 72, Diözese Basel IV, 6.1).

c) Von der eurozentrischen zur universalen Kirche der einen Welt

Die Schweizer Kirche hat in den vergangenen Jahrzehnten zweifelsohne viel für die Missionen getan. Indessen: die Missionare zogen in ferne (Heiden-)Länder, denen man half. Sie blieben jedoch fremd; und unsere kirchlichen Denkweisen waren aus heutiger Sicht missionarisch-kolonialistisch und eurozentrisch mit helvetischer Prägung bestimmt.
Durch die politischen, sozialen und wirtschaftlichen Prozesse wie auch aufgrund der Medien und des Tourismus sind die Schweizer und Schweizerinnen weltläufig geworden. Maßnahmen in einem Teil der Welt haben Auswirkungen auf andere Weltregionen. Unter diesem Einfluß und nicht zuletzt durch die Blickerweiterung infolge der kirchlichen Prozesse seit dem II. Vatikanischen Konzil, durch die ökumenische Bewegung, durch die Befreiungstheologie und Basisgemeinden sowie durch den Einsatz des Fastenopfers und der Missionsorden und -gesellschaften ist auch die katholische Kirche Schweiz aus einer helvetischen Introvertiertheit geweckt worden. — Die katholische Kirche entwickelte sich weltweit von einer europäisch geprägten Westkirche zu einer interkontinentalen Weltkirche, in der die Christen und Christinnen aus der Dritten Welt den größten Anteil stellen. Mission wird dabei zu einem partnerschaftlichen lebendigen Austausch zwischen Teilkirchen. Der Prozeß bedeutet nicht nur eine neue,

---

23 Diakonia 19 (1988) Heft 3: „Adam, wer bist du?" — Männer in der Herausforderung durch die Frauen; s. auch Diakonia 22 (1991) Heft 2: Lebenswirklichkeit von Frauen.

vertiefte Sicht des Glaubenslebens, Austausch über die eigenen Wege und Werte der Teilkirchen in den verschiedenen Kontinenten, sondern auch einen Sog auf neue dezentralisierte kirchliche Verwaltungsstrukturen hin, denen eine zentralistisch agierende römische Kurie nicht mehr gerecht werden kann.[24]

Aber auch für das schweizerische Kirchturmdenken ergibt sich Bekehrungsbedarf: „Weltweites Christsein stellt beträchtliche Anforderungen an die Schweizer Kirche. Um die sich stellenden Aufgaben sehen und leisten zu können, ist es notwendig, sowohl über die heutige Weltsituation mit ihren Problemen wie auch über die Weltverantwortung des Christen im Bild zu sein" (Synode 72, Diözese Basel X, 7.11).

d) Partnerschaftliche Ökumene als Weg zur Einheit

Die schweizerische kirchliche Situation ist nicht nur vom Nebeneinander verschiedener Sprachen, sondern auch verschiedener Konfessionen und Religionen gekennzeichnet. Die Ausführungen der Synode 72 haben nichts an Aktualität verloren: „Die ökumenische Bewegung ist nicht ein kurzes einmaliges Ereignis, sondern ein langandauernder Prozeß der Öffnung, der von den Kirchen und den einzelnen Christen nicht im Alleingang, sondern nur in einem brüderlichen Miteinander vollzogen und erlitten werden muß. Auf Weltebene entwickelt er sich seit Jahrzehnten, hat vom Zweiten Vatikanischen Konzil Bestätigung und neue Impulse empfangen ... Es geht ... um mehr als oberflächliche Toleranz oder großzügige Gleichgültigkeit gegenüber den dogmatischen Differenzen und sonstigen Verschiedenheiten der christlichen Kirchen; es geht um mehr als ein friedliches Nebeneinander der Konfessionen. Es geht um die aufrichtige Sorge, den ganzen Reichtum der auseinandergebrochenen christlichen Tradition in die Kirche einzubringen" (Ökumenischer Auftrag in unseren Verhältnissen, Diözese Basel V, 2.5).

e) Vom System der Glaubenssätze (Doktrin) zum existentiellen und personalen Glauben

Die Fakten sind schon breit genug dargelegt worden, daß die Kirche die gesellschaftlichen bzw. volkskirchlichen Voraussetzungen und Bedingungen ihrer Wirksamkeit zum größten Teil verloren hat. Man mag das als Niedergang der Hochblüte des Christentums bedauern. Vermutlich war diese Hochblüte eher eine Ausnahmesituation, die sich zum Normalfall

---

[24] W. Bühlmann, Weltkirche. Neue Dimensionen. Modell für das Jahr 2001 (Graz 1984).

auspendelt, in dem nur ein Teil der Menschen zur Kirche gehört und das kirchliche Leben mitträgt und mitgestaltet. Aus dem Nachwuchschristentum wird eher wieder ein Entscheidungschristentum, in dem „der einzelne Christ sich in höchst persönlicher Weise mit dem Anspruch des Evangeliums auseinandersetzen, sich dafür oder dagegen entscheiden und diese persönliche Entscheidung vor sich und der Umwelt verantworten muß".[25] Der heutige Mensch ist kaum für einen obrigkeitlich vorgeschriebenen Glauben zu erwärmen; ebensowenig für theoretisch-spekulative Glaubenssätze. Demgegenüber stellt sich schon viel eher die Frage nach der persönlichen und gesellschaftlichen Bedeutsamkeit des christlichen Glaubensvollzuges. Auch hier finden wir in den Texten der Synode 72 wegweisende Worte: „Glauben beginnt nicht erst im religiös-kirchlichen Raum und heißt nicht in erster Linie dies oder jenes für wahr halten; ebensowenig heißt glauben, bloß ein System von fixierten Wahrheiten bejahen. Glauben heißt vor allem: Dazu entschließe ich mich, darauf richte ich mein ganzes Leben aus ... Vor allem aber ist Glaube gegenseitiges Vertrauen und Hingabe an eine Person ... So entspricht der Glaube dem Vorgang, mit dem der Mensch die bedeutendste Entdeckung macht, nämlich seinen Mitmenschen ... So betrachtet läßt sich der Glaube nur als Gabe verstehen, für die wir letztlich bloß danken können" (Glaube und Glaubensverkündigung heute, Diözese Basel I, 1.2.1).

f) Leben aus der Quelle des gottesdienstlichen Feierns und Dankens

Kirche verdankt sich nicht sich selbst. Sie lebt nicht aus der Gnade des eigenen Tuns oder ihrer pastoralen Instrumente. Sie verdankt sich vielmehr der Botschaft Jesu und versteht sich als Volk des Gottes Jesu. Von dieser Quelle her darf die Kirche als Volk Gottes auch darum wissen, daß sie sich nicht erschöpft im gesellschaftlichen Handeln oder im sozialen Engagement. Sie lebt aus der geschenkten Hoffnung auf das Reich Gottes, die sie in der Einheit von Wort und Tat vollzieht, aber in Wort und Sakrament in besonderer Dichte des Zeichens auch feiert. So schreibt L. Boff: „Ein Volk, das versteht zu feiern, ist ein erlösbares Volk. In ihm ist noch nicht alles unterdrückt. Es ist ein Volk auf dem Weg zu seiner Befreiung."[26] In diesem Zusammenhang ist auch das bekannte Wort von Karl Rahner in Erinnerung zu rufen, daß nämlich der Christ von morgen ein Mystiker sein muß oder er nicht sein wird.[27] So wie das gottesdienstliche Feiern zur

---

[25] L. Karrer, Der Glaube in Kurzformeln (Mainz 1978) 13.

[26] L. Boff, Kirche: Charisma und Macht (Düsseldorf [5]1985) 231.

[27] K. Rahner, Frömmigkeit früher und heute, in: Schriften zur Theologie VII (Einsiedeln — Zürich [2]1971) 22; siehe auch bei P. M. Zulehner, a.a.O., 57.

Kirche als Glaubensgemeinschaft gehört, so unverzichtbar ist das Beten, in dem der Glaube atmet. „Das Gebet setzt ein Glaubens- und Christusverhältnis voraus, selbst wenn dies erst wenig bewußt ist und eher ein ‚Suchen nach etwas' bedeutet als einen bewußten, vertrauensvollen Umgang mit einem Du" (Gebet, Gottesdienst und Sakramente im Leben der Gemeinde, Diözese Basel II, 2.2.2). — Provokativ und kritisch-prophetisch werden Christinnen und Christen erst dann, wenn sie ihre Kraft zur Hoffnungspraxis aus dem Kern des Botschaft Jesu, aus dem Gottesdienst und Gebet schöpfen.

g) Diakonische Kirche in Solidarität mit den Menschen

Die große Gefahr der Christen und Christinnen ist immer wieder der Rückzug in die Nische privater religiöser Frömmigkeitsformen, die die spannungsvolle Einheit zwischen Gottesliebe und Menschenliebe zu verlieren riskiert.

Ebenso ist ein Ekklesiozentrismus eine Versuchung in der Kirche, indem man sich hinter den Kirchentüren vor den Problemen außerhalb der Kirchentüre verschanzt, sich vielfach verzettelt und stets binnenkirchlich um sich selber kreist. Leicht verliert man dabei aus den Augen, daß — wie schon mehrfach betont — die Kirche nicht um ihretwillen existiert, sondern sich verzehren darf im Dienst für die ihr geschenkte Hoffnungsbotschaft und für die unter, für und mit den Menschen gewagten Hoffnungsschritte. Alles pastorale Handeln fließt aus der Quelle pneumatischer bzw. geistgewirkter Tiefe der Kirche, fließt aber letztlich zu den Menschen als diakonische Verantwortung für eine lebenswürdige Zukunft der Menschen. Kompromißlos deutlich mahnt die Synode 72: „Die Kirche kann daher ihre Sendung nicht wahrnehmen, wenn sie sich auf sich selber zurückzieht und nur defensiv handelt (Getto-Mentalität). Sie hat die heutige Zeit mit ihren Fragen, Anliegen und Nöten ernst zu nehmen. Sie hat dazusein für die suchenden Menschen; sie muß zusammenarbeiten mit allen ‚Menschen guten Willens', welchen gesellschaftlichen, politischen und religiösen Gruppierungen sie auch angehören" (Diözese Basel IV, 7.2).

Solidarisierung mit den Menschen und ihren Problemen, Herausforderungen und Nöten ist somit ein Grundimpuls christlichen Existenzvollzugs und kirchlichen Lebens. Durch die konziliare Bewegung für Frieden, Gerechtigkeit und Bewahrung der Schöpfung (Pfingsten 1989 in Basel) sind in ökumenischer Verbundenheit Lernschritte beispielhaft gewagt worden.

Solidarisierung mit den Menschen und Offenheit für ihre Welt haben zum Paradigma einer dienenden bzw. diakonischen Kirche geführt. Damit bleibt auch der Kirche kein anderer Weg als die „Karriere nach unten" (H. Schürmann). Mit „Evangelisierung" wird in der jüngsten Literatur ein weiterer Begriff gebraucht, der gerade die Einheit von mystischer Glaubenstiefe und konkreter Glaubenspraxis in Solidarität mit den Menschen meint. „Umkehr im Sinne des Evangeliums meint keine Entpflichtung von der sozialen Wirklichkeit, sondern im Gegenteil ihre verschärfte Wahrnehmung — aus der Perspektive der Notleidenden, Unterprivilegierten und Entrechteten; sie vollzieht sich als realer Ortswechsel — als Parteilichkeit besonders für die Armen und Schwachen."[28] Die Tiefendimension der christlichen Hoffnung selbst ruft nach entsprechender Hoffnungspraxis. Das ist mit Kirche in diakonischer Verantwortung gemeint. So bleibt zu fragen: Wo in der Schweiz sind die diakonischen Herausforderungen zu suchen und zu finden? Was tut in der Schweiz jetzt und konkret not?

---

[28] N. Mette—M. Kuhnke-Blasberg, a.a.O., 166.

V.
Herausforderungen an eine solidarische Kirche: Tatorte des Volkes Gottes für praktischen Christen-Mut

Wenn bereits an früherer Stelle betont worden ist, daß das gelebte Christsein nur im konkreten Humus des individuellen sowie gesellschaftlichen Lebens möglich ist, dann gilt dies auch für die Zielbestimmung des Handelns. Gottes Dienstanweisungen an die Christen und Christinnen ergeben sich aus der christlichen Berufung *und* der konkreten Situation vor dem Hintergrund der Nöte der Menschen und der Herausforderungen der Welt. Daß die Christen und Christinnen diesen „Dienstanweisungen" entsprechen können, dafür ist institutionelle Kirche da (nicht für sich selbst). Sie hat ihnen für die christliche Sendung zu Diensten zu sein — in guten und in bösen Tagen.
Es genügt somit nicht, nur die christliche Hoffnung mit dem Munde zu bekennen. Vielmehr kommt es darauf an, die geschenkte Hoffnung zum Impuls für konkrete Hoffnungsschritte werden zu lassen. Die Verbindung beider untrennbarer Pole definiert auf praktische Weise solidarische Kirche bzw. christliche Spiritualität.

1. Theologische Vorbemerkung: Diakonische Kirche als Solidaritätsgemeinschaft — oder: Wie lautet der Auftrag?

Es ist nochmals mit Nachdruck darauf hinzuweisen, daß die konkrete Einlösung der Nächstenliebe insofern eine theologische Dimension hat, als der christliche Glaube nur in Wort und Tat verwirklicht werden kann. Ein Glaube, der nur in einem theoretischen Bekenntnis zu Glaubenssätzen erstarrt, hat seine christliche Identität nicht erreicht. Insofern sind die Herausforderungen an die Christinnen und Christen zu konkreten Hoffnungsschritten für die christliche Berufung und Sendung auch zielführend. Ohne Situationsvergewisserung und praktische Optionen für solidarisches Handeln ist demnach christliche Spiritualität nicht zu leben. Dies soll mit diesem Kapitel versucht werden, indem stichwortartig skizziert wird, worauf die Kirchen der Schweiz ihren Blick und ihre Solidarität werden hinwenden müssen, um ihrer christlichen Berufung nachzukommen. Dabei geht es — wie schon früher angedeutet — nicht einfach um einen quantitativen Teil neben Verkündigung und Liturgie, um einen Sektor, der noch dazukommt, sondern um eine Dimension, die alles kirchliche Leben durchdringen und qualifizieren will — wie übrigens auch Verkündigung und Liturgie ihrerseits. Eine diakonische Kirche, die der erfahrbaren und gelebten Solidarität der Christen und Christinnen zu Diensten steht, ist in diesem Sinn eine Grundperspektive für alles, was Kirche ausmacht.

In solchem Bemühen folgt die Kirche den Fußstapfen Jesu: „Der Menschensohn ist nicht gekommen, sich bedienen zu lassen, sondern zu dienen" (Mk 10,45). Die bleibende Aktualität dieser Nachfolgepraxis ist von Märtyrern der Nazidiktatur kompromißlos in Erinnerung gerufen worden. Berühmt geworden ist das Wort von Dietrich Bonhoeffer: „Die Kirche ist nur Kirche, wenn sie für andere da ist . . . Sie muß an den weltlichen Aufgaben des menschlichen Gemeinschaftslebens teilnehmen, nicht herrschend, sondern helfend und dienend."[1]

Prophetisch sind auch die Worte von Alfred Delp: „Das Schicksal der Kirchen wird in der kommenden Zeit nicht von dem abhängen, was ihre Prälaten und führenden Instanzen an Klugheit, Gescheitheit, ‚politischen Fähigkeiten' usw. aufbringen." Entscheidend wird die „Rückkehr der Kirchen in die ‚Diakonie': in den Dienst der Menschheit. Und zwar in einen Dienst, den die Not der Menschheit bestimmt, nicht unser Geschmack oder . . . die Gewohnheiten . . . einer noch so bewährten kirchlichen Gemeinschaft . . . Es wird kein Mensch an die Botschaft vom Heil und vom Heiland glauben, solange wir uns nicht blutig geschunden haben im Dienste des physisch, psychisch, sozial, wirtschaftlich, sittlich oder sonstwie kranken Menschen . . . Rückkehr in die Diakonie habe ich gesagt. Damit meine ich das Sich-Gesellen zum Menschen in allen seinen Situationen mit der Absicht, sie ihm meistern zu helfen, ohne anschließend irgendwo eine Spalte oder Sparte auszufüllen. Damit meine ich das Nachgehen und Nachwandern auch in die äußersten Verlorenheiten und Verstiegenheiten des Menschen, um bei ihm zu sein genau und gerade dann, wenn ihn Verlorenheit und Verstiegenheit umgeben."[2]

Durch den Standortwechsel der Kirche in der Dritten Welt, durch die Basisgemeinden und durch die Befreiungstheologie sind die unerbittlichen Impulse von D. Bonhoeffer und A. Delp auch in der hochindustrialisierten Schweiz mit ihrer komplexen und komplizierten Gesellschaftsstruktur bewußter zur kritisch-prophetischen Anfrage und zum Auftrag geworden. Dabei wird auch uns ein Standortwechsel zugemutet. Diakonie bedeutet eben nicht, fürsorglich oder assistentialistisch[3] auf die Linderung der Nöte

---

[1] D. Bonhoeffer, Widerstand und Ergebung (München [3]1985) 415.

[2] A. Delp, Gesammelte Schriften IV, hg. v. R. Bleistein (Frankfurt 1984) 318f.

[3] Vgl. H. Steinkamp, Diakonie in der Kirche der Reichen und in der Kirche der Armen, in: Concilium 24 (1988) 295ff.

der Armen und Schwachen bedacht zu sein, sondern sich selbst in die sozialen Brennpunkte hineinzugeben und dort das Leben mit den Betroffenen zu teilen. In dieser praktischen Bruder- und Schwesternliebe im Vertrauen auf die Botschaft und den Weg Jesu erfährt die Kirche ihre Identität. Christliche Diakonie als schwesterliche und brüderliche Solidarität mit Menschen und der Schöpfung in Not sieht deshalb die individuelle Not als auch die subjektive wie weltweite Verflechtung von Nöten mit strukturellen Bedingungen. Im Anschluß an das Gleichnis vom barmherzigen Samariter „geht es nicht nur darum, Wunden zu verbinden. Es geht wesentlich auch darum, die Räuberei aufzudecken und ihr ein Ende zu bereiten. Zuwendung zu den Menschen in Not und strukturelle Maßnahmen gehören zusammen.“[4]
Mit diesen Ausführungen soll belegt werden, daß sich die Präsenz Christi in der Kirche nicht nur im Zeugnis und Bezeugen des Glaubens, nicht nur im gottesdienstlichen und sakramentalen Leben vollzieht, sondern auch im Tun der Liebe, im diakonalen Handeln. Kirche als Vergegenwärtigung des „fortliebenden Christus“ in Wort und Sakrament und als Vergegenwärtigung des „fortlebenden Christus“ im diakonischen Tun bedingen sich gegenseitig.[5] Glauben und Handeln lassen sich nicht trennen. Wenn uns die Frage nach dem Auftrag an die Kirche(n) der Schweiz umtreibt bzw. wenn wir prüfen wollen, woran die Christen und Christinnen dieses Landes nicht vorbeisehen und vorbeigehen dürfen, ohne ihre Berufung und Sendung zu verraten, dann sind wir zur Rechenschaft über die konkreten Herausforderungen im gesellschaftlichen Ambiente der Schweiz verpflichtet. Die Dienstanweisungen am Tatort für praktischen Christen-Mut sind zu erkunden und in Erfahrung zu bringen. Zu welchen Solidaritäts-Schritten sind wir aufgerufen? Wo liegen die Handlungsfelder für eine diakonische Kirche Schweiz? Wäre nicht auch mit der Idee des Bundes als Solidaritäts-Struktur ernst zu machen?

2. Bund der Eidgenossen — Selbstverpflichtung zur Solidarität

Im Lichte der diakonischen Solidarität der Christinnen und Christen sind die uns gefühlsmäßig vertrauten, inhaltlich aber auch verblichenen Begriffe wie Bund und Eidgenossenschaft zu deuten und kritisch zu befragen. Was bedeutet es, mit der Idee des Bundes als Bündnis zur Solidarität ernst zu machen?

---

[4] F. Kamphaus, Der Preis der Freiheit (Mainz 1987) 166.

[5] Vgl. O. Fuchs, „Umstürzlerische“ Bemerkungen zur Option der Diakonie hierzulande, in: Caritas 85 (Freiburg i. Br. 1985) 28.

Als die helvetischen Verfassungsväter von 1848 die politische Struktur unseres Landes „Confoederatio Helvetica“ nannten, schwebte ihnen die innere Befriedung und die äußere Friedenssicherung eines mehrkulturellen, mehrsprachigen und mehrkonfessionellen Gemeinwesens vor. Dabei ging es nicht nur um eine funktionierende Mechanik von Einheit und Vielfalt in einem föderalistischen System, sondern um eine Bundes-Solidarität, die sich in der bekannten Formel ausdrückte: Einer für alle — alle für einen. Notwendige Voraussetzung dafür war eine stärkere Einbindung der bis anhin selbständigen Kantone bzw. Stände in eine eidgenössische Solidarität. — Denn es ist ja nicht zu übersehen, daß die eigentliche Selbständigkeit der Eidgenossenschaft nicht so sehr von Schutz-Bund zu Schutz-Bund (1291—1353) oder von Schlacht zu Schlacht gestärkt worden ist, sondern durch die allmähliche Übernahme der obersten Gewalt aus der Hand der „fremden“ Fürsten und letztlich des Kaisers. Nicht die Eidgenossenschaft insgesamt, sondern einzelne Orte bauten eine „Landeshoheit“ und eine Herrschaftsverwaltung aus. Deren Zusammenhang (durch die Tagsatzung) war aber wohl kaum mehr als ein Verein von „Staaten“ (Orten) auf der Basis von Bünden und gemeinsamen Interessen. — Demgegenüber wurde der ursprünglich lockere Bund durch den Übergang zum Bundesstaat 1848 durch den Ausbau funktionaler Kompetenzen und gesamtschweizerischer Befugnisse gefestigt. Mehrheitsbeschlüsse konnten nunmehr Minderheiten binden. Der Gedanke der Solidarität fand in der zeitgenössischen Formulierung des ersten Bundeszweckes ihren Niederschlag: „Beförderung der gemeinsamen Wohlfahrt aller Eidgenossen“. Solidarität definierte sich damals somit nicht mehr nur im territorialen Rahmen des Kantons („Kantönligeist“), sondern über dessen Grenzen hinaus. Man lernte, schweizerisch zu denken und kantonal zu handeln.

Heute haben sich die politischen, wirtschaftlichen und geistigen Koordinatensysteme im Vergleich zu damals natürlich weitgehend geändert. Uns ist aber ein ähnlicher Prozeß wie damals abverlangt, denn die territoriale Schweiz muß — wie schon mehrfach erwähnt — eine rein nationalstaatliche Denkweise in den internationalen Prozeß einbinden und sich institutionell auf die sich „einende“ Welt einrichten (EG, UNO usw.). Der Auftrag zur Solidarität stellt sich unter neuen Bedingungen und Voraussetzungen und in einem neuen Geist.

Bund als Solidaritätssystem ist allerdings nicht nur Schutz-Bündnis gegenüber gemeinsamen Feinden mit einem defensiven Charakter, sondern auch aktiver Solidaritätsverband (gewesen). Das bedeutete eben schon Mitte des letzten Jahrhunderts eine zunehmende Verlagerung der staatlichen Kompetenzen von den Kantonen auf den Bund.

Heute geht diese Tendenz oder damalige Bewegungsrichtung über die territorialen Grenzen der Schweiz hinaus. Wie die Kantone im letzten Jahrhundert sozusagen im neuen Bundesstaat ein Heimatrecht suchen und

finden mußten, so ist das Heimatrecht heute in der Welt, also „draußen" und nicht nur binnenschweizerisch zu erwerben. Man kann somit nur schweizerisch handeln, wenn man auch europäisch und global denkt.
Die Kantone und Gemeinden verloren dadurch nicht ihre relative Souveränität, sondern mußten sich für eine neue, geteilte Nachbarschaft in Pflicht nehmen lassen. Ist somit die Idee des Bundes als Solidaritätssystem nicht in einer erweiterten, geteilten Nachbarschaft zu verwirklichen, in einem föderativen Europa, in einer zusammenrückenden Welt? Die Schweiz muß doch nicht verschwinden, wenn sie sich — auch strukturell — stärker öffnet und sich nicht abkoppelt, sondern sich mit den erworbenen und bewährten Erfahrungen (direkte Volksrechte, relative Gemeindeautonomie) einbringt und einbeziehen läßt. Mühelos bliebe dies allerdings nicht; aber gegenüber der großen Welt oder dem sich einenden Europa der Sachzwänge können wir unsere „Identität" nicht bewahren, indem wir auf Distanz gehen und ungemein viel Kraft für diese Abstinenz aufbringen müssen. Identität wächst nicht durch Abkoppelung und selbstgenügsame Distanz, sondern durch den je neu zu durchleidenden kulturellen Prozeß, zur sich verändernden Umwelt ein neues Verhältnis („Balance") selber zu versuchen und zu finden. Ansonsten diktieren die Verhältnisse uns; sie „haben" uns, statt daß wir selber uns ihnen gegenüber mit Phantasie definieren. Ist die geschichtliche Lehre der langsamen Schweiz-Werdung mit ihrer vielgerühmten inneren Vielfalt nicht auch Lehrgeld für eine neue Rollenbestimmung bei der aktuellen Europa-Werdung?
Natürlich wird man sich dabei bewußt bleiben dürfen, daß sich die Schweiz mit dem Fortschritt meistens recht schwer getan hat, „grundsätzliche Entscheidungen kommen nicht auf Anhieb zustande, auch eine moderne Verfassung aus einem Guß will nicht gelingen; im Gegenteil, das Schweizerhaus ist langsam, aber von allen gebaut worden und wird in vielen Kompromissen nur langsam an neue Bedingungen angepaßt".[6] Verbergen sich dahinter nicht auch Erfahrungswerte, die bei einem unter dem wirtschaftlichen Druck zu einem Großwirtschaftsraum sich ausweitenden Europa notwendigen Widerstand und Gegengewichte entwickeln? Die können nur eingebracht werden, wenn man mitbeteiligt ist und nicht auf die Dauer zum Untermieter oder Trittbrettfahrer eines geeinten Europa verkommt.
Viele besorgte Menschen in der Schweiz sehen dies auch. Denn wer nicht total blind durch den schweizerischen Alltag stolpert, wird nicht übersehen können, daß viele Probleme und Entwicklungen keine hausgemachten Ursachen haben, daß sich vielmehr in der Schweiz Herausforderun-

[6] N. v. Flüe, Sternstunden in 700 Jahren Bund, in: B. Gemperle (Hrsg.), Der Bund der Eid-Genossen (Luzern 1990) 84; vgl. hierzu: Innerschweiz und frühe Eidgenossenschaft I u. II, hrsg. v. Historischen Verein der Fünf Orte (Olten 1991).

gen, Entwicklungen und Probleme der Welt entsprechend niederschlagen und einnisten. Die Schweiz hat keine Wahl zum Inseldasein; die Tagesordnung der Welt diktiert auch den eidgenössischen Terminplan; wir können höchstens den Anschluß verzögern. Angesichts der geballten Kraft des „kommenden Europa“ würde eine defensiv-lahme Schweiz zum passiven Opfer. Auch uns gilt die Mahnung Gorbatschows, daß die Geschichte jene straft, die zu spät kommen. Wenn somit die Krisenherde der Welt im ökonomischen und ökologischen sowie im politischen und sozialen Bereich „global“ geworden sind, dann kann eine aktive solidarische Verantwortung gar nicht national begrenzt bleiben; auch Schweizerpolitik wird zwangsläufig Weltinnenpolitik. Und die daraus sich ergebenden Verpflichtungen können nicht einfach durch finanzielle Beiträge abgegolten werden. Das zeigen uns tagtäglich nicht nur die Wirtschaftsprobleme, sondern die Fragen um Friedenssicherung, Gerechtigkeit und Hunger, Asylanten, Gastarbeiter und Gastarbeiterinnen usw., aber auch unsere alerten Bemühungen um ein Verhältnis zum künftigen (wohl nicht unproblematischen) Europäischen Wirtschaftsraum (EWR).

Wenn es somit um die Anfrage an eine solidarische Kirche vor dem Hintergrund der schweizerischen Wirklichkeit geht, dann ist das prophetische Wort von Christen und Christinnen herausgefordert gegenüber einer Tendenz, unsere Neutralität immer wieder als „Sonderfall Schweiz“ auszurufen. Können wir nicht damit notwendige Öffnungen auch blockieren? Das berühmte Wort von Bruder Klaus, den Zaun nicht zu weit zu machen, war ja in seiner Wurzel kein Aufruf zum Mauerbau gegen die damalige Umwelt, sondern eine Verpflichtung zum Frieden („Mischt euch nicht in fremde Händel“) als Voraussetzung für Freiheit und Solidarität. In diesem Sinn ist auch an das Wort von Papst Johannes Paul II. bei seinem Besuch der Schweiz im Jahre 1984 zu erinnern: „Ja, ‚macht den Zaun nicht zu weit‘, aber scheut euch nicht, über den Zaun hinauszuschauen, macht die Sorgen anderer Völker zu euren eigenen, und bietet über die Grenzen hinweg eine helfende Hand, und dies auch auf der Ebene eurer staatlichen Organe und Finanzmittel.“[7] Ein prophetischer Impuls der christlichen Kirchen in der Schweiz liegt somit darin, allen „verständlichen“ Gefahren der selbstgenügsamen Abkapselung vor den sozialen und menschlichen Problemen innerhalb und außerhalb der helvetischen Grenzen entgegenzutreten. „Insofern liegt der allerwichtigste Beitrag von Christen und Kirchen für den Fortbestand der ‚Confoederatio helvetica‘ darin, daß sie den säkularen ‚Bund der Eidgenossen‘ heilsam relativieren und in Bezug setzen zum universalen Bund der ganzen Menschheit, der dem geschichtlichen Projekt Gottes entspricht und dessen Zeichen nicht nur das Schwei-

---

[7] Pastoralreise Johannes Paul II. Ansprachen in der Schweiz, hrsg. v. Schweiz Bischofskonferenz (Freiburg Schweiz 1984) 129.

zerkreuz ist, sondern noachitischer Regenbogen und jesuanisches Kreuz zugleich."[8] Eine patriotisch überhöhte Selbstgenügsamkeit (nicht mit praktischer Selbstbescheidung zu verwechseln) kann somit keine Antwort sein; sie führt nur in die Isolation.

Wenn somit die Christen und Christinnen auf diese Dimensionen im Schweizerhause drängen und sich dafür einsetzen, in der aktuellen Stunde der Weltgeschichte die Idee des Bundes im Wagnis von Solidaritätsschritten auf praktische Weise zu definieren, dann kehren sie zu ihrer ureigensten Sendung zurück. Dafür hat sich auch die Kirche Schweiz ins Geschehen einzumischen. Der Gott Jesu, auf den sich die Christen und Christinnen berufen, ist ein lebendiger Gott, der die Trennung von christlichem Glauben und konkretem Leben nicht hinnimmt. Von ihm sind wir in Pflicht genommen, uns auf die Dienstanweisungen der Gegenwart einzulassen.[9] — Es ist von daher nur zu begrüßen, wenn im „Entwurf" für eine neue Bundesverfassung die bekannte Präambel ergänzt worden ist: „Im Namen Gottes, des Allmächtigen! Im Willen, den Bund der Eidgenossen zu erneuern; gewiß, daß frei nur bleibt, wer seine Freiheit gebraucht, und daß die Stärke des Volkes sich mißt am Wohl der Schwachen; eingedenk der Grenzen aller staatlichen Macht und der Pflicht, mitzuwirken am Frieden der Welt."[10]

Wo sind nun für die Christen und Christinnen und für alle Menschen guten Willens die Herausforderungen, Bereiche und Orte, an denen die Bundestreue mit den Menschen im Inland und Ausland zu konkreten Solidaritätsschritten finden soll? Woran können die Christen und Christinnen nicht vorbeigehen, wenn sie die Zeichen der Zeit als Aufgaben nicht nur der gegenwärtigen Geschichte, sondern auch als Dienstanweisungen Gottes ernst nehmen wollen?

3. Woran die Christen und Christinnen in der Schweiz nicht vorbeigehen können, wenn sie solidarische Kirche wagen wollen

Wenn im folgenden konkrete Herausforderungsfelder für eine diakonische Kirche Schweiz skizziert werden, dann ist damit keine in eine bestimmte Richtung des Handelns drängende umfassende Gesellschaftsanalyse beabsichtigt. Vielmehr geht es um die Benennung konkreter Tatorte für praktischen Christen-Mut, das heißt um die Verbindung von Gotteslie-

---

[8] K. Koch, Bund Gottes — Helvetischer Bund, in: B. Gemperle (Hrsg.), a.a.O., 211.

[9] Vgl. L. Karrer, Freiheit zum Frieden, in: 600 Jahre Stadt und Land Luzern (Luzern 1986) 72f.

[10] Vgl. K. Koch, a.a.O., 223.

be und Menschenliebe im Blick auf die Situation hierzulande, ohne im einzelnen Patentrezepte für das Handeln zu wissen. Aber wenn die Liebe der Raum ist, wo Gott wohnt, dann ist nach dem Ernstfall dieser Liebe bzw. Solidarität zu suchen.

a) Politische Solidarität — Die Not mit und durch Strukturen und Systeme

(1) Im Zusammenhang mit der gesellschaftlichen Differenzierung der Neuzeit ist schon darauf hingewiesen worden, daß der sogenannte moderne Mensch sich den Institutionen und Systemen gegenüber kaufmännisch berechnend verhält. Er nimmt ihre Dienstleistungen in Anspruch und benimmt sich nach dem jeweiligen Rollencode; er identifiziert sich aber nicht weiter mit den Systemen bzw. Institutionen (wie Staat, Schulen, Post, Banken, Versicherungen, Medien, Wirtschaft, aber auch Kirche etc.). Die Einstellung zum System und zu den Institutionen ist dadurch sehr ambivalent. Auf der einen Seite hegt man hohe Erwartungen und Ansprüche; auf der anderen Seite werden sie argwöhnisch abgelehnt und kritisch beobachtet. Überdeutlich wird diese Widersprüchlichkeit an den Institutionen Ehe und Familie offenkundig. Noch zu keiner Zeit wurde die Partnerschaft als Zielvorstellung so hochgehalten, so intim und problembewußt gelebt — und noch zu keiner Zeit ist sie so häufig gescheitert.
Auf der anderen Seite sind die Sozialformen auch zerbrechlich und zum Teil fraglich geworden. Eine Folge der gesellschaftlichen Differenzierung ist die zunehmende Individualisierung des Menschen in der abendländischen Kultur. Die Menschen lösen sich im Gemisch der mobilen Lebensbedingungen aus überkommenen Herkunftsbezügen und kombinieren individuell ihre Teilnahme an den unterschiedlichen Lebensbereichen.[11] Damit einher gehen die Tendenzen des Rückzugs in den privaten Bereich (Privatisierung) und die Selbst-Verabschiedung aus der Welt der Öffentlichkeit, der Parteien und der Gemeinwesen. Man spricht schon von der Singularisierung der Menschen. Es ist durchaus nicht auszuschließen, daß dies mit den modernen Medien zusammenhängt, denn durch sie erleben die Menschen, insbesondere auch die Jugendlichen, die Erde als einen solchen Problemhaufen, daß man sich am besten wohl vor ihr „schont". Man zieht sich aus der Welt der Systeme und Institutionen (wie Staat, Parteien, Gewerkschaften, kommunalen Aufgaben und Kommissionen usw.) zurück in eine private Welt und Kultur und überläßt die Öffentlichkeit gleich besser einigen Aktivisten oder unverbesserlichen Optimisten. —

---

[11] Vgl. K. Gabriel, Möglichkeiten und Grenzen kirchlicher Organisation in der individualisierten Gesellschaft, in: Konfessionelle Religiosität — Chancen und Grenzen, hrsg. v. SPI St. Gallen (Zürich 1989) 54, 58f.

Die Probleme der heutigen Zeit sind aber so vernetzt und verwoben, zugleich aber auch so bewußt und publik geworden, daß man sich nicht einfach dispensieren und privatistisch davonstehlen kann. Ob es nun um die Wirtschaftsordnung mit ihren für Millionen nachweislich katastrophalen Auswirkungen geht, um Militärblöcke, um Rassismus, Sexismus oder auch um die Unterdrückung der Religions- und Gewissensfreiheit, um Migration, Flüchtlingsprobleme usw., sie sind nicht einfach mehr „nationalisierbar" oder provinziell auszugrenzen, sondern sie werden weltweit wahrgenommen und sind Fragen einer Innenpolitik der gesamten Welt.

(2) Es gibt somit nicht nur die Not mit dem System und mit der Macht der Institutionen; vielmehr ist das System selber zum Problem und zur Streitfrage geworden. Es geht um die Armut an elementaren Lebensbedingungen.
Das betrifft auch die Situation in der Schweiz, denn in den letzten 20 Jahren hat sich die Szene in der Schweiz langsam — mehr schrittweise denn schlagartig — geändert. Das hängt mit der zunehmend komplexen Welt und differenzierten Wirklichkeit zusammen. „Sie wird nach wie vor von den Grundkräften jeder menschlichen Gesellschaft bewegt und ist von den alten Spannungen zwischen Individuum und Gemeinschaft, zwischen Wettbewerb und Monopolismus, zwischen Bewegung und Beharren, zwischen Risiko und Ängstlichkeit, zwischen Dynamik und Lauheit geprägt."[12] — Wenn auch der Schweizer Souverän bei Abstimmungen und Wahlen eher noch den vielleicht verwinkelten Weg des praktischen Konsenses als den der Konfrontation sucht, so trifft die Feststellung von Bundesrat Villiger zu: „Unsere traditionelle und bewährte Politik des politischen Konsenses wird zunehmend durch eine ausgeprägte Polarisierung abgelöst. Die Gesprächsbereitschaft nimmt ab."[13] Einer latenten Staatsverdrossenheit bei einem Teil der Bevölkerung, die sich wohl auch hinter der doch relativ hohen Abstimmungsabstinenz verbergen kann, ist gerade im Vorfeld der 700-Jahr-Feier im Jahre 1991 eine aggressivere Gangart zwischen Extrempositionen zugewachsen. Und das Ergebnis der Abstimmung über die Abschaffung der Schweizer Armee mußte auch betuliche Landsleute aufwecken; die Verhältnisse sind nicht mehr, wie sie anscheinend waren; und auch in der Schweiz könnte es eher, als man sich versieht, zur Schlachtung von „heiligen Kühen" kommen.
Während sich die Welt um uns rascher entwickelt als jemals zuvor in der Geschichte, haben vor allem die Herausforderungen durch die entstehende Europäische Gemeinschaft und durch die Umwälzungen in Osteuropa,

---

[12] Polarisierungen — ein Fremdkörper in der schweizerischen Demokratie, in: Badener Tagblatt v. 13. Oktober 1990, 42.
[13] Ebd., 41.

die inzwischen sogar einen föderativen Anschluß dieser Länder an die Europäische Gemeinschaft als Vision erstehen lassen, den Eindruck verstärkt, daß die Schweiz mehr oder weniger stehenbleibt und Angst vor dem Neuen hat. In dieser Stimmungslage hat sich die innenpolitische Krise erkennbar verstärkt. Medienwirksame Stichworte sind dafür der Fichenskandal und die Kopp-Affäre geworden. Mit diesen binnenschweizerischen Affären waren wir in der Optik der Medien so sehr beschäftigt, daß wir die viel entscheidenderen Vorgänge in Osteuropa und in Deutschland bezeichnenderweise kaum entsprechend wahrgenommen haben. Sicher sind diese Fälle Symptomträger für eine polarisiertere Schweiz. Denn eine fundierte Auswertung der Fichen könnte vielleicht an den Tag bringen, wen und was man in den Griff bekommen wollte und in wessen Dienst und Interessen sie angelegt wurden. Waren in den Fichen die Kassiers der Fluchtgelder, die Gentechnologen oder die Händler mit abgetriebenen Föten, waren es die Drogenhändler, die Wohnungsspekulanten, die Rechtsextremen oder die Waffenschieber . . .? Oder waren es eher Leute aus den Reihen jener, die für humane Werte eintreten wie Schutz vor Großtechnologien, für gleiche Rechte aller Menschen, für Partnerschaft mit der Natur, für Freiheit der Meinungsäußerung auch in den vermarkteten Medien und für eine gerechtere Verteilung der Güter dieser Welt? Warum hat man die Teilnehmerinnen und Teilnehmer an der Basler Konvokation (Pfingsten 1989) observiert? Diese Fragen wollen nur darauf hinweisen, daß es viele Ursachen für die viel beklagte Verdrossenheit geben mag und warum viele zunehmend Mühe mit dem System Schweiz haben. Es scheint allerdings, daß innerhalb weniger Monate einige bisherige Tabus — wie z.B. EG-Beitritt, ökologisch und nicht ausschließlich ökonomisch handelnde Wirtschaft, Veränderung des Neutralitäts-Begriffes, Armeereform — plötzlich doch offizielle Gesprächsthemen werden. Bringt das 700-Jahr-Jubiläum vielleicht mehr ins Rollen, als wir vermuten wollten? — Der „Kulturboykott 700" der Kulturschaffenden[14] in der Schweiz ist zum Megaphon dieser Mühe mit der Schweiz geworden. Wünschenswert wäre indes eine breite bewußtseinfördernde Diskussion zwischen der Extremposition „700 Jahre Schweiz sind genug" und einer politischen Rechenschaft über den künftigen Weg der schweizerischen Eidgenossenschaft. Mit dem „Jubiläumsjahr 1991" ist ein einmaliges Forum gegeben, sich wenigstens ansatzweise darüber zu verständigen, daß wir in Europa agieren und nicht nur reagieren.

(3) Aber die Probleme *mit* dem System hängen auch hier damit zusammen, daß das System selbst und seine Strukturen Probleme produzieren.

---

[14] Wobei ich mich bei manchen Äußerungen schon frage, ob es um den politischen Akt des Kulturboykotts geht oder um Einzelnarzißmus.

Dabei ist nicht das Faktum erstaunlich als vielmehr die Ahnungslosigkeit ihm gegenüber. Es kann natürlich nur auf einige Beispiele im schweizerischen Kontext hingewiesen werden, damit die Herausforderungen an eine solidarische Kirche Schweiz nicht als abstrakte Spiegelfechtereien erscheinen.

In den letzten zehn Jahren ist eine vielfach verdrängte Realität aufgedeckt worden: die Armut auch in der reichen Schweiz.[15] „Daß wir heute in der Schweiz keine Ahnung von der Armut zahlreicher Mitbürgerinnen und Mitbürger haben, kann man wohl nicht mehr behaupten. Empirische Untersuchungen der letzten Jahre und entsprechende Diskussionen in den Medien zeigen deutlich, daß Armut auch im Wohlfahrtsstaat Schweiz existiert ... Wir nehmen dazu — bewußt oder weniger bewußt — eine bestimmte Haltung ein. Je nach Haltung werden wir uns um ein tieferes Verständnis und um eine menschenwürdigere Lösung dieser Problematik bemühen oder unangenehme Einsichten von uns fernhalten, verdrängen oder verharmlosen und Verbesserungsvorschläge blockieren."[16]

Die oft genug verborgenen Gesichter der Armut, die mit strukturellen Bedingungen zu tun haben, tragen hierzulande verschiedene Namen: Fremde unter uns (Flüchtlinge und Asylbewerber), Langzeit-Arbeitslose und Ausgesteuerte, Suchtgefährdete, Kleinkreditnehmer(-innen) bzw. Verschuldete, Alleinerziehende, Wohnungsnot, fehlende Schulbildung und Ausbildung (Armut im Bildungsbereich) usw., wobei einzelne Faktoren sich mit anderen verbinden und Armut im konkreten Fall verstärken (mehrfach Benachteiligte). — Vermehrt werden wir uns der altersbedingten Armut bewußt, vor allem auch, daß die Armut in der Schweiz nicht einfach einige Menschen „in knappen finanziellen Verhältnissen", sondern eine halbe Million materiell und psychisch massiv trifft[17], vor allem Frauen in Not versetzt. Gerade die „Feminisierung der Armut"[18] ist durch Unternehmungen und Studien des Frauenbundes und der Caritas Schweiz als eine strukturelle Frage aufgedeckt worden.[19] Vor allem dürfte bewußter gemacht worden sein, daß Armut nicht nur eine quantitativ-wirtschaftliche Seite hat, sondern eine eminent psychische Auswirkung und Dichte mit dem isolierenden Hang, sich zu verbergen.

---

[15] B. Buhmann u.a., Armut in der reichen Schweiz (Zürich 1989); vgl. auch K. Koch, Schweigeverbot (Freiburg i.Br. 1988) 100—143; Caritas Schweiz, Not in der Schweiz fordert uns heraus. Programm der Inlandarbeit 1987—1991 (Luzern 1987).

[16] G. Enderle, Unterschiedliche Haltungen zur Armut in der heutigen Gesellschaft, in: B. Buhmann u.a., a.a.O., 149.

[17] Ebd., 151.

[18] Caritas Schweiz, Armut — ein anderes Gesicht der Schweiz. Zum Programm der Inlandarbeit 1987—1991 (Luzern 1987) 6.

[19] Caritas Schweiz/Schweiz. Kath. Frauenbund, Arme Frauen in der Schweiz. Ursachen, Zusammenhänge, Perspektiven (Luzern 1989).

Aber auch im internationalen Netz steht die Schweiz in Verantwortung für die Armut in der Welt. Wer die einschlägigen Befunde vielfach belegter Analysen ernst nimmt, wird den einschläfernden Begriff „Wirtschafts-Ordnung" als gar nicht in Ordnung begreifen, vielmehr als verkappte Wirtschafts-Unordnung, die nicht nur unsere Mentalität prägt und beeinflußt, sondern sich nachweislich auf die Unterdrückung, den Hunger und den vorzeitigen Tod vieler Menschen in der Dritten Welt auswirkt. Die tödliche Über-Ernährung bei uns steht mit der tödlichen Unter-Ernährung in der Dritten Welt in Zusammenhang. Und das Elend im Gefälle zwischen Nord und Süd wird von Tag zu Tag schlimmer, wie ernst zu nehmende Kenner der Lage betonen. Es ist ja nicht zu leugnen, daß die Schweiz in den Handels- und Finanzbeziehungen mit der Dritten Welt eine Spitzenstellung einnimmt.[20] So ist der wirtschaftliche Wohlstand hierzulande mit der wirtschaftlichen Not in jenen Ländern zweifelsfrei verknüpft.

Dies ist zur Kenntnis zu nehmen, auch wenn wir „weder den Schlüssel zur Entwicklung besitzen, noch . . . der Motor der Unterentwicklung sind. — So menschlich das Bedürfnis nach einfachen Erklärungen ist, sie reichen nicht aus in einer komplexen, verflochtenen Welt. In manchen Belangen sind wir sowohl Täter als auch Opfer und Helfer."[21] Aber gerade dieses Zitat zeigt, daß wir nicht unbeteiligt sind.

(4) Wohlwissend, daß man kaum mehr als Teilbereiche aufgreifen kann (Patentrezepte also offensichtlich nicht vorhanden sind) und daß die praktischen Möglichkeiten gerade der organisierten Kirche(n) sehr beschränkt sind, so ist doch der Frage nicht auszuweichen, ob, warum und in welcher Weise sich Christen und Christinnen von dieser Not und ihren Herausforderungen erreichen lassen. Dabei kann es hier nicht um ein Konzept mit kurz-, mittel- und langfristigen Schritten auf den verschiedenen Ebenen des Handelns gehen, sondern nur um die stichwortartige Auflistung von Ziel-Perspektiven im Sinne einer politischen Solidarität oder Diakonie der Kirche(n).

— Von den Kirchen können nicht Rezepte und detaillierte Handlungskonzepte im politischen Bereich erwartet werden. Aber wozu Christen und Christinnen beitragen können, ist entsprechend der Dienst an der Motivation, die Stärkung des persönlichen Willens zur politischen Mit-Verantwortung und zur zielgerichteten Zusammenarbeit mit den anderen Menschen guten Willens — unabhängig davon, welches ihre weltanschau-

---

[20] R. Gerster, Aus Fehlern lernen? Die Schweiz und die Dritte Welt (Zürich 1987). Siehe dort weitere Lit. S. 265—271; Vgl. auch Caritas Schweiz, Hunger ist nicht nur Schicksal (Luzern 1983).

[21] R. Gerster, a.a.O., 257.

liche Ausrichtung sei. — Die Ökumenische Versammlung Frieden in Gerechtigkeit vom 15.—21. Mai 1989 in Basel war doch eine großartige Erfahrung in diese Richtung, die es zu vertiefen und zu stabilisieren gilt.

— Im Bereich der politischen Diakonie gibt es bei den Analysen, Handlungsgrundsätzen (Zielvorstellungen) und bei den Fragen der „praktischen Politik" bzw. des praktischen Handelns naturgemäß unterschiedliche und gegensätzliche Positionen und Interessen. Aufgabe der Kirche ist es nun nicht, bei offenen Fragen sich für einen Flügel oder eine Partei vereinnahmen zu lassen, sondern Marktplatz für Diskussionen und Auseinandersetzung zu sein, sozusagen eine Drehscheibe für den Austausch und Streit der Argumente, ein Forum für die Wahrnehmung der Situation, für die Klärung von Kriterien und für das Ringen um Lösungsansätze. Das scheint mir durchaus eine Möglichkeit der Kirchentage und der Katholikentage in Deutschland oder des konziliaren Prozesses zu sein.

— Dann ist das aktive Eintreten für die strukturell an den Rand des gesellschaftlichen Lebens gedrängten Minderheiten (die keine Lobby haben) und für die durch Interessenvorteile und wirtschaftliche Rücksichten unterschlagenen Anliegen der Gerechtigkeit und der Hungerüberwindung eine Christenpflicht, die nicht an andere zu delegieren ist. Wenn auch im schweizerischen Alltag Not und Armutserfahrungen von den Betroffenen nicht im Alleingang (wohl aber mit ihnen) überwunden werden können und wenn die Vernetzungen mit internationalen Wirtschaftssystemen auch die schweizerische Mitverantwortung berühren, dann ist „stellvertretend" für die Betroffenen einzutreten. Das bedeutet: Wenn auch keine Patentrezepte vorliegen, so sind die kritischen Fragen und Herausforderungen — gelegen oder ungelegen — anzunehmen und als bedrängende Fragen als solche in ihr Recht einzusetzen.

— Wo immer strukturelle und gesellschaftliche Bedingungen Leben und Lebendigsein verhindern, dem Menschen also nicht ge-recht werden (Rassismus, Imperialismus der wirtschaftlich Mächtigen den Lohnabhängigen oder den sogenannten unterentwickelten Ländern gegenüber, Sexismus, Abtreibung . . .), ist im kirchlichen und gesellschaftlichen Bereich die Frage der Gerechtigkeit ins Spiel zu bringen und „aufzuwiegeln". Diese Menschenfragen provozieren auf praktische Weise die Gottesfrage: „Für den Christen stellt diese Wirklichkeit die heutige Form der Theodizeefrage dar, das heißt die Frage nach der Gerechtigkeit Gottes."[22]

— Die Armutsproblematik und die Mechanismen der Ungerechtigkeit haben wirtschaftliche, soziologische, psychologische, politische und rechtliche Aspekte. Von den Kirchen her ist nun entscheidend die ethische Dia-

---

[22] N. Greinacher, Leben gegen die Raketen, in: Ders., Der Schrei nach Gerechtigkeit. Elemente einer prophetischen politischen Theologie (München 1986) 167; vgl. K. Koch, a.a.O., 186.

konie einzubringen, weil es fatal wäre, die Armut und ihre Bekämpfung nur als juristisches oder wirtschaftliches Problem zu verstehen. „Das heißt nicht, daß die ... genannten Aspekte im Grunde genommen überflüssig wären (sie gehören unverzichtbar zu jeder seriösen Untersuchung ...); das bedeutet aber, daß auch die ethischen Aspekte unabdingbar sind."[23] — Welches Wertsystem ist bei diesen auch strukturbedingten Problemen hintergründig wirksam (Sozialdarwinismus: „der Stärkere kommt durch", Wettbewerb: die Leistung der Eigeninteressen; Konsumwachstum, Rollenbilder ...)? Umdenken und Bewußtseinswandel sind gefordert, die das zwischenmenschliche Verhalten zu den Armen in der Nachbarschaft, in der Schule, in der Fürsorge und schließlich auch in der Wirtschafts- und Sozialpolitik bestimmen. Warum haben wir die Europäische Sozialcharta noch nicht unterschrieben? Warum stoßen die im Entwurf zur neuen Bundesverfassung vorgesehenen sozialen Grundrechte wie Recht auf Arbeit, soziale Sicherheit, Bildung usw. auf Widerstand?

— Not ist nie oder nur selten auf eine einzige Lebensdimension beschränkt. Sie ist ganzheitlich zu verstehen und zu heilen. Sie hat immer oder meistens mit den vielen Seiten des Menschen zu tun. Kräfte, die zur Auflösung und Hilflosigkeit führen, erfassen Leib, Seele und Geist und betreffen die Umwelt des Menschen, seine Sinnfindung und seinen Glauben. Es gilt somit, in der konkreten Diakonie die Betroffenen sowohl als eigenständige und unabhängige wie auch als sinn- und wertorientierte Menschen anzunehmen, welche leibliche, seelische und geistige Ansprüche und Rechte haben.

— Von den Christen bzw. ihren Kirchen wird auf den Ernst dieser Herausforderung gedrängt werden müssen. „Komplizenschaft oder Solidarität?" ist keine allgemeine theoretische Aussage, sondern eine äußerst ungemütliche Aufforderung zum eigenen Handeln, zur Umkehr. „Die eigene selbstkritische Besinnung auf unser Konsumverhalten und unsere Lebens- und Essensgewohnheiten und auf die bestürzende Situation der Menschen in Hungergebieten sind doch nicht völlig getrennte Welten, sondern stehen in einem Zusammenhang; in einem Zusammenhang, den wir weder allzu einfach in Schuldgefühle und moralische Nötigung umsetzen können, den wir aber auch nicht ob seiner Komplexität als undurchschaubar und unlösbar abschieben können. Mindestens dürfen wir die eigene, aufgenötigte und ernüchtert selbstverordnete Beschränkung und Bescheidung nicht als bloß private oder individuelle Fastenübung durchführen, sondern unter Einbezug der ernährungspolitischen und weltwirtschaftlichen Zusammenhänge und Wechselbeziehungen."[24]

---

[23] G. Enderle, Unsere Verantwortung gegenüber den Armen im eigenen Land, in: Caritas 1/87: Armut in der Schweiz, 31.

[24] D. Wiederkehr, Nicht von Brot allein — aber nicht ohne Brot, in: Caritas, Hunger ist nicht nur Schicksal (Luzern 1983) 25.

— Da weder schöne noch harte Worte helfen, sondern konkretes Handeln und das Einüben eines neuen Lebensstils, ist aus dem Geiste der Basler Konvokation 1989 von kirchlichen Kreisen die Petition für einen Entschuldungsfonds lanciert worden. Zum 700jährigen Bestehen der Schweiz soll ein Fonds von mindestens 700 Millionen Franken zur Entschuldung ärmerer Entwicklungsländer geschaffen werden. Damit sollte sichergestellt werden, daß die eingesparten Schuldenzahlung den entsprechenden Ländern zur Finanzierung von Entwicklungsvorhaben, die den ärmeren Bevölkerungsschichten nützen, Verwendung finden. — Die ökumenisch und von mehreren Hilfswerken eingebrachte Petition „Entwicklung braucht Entschuldung“ mit 250 000 Unterschriften ist auf der Herbstsession 1990 vom Nationalrat aufgenommen und ein entsprechendes Postulat überwiesen worden.
Am 24. November 1990 wurde in diesem Zusammenhang das Halljahr in Bern eröffnet. Das Schweizerische ökumenische Komitee für Gerechtigkeit, Frieden und die Bewahrung der Schöpfung hat Kirchgemeinden, Pfarreien sowie interessierte kirchliche und nichtkirchliche Gruppen und Gemeinschaften in einem Aufruf dazu eingeladen, auf den 24. November „Kuriere“ nach Bern zu senden. Dort wurde die Halljahrbotschaft veröffentlicht, an diesem Tag das Jahr der Umkehr, des Erlasses und der Befreiung zu beginnen. — Diese großartige Initiative ist vom alttestamentlichen Halljahr inspiriert, als das Volk Israel in regelmäßigen Abständen von sieben und sieben-mal-sieben Jahren Maßnahmen ergriff, um einerseits die Fruchtbarkeit des Bodens wiederherzustellen und andererseits der Ungerechtigkeit den Riegel zu vorzuschieben. Jeweils im 50. Jahr mußte der Boden ruhen, wurden Schulden erlassen und alle, die in Sklaverei gefallen waren, befreit. — Der Impuls der Eröffnung des Halljahres soll nun in den Pfarreien, Gruppen und Regionen weitergehen. Im Bereich der Gerechtigkeit geht es um die Verwirklichung der Entschuldungspetition, um gerechtere Handelsbeziehungen mit den Dritt-Weltländern, um Ausgleich der Handelsbilanz zur Dritten Welt sowie um Ausbau und Beschleunigung der Rechtshilfeverfahren. Als wichtiges Thema ist auch die Bekämpfung der neuen Armut in der Schweiz aufgegriffen worden. — Solche Initiativen könnten umfassendere Schritte in die Wege leiten, wie z.B. Marshall-Plan für den Süden, Friedensdividende für die Dritte Welt oder eine Umweltabgabe.

Die Probleme mit und durch unsere wirtschaftliche und strukturelle Ordnung führen Christen und Christinnen in die Herausforderung zur politischen Solidarität. Aber die Not der Menschen in der heutigen Zeit hat weitere Gesichter.

b) Präventive Solidarität als Zukunftssicherung — in Sorge um den Frieden und die Schöpfung

(1) Die Frage um Ungerechtigkeit, Hunger und Einengung der Lebensmöglichkeiten hat mit Gewalt zu tun. Sie ist mit der Gewalt der Mittel zum Zweck (Krieg, Folter ...) und gegenüber den Lebensvoraussetzungen vielfach verbunden. — Folgerichtig hat die konziliare Bewegung für Frieden in Gerechtigkeit diesen Zusammenhang aufgegriffen: Das Basler Dokument formuliert: „Wir sind zunehmend mit immer stärker ineinander verflochtenen Problemen konfrontiert, die das Überleben der Menschheit gefährden und eine globale Krise verursachen. Diese Probleme sind unter den Begriffen Frieden, Gerechtigkeit und Umwelt erfaßt. Die Einsicht wächst, daß sie eng zusammenhängen und dringend gelöst werden müssen. Wenn nicht bald tiefgreifende Veränderungen vorgenommen werden, wird sich diese Krise in den nächsten Jahren verschärfen. Was wir als Krise fürchten, wird für unsere Kinder und Enkel zu einer wirklichen Katastrophe" (Nr. 8).[25]
Im Unterschied zur wirtschaftlichen Verstrickung der Schweiz in die Armut der Dritten Welt und zu den verborgenen Gesichtern der Armut in der Schweiz ist bei uns das Bewußtsein für die Probleme mit dem Überleben der Menschheit gewachsen. Es gibt doch so etwas wie eine Armut an Zukunftshoffnungen, einen Mangel an Zukunftsvertrauen. Die Verantwortung für die Friedenssicherung und Abrüstung sowie die Sorgen um die Schöpfung haben in den letzten Jahren zugenommen. Die bis vor wenigen Jahren als befremdlich oder als verschroben empfundenen Anliegen der sogenannten Friedensbewegung und der „Grünen" werden von einem wachsenden Anteil der Bevölkerung als Herausforderungen auf Tod und Leben begriffen, auch wenn die praktischen Vorstellungen zur Lösung der Probleme auseinandergehen.
In diesem Kontext ist auf die bewußtseinsbildenden Initiativen für einen zivilen Ersatzdienst hinzuweisen. Nach dem Scheitern der Münchensteiner Initiative (mit Gewissensprüfung) im Jahr 1977 kam es zur Zivildienstinitiative II (mit Tatbeweis), die vom Volk 1984 verworfen worden ist. Die Friedensbewegung[26] mit ihrem Eintreten für Frieden und Abrüstung konnte in den achtziger Jahren zu eindrucksvollen Demonstrationen (Bern 1981, Genf 1982), zu Ostermärschen von Basel aus durch das „Dreyeckland" (1982), zu Aktionen und zu Menschenketten (Bern 1983) aufrufen. Die europäische Friedensbewegung schien also auch die Schweiz in ihren

[25] X. Pfister-Schölch, Unser Bund und Gerechtigkeit, Frieden und Bewahrung der Schöpfung, in: B. Gemperle (Hrsg.), a.a.O., 233f; vgl. dazu: K. Koch, a.a.O., 173ff.
[26] S. dazu: R. Brassel/J. Tanner, Zur Geschichte der Friedensbewegung in der Schweiz, in: Handbuch Frieden Schweiz, hrsg. v. Forum für praxisbezogene Friedensforschung (Basel 1986) 17—90.

Sog gezogen zu haben. Sie ist aber nicht nur als Reaktion auf europäische Debatten und die atomare Aufrüstung zu verstehen. „Ebensosehr ist sie geprägt durch spezifisch schweizerische Probleme, durch die politische Kultur und die Verteidigungspolitik, welche die inneren Rahmenbedingungen für die Friedensbewegung abstecken.“[27]
Allerdings zeigen die Erfahrungen der „neuen“ Friedensbewegung seit Beginn der achtziger Jahre, daß allgemeine oder „internationalistische“ Forderungen in der Regel eine hohe Zustimmung erzielen, während auf die Schweiz bezogene Forderungen wenig Rückhalt finden. „Solange die Forderungen der Friedensbewegung noch unverbindlich unterstützt werden können (nachweisbar durch Umfragen über Jahre hinweg), finden sie eine breite Unterstützung. Kann die Unterstützung aber Konsequenzen haben, wie z.B. ein Ja an der Urne, so schmelzen die in Umfragen nachgewiesenen Mehrheiten stark zusammen . . . Neutralitätspolitik und Landesverteidigung nehmen . . . einen so hohen Wert ein, daß alle Forderungen, die die Schweiz betreffen oder für diese Konsequenzen haben können, chancenlos sind.“[28] — Daß jedoch die öffentliche Meinung durchaus zu sensibilisieren ist, hat sich in der polarisierten Auseinandersetzung im Vorfeld der Abstimmung zur Abschaffung der Armee gezeigt. Die 1985 lancierte „Initiative für die Abschaffung der Armee und für eine umfassende Friedenspolitik“, die ja auch in der Friedensbewegung nicht unumstritten war[29], kann hier nicht angemessen dargestellt oder gar analysiert werden. Aber die Abstimmung am 26. November 1989 hat doch zu einer brisanten und engagierten Diskussion geführt, wobei es in der Tat zu einfach wäre, die 35,6 Prozent Befürworter/innen als Pionierminderheit zu feiern oder als Minorität der Verblendeten zu diffamieren. Das war „eine Debatte, wie man sie sich vor zehn Jahren schlicht nicht hätte vorstellen können“ (G. Kreis). Wie die Fragen weitergehen, ist offen und hängt von jeweiligen internationalen Entwicklungen ab (wie z.B. der Annexion Kuwaits und dem Golf-Krieg, die eine im Friedenssog zwischen Ost und West schwelgende Welt in drastischer Weise auf den harten Boden grauenhafter Kriegsrealitäten zurückholten). — Aber vermutlich wären die Initianten/innen besser beraten gewesen, einen allgemein verpflichtenden Friedens- bzw. Solidaritätsdienst, die Reduzierung der Schweizer Armee auf „Friedensstärke“ und eine konkrete Verpflichtung zur Friedensforschung und Verstärkung der Abrüstung vorzuschlagen.

(2) Was auf alle Fälle anhand dieser trockenen Daten offenkundig wird,

[27] Th. Bein/R. Epple, Die Friedensbewegung heute: Rahmenbedingungen und Tendenzen, in: Handbuch Frieden Schweiz, 91—122, hier: 92.

[28] Ebd., 117.

[29] Ebd., 8.

ist die Tatsache, daß die Schweiz sich nicht nur neutralitätspolitisch in die Fragen um die Friedenssicherung einbringen darf, sondern sogar eigene Traditionen und Verteidigungsvorstellungen auf Friedenssicherung nach innen und nach außen zur Debatte und gegebenenfalls zur Disposition stellen muß. Frieden ist in der Tat mehr als „Nicht-Krieg". K. Koch formuliert in diesem Zusammenhang bezeichnenderweise: „warmherzige Friedenspraxis statt kalter Friedenskrieg".[30] Wie steht es bei uns mit der Waffenproduktion und -ausfuhr? Sollte nicht alles unternommen werden, um den Krieg als politische Institution abzuschaffen (indem eventuell die Befehlsgewalt auf überstaatliche Instanzen übertragen würde)? Auf alle Fälle ist selbst eine (leider noch) vorhandene oder notwendige Armee als Mittel zur Wahrung und Sicherung des Friedens zu verstehen. Erst in diesem Rahmen ist die Diskussion um ein bewaffnetes Gewaltmonopol eines Staates zu führen.

Dann aber zeigt sich, daß Friedenstiften und Zukunftssicherung durch Friedenspraxis umfassender und komplizierter sind. Es handelt sich nicht mehr ausschließlich um Abkommen zur Rüstungskontrolle und -begrenzung, um weltweite Abrüstung, um vermittlerische Dienste in außereuropäischen Konflikten, so unumgänglich und dringlich sie auch sind, sondern um die Überwindung des Nord-Süd-Konflikts (wohl der Konflikt der Zukunft), um den Abbau von Feindbildern und gewalttätigen Benachteiligungen, die neue Konflikte und Aggressionen hervorrufen. — Es geht aber auch um die Überwindung einer zynisch wirkenden selektiven Gerechtigkeit und Friedensliebe. Warum wehrten die „Sieger" des Golfkrieges nicht dem furchtbaren Gemetzel im irakischen Bürgerkrieg? Wo waren nun die friedensbewegten Frauen und Männer, die nicht genug empört sein konnten über die Aggressoren am Golf, als nach Kriegsende im Irak mit Napalm und Phosphorbomben usw. Tausende des kurdischen Volkes oder der religiösen Minderheit im Süden des Landes niedergemacht wurden? Geht es um Frieden und Gerechtigkeit oder um parteiische Voreingenommenheit und einseitige (un-gerechte) Sensibilität? Wäre nicht auch hier die unterscheidende Gabe kritisch-prophetischen Christenmutes gefragt?

Friedensarchitekten sind somit nicht nur bei Wohnungskündigungen, bei Abhängigkeiten von Arbeitern und Fremden gesucht; echte Friedenspolitik könnte beispielsweise bedeuten, sich solidarisch einzumischen, wenn unsere Neutralität und unser Bankgeheimnis zu Deckmänteln für gute Geschäfte z.B. mit Diktaturen werden, wenn der Export von Großtechnologie zur Verarmung der Bevölkerung führt und wenn ideologische Schönredner die klare Sicht für einen gerechten Frieden vernebeln, weil sie selbst von Feindbildern gesteuert sind.

---

[30] A.a.O., 154—207.

So zeigt sich an diesen Stichworten, wie die politische Diakonie sich mit der präventiven Diakonie verbinden muß. Gemeint ist damit eine Friedenspolitik, die eine friedensverträgliche Wirtschaftspolitik bei uns beginnen läßt: weniger Konsum, gerechtere Verteilung des Vorhandenen, Bezahlung gerechter Preise und gleicher Löhne, Verweigerung der Annahme von Fluchtgeldern usw. Wenn schon Kriege in den Köpfen beginnen, dann müssen auch dort die vielen Schritte zum Frieden einsetzen.

(3) Die Zukunft ist nicht nur durch Über-Tötung (Over-kill) gefährdet, sondern auch durch die Gewalt gegenüber dem Leben und der Schöpfung. Viele Menschen hierzulande sind in Unruhe und in Angst versetzt ob der ökologisch bedrohlichen Zukunft. Der Friede der Zukunft kann auch dadurch aufs Spiel gesetzt werden, daß im kleinen und im großen der Lebensraum und die Lebensvoraussetzungen der künftigen Generationen wegverplant und unersetzbar wegverbraucht werden. Der von vielen Frauen und Männern getragene Protest gegen die wildernde Ausbeutung und Vernichtung der Natur und des Lebens und ihrer Ressourcen (Rohstoffkonsum, Waldsterben, Energiehaushalt, Atomenergie, Abtreibung, Nahrungsmittelpolitik, Verkehrsplanung, Gentechnologie, Vivisektion usw.) ist ein anderer Name für Zukunftssicherung und Gewaltverzicht gegenüber der Natur — wie die Friedensbewegung militärische Gewalt als politisches Mittel ächten und damit eine menschenwürdige Zukunft „retten“ helfen will.
Diese Ängste und Sorgen um das Überleben der Schöpfung haben auch in der Schweiz ihre unübersehbaren politischen Spuren hinterlassen. Die Diskussion um unser Wirtschaftssystem hat sich in den letzten anderthalb Jahrzehnten nicht nur am Konflikt zwischen Arbeit und Kapital, zwischen Abhängigkeit und Mitbestimmung, zwischen Renditen und Sozialbindungen usw. entzündet, sondern am Konflikt zwischen Wirtschaft und Umwelt. „Die Angst vor Umweltzerstörung, vor der Verdrängung menschlicher Werte und Muße durch ökonomische Rationalität und Streß, vor der Verbetonisierung der Landschaft und der sozialen Umwelt ist längst nicht mehr nur die Spinnerei einiger ‚Alternativler‘ oder ‚Grünen‘. An diesen Punkten beginnt das heutige Wirtschaftssystem an den Bedürfnissen immer breiterer Kreise der Bevölkerung vorbeizuwirtschaften ... Dieser Konflikt Wirtschaft/Umwelt muß deshalb in eine Diskussion über Wirtschafts- und Gesellschaftssysteme aufgenommen werden, weil er einerseits an einigen Pfeilern der bestehenden Systeme zu rütteln beginnt und teilweise durch die Systeme verschärft worden ist.“[31] Dieser Prozeß hat

[31] R. Höltschi/Ch. Rockstroh, Bausteine für Alternativen. Ota Sik's Dritter Weg in ein Wirtschaftssystem der Nachmoderne (Grüsch 1985) 63f; S. auch E. Ledergerber, Management. Die Nachkriegsgewinnler, in: R. Blum/P. Ziegler (Hrsg.), Einspruch (Bichelsee 1983) 54—70.

schon begonnen, wenn man an den basisgeborenen Boykott durch Konsumentinnen und Konsumenten denkt, an Recycling-Verfahren usw.

Nachdem die Erdölkrise anfangs der siebziger Jahre fast über Nacht den Glauben zerstört hat, daß Energie ein billiges und beinahe unbegrenzt verfügbares Gut sei, ist die Energiepolitik zum politischen Thema in der Schweiz geworden und in ihrem Gefolge das erwachende Bewußtsein für die zerstörerischen Kosten, die unser wirtschaftliches und alltägliches Verhalten der Natur aufbürden.

Denn auch die Schweiz setzte aus damals plausiblen Gründen auf Kernenergie, da die Stromproduktion durch Wasserkraftwerke praktisch ausgeschöpft war. Aber an den fünf Kernkraftwerken, die angeblich 40 % des erzeugten Stroms liefern, entzündete sich die Grundsatzdiskussion. Während die zwei Anti-Atom-Initiativen 1979 und 1984 abgelehnt wurden, haben die 1987 eingereichten Volksinitiativen „für den Ausstieg aus der Atomenergie" und „Stopp dem Stromkraftwerkbau (Moratorium)" am 23. September 1990 zu einem Ergebnis geführt, das zeigt, daß das Problembewußtsein gestiegen ist. Die Unglücke in Tschernobyl und bei Sandoz in Basel im Jahre 1986 haben das Problem der Umweltbelastung drastisch vor Augen geführt. Die Kernenergie ist technisch, ökologisch und militärisch ein bedrohliches Risiko für eine von Menschen bewohnbare Erde der Zukunft. Aber nicht minder bedrohlich ist der Verbrauch und „Verzehr" der fossilen Brennstoffe. Waldsterben, Ozonschicht und Treibhauseffekt sowie die fortschreitende Bodenerosion sind so vielfach belegt, daß man sich nicht als Schwarzmaler schelten lassen muß, wenn auf diese drängende Herausforderung zur Solidarität mit der Natur und ihren Lebensbedingungen hingewiesen wird.

Der Natur sind in der Tat offenbar kaum wiedergutzumachende Schäden zugefügt worden. Sie ist zum Objekt der menschlichen Verfügung geworden, und dies weder zu ihrem Nutzen noch zu unserem Heil. Die Gewalt gegen die Natur ist deshalb nur dann zu vermindern, „wenn wir von der Dominanz und dem Primat des Ökonomischen in unserer Gesellschaft Abschied nehmen. Die ökonomische Effektivität, Produktivität und das Wachstum dürfen nicht letzte und nicht hinterfragbare Argumente (Tabus) bleiben. Auf der Ebene des einzelnen heißt dies, daß Kommunikation Vorrang vor dem Konsum haben muß. Auf der Ebene der Volkswirtschaften, daß der Solidarität Vorrang vor dem Profit gegeben werden muß."[32] Kann man mit dem Altmeister der Zukunftsforschung, Robert Jungk, der entschieden auf Veränderungen und den Erfindergeist der Menschen setzt, darauf vertrauen, daß die Kreativität des Menschen zu einer Lösung findet?

Das magere Ergebnis der 2. Weltklimakonferenz im Herbst 1990 in Genf

---

[32] X. Pfister-Schölch, a.a.O., 244.

ist allerdings wenig geeignet, solche Erwartungen zu sättigen. Die Delegationen der 137 Teilnehmerstaaten nahmen die Treibhaus-Problematik im Rahmen einer Kompromiß-Deklaration nur gerade als weltweite Bedrohung zur Kenntnis. Sie kamen lediglich darin überein, die Konzentration der Treibhausgase zu stabilisieren, um gefährliche Klimaänderungen durch den Menschen zu verhindern. Im Gegensatz zu den konkreten Entwürfen der Experten für eine Klima-Konvention einigte man sich auf keine Zielvorgaben. Dabei haben die Wissenschaftler klar belegte Diagnosen für die globale Erderwärmung gestellt und auf deren Folgen hingewiesen: Ausdehnung der Trockenzonen, Anstieg des Meeresspiegels, Dürre, Stromfluten, Wirbelstürme ... Konsequenzen daraus sind Hunger und Elend, eventuell Unbewohnbarkeit ganzer Länder und Verteiler-Kriege etc. Daß hier vor allem die Industrieländer Verursacher, aber auch die möglichen Schadensbekämpfer sind, ist inzwischen wohl vielen offenkundig. Deshalb haben in Genf die Umwelt- und Klimaexperten eine radikale Änderung im Verhalten des heutigen Menschen und das Ende der Verschwendung von Ressourcen und Energie gefordert.

(4) Wie bei der politischen Solidarität gegen den Zwang der Systeme und der undurchschaubaren Wirtschaftsordnung, so sind auch hier Christen und Christinnen zur präventiven Diakonie, zur Solidarität mit der Zukunftssicherung, also gegen die Kriegs-Gewalt und Aufrüstung sowie gegen die Gewalt gegenüber der Natur und dem Leben, aufgerufen.
In den von der Ökumenischen Arbeitsgemeinschaft „Kirchen und Umwelt“ (ÖKU) im Jahre 1988 herausgegebenen „Perspektiven zur Energiediskussion“ werden die Kirchen an ihre Verpflichtung erinnert, in diesen Fragen mitzureden. Es gehe um ein solidarisches Handeln mit der Natur und mit den kommenden Generationen. Heute verhielten wir uns bei unserem Umgang z.B. mit Energie egoistisch und rücksichtslos.
In diesem Horizont hat die Basler Konvokation an Pfingsten 1989 an das Gewissen der Kirchen appelliert: „Der verschwenderische Umgang mit der Energie hat in den Industrieländern derartige Ausmaße erreicht, daß der Verbrauch jetzt drastisch eingeschränkt werden muß. Einige Kirchen haben sich verpflichtet, für eine beträchtliche Reduzierung des Energieverbrauchs einzutreten. Wir wenden uns an alle Kirchen und Christen in Europa, im Rahmen ihrer Möglichkeiten dasselbe zu tun und die Entscheidungsträger in Politik, Technik und Industrie immer wieder aufzufordern, wirkungsvollere Energiesparmaßnahmen einzuführen.“[33]

Die aufgezeigten Beispiele wollen nur stichwortartig auf die Brisanz der Herausforderung verweisen, keine mono-kausale Analyse oder gar „Pa-

---

[33] Ebd.

tentrezepte" liefern. Es zeigt sich aber, wie Probleme nicht losgelöst von den anderen zu sehen sind, sondern vielmehr durch ihre Verstrickung mit anderen diese verschärfen.
Es dürfte aber überdeutlich geworden sein, daß Friedenssicherung und Sorge um die Schöpfung, die das Haus dieser Erde bewohnbar erhalten möchten, des Engagements und des vereinten Einsatzes vieler Menschen bedürfen. Ein Biogarten allein genügt nicht mehr. Die Dienstpflicht der Christen und Christinnen ist umfassender gefordert. Den weltweiten konziliaren Prozeß für Frieden in Gerechtigkeit und die Bewahrung der Schöpfung halte ich für ein Beispiel für solche präventive Diakonie als vorausschauende Solidarität mit den künftigen Generationen. Formen solcher präventiver Solidarität (in ökologischen Gruppen, Friedensbewegung usw.) können durchaus auch prophetische Anklage und gewaltfreier Widerstand, vor allem aber auch alternative Projekte und praktisch überzeugende Modelle sein, die auf Dauer nachhaltiger bewegen als aggressive Beschuldigungen.

c) Kommunikative Diakonie als (sich) mitteilende Solidarität — angesichts der Isolation und Beziehungsnot

(1) Auch dieses Feld der Not ist eine „unendliche Geschichte", die in einer Analyse nicht umfassend in den Griff zu bekommen ist, aber als Herausforderung auch für die Kirchen angesprochen werden muß. Es geht um die individuelle Armut an Beziehungen und an Gemeinschaft.
In knapper Form wurde das Problem in einer Vorlage für die Generalversammlung der Caritas Schweiz am 13. Mai 1987 in Luzern skizziert: „Als Folge einer fortschreitenden Atomisierung der Gesellschaft, die immer mehr isolierte, unfreiwillig Alleinstehende und Einsame bewirkt, treten auch in unserem Land mehr Fälle psychosomatischer Krankheiten und psychischer Störungen, Beziehungsschwierigkeiten, Depressionen, Suchtverhalten, Suizide und alle Arten der sogenannten Zivilisationskrankheiten auf. — Eine auf vordergründige Zwecke hin orientierte Gesellschaft mit ihren materiellen Abhängigkeiten beeinträchtigt die Lebensweise der Menschen und deren geistige und psychische Entfaltung. Von außen gesteuertes Leistungsdenken und materieller Wohlstand treten in Widerspruch zu personalen Bedürfnissen des Menschen, wie Sinnfindung, Erlebnis tragfähiger Beziehungen, Zeit für andere zu haben, im eigenen Tun vor kreative Aufgaben gestellt zu werden usw. — Wir haben heute erstaunlich viele technische Möglichkeiten, um im Alltag Probleme zu lösen. Die seelische Bewältigung der anstehenden Lebensprobleme fällt jedoch zunehmend schwerer. Eigenes Unvermögen anzuerkennen oder zu überwinden, Konflikte auszutragen, Enttäuschungen zu verkraften, Schicksals-

schläge zu meistern, Krankheit, Alter und Tod anzunehmen, braucht seelische Kräfte. Das aktive Sich-Auseinandersetzen, Bewältigen und Annehmen von Schwierigkeiten im Leben hängt wesentlich davon ab, was man ‚seelische Gesundheit' nennt. Diese wird einem so wenig wie die leibliche Gesundheit ein für alle Mal geschenkt. Wir müssen sie durch eine auf den Menschen hin bezogene Erziehung, Bildung, Arbeit und Erholung fördern und pflegen, um dem Menschen die Möglichkeit zu schaffen, sich von jenen Werten abzugrenzen, die ihn heute seelisch krank machen."

Um es etwas pauschal zu skizzieren: Es gibt auch heutzutage viele Probleme der Kommunikation und mit den Kommunikationsformen sowie in den zwischenmenschlichen Beziehungen. Trotz der unverdaubaren Fülle an Informationen und Nachrichten durch die sogenannten Massen-Medien und trotz der wissensmäßigen Weltläufigkeit auch des Durchschnittsschweizers, ja trotz der unüberblickbaren Bildungsangebote und Beratungsmöglichkeiten bei Erziehungs-, Ehe-, Berufs- und Lebensfragen wachsen doch die offenen und verheimlichten Formen der Beziehungsarmut, des Kommunikationsabbruchs, der Vorurteile und der Einsamkeit. Wer könnte übersehen, daß im beruflichen und familiären Leben, zwischen den Generationen, zwischen Frau und Mann sowie zwischen Meinungslagern, Parteien und Interessengruppen, aber auch in und zwischen den Kirchen, in der Öffentlichkeit und in der Feinmechanik des Alltags traurig viel und zum Teil infam aufgerüstet wird, daß Menschen und Gruppierungen miteinander auf Kriegsfuß stehen und sich gegenseitig fallenlassen.

In diesem weiten und in seiner widersprüchlichen Fülle systematisch nicht zu bändigenden Bereich für vertrauensbildende Maßnahmen, für Verständigungsbereitschaft und Toleranz als Offenheit einzutreten sowie zugleich Spannungen und Konflikte auszuhalten (ver-)braucht viel menschliche Kraft und emotionale Ressourcen. Viele kommunikationshemmende Probleme zwischen den Menschen — seien es Neid und Eifersucht, Rechthaberei und Empfindlichkeit, eigennütziger Egoismus und Vorurteile usw. — beruhen auf den zweiten Blick oft nicht auf bösem Willen oder unheilbarer Dummheit, sondern sind vielmehr Fragen der seelischen Reserven, des mangelnden Selbstvertrauens oder demoralisierender Angst. Aber gerade auf dieser Ebene sind auch wieder Wunder der Verständigung und des Abbaus von defensiver Verhaltensweise und von Angst möglich. Sie geschehen im Alltag ja auch wirklich, wenn zwischen Menschen Verständigungsschritte gewagt werden, wenn zwischen Menschen abgerüstet und aufgerichtet wird durch die Bereitschaft zu verstehen, zu vermitteln, zu hören und zuzuhören (er-hören!), erreichbar zu sein und bereit, sich selbst ins Spiel zu bringen. Und wie das Leben leider oft zeigt, gelingt uns auch das oft nur schwerlich oder gar nicht. Dann kann wenigstens Höflichkeit eine letzte Bastion sein für Menschlichkeit, weil mögliche Versöhnungsbrücken gerettet werden.

In diesem ganzen Feld des zwischenmenschlichen Kontaktes und der Beziehungspflege sowie der Einsamkeit und Vereinsamung für eine kommunikative Diakonie als Solidaritätspraxis einzutreten erweist sich auch für die Christen und Christinnen in der Kirche Schweiz als Herausforderung. In diesem Zusammenhang ist auch das Leit-Bild einer geschwisterlichen Pfarrei bzw. Gemeinde zu sehen.
Es muß nicht eigens betont werden, daß die Not im Beziehungsgeflecht und im kommunikativen Feld mit strukturellen Bedingungen (materielle Armut, Wohnungsmangel, Arbeitslosigkeit . . .), biographischen Voraussetzungen (Partner-Verlust, Mangel an Bildung, Krankheiten und Behinderungen, Suchtprobleme . . .) und mit der Persönlichkeitsstruktur zu tun hat. Alleingelassensein und Vereinsamung sind ja oft mit einem unentwirrbaren Knäuel verschiedener Ursachen und Einflüsse verknotet und verwickelt. So hat es auch die Sozialhilfe zum größten Teil mit mehrfach Benachteiligten zu tun, die auf mehreren Ebenen gleichzeitig unter Druck stehen: finanzielle Probleme, Wohnprobleme, Teilzeitjob, Erziehungsprobleme (die Kinder ihrerseits haben schulische Schwierigkeiten) und Beziehungsprobleme. Es handelt sich um die sogenannte „Vierte Welt".[34]

(2) Anhand einiger weniger Symptome soll die Dringlichkeit einer kommunikativen Diakonie als Solidaritätspraxis vor dem Hintergrund der schweizerischen Verhältnisse erläutert werden. Die Schweiz ist nicht nur ein klassisches Reiseland, in dem man die vielen Fremden sozusagen auf soziale Distanz wahrnimmt, sondern ein Land mit einem prozentual sehr hohen Ausländeranteil, ausländischen Arbeitnehmern, illegalen Aufenthaltern und Saisonniers. — Das gemeinsame Problem der Fremden in der Schweiz liegt darin, daß sie fern ihrer Heimat und weiteren Verwandtschaft weilen, sich in einem anderen Kultur- und Sprachraum zurechtfinden müssen sowie oft aus dem politisch-gesellschaftlichen Leben ausgeschlossen sind und sich nur unter ihresgleichen aufhalten wollen oder können. Sie werden mit für sie „fremden" Gewohnheiten, Gesetzen und Mentalitäten konfrontiert. Auch wenn sie als Arbeitskräfte erwünscht sind, sind sie dennoch einer sich verbreitenden Ablehnung ausgesetzt; zudem ist ihre rechtliche und soziale Stellung viel verletzlicher als die der Schweizer. In besonderer Weise ist dabei der zweiten Ausländergeneration Aufmerksamkeit entgegenzubringen, der die kulturelle Verbundenheit mit dem Herkunftsland fehlt: „Nein, zurück will ich nicht, aber ein richtiger Schweizer bin ich eigentlich auch nicht."
Schärfer stellt sich die Herausforderung bei den Flüchtlingen, die die Brücken zu ihrem Heimatland abgebrochen haben und genötigt sind, eine

---

[34] Not in der Schweiz fordert uns heraus. Caritas Schweiz (Inlandarbeit 87—91) v. 24. 4. 1987, 13; vgl. Interview mit M.-R. Blunschi in: Aufbruch 5, 1991, 4f.

neue Existenz in einer fremden Umgebung aufzubauen. Sie erleben sich oft als wenig erwünscht und sind mangels Integration am Arbeitsplatz eher fürsorgeabhängig. Sie unterscheiden sich religiös und kulturell von uns und sind auf andere seelische Werte verpflichtet, folglich oft „entwurzelt".

Asylbewerber sind nun Fremde ohne Anspruch und Recht. Ihr „Fall" steht zur Abklärung an: Sie stehen vor unserer Tür. Während dieser Zeit sind sie auf Unterstützung und Begleitung in materieller, seelischer, rechtlicher und menschlicher Hinsicht angewiesen. Weil sie keine Zukunft und keine Hoffnung vor sich haben, werden viele seelisch krank. 90 % der Asylsuchenden müssen die Schweiz wieder verlassen und gehen einer zumeist bedrohlichen Zukunft entgegen.[35]

Daß auch wir Schweizer Mühe, Ängste mit Fremden- und Flüchtlingsproblemen haben, ist offensichtlich. Die Initiativen zur Begrenzung der Einwanderung und des Flüchtlings-„Stromes" (1970, 1974, 1977, 1982, 1989: Verschärfung des Asylrechts) und die Ablehnung der „Mitenand-Initiative für eine neue Ausländerpolitik" (1981) haben dies auch belegt. Immer wieder gehen Wellen der Fremdenfeindlichkeit über unser Land und lassen leicht vergessen, daß viele Schritte der Verständigung gesucht und gemacht werden und daß die Schweiz an die humanitäre Tradition des letzten Jahrhunderts anknüpfen kann.

Dies darf aber nicht übersehen lassen, daß unterschwellige Ressentiments und Ängste vorhanden sind, die unversehens in aggressiven Formen oder in der Verweigerung von Asylunterkünften durchbrechen und auf tiefsitzendes Mißtrauen und bedenkliche Vorurteile schließen lassen. Wer als Sozialarbeiter/in oder als Caritas-Mitarbeiter/in in diesem Bereich engagiert ist, erlebt auf tragische Art, wovon Außenstehende kaum eine Ahnung haben: ein abweisendes und verächtliches bis haßerfülltes und eiskaltes Klima der Fremdenfeindlichkeit. A. Staeger hat es auf einen Satz gebracht: „Die Begeisterung für das Fremde hört dort auf, wo es sich beim Fremden um einen Menschen handelt."[36] Dabei übersehen wir, daß von den weltweit über 15 Millionen Flüchtlingen Europa nur die Spitze des Eisberges verkraften muß, die Hauptlast liegt auf Asien.

Zudem könnte unsere Fremdenfähigkeit in Zukunft noch ganz anderen Bewährungsproben ausgesetzt werden, wenn die Migrationswellen arbeitsuchender Menschen etwa aus Osteuropa und Nordafrika über die Schweiz hinwegschwappen sollten.

---

[35] Not in der Schweiz, a.a.O., 15.

[36] A. Staeger, Geliebt: Fremdes — Verhaßt: Fremde, in: Aargauer Volksblatt v. 18. Juni 1988; vgl. auch J. Stadelmann, Fremdenfeindlichkeit in der Schweiz heute: Eine Materialerhebung für den Religionsunterricht. Theol. Lizentiatsarbeit (Freiburg Schweiz 1990).

(3) Die Entwicklungen der heutigen Zeit geben der Familie eine Dynamik, schaffen aber auch Nöte. Wir müssen uns von dem herkömmlichen Bild der Familie lösen. Zahlreiche Haushalte sind ohnehin Ein- oder Zweipersonenhaushalte ohne Kinder. Beziehungsschwierigkeiten und emotionale Überforderung können zu Instabilität führen, zu Gewalt und Mißhandlung. Scheidungen schaffen oft Benachteiligungen für Kinder, Mütter und Väter. Kinderreiche Familien, Alleinerziehende, ausländische Familien leiden unter Vorurteilen und gesellschaftlichen Benachteilungen. Ist die Familie von Arbeitslosigkeit, Wohnungsnot, Krankheit oder Gefangenschaft betroffen, findet sie oft nur schwer Zugang zu anderen Menschen und Aufnahme bei ihnen.

(4) Im Zusammenhang mit den Kommunikationsproblemen ist exemplarisch auf das Verhältnis der Generationen zueinander hinzuweisen, vor allem auf die älteren und betagten Menschen. Die Frage nach den „Senioren und Seniorinnen" berührt ein ständig wachsendes soziales Problem. Im Jahre 2000 wird die Schweiz zu den fünf Ländern mit der prozentual höchsten Altenzahl gehören, nämlich mit 215 Menschen über 65 Jahren auf 1000 Einwohner. Viele ältere Menschen befinden sich in einer schwierigen Lage, weil ihnen der soziale Bezug zu einer engeren mitmenschlichen Gemeinschaft fehlt oder dieser stark gefährdet ist. Sie fühlen sich dadurch ausgeschlossen und vergessen und ziehen sich zurück. Man mutet den alten Menschen zu, nur unter sich zu sein. Dabei kann die Kommunikation zwischen den Generationen sich für alle bereichernd auswirken. Alter bedeutet nicht nur Plage, Abhängigkeit und Armut, die nach Solidargemeinschaft rufen, sondern kann auch als Erfüllung erlebt und als gegenseitiges Geben gestaltet werden. Es ist eine Lebensstufe, die nicht in Isolation oder in beeinträchtigten Lebensformen erlitten werden muß. Des weiteren ist auf die Betreuung und Begleitung der Schwerkranken und Sterbenden hinzuweisen. Die medizinische und pflegerische Hilfe hat einen hohen Standard erreicht. Wie steht es aber mit der menschlichen und seelischen Begleitung, wenn das Loslassen und das Abschiednehmen unübertragbar zur persönlichen Aufgabe werden? Die seelische Not und Einsamkeit vieler Schwerkranker und Sterbender ist nach wie vor groß. — Sind die betroffenen Angehörigen bereit, Sterbende und Schwerkranke im familiären Bereich aufzunehmen und ihren Alltag umzustellen, um ihnen nahe sein zu können?

(5) Nicht zu vergessen sind die Gefangenen und Strafentlassenen. Der Entzug der Freiheit ist ein ungeheuer tiefer und verletzender Eingriff in die Persönlichkeit der Betroffenen. Sie leiden an nagendem Selbstzweifel, werden hochempfindlich und können im dumpfe Resignation fallen. Die Isolierung vom normalen gesellschaftlichen Leben kann viele Folgen her-

vorrufen: Einsamkeit, Depression, Selbstmordgedanken, Sucht und Verlust des Realitätssinnes. Zudem sind die nächsten Familienangehörigen nicht zu vergessen, die ebenfalls von der Strafe der Isolation und Ächtung getroffen werden.
Nicht zu übersehen sind auch jene Menschen, die in der Flucht zu Alkohol und anderen Drogen die einzige Möglichkeit sehen, einer Welt zu entkommen, deren Anforderungen sie als unerträglich und unerfüllbar empfinden. Bereits die Synode 72 stellte fest, daß in zunehmendem Maß alten und jungen Menschen die Betäubung als Ausweg aus einer Situation vorkommt, mit der sie alleine — oft mangels tragender menschlicher Bindungen — nicht fertig werden.

(6) Aber nicht nur Lebenssituationen drängen auf kommunikative Solidarität, vielmehr müssen auch die Formen und Strukturen der Kommunikation und Kommunikationsmedien als Herausforderungen an die Kirchen kurz angesprochen werden. Die elektronischen Medien, vorab das Fernsehen, von denen wir immerhin die globalen Informationen beziehen, sind immer mehr der Kommerzialisierung ausgesetzt, und es stellt sich die Frage „nach Qualität und Tiefenschärfe in der Medienszene, die zunehmend Richtung Nivellierung tendiert" (A. Blum). Verlieren die Kommunikationsmedien ihre kommunikative Qualität? Es ist ja nicht zu übersehen, daß in einer Telekommunikationsgesellschaft der so wichtige alltägliche Kontakt und die vielen Nischen für Begegnung und Dialog medientechnisch besetzt werden (wenn z.B. Einkäufe via Videotext „getätigt" werden . . .). — Alle diese Fragen können gerade der Kirche nicht einerlei sein, wenn sie sich als Gemeinschaft (Communio) versteht, sich auf Verkündigung und Kommunikation als ihren Grundvoraussetzungen beruft und von einer Botschaft lebt, die unaufhörlich zu den Menschen will. Ohne kommunikative Strukturen für Solidarität gingen auch der Kirche sozusagen die naturalen Voraussetzungen des Christseins verloren.
So stellt sich die Frage, ob nicht die Solidaritätsstrukturen in unserem gesellschaftlichen Ambiente fast lautlos verschwinden könnten. — Ohne Zweifel hat die Sozialgesetzgebung in unserem Land in den letzten 100 Jahren vieles zur Sicherung der einzelnen Bürger und Bürgerinnen bei wirtschaftlicher Not, Unfall und Krankheit getan. Desgleichen sind Bildung und berufliche Weiterbildung gefördert worden; Sozialrechte sind ausgebaut worden. Aber diese gewachsenen Solidaritäts-Strukturen, wenn wir sie einmal so nennen wollen, greifen wohl noch, aber sie reichen nicht mehr aus, weil die Voraussetzungen, Wertvorstellungen und Sozialformen sich ändern: Individualisierung (Singularisierung), Pluralismus in grundlegenden Fragen (Exit, Institution Ehe, Strafrecht . . .) und Abbröckeln herkömmlicher Traditionen (Verstädterung, Brauchtum . . .), Milieus und Organisationen (Kirchen, Parteien, Vereine usw.). So konstatieren die So-

ziologen bei uns eine zunehmende Vereinzelung (Singles) und eine wachsende (Reise-) Mobilität, wobei doch sehr fraglich bleibt, ob damit eine Solidaritäts-Kultur entsteht oder nicht eher eine Destabilisierung gewachsener Solidaritäts-Strukturen.
In diesem ganzen Bereich ist ja auch auf die Ökonomisierung des Lebens und der gesellschaftlichen Lebensbereiche zu erinnern, denn all die neuen Errungenschaften (ver-)führen leicht dazu, sie bedürfnisbefriedigend, gewinnträchtig und nutzbringend einzusetzen. D. Sölle spricht in Anlehnung an Pasolini von Konsumismus.[37] — Auch im Blick auf die Integration Europas 1992 ist zu fragen, ob die Gewichte nicht doch so sehr auf Wirtschafts- und Finanzfragen verlagert sind, daß die Strukturen für Solidarität wie z.B. Mitbestimmung, Minderheitenrechte, soziale Absicherungen, Vielfalt der Kulturen usw. bestenfalls verzögert als politische Aufgaben gesehen werden.
Auch die Zunahme an Rohstoff „Freizeit" — in der Bundesrepublik Deutschland steht die 35-Stundenwoche vor der Tür — ist als Frage nach den damit gegebenen Chancen für neue Solidaritäts-Strukturen anzugeben. Immerhin steht den Menschen so viel individuelle Freizeit zur Verfügung wie wohl noch nie zuvor. Aber wie ist sie zu bewerten, wenn andererseits die Auflösung des Tages- und Nachtrhythmus (Schichtarbeit) und sogar des Wochenrhythmus gemeinsame Zeit der Menschen zerstückelt und selbst den Sonntag in seiner Existenz bedroht? Wo gibt es für die Familien, zwischen den Generationen, für Frauen und Männer in ihren Partnerschaften, für die Vereinstätigkeit und das politische Engagement und für die Kirchen noch gesellschaftlich geschützte Freizeiten und Wochenenden, die nicht von Arbeitsbedingungen und letztlich von der Wirtschaftlichkeit diktiert sind?

Es ist gewiß nicht unbedenklich, die Problembereiche in dieser Massierung aufzulisten. Andererseits sind die Herausforderungen beim Namen zu nennen, wenn wir die konkreten Dienstanweisungen an die Christen und Christinnen in den Blick bekommen wollen, wohlwissend darum, daß die Analysen und Rezepte für heilendes Handeln im einzelnen ins Detail gehen müssen.

d) Therapeutische (heilende) Solidarität mit Menschen in seelischer und körperlicher Not

(1) Die meisten Nöte der Menschen haben eine individuelle und eine soziale Dimension. Vielleicht sind wir unter der Dominanz der in der Me-

[37] D. Sölle, Wählt das Leben (Stuttgart 1980).

dien-Öffentlichkeit diskutierten Probleme vor allem auf die gesellschaftlichen Aspekte hin orientiert. Aber es gibt ja — wie bekannt — auch unermeßlich viele Spuren der persönlichen Noterfahrungen und der privaten Leidenswege, körperliche und seelische Armut. Niemand ist davor gefeit, daß er an die Grenzen der körperlichen Gesundheit und des seelischen Vermögens gerät. Es gibt auch die leidvollen und oft getarnten Formen des Scheiterns, des Zerbrechens und des lastenden Kummers an unerfüllten Sehnsüchten, die mit der individuellen Lebensgeschichte und mit der geistig-leiblichen Verfassung des einzelnen Menschen zu tun haben. — In diesem ganzen Bereich geht es um eine Solidaritätspraxis, die sich als individuelle Diakonie versteht, bei der Hilfe zur Selbsthilfe (z.B. Beratung!), unterstützende und betreuende Hilfe (Fremdhilfe bei Schwerstbehinderten) geleistet wird.

In der Literatur spricht man wie selbstverständlich von „Gruppen am Rande der Leistungsgesellschaft". Aber was verbirgt sich konkret dahinter? Individuelle Solidarität ist in diesem Sinn Leib- und Seel-Sorge im ursprünglichen Sinn des Wortes. Die Aufmerksamkeit gilt dabei den körperlich und geistig Behinderten, was z.B. die Ermöglichung einer Berufsausbildung, Arbeitsplatzbeschaffung, Annahme durch die Umwelt, Rehabilitationsmaßnahmen usw. betrifft.

Ein weiteres schon angesprochenes Problem ergibt sich aus der Pflegebedürftigkeit der älter werdenden und gebrechlichen Menschen. Andererseits ist es menschenunwürdig, wenn Senioren und Seniorinnen in die Mühlen eines Betreuungssystems geraten, das ihre vorhandenen Kräfte und Motive nicht abruft, sondern sie wie Kinder behandelt und damit in eine dumpfe Passivität abrutschen läßt.

Welche Fülle an Realitäten verbirgt sich hinter den Stichworten: Krankheit, Aids, Unfall, Sterben! Medizinisch-technisch, sozialfürsorgerisch und versicherungsmäßig wird ohne Zweifel viel getan. Unsere Invalidenversicherung ist im internationalen Vergleich eine hervorragende soziale Einrichtung. — Aber ist Kranksein nur Organdefekt oder Funktionsstörung des Organismus? Oder ist Kranksein nicht auch Daseins-Situation, die den heutigen leistungsverpflichteten Menschen meist völlig unvorbereitet trifft, so daß diese Leidenssituation sehr oft zur existentiellen Krise wird, auch dann, wenn die organische Krankheit noch heilbar ist?

Mit welchen Ängsten, Auflehnungen, Demütigungen und depressiven Phasen muß der kranke oder sterbende Mensch — oft ganz einsam und hilflos weggeschoben (und wie ein unmündiges Kind mit „Du" angesprochen) — fertig zu werden versuchen? Wie steht es um die infolge Unfall plötzlich körperlich beschädigten Menschen, die ihr Lebenskonzept revidieren oder gar ganz aufgeben müssen? Und was geht in Menschen vor, die psychisch an den Rand des Lebenwollens geraten, die sich nichts zutrauen, an ihrer seelischen Kraft verzweifeln oder mit ihrer Triebstruktur nicht mehr zu Rande kommen (obwohl sie oft vielleicht auch tapfere Sieger gewesen sind)?

(2) Menschen, vorwiegend auch in unserer schweizerischen Gesellschaft, bedürfen zunehmend der psychischen Hilfestellungen. Es sei nur an die hohen Ziffern der Ehescheidungen erinnert, die Suizide, das rapide Anwachsen der psychischen „Störungen", an die Suchtgefährdeten und Drogenabhängigen. Nicht zu vergessen sind auch die ratlosen und erziehungsverängstigten Eltern, die ihnen ausgelieferten Kinder; Menschen, die zermürbt sind durch die Gewalt des Ehepartners oder durch die Demütigung am Arbeitsplatz usw. — Eine noch so um Vollständigkeit bemühte Auflistung würde keinem einzigen Einzelfall auch nur annähernd gerecht. Aber diese Hinweise geben den Horizont ab, auf den hin die Kirchen aufzubrechen und sich zu bewegen aufgerufen sind, wenn sie von Hoffnung singen und sprechen und Gott als Hoffnung bekennen. — Diese „Aufgabe" ergibt sich nicht nur dort, wo Leid überwindbar ist und wo im persönlichen und gesellschaftlichen Leben sich Wüsten von Menschenhand ausbreiten, sondern auch dort, wo Schmerzen und Leid unaufhebbar sind und der einzelne Mensch sich nicht stellvertreten lassen kann, sondern allein den Weg gehen muß. Unsere Möglichkeiten enden keineswegs dort, wo Katastrophen unzähliges Leid hervorrufen oder seelische und körperliche Krankheiten sich als unheilbar zu erweisen scheinen.
Wenn Menschen in solchen Situationen sich nicht alleingelassen erleben, Offenheit und Verständnis erfahren, ein versöhnendes Wort hören oder verzeihen können, wenn seelische Zuwendung und guttuende Pflege geschieht, wenn im Zuhören das Wunder der Erhörung geschieht . . ., da kann Angst zugelassen, Leid und Leiden wenigstens teilweise erleichtert oder geheilt werden. Es sind ja gerade ganzheitliche Konzepte in Medizin, Psychologie, Pädagogik und Theologie etc., die eine Ahnung davon geben, wie sich die Situation kranker und leidender Menschen dadurch ändern und verbessern läßt, wenn eine „unheilbare" Noterfahrung ihren Ort in Beziehungen zu anderen und zu sich selber finden kann und nicht einfach wie ein Unheil verbittert oder depressiv abgesessen wird. Wieviel Befreiung und Entkrampfung sowie Erlösung aus Angst und erpresserischen Abhängigkeiten können geschehen, wenn Sprechen und „Herausschreien" durch ein Klima der wohlwollenden Offenheit, durch Zuhören, geduldiges Ertragen und Aushalten möglich werden!

(3) Wenn die Schweiz wahrscheinlich sich von den anderen umliegenden Ländern durch das hohe Ausmaß an Verborgenheit der Probleme und an Verschwiegenheit der Nöte unterscheidet,[38] dann dürfte dieser „Mantel

[38] Caritas Schweiz, Ein anderes Gesicht der Schweiz, 1986, 50.

des Schweigens" wohl auch für das viele, was positiv getan wird, gelten. Aber: Gäbe es nicht die Arbeiten von G. Enderle über die Armut in der Schweiz und die vom Katholischen Frauenbund in Zusammenarbeit mit der Caritas durchgeführte Studie zur Armutssituation der Frauen in der Schweiz,[39] würde die Öffentlichkeit wohl noch immer schlafen. Eine wichtige Funktion kommt nicht nur der materiellen Hilfe der Caritas Schweiz zu, sondern auch ihrer Grundlagen-, Informations- und Bildungsarbeit, die sie mit anderen Hilfswerken koordiniert. Und wenn katholische Theologische Fakultäten in der Schweiz den Titel eines Ehrendoktors verleihen, dann würdigen sie in hohem Maße verdiente Leute aus den Bereichen Theologie, Ökumene, Befreiungstheologie, Verbände, Musik und Malerei, aber bisher niemanden aus dem Bereich der naturgemäß eher öffentlichkeitsscheuen Diakonie. Die Math.-Naturwissenschaftliche Fakultät der Universität Freiburg bewies viel Fingerspitzengefühl, als sie am 15. November 1990 dem Tessiner Geistlichen Giovanni Maria Colombo den Ehrendoktor für seine Pionierarbeiten im Dienste der geistig Behinderten verlieh.

Leicht wird übersehen, welch fachlich und menschlich enormer Einsatz im sozialen Bereich der kommunikativen wie therapeutischen Diakonie in kirchlicher Trägerschaft bzw. von Christinnen und Christen geleistet wird[40], aber auch, daß es — vor allem in bezug auf die Behinderten — offensichtlich Probleme schafft, entsprechend genügenden Nachwuchs zu finden und zu motivieren.[41]

---

[39] Caritas Schweiz/Kath. Frauenbund, Arme Frauen in der Schweiz, 1989, 1.

[40] Vor allem sei auf die Dokumentationen und Publikationen der Caritas-Zentrale in Luzern hingewiesen, auf die Jahresberichte der kantonalen Landeskirchen und auf die Heime und Spitäler in der Trägerschaft von Orden. Leider fehlt eine umfassende Darstellung des gesamten diakonischen Wirkens der Kirche(n) in der Schweiz, die einen kritischen und zusammenhängenden Einblick in die Vielfalt und Fülle vermitteln würde. Vgl. auch W. Good, Soziale Not heute — unsere christliche Antwort, in: 100 Jahre Römisch-Katholische Landeskirche des Kantons Aargau (Baden 1986) 262—264; ders., Soziale Werke, u.a.O., 265—268; E. Jermann (Hrsg.), Nichtbehinderte Behinderte. Behinderte Menschen in Kirche und Gesellschaft (Zürich 1988) — Nicht unerwähnt bleibe, was auf Pfarrei- und Dekanatsebene im Sektor Sozialarbeit, Seelsorge in Spitälern und Gefängnissen, in der Arbeitswelt, bei Behinderten, in der Ehe- und Lebensberatung usw., auch von Projektgruppen oder Verbänden (Frauen- und Müttergemeinschaften) und Vereinen (Vinzenzverein!) an selbstverständlicher praktischer Solidarität in aller Stille und Diskretion getan wird. Ein Blick zur reformierten Kirche: M. E. Kohler, Kirche als Diakonie (Zürich 1991).

[41] Caritas 3/89: Behindertenseelsorge in der Schweiz.

e) Kulturelle und ethische Diakonie — in der Auseinandersetzung um die tragenden Werte von Solidaritäts-Strukturen

(1) Im Zusammenhang mit der politischen Solidarität mit Armen gegen die Ungerechtigkeit ist schon die Rede von „ethischer Diakonie" gewesen. Auch bei den weiteren Suchbegriffen wie präventive Solidarität, kommunikative Diakonie und therapeutische (heilende) Solidarität sind hochethische Fragestellungen und grundsätzliche Werte und Kriterien vielfach inbegriffen gewesen. Es ist ja nicht zu übersehen, daß hinter all den genannten und den vielen nicht eigens erwähnten Problemen in der heutigen Zeit sich Fragen verbergen nach dem Sinn des Daseins und nach den Werten des Lebens und der Schöpfung, nach dem Menschenbild (Menschen-Rechte!) sowie den Kriterien und Vorstellungen, wie das Verhältnis von Individuum und Gemeinschaft/Gesellschaft und Natur gestaltet werden kann und was die menschliche Existenz letztlich lebenswert und sinnvoll macht. Gibt es neben den Erfahrungen des Glücks, der Dankbarkeit und der vielen Solidaritätsschritte im kleinen und im großen nicht auch die kulturelle Armut, das Fehlen von Orientierung und Wertebewußtsein? Das große Problem vieler Menschen kreist doch bewußt oder indirekt auch um das Überleben, um Hoffnung und Lebens-Mut. Ob es nicht auch daran liegen mag, daß im Vergleich zu den Problemen um Gerechtigkeit und Hungerüberwindung, die eher „fern-sehend" wahrgenommen werden, die Nöte um das Überleben (Friedensbewegung, ökologisches Anliegen, Atomkraftwerke) eine breitere und unmittelbarere Bewegung in unserem Lande auszulösen vermochten? Wenn es um die Friedenssicherung (gegen Aufrüstung, Atomwaffen) und um das Bündnis mit der Natur geht, also um Erfahrungen der unmittelbaren individuellen Gefährdung, dann unterstützen die Stimmbürger und -bürgerinnen zunehmend „grüne" Positionen, während die Anliegen der Fremden und Asylanten oder das Antasten des Banken- und Wirtschaftssystems oder ein UNO-Beitritt nicht im gleichen Maße eine offene Zustimmung finden.
Es könnte sich also in diesem Abstimmungsverhalten die Binsenwahrheit bestätigen, daß die unmittelbare Bedrohung politisch kritischer werden läßt als umfassendere Krisen der wirtschaftlichen Weltinnenarchitektur, auch wenn diese bei „fernen" Menschen unmittelbare und sogar lebensbedrohliche Konsequenzen zeitigt. Deren Analysen sind viel komplizierter: und ferne Probleme mobilisieren das Bewußtsein nur mehr mittelbar und indirekt.

(2) Aber insgesamt ist zu sagen, daß die gesellschaftliche Entwicklung der Differenzierung und des zunehmenden Pluralismus, der durchgängig im politischen, gesellschaftlichen, weltanschaulichen und religiösen Bereich

wirksam ist, und eines individualistisch verstandenen Freiheitsverständnisses (oft Pathos) grundsätzliche Orientierungen oder gar einen Konsens in gemeinsam verbindlichen Wertvorstellungen schwergemacht hat. Die Lage ist unübersichtlich geworden; und das allgemeine Einverständnis dürfte im Schlagwort der „neuen Unübersichtlichkeit" (J. Habermas) zu finden sein. „Das damit angesprochene geistig-kulturelle Durcheinander, in dem sich Modeströmungen schnell ablösen und in dem klare Konturen nur mit Mühe ausfindig zu machen sind, erschwert auch die Antwort auf die Frage, was denn heute an die Stelle der Ideologien getreten ist bzw. zu treten beginnt."[42]

In Kurzform wird damit die Tatsache ausgedrückt, daß für den einzelnen Menschen die Übersicht verlorengegangen ist; die religiöse Einheit ist verschwunden; die Gesellschaft ist differenziert und gleichzeitig komplex geworden; das alltägliche Leben ist immer weniger traditionsgeleitet und die früher scheinbar tragfähigen Solidaritätsstrukturen sind nur noch in Versatzstücken funktionsfähig. Es gibt auch keine allgemein verbindliche und verbindende Ideologie (Universal-Theorie) mehr, die das Ganze orientierend und sammelnd zusammenhalten könnte, es sei denn, es ist die Lebensweise des konsumierenden *praktischen Mobilismus.*

Die Aufgaben und Fragen der heutigen Zeit erzeugen einen gewaltigen Problemlösungsdruck, auf den praktisch-konkret und angemessen-beweglich reagiert werden muß. Ideologischer, traditionsorientierter und klassenbewußter Sand würde das Getriebe nur stören. Zwar sind damit das „Ende der Ideologien", wie der amerikanische Soziologe D. Bell sein 1960 erschienenes Buch titulierte, die Sehnsucht nach Heimat und religiöser Suche usw. meiner Meinung nach nicht ausgemerzt oder auf die Schutthalde der Geschichte zu werfen. Wohl aber sind wir in einen beschleunigten Sog der praktischen Mobilität geraten.

Zum einen können dafür die bedrängenden, schon genannten Überlebensfragen namhaft gemacht werden, die einen ungeheuren Druck auf Problemlösungen hin ausüben. Wurde bis vor kurzem von manchen „Ideologen" die Frage nach Krieg und Frieden im Schema der Ost-West-Spannung geortet und bewertet (z.B. „die einzige Existenzberechtigung für eine Armee habe die sowjetrussische, weil sie Afghanistan befreit habe..." oder „Sicherung des kapitalistischen Liberalismus"), wird heutzutage der Friede doch als ideologieübergreifende Zielvorstellung und allgemeine Schicksalsfrage gesehen. Aufgrund der Erfahrung gemeinsamer Gefährdung und der „verbindenden" Angst um das Überleben kommt es in der Friedens- und Ökologiebewegung zu Koalitionen, die sich auch durch ideologische Grenzen nicht hemmen lassen. Allerdings ist es die auf praktisches Handeln steuernde Zielvorstellung, die verbindet, sich aber auch

[42] U. Ruh, Ende der Ideologien, in: Herder Korrespondenz 40 (1986) 554.

wieder auflöst, wenn die Bedrohung nicht mehr unmittelbar empfunden wird.

Lebenshilfe ist mehr gefragt als umfassende Welterklärung. Durch Selbstfindung und ganzheitliche Selbstverwirklichung will man in der unübersichtlich gewordenen Welt die Kompliziertheit der Dinge auf eine notwendige Übersichtlichkeit zurückführen. Das bedeutet immer auch Reduktion. Viel Wert wird auf praktische Ratschläge gelegt, auf konkrete Tips und entlastende Hilfestellung. Die Medien leben davon. Beratungsmöglichkeiten für „ein individuelles, auf die eigenen Bedürfnisse und Probleme zugeschnittenes lebenshilfliches Programm"[43] gibt es zuhauf.

Der Sog in Richtung auf eine „Zivilisation der funktionalen Mobilität" — geistig, seelisch wie körperlich — ist längst zur Lebensattitüde geworden, die vielleicht oft unbesehen einfach als Konsumgesellschaft gewertet wird. Tatsache ist aber, daß aufgrund von vielen Einflüssen die neuen Handlungsspielräume dazu (ver-)führen, sie — wie schon vermerkt — bedürfnisorientiert, zweckrational, individuell nutzbringend und geschäftlich gewinnträchtig einzusetzen. Es werden die Daseinsgestaltung und der Lebensalltag nach Nützlichkeitserwägungen und nach funktionalen Gesichtspunkten bemessen, bewertet und gesteuert. Damit hängt die Ökonomisierung des Lebens im großen und im kleinen zusammen, nach der ökonomische Rücksichten und Rendite die Entscheidungen lenken.

Selbst die im letzten Jahrhundert fast wie eine Ersatzreligion verehrte Wissenschaft kann trotz ihrer anerkannten Autorität das Ganze nicht zusammenhalten oder beantworten. Sie kann wohl Situationen analysieren, Ursachenketten aufzeigen, Systeme entwickeln, Alternativen berechnen und unersetzliche Entscheidungshilfen liefern. Aber Wertentscheide und Konsensfindung kann sie nicht abnehmen. Lebenswerte sind weder im Reagenzglas zu dechiffrieren noch in der Retorte zu konstruieren.

Nicht umsonst spricht man heute von der funktionalen Intelligenz, was so viel bedeutet wie Intelligenz, die sich segmenthaft auf praktische Detailfunktionen (Spezialisierungen) oder Verhaltensweisen (Rollenzumutungen) konzentriert, ohne das „abstrakte" Ganze im Auge zu behalten. Allerdings ist dieser mit Händen zu greifenden „Weisheit" der praktischen Mobilität auch nüchtern entgegenzuhalten, daß es dort, wo es eine funktionale Intelligenz gibt, auch eine funktionale Dummheit geben muß. Damit ist jene funktionale Rationalität gemeint, die sich selbst auf den Leim geht und ihre eigene Partikularität nicht auf ein verantwortetes „Ganzes" (Werte) oder auf die implizite Interessenverfilzung hin kritisch aufklärt und daraus befreit.[44]

---

[43] Ebd.

[44] Vgl. dazu: L. Karrer, Gottes fremde Sprache (Freiburg i.Br. 1990) 27—32.

(3) Die praktische und funktionale Mobilität legt das Gewicht auf die subjektive Freiheit, denn in einer pluralistischen und differenzierten Gesellschaft muß sich das Individuum weitgehend autonom und singularistisch verhalten, was die eigenständige Kombination und die Auswahl seiner Teilnahmeformen und Rollen in den verschiedenen Handlungssphären oder Teilsystemen betrifft (ob man Postkunde ist, Versicherungsnehmer, Beratungsklient, Parteimitglied, Kirchenmitglied etc.). Freiheit und Gleichheit heißt zuerst einmal gleicher Zugang zu den Chancen und Möglichkeiten, ohne sich individuell in allen Belangen festschreiben lassen zu wollen. Eine strukturell, bildungsmäßig und ökonomisch möglichst gesicherte Basis zum Schutz dieser individuellen Freiheit wehrt sich einerseits gegen eine kontrollierende Herrschaft des Staates oder irgendeines Systems, reklamiert aber andererseits für sich die Leistungen des Sozialstaates und den Anspruch auf die Erfüllung der subjektiven Bedürfnisse. Wenn dies die Ideologie des spätbürgerlichen Individualismus ist, dann ist in der Tat zu fragen, ob eine solche Haltung integrationsfähig ist und ob eine solche Freiheit zur Verantwortung oder zum Desengagement, zur Kommunikation oder Exkommunikation führt, zur Solidarität oder zur Desolidarisierung. — Am Beispiel von Frankreich hat Louis Dumont auf der Grundlage von reichem statistischem Material das Bild einer Gesellschaft skizziert, die durch Komfort, Konsum und Sicherheitsbedürfnis ziemlich spießbürgerlich geworden ist; das Individuum wird im Zentrum gesehen und als ihr höchstes Gut gepriesen. Er nennt den Individualismus, in dem der Einzelmensch zum Selbstzweck wird, die Ideologie der Moderne. Allerdings wird der Individualismus immer wieder erschüttert, weil auch ihm Grenzen gesetzt sind. Ein Minimum an Regeln und Normen ist für das Funktionieren der Gemeinschaft ganz zweifellos unerläßlich.[45]

So erscheint die Tendenz fast gegenläufig: auf der einen Seite ein hoher individueller Freiheitsanspruch und auf der anderen Seite vielfache Bedrohungen dieser individuellen Freiheit sowie ein Übersehen jener, die um ihre Freiheit und die Bedingungen zur Freiheit gebracht sind („. . .die am Rande stehen", wie es in der Literatur heißt).

Widersprüchlich erscheinen auch die gegenläufigen Entwicklungen, die einerseits eine Nivellierung der Werte und eine Orientierungslosigkeit fördern, andererseits aber die Notwendigkeit von ethischen Leitlinien und Orientierungskriterien bei der Gestaltung des persönlichen Lebens und des gesellschaftlichen Miteinanders betonen. Diese Widersprüchlichkeit ist an sich verständlich für eine Gesellschaft, die sich im Wandel begreift und regional wie gesamtheitlich in eine Phase übergegangen ist, in der die Verhältnisse bzw. kollektive und insofern anonyme Mächte den Gang der

[45] L. Dumont, Individualismus. Zur Ideologie der Moderne (Frankfurt/M. 1991).

Dinge stärker bestimmen als Individualsubjekte.[46] Nicht umsonst bekunden Soziologen, Politikwissenschaftler und Kulturtheoretiker — nicht anders als Theologen — Mühe, unsere Epoche adäquat zu benennen; sie sprechen meist etwas unbestimmt von einer nachbürgerlichen, nachidealistischen, postmaterialistischen oder nachindustriellen Zeit.

(4) Auf vielen vorerst unauffälligen, aber auch offenen Wegen zeigt sich aber, daß einem Großteil der Menschen eine funktional-praktische Mobilität mit ihrer nüchternen Rationalität klimatisch und atmosphärisch nicht gut bekommt. Sie verdursten an der perspektivenlosen Unverbindlichkeit und ersticken an der Langeweile ihrer Lebensart.

Es ist zu fragen, ob ein konsequenter Individualismus in der Form der praktischen und funktionalistischen Mobilität den einzelnen Menschen seelisch und geistig nicht überfordert und zur Erschöpfung führen kann, zumal man sich in die private Lebenswelt zurückzieht. Vielleicht sondert man sich auch deshalb ab, weil die durch die Medien vermittelte Welt — wie schon früher angemerkt — als ein solcher Problemhaufen erscheint, daß der einzelne sich gegen Schuldgefühle (weil man Schuldner bleibt) und Hilflosigkeit nur durch Beschränkung auf seine private Welt schützen zu können glaubt. Rückzug von der gesellschaftlichen Wirklichkeit läßt die Gesellschaft erst recht zum unverdaubaren Mythos werden, dem gegenüber man individuell nur auf Distanz und in kritischer Haltung durchkommt: „man kann ja doch nichts machen". Beschimpft werden dann leicht die gesellschaftlichen Verhältnisse, wobei jene intelligent erscheinen, die dies kritisch durchschauen, und jene leicht naiv, die bei dieser Wirklichkeit nicht aufgeben und alternativ handeln möchten. Im Einzelfall kann daraus eine wehleidige Überbeschäftigung mit sich selbst resultieren oder ein Zynismus, der schlußendlich lächerlich macht, was man verehrte und ursprünglich wünschte.

Wenn Kardinal J. Ratzinger an der Moderne die Vernachlässigung bzw. Ausklammerung des Sittlichen beklagt, dann ist die Sorge gut zu verstehen, denn in der Freiheitsgeschichte des Individualismus ist der Sinn für soziale Bindungen und für Solidaritätsstrukturen zu kurz gekommen. „Und die Humanwissenschaften meinten zumindest in ihren pubertären Entwicklungszeiten, das Sittliche als menschliche Grundwirklichkeit durch die Erklärung der Gesetze der Psychodynamik und der gesellschaftlichen Prozeß- und Strukturmerkmale ersetzen zu können."[47]

Aber es ist nicht zu übersehen, daß vielen Bewegungen, denen der Friede bzw. die Abrüstung am Herzen liegt, die für die Schöpfung eintreten, die

---

[46] Vgl. dazu: D. Seeber, Wir leben nicht post-materiell, in: Herder Korrespondenz 39 (1985) 2.

[47] D. Seeber, Zurück an die Wurzeln, in: Herder Korrespondenz 43 (1989) 4.

sich für Gleichberechtigung, für die Vierte Welt, für die Überwindung der Unrecht bewirkenden Wirtschaftsstrukturen einsetzen, hochethische Anliegen zu Grunde liegen. Es sind nicht mehr unbedingt die früheren Moralvorstellungen allgemein anerkannt. Aber bereiten sich nicht — parallel zum individualistischen Lebensstil — auch Wertkonsense auf breiterer Basis einen Weg? Es ist doch offensichtlich, daß nicht nur das Problembewußtsein — via Medien forciert — stärker geworden ist und die Herausforderungen in der engeren Heimat und in der weiten Welt als solche klarer und bewußter verstanden werden; die Wachheit für die Probleme und ihre Ursachen sind gewachsen. Gewachsen sind auch die Vorstellungen von einer gerechteren, friedsameren und menschenwürdigeren Welt, die Ideale von Toleranz und Selbstentfaltung, die Freiheit wagen und zugleich Freiheit gewähren. Das bekümmerte Gespür für die Gleichwertigkeit aller Menschen, für eine neue Verhältnisfindung zwischen Frauen und Männern, ebenso für helfende und entlastende Solidarität hat zugenommen. Im Grunde sind das alles Intuitionen und „Tugenden", die in ihrer Wurzel elementar auch christlich sind und die unsere Phantasie von einem gelingenden Leben und einem echt menschlichen Miteinander prägen.
Natürlich sind all diese Ideale in der Wirklichkeit oft wenig eingeübte Tugenden, aber sie bilden nach meiner Überzeugung den Horizont für durchaus konsensfähige Wertvorstellungen. — Denn immerhin ist es nicht zu übersehen, daß parallel zum Rückgang der Ideologien (ganz offenkundig des Marxismus in den östlichen Ländern Europas ...) eine Renaissance der Religion zu beobachten ist, wenn auch in recht beliebiger Form, die Suche nach Halt und klaren Lebensrezepten (Fundamentalismus ...) oder die Sehnsucht nach erlebnismäßiger Ganzheitlichkeit bzw. nach einem weniger komplizierten und problemgeschwängerten Menschen- und Weltbild (Esoterik, Jugendreligionen ...). Manche Menschen verbleiben privat zwar in ihrer individualistischen Lebensart, erwärmen sich aber am bildhaften Mythos religiöser Daseinsinterpretation (E. Drewermann ...).[48]

(5) Angesichts dieses hohen Bedarfs an Ethos und Werten ist zu fragen, wo die Christen und Christinnen bzw. ihre Kirchen stehen, wenn es um die sittlichen Architektur-Elemente der Zukunft geht. Der Schnittpunkt

---

48 Darauf beruht m.E. die breite Wirkung von E. Drewermann, weil er es meisterhaft versteht, Religion in mythischen Bildern mit seinem von der Psychoanalyse gestützten individualistischem Ansatz zu verbinden. „Geschichts- und gesellschaftsloser" Mythos und „ich-bezogener" Individualismus verstärken sich so gegenseitig. Damit wird überhaupt nicht bestritten, daß Themen und Anliegen von E. Drewermann hochaktuell, ja geradezu überfällig sind. Vielleicht wird später einmal E. Drewermann für eine Trendwende des Bewußtseins in der Kirche namhaft gemacht (Betonung des Subjekts; Freiheitsbedrohung in der Kirche und durch Theologie; Aufdeckung ihrer Angst machenden Faktoren).

wird wohl im Spannungsfeld liegen zwischen einer größtmöglichen Freiheit des einzelnen Menschen und der nötigen Solidaritätsstruktur des gesellschaftlichen Miteinanders im engeren (staatlichen) und weiteren (internationalen) Sinn. — Kulturelle Diakonie wäre nun ein Mitdenken und Mitringen der Christinnen und Christen, wo immer es um die Zielvorstellungen und Suchbewegungen, um tragende Werte und Orientierungskriterien geht und wo immer das Humanum bedroht ist. Im Dienste solcher Suchbewegungen, die Christinnen und Christen mit anderen Menschen und gesellschaftlichen Kräften zusammenführen und verbinden, bedarf es auch entsprechender kirchlicher Instrumente und kompetenter Fachleute. Aber gerade im moraltheologischen und sozialethischen Bereich ist die katholische Kirche Schweiz personell ausgedünnt. Das ist nicht zuletzt deshalb so betrüblich, weil hier Herausforderungen und Fragen von größter Tragweite anstehen, die der Perspektiven und Motivstützen eines dem christlichen Ethos verpflichteten Welt- und Menschenbildes bedürfen. Von der Sachproblematik her ist danach gefragt (z.B. Wirtschaftsordnung, Bankenwesen, Arbeitswelt, Rechtsordnung, Strafgesetzgebung, Medien, Gentechnologie, Ausländerpolitik, Erziehung und Bildung . . .)
Selbstverständlich zeigt auch eine solche Dienstanweisung an die Christen und Christinnen, daß die Kirche durch ihre institutionelle Selbstdarstellung ihre ethischen Grundsätze auf praktische Weise interpretiert. Wenn die Kirche in ihrer Sozialethik Mitsprache und Gewerkschaftsrechte vertritt, dann wird man auf ihre eigene Praxis schauen; wenn sie die Abtreibung ablehnt, dann wird man prüfen, wie sie für das Leben gegen Krieg und Aufrüstung eintritt; wenn sie Gerechtigkeit fordert, wird man genau beobachten, wie sie mit den eigenen Gütern und dem eigenen Personal umgeht; wenn sie für gerechten Lohn eintritt, wird man fragen, wie es diesbezüglich bei den „Pfarrhaushälterinnen" steht; wenn sie Solidarität und Subsidiarität lehrt, wird man sie an ihre eigenen Worte erinnern müssen, wenn die Art und Weise der Konfliktregelung unser Rechtsempfinden verletzt, wenn Mitsprache und Mitverantwortung zentralistisch abgeblockt werden; wenn sie die Gleichwertigkeit von Mann und Frau verkündet, dann wird man ihre Doktrin an ihrer eigenen Praxis „verifizieren" (als wahr nachweisen).
Es ist ja nicht von der Hand zu weisen, daß die Erwartungen an die Kirche gerade in diesem Bereich groß sind und daß darin für viele Menschen auch die Autorität des Papsttums liegt. Aber das Medium selbst kann die eigene Botschaft unterschlagen. In der „Außenpolitik" des Vatikans (Papstreisen, -ansprachen . . .) werden soziale Probleme und moralische Normen wie Menschenrechte, Freiheit, Gewerkschaftsrechte, Dialog mit der Opposition usw. mutig beim Namen genannt. In der kirchlichen „Innenpolitik" wären nun — um glaubwürdig zu bleiben — in der Höhe der an die Welt zu Recht verkündeten ethischen Preise aber auch die eigenen

Kosten zu übernehmen; bei deren Nichtbeachtung kann man sich nicht unstatthaft auf göttliches Ausnahme-Recht berufen.

f) Religiöse Diakonie — angesichts der Sinnkrise und Glückssuche des heutigen Menschen

(1) Dem Individualismus als Theorie der Lebensgestaltung entspricht der Prozeß der Individualisierung des Menschen, bei dem sich der einzelne Mensch seines Ichs und seiner Eigenständigkeit bewußt wird. Diese Entwicklung, geschichtlich schon lange im Gang, wird durch Wirtschaft und Technik, durch Wissen und Bildung und durch die heutigen Lebens- und Arbeitsbedingungen sprunghaft gefördert. — Ein solcher Prozeß, der dem Individuum sehr hohe (Aus-)Wahlfreiheit gebracht hat, schwächt natürlich die Bindungskraft der früheren Sozialformen von Familie, Staat, Berufsleben, aber auch von Parteien, Gewerkschaften und anderen Vereinigungen. Wie schon dargestellt, sind von diesem Prozeß die Kirche und das Verhalten ihrer Mitglieder gegenüber der Lehre und Disziplin betroffen. Die Bindung unterliegt viel mehr der persönlichen Entscheidung und der Motivierungskraft. Dadurch sind auch weltanschauliche Orientierungen dem Subjekt zugemutet, das zwar den gesellschaftlichen Pluralismus als Ausdruck persönlicher Freiheit empfindet, andererseits den schwierigeren weltanschaulichen Pluralismus als gesellschaftlich-kulturelle Wirklichkeit nur schwer aushält.[49] Eine Gesellschaft, die sich durch Spezialisierung und Autonomie ihrer Teilbereiche wie Wirtschaft, Politik, Bildung usw. auszeichnet, drängt den einzelnen Menschen zur Chance oder in die Verlegenheit, die verschiedenen Daseinsbereiche und Bezugspunkte selber in einen Zusammenhang zu bringen und sich weltanschaulich und auch religiös individuell zurechtzufinden oder eigene Überzeugungen durchzuhalten. Das kann durchaus auch überfordern und zu einem Mangel an Sinnorientierung, zu einer Sinn-Armut führen.
Um eine zu einfache Diagnose zu verhindern und um die Widersprüchlichkeit und Schwierigkeit dieser Situation kurz zu beleuchten, ist nochmals auf die Werte-Problematik zurückzukommen. Wertorientierung und weltanschauliche Fundierung sind ja wesentlich aufeinander bezogen.

(2) Bis vor wenigen Jahren erblickte man im Wertewandel und damit in der Änderung des weltanschaulichen bzw. religiösen Konsenses einen Generationenkonflikt, der durch die rapiden gesellschaftlichen Fortschritte verschärft worden sei; denn bis zu einem gewissen Grad ist es einleuch-

---

[49] Vgl. D. Seeber, Wir brauchen eine neue Wertedebatte, in: Herder Korrespondenz 42 (1988) 55.

tend, daß ärmliche Lebensverhältnisse und kärgliches Auskommen zu materiellen und stabilisierenden Wertvortstellungen führen, während Überfluß und unbekümmerter Konsum eher postmateriellen Werten Gewicht verleihen. Nachdem die traditionell eher männlichen Werte wie Disziplin, Gehorsam, Fleiß, Karriere, Sicherheit, Eigentum, Arbeit, Wachstum und die den Frauen zugedachten „Werte" wie Einordnung, Duldsamkeit, Gemüthaftigkeit, Dienstbereitschaft usw. lange Zeit akzeptiert waren, sind es seit Anfang der achtziger Jahre nun eher Wertsetzungen wie Vertrauen, Solidarität, Mitsprache, Lebensqualität, Schutz von Natur und Umwelt sowie Selbstverwirklichung. Von daher wird es in der Blickrichtung der zeitlichen Vertikale verständlich, daß insbesondere bei der jüngeren Generation nicht zuerst Ruhe und Ordnung, Verteidigung der Schweiz, wirtschaftlicher Fortschritt usw. bestimmend sind, sondern eher Aktionen gegen die Atomenergie, für Frieden und Abrüstung, für die Besserstellung der Alleinerziehenden, für die Rechtsgleichheit von Mann und Frau usw. Ein generationenspezifischer Wertewandel scheint aber eine zu einfache Erklärung zu sein für die disparate Fülle an widersprüchlichen Tendenzen bei einer horizontalen Betrachtungsweise. „Seit 1985 entdecken aufmerksame Beobachter der jungen Generation in den westlichen Industrieländern wiederum Neues. Manche sprechen von einem ‚Wertwandel des Wertwandels', andere von psychosozialer Orientierungsschwäche."[50] — Man spricht aufgrund von eingehenden Studien von einer Wertvermischung. „Das Erscheinungsbild wird dabei von jungen Menschen bestimmt, die einerseits nach allen Regeln der Kunst konsumieren und so die Erwachsenengesellschaft wiederholen, andererseits aber auch ausdrückliche Sympathie mit alternativen, ja asketischen Lebensmodellen äußern, den Ausstieg aus der Atomenergie mit Nachdruck fordern, die Abschaffung der Armee propagieren und als Höchstwerte eine gesunde Natur und den Ausstieg aus der Wohlstandsgesellschaft nennen."[51] — Schwer erklärbar bleibt, wie die Jugendlichen und nicht wenige Erwachsene mit diesen Sinn- und Wertwidersprüchen umgehen und sie scheinbar harmonisieren, wie z.B. Friedensbereitschaft und Gewaltfähigkeit, Selbstverwirklichung und Selbstentfremdung, Machbarkeitspathos und Fatalismus, Verzicht auf militärische und wirtschaftliche Sicherheit und soziale Absicherung durch Stipendien und Familie, Aussteigen aus dem bürgerlichen Milieu und Einsteigen in eine Gruppe oder Clique . . .

(3) In dieser Gegensätzlichkeit der gesellschaftlichen Tendenzen und Widersprüchlichkeit der Wertvorstellungen und Lebensziele sind die einzel-

---

[50] K. Wegenast, Jugend 1990 zwischen Anpassung und Wertewandel, in: Thema. Forschung und Wissenschaft an den Schweizer Hochschulen, Nr. 10/November 1990, 8.
[51] Ebd.

nen Menschen — wie schon gesagt — überfordert und oft hilflos. Es stellt sich die Frage nach einem ganzheitlichen Sinn inmitten all der Versatzstücke von Lebensweisheiten, Erfahrungen, Werten und Ideologien sowie Sehnsüchten und Interessen. Man spricht von einer Renaissance der Religion und von der Sehnsucht nach einem weniger zersplitterten Menschen- und Weltbild.[52] Es ist in der Tat nicht egal, ob man sich nur vom praktischen Nutzen des Tuns steuern läßt oder seine durchaus auch zweckorientierte Lebensgestaltung für die Fragen nach dem Sinn des Handelns und des Daseins offenhält. Die Frage ist, wo Orientierung und Antwortversuche geholt werden. Wer führt oder eröffnet darüber den Diskurs? Vielleicht die Politiker in unserem Land oder die Parteien? Oder ist dabei an Interessengruppen, an Schriftsteller und Schriftstellerinnen, an Bewegungen oder gar an unser zerklüftetes Bildungssystem zu denken? Oder sind bei der philosophischen Ethik oder politischen Philosophie Wegspuren zu einer befriedigenden Antwort zu suchen? Aber verweist die Philosophie nicht allzuleicht, wenn konkrete Fragen auftauchen, wieder an die einzelnen Fachwissenschaften? Und die empirischen Gesellschaftswissenschaften? Von ihnen ist indes wohl nur dann Hilfe zu gewärtigen, wenn sie von einem abstrakten Sockel der Supertheorien zu den unmittelbaren Nöten und Herausforderungen herabsteigen.

Etwa die Kirchen? — Auch wenn sie in keiner so schlechten Position zu sein scheinen[53], so steckt die katholische Kirche Schweiz immer noch in ihrer Erbschaft gefangen und gibt zur Zeit ein solch zerstrittenes Bild ab, daß in der Tat zu fragen ist, ob sie zum Impulsort für suchende und fragende Menschen wird und ob sie sich wirklich in die Prozesse und Auseinandersetzungen um Weltverantwortung sowie ein entsprechendes Welt- und Menschenbild mit angemessener Kompetenz einmischt.

Die Kirche ist bekanntlich nicht ohne Konkurrenz; und es gibt zum Teil durchaus widersprüchliche Trends, die sie bei der Suche der Menschen nach Heimat und ganzheitlichem Lebenssinn beerben möchten. Reagiert die Kirche darauf resigniert, hilflos und bloß defensiv? Nachdenklich stimmt die Diagnose von Clodovis Boff, der von einer Krise der geschichtlichen Erwartung in Europa spricht: „Es fehlt an der Hoffnung. In der europäischen Kirche gibt es vielleicht Glaube und Liebe, aber keine Hoffnung . . .“ Der Europäer „kann wirklich alles bis zum Überfluß haben, aber bleibt vielleicht gerade deswegen unzufrieden, mißtrauisch und enttäuscht. Es fehlt ihm das, wovon unser Volk überfließt, auch wenn es in Lumpen geht, zahnlos, analphabetisch, unterernährt und schlecht untergebracht ist: die Hoffnung. Eine Hoffnung, die man in der Lebendigkeit der Gesichter wahrnimmt, in der Frische des Glücks, in der Intensität der

---

[52] U. Ruh, a.a.O., 555.

[53] Vgl. dazu D. Seeber, a.a.O., 56.

Worte und der menschlichen Beziehungen und schließlich vor allem in der Freude am Leben."[54] Offenbar kann man diese skeptische Stimmung an unseren Augen und an unseren kalt wirkenden „Masken" ablesen. Und wenn ich durch die Straßen Zürichs gehe — und nicht nur dort — drängt sich mir dieses Wort von C. Boff in den Sinn.

(4) In dieser Situation ist eine religiöse Form, die gewachsene Kompliziertheit der Realitäten zu überleben, die Reduktion des Komplexen durch Vereinfachungen im Fundamentalismus oder Traditionalismus. Man paßt sich an die pluralistische Situation an, indem das zugesonnene komplexe Denken auf einen Ansatz und auf wenige Prinzipien (fundamentale Sätze) reduziert wird. Daß dadurch Gesprächsfähigkeit und Toleranz beeinträchtigt werden, liegt auf der Hand. Oder man sucht die Anlehnung und die schützenden Unterstände in Cliquen, Gesinnungsgemeinschaften, weil man der bergenden Heimat bedarf. Diese Anlehnung und Sicherheitssuche in Grund-Sätzen, bei Autoritäten oder in verblichenen Traditionen ist in letzter Konsequenz das Modell des Rückzugs, religiöse Sicherheitspolitik mit zum Teil intoleranten Methoden, aber keine Stärkung solidarischer Hoffnungspraxis in der Spannung zwischen Evangelium und heutigen Fragestellungen und Herausforderungen.
Sind hier nicht Christinnen und Christen trotz der Mühsal, Brücken des Verständnisses und der Toleranz zu bauen, aufgerufen, die befreiende Botschaft Jesu gegen alle aus- und absondernden (häretischen) Vereinfachungen und Reduktionen ins Spiel zu bringen und auf die praktischen Solidaritätsschritte in der Nachfolge Jesu zu drängen? Denn es ist durchaus nicht vermessen zu fragen, ob all die traditionalistischen und formalistischen Verhärtungen und die fundamentalistische Starrheit nicht doch letztlich praktische Formen des Unglaubens sind, weil das Vertrauen nicht in den immer noch größeren Gott Jesu gesetzt wird, sondern in seine Stellvertreter und in Hilfsmittel und Wege zum Glauben.
Die diesbezügliche Situation in der Schweiz ist schwer einzuschätzen. Die Bewegung um Erzbischof Lefèbvre und die traditionalistischen wie fundamentalistischen Tendenzen artikulieren sich vorwiegend in aggressiven Gruppierungen und Presseorganen. Aber wenn auch ihre Militanz und Lautstärke offenkundig zunehmen, so scheint mir ihr Rückhalt beim gesamten Kirchenvolk doch nicht so stark zu sein. Zum Teil nützen sie die durch die Bischofsernennung in Chur ausgelöste Unruhe und fühlen sich durch die kirchenamtlichen Weichenstellungen unter dem gegenwärtigen Pontifikat bestärkt, obwohl selbst der Papst, Kardinal Ratzinger und deut-

[54] C. Boff, Winter und Aufbruch in der Kirche Europas, in: N. Greinacher/C. Boff, Umkehr und Neubeginn. Der Nord-Süd-Konflikt als Herausforderung an die Theologie und die Kirche Europas (Freiburg Schweiz 1986) 52.

sche Bischöfe Ziele ihrer intellektuell unappetitlichen Angriffe sind (z.B. SAKA).

Ihr kulturchristliches Gegenüber in der Form eines ethisch bekümmerten Christentums oder einer helvetischen „Zivilreligion“ ist zwar nicht militant, aber in der Breite der christlichen Bevölkerung sozusagen heimisch. Was ist damit gemeint? Es ist ebenfalls ein Anpassungsmechanismus an die veränderte und im Detail unübersehbar pluralistische Situation in unserer Gesellschaft. Auch wenn die Kirchen die „Hauptlieferanten“ für die schweizerische Bevölkerung im Bereiche Religion sind und vielleicht auch bleiben, so ist anstelle der früher geschlossenen Kirchlichkeit ein auswählendes Verhalten der einzelnen Kirchenmitglieder getreten. Man wählt aus dem christlichen Traditionsgut aus, mischt es mit esoterischen Elementen (z.B. Reinkarnation) und humanitären Werten, je nachdem, was ins Lebenskonzept und in die Lebenspraxis hineinpaßt. Auch religiöse Identität ist in die Hände und ins Herz des Individuums gelegt und nicht mehr kirchlich so abgesichert wie früher. Man mag das nun als „religiöse Menükarte“ zur Auswahl oder als subjektiven Synkretismus bedauern oder nicht; auch religiöse Identität ist in einer weltanschaulich pluralistischen Gesellschaft nun einmal individuell zu wagen und zu ertragen.

(5) Auch auf schweizerischem Boden finden wir als eine solche Form kulturchristlichen Denkens Elemente einer Zivilreligion vor. Gemeint ist damit eine bürgerliche und staatliche Verzweckung des Christentums als ethische Stütze, als Legitimations- und Kulturlieferant, aber ohne den „gefährlichen“ prophetischen Bezug zur Botschaft Jesu und ihrem kritischen Potential. Gesellschaftliche und staatliche Werte erscheinen tabuisiert und nicht diskutierbar, sie haben schier unfehlbare Geltung. Die Kirchen sollen sie ja nicht in Frage stellen, höchstens dazu ihren Segen geben. Dabei ist zu denken an einige Formen religiöser Selbstverwirklichung und esoterischer Praxis, die die Erfüllung ihrer religiösen Bedürfnisse erlebnismäßig in möglichst dichten Erfahrungen (Esoterik, Kunst, Naturerleben ...) empfinden und spüren wollen. Man gebraucht Religion, weil man sie braucht. — Im schweizerischen Kontext sind Stichworte wie Armee, Neutralität, Bankengeheimnis zu nennen, die trotz der kritischer werdenden Stimmen für viele noch den Rang glaubensähnlicher Prinzipien innehaben und Teile unseres Sicherheits-Vertrauens ausmachen. — Demgegenüber haben Christen und Christinnen einen unersetzbaren Beitrag zu leisten, indem sie in der schweizerischen Gesellschaft alle quasi-religiösen Selbstüberhöhungen und pseudoreligiösen Ersatzrituale in der modernen Gesellschaft in die Krise führen.[55] Auch in diesem Sinn können sie gar nicht

[55] K. Koch, Bund Gottes — Helvetischer Bund, in: B. Gemperle (Hrsg.), Der Bund der Eid-Genossen (Luzern 1990) 215ff.

anders als ur-politisch sein. Denn der Gott Jesu „ist ja nicht der allgemeinste Nenner für unser Staatswesen, der uns harmlos in Ruhe läßt. Er ist auch nicht mißbrauchbar für eine Zivilreligion, die Gott als Formel für feierliche Anlässe in Dienst nimmt."[56]

Diese kulturchristliche Religiosität hat nun im helvetischen Alltag eine breite an humanen Werten orientierte ethische Abstützung. Es ist schon mehrfach darauf hingewiesen worden, daß viele moderne „Tugenden" oder ethische Ideale wie Toleranz, Rechtsgleichheit, Menschenrechte usw. zwar zutiefst dem christlichen Ethos entsprechen, sich aber oft gegen den Widerstand der Kirche durchgesetzt haben, vor allem, wenn man an die neuzeitliche Freiheitsgeschichte („Moderne") erinnert. So vermischen sich Elemente religiöser Selbstgestaltung durchaus mit ethischen Positionen, die auch gesellschaftlich anerkannt sind und oft mit nur geringem Kirchenbezug akzeptiert werden. „Es wird ein Christentum gelebt und gesellschaftlich ‚umgesetzt' ohne rechten Transzendenzbezug — der Glaube an einen Gott, der sich als Herkunft und Heimkehr aller Kreatur in Schöpfung und Menschwerdung personal mitteilt und so zur Bezugswirklichkeit aller Wirklichkeit und zum Maßstab allen menschlichen Handelns wird, ist völlig verblaßt."[57] Gott verdunstet als ferner Horizont der Realität, während Jesus noch als Idealbild und als Vorbild, als Verkörperung von Menschenrechten und als Leitfigur für soziale Sensibilität durchaus in Anspruch genommen wird. Religiosität wird zum ethischen Gerippe verdünnt, was einer inneren Aushöhlung gleichkommt. Verliert das Christentum gleichsam seine „naturalen" Vor-Bedingungen, die Voraussetzungen? Aber auch Jesus verschwindet. Weihnachten „läuft" inzwischen auch ganz gut ohne ihn. Bei Taufgesprächen fällt auf, daß ein immer größerer Teil der Menschen sehr wenig über Jesus sagen kann. Kinder besuchen den Religionsunterricht ... und kennen das Kreuzzeichen nicht mehr. Erstkommunion-Unterricht sieht sich der Tatsache ausgesetzt, daß selbst das „Vater unser" kein Begriff mehr ist. Die Menschen werden allem Anschein nach von der unübersichtlichen Wirklichkeit so in Anspruch genommen oder sogar von ihr überschwemmt und das Leben ist so interessant und „stressig", daß die Beschäftigung mit Jesus in den Hintergrund tritt. Und verdeckt nicht auch die bürokratische und konfliktbeladene Institution Kirche einen Zugang zu Jesus Christus?

So ergibt sich eine fatale Zirkelbewegung, aus der nicht leicht auszubrechen ist. „Je mehr Gott zu einer fernen Abstraktion verkümmert, um so selbstverständlicher wird Christentum zu gesellschaftlichen Zwecken konsumiert: der Kult zur Formulierung sozialen Protests oder zu folkloristischer Ausgestaltung von Geselligkeit ..., die Verkündigung als Lebenshil-

---

[56] L. Karrer, Freiheit zum Frieden, 73.

[57] D. Seeber, Zurück an die Wurzeln, in: Herder Korrespondenz 43 (1989) 1f.

fe, die amtskirchlichen Strukturen als in die Gesellschaft hinein vermittelte Wertagenturen, die christliche Caritas als konkurrierende Dienstleistung im Wohlfahrtswesen neben Rotem Kreuz und diversen Bürgerinitiativen."[58]

Was sich trotz all der kirchlichen Provenienz und der Nähe zu christlichen Glaubenselementen an dieser christentümlichen Religiosität oder Sinn-Antwort als Herausforderung an die Christen und Christinnen bzw. an ihre Kirchen entpuppt, ist der verdunstende Bezug zu den Quellen des Glaubens und letztlich eine höchstens noch abstrakte Gottesbeziehung.

(6) Entgegen dem alltäglichen Augenschein ist Religion aber doch auch gefragt. C. F. von Weizsäcker äußerte sich in einem Interview unmißverständlich: „Ich habe keinen wirklich großen Naturwissenschafter gekannt, der nicht tief fromm gewesen wäre. Die Auffassung, daß die Religion durch die Wissenschaft zu ersetzen sei, stammt von Propagandisten, die keine großen Forscher sind. Nach einem jahrhundertealten Streit zwischen überholten Meinungen der Kirche und der unreifen Meinung der Wissenschaft besinnt man sich jetzt mit Recht wieder der religiösen Werte ..."[59]

Aber die kirchlich-religiöse Landschaft in der Schweiz ist so vielfältig, uneben und widersprüchlich wie die geographische. Auch dies ist zu bedenken. Seit etwa zehn Jahren haben soziologische und statistische Erhebungen zunehmend versucht, Licht in das kirchliche und religiöse Innenleben der Schweizer und Schweizerinnen zu bringen. Mit Zahlen konnte man nun schon längst gemachte Beobachtungen erhärten, auch wenn die statistischen Unterlagen für eine präzise Interpretation oft sehr sperrig sind. Eine Repräsentativ-Umfrage in der deutschen und französischen Schweiz (720 Personen), die 1980 als Nachanalyse der Abstimmung über die Initiative „Trennung von Kirche und Staat" durchgeführt worden ist, hat deutlich gemacht, daß zwischen Kirchenmitgliedschaft und Gläubigkeit sehr wohl zu unterscheiden ist. Damals gaben 55,6 % der befragten Katholiken eine echte Überzeugung für ihre Mitgliedschaft an, während 43,2 % der Antwortvorgabe zustimmten, aus Tradition dabeizusein oder „weil sie nun einfach dabei sind". Auf die Frage, warum sie dann nicht aus der Kirche austreten, meinten 27,4 %, daß ein solcher Austritt nur dann sinnvoll sei, wenn sie überzeugt wären, daß es keinen Gott gibt.[60] Wurde von dieser

[58] Ebd., 2; R. Weibel, Verhältnis zur Kirche, in: Junge Eltern reden über Religion und Kirche, hrsg. v. SPI (Zürich 1986) 48f; M. Krüggeler, Das Kirchenbild der jungen Eltern, in: Religiöse Lebenswelt junger Eltern, hrsg. v. SPI (Zürich 1989) 246ff.

[59] Carl Friedrich von Weizsäcker über neue Religiosität und moderne Wissenschaft, in: Vaterland v. 3. Mai 1988, 14.

[60] Schweiz. Pastoralsoziologisches Institut SPI, Kirchenstatistische Hefte 4: Bindung an die Kirche (St. Gallen 1981) 11.

Untersuchung kaum Notiz genommen, so haben die gründlichen mündlichen[61] und schriftlichen[62] Befragungen, die vom Pastoralsoziologischen Institut in St. Gallen Mitte der achtziger Jahre durchgeführt wurden, viele und extrem betroffene Echos ausgelöst. Das Studium der sich widerstreitenden Kommentare und Reaktionen könnte selbst zu interessanten Interpretationen Anlaß geben. Auf der einen Seite schließt man von den hohen Erwartungen an die Kirche auf deren hohen Stellenwert; auf der anderen Seite zeigten sich viele Kommentatoren äußerst befremdet über die alarmierende Bilanz des scheinbaren Abseits von Religion und Kirche im schweizerischen Alltag. Bei der schwachen Identifikation mit der Kirche trotz hoher Erwartungen in religiöser Hinsicht (z.B. religiöse Erziehung der Kinder) und angesichts der sprachlichen Verlegenheit der befragten Altersgruppe gegenüber dem, was wir „Gott" nennen, ist offenbar geworden, wie weit die Lebenswelt der Menschen und ihr heutiges Weltbild in Distanz zur Kirche und zu der von der Kirche verkündeten Botschaft und Moral stehen. Zudem wurde deutlich, wie die persönliche Erfahrung in und mit Kirche Voraussetzung ist für ein „positives Image", während Distanz eine immer schwieriger zu korrigierende Kritik verstärkt: „Je negativer das Image, desto geringer wird die Bereitschaft, mit der Kirche in Kontakt zu treten, desto seltener werden aber auch die Gelegenheiten, das einmal bestehende Bild zu ändern."[63] — Diese Ergebnisse und nicht zuletzt der Wortlaut der Gespräche mit den jungen Eltern haben eine meines Erachtens notwendige Erschütterung eines Bildes von Wirklichkeit erbracht, die es so nicht mehr gibt. Es stellte sich ernüchternd die Frage, wie es denn um die Zukunft der Kirche in unserem Land bestellt sei, wenn die kirchlichen Bindungen vor allem der jungen Generation und der erziehenden jungen Eltern so schwankend geworden sind und sich vermutlich noch weiter labilisieren. Die Weitergabe des Glaubens an die künftige Generation schien plötzlich alles andere als gesichert. Und dieser Bewußtseins-Stoß als Konfrontation mit betroffen machenden Analysen von Realitäten war vielleicht auch nötig, um aufzuwecken und pastorale Phantasie anzuregen.[64]

Dabei ist nicht zu übersehen, daß das Interesse der Menschen an Religion und die Suche nach religiöser Erfahrung nicht gleichbedeutend mit statistisch erfaßbarer Kirchenpraxis und mit dem Image der Kirche sind. Auch die von vielen diagnostizierte religiöse Renaissance ist ja nicht automatisch eine Bewegung, die den Kirchen zu Buche schlägt. Von mangeln-

---

[61] Junge Eltern reden über Religion und Kirche (Zürich 1986).

[62] Religiöse Lebenswelt junger Eltern (Zürich 1989).

[63] P. Voll, Junge Eltern und ihr Verhältnis zur Kirche, in: Schweiz. Kirchenzeitung 157 (1989) 636.

[64] L. Brun-Bissegger, ... Als Anfragen an Pastoral und Erwachsenenbildung, in: Schweiz. Kirchenzeitung 157 (1989) 638—640.

der Kirchlichkeit unversehens auf Desinteresse an Religion oder Sinnsuche zu schließen, könnte allzuleicht viele Sehnsüchte und Suchbewegungen von Menschen diffamieren; sie sind vielleicht hilflos, sich religiös auszudrücken, weil Religion etwas Privates und Verstecktes (Tabu) geworden ist; andere empfinden aber auch wieder eine Art Diskretion gegenüber dem, was sich für sie mit Gott und mit Religion verbindet.
Daß solche Befunde schweizerischer Umfragen hintergründig viel differenzierter sind, als sie sich vordergründig erfassen lassen, zeigt eine gründliche Untersuchung über den Glauben und die religiöse Praxis der Schweizer, die 1988/89 durchgeführt worden ist und deren Ergebnisse für die Selbstwahrnehmung der Kirchen und für pastorales Handeln wichtig sein werden. Das Forschungsprojekt des Pastoralsoziologischen Instituts in St. Gallen (SPI) und des Institut d'Ethique sociale in Lausanne (IES) heißt: „Konfessionelle Pluralität, religiöse Diffusion und kulturelle Identität in der Schweiz". Schlagzeilen machte der Bericht des Magazins „L'Hebdo" vom 12. April 1990 unter dem Titel: „Dieu se porte bien" (Dem lieben Gott geht es gut bei den Schweizern). — Von den 1873 interviewten Personen zählten sich 93,2 Prozent zu einer der Landeskirchen oder zu einer anderen christlichen Gemeinschaft (47 % Katholiken, 42 % Evangel.-Reformierte, 4 % Christkatholische und andere christliche Gemeinschaften). Immerhin geben 33 Prozent an, daß sie mindestens monatlich regelmäßig den Gottesdienst besuchten. Nach Paul Jeannerat[65] scheint sich eine Vermutung zu bestätigen: Nicht mehr die Konfession, sondern die im regelmäßigen oder seltenen Kirchenbesuch dokumentierte Nähe zur, respektive Ferne von der Kirche unterscheidet die Christen und Christinnen voneinander. Bezüglich Weltanschauung oder in Fragen der Lebensgestaltung sind die „Aktiven" in den christlichen Kirchen trotz institutionell-konfessioneller Grenzen einander näher als die Nichtkirchgänger.
So ist die Frage zu stellen, ob sich die Kirchgänger zu einer „ökumenischen Sondergesellschaft" der Aktiven-Kirche zusammenfänden in praktischer Distanz zu den eher passiven, aber immerhin sich noch dazuzählenden Kirchengliedern aller Konfessionen.[66] Ob das nun der Schleichweg von der Volkskirche zur Sekten-Kirche wäre, bleibe dahingestellt. Deutlich scheint sich mir aber im Blick auf die Herausforderung an die Christen und Christinnen bzw. an die Kirchen ein pastorales Kriterium herauszuschälen, das sich schon bei der 1984 durchgeführten Umfrage „Junge Eltern reden über Religion und Kirche" zeigte: Der pastorale Weg der Kirche und die Pflege einer christlichen Glaubenshaltung geht nicht über eine anonyme institutionelle oder rituelle Erfassung (Taufe) oder formale

[65] P. Jeannerat, Religion bleibt wichtig, in: Sonntag 71 (1990) Nr. 1, 18.
[66] Ebd., 19.

Zugehörigkeit, sondern über Kommunikationswege, die die einzelnen Menschen erreichen und sie kommen lassen.
Die Untersuchung belegt, daß die Frage nach Gott und nach den „christlichen Grundwahrheiten" nicht ohne Motivationsbereitschaft ist und die Menschen nicht kalt läßt. Daß eine große Zahl von ihnen viel eher bei anderen als der christlichen Weltanschauung Lebenshilfe sucht, etwa bei Astrologen und Hellsehern oder bei der Meinung, daß „Heilige Steine die Wahrheit sagen" usw., ist wohl eher ein plakatives Gerücht. Von den regelmäßigen Kirchgängern geben 97 Prozent an, an Gott zu glauben, der sich in Jesus Christus zu erkennen gegeben hat, während es bei den nur gelegentlichen Kirchgängern 79 Prozent sind und bei den anderen Kirchenmitgliedern 49 Prozent.
Natürlich wird auch offensichtlich, wie verschiedene religiöse und humanistische, aber religiös aufgeladenen Phänomene sich vermischen, ohne daß sie sich im einzelnen in ein Gemeinsames verschmelzen (Synkretismus). So bestätigt diese großangelegte Untersuchung schon Bekanntes, z.B. daß über ein Viertel der Kirchgänger durchaus der Idee der Reinkarnation zustimmt. Unsicherheit besteht allgemein auch darin, wie der christliche Gott von einer höheren Macht im Kreislauf der Natur zu unterscheiden sei usw.
Wenn Kommentatoren über den Glaubensschwund oder die Diffusion des Gottesbildes erschüttert sind, dann liegt nach meiner Überzeugung eine mögliche Täuschung über die Vergangenheit und die „gute alte Zeit" vor. Es ist nicht ausgemacht, daß solche Umfragen in früheren Zeiten ein wesentlich anderes Ergebnis erbracht hätten, außer daß die Menschen vermutlich klarer die Lehre und formulierten Katechismus-Antworten wiedergegeben hätten; ob aber die Vorstellungen über Gott und religiöse Inhalte auch viel besser verstanden worden sind als heute, das wäre doch wohl erst nachzuweisen.
Für viele Schweizer und Schweizerinnen bestätigen die Umfragen, daß die Kirchen eine wichtige sinnstiftende Funktion in der Gesellschaft erfüllen. Religiöse Traditionen werden als wichtig angesehen für Entscheidungen in ökologischen Fragen sowie für das Engagement zugunsten der Randständigen der Gesellschaft. — Deutlich wird auch, daß zwischen Glauben an Gott und persönlichem Christsein einerseits und aktiver Kirchenmitgliedschaft andererseits sehr deutlich unterschieden wird. Gleichwohl erklären 85 % der Katholiken und gar 95 % der Reformierten die Kirche als eine Gemeinschaft, die für sie notwendig sei.[67] Man rechnet sich somit als zur Kirche gehörig, auch wenn man seinen individuellen Weg als Christ geht und nur gelegentlich ihre Nähe sucht. Die pastorale Frage ist dabei nur, wie es um die Kirche in Zukunft bestellt sein kann, wenn nur noch

---

[67] Ebd., 21ff.

ein kleinerer Prozentsatz eine regelmäßige Beziehung zu ihr pflegt und 50 Prozent der Katholiken sowie 32 Prozent Reformierte der Meinung zuneigen, daß sie auch ohne Kirche Christen und Christinnen sein könnten. Diese Schere ist pastoral aufzuarbeiten und zu bedenken. Der Kirche muß es demnach gelingen, ein Ort von erfahrbarer Gemeinschaft und persönlicher Begegnung zu sein, um eine innere Verbundenheit ihr gegenüber zu erzeugen. Ihr Dilemma besteht darin, daß sie einerseits die eigene Position und die Botschaft Jesu in einer komplexen und differenzierten Welt vertreten soll und andererseits sich den gesellschaftlichen Bedingungen anpassen und dort ihre notwendigen Ressourcen sichern muß, um den christlichen Glauben an den mit den Menschen solidarischen Gott an die künftigen Generationen weiterzugeben.
Dieses Kapitel abschließend und diese Tour d'horizon der genannten Herausforderungen bedenkend — und mehr als eine hilflose Skizzierung ist es ja nicht —, muß jeder und jede von uns Christen seelisch ins Schwitzen geraten, wenn wir beobachten, wie sehr wir uns in der Kirche mit höchst zweitrangigen Sorgen um die kirchliche Innenarchitektur verausgaben. Dabei verschleudern wir die Kräfte des Verstandes, des Herzens, der Hände und Füße, die doch für Hoffnungsschritte in der Welt der Menschen geschenkt sind. Aber die Sendung der Kirche(n) in der Schweiz — sozusagen der Auftrag — ist markiert. Wie kann die katholische Kirche diesem Auftrag entsprechen?

Dritter Teil

Brücken in die Zukunft einer solidarischen Kirche in einer Zeit des Umbruchs und gegenläufiger Strömungen

Skizzen für das Handeln der Christen und Christinnen hierzulande

Ausgehend von der geschichtlich gewachsenen Situation der Kirche Schweiz und auf der Basis der spannungsreichen Dienstanweisungen (Aufgabe) an die Christinnen und Christen dieses Landes ist nun nach möglichen Wegen in die Zukunft und nach Impulsen für das Handeln zu fragen und zu suchen.

Dabei dürfen keine Patentlösungen oder gar ein umfassendes Pastoralkonzept erwartet werden. Wohl ist es nötig, für das praktische Vorgehen einige konkrete Überlegungen unter dem Leitmotiv einer solidarischen Kirche Schweiz zu wagen, auch wenn es sich dabei nur um die Skizzierung von Elementen einer Spurensuche handeln mag. Leitlinien und Handlungsorientierungen sind bei den folgenden Überlegungen die im Kapitel über die theologischen Vergewisserungen erörterten Grundgesten des Volkes Gottes in der Nachfolge Jesu (S. 91—97) und die Zukunftsperspektiven im Wandel der Kirche (S. 97—103).

VI.
Wie kann die Kirche in der schweizerischen Gesellschaft kritisch-prophetisch präsent sein?

Kritisch-prophetische Präsenz meint das Wagnis, im Schnittpunkt zwischen der Botschaft Jesu und der gesellschaftlichen Situation die christliche Hoffnungs-Dimension — gelegen oder ungelegen — einzubringen. Die Kirche spielt dabei die Rolle eines Instrumentes, indem sie die befreiende Kunde von einem den Menschen bejahenden und liebenden Gott zu den Menschen trägt, aber Solidarität und Hoffnungsschritte im persönlichen und gesellschaftlichen Leben in kritischer Distanz gegenüber allen Vereinnahmungstendenzen und Ideologien anmahnt und Defizite klar benennt.

1. Denkbare Szenarios für die Religion in der künftigen Gesellschaft

Mit dem aus der Theatersprache stammenden „Szenario“ sind natürlich keine prophetischen Voraussagen gemeint. Es geht vielmehr darum, Zukunftsmöglichkeiten zu erkunden, die von Prozessen ausgehen und eine plausible Weiterentwicklung vortragen. Plötzliche Umbrüche in der gesellschaftlichen Entwicklung können ja selten klar prognostiziert werden, wie uns vor allem die gewaltlosen Revolutionen in den östlichen Ländern im Jahre 1989 klar vor Augen geführt haben. Mancher Futurologe konnte von vorne beginnen.
Aber Szenarios können unseren Blick für wahrscheinliche Entwicklungsmöglichkeiten schärfen. Wie es um Religion in unserer schweizerischen bzw. mitteleuropäischen Gesellschaft künftighin bestellt sein könnte, hat G. Schmidtchen auf der Basis eingehender Studien und Untersuchungen ausgemalt. Er unterscheidet vier Szenarien, in denen Trendbeobachtungen als Grundlage für entsprechende Zukunftsvermutungen genommen werden.[1] Das Teilnahmeverhalten am kirchlichen Leben in einer pluralistischen Gesellschaft sei immer wieder unregelmäßigen Schwankungen un-

[1] G. Schmidtchen, Was den Deutschen heilig ist (München 1979) 194—200; s. auch N. Mette—M. Blasberg-Kuhnke, Kirche auf dem Weg ins Jahr 2000 (Düsseldorf 1986) 176ff; vgl. auch P. M. Zulehner, Pastoraltheologie 4: Pastorale Futurologie (Düsseldorf 1990) 16ff.

terworfen. Von daher nimmt G. Schmidtchen an, daß kaum mit einem Bedeutungsverlust institutionalisierter Religion bis gegen Null zu rechnen sei[2], wie die Säkularisierungsthese dies nahegelegt habe. Da die religiösen Probleme und Fragen — obwohl vielfach kirchlich unbehaust — bleiben, sind folgende Wege zu charakterisieren:

Szenario 1: Die Kirche wird zu einer privaten Organisation.
Schon Ende der sechziger Jahre haben die Kirchenthesen der Jungliberalen in der Bundesrepublik den Gedanken lanciert, Staat und Kirche zu trennen. Mit der für die Schweiz nicht unüblichen zeitlichen Verzögerung entfachte bei uns die 1976 eingereichte Volksinitiative zur vollständigen Trennung von Kirche und Staat eine entsprechende Diskussion, die in der Abstimmung am 2. März 1980 mit ca. 80 % verwerfenden und ca. 20 % bejahenden Stimmen entschieden wurde.
Schon am 4. Dezember 1978 hatte die Zürcher Bevölkerung eine gleichlautende Volksinitiative — für viele unerwartet stark — verworfen.[3] Neben ausgesprochenen Kirchengegnern, die einen völligen Kahlschlag bei den rechtlichen Beziehungen von Staat und Kirche verlangten[4], gab es mit Berufung auf das Evangelium durchaus auch theologische Überlegungen von einer Kirche Christi, die frei und total unabhängig ist von finanziellen Verflechtungen und normierten Hörigkeiten.[5]
Das politische Hauptargument war indes das durch die Säkularisierung provozierte „Dogma", daß Religion Privatsache sei und in einer durch wissenschaftliche und technische Rationalität geprägten Welt nur dafür dasei, das individualisierte religiöse Anliegen zu kultivieren.[6]
Nach Schmidtchen würde genau das Gegenteil von dem eintreten, was die Befürworter der radikalen Trennung von Kirche und Staat im Auge gehabt haben, nämlich die Stärkung der Kirche.[7] Die Institution Kirche müßte sich im sozialen Umfeld verankern und sich auf die aktiveren Gemeindemitglieder stützen sowie auf jene, die weiterhin der Kirche angehören wollen. Religiöse Gruppenmotive könnten dazu tendieren, durchaus Sozialstrukturen nach innen zu bevorzugen, die eine binnenkirchliche Straffung und damit vermutlich die Einschränkung der Erlebnis- und Ex-

---

[2] G. Schmidtchen, a.a.O., 195.

[3] Th. Braendle, Trennung von Kirche und Staat, in: Schweiz. Kirchenzeitung 148 (1980) 11.

[4] Vgl. Sozialistisches Komitee für Trennung von Staat und Kirche, Zürich, 6. August 1979; vgl. auch R. Weibel, Trennung von Kirche und Staat?, in: Schweiz. Kirchenzeitung 148 (1980) 10.

[5] Darauf werden wir im Zusammenhang mit den staatskirchlichen Strukturen zurückkommen; vgl. auch: Arbeitsgemeinschaft christlicher Kirchen in der Schweiz, Kirche — Staat im Wandel (Zürich 1974).

[6] Vgl. Th. Braendle, a.a.O., 109.

[7] G. Schmidtchen, a.a.O., 195f.

perimentierfreudigkeit und eines theologischen Pluralismus forcieren (vgl. die Bewegung um M. Lefèbvre). Damit wächst das Konfliktpotential nach außen auf das gesellschaftliche Umfeld hin. Ob dann die Kirche nicht zu sehr in die Defensive einer aggressiv wirkenden gesellschaftlichen Minderheit gerät, was ja nicht schon mit der unverbrüchlichen Treue zur Botschaft Jesu gleichgesetzt werden darf?
Im Hinblick auf die künftige gesellschaftliche Entwicklung wird man ein solches Szenario nicht ausschließen können. Das heißt nicht, daß es die einzige erstrebenswerte Alternative sein muß. — Aber es ist schon zu fragen, ob die geschlossene (klerikal gelenkte) kirchliche Praxis und die allgemeine christliche Orientierung in der italienisch und französisch sprechenden Schweiz nicht enger verknüpft sind als in den deutschsprachigen Landesteilen, weil sich dort unter dem Einfluß der laizistischen Strömungen in Frankreich und Italien die Grenzen zwischen kirchlicher Religiosität und „Frei-Denker-tum" schärfer ausgebildet haben. Der kulturkämpferische Streit um Kruzifixe in den Tessiner Schulstuben, wie er sich bis zum Bundesgerichtsentscheid im Sommer 1990 hingezogen hat, mag dafür Symptom sein.

Szenario 2: Das Verschwinden der Volkskirche.
Des Begriff Volkskirche ist nicht leicht auf einen klaren Nenner zu bringen. Als die Kirche und im Verbund mit ihr der relativ geschlossene Katholizismus eine umfassende weltanschauliche Erklärung für das Dasein boten, gehörte man hergebrachtermaßen dazu. Unkirchlichkeit war in einem Milieu der wechselseitigen Kontrolle doch eher eine gewagte Ausnahme. Diese Volkskirchlichkeit, bei der die Kirche durch die gesellschaftlichen Verhältnisse stabilisiert wurde, ist aus den nun zur Genüge genannten Gründen mehr als gespalten. Einem aktiv praktizierenden Kirchenkern steht das sogenannte nominelle Kirchenvolk gegenüber. Dieses Kirchenvolk praktiziert zum Teil noch eine populare Religiosität, aber nicht im Sinne der kirchlichen Doktrin und Erwartung. Die Tendenz könnte dahin gehen, daß immer größere Teile der Gesellschaft sich bewußtseinsmäßig in der Alltagspraxis von der Kirche abwenden und auf Dauer sogar aus ihr austreten.
Wenn aber im Unterschied zur Säkularisierungsthese, wonach Religion auf die Dauer mehr oder weniger aus dem gesellschaftlichen Leben verschwindet, angenommen wird, daß Religion und religiöse Fragen bleiben, dann werden diese beim Verschwinden der Volkskirche um so freier und kirchlich unbehauster „herumvagabundieren". Nach Ansicht von Schmidtchen würden politische Themen und sozialgestalterische Aufgaben dadurch religiös aufgeladen und die Polarisierung heißer.[8] Es könnte

---

[8] Ebd., 196.

durchaus sein, daß sich die Renaissance der Religion und des religiösen Brauchtums[9] mit synkretistischen Anleihen bei therapeutischen Schulen, Sekten, bei esoterischen Verständniszugängen und humanistischen Weltanschauungen paaren und vermischen. — Aber die Kirchen verlören die Möglichkeit, die gesellschaftlich erzeugten religiösen Problemlagen wirksam aufzugreifen und gleichsam an sich zu binden.[10]

Szenario 3: Gesellschaft aktualisiert Religion.
Soziale und ökonomische Krisentendenzen mit dem schwindenden Fortschrittsoptimismus und mangelndem Zukunftsvertrauen auf der einen Seite sowie eine erhöhte Sensibilität der kirchlichen Gruppierungen für die gesellschaftliche Existenz der Menschen mit der hohen Anerkennung der Kirche als Institution der Nächstenliebe und der Gerechtigkeit auf der anderen Seite bewirken, daß Menschen sich von der Kirche angesprochen fühlen. Die gesellschaftliche Entwicklung ist interessanterweise gerade dann, wenn sie der Perfektionierung ihrer technischen und sozialen Organisation entgegenstrebt, eigentümlicherweise religionsproduktiv.
Unser Szenario ist auf gesellschaftlicher Seite vom Übergang in die sogenannte nachindustrielle Phase gekennzeichnet: Starker Ausbau des tertiären (Dienstleistungs-)Sektors; Wissensproduktion und Informationsverbreitung sind schneller als die Güterproduktion; Diskussionen um den Sinn und Unsinn des Wachstums; Verschärfung der Verteilerkämpfe; rascher Wandel der Lebensstile, was aber offenkundig keine große Ertragsrate für das Glück der Menschen erbringt ... In diesem Zusammenhang sieht Schmidtchen[11] den Verlust einer überpersönlichen Beziehung zur Gemeinschaft und die Unfähigkeit, nach anderen als den unmittelbaren Belohnungen zu fragen (Ökonomisierung des Lebens). Der Alltag und das Selbstverständnis engen sich dadurch auf den Konsum von Erlebnisepisoden ein (Reisen, Sexualität, evtl. Drogen usw.). „Die reduzierte Person der Konsuminnerlichkeit, eine Person ohne eigentliche soziale Dimension, ohne den Aspekt der Bewährung, also den Bezug auf andere, konsumiert am Ende sich selbst. Bloße Erlebnisserien sind keine guten Bausteine für ein Personensystem, keine Basis für ein stabile und positive Selbstbewertung ... Sinnfragen lassen sich nur beantworten durch Konzepte, in denen sich etwas darüber mitteilt, wie der Einzelne auf die Gemeinschaft

---

[9] M. Ebertz/F. Schultheis (Hrsg.), Volksfrömmigkeit in Europa (München 1986); vgl. auch J. Zihlmann, Sie rufen mich beim Namen. Menschen, Bräuche, Namen in der Luzerner Landschaft (Hitzkirch 1982); W. Heim, Volksbrauch im Kirchenjahr heute. Schriften der Schweizerischen Gesellschaft für Volkskunde Bd. 67 (Basel 1983); F. Dillier, Kirchliches Brauchtum — Volksfrömmigkeit in der Pfarrei, in: Schweiz. Kirchenzeitung 152 (1984) 24—28; J. Baumgartner (Hrsg.), Wiederentdeckung der Volksreligiosität (Regensburg 1979).
[10] N. Mette—M. Blasberg-Kuhnke, a.a.O., 177.
[11] G. Schmidtchen, a.a.O., 197.

bezogen ist und welchen humanitären Weg diese Gemeinschaft gehen solle."[12] — In dieser Spannung führt der spirituelle Aspekt der sozialen Organisation zu einer möglichen Antwort, sofern in Gemeinschaft mit anderen sich Meditation und Aktivität, Reflexion über die Gemeinschaft und soziales Engagement verbinden lassen. In diesem Sinn kann Gesellschaft indirekt durchaus religionsproduktiv sein.

Szenario 4: Religion trifft auf Zustände gesellschaftlicher Desorganisation.
G. Schmidtchen leitet aus sozialhistorischen Beobachtungen und mit Hinweis auf das Nachkriegsdeutschland die Regel ab: „Je größer die soziale Desorganisation, desto stärker die Hinwendung zu religiösen Institutionen, vorausgesetzt, diese sind intakt und hochorganisiert."[13]Nicht nur Krieg ruft soziale Desorganisation hervor, sondern auch rascher technologischer und wirtschaftlicher Fortschritt, der die Ressourcen ungleich aufbraucht und verteilt und soziale Spannungen hervorrufen kann. Naturbeherrschung und hohe Produktivität lassen leicht Denkformen und Verhaltensweisen verkümmern, auf die Menschen angewiesen sind, wenn sie ihre existentiellen Bedingungen gestalten wollen und in einer pluralistischen Gesellschaft die Vereinbarkeit der Inhalte und Werte suchen. Das gesellschaftlich nicht Faßbare und die Wunden, die unsere Zivilisation den einzelnen Menschen schlägt, schiebt die Mehrheit der Bevölkerung der Kirche zu. Ähnlich wie schon die Synodenumfragen in den siebziger Jahren in der Bundesrepublik, so bestätigen die schon genannten Umfragen in der Schweiz diese Erwartungshaltung gegenüber der Kirche.
Die Schweizer Bevölkerung erwartet von den Kirchen in erster Linie die gesellschaftliche Diakonie. Dabei wird vor allem an die Sorge für die Einsamen, Alten und Kranken gedacht (87 %); an jene, die am Rande der Gesellschaft leiden, wie Drogenabhängige, Flüchtlinge (70 %); und 60 % erwarten von ihr Entwicklungshilfe. Wenn es die Kirchen nicht gäbe, dann würde es für 56 % der Befragten härter und kälter in der Gesellschaft, und 46 % befürchten, daß ohne Kirchen weniger für den Frieden getan würde.[14] Zählt man jene zwei Drittel hinzu, die den Kirchen die Aufgabe zuweisen, den Sinn des Lebens zu eröffnen, dann ist nicht zu übersehen, daß die Kirchen auch in der Schweiz als nützlich erachtet werden und gerade dort auf Erwartungen treffen, wo die Gesellschaft an Grenzen stößt oder die von ihr geschlagenen Wunden nicht zu heilen oder zu verbinden imstande ist.
Allerdings werden die Menschen, je mehr sie Kirche in ihrer institutionel-

---

[12] Ebd.
[13] Ebd., 198.
[14] Vgl. P. Jeannerat, Religion bleibt wichtig, in: Sonntag 70 (1990) Nr. 1, 22f.

len und doktrinären Selbstdarstellung beobachten und erleben, Blockaden gegen die Kirche aufbauen und in diesem Dilemma anderswo eine Antwort oder Spuren einer Antwort suchen. Zuweilen wirken politisches Engagement oder Protestaktionen dann wie punktuelle Versuche, etwas Sinnvolles zu tun oder Sinn-Fetzen zu erhaschen. — Gelingt es aber den Kirchen, ihre Verkündigungsinhalte auch in der Sprache der Menschen und problemrelevant zu vermitteln sowie gesellschaftlich präsent zu sein, kann es verstärkt zur Aufnahme von Beziehungen zu ihnen kommen.

Anfragen an diese Szenarios:
G. Schmidtchen gibt den Szenarien 3 und 4 den Vorzug. Sein Interesse ist gesellschaftlich-funktional bestimmt: „Ausgehend von dem Axiom, daß in jeder gesellschaftlichen Formation religiöse Probleme auffallen, ist im Interesse gesellschaftlicher Ordnung dafür Vorsorge zu tragen, daß ihre Bearbeitung in der Zuständigkeit derjenigen Institutionen bleibt, die sich im Umgang damit bewährt haben, und nicht in unkontrollierbare, da tendenziell irrationale Subkulturen o.ä. auswandert.“[15]
Die genannten Szenarios ergaben die Erwartungen und möglichen Entwicklungen aus der Sichtweise der Gesellschaft. Wie steht es aber damit aus der Sichtweise der Kirche? Sie kann sich bei den hohen an sie herangetragenen Funktionserwartungen geschmeichelt fühlen und sich verführen lassen, nur auf Restprobleme des persönlichen und gesellschaftlichen Lebens zu reagieren, ohne sich nun kritisch-prophetisch einzumischen. Vom ihrem Selbstverständnis als Zeichen und Ort der in Jesus Christus eröffneten Lebens-Hoffnung her kann sie sich nicht damit begnügen, ein zwar unersetzbares, aber gesellschaftlich eingebundenes Teilsystem zu sein mit der zugewiesenen Funktion, Religion zur Neutralisierung unbegriffener Ängste und Schmerzen oder widerspenstiger Hoffnungen einzusetzen. Sie würde unter der Hand einen gefragten Platz einnehmen, aber sich ihre Aufgabe „systemfunktional“ einengen und aufdrängen lassen. So ist die Warnung von J. B. Metz sehr ernst zu nehmen, daß die Kirche dadurch ihre Identität aufs Spiel setzt und die komplexe Gesellschaft mehr oder minder willkommen stabilisiert.[16]
Die Kirche stände dann an dem ihr zugewiesenen Ort der gesellschaftlichen Verhältnisse und wäre dadurch außengesteuert. Kritisch-prophetische Präsenz meint aber gerade auch eine kritische Distanz zu den „Werten“ und Haltungen, zur Politik der Interessen und zur Dominanz der wirtschaftlichen Faktoren im schweizerischen Ambiente — und zwar um der Solidarität mit den Menschen willen im Glauben an den mit den Menschen solidarischen Gott Jesu.

---

[15] N. Mette—M. Blasberg-Kuhnke, a.a.O.
[16] J. B. Metz, Glaube in Geschichte und Gesellschaft (Mainz 1977) 134.

2. Welche „Strategien" drängen sich in der Kirche auf?

Vor dem Hintergrund der möglichen gesellschaftlichen Szenarien ist nun zu fragen, ob es innerhalb der Kirche Vorstellungen darüber gibt, wie man sich auf die eigene geschichtliche Erbschaft und die gesellschaftliche Entwicklung besinnen und einstellen soll. Meines Erachtens sind drei Wege oder Strategien typologisch zu unterscheiden.

a) Restaurative Konzentration der Kräfte

Ein Weg, der offiziell forciert und durch die beschleunigte Medienkommunikation geradezu aktiviert wird, ist die restaurative Konzentration der Kräfte unter zentralistischer Anschmiedung an die oberste Kirchenleitung in Rom. Es ist das obrigkeitliche und patriarchale Modell, das sich am klerikalen Kirchenbild vor dem Zweiten Vatikanischen Konzil orientiert. Man glaubt, mit dem historisch gewachsenen Schema der innerkirchlichen Apartheid von Klerikern und Laien und ohne jegliche Mitsprache der „Basis" sowie ohne echte Kollegialität auch der Bischöfe die kritisch-prophetische Präsenz der Kirche zentral sichern und steuern zu können. Über den Weg der formalen Macht werden die Ziele einer integristischen Kirchenraison verfolgt, die auf ortskirchliche und gesellschaftliche Situationen keine Rücksicht zu nehmen scheinen und damit „unten" zynisch wirken können. Etwa: Ein einlenkender Versöhnungsschritt Roms im Fall von Chur verbietet sich, weil ja dann auch die Österreicher kommen könnten, die Deutschen, die Mittel- und Südamerikaner usw. Das wichtige Amt des Bischofs wird eher als Instrument der Spaltung riskiert denn als Dienst an der Einheit sorgfältig ernst genommen.
Die historische Erbschaft der empirischen Kirche wird nicht theologisch aufgearbeitet, sondern unangreifbar (statisch) auf idealistische Forderungen umgeleitet. Dadurch entsteht der schon früher erwähnte Konfliktfaktor „Entscheidungsstau", weil pastoral bedrängende Probleme auf der Entscheidungsebene der Kirche nicht angemessen diskutiert und geklärt werden. Dafür schafft man sich geistliche Milizen, wie z.B. Opus Dei oder Jugend-Organisationen, statt ganz im Sinn des von der katholischen Soziallehre vertretenen Prinzips der Subsidiarität eine Stärkung der Ortskirche zu wagen. Man verweigert den Dialog, betont die formale Autorität und erreicht im Grund nur noch jene, die in der Kirche ein religiöses Sicherheitssystem suchen. Gräben werden nicht dort unüberbrückbar, wo inhaltlich verschieden Positionen ausgetragen werden, sondern wo beschimpfend und verteufelnd Gegner „abgeschossen" werden (vgl. Römisch-katholische Monatsblätter der SAKA). Militanz sagt aber kaum etwas aus über „Argumente", allerdings viel über jene, die glauben, so „argumentieren" zu müssen.

Der Grundfehler liegt wohl darin, daß sich die Kirche autoritär und doktrinär in sich selbst einigelt und ein Getto bildet und damit gar nicht mehr gesellschafts-fähig ist. Das missionarische Modell, das dieser restaurativen Konzentration der Kräfte zu Grunde liegt, ist nicht der Auszug der Kirche vor die Kirchentüre in die Lebensfragen der Menschen und in die Lebensbedingungen ihrer Welt hinein, sondern das Zurück- und Heimholen der Welt in die Kirche (wie das beim Katholizismus des letzten Jahrhunderts der Fall gewesen ist). Aber die gesellschaftliche Entwicklung ist diesem Modell entgegengesetzt. Die Gesellschaft will nicht heim in die Kirche; die Kirche muß hinaus zu den Menschen. — Das ist das Problem mit vielen Vorstellungen der vielfach proklamierten „Neuevangelisierung Europas". Geht die Kirche zu den Menschen? Oder sollen die Menschen integralistisch zurückgeholt werden?
Der Preis dieser Strategie — hier paßt die Militanz des Ausdrucks — ist allerdings und leider sehr hoch: Es verbreitet sich nicht nur wütende Kirchenverdrossenheit, sondern resignative Kirchenerschöpfung. Entgegen ihrer eigenen Absicht weckt eine solche Strategie Gegenkräfte und kann zu einem Klärungsprozeß führen, den wir zum Teil auch in der Schweiz nicht übersehen dürfen. Aber wenn man sieht, daß solcher Um-Leitung keine Zukunft beschieden sein kann, so ist im Volk Gottes alles daranzusetzen, daß der „Opfer" dieser Strategie nicht zu viele werden. Zudem sind als mögliche Folgen die Abtrennungen zu sehen, die innerkirchlichen Spaltungen zwischen amtlicher Kirche und dem Volk Gottes, der Kleruskirche von der Laienkirche und letztlich der formalen Rechtskirche von einer dazu recht quer verlaufenden pastoralen Kirche. Wenn solche Polarisierungen und Spaltungen aus taktischen Erwägungen heraus in Kauf genommen werden, wirkt dies furchtbar zynisch.

b) Emigration in schismatische Abspaltungen und Selbsthilfe

(1) Eine andere Strategie — durch restaurative Tendenzen teilweise hochgeschaukelt — ist jene des *Bruches* mit der „offiziellen" Kirche oder der „gesamtkirchlich" nicht mehr bekümmerten Selbsthilfe. Wenn bei der Repräsentativ-Umfrage über Lage und seelsorgerliche Situation in der katholischen Zürcher Kirche (im Dezember 1990 von der Zentralkommission als staatskirchlicher Exekutive veröffentlicht) sich ein erstaunlich hoher Prozentsatz (42 %) im Fall einer Spaltung für die von Rom unabhängige Kirche entscheiden würde, dann ist dies ein Alarmzeichen, das wahrgenommen und pastoral verarbeitet werden muß. Nur ca. 37 % würden sich für die römisch-katholische Kirche entscheiden (von den Jüngeren sind es gerade noch schwach 24 %).
Was mit einer von Rom unabhängigen Kirche an Kirchenerwartungen

verbunden ist, zeigt eine weitere Frage in der genannten Umfrage: Es geht um eine Kirche, in welcher Priester heiraten können, Frauen gleichberechtigt sind und in welcher der Bischof demokratisch gewählt würde. Eine solche Kirche würde von 68 % der Befragten eher positiv bewertet und nur von 22,5 % eher negativ. Was sich nach meiner Überzeugung an dieser Umfrage beunruhigend zeigt, ist nicht die quantitativ klare Mehrheit, sondern daß die „Spaltungs-Vorstellungen" sich nicht am Zentrum des Glaubens entlang bewegen, sondern an theologisch offenen und sogar wünschenswerten Kirchenvisionen. — Im Vergleich dazu ist der publizitätshungrige Absprung, wenn jemand den „Kopfstand auf der Kirchturmspitze" versucht, geradezu peinlich. Wenn man sich dann bei einem so waghalsigen Versuch über den Absturz auch noch wundert und nur andere verantwortlich macht, dann spricht das nicht gerade für den Wirklichkeitssinn des „Jongleurs".
Sehr nachhaltig kann demgegenüber sein, wenn Frauengruppen den Weg der Abspaltung wählen, weil sie angeblich in einer männlich dominierten Kirche keine reformerischen Möglichkeiten sehen, die Selbst-Abspaltung der Kirche von den Frauen zu überwinden. Man wird diese Tendenz, auch wenn man sie schmerzlich bedauert, als Absicht oder als Möglichkeit zur Kenntnis nehmen müssen. — Problematisch finde ich an solchen reflektierten „Strategien" die Tatsache, daß die eigene breitere Frauen-Basis und auch jene Männer, die von einer schwesterlichen und brüderlichen Kirchenvision ausgehen, in ihrer Veränderungsbereitschaft und in ihrer Kraft zum „Langstreckenlauf" in einer Kirchensituation, die durchaus zum „Davonlaufen" verführen kann, geschwächt und alleingelassen werden. Natürlich braucht es eigene Räume, sich zu finden und sich kämpferisch vernehmen zu lassen (wie z.B. Frauenkirche, Vereine, Frauenkirchentage). Aber die Selbst-Exkommunikation als Rückzug in eine Gruppe fördert sehr schnell Elitedenken, das auch feministische Theologinnen bisweilen „gewalttätig" und intolerant auftreten läßt und auch eine Form der Desolidarisierung mit der eigenen Basis sein kann. Und wenn man realistisch bleiben will, ist nicht zu übersehen, daß auch eine exklusive Frauenkirche im Getto landen kann, sich die Fehler der Kirchengeschichte im kleinen wiederholen und eine unendlich bemühende „Ökumene" viel Kraft intern verschleißen wird, die gemeinsam viel differenzierter für die Herausforderungen in der Welt einzusetzen wäre. Auch in der Kirche ist auf allen Ebenen und in allen Bereichen der Weg von Frauen und Männern gemeinsam zu versuchen — auch in gegenseitiger kritischer Herausforderung. Es tat der Kirche weiß Gott nicht gut, daß sie den Männern allein in die Hände gefallen ist. Das Gegenteil würde ebenfalls nicht gut sein.

(2) Aber nebst dem stillen Auszug und der erzürnten Abspaltung von der Kirche gibt es eine meist wenig reflektierte schleichende Spaltungsten-

denz, nämlich die pastorale *Selbsthilfe* angesichts des Entscheidungsstaus, der sich in der Kirche zusehends verdichtet und verhärtet.[17]
Wenn die Spannung zwischen dem theologisch Möglichen und pastoral Notwendigen einerseits und den formalen Entscheidungsinstanzen in der Kirche andererseits immer größer wird, dann wird man sich auf der Ebene des unmittelbaren Handelns selbst behelfen wollen und müssen. Die Zwischeninstanzen (z.B. ein pastoral bekümmerter Bischof oder Dekan ...) kommen dadurch in eine unbarmherzige Situation, weil sie das Ganze der auseinanderdriftenden Kräfte und Praktiken in dem zu eng werdenden Rahmen kaum mehr zusammenzuhalten wissen. Gedacht ist dabei an die Bußfeiern, an die geschiedenen Wiederverheirateten, die Gleichberechtigung von Mann und Frau, Ökumene, Mitsprache der „Laien", Laienpredigt, verheiratete Pfarrer und Pfarrerinnen etc. Es ist ja nicht zu übersehen, daß die pastoralen Wege anders verlaufen, als es die römischen Instanzen zulassen wollen. Dadurch entsteht eine von den kirchenrechtlichen Rahmenbedingungen nicht mehr steuerbare Pastoral. Das Recht und die Praxis, das Faktische und die Legalität fallen auseinander. Das verursacht Verunsicherung und Spaltungen bis in die Pfarreien hinein: Die Seelsorger und Seelsorgerinnen berufen sich auf den pastoralen Notstand; und die Vereinigung „Pro ecclesia" oder selbsternannte Päpste und Päpstinnen stellen sich blindlings hinter das Gesetz. Je nachdem, ob ein Pfarrer oder ein Bischof sich für das Kirchenrecht oder für das pastoral Notwendige einsetzt, wird er entweder die Disziplin bemühen oder geflissentlich „übersehen" müssen (oft gegen das eigene Herz und Gewissen). Das ist auf die Dauer unerträglich und spalterisch. — Auch die Selbsthilfe in den Zürcher Dekanaten ist pastoral verständlich. Langfristig kann es zu Teilschismen kommen, weil sich in vielen Schritten das pastorale Leben vom Bistum abspaltet und der Bischof sich selbst ins Abseits hineinmanövriert. Ähnlich ist es, wenn dieser als Firmspender abgelehnt wird. Wenn ein Bischof nur noch zu seinen „Anhängern" kommen kann, ist doch faktisch ein partielles Schisma entstanden. Das Wort „Polarisierung" verhüllt nur diesen schmerzlichen Tatbestand.
Nicht anders wird es bei zunehmendem Priestermangel aussehen. Die Aufgaben des Pfarrers werden immer weniger sozialintegrativ sein, weil er in Gefahr gerät, entgegen seinen pastoralen Zielvorstellungen in die Sakristei abgedrängt zu werden und damit in die Isolation der kultischen und sakramentalen „Funktionen" zu geraten. Er bleibt zwar der formale Gemeindeleiter, aber die eigentlichen pastoralen Vorgänge und Prozesse müssen notgedrungen anderen überlassen werden. Es werden daraus

[17] Vgl. dazu L. Karrer, Aufbruch der Christen (München 1989) 91—108; grundsätzlich dazu s. A. Müller, Der dritte Weg zu glauben. Christsein zwischen Rückzug und Auszug (Mainz 1990).

mühsame Doppelgleisigkeiten entstehen; die formale Amtsinhaberschaft und die praktische Amtswahrnehmung fallen auseinander. Das kann natürlich langfristig durchaus neue Entwicklungen auslösen (z.B. auf stärkere Laienbeteiligung hin ...). Aber ob die künstlichen Gräben nicht auch ungeheure Reibungsverluste und Ermüdungserscheinungen hervorbringen können?[18] — Der Konfliktstau könnte vermindert und entkrampft werden, wenn wenigstens offen und ehrlich miteinander gerungen und gestritten werden dürfte und wenn für solche Suchbewegungen in der Kirche Dialog-Instrumente vorhanden wären. Die Hintanhaltung bedrängender Fragen und die Verschleppung ihrer Diskussion können durchaus zu einem Überdruck und damit zu einem Dammbruch auch in der Kirche Schweiz führen. Die Risse sind bereits zu sehen. Und wer weiß — auch zur Zeit der Reformation hat man erst später realisiert, daß man schon auseinandergebrochen war. Man fand den Weg nicht mehr zueinander.
Geistesgeschichtlich hat das ohne Zweifel mit dem wissenschaftlich-technischen Fortschritt zu tun bzw. mit dem Modernisierungsschub; politisch mit dem Übergang zu den demokratischen Nationalstaaten und der Demokratisierung des gesellschaftlichen Lebens; innerkirchlich mit dem Wechsel zu einem biblisch orientierten und um die gesellschaftlichen Belange bekümmerten Verständnis von Christsein. Aber institutionsmäßig haben diese Spaltungstendenzen mit dem römischen Zentralismus und mit der Art und Weise der gegenwärtigen Kirchenlenkung zu tun, die aus der Kirche eine totalitäre Hausdomäne zu machen versucht und jegliche Erwartung an einen pastoral offenen und spirituell überzeugenden Einheitsdienst brüskiert. Die Kirche ist von oben her übersteuert. Ihr Zentralismus treibt leicht zu schismatisierenden Spaltungen. Damit ist niemand subjektiv in seiner Motivation beschuldigt, sondern eine innerkirchliche Situation markiert, die bei vielen schon nicht mehr Aggressionen auslöst, sondern Kirchen-Erschöpfung, bei anderen Desinteresse oder Resignation verstärkt.

c) Doppelstrategie?

Während die erste Strategie die Institution Kirche und die zweite die Solidarität von Protestgruppen überschätzt, wären im Sinne einer Doppelstrategie das solidarische Handeln auf der subjektiven Ebene mit dem prophetischen und kritischen Handeln in Gruppen im Rahmen der Institution Kirche zu koppeln. Was ist damit gemeint?

---

[18] Vgl. L. Karrer, Ist der Priestermangel durch die Auffächerung der kirchlichen Dienste zu beheben?, in: F. Klostermann (Hrsg.), Der Priestermangel und seine Konsequenzen (Düsseldorf 1977) 27—57, hier: 48ff.

In Kurzform der (vielleicht zu ideale) Weg:
Auf der Ebene des persönlichen Tuns und Verhaltens und des mit anderen solidarischen Handelns wird versucht, kurz- und mittelfristig das Notwendige und Mögliche zu verwirklichen, Freiräume zu „besetzen“ und überzeugend zu füllen — aber auf langfristige Perspektiven und pastorale Ziele hin. Solches Vorgehen rechnet damit, daß das Neue auch in der Kirche, wenn es Zukunft finden soll, wachsen und reifen muß. Natürlich bedarf dieses Wachsen und Werden der Pflege, der hegenden Förderung. — So wären beispielsweise im Blick auf die pastoralen Dienste die verheirateten Pfarrer oder „mulieres probatae“ das langfristig Wünschbare, das auf teilkirchlicher Ebene in konkreten Schritten vorbereitet werden muß. Und die damit notwendigen Entscheidungen und strukturellen Veränderungen sind auf die Entscheidungsträger hin — gelegen oder ungelegen — anzumahnen. Der institutionelle Rahmen wird wohl erst dann im notwendigen Umfang erweitert oder in seinen zu engen Markierungen gesprengt werden, wenn die Kirche mit den Frauen und Männern in den neuen Seelsorgerkategorien oder mit neuen pastoralen Wegen gute Erfahrungen gemacht hat. Erst die guten Erfahrungen helfen — vertrauensbildend — Vorurteile und Ängste abzubauen und Entscheidungen „reif“ werden zu lassen. In diesem Sinn sind solche „Visionen“ und Kirchenerwartungen von den engagierten Menschen an der Basis und in den Herausforderungsfeldern des Lebens zu erdauern und solidarisch herbeizuführen; aber gleichzeitig sind die notwendigen Erweiterungen des innerkirchlichen Spielraumes unverdrossen und kirchenpolitisch anzumahnen. — Die Emigration, die möglichen Abspaltungen oder schismatisierenden Sonderzüge sind wohl dadurch aufzufangen, daß man nicht ungestüm im Alleingang etwas durchtrotzt, sondern mit anderen Frauen und Männern zusammen offenere Wege sucht, sie in loyaler Offenheit auf die Bistumskirche oder Weltkirche hin bedenkt und aber dann menschlich und pastoral überzeugend sowie in partnerschaftlichen Schritten mit anderen geht und die gewonnenen Freiräume glaubwürdig füllt. — Damit steht das Subjekt selber im Dienste dessen, was es von den Entscheidungsinstanzen fordert. Auf die Dauer werden Reformen in der Kirche nur dann fruchtbar und heilend, wenn man selber tut, was im großen zu Recht eingeklagt wird. — Diese Vorgehensweise, die sich am Anliegen und nicht zuerst an kurzfristig erhaschten punktuellen Erfolgen oder kirchlichen „Naherwartungen“ orientiert, ist dem pastoral Wünschbaren verpflichtet und läßt sich vom kurzfristig kaum oder noch nicht „Machbaren“ nicht entmutigen.

3. Plädoyer für eine vieldimensionale Pastoral — oder: Welche Seelsorgetheorie?

a) Zum Problem

Die bisher diskutierten Strategien in Richtung einer integristischen Kirchenbeheimatung, der stillen Emigration oder der Abspaltung lassen sich schwer als zielführende pastorale Modelle begründen. Vielleicht pendelt sich die Entwicklung zwischen der mehr idealtypisch skizzierten „Doppelstrategie" und der realistisch zu sehenden schismatisierenden Selbsthilfe ein. Was soll man aber für das pastorale Handeln der Kirche Schweiz nun insgesamt empfehlen? Wie soll die Kirche ihre kritisch-prophetische Präsenz in die Tat umsetzen? Bleibt dafür weiterhin die Pfarrei die Normalform; oder soll alle Kraft auf Spezialseelsorge verlegt werden? Und was heißt Spezialseelsorge? Ist die Tätigkeit von Guido Schwitter als Seelsorger mit Aids-Kranken (in ökumenischer Zusammenarbeit) in Zürich Normalseelsorge oder Spezialseelsorge? Will und soll man alle Pfarreiangehörigen möglichst umfassend kirchlich aktivieren?

Die Situation ist zur Genüge dargestellt worden, wonach die Kirche nicht mehr mit der Gesellschaft identisch ist. Alle kirchlichen Versuche, feste Burgen zu bauen und die Menschen gleichsam in die Festung zurückzuholen und sie kirchlich umfassend zu „vergesellschaften" (sozialisieren), haben kein Fundament mehr. Von der Kirche total erfassen — wie anscheinend früher — lassen sich die Menschen nicht mehr; und dies nicht zuerst, weil sie nicht wollen, sondern weil es von der pluralistischen Situation her nicht möglich ist. Die Kirche muß sich somit mit einer nur punktuellen Pastoral ebenso „anfreunden" wie mit einer intensiveren Pastoral. In einer Zeit des gesellschaftlichen und kirchlichen Pluralismus kann keine uniforme Pastoral mit kirchlichen Höchstleistungs-Forderungen mehr spielen. In der Pastoral spielen graduell höchst unterschiedliche Nähe und Distanz.

Totalidentifikation mit Kirche ist nicht nur theologisch bedenklich, sondern geschichtlich und gesellschaftlich ohne Voraussetzungen, denn Kirche ist für die Menschen ein Teilsystem neben vielen, zuständig für die religiöse Dimension des Lebens, aber nicht für alle anderen Lebensbezüge und Rollen. Die Bindung an die Kirche kann unter solchen Bedingungen kirchlicherseits nicht mehr disziplinarisch aufgenötigt werden; die Bindung geht vielmehr über das Subjekt bzw. über den einzelnen Menschen. Die Kirchen-Bindung unterliegt der persönlichen Motivation, womit dem Subjekt natürlich eine große Freiheit und oft überfordernde Fähigkeit der Sinnorientierung und Entscheidungskraft zugemutet wird. Die unterschiedliche Nähe und Distanz zur Kirche sind demzufolge auch so sperrig gegenüber allen pastoralen Vorstellungen von idealen Kirchgängern und

von „Kirchlichkeit" der Gläubigen. Andererseits muß es beunruhigen, wenn ca. 70 % zur Kirche gehören und aber nur gelegentlich oder nie den Kontakt zur Kirche suchen oder finden. Wie die Umfragen belegen, ist Kirche für einen Großteil der schweizerischen Bevölkerung wichtig, man fühlt sich ihr auch zugehörig, glaubt aber gleichzeitig, ohne aktiven Kirchenbezug Christ bzw. Christin sein zu können. Von den damit gegebenen labilisierenden Faktoren für die Zukunft war schon die Rede. — Es stellt sich nun die Frage, wie man pastoral darauf antworten kann, ohne einerseits das pastorale Grundanliegen zu verraten und andererseits die Menschen durch eine rigorose Pastoral zu verscheuchen (den glimmenden Docht auszulöschen).
Helfen pastorale Alternativen wie „Volkskirche oder Entscheidungskirche", Pfarrei oder Gemeinde, nominelle Kirchenmitglieder oder Praktizierende, ungefragt Getaufte oder bewußt Entschiedene, Massenkirche oder Kleine Herde, Servicekirche oder Umkehr-Pastoral, Anpassung oder Widerstand, aktive oder passive Christen und Christinnen und dergleichen mehr?

b) Zur These einer Lebensbetreffnis-Pastoral

In der Spannung zwischen der gesellschaftlichen Situation und der unübertragbaren Aufgabe, die Frohe Botschaft vom Heil in und durch Jesus Christus unter den Menschen zu bezeugen, ist der Kirche aufgetragen, in vielfältigen Formen ihrem pastoralen Dienst nachzukommen, und zwar dadurch, daß sie in vieldimensionaler Dichte (Nähe und Distanz) an den Lebens-Brennpunkten der Menschen erreichbar und präsent ist. Glaubwürdig wird dieses vieldimensionale pastorale Handeln nicht dadurch, daß die Menschen zu einem idealistischen Kirchenaktivismus oder einer Gebotserfüllung angeleitet werden, sondern daß im konkreten Alltagsleben und an den Lebensbrennpunkten das Evangelium vom Gott Jesu gewagt und verkündet wird, auch wenn die Menschen individuell nur einen sporadischen Kontakt zur Kirche praktizieren. Entscheidend sind die Botschaft Jesu und die Lebensbrennpunkte bzw. die menschlichen Situationen, nicht primär die kontrollierbare Erfaßbarkeit für die Kirche selbst.
Praktisch bedeutet diese These von der Lebensbetreffnis-Pastoral (man mag dafür „multiforme Pastoral" sagen), daß sich die kirchliche Pastoral gelassener und phantasiereicher auf die unmittelbaren gesellschaftlichen Gegebenheiten (Individualisierung, Pluralität, Mobilität...) und die menschlichen Situationen in guten und in bösen Tagen einläßt. Diese bestimmen die Vielfalt der pastoralen Wege und ihre Dichte, nicht kirchliche Erfüllungs-Erwartungen und möglichst integrale Erfassung durch eine pastorale Mastkur, die vielen nicht bekommt.

Dies ist nicht mit modischer Anpassung oder billiger Anbiederung zu verwechseln. Gerade im Bereich der Sakramentenpastoral können sich manche Pfarrer des Eindrucks nicht erwehren, daß sie „absegnen" müssen, was vom Glauben her zu verneinen wäre, daß sie bei Taufe, Firmung und kirchlicher Hochzeit ... — wie kürzlich ein besorgter Priester meinte — „Perlen vor die Schweine werfen" (Mt 7,6). Wenn letzteres natürlich keine pastorale Parole sein kann, so ist die Gewissensnot durchaus zu verstehen: „Am Ende wird der Priester schuldig an Gott und der Kirche, aus deren Hand er sein Amt empfing. Durch seine entwürdigende, weil nicht ernst zu nehmende Sakramentenpraxis setzt er letztlich das Heilige dem Gespött und der Verachtung aus."[19] Natürlich wird es zu einer pastoral verantwortlichen Verweigerung kommen, wenn nicht wenigstens eine ansatzweise Offenheit und Bereitschaft für das vorhanden ist, was die Sakramente zutiefst meinen. Aber Sakramente sind Zeichen des Heiles und keine religiösen Leistungsausweise. — Mit anderen Worten: Es gibt sehr unterschiedliche Grade der religiösen Praxis und der Nähe und Distanz zur Kirche. Für die Kirche kann somit kein Katalog von zu erfüllenden Maximalforderungen Maß-Stab sein für ihr pastorales Handeln. Sonst betreut sie in der Tat dauernd und nur noch die schon „Bekehrten". Vielmehr kann jede Lebenssituation pastoraler Ernstfall werden, weil vom Gott Jesu her sich jede menschliche Erfahrungssituation zur Heilssituation verdichten kann. Dem allein hat pastorales Handeln letztlich zu dienen, nicht die Fruchtbarkeit (Erfolg) zu taxieren.

Mit dem Plädoyer für eine Lebens-Betreffnis-Pastoral oder Pastoral an den Lebensbrennpunkten ist das Wort nicht einer Zielgruppenpastoral oder gar der Standesseelsorge geredet (wie sie früher sinnvoll gewesen sind). Vielmehr handelt es sich darum, daß das Wort Gottes überall dort zum Leben ermutigend, das Leben in seiner Tiefe deutend und vor allem auch heilend den Menschen entgegenkommt (an-kommt), wo Menschen Erfahrungen des tiefen Glücks, des Gelingens, der Dankbarkeit und der Freude, aber auch des Scheiterns, des Zweifelns, des Zerbrechens und der eigenen Grenzen und Fehler machen. Das bedeutet, mit jenen auf dem Weg sein, die Höhepunkte ihres Lebens erfahren (Sakramente!), die in Krise und Krankheit geraten sind, die der Beratung bedürfen, die sich in materieller, körperlicher oder seelischer Armut befinden, die in der Öffentlichkeit und im Beruf Verantwortung tragen, die geschieden sind, die Kinder alleinerziehen usw.

Wenn man dies bedenkt, dann wird das pfarreiliche bzw. gemeindliche

[19] L. Pohle, Zwischen Verkündigung und Verrat. Zur Gewissenskrise des Priesters heute, in: Geist und Leben 60 (1987) 339; vgl. auch W. Zauner, Wege und Formen gemeindlicher Sakramentenpastoral, in: L. Karrer (Hrsg.), Handbuch der praktischen Gemeindearbeit (Freiburg i.Br. 1990) 138—142.

Leben der Normalfall für den Kontakt mit Kirche bleiben, aber nicht alles andere als Ausnahmefall bzw. Spezialseelsorge bewerten. Für die Pastoral der Zukunft wird von großer Wichtigkeit die Betonung der überschaubaren Gruppen und der Gemeinschaften, Projekte und Vereine sein, die wohl miteinander vernetzt sein müssen (z.B. eine Aufgabe der Pfarrei) und die einzelnen Christen und Christinnen im Sinne einer solidarischen Kirche zusammenführen. Mit anderen Worten: Manche werden eher im Bereich der Verkündigung oder im liturgischen Leben, andere wieder über einen diakonischen oder sozialen Dienst Zugang zur Kirche suchen und finden. Schon rein „innerpfarreilich" gibt es eine unterschiedliche Nähe und Distanz, verschiedene Prioritätensetzungen seitens der Kirchenmitglieder und „auswahlchristliche" Verhaltensweisen. Die gesamtgesellschaftlich bedingte Abnahme großkirchlich geprägter Religiosität und doktrinärer (lehrmäßiger) Fixierung wirkt sich so bis in das pfarreiliche Leben und Einzelgruppen aus.
Bei einer weiteren Ausdehnung der religiösen Autonomie des einzelnen bzw. der Individualisierung von religiöser Praxis wird die Kirche über die Gewichtung der Pfarrei (so bedeutsam sie wohl auch bleiben wird) hinaus den Menschen in ihren Lebensbereichen „nachgehen", wenn sie ihrem Auftrag entsprechen will. Sie muß dorthin, wo die Menschen sind, und so zu ihnen, wie sie sind.
Im Sinne einer Lebensbetreffnis-Pastoral ist eine erweiterte Sozialform der Kirche vonnöten, in der den differenzierten Zugangswegen Rechnung getragen wird, aber auch die Vielfalt in ein Netzwerk eingebunden wird. Denn die Großkirche bedarf der vielen lebendigen Gemeinden und Gruppen, diese wieder der Eingebundenheit in ein größeres Verbundsystem. Das ist ohne Zweifel eine Stärke der katholischen Kirche. — In diesem Fall ist nicht nur die Pfarrei pastoraler Normalfall; ebenso zu gewichten wären in der Planung, Prioritätensetzung und Personaldisposition zum Beispiel auch die pastorale Präsenz in Krankenhäusern, Spitälern, Pflegeheimen, in der Welt der Arbeit und Industrie, im Wissenschaftsbetrieb und Bildungsbereich, beim Militär, im Sektor Freizeit und Reisen, bei der Beratung und bei Selbsthilfegruppen, bei sozialen Werken, um nur einige zu nennen. Das Leben ist der Ort für Seelsorge, nicht die organisierte Kirche. Ort und Instrument sind nicht zu verwechseln.
Die Kirche würde dadurch in ihrem pastoralen Konzept bewußt jenen Rechnung tragen, die punktuell, gelegentlich oder nur an den sogenannten Lebenswenden den Kontakt zu ihr suchen und auch wollen; aber ebenso jenen, die einen stärkeren und engagierten Bezug zu ihr praktizieren. Wenn sich die Gesellschaft schon in einem Differenzierungsprozeß befindet, kommt die Kirche ohne eine differenzierte bzw. vieldimensionale (multifunktional, sagt die Wissenschaft) Pastoral wohl kaum aus. Denn die Menschen bestimmen die Formen und die Intensität ihrer Mitglied-

schaft (auch) in der Kirche. Für die Pastoralplanung heißt dies, daß kein großer Verlaß auf herkömmliche Strukturen ist. Das pastorale Wirken wird sich demgegenüber viel stärker auf der personalen Ebene der Interaktion bzw. der Beziehungspflege ereignen. Je personenorientierter aber kirchliches Leben geschehen will, um so personalintensiver wird gemeindliches Leben und pastorales Handeln werden müssen (Ehrenamtlichkeit!). — Das heißt: Auch wenn die Menschen sich partiell oder nur auf gelegentliche Kontakte reduziert auf Kirche einlassen bzw. von ihr „distanzieren", so darf die Kirche sich nicht von den Menschen distanzieren.

c) Theologische Hinweise

Es ist durchaus denkbar, daß die These einer Lebensbetreffnis-Pastoral im Sinne einer vieldimensionalen Präsenz der Kirche all jenen Mühe macht, die dadurch ein „reines Christentum" gefährdet sehen und eine Kirche der unbedingten Nachfolgetreue verraten glauben. Das ist nicht gemeint. Die Kirche wird immer wieder nur aus der prophetischen Kraft des Evangeliums und der religiösen Glut ergriffener Christinnen und Christen zu erneuern sein und an Tiefe gewinnen. Trotzdem ist es pastoral verantwortlich, sich auf jene ca. 70 % Kirchenmitglieder positiv einzulassen, die nur gelegentlich oder kaum Kontakt zur Kirche haben und sich von der Kirche nicht umfassend „sozialisieren" bzw. vereinnahmen lassen wollen. Und wenn darunter manche der Kirche wie einem (religiösen) Dienstleistungsbetrieb begegnen, so bedeutet dies nicht, daß es nicht zu geschätzten und fruchtbaren Anknüpfungen und pastoralen Begegnungen kommen kann. Daß die Kirche darauf eingeht, muß sie nicht defensiv rechtfertigen, sondern sie hat nur zu verantworten, wie sie darauf eingeht und reagiert.

Im Klartext bedeutet dies, die Wertung vielmehr Gott zu überlassen, aber keine Chance aus einer rigorosen „Alles oder nichts"-Haltung heraus zu verspielen. So werden die Seelsorger und Seelsorgerinnen und alle, die mit ihnen das pastorale Leben mittragen, dankbar sein für alle, die sich zur Anhängerschaft der Kirche zählen, aber auch offen und erreichbar sein für alle, die mehr oder weniger „nur" Mitglieder sind. Wie unsere früheren Analysen an den Tag legten, gibt es auch heute in der Kirche eifrige Anhänger und passive Mitglieder, Sympathisanten, aktivere Gefolgschaft, Distanzierte, Fern-Stehende, Skeptische, Mitläufer usw. Je nachdem gehen diese Kategorien wohl mitten durch uns selber hindurch. Und zu allen ist Kirche gesendet und gerufen, um den Samen der Botschaft Jesu auszustreuen, ohne im einzelnen kontrollieren oder garantieren zu können, ob und wieweit die Saat aufgeht oder inwiefern die Menschen „christlich" oder „heidnisch" sind. — Aufgabe der Kirche ist es, zu säen,

nicht das Wachsen zu forcieren und die Ernte einzuheimsen oder gar die Herde in weiße und schwarze Schafe einzuteilen. War das nicht schon zur Zeit Jesu so? Es gab jene, die er in seine Nachfolge rief, er berief Apostel, es gab eine Jüngerschar, Sympathisanten, wandernde und seßhafte Anhänger, Skeptische, Heilsbedürftige, Suchende, Berechnende, Gegner ...[20] Und Jesus hat niemanden ab- oder weggewiesen, sondern bei der Lebenssituation der Menschen angeknüpft.
Die These einer vielförmigen Lebensbetreffnis-Pastoral geht theologisch davon aus, daß Gott in seinem Handeln und in seiner Liebe schon längst bei den Menschen ist, bevor die Kunde und Botschaft von ihm diese erreicht hat. Christliches Leben bedeutet, in konkreten Erfahrungen und Lebens-Brennpunkten mit dem Gott Jesu zu rechnen und auf ihn zu hoffen. Dieser christlichen Tiefe des praktischen Lebens haben Kirche und all ihr pastorales Bemühen zu dienen. Es geht somit nicht um umfassende Kirchlichkeit, sondern um Christlichkeit als vertieften Lebensgewinn. Wenn dem so ist, dann sind alle kirchlichen Berührungsängste zum Leben in seinen Höhen und abgrundtiefen Brüchigkeiten zu überwinden. Die Kirche will zu den Menschen, weil der Gott Jesu dort befreiend und heilend „ankommen“ will. Alles andere sind lebensfremde und sozusagen klinische Zustände und Vorstellungen kirchlichen Handelns.

Abschließend in Kurzform: In einer inhomogenen Gesellschaft kann die Kirche nicht homogen wirken wollen, wenn sie sich nicht zurückziehen, sondern zu den Menschen will. Dann wird sie neben den aktiveren Formen der Kirchenmitgliedschaft auch den eher distanzierten Christen und Christinnen, die sich grundsätzlich der Kirche zugehörig erklären, positiv begegnen. Eine solche Pastoral wird die unterschiedliche Distanz als gelegentliche Nähe und als punktuelle Begegnung gestalten.

4. Soll sich die Kirche auf gesellschaftliche Kräfte und auf religiöses Brauchtum verlassen (Volkskirche)?

Wenn die Kirche bzw. die Christen und Christinnen in der konkreten schweizerischen Gesellschaft kritisch-prophetisch präsent sein sollen und wollen, dann stellt sich die Frage nicht nur nach den „Strategien“ oder pastoralen Modellen, sondern nach möglichen Formen und Sozialstrukturen. Der Rückzug in sektenähnliche Gemeinschaften oder in ein starres institutionelles Gehäuse mag die einzelnen Mitglieder der Kirche psychisch entlasten und ihnen Sicherheit geben. Aber es ist leicht ein Rück-

[20] Vgl. H. J. Venetz, Kirche — gesellschaftliche Banalität oder ethische Überforderung?, in: Diakonia 19 (1988) 15—26.

zug von der Wirklichkeit in den Schutz kirchlicher Unterstände. Die Kirche verriete dadurch ihre missionarische Herausforderung. — Auf der anderen Seite kann sich die Kirche nicht einfach den gesellschaftlichen Mehrheitsverhältnissen und den Lebensattitüden des individualistischen Menschen in einer pluralistischen Gesellschaftsordnung unbesehen anpassen oder gar darin aufgehen. Sie verlöre ihre Kraft, „Salz der Erde" zu sein. In dieser Spannung ist in knapper Form das Verhältnis der Kirche zu ihren noch tragenden volkskirchlichen Stützen und insbesondere zu christlich orientierten politischen Gruppierungen zu bedenken.

(1) Was den *politischen Katholizismus* betrifft, so ist die historische Ausgangslage bekannt: Sein Kristallisationspunkt bildete die Verteidigung der Rechte der Kirche im Rahmen des neu entstandenen staats-liberalen Systems und die emanzipatorische Überwindung der wirtschaftlichen, sozialen und bildungspolitischen Benachteiligung der katholischen Bevölkerungsteile. — Neben den Liberalen und den im 20. Jahrhundert an Gewicht gewinnenden Sozialdemokraten stellten die Katholiken bis Ende der sechziger Jahre eine parteipolitisch dritte einflußreiche Kraft in der Schweiz dar. — In dieser Zeit war der politische Katholizismus gleichsam der auf die Politik Einfluß nehmende verlängerte Arm der Kirche, denn bezüglich Doktrin und Soziallehre war auch dieser Katholizismus kirchlich gebunden.[21] Von daher ist die kirchliche Kontrolle und Identifizierung der Kirche mit der „katholisch-konservativen Partei" sozusagen eine historische Logik gewesen. Aber diese Logik ist historisch inzwischen ebenfalls überwunden, und zwar infolge der dargestellten Auflösungserscheinungen des politischen und konfessionellen Blockdenkens. Die konservative und christlich-soziale Volkspartei hat sich im Jahre 1970 in „Christlich-demokratische Volkspartei der Schweiz" umbenannt und sich gleichzeitig für Protestanten geöffnet. Auch wenn sie sich auf eine allgemeine christliche Gesellschaftslehre abstützt, so besteht ihre Wählerschaft zu gut 90 Prozent aus Katholiken. Aber programmatisch entwickelte sich die eher rechts angesiedelte K-Partei zur C-Partei in der politischen Mitte. Während das katholische Verbandswesen zum Teil in einer Identitätskrise steckt, existiert die Christlich-demokratische Volkspartei in insgesamt unveränderter Bedeutung weiter. Aber das darf nicht darüber hinwegtäuschen, daß sich die CVP nicht zu einer umfassend christlichen Partei entwickelt hat, auch wenn sie sich auf die christliche Ethik als Grundlage beruft. Natürlich wird die Kirche es nur begrüßen können, wenn Politik auf der Basis des christlichen Menschen- und Weltbildes versucht wird. Aber sie wird auch einer sogenannten C-Partei gegenüber eine kritisch-prophetische Instanz sein müssen, sofern dem Ethos zwischen christlicher

[21] L. Karrer, Aufbruch der Christen, 50—59.

Botschaft und den echten Herausforderungen des individuellen wie gesellschaftlichen Lebens nicht entsprochen wird und wo wirtschaftliche Interessen und politisches Machtkalkül sich dieser spannungsvollen Verantwortung zu entziehen drohen. In diesem Sinn ist christliche Politik, in der Christinnen und Christen mit politischen Mitteln an der Entwicklung eines sozial verantwortlichen Rechtsstates mitwirken, nicht unbedingt nur an eine Partei oder an eine Gewerkschaft gebunden. Im Dienste solch bewußter Politikgestaltung steht auch die Kirche. Unmißverständlich spricht sich die Synode 72 des Bistums Basel dafür aus, wenn es heißt: „Die Kirche sieht in der Politik eine der möglichen und sogar bevorzugten Formen der christlichen Liebe ... Für die meisten ergibt sich aus solcher Liebe das gesellschaftliche Engagement auf verschiedener Ebene und in verschiedener Form, für manche auch der Eintritt in politische Organisationen und Institutionen der Gesellschaft und des Staates. Diese politische Aktion von Christen oder christlichen Gemeinschaften darf jedoch nicht aus Machtmotiven heraus erfolgen, sondern einzig ... als ein im Namen des Evangeliums zu leistender Dienst ... am Menschen und an der Gesellschaft. In diesem Sinn wird man somit von der ‚politischen Diakonie' der Kirche sprechen können" (Beziehung zwischen Kirche und politischen Gemeinschaften, Diözese Basel IX, 1.1.3).

Diese Worte mögen etwas fremd oder ideal klingen. Der Grundtenor ist indes unverkennbar, nämlich daß die Wahrnehmung politischer Aufgaben im Zusammenhang mit dem Evangelium und den praktischen Herausforderungsfeldern verpflichtend ist. Allerdings werden die Christen und Christinnen mit kritischem Auge sehen müssen, ob nicht ganz neue politische Formationen oft eine sensiblere Wahrnehmung neuer Nöte und Probleme signalisieren als die historisch ehrwürdig gewordenen etablierten Parteien. Wenn es um gerechtere Gesellschaftsstrukturen, um das Überleben der Schöpfung, um Abrüstung und Waffenausfuhrverbot, um die Zivildienstinitiative, um Flüchtlingspolitik, um Gentechnologie und Strafgesetzgebung usw. geht, wird kritisch-prophetisch zu prüfen sein, welche politische Gruppierung — wenn vielleicht auch von anderen geistigen Hintergründen her — sich in Pflicht nehmen läßt und vom berechtigten Anliegen her „Koalitionspartner" sein kann. Es wäre dann allerdings auch zu erwarten, daß die Christen und Christinnen sich nicht nur als Stimmvolk ansprechen ließen, sondern auch vom christlichen Welt- und Menschenbild in die Auseinandersetzung einzusteigen wagten. Gerade die „Ein-Themen-Parteien"[22] registrieren doch oft Nöte und Problemgruppen, denen keine Lobby zu Diensten steht. Ihrem Anliegen zum Recht zu verhelfen und andererseits die Verantwortung für das Ganze der Politik kritisch anzumahnen wäre ebenfalls politische Christenpflicht. Von daher ist

---

[22] Bei denen man auch wieder Mühe hat, ihnen die ganze Politik zu überlassen.

oft schwer zu verstehen, warum aus dem kirchlichen Milieu gerade zu den oben genannten Problemen nicht beherztere Solidarität mit den politisch wachen Kräften aufbricht!

Für das Verhältnis der Kirche zu den Parteien und Gewerkschaften ist eine offene Haltung bzw. eine Entflechtung historisch gewachsener Bindungen nur zu begrüßen. „Diese Unabhängigkeit zwischen Kirchen und Parteien begründet den Respekt vor den spezifischen Zuständigkeiten der jeweils anderen Körperschaft" (Yvan Rickenbacher). Sicher wird man von der Kirche keine fertigen Rezepte erwarten dürfen noch wollen. Aber Orientierungshilfen sind zu bieten, auf die Bedeutung der anstehenden Fragen ist aufmerksam zu machen, unterschlagene Themen sind zu benennen und vor allem bei widerstreitenden Interessen und gegenteiligen Positionen dürften gerade die Kirchen Forum und Plattformen zur Verfügung stellen, um zu vermitteln und zu diskutieren. Warum dürfen Pfarreien hier nicht mutiger sein oder so etwas wie Kirchentage oder regionale bzw. diözesane Katholikentage? Der Dienst der Kirche könnte durchaus auch darin liegen, Kontroversen zu offenen Meinungen in einem Stil austragen zu lassen, an dem die politische Kultur gewinnen könnte.

Grundsätzlich ist diese Position schon auf der Synode 72 des Bistums Basel vertreten worden: „Heute steht die Kirche grundsätzlich mit jeder Partei, deren Programm und Praxis eine ethisch verantwortbare Politik zum Ziel hat, in einem offenen Verhältnis. Der Pluralität im politischen Bereich Rechnung tragend, anerkennt sie, daß es politische Gruppierungen gibt und geben kann, die religiöse Forderungen zwar nicht öffentlich und unmittelbar geltend machen, deren Mitglieder aber, aus einer christlichen Verantwortung heraus, sich für das Wohl der Gemeinschaft engagieren ... Weil Gläubige gleichzeitig Mitglieder einer Partei und Glieder der Kirche sind, weiß sie einmal mehr, daß politische Pluralität auch in ihren Reihen hineingetragen wird" (IX, 1.2.3).

Fazit ist, daß die C-Parteien und auch andere politische sowie gewerkschaftliche Gruppierungen Aufgaben im Sinne des christlichen Ethos oder offen ihm gegenüber wahrnehmen können. Aber die Kirche kann ihre kritisch-prophetische Präsenz nicht mehr stellvertretend auf politische Organisationen übertragen, wie das früher der Fall gewesen sein mag. Die Organisationen sind selbst vom gesellschaftlichen Pluralismus eingeholt worden und haben sich überdies entideologisiert. Der Weg für eine kritisch-prophetische Präsenz geht primär über die einzelnen Christinnen und Christen. — Andererseits wird die Kirche über ihre Mitglieder für alle möglichen Träger dieser politischen Anliegen und Koalitionspartner auch „offensiv" offen sein müssen und sich durch ihre ethische Diakonie einmischen, will sie nicht den Gang in ein spiritualistisches Getto riskieren.

(2) Nebst dem kirchlich immer noch geprägten Wochen- und Jahresrhythmus gibt es auch das volkskirchliche Vereinswesen und das gewachsene und zum Teil wieder auflebende religiöse *Brauchtum*, das das kirchliche Leben mehr oder weniger bewußt trägt und definiert.
Es besteht kein Zweifel, daß der Modernisierungsschub der letzten 20 Jahre, die zunehmende Mobilität und der Einfluß der Massenmedien das in Jahrhunderten gewachsene religiöse Brauchtum, das im Rhythmus des Kirchenjahres und damit in der Freizeit und in der örtlichen Gemeinschaft verankert gewesen ist, aufgeweicht und teilweise aufgelöst hat.
Das nachkonziliare Klima, das fast notgedrungen auch überkommene „Bilder" stürmen mußte, war insgesamt für die Volksfrömmigkeit nicht eben günstig. Wie der Begriff Volksfrömmigkeit nahelegt, verbindet man damit ein „Rankenwerk" zum offiziellen Kult.[23] Sie erwächst aus dem Humus einer natürlichen Religiosität, die sich im bunten Treiben von Festen, Spiel, Tanz sowie in Riten, Symbolen, Zeremonien, Kunst, Bräuchen, Prozessionen und Wallfahrten im Kreislauf des Jahres und im Leben usw. allgemeinverständlichen und kommunikativen Ausdruck sucht.
Zu Recht betont die Synode 72 des Bistums Basel unter der etwas verräterischen Überschrift „Traditionelle und moderne Ausdrucksformen religiöser Haltung", daß die kollektive Äußerung innerer religiöser Überzeugungen und Gefühle im Wesen des Menschen begründet liege, der „in seiner leibseelisch-geistigen Einheit auf Sichtbares, Sinnhaftes, Konkretes angewiesen ist" (Gebet, Gottesdienst und Sakramente im Leben der Gemeinde, Diözese Basel II, 8.1). Die berechtigten Warnungen fallen differenziert aus: „Wir wissen, daß im Bereich, der uns hier angeht, seit eh und je Schwärmertum, Fundamentalismus (also starres Festhalten am Wortlaut der Bibel oder dogmatischen Formulierungen, hartnäckiges Sträuben gegen jeden Wandel der Institutionen und Kultformen usw.), die Tendenz zu Magie und Aberglauben sich breitmachen: man hängt an Formeln, ist süchtig nach Außergewöhnlichem, man will sich mit Praktiken und Gebetsleistungen übernatürlicher Hilfe versichern und letztlich über Gott verfügen ..." (II, 8.1.3.). Wer nur ein wenig auf die Geschichte achtet, wird diese Mahnungen verstehen.
Wenn es dann aber heißt, daß die genannten Phänomene an ihrer Eignung zu messen sind, die grundlegenden Werte des Christentums zu vermitteln und zu tragen (II, 8.2.1), dann ist dies nach meiner Ansicht eine zu rationalistische und helvetisch nüchterne Einschätzung, weil Volksfrömmigkeit darin nicht mehr als Ort der Sprachsuche und Symbolfindung bzw. als leibseelischer Ausdruck für religiöse Gehalte verstanden wird, sondern allzusehr auf ihre funktionale Bedeutung eingeengt bewertet

[23] Vgl. A. Heinz, Volksfrömmigkeit, in: Ch. Schütz (Hrsg.), Praktisches Lexikon der Spiritualität (Freiburg i.Br. 1988) 1381.

wird. Wenn religiöse Ausdrucksformen auf ihre funktionale Brauchbarkeit reduziert werden, dann werden Wachstumsgesetze allzu eng eingeschnürt und phantasielos begradigt. — Mit kritisch-prophetischer Präsenz ist eben nicht allein oder mehr als eine nur sozial-politische Ausrichtung oder eine funktionale Verzweckung gemeint, sondern auch die Verankerung in der Lebensweise der Menschen und in den umfassenderen gemütshaften Ausdrucksformen. Manche Menschen verlassen die Kirche auch deshalb, weil die Gottesdienste so wortreich und damit intellektuell überladen, zum Teil sehr trocken und symbolarm und damit gemütslos, ohne Charme und so wenig „sinnenfroh" geworden sind.

Nicht zuletzt durch die Impulse der Befreiungstheologie und der Basisgemeinden in der Dritten Welt sind wir erneut darauf aufmerksam geworden, daß Religiosität „von unten" kommen und wachsen muß. So sehr die Volksfrömmigkeit von der Liturgie inspiriert sein muß, so gewinnt andererseits die Liturgie selbst, wenn sie die Erwartungen und Formen der Volksreligiosität aufnimmt und erfüllt: Festlichkeit, Zeichen der Gebärden, Phasen der Stille, Musik und Tanz, Vielfalt von Andachten, Gebetsformen, Wallfahrten, Ranfttreffen, Sternsingen usw. Auch religiöses Leben bedarf des Konkreten und der Sinnenhaftigkeit im Schauen, Hören, Riechen, Gestalten; es bedarf der Symbole, die erlebnisecht (und nicht „kitschig") eine Brücke zwischen weltlicher und religiöser Lebenswirklichkeit bilden; und es bedarf der die Volksfrömmigkeit tragenden Gruppen, denn die Symbole und die Sinnenhaftigkeit führen ihrerseits die Menschen zusammen und bilden Kontakte und Gemeinschaft. Sind nicht gerade die Gottesdienste der Frauenkirche Wege in diese Richtung?

Von einer solchen Wert-Schätzung der Volksfrömmigkeit ausgehend wird man sich mit der mühsamen Trennung zwischen „religion savante" und „religion populaire" nicht abfinden wollen. Wenn aber Liturgie zu einer trockenen „fast-food-liturgy" verkommt und einseitig auf Zwecke hinorientiert wird oder mit kitschigen Gesten versucht wird, eine nicht vorhandene Nähe oder Begeisterung zu mimen, dann wird man nicht staunen, dass manche Reißaus nehmen und anderswo religiöse Nahrung und religiöse Heimat suchen. Auch in der Kirche Schweiz gibt es neben großartigen und stimmigen Gottesdiensten eben auch ausgekühlte und an Langeweile erstickende und lieblose Liturgien, bei denen es für die psychische Gesundheit jener spricht, die nicht mehr kommen (wollen). Das ist deshalb mit allem Ernst anzusprechen, weil eine überzeugende Präsenz der Kirche in der Schweiz entscheidend damit zu tun hat, daß die einzelnen Christen und Christinnen auch persönlich und gemütshaft erreicht werden können und in der Kirche bzw. in der Pfarrei ganzheitlich ankommen dürfen. Allerdings, wenn Tanz, Gebärden und Gesten nicht ausstrahlen und sorgfältig vorbereitet werden, kann Liturgie zu einem dilettantisch-naiven und banal-lächerlichen Getue verkommen. Liturgische Symbole

sind sensible und diskrete Zeichen (von daher kann man nur bedauern, daß Liturgik in der Ausbildung Stiefkind ist).
Von daher müssen christliches Volksbrauchtum und volkskirchliches Vereinswesen, das Brauchtum trägt und fördert, sich auf Symbolformen und -handlungen verstehen, welche als menschlich-existentiell sinnvoll erlebt und erfahren werden können und mindestens den Weg zu einer biblisch fundierten Frömmigkeit nicht verbauen (z.B. durch magisch wirkende Rituale und entfremdende Praktiken). — Aber grundsätzlich ist ein Christentum, das nicht auch volkskirchlich-religiös für die Menschen erlebbar und in deren Lebenswelt verankert ist, bedroht. Denn: in Reinform gibt es das Christentum nicht. Der Vergleich mit dem Alkohol kommt dabei in den Sinn[24]: Er würde ohne Verbindung mit anderen Substanzen oder Aromata verdunsten und sich gleichsam auflösen. Ähnlich ist es mit dem gelebten Glauben: Lebensfähig ist er nur in Verbindung mit dem alltäglichen Leben, mit konkreten Erfahrungen und „vereinseitigenden" Handlungsfeldern. Ein Christentum der „reinen" Lehre und der ausschließlich inneren Gesinnung löste sich elitär, schöngeistig oder spiritualistisch auf. Es bliebe folgenlos und ohne Spuren und Saat in den Furchen des Lebens.
In diesem Sinn ist das Christentum auf der Erlebnisebene naturgemäß synkretistisch, wie Leonardo Boff in eindrucksvoller Argumentation dargetan hat.[25] Nach ihm ist der Synkretismus — trotz seiner möglichen Pathologien — ein konstitutives und universales Phänomen jeder religiösen Manifestation.[26] Feste, Riten, Traditionen und religiöse Inhalte wurden übernommen, assimiliert und christlich interpretiert und bildeten schließlich den Symbolreichtum der katholischen Kirche.[27] Ohne diese Fähigkeit zur Inkulturation wäre es der Kirche zum Beispiel gar nicht möglich, ihre Identität zu finden.[28]
So ist es eigenartig, wenn im Missionsdekret des Zweiten Vatikanischen Konzils rigoros unter der Überschrift „Teilkirchen" darauf gedrungen wird, jeden „Anschein von Synkretismus und falschem Partikularismus" auszuschließen (Ad gentes 22). Wo wären unsere Weihnachtsfeiern und Osterbräuche usw., wenn man sie von allen heidnischen Ursprüngen reinigen und befreien wollte? Das Kirchenjahr geriete aus den „Fugen".
Im Gegenteil ist für viel größere Anstrengungen zu plädieren, Volksreligiosität und entsprechendes Brauchtum wahrzunehmen und sinnvoll zu pflegen. Entscheidend ist dabei, daß die Symbole und der Formenreichtum für

---

[24] L. Karrer, a.a.O., 156; s. auch: E. Schulz, Erneuertes Miteinander von Theologie und Volksreligiosität?, in: Theologie und Gegenwart 33 (1990) 307—314.
[25] L. Boff, Kirche: Charisma und Macht (Düsseldorf 1985) 164—194.
[26] Ebd., 171.
[27] Ebd., 173.
[28] Ebd., 286.

die heutigen Menschen authentisch, echt und nicht künstlich aufgezwängt sind. Auch dies wäre einer der Wege des schweizerischen Katholizismus zu sich selber. Er fände darin Züge seines eigenen Antlitzes. Zudem könnte das pfarreiliche Leben bis hin zur Gestaltung der Gottesdienste ohne Zweifel daraus fruchtbare Lebendigkeit ziehen. Denn religiöse „Begabungen" und Ausdruckweisen gewinnen an erlebnishafter Tiefe, wenn sie sich mit den Werten des Gemütes verbinden und diese gepflegt werden.

5. Präsenz in der Öffentlichkeit über die Medien

Auch in diesem Bereich ist die wuchtige Herausforderung deutlicher zu spüren als im Detail intellektuell zu verarbeiten und auf Handlungskonzepte umzudenken. „Die Kirchen in der Schweiz engagieren sich in der Medienarbeit, um einerseits in den Medien präsent zu sein und auch so ihre (biblische) Botschaft an die Menschen herantragen zu können und um anderseits ihren Beitrag zu einer menschenwürdigen Entwicklung des Medienwesens zu leisten."[29] Damit ist der hohe Anspruch der Aufgabenstellung prägnant umschrieben. Die Grundlagen dafür sind in der Pastoralinstruktion „Communio et Progressio" (1971) gelegt worden, ein Dokument, das sein grundsätzliche Bedeutung bis heute nicht verloren hat (Ambros Eichenberger).

(1) Im Sektor der audio-visuellen und *elektronischen Medien*, deren Entwicklung geradezu atemberaubend ist, sichert die römisch-katholische Kirche ihre Präsenz vor allem durch ihr Angebot an Informationen und weiteren Dienstleistungen an die Medien, das heißt an die Medienschaffenden. Die (nicht-staatliche) schweizerische Radio- und Fernsehgesellschaft (SRG) ist als Verein organisiert und erhält durch die Konzessionen des Bundesrates eine öffentliche Aufgabe. Die Kooperation der Kirche(n) bezieht sich auf die drei sprachregionalen Fernsehprogramme (inklusive Programme in rätoromanischer Sprache) und auf Radioprogramme (davon 8 sprachregional und 1 international).
Entsprechend den Sprachregionen hat die katholische Kirche Schweiz drei Radio- und Fernsehdienste eingerichtet, die sich bei der Mitwirkung an den SRG-Programmen engagieren: das Centre catholique de radio et de télévision (CCRT) in Lausanne, das Centro cattolico per la radio et la televisione (CCRT) in Lugano und der Katholische Mediendienst KM (bis Ende 1989 Arbeitsstelle für Radio und Fernsehen: ARF und Filmbüro) in Zürich für die Programme der deutschen und rätoromanischen Schweiz. Die ersten beiden Stellen im Tessin und in der Westschweiz sind

[29] R. Weibel, Schweizer Katholizismus heute (Zürich 1989) 47.

bei dieser Kooperation freier als die Stelle in Zürich. Dafür ist letztere vielfältiger und umfassender, vor allem was die medienpädagogische und publizistische Seite sowie Filmdokumentation, filmkulturelle Aktivitäten und Produktionsförderung betrifft; dazu gehört auch die Mitredaktion der ökumenischen Medienzeitschrift „Zoom".

Was den geschichtlichen Werdegang bis zum Katholischen Mediendienst (KM) betrifft, so gehen die beiden früheren Stellen ARF und Filmbüro auf die Initiativen des Schweizerischen Kath. Volksvereins (SKVV) zurück. Denn über 60 Jahre lang stand die kirchliche Medienarbeit im Bereich der elektronischen Medien in seinem Zeichen und unter seiner Führung. Die Arbeit des Filmbüros ging auf Laien zurück, die die Zeichen der Zeit erkannten, pionierhaft und tatkräftig unterstützt von Geistlichen (vor allem Filmarbeit). Mitte der sechziger Jahre entstand die Arbeitsstelle für Radio und Fernsehen (ARF) mit entsprechenden Kommissionen, überdies die kirchliche audiovisuelle Medienstelle sowie die Kath. Filmkommission (SKFK) mit Filmberatung und -verleih (heute Selecta-Zoom). Die frühere ARF betreute zudem den „Pressedienst Medien pdm", eine Beilage der KIPA (Kath. Internationale Presseagentur, Freiburg).

Für die entsprechenden Kommissionen, vor allem aber für das Verhältnis zur Schweizerischen Bischofskonferenz bzw. Deutschschweizerische Ordinarienkonferenz (DOK), wurden Statuten erstellt bzw. Vereinbarungen getroffen (z.B. jene zwischen der DOK und dem SKVV betreffend die Wahrnehmung der Verantwortung für Film bzw. Radio und Fernsehen vom 17. Juni 1982). Die Kooperation zwischen den Landeskirchen und Radio/Fernsehen DRS wurde in einer eigenen, heute noch gültigen Vereinbarung geregelt (1979).

In den späten achtziger Jahren drängte sich indes eine Neustrukturierung der katholischen Film-, Radio- und Fernseharbeit auf, welche die mit großem Engagement geleistete Arbeit des SKVV im medienpolitischen Bereich der gewandelten Situation anpassen und unter einer erweiterten Trägerschaft in die neunziger Jahre weiterführen sollte. Im Hintergrund wurden der Wandel in der Kirche selber und natürlich die Veränderungen in der Medienlandschaft spürbar. Vor allem galt es für die kirchlichen Medienstellen, im Bereich der kirchlich mitverantworteten Sendungen (z.B. Radiopredigt, Gottesdienste, Wort zum Sonntag) das Zusammenspiel zwischen Kirchenleitung, Radio- und Fernsehkommission und dem Bischöflichen Beauftragten klarer zu regeln. Des weiteren sollte die kirchliche Medienarbeit insgesamt auf eine breitere Basis abgestützt werden, denn der Schweiz. Kath. Volksverein sah sich nicht mehr in der Lage, die Interessen der Katholikinnen und Katholiken der deutschsprachigen Schweiz und des Fürstentums Liechtenstein im Bereich der elektronischen Medien wahrzunehmen. Zudem sollte eine Neustrukturierung möglichst eine Vereinfachung der Arbeitsabläufe und einen wirksamen Mitteleinsatz bringen. Mit der Gründung des Vereins für katholische Medienarbeit und für den audio-visuellen Bereich in der deutschsprachigen Schweiz und im Fürstentum Liechtenstein (VKM) im März 1987 wurde diesen Anliegen Rechnung getragen. Dieser Trägerverein besteht namentlich aus schweizerischen, regionalen und kantonalen katholischen Dachverbänden und Organisationen, Bildungsinstitutionen und Seelsorgeräten, der Röm.-kath. Zentralkonferenz und dem Fastenopfer.

In einem Vertrag mit der Deutschschweizerischen Ordinarienkonferenz (DOK) ist der VKM als Träger kirchlicher Medienaufgaben anerkannt, der die Verantwortung bei den kirchlich mitverantworteten Sendungen bei Radio und Fernsehen in Zusammenarbeit mit dem bischöflich Beauftragten (zur Zeit P. Willi Anderau) wahrnimmt. -- Die Verantwortung und Arbeit des Kath. Medienvereins (VKM) und des Kath. Mediendienstes (KM) werden begleitet und mitgetragen von der Filmkommission, der Zoom-Herausgeberkommission (ökumenisch), von der Fernseh- und Radiokommission und vom Arbeitskreis „Medien — Dritte Welt".

Diese und weitere Reorganisationen wie auch Personalwechsel haben nur zu deutlich an den Tag gelegt, daß es mit dem für uns Schweizer typischen Pragmatismus nicht getan sein kann. Für die Zukunft werden auf der Basis sachkompetenter Analysen Leitbilder für die Medienarbeit insgesamt erarbeitet werden müssen, die Zielvorstellungen und Impulse abgeben für eine Konzentration der Kräfte im medienpädagogischen, medienpublizistischen und vor allem auch im medienpolitischen Bereich. Es geht um ein Handlungskonzept für die kulturelle Diakonie der Kirchen auf diesem Feld unumgehbarer Aufgaben und Herausforderungen. Dafür hat der VKM eine eigene Reflexionsgruppe gebildet, die mit einem analogen Arbeitskreis auf evangelischer Seite zusammenarbeitet.

Auch wenn die Medien selber, vor allem Radio und Fernsehen (SRG), konzeptionell und vor allem wirtschaftlich in die Krise geraten sind, so sind deren Bedeutung und Einfluß auf das Bild in der Öffentlichkeit und auf die Bilder in der Öffentlichkeit kaum zu konkurrenzieren.[30] Aber „unschuldig" sind sie in der Tat nicht. Die Kommerzialisierung von Fernsehen und Radio und die Machtkonzentration bei Multi-Media-Unternehmen bewirken eine Deregulation der Medienlandschaft[31], die auch die öffentlichen Medienanstalten in der Schweiz in die Defensive abdrängt; sie lassen ahnen, daß die Medien alles andere als unbewacht sich selbst überlassen bleiben dürfen. M. Loretan spricht von der „zerstreuenden" Auswirkung insbesondere des Fernsehens: „Im televisonären Schlaraffenland wird der

[30] Vgl. dazu: N. Postman, Wir amüsieren uns zu Tode (Frankfurt 1985); F. Hänni, M. Loretan, U. Meier (Hrsg.), Schöne Fernseh-Aussichten (Basel 1988).

[31] Vgl. die Hinweise bei M. Loretan, Deregulierte Television, in: F. Hänni u.a. (Hrsg.), a.a.O., 141—148.

Globus zum elektronischen Dorf, das Fernste intim, die Wirklichkeit als Widerstand für die Erfahrung abgeschafft. Wer ‚im Bilde sein', wer wissen will, was es draußen gibt, der hat sich nach Hause zu begeben, wo die Ereignisse, zum Schauen bestellt, schon darauf warten, wie Leitungswasser aus den Röhren zu schießen. Wer daheim über Weltbilder verfügt — was soll er draußen, im Chaos des Wirklichen, sich für ein Anliegen von nur lokaler Bedeutung engagieren? Der in seinem Privatreich verwöhnte königliche Zuschauer läßt Restbestände nicht-medien-vermittelter Erfahrung und Kommunikation verkümmern."[32] Da erst im Zusammenhang Verbindlichkeit bzw. Sinn aufgeht, ist seine Mahnung sehr zu beherzigen: „Ohne Versuch, den Bezug zum Ganzen (in aller Vorläufigkeit) mitzudenken, zerfällt die Wirklichkeit in ihre Einzelteile, wird beliebig. Und genau das werfe ich den heutigen Medien vor: sie zerstreuen. Diese Tendenz wird durch die Kommerzialisierung noch verstärkt."[33] Die Liberalisierung und der Abbau staatlicher Monopole werden zum Eingangstor für die Kommerzialisierung; das Informationsniveau sinkt beträchtlich und orientiert sich am Modell der Show. Zudem ermöglichen Kabelanschlüsse und Satellitenfernsehen den Empfang von Programmen rund um die Uhr und erschweren eine gezielte Auswahl.[34]

Es scheint festzustehen, daß die elektronischen Medien mit ihrer Erweiterung unseres Informationsradius und mit ihrer Beherrschung unserer „Unterhaltung" und mit der Gefahr der Banalisierung in die letzten Nischen unserer Lebenswelt einsickern. Die Frage ist nun, ob sie Instrumente der Solidarisierung sind und im Dienste der nahen und weltweiten Kommunikation stehen oder ob sie auch desolidarisieren und zwischenmenschliche Kommunikation und damit gewachsene Solidaritätsstrukturen zerstören oder lautlos verlanden lassen. Das scheint mir die grundsätzliche Frage zu sein.

Für die Strategie der Kirche ist guter Rat teuer, wenn der europäische Rundfunk zunehmend über den Markt organisiert wird und private Lokalradios in der Schweiz (die ja oft von den Zaren der Print-Medien gelenkt sind) und kommerzielle Fernsehprogramme (SAT 1, RTL . . .) in unser Land einstrahlen. Wie sollen sich die Kirchen darauf einstellen? „Wäre es wohl ratsamer, die medien- und gesellschaftspolitischen Ideale aufzugeben, um befreit von lästigem Ballast auf den angefahrenen Zug ins neue Medienzeitalter aufzuspringen? Oder weniger polemisch gefragt: Wie verträgt sich die der freien, chancengerechten und sachkompetenten Meinungsbildung verpflichte-

---

32 M. Loretan, Das elektronische Dorf, in: Kolping 6/89, 25.

33 In: pdm 6/89, 2.

34 Am Beispiel Frankreich aufgezeigt von W. Lesch, Medienethik unter „postmodernen" Bedingungen (MS 6-16), erscheint demnächst in: A. Holderegger/M. Loretan (Hrsg.), Grundlegung einer Ethik der Medienkommunikation (Freiburg Schweiz 1991); vgl. auch O. Fuchs, Kirche-Kabel-Kapital (Münster 1989).

te Medienpolitik der Kirchen mit dem pragmatischen Zusammengehen mit privaten, allenfalls auch primär kommerziell interessierten Rundfunkveranstaltern?" (M. Loretan — A. Croci). Von solchen Fragen unbelastet steuern freikirchliche und z.T. fundamentalistische Gemeinschaften einen pragmatischen Kurs. Was kann man dazu grundsätzlich sagen?

(2) Präsenz der Kirchen in der Medienarbeit bedeutet von der Zielsetzung her eine Anwaltschaft für die bedrängenden Menschheits-Sorgen und Probleme und Dienst an der öffentlichen Kommunikation, aber auch für diejenigen, denen keine Stimme gegeben ist und um die sich keine Lobby reißt. Auch wenn man weiß, daß die konkrete praktische Arbeit in die Mühsal kleiner Schritte münden muß und vom Kompromiß zwischen dem Möglichen und dem Wünschbaren leben wird, so ist doch der Auftrag selber in sein Recht einzusetzen, ob nun die Kirche im „Reich der Medien" gefragt ist oder nicht.
Kulturelle Diakonie im Bereich der Medien, aber auch gegenüber den Medien, kann dann auch heißen, daß die Christen und Christinnen über die Medien die Quellen ihrer Hoffnung und damit das Thema der christlichen Botschaft klar benennen und um Transparenz über den eigenen Standort und Standpunkt der Kirche(n) besorgt sein müssen. Dabei handelt es sich nicht nur um eine offene und zugleich kultur- bzw. medienkritische Begleitung der Medienarbeit, sondern auch um einen Dienst in der Vermittlung der im Glauben an Jesus Christus eröffneten Lebens-Hoffnung.
Die Alternative „kritische Begleitung der Medienarbeit in der Schweiz" *oder* „Verkündigung durch die Medien" wäre von daher grundsätzlich zu hinterfragen und zugleich zu prüfen, in welchen Formen und mit welchen Prioritäten diese kulturelle Diakonie und in deren Sinnspitze „religiöse Diakonie" unsererseits wahrgenommen werden. Die Schwierigkeiten dieser Fragen dürfen nicht von ihrer Notwendigkeit ablenken.
Der kirchlichen Medienarbeit käme in diesem grundsätzlichen und praktisch-politischen Spannungsfeld eine ohne Zweifel sehr bemühende Scharnierfunktion zu, da sie sich nicht nur über die Kirche, aber auch nicht nur über die Medien definieren kann, sondern über beide. So käme es darauf an, die Impulse und Rückfragen aus dem ganzen Bereich der Medien und der „Mediengesellschaft" mit ihren Fragen und Wahrnehmungen in die Kirchen hinein zu vermitteln, aber ebenso eine kritisch-prophetische Präsenz als kulturelle Diakonie der Kirchen in der Welt der Medien wahrzunehmen.
Auch wenn man zugeben muß, daß die medienrechtliche Situation der Kirchen in der Schweiz im Vergleich zu benachbarten Ländern in etwa labil zu nennen ist und gerade die katholische Kirche im Bereich der Kultur nicht gerade als schöpferischer Faktor wahrgenommen wird, so hat sich eine biblisch fundierte kulturelle Diakonie den Problemen zu stellen und

den „Sinnwert" der christlichen Botschaft und den Erfahrungsreichtum der Kirche(n) schöpferisch und einladend, aber auch die Geister scheidend und unterscheidend einzubringen. Nicht nur die Kirche in ihrer institutionellen Selbstdarstellung ist nicht unschuldig; auch die herrschenden elektronischen Medien und der Journalismus sind es nicht. So ist durchaus zu fragen, welche Rolle die Medien spielen im Zusammenhang mit der verflachenden Tendenz einer eindimensionalen Zivilisation (E. Fromm, H. Marcuse, aber auch G. Marcel u.a.) infolge der technischen Fortschritte mit ihrer Spezialisierung und Vereinzelung des Menschen, der sich zurückzieht, in die private Lebenswelt. Obwohl der Durchschnittseuropäer informationsmäßig weltläufig geworden ist, nimmt zwar das Faktenwissen im Detail zu, aber das Ganzheitswissen (Werte, Konsens...) wird diffuser. Etwas salopp ausgedrückt: Wir wissen immer mehr und werden irgendwie dennoch dümmer. In dieser Entwicklung wird der einzelne Mensch gerade von den elektronischen Medien immer noch abhängiger. So denke ich, daß die Kirche angesichts dieser Situation eine wichtige kulturelle Diakonie wahrzunehmen hätte, um dieser funktionalisierten Intelligenz und zerstreuenden Wirklichkeitswahrnehmung (M. Loretan) oder „Inszenierung einer Scheinobjektivität bzw. Illusion" (W. Lesch) mit dem Verlust ganzheitlicher Orientierung und Entfaltung zu begegnen. Dieser Sinn-Analphabetismus ist als Herausforderung anzunehmen; Kirche könnte sozusagen Anwältin des unterschlagenen Ganzen sein. — Wird das Ziel nicht zu hoch gesteckt? Die Kirchen haben doch höchst bescheidene Mittel und beschränkte Chancen. Entscheidend ist, daß sie nicht an engen Eigeninteressen hängenbleiben, sondern ihr Anliegen einbringen — ohne dabei zu vergessen, daß die eigene kirchliche Praxis darüber entscheidet, ob Kirche ernst genommen wird. Technikfeindliche Verweigerung wäre auch kein Weg, sondern begründete Kritik am ökonomisch gesteuerten Ausschließlichkeits-Prinzip des Technischen — durch Wege ethischer Kooperation.

(3) Nach diesen mehr grundsätzlichen Hinweisen ist allerdings daran zu erinnern, daß es gerade die Kirchen der Schweiz gewesen sind, die im Jahre 1983 in den berühmten „Kirchen-Thesen" unter dem Titel „Zur Entwicklung der Massenmedien" Kriterien für eine ihren Funktionen entsprechende Medienordnung formuliert haben. Obwohl diese Thesen vom schweizerischen Hintergrund[35] her formuliert sind, haben sie weit über die

[35] Im Unterschied zu Deutschland, wo die Kirche durch ein eigenes Hörfunkprogramm bzw. bei der Programmgestaltung der öffentlichen Medienanstalten günstig gestellt und mit großer Freiheit ausgestattet ist, sind die Kirchen in der Schweiz lediglich im Bereich der Print-Medien Anbieter, während es bei Radio und Fernsehen nur eine vereinbarte Kooperation gibt. Im Bereich des Films sind sie — allerdings in höchst bescheidenem Maße — durch Unterstützungsbeiträge als Produzenten tätig.

Grenzen unseres Landes positive Echos ausgelöst. Es ist nur zu wünschen, daß diese Thesen aufgrund der veränderten Lage konkret weitergeschrieben und vertieft werden; denn es kann den Fragen nicht ausgewichen werden, die sich den Kirchen angesichts der Medienkommerzialisierung stellen. Es darf nicht dahin kommen, daß sich die Kirchen der Medien nur noch als taktischer Kanäle bedienen und dabei ihre kritisch-prophetische Programmpolitik verlieren.

Das bedeutet insgesamt für den Verein für katholische Medienarbeit (VKM) und für die ihm zugeordneten Medienstellen und Kommissionen, Optionen zu treffen für eine kompetente Medienpädagogik, für eine kritische Medienpublizistik und — wie ich meine — für eine offensivere Medienpolitik[36] — und dies möglichst in ökumenischer Gemeinsamkeit. Diese Absicht ist inzwischen auf der Ebene der Trägervereine, der Radio- und Fernsehkommissionen und auf der Ebene der Medienstellen geplant oder vertieft worden. Dabei haben vor allem die bisherigen Kontakte der kirchlich Beauftragten und der jeweiligen Stellenleiter eine bewährte Kooperation schon Tradition werden lassen. Probleme ergeben sich im publizistischen Feld („Zoom"). Aber gerade die Medienpublizistik wird ein wichtiges Instrument sein, um sich in der Medienlandschaft im Sinne einer kritisch-prophetischen Präsenz Gehör zu verschaffen. Damit werden „alte" Anliegen der Synode 72 aufgegriffen (Information und Meinungsbildung in Kirche und Öffentlichkeit, Diözese Basel XII, 4.5.1).

Die Kooperation im Tessin (Valerio Crivelli) und in der Westschweiz (André Kolly) ist viel enger und weiter ausgebaut. Die kirchlich Beauftragten können beispielsweise bei Gottesdienstübertragungen eigenverantwortlich bestimmen; zum Teil wirken sie als Produzenten von religiösen Sendungen mit.

Im Blick auf das künftige kirchliche Planen und Handeln im Bereich der audiovisuellen und elektronischen Medien kommen auch im Raum der Kirche immer stärker grundsätzliche Fragen zur Sprache. Daraus entstehen Konflikte, die zunehmend öffentlich werden und die Gefahr der Verfrontung bringen. Gleichzeitig zeigt sich auch eine zunehmende Gleichgültigkeit, oft sogar Überdruß, sich an solchen Auseinandersetzungen zu beteiligen. Auch die Leitbilddiskussion beim Katholischen Medienverein (VKM), die einer offensiveren Gangart dienen soll, ist bis vor kurzem über eine reaktive Textkritik noch nicht hinausgediehen.

Grenzüberschreitende Einflüsse, Entwicklungen und Abhängigkeiten in wirtschaftlicher, wissenschaftlich-technologischer und kultureller Hin-

---

[36] Übrigens auch kritisch gegenüber gelegentlicher Berichterstattung über kirchliche Ereignisse und Konflikte, die zuweilen das journalistische Niveau unterschreitet und durchaus dem Vorurteil der handwerklichen Mittelmäßigkeit oder Kleinkariertheit bei einigen Medienschaffenden in der Schweiz Vorschub leistet.

sicht nehmen zu. Wirtschaftliche Ziele werden immer stärker. Es stellt sich durchaus die Frage, ob die Kirchen in Zukunft, wenn sie in den öffentlichen und privaten Medien präsent sein wollen, ganz neue Wege der „finanziellen Beteiligung“ (eine Art Sponsoring) überlegen müssen. — In der Schwierigkeit der rechtlichen Regelung des Medienbereiches zeigen sich allgemeine Probleme: Komplexität der Materie; Fehlen einer allgemeingültigen ideellen Zielsetzung; Unterschiedlichkeit der Interessen, zumal die wirtschaftliche und gesellschaftliche Macht im Bereich Massenmedien/Telekommunikation Interessen steuert und gleichzeitig Konsumverhalten lenkt und verstärkt. — Die Aufgabe der kirchlichen Medienarbeit, ihrer Stabsstellen, Kommissionen und ihrer verantwortlichen Träger besteht somit darin, einen kompetenten Beitrag beizusteuern, daß die sogenannten Massenmedien den Menschen, Gruppen und der gesellschaftlichen Kommunikation dienen.

Bei Programmen, die kirchenamtliche Aussagen und kirchliche Veranstaltungen verbreiten, ist aktiv mitzuwirken mit dem Ziel, Programmqualität und notwendige Authentizität („Wahrheit“) sicherzustellen. Im medienpolitischen Meinungsbildungs- und Entscheidungsprozeß sind die spezifisch christlichen Anliegen wirksam einzubringen und medienkulturelle Entwicklungen und Ereignisse (wie Filmfestivals, Preisverleihungen, Filmförderung usw.) zu unterstützen, damit einerseits auch die religiöse Dimension zum Tragen kommt und andererseits die Befindlichkeit der Menschen und ihre Suchbewegungen wahrgenommen und aufgenommen werden. In diese Richtung geht auch die Förderung all jener Initiativen, die eine Ethik der Kommunikation in den Medien unterstützen.

Um all diesen nur global genannten Zielen gerecht werden zu können, sind im Bereich der katholischen Kirche eine noch engere Zusammenarbeit mit den anderen Kirchen, eine breitere Vernetzung an der Basis und mit anderen kirchlichen Stellen und Instanzen, aber auch die Kontakte mit den Programmverantwortlichen bei Radio und Fernsehen[37] zu intensivieren, vor allem aber die Fachstellen finanziell stabiler abzusichern und das große Problem der Nachwuchsförderung anzugehen.

Um die Mitarbeit bei den Medien, die Unterstützung der Bildungsarbeit im Bereich „Dritte Welt und Mission“ mit Film- und TV-Mitteln, die Medienkritik und -publizistik, die Sorge um Medienethik, -politik und -kultur, Produktion und Verleih, Medienbildung und in diesem Zusammenhang die Weiterführung der (allgemein geschätzten) Dokumentation sowie die notwendigen internationalen Beziehungen zu sichern und zu ermöglichen, werden der Katholische Medienverein (VKM) und alle mit ihm zusammenarbeitenden Instanzen gar nicht darum herumkommen, ei-

[37] Beim Kirchengespräch mit den Programmverantwortlichen von Radio und Fernsehen DRS im Herbst 1990 sind verstärkte Kontakte schon für 1991 vereinbart worden.

ne offensivere Politik kirchenintern und nach außen zu vertreten. — Vom skizzierten Anliegen her stellt sich nicht nur die Frage nach dem zu beschreitenden Weg, sondern auch die Frage nach den personellen und wirtschaftlichen Mitteln. Die Aussichten dafür stehen zur Zeit alles andere als günstig.

(4) Im Zusammenhang mit den elektronischen Medien sind auf der grundsätzlichen Ebene Aspekte schon berührt worden (z.B. Zielsetzung), die sich natürlich auch auf den Bereich der *Print- bzw. Druck-Medien* beziehen. Natürlich hat es die Kirche in diesem Bereich — ähnlich wie bei den Lokalradios und Lokalfernsehsendern — mit meist privatwirtschaftlich orientierten Organisationen und Einrichtungen zu tun. Die Druckmedien sind auch dementsprechend vielfältig und kaum bis ins Detail überschaubar. Die Kirche kann hier insgesamt nicht auf Vereinbarungen zurückgreifen, sondern ist ganz vom Interesse der Inhaber oder der Programmverantwortlichen abhängig und von ihrem eigenen Angebot und den Diensten, die sie zur Verfügung stellt.
Vor allem zur Öffentlichkeit in der Tagespresse mußte die Kirche Schweiz durch Informationsbeauftragte und sogenannte Medienstellen ein Verhältnis finden. 1967 hatte die Schweizerische Bischofskonferenz zu ihrer ersten Pressekonferenz eingeladen.[38] Inzwischen sind sie zu einer Selbstverständlichkeit geworden; und vierteljährlich laden die Informationsbeauftragten der Bischofskonferenz und des Schweiz. Evangelischen Kirchenbundes zu Pressegesprächen nach Zürich oder Lausanne ein, um zu informieren. Mit diesen Initiativen reagierte die Bischofskonferenz nicht nur auf den „Markt", sondern setzte damit Empfehlungen des Konzilsdekrets über die sozialen Kommunikationsmittel „Inter mirifica" (1963) in die Tat um (2, 21, 22). Das gleiche Dekret, das zwar nicht gerade zu den Prunkstücken unter den Konzilsergebnissen zu zählen ist, hat den alljährlichen Mediensonntag (mit dem Medienopfer) angeregt (18).
Die bis heute geschätzte Pastoralinstruktion „Communio et Progressio" (1971) hat die Notwendigkeit von Pressesprechern, Informationsbeauftragten und kompetenten Medienstellen etc. konkret betont, und die Einlösung dieser Postulate ist von der Synode 72 (Diözese Basel, XII, 2.1.2; 5.1.2) energisch angemahnt worden. In dieser Beziehung ist in einigen Diözesen inzwischen manches weitergediehen, und zum Teil sind sogar auf Dekanatsebene Informationsbeauftragte mit diesem Dienst betraut worden.
Um sich vernehmen zu lassen, kann sich nicht nur die amtliche Kirche, sondern der Schweizerische Katholizismus auf den Dienst einer eigenen Presseagentur (KIPA in Freiburg) stützen. Amtliche Verlautbarungen ver-

---

[38] Vgl. R. Weibel, a.a.O., 48f.

öffentlichen die Bistümer und damit die Bischofskonferenz sowie die Deutschsprachige Ordinarienkonferenz (DOK) im offiziellen Teil der von ihnen herausgegebenen Schweizerischen Kirchenzeitung (SKZ), für die Westschweiz in Evangile et Mission und für den Tessin in Il Monitore Ecclesiastico. Daneben haben diese Zeitschriften einen eigenständigen redaktionellen Teil; die Schweizerische Kirchenzeitung erfreut sich dabei eines solchen Niveaus, daß sie für theologische und pastorale Periodika durchaus eine qualitative „Konkurrenz“ darstellt.

Die Schweizer Synode 72 hat in ihren Dokumenten über die Medien ein großes Gewicht auf die Pfarrblätter gelegt (Information und Meinungsbildung in Kirche und Öffentlichkeit, Diözese Basel XII, 2.3 und 5.3).

In den benachbarten Ländern finden wir auflagenstarke Bistumszeitungen; im Unterschied dazu sind bei uns die Pfarrblätter (föderalistisch) gut ausgebaut und haben zur Zeit (im Vergleich zur „katholischen Tagespresse“) einen guten und soliden Stand. Im Verlaufe des letzten Jahrzehnts ist eine stärkere Regionalisierung und damit eine kompetentere Professionalisierung erreicht worden, wobei eine ganze Seelsorgeregion ein gemeinsames von Journalisten redigiertes Pfarrblatt herausgibt, das mit Sonderseiten für einzelne Pfarreien ausgestattet ist (in der deutschsprachigen Schweiz allein 11).

Kämpfen muß die „christliche Meinungspresse“ mit ihren über 40 Titeln. Das hängt bekanntlich mit vielen Faktoren zusammen. Ihr Standort ist ein christlicher bzw. katholischer, oder es sind CVP-nahe Zeitungen. Der Giornale del Popolo, der dem Bistum Lugano gehört, ist in dieser engen kirchlichen Anbindung ein Ausnahmefall.

„In dieser katholischen Presse, vor allem auch zu ihren kirchlich engagierten Journalisten, hatte die Kirche stets einen besonderen, wenn auch nicht immer unproblematischen Zugang. Zur übrigen Presse, die die Mehrheit ausmacht, mußte die Kirche einen Zugang erst finden, indem sie kompetente Gesprächspartner anbot.“[39] Nun ist aber gegen Ende des 20. Jahrhunderts nicht mehr so eindeutig klar von katholischer Presse und katholischen Medien zu sprechen, es sei denn, es handle sich um ausdrückliche Organe kirchliche Institutionen. Auch die sogenannte katholische Tagespresse[40] definiert ihren Ort doch wohl eher als „kritische Nähe“ zur Kirche und zur CVP. Zu welchen Turbulenzen es für eine kirchenabhängige Tageszeitung führen kann, ist den Schweizern anhand des Konflikts von Bischof E. Corecco mit dem Chefredakteur des Giornale del Popolo vordemonstriert worden. Nicht unähnlich ist es, wenn katholische oder

[39] Ebd., 48.

[40] In der Deutschschweiz sind das 16 katholische Tageszeitungen mit einer Auflage von annähernd 200 000 Exemplaren; mit den weiteren 19 katholischen Zeitungen, die ein- oder mehrmals die Woche erscheinen, beträgt die Auflage weit über 300 000. Vgl. Freiburger Nachrichten v. 7. Dez. 1987 (Christliche Meinungspresse: Gute Noten und wie weiter?).

christlich-sozial ausgerichtete Tageszeitungen parteipolitisch ausgerichtet sein müssen. Nicht nur die Abonnenten und Inserenten kehren ihnen den Rücken zu; auch fähige Journalisten, die keinen Maulkorb ertragen, wenn sie sich einer christlichen Grundhaltung verpflichtet wissen sowie den Werten der Toleranz, der Gerechtigkeit, der Achtung vor menschlichem Leben (nicht nur vor der Geburt) und vor der Schöpfung usw.

Die Presse gehorcht nicht nur bestimmten kommunikativen Gesetzen oder den Bedingungen ihrer Hilfsmittel wie Nachrichtentechnik, Drucktechnik und Verteilapparat etc., sondern entscheidend auch dem wirtschaftlichen Gesetz von Angebot und Nachfrage. Und auch hier sind die Grenzen finanzieller Natur — ähnlich wie bei den elektronischen Medien — sehr viel enger geworden. „Kein sogenannt katholischer Verlag verfügt über ausreichende Mittel, die es erlauben würden, die Redaktionen und Infrastruktur so zu dotieren, damit die Journalisten jenen Freiraum erhalten, neben dem Pflichtstoff noch jene Eigenleistungen zu erbringen, die dann die christlichen Zeitungen von anderen Blättern unterscheiden würden" (S. Ernst am 30.6.1984 in Zürich).

Katholische Publizisten und Journalisten müssen sich somit im Spannungsfeld vieler Pole bewegen: zwischen Leserschaft mit ihren Ansprüchen auf Freiräume und dem Berufsethos mit ideeller Redlichkeit, Glaubhaftigkeit (Wahrheit) und handwerklichem Können; Nähe zu einer Partei mit ihren Flügeln oder Nähe zur Kirche mit ihren Flügelkämpfen und neuen Versuchungen des Rückzugs ins Getto; aber auch Zielkonflikt zwischen weltanschaulichem Standort und Beachtung der wirtschaftlichen Basis, um konkurrenzfähig zu bleiben. Da hat es „Blick" viel leichter, der das Gefühl gibt zu informieren, obwohl er nur moralisiert — und dies auf eine Art und Weise, die komplizierte Dinge aufs Auge ausrichtet (Blick!) und vereinfacht. — Ist es da verwunderlich, wenn junge Journalisten die kleinen Zeitungen — und dazu gehören in der Regel die katholischen — nur als Sprungbrett zu höheren journalistischen Weihen benutzen?

Wenn aber die Presse als ein wichtiger Kanal für die kritisch-prophetische Präsenz der Kirche in der gesellschaftlichen Situation der Schweiz zu wünschen ist, dann müssen die Vorgänge um den seinerzeitigen Übergang der Benziger AG an die Rheinpfalz-Gruppe in Ludwigshafen (1984) und besonders die „unfreundliche Übernahme" des Oltener Walter-Verlags durch den Zürcher Medienkonzern Jean Frey AG in Zürich (1988/89) ungemein beunruhigen. Damit schien die Zukunft des „Sonntag" mit einer Auflage von immerhin 60 000 Exemplaren plötzlich und ernsthaft gefährdet.

Was sich aber äußerst kritisch zeigte, war nicht nur die prekäre Lage eines profilierten und übernational ausstrahlenden katholischen Unternehmens, sondern die Art und Weise, wie aus kommerziellen Interessen plötzlich ökumenische Kooperation diktiert wurde. Der katholische „Sonntag" sollte mit dem evangelischen „Leben und Glauben“ (Auflage von 70 000) zusammengehen (was ja auch für das Inseratengeschäft ergiebig sein kann). Was meiner Ansicht nach in der breiten Diskussion, zu wenig bedacht worden ist, ist die Tatsache, daß bei diesem Modell Ökumene nicht von den Partnern her entschieden worden ist, sondern von der Ökonomie her, denn es ging um eine wirtschaftliche Ertragssteigerung.

Die prekäre Lage für die sogenannte christliche Meinungspresse wurde offenkundig. Auf der einen Seite muß die „Kasse“ stimmen; und idealistische Beschwörungen helfen nicht. Auf der anderen Seite wird man daran denken müssen, „daß eine aus christlicher Grundhaltung heraus geleistete Pressearbeit in unserer Gesellschaft nur überlebt, wenn sie inhaltlich und technisch professionellen Maßstäben genügt, wenn sie in größtmöglicher politischer und konfessioneller Freiheit und Offenheit geleistet werden kann und wenn die entsprechend engagierten Verlagshäuser und Medienschaffenden durch den Kauf der von ihnen erarbeiteten Produkte in ihren schwierigen Aufgaben unterstützt werden“ (Klaus Röllin).

Es zeigt sich, daß die Herausforderung im Bereich der elektronischen und Print-Medien in der Schweiz mit vielen Faktoren zusammenhängt, die nicht nur personeller, professioneller und finanzieller Art sind, sondern seismographisch gesellschaftliche Umwälzungen und Veränderungen in der Kirche gleichsam signalisieren. Die Worte des Freiburger Journalistik-Professors L. Bosshart, die er an einem Pressetag der katholischen Medienorganisationen in Zürich (30. Juni 1984) geäußert hat, haben nicht an Aktualität eingebüßt: „Bei relativ beschränkten Mitteln kann sich die katholische Presse nur behaupten, wenn sie nach Kräften zusammensteht. Gemeinsame Anstrengungen sind nötig, denn in unserer Gesellschaft sind Presseerzeugnisse den Gesetzen von Angebot und Nachfrage unterworfen, und auf dem Markt verkaufen sich in erster Linie die guten Produkte. Turniere im eigenen Lager sind ebensowenig ratsam wie das breite Ausschlachten innerkirchlicher Spannungen.“ — Letzteres zeigt sich meines Erachtens noch jüngst im Frühjahr 1991 am Schicksal der „Neuen Züricher Nachrichten“, die schon lange einem kaum zu gewinnenden Konkurrenzkampf ausgeliefert gewesen sind. Haben eventuell die polarisierenden Vorgänge in und um Chur dieser der CVP nahestehenden Zeitung das Lebenslicht auszulöschen „geholfen“? Durch eine eher kritische Berichterstattung gegenüber den ungemein traurigen Vorgängen um Bischof Haas riskierte man die „rechte“ Leserschaft — um mir diese saloppe Schreibweise zu erlauben —, und bei einer Haas-freundlichen Position riskierte man das eher „linke“ Leserspektrum. — Nun ist zu hoffen, daß der Ausbau des Züricher Pfarrblattes zu einer „Illustrierten“ („Forum“) eine günstige Entwicklung nimmt. Sicher kann das Pfarrblatt nicht unter der Hand auch eine Parteizeitung sein. Andererseits zeigen jüngste Untersuchungen, daß gerade die Lokalpresse ihre Position zu festigen vermochte (s. Freiburger Nachrichten v. 27. Juni 1989 zu einer entsprechenden Studie des Instituts für Journalistik und Kommunikationswissenschaft an der Universität Freiburg) und daß von den Lesern mehr regionale Berichterstattung sowie Meinungsbildung und Kommentare gewünscht werden. Ob nicht auch daran der unbestrittene Erfolg der regionalen Pfarrblätter liegen mag?

Abschließend ist darauf hinzuweisen, daß es im Bereich der katholischen Kirche Schweiz nebst engagierten Verlagen oder interessanten und programmatisch ausgerichteten Verlagsgründungen (wie beispielsweise der genossenschaftlich getragene Exodus-Verlag, Luzern), nebst der katholischen oder CVP-nahen Tagespresse und nebst den Pfarrblättern eine unübersichtliche Vielfalt an Zeitschriften gibt, die selbstverständlich gesellschaftlich und kirchlich, ideologisch und praktisch ein Echo darstellen auf die widersprüchliche Vielfalt und Lagerbildungen im Bereich dessen, was sich mit dem schweizerischen Katholizismus in Verbindung bringen läßt. Träger sind dabei Vereine, Dachverbände, Institutionen, Arbeitsstellen, Ordinariate, Verlage, Bewegungen und — das darf nicht unterschlagen werden — vor allem die Ordensgesellschaften und modernen Kongregationen. In der deutschsprachigen Schweiz sind es alleine annähernd 80 Zeitschriften, unter denen die von den Jesuiten am Institut für weltanschauliche Fragen (Zürich) herausgegebene „Orientierung" internationale Ausstrahlung und eine hervorragende Reputation genießt. Und wenn man an den erstaunenerregenden Start von „Aufbruch" denkt (1989), der ein Forum für eine offene Kirche sein will, dann zeigt dies doch, daß in der Kirche Schweiz sehr viele Kräfte und ideelle wie praktische Ressourcen vorhanden sind, die doch eines Tages sich nicht nur in Lagerbildungen oder zermürbenden kirchlichen Grabenkämpfen verlieren, sondern angesichts der gesellschaftlichen Herausforderungen in der Welt und in der kleinen Schweiz sich gemeinsam in Dienst und in solidarische Pflicht nehmen lassen.

Es ist durchaus vorstellbar, daß die Instrumente dafür auch schon unterwegs sind. Immerhin ist im Sommer 1990 in Sachseln der Katholische Medienverband der Schweiz (KMV) gegründet worden, der als eine Dachorganisation von drei bestehenden bisherigen Organisationen arbeiten soll. Bei diesen handelt es sich um den Verein Schweizerischer Katholischer Journalisten, dem 150 Männer und Frauen zugehören; um die Vereinigung der Katholischen Zeitungsverleger (dem rund 40 Verlagshäuser angeschlossen sind) und um den Schweizerischen Katholischen Presseverein (SKAPV) mit ca. 6000 Mitgliedern. Angesichts bevorstehender Strukturbereinigungen erhofft man sich vom neuen Verband eine Stärkung der Position der katholischen Presse, mehr Wirkung nach außen und die Definierung einer katholischen Medienpolitik. — Es erübrigt sich fast schon, darauf hinzuweisen, daß der neue Medienverein KMV mit dem entspre-

chenden Pendant für den audiovisuellen und elektronischen Medienbereich (VKM) eng wird zusammenarbeiten müssen und sich darüber hinaus auch um ökumenische Kooperation bemühen wird.
Die Bedeutung solcher Initiativen liegt ja nicht nur darin, daß die Kommunikations-Medien für eine freiheitliche und demokratische und darin solidarische Gesellschaft unverzichtbare Instrumente sind, sondern daß die Kirche selbst sich als Kommunikationsgemeinschaft versteht und damit sich in die Kommunikationsbedingungen unserer heutigen Zeit einbringen muß. Ohne Kommunikation gibt es keine Gesellschaft und keine Gemeinschaft. Darin liegt auch eine kirchenkritische Komponente, denn Kirche ohne freie und wirklichkeitsbezogene enge Kommunikation kann nicht zur Gemeinschaft werden noch zur solidarischen Gemeinsamkeit finden.
Nicht zu vergessen ist auch die Vereinigung des katholischen Buchhandels der Schweiz (VKB), die vor über 65 Jahren gegründet worden ist. In ihr sind ca. 80 konfessionelle Schweizer Verlage und Buchhandlungen sowie Einzelpersonen zusammengeschlossen. Ziel der VKB ist es, gerade in der heutigen, für das katholische Buchwesen so schwierigen Zeit sich gegenseitig zu stützen und das religiöse Buch zu fördern. Dazu setzt sie unter anderem eigene Werbemittel in hoher Auflage ein und organisiert Buchbesprechungstage sowie verschiedene Fortbildungsveranstaltungen für ihre Mitglieder. Außerdem besteht ein stetiger Austausch mit den entsprechenden Vereinigungen in Deutschland und Österreich.

6. Wie halten es die Schweizer Katholiken und Katholikinnen mit Kultur und Kunst?

(l) In der Bundesrepublik oder in Österreich kann man sich einen Katholikentag ohne ein Forum „Kultur“ und Ansprachen über die „Katholiken in der Kulturgesellschaft“ kaum vorstellen. Bei uns pragmatischen Schweizern würde man solche Fragestellungen wohl eher auf konkrete Vorhaben oder Bereiche beziehen. Der Begriff „Kulturgesellschaft“ ist uns nicht geläufig. Er ist auch schillernd. Aber die „Sache“ geht uns an; und sie beschäftigt uns unter bescheideneren Vorzeichen. In den Synodendokumenten findet man diese Begriffe eher selten. Ganz anders das Zweite Vatikanische Konzil. Es versteht unter Kultur „alles, wodurch der Mensch seine vielfältigen geistigen und körperlichen Anlagen ausbildet und entfaltet; wodurch er sich die ganze Welt in Erkenntnis und Arbeit zu unterwerfen sucht; wodurch er das gesellschaftliche Leben in der Familie und in der ganzen bürgerlichen Gesellschaft im moralischen und institutionellen Fortschritt menschlicher gestaltet; wodurch er endlich seine gro-

ßen geistigen Erfahrungen und Strebungen im Lauf der Zeit in seinen Werken vergegenständlicht, mitteilt und ihnen Dauer verleiht ... Denn aus der verschiedenen Weise des Gebrauchs der Sachen, der Arbeitsgestaltung, der Selbstdarstellung, der Religion und Sittlichkeit, der Gesetzgebung und der rechtlichen Institution, der Entfaltung von Wissenschaft, Technik und Kunst entsteht eine Verschiedenheit der gemeinschaftlichen Lebensformen und der Gestalten, in denen die Lebenswerte zu einer Einheit zusammentreten" (Pastoralkonstitution „Gaudium et spes" 53).
Ohne Zweifel würden diese Aussagen heute anders und wohl weniger fortschrittseuphorisch formuliert. Aber wenn man daran denkt, daß die Kirche ganze Epochen des kulturellen und künstlerischen Schaffens bestimmt und zum Teil in enge Pflicht genommen hat, dann sprengen diese Konzils-Aussagen zur Kultur eine binnenkirchliche Orientierung und öffnen sie auf die Weite des gesellschaftlichen Lebens und auf die „Welt" hin.

(2) Für die Christen und Christinnen auch in unserem Lande stellt sich die Frage, wo sie stehen und wohin sie gehen im weiten Feld des kulturellen und künstlerischen Wirkens. Dieses weite Feld, das von vielen beackert wird, betrifft Erziehung und Bildung, Presse, Radio und Fernsehen, Film und Theater, Musik und Literatur, Architektur und Denkmalspflege, aber ebenso Verlagswesen und Sport etc. Angesichts dieser unübersehbaren Fülle mit der Gefahr zum Dilettantismus wäre es vermutlich doch angemessener, sich aus dieser Diskussion sofort zu verabschieden. Aber auch in der Kirche Schweiz braucht es jene, die die sogenannten „dummen" Fragen stellen. — Eine kleine Rückblende auf den gesamtschweizerischen Katholikentag im Jahre 1924 in Basel kann zur Verdeutlichung der „dummen" Fragen hinführen. Nach offiziellen Angaben war das Anliegen des Katholikentages: „den Kulturwert des Katholizismus hervorzuheben".[41] Mit Kultur und Bildungspolitik meinte man auf den Katholikentagen insbesondere christliche Familienerziehung, Schule und Massenmedien, alles ein „wichtiges Einsatzgebiet im Kampf um die volle Emanzipation der Schweizer Katholiken".[42] Es war ein Kultur- und Kunstverständnis, das aus der Defensive kam. Von daher wird verständlich, wenn der Freiburger Gonzague de Reynold — der angeblich alles andere als ein progressiver Stürmer gewesen ist — in Basel die kulturelle Inferiorität der Schweizer Katholiken beklagte: „Man muß anerkennen, daß in der Geschichte des Schweizerischen Denkens und seiner Ausstrahlung unsere Rolle bislang ziemlich bescheiden war."[43] In diesem Zusammenhang ist auch das

[41] Z.B. bei A. Stoecklin, Schweizer Katholizismus (Einsiedeln 1978) 39.
[42] A. Imstepf, Die schweizerischen Katholikentage 1903—1954 (Freiburg Schweiz 1987) 248.
[43] A. Stoecklin, a.a.O., 40.

Schlagwort vom „Bildungsdefizit" der Katholiken zu sehen, von dem schon früher die Rede war. Die damalige Einschätzung dürfte für die ganze Zeit des sogenannten Blockkatholizismus gültig gewesen sein. Und es ist Victor Conzemius beizupflichten, wenn er beim schweizerischen Katholizismus den auf praktische Daseinsbewältigung gerichteten Charakter betont sowie seine „Nichtintellektualität".[44] Die Kirche Schweiz macht sozusagen den Eindruck, nur durch vereinzelte Frauen und Männer an Kultur interessiert zu sein.

Nun ist aber nicht zu übersehen, daß sich die Situation zu damals (in der historischen Vertikalen) vielfach geändert hat. Die intellektuelle Präsenz verstärkt sich. Als Beispiel dafür mag die Tatsache dienen, daß seit etwa Mitte dieses Jahrhunderts schweizerische Theologen durch ihre Lehrtätigkeit im In- und Ausland sowie unter anderem durch renommierte Werke (wie z.B. „Mysterium Salutis", „Neues Glaubensbuch") und durch ihre Publikationen internationales Echo ausgelöst haben; dabei ist zu denken an den unvergeßlichen O. Karrer, an Kardinal Ch. Journet, J. Feiner, Kardinal H. U. von Balthasar, H. Küng, H. Haag, F. Böckle, M. Löhrer, A. Müller, W. Bühlmann, D. Wiederkehr, K. Koch und H. J. Venetz, O. Keel oder J.-D. Barthélemy . . . Hinzu kommen noch die schon früher erwähnte zunehmende Beschäftigung mit der Katholizismusgeschichte des letzten und dieses Jahrhunderts (U. Altermatt, V. Conzemius u.a.) und die soziologischen Untersuchungen zur religiösen Lebenswelt junger Eltern, über Milieu und Konfession sowie über Gemeinden ohne Pfarrer am Ort, die alle insgesamt Kirche Schweiz intellektuell verarbeiten und reflektieren; nicht zu vergessen sind die Impulse der publizistischen Tätigkeit von M. von Galli und L. Kaufmann. Dies sind bewußtseinsbildende Wege zur eigenen Geschichte und auch zur kirchlichen Situation. — In diesem Zusammenhang zu nennen sind auch die Universität Freiburg, die Theologischen Fakultäten in Luzern und Chur, die Institutionen der Erwachsenenbildung, die „Orientierung", die Schweizerische Kirchenzeitung usw.

Im aktuellen Vergleich jedoch — also in der horizontalen Zeitgenossenschaft — gilt die Frage trotzdem unvermindert, wie es die Katholiken und Katholikinnen mit der Kultur bzw. mit der Kunst halten. Gibt es so etwas wie einen Brückenschlag, was ja schon zwei „Welten" voraussetzt, oder sind sie im kulturellen und geistigen Leben und Suchen präsent? Gibt es Berührungsängste oder zu wenig Selbstbewußtsein bzw. Vertrauen in Kompetenz?

Im Blick auf die wissenschaftlich-kulturelle Präsenz gibt es vor allem im humanwissenschaftlichen Bereich im einzelnen engagierte Persönlichkeiten, die ihre Hand am Puls der Zeit haben. Dabei ist nicht nur an die Psy-

---

[44] V. Conzemius, Der Schweizer Katholizismus — Zukunftsaufgaben aus geschichtlicher Perspektive, in: Die Zukunft der Schweiz (Zürich 1991) 279.

chologie (M. Erni usw.) oder an Ehe- und Familienforschung (J. Duss-von Werdt, P. Fässler-Weibel) zu denken, sondern auch an die Pädagogik (vor allem an F. Oser), an den Journalismus und die soziale Kommunikation (L. Bosshart) und an wissenschaftliche Institute der Universität Freiburg z.B. für Sozialphilosphie (O. Höffe). — Aber wo verschaffte sich die katholische Kirche gesamtschweizerisch Chancen und Instrumente, daß diese Kompetenz für die Wahrnehmung von Wirklichkeit und für Handlungsperspektiven auf die kirchlichen Ebenen hin wirksam wird?

Indessen zeigt sich hier wie im Bereich der Printmedien, von Radio und Fernsehen sowie von Film die prekäre Nachwuchsproblematik im schweizerischen Katholizismus. Angesichts der früher schon genannten Herausforderungen an die Katholiken und Katholikinnen in der Schweiz stecken wir vor allem im ethischen bzw. im sozialethischen Bereich, was nicht nur Theologie, sondern Fachkompetenz im wirtschaftlichen, politischen oder humanwissenschaftlichen Sektor bedingt, auf einem unverantwortlich niedrigen Niveau der Personaldecke. Und ich sehe höchst unzulängliche Mittel, dem zu begegnen.

(3) Nicht besser nimmt sich die kulturell-künstlerische Präsenz aus. Auch hier kann das Anliegen nur ganz knapp angesprochen werden. Kultur und vor allem Kunst sind bekanntlich nicht vor allen Mißverständnissen geschützt zu definieren. Wohl noch sorgsamer wäre vorzugehen, wenn man christliche Kunst umschreiben wollte. Wenn ich eine Meß-Komposition höre oder ein Krippenbild betrachte, die durchaus künstlerisch hervorragend sein mögen, so sind sie vom Inhalt her christlich. Sind sie es aber auch schon vom Erlebnisansatz her? Ist eine Künstlerin, die aus einer Erfahrung der Wirklichkeit mit ihren tiefen und leidvollen Seiten heraus und aus einer Bekümmertheit um die Menschen für das Erlebte authentischen schöpferischen Ausdruck sucht, wurzelhaft nicht dem näher, was wir christliche Kunst nennen möchten? Und ist die wundervoll renovierte Jesuitenkirche in Luzern schon christlichere Kunst als etwa abstrakte und eventuell farbintensive Bilder eines aus innerer mystischer Tiefe und Glut um den Ausdruck ringenden Künstlers?

Entscheidend ist indessen, wenn ich richtig sehe, der authentisch, das heißt möglichst echt um gestalterische Darstellung ringende Ausdruck von erfahrener Wirklichkeit, von Suchen und von Erleben. Auch eine große Sparte der heutigen Literatur ist nicht von einer inhaltlichen Botschaft geprägt, sondern von der Absicht, Erlebnisse und oft genug unverdaute Erfahrungen durch Schreiben zu verarbeiten; sie hat die Funktion von Lebens- und Erlebnisverarbeitung.

„Wenn Kunst verstanden wird als authentische Mitteilung, als Darstellung und Gestaltung der eigenen Beziehungswelt, als schöpferische Selbstreflexion des Menschen in der jeweiligen Gesellschaft ..."[45], dann wird einsichtig, daß sie grundsätzlich allen Menschen zugänglich und „demokratisch" ist, kein Privileg einer Elite. Sie ist offen für kreative „Profis" und künstlerische „Amateure"; denn sobald Menschen anfangen, Leben und Erfahrungen gestalterisch und schöpferisch auszudrücken und zu vermitteln, werden sie wurzelhaft Künstler, sind sie künstlerisch tätig. Einer bewußt Ausdruck suchenden Lebensgestaltung ist somit künstlerische Qualität eigen. Von daher kann ein christliches Ethos, das dem Leben und Lebendigsein aus der Hoffnung auf „Leben in Fülle" dient, gar nicht anders, als alles fördern und kommen lassen, was der kreativen und schöpferischen Ausdrücklichkeit von Erlebtem und Leben Herz, Kopf, Hand, Hände und Füße leiht. In der „Kunst" äußert und zeigt sich Wirklichkeit.

Von einem solchen Zugang zu Kultur, Kunst und künstlerischer Vitalität aus kann es nur ungemein traurig stimmen, daß von vielen Frauen und Männern eine so tiefe Kluft zwischen Glauben und moderner Kultur empfunden wird. Es gelingt uns in der Kirche vielfach nicht, die disparate und widersprüchliche Befindlichkeit des heutigen Menschen und seiner künstlerischen Spurensuche wahrzunehmen, zu verstehen und auf diese Wirklichkeit hin sich sympathisch zu verhalten. Darin entpuppt sich nach meiner Überzeugung mit seismographischer Präzision das Drama unserer Epoche, nämlich die Entfremdung des sogenannten modernen Menschen von der Wurzel einer christlichen Lebensoption und schöpferischen Lebensgestaltung.

Natürlich gibt es dafür offene und großartige Künstler (es sei nur an F. Gehr erinnert), es gibt auch kirchliche Auftragskunst, kirchenmusikalische Institutionen, Sakralkunst, Kirchbau usw. Aber wie steht es mit dem Kontakt und Dialog zur repräsentativen Welt der Literatur, der Musik, des Theaters und des Films, der Malerei und der bildenden Kunst? In diesem Zusammenhang ist die Frage zu stellen, ob nicht neue Instrumente für einen solchen Brückenschlag zu suchen und eventuell schon vorhanden wären. Eine gesamtschweizerische Kommission für Kirche und Kultur könnte ein erster Schritt sein. Unverzichtbar ist für mich dabei der sprachregionale Austausch, denn es ist nicht von der Hand zu weisen, daß eine mehr spirituelle Welthaftigkeit der Suisse romande[46] der mehr einer transparenten Effektivität zuneigenden alemannischen Schweiz Impulse zu geben vermöchte und umgekehrt. Eine solche Kommission — zusammengesetzt aus Frauen und Männern aus den verschiedenen Kultursparten — sollte die Funktion des Austausches bzw. der Osmose zwischen Kulturwelt und Kirche wahrnehmen. In größeren Agglomerationen bzw. auf der Ebene

---

[45] P. Schmid, Der Seelsorger als Lebenskünstler, in: Diakonia 18 (1987) 73 f.

[46] Vgl. A. Stoecklin, a.a.O., 64f.

von Gesamtkirchgemeinden könnte der Kontakt zu den Kunstschaffenden und zur Kulturszene durch eigens dazu Beauftragte bzw. kulturelle Animatoren/innen ausgebaut werden, die dann darüber hinaus Kontaktstellen für künstlerische und musische Aktivitäten sein könnten.[47]
Zu erinnern ist auch an die verdienstvolle Lukas-Gesellschaft, die vor allem in den fünfziger und sechziger Jahren, also zur Zeit des Kirchbauumbruchs, in aller Munde war. 1924 gegründet, fand deren fruchtbare Entwicklung in dem seit 1927 erscheinenden Schweizerischen Jahrbuch für christliche Kunst „Ars sacra" einen publizistischen Niederschlag.[48]
Auch ist im wissenschaftlichen und im künstlerisch-kulturellen Bereich an die Universität Freiburg[49], an Theologische Fakultäten, an die vielen Institutionen und Einrichtungen im Sektor der Erwachsenenbildung, an Akademien usw. zu denken. Sie alle kommen als Foren für den unverzichtbaren Brückenschlag in Frage. Jedoch zu oft versanden einschlägige Initiativen leicht, weil sie als Anliegen einzelner Persönlichkeiten (z.B. von Hans Schöpfer in Freiburg) zu punktuell erfolgen oder erscheinen. Aber gesamtschweizerisch gibt es keine wirksamen kirchlichen Instrumente, die einer kompetenten kulturellen Präsenz eine Stimme leihen würden und entsprechende Impulse in die Kirche zurückvermittelten.[50]
Im überschaubaren und lebensweltlichen Alltag des kirchlichen Lebens sind bei genauerem Hinsehen die Chancen und Ansatzpunkte für schöpferisches und musisches Gestalten gar nicht so gering, wie die Klage über die tiefe Kluft zwischen Glauben und moderner Kultur vermuten läßt. In der Jugendarbeit, in der Gestaltung des Kirchenjahres, durch das noch vorhandene und teilweise wiederkehrende religiöse Brauchtum, bei kirchlichen Bauvorhaben und vor allem bei Gottesdienstplanung und -gestaltung sowie Gesang und Musik sind doch so reichliche musische, schöpferische und sinnenfällig ästhetische Ausdrucksmöglichkeiten und Symbole gesucht und gegeben, die nicht in einem bestimmten gesellschaftlichen Sinn hohe Kunst sein müssen, aber genuin künstlerisch sind. — Wenn die Menschen gerade in solchen Zugängen und Frei-Räumen der unverzweckten Erfahrungen sich selbst ent-decken und bis in die Ausdrucksformen hinein sich entwickeln dürfen, dann wird kirchliche Ge-

---

[47] Es sei beispielsweise erinnert an die u.a. von Fabrizio Brentini konzipierten Ausstellungen „Vom Turm zum Brunnen" (1987) oder „Kunst-Zone im Hof Luzern — Kunst im Gebiet der Kirche" (1991) oder an die Orgelkonzerte von Karl Raas in St. Leodegar (Luzern).

[48] F. Brentini, Die Schweizerische St. Lukasgesellschaft Societas Sancti Lucae SSL 1924—1986: Brückenschlag zwischen Kunst und Kirche I (Luzern 1987).

[49] Zur Hundertjahrfeier der Universität erschien eine sehr empfehlenswerte Rechenschaft über den Sinn und die Möglichkeiten einer „katholischen" Universität unter der Herausgeberschaft von A. Schifferle, Verantwortung und Freiheit — Vocation spirituelle de l'Université (Freiburg Schweiz 1990).

[50] Vgl. dazu: L. Karrer, Was soll eine katholische Universität heute? — In der Verpflichtung gegenüber dem bedrohten Humanum, in: A. Schifferle (Hrsg.), a.a.O., 59—71.

meinschaft selber spüren und entdecken, daß auch Kirche als Erlebnis und als Prozeß immer mehr ist als nur Institution und rationale Organisation: nämlich Leben, das vor Überraschungen nie sicher sein kann noch will; denn es wird schockiert, aufgerissen und aufgestört, entzündet, begeistert und mitgerissen.
Könnte sich die Kirche Schweiz nicht von daher besser verstehen lernen und mutiger werden, sich ins Spiel zu bringen und sich auszusetzen?

VII.
Die Sorge der Schweizer Kirche um die Weitergabe des Glaubens (Evangelisierung)

Praktische Solidarität mit den Menschen (Diakonia!) und kommunikative Solidarität als Gemeinschaftsprinzip (Koinonia!) sind die entscheidenden Ernstfälle für die Kirche bzw. für Christen und Christinnen. Dort steht ihre Glaubwürdigkeit im Test. Solidarität mit Menschen und der Schöpffung in Not sowie Kommunikation als zwischenmenschliche Solidarität sind gleichwohl nicht exklusive Merkmale für Kirche; es sind allgemeinmenschliche Werte.

1. „Gebt Rechenschaft von eurer Hoffnung ...“ (1 Petr 3,15)

Das Spezifikum der Kirche liegt in ihrem Motiv und in ihrer „Ursprungsenergie“ (D. Wiederkehr), die sie nicht selber aus eigener Gnade schafft oder aus eigener Kraft macht, sondern auf die sie sich bezieht: das Wort Gottes. Das unterscheidend Christliche ist Jesus Christus. Die Tiefe des christlichen Glaubens und damit die Quelle für Kirche liegt im geschichtlichen Ereignis der Person Jesu von Nazaret und seiner Botschaft von einem liebenden Gott, der das Heilwerden aller Menschen will. Die inneren Qualitätsmerkmale und die Existenzbegründung der Kirche sind somit die Treue zu Jesus und seiner Botschaft und die konkrete Weise seiner Gegenwart in seinem Geiste. Somit kann Kirche gar nicht anders, als in Wort und Tat an Jesus Christus zu erinnern und im Feiern seine „Gegenwart“ zu bezeugen.
Damit ist für die Kirche Schweiz eine Priorität ersten Ranges angesprochen, die allerdings aus den vielen Gründen, die schon zur Genüge erörtert worden sind, alles andere als leicht einzulösen ist. Im Gegenteil, historische und gesellschaftliche Ursachen lassen die Vermutung recht plausibel erscheinen, daß „Glauben lernen“ viel schwieriger geworden ist. Am Pastoralsoziologischen Institut in St. Gallen meint man sogar aufgrund der Untersuchungen, daß die Weitergabe des Glaubens an die nächste Generation erstmals als nicht gesichert erscheint. Die möglichen Ursachen sollen nochmals in Erinnerung gerufen werden: Die einen machen das mangelnde Glaubenswissen der gegenwärtigen Generation dafür verantwortlich; die anderen vermissen den gelebten Glauben in Familie, Schule,

Arbeitswelt und Öffentlichkeit. So bleibt angelerntes Wissen erfahrungstot. Andere vermuten einen Mangel an Glaubensgemeinschaft. Wo wird der Glaube zur Sprache gebracht und mit dem in Verbindung gebracht, was uns im Alltag bestimmt und umgibt? Wo ist die Gemeinschaft, die unser Kreuz mit der Kirche und unsere Not mit dem Glauben mittragen hilft, die Hoffnung erschließt, wo sich dunkle Räume auftun? „Ist Evangelisierung blockiert durch unsere Mühe, überhaupt Gemeinschaft zu bilden? Müßten wir nicht einmal umgekehrt fragen: finden wir Erwachsene den Weg zu den Kindern und Jugendlichen kaum mehr?“ (Philipp Hautle). Ist es nur ein Generationenproblem? Oder ist es ein Bewußtseinswandel von dem alle Generationen erfaßt sind?
Die Antwort kann nicht einfach nur an die Eltern, die hauptamtlichen Seelsorger und Seelsorgerinnen, nur an den Religionsunterricht oder nur an die Erwachsenenbildung delegiert werden. Jeder Christ ist existentiell angefragt, denn der christliche Glaube ist nicht einfachhin in theoretischen Sätzen weiterzugeben. Er bedarf vielmehr der Menschen, die auf Prozesse eintreten, die ihr Leben auch als Glaubensbiographie zu entdecken und zu gestalten wagen und die mit anderen zusammen bereit sind, sich „Rechenschaft über die Hoffnung zu geben, die in uns ist“ (vgl. 1 Petr 3,15).
Tatsache bleibt indes, daß der Glaube verdunstet und lautlos abhanden kommt, wenn er auch in den Familien oder im persönlichen Leben des einzelnen Christen kaum mehr zur Sprache kommt und eine bewußte Gestaltung des Lebens aus dem Geiste Jesu nicht mehr gepflegt wird. Wie soll dann der christliche Glaube an die nächste Generation weitergegeben werden, wenn die Eltern selber hilflos oder desinteressiert sind, über ihren Glauben zu sprechen und ihn den Kindern zur Erfahrung werden zu lassen. Mit dieser Herausforderung an die Kirche(n) Schweiz verbindet sich meines Erachtens zur Zeit die größte Sorge hinsichtlich der Zukunft des Glaubens in unserem Lande. Denn wie soll den Menschen aus dem Glauben Lebensdeutung, Lebenskraft, Zuversicht und auch Trost(!) erwachsen, wie soll eine christliche Motivation zum Engagement und zum Handeln angesichts der vielen Nöte und Probleme gelingen, und wie sollen die Motiv-Ressourcen für die vielfältigen Aufgaben der Kirche gefunden und gewonnen werden, wenn der Glaube nicht bei den einzelnen Christen und Christinnen lebt und erlebt wird? — Die Kirche Schweiz muß somit mit aller Kraft und Phantasie in diese Richtung Konzepte verstärken und vorhandene Kräfte für diesen Dienst sammeln und kommen lassen.
Dabei wird sie immer mehr auf sich selbst verwiesen bleiben. Sie kann sich nicht mehr wie früher selbstverständlich auf volkskirchliche Stützen wie Schule, Erziehung, Presse, Vereine und Verbände und gesellschaftlichen Konsens verlassen. Das bedeutet, daß sie nicht mehr auf jene herkömmlichen Faktoren der Pastoral oder Koalitionen setzen kann und darf, die sich schon aus der Indienstnahme durch die Kirche verabschie-

det haben. Selbst die Familie ist — wie schon angedeutet — oft mehr Gemeinschaft der Distanzierung als der Nähe zur Kirche, sie ist so etwas wie „Missionsgebiet" geworden. Kompensationen dafür fallen stärker als Aufgabe und als Belastung auf die Kirche bzw. auf die Pfarrei zurück.

2. Alle Sorgfalt für vorhandene Mittel und Wege

Wenn die Verkündigung und Weitergabe des Glaubens eine Grunddimension der Kirche ist (Martyria!), dann ist die Sicherstellung der Mittel und Wege eine der Vorzugsaufgaben kirchlichen Bemühens und Planens.

a) Religionsunterricht

(1) Als die Ergebnisse einer Untersuchung des pastoralsoziologischen Instituts zur *Problemlage*, wie die Seelsorge in Pfarrgemeinden ohne eigenen Pfarrer am Ort weitergehen soll, veröffentlicht wurden, erstaunte in etwa die vergleichsweise (z.B. zur Liturgie) schwache Gewichtung des Religionsunterrichtes.[1] Zwar wurde einiges über den Heimunterricht und die Vorbereitung auf die Kommunion durch nebenamtliche Katechetinnen berichtet. Aber insgesamt erscheint der Religionsunterricht doch als eine Aufgabe, von der der Pfarrer noch am ehesten entlastet werden könnte; und man spricht von Delegation bzw. Abbau im Bereich des Religionsunterrichts.[2] Ist damit mentalitätsmäßig ein eventueller Rückzug signalisiert, zumal die Effektivität (Nutzen) des schulischen Religionsunterrichts angesichts des großen Aufwands an Kraft und Zeit bei manchen recht umstritten ist? Oder gibt es vielleicht so hohe Herausforderungen und idealistische Ansprüche, die im krassen Gegensatz zur religionspädagogischen Praxis und schulischen Situation stehen, daß man ihnen nicht entsprechen zu können glaubt und die Spannung kaum aushält?
In der Unterrichtspraxis und in der Begegnung mit den Schülern und Schülerinnen erfahren die Religionslehrer und -lehrerinnen, die oft so tapfer mühsame Knochenarbeit verrichten, in welch entscheidendem Ausmaß der Religionsunterricht das Echo auf die Familiensituation und die elterliche Einstellung zur Kirche aushalten und gewärtigen muß. Es ist eine Binsenwahrheit, daß der meßbare Ertrag des Religionsunterrichts oft auf das Niveau von Minimalerwartungen absinkt, wenn er kaum auf dem Interesse oder der Unterstützung der Eltern basieren kann oder vom son-

---

[1] Pastoralsoziologisches Institut (Hrsg.), Gemeinden ohne Pfarrer am Ort (Zürich 1987), vgl. 234.
[2] Ebd.

stigen pfarreilichen Leben isoliert erscheint, zumal dieses Fach im Fächerkanon der Schule meist schwach verankert ist (kein Leistungsnachweis, was zwar an und für sich nicht bedauert werden muß; kaum Elternabende! . . .).
Gerade im Religionsunterricht zeigt sich das Phänomen der Kirchendistanz oder der kirchlichen Praxisabstinenz im Elternhaus. Das darf aber nicht mit einer ablehnenden Motivation verwechselt werden. Viele Eltern wollen für ihre Kinder eine christliche Lebensorientierung, aber ohne autoritäre Gesten. Die Repräsentativ-Umfrage als Nachanalyse der Abstimmung über die Initiative „Trennung von Kirche und Staat"[3] will errechnet haben, daß 55,6 % der Katholiken aus echter Überzeugung Mitglieder der katholischen Kirche sind, während 43,2 % aus Tradition oder „weil sie nun einfach dabei sind" der Kirche zugehören. Von diesen 43,2 Prozent sind es immerhin annähernd 60 Prozent, die auf den christlichen Unterricht ihrer Kinder Wert legen. Die Motive dürften höchst unterschiedlich sein. Vielleicht wollen manche unter ihnen ihren Kindern nicht im Wege stehen für die Lösung von religiösen Fragestellungen, die in ihrem eigenen Leben noch offen sind oder deren Beantwortung vor sich her geschoben wird. Oder wird erwartet, daß der Religionsunterricht bürgerliches Wohlverhalten und zivile Anständigkeit unterstützt? Oder gibt man angesichts der eigenen Hilflosigkeit und Erwartungslosigkeit in diesem Bereich die Verantwortung ab an die Profis und an die dafür zuständige (und dafür bezahlte) Institution? — Andererseits sind Eltern manchmal darüber bestürzt, daß der Religionsunterricht nicht das von ihnen einstmals Gelernte weitergibt oder sogar zum Ort kritischer Fragen wird. — Sind Eltern an Reformen im kirchlichen Leben interessiert, so haben sie öfters Mißbehagen an einem Religionsunterricht, der ihre Kinder zu traditionelleren Denk- und Verhaltensmustern oder Kirchen- und Gottesbildern führt. Hinzu kommt: Je mehr der Religionsunterricht in eine Art Stellvertretungsfunktion für die Eltern, für die Pfarrei und für das übrige Seelsorgepersonal eintritt und je mehr er etwas erreichen soll, was zu Hause und in der Pfarrei nicht mehr zu gelingen scheint, um so unnachsichtiger wird die Kritik und der Unmut, wenn die übertragenen Erwartungen enttäuscht werden.

(2) Die Synode 72 der Diözese Basel formulierte behursam die *Zielsetzung* des Religionsunterrichts im Bewußtsein um diese Spannungselemente: „Eine wichtige Aufgabe des Religionsunterrichts besteht darin, die Kinder auf ihrem Weg zu einem eigenständigen Glauben zu begleiten. In einzelnen Religionsstunden oder Schuljahren, ja in allen Schuljahren zusammen

[3] Pastoralsoziolog. Institut, Kirchenstatistische Hefte 4: Bindung an die Kirche (St. Gallen 1981) 11.

darf man mit dem Religionsunterricht nicht zu viel erreichen wollen. Wenn junge Menschen nach neun Schuljahren bereit sind, weiter zu fragen, und ihren Weg im Glauben suchen, ist sehr viel erreicht. Wenn hingegen die Heranwachsenden ‚von Religion genug haben', ist beinahe alles verloren — wenigstens für viele Jahre." Deshalb wehrt sich der Synodentext auch gegen einseitige Zielsetzungen: „Der Religionsunterricht soll nicht in erster Linie Wissen vermitteln — ein bloßer Stoffplan genügt deshalb nicht —, sondern vor allem religiöse Erfahrungen ermöglichen, diese ‚zur Sprache bringen' und den ganzen Menschen mit seinen meditativen, affektiven, gestalterischen und praktisch-tätigen Kräften aktiv werden lassen" (Glaube und Glaubensverkündigung heute I, 8.5.5).

Von solcher Zielsetzung her wäre viel selbstbewußter einmal der Kontrollfrage nachzugehen, ob und was den Schülern und Schülerinnen sowie der Gesellschaft und in diesem Zusammenhang der Schule mit ihren Bildungszielen abhanden käme und verlorenginge, wenn der Religionsunterricht sang- und klanglos verschwinden würde.

Ein Gesichtspunkt unter dem Stichwort „Zielsetzung" erscheint unverzichtbar. In der Phase des früher geschlossenen religiösen und kirchlichen Milieus war der Religionsunterricht eine der Möglichkeiten unter vielen anderen, den christlichen Glauben und das kirchliche Leben zu vermitteln. Das hintergründig kontrollierende und steuernde Gesamtmilieu, das Kirchenjahr mit seinem Festkalender, das sakramentale Leben in der Pfarrei, das religiöse Brauchtum, oft auch katholische Schulen und Krankenhäuser, die Familientraditionen in ihrer Verflochtenheit mit dem Vereinswesen . . ., sie alle stützten den Einfluß des Religionsunterrichts und umgekehrt. Heute ist er aus den erwähnten Gründen über weite Strecken doch großenteils dieser sozusagen flankierenden Maßnahmen beraubt. — Aber diese Situation macht den Religionsunterricht gerade auch so wichtig und seine Schwächen fast tragisch. In einer Zeit kirchendistanzierten oder gar -entfremdeten Verhaltens mit der Tendenz, aus dem „Glaubenskuchen" wahlweise ein Stück nach eigenem Gusto herauszuschneiden, scheint es erst recht bedenkenswert, ob der Religionsunterricht für manche den mehr oder weniger einzigen Zugang zum christlichen Glauben und Ethos eröffnen kann. Diese Frage gilt es zu bedenken, auch wenn man weiß, wie wichtig existentielle Glaubenserfahrungen mit anderen zusammen und über Beziehungen sind.

Ob den Jugendlichen über gewisse Strecken des Lebens nicht wenigstens ansatzweise ein Einblick in den Lebensentwurf Jesu und in die christliche Dimension von Kirche vermittelt werden sollte, damit diese wenn auch knappen Ansätze in späteren Lebensphasen oder in Krisen und Herausforderungen auf Tod und Leben gleichsam auf-leben können und zu Anknüpfungspunkten werden? Brauchen die Menschen nicht auch in religiöser Hinsicht so etwas wie eine vorsorgliche Notration, die sich auf die

elementaren Inhalte und Erfahrungen beziehen?[4] Wer keinen Religionsunterricht besucht hat, verfügt nicht einmal über die wesentlichen Grundvorstellungen über das, was es mit dem Glauben an Jesus Christus auf sich hat, welches die Grundlagen für unsere Geschichte und Kultur sowie die Wurzeln etwa für die Säkularisierung und die Menschenrechte usw. sind. Was aber besonders problematisch sein muß, ist die Tatsache, daß man nicht einmal mehr über die Sprache verfügt, um eventuell spätere religiöse Suchbewegungen in der eigenen Biographie zu identifizieren, zu verstehen und zu verdauen, geschweige denn sie sprachlich darzustellen und sich zu vermitteln. Und das ist angesichts der früher diskutierten Herausforderungen durch die Werteproblematik und die religiöse Not eine situative Aufgabe, die als Anliegen einzubringen ist trotz der Mühsal vieler kleiner Schritte auf diesem Gebiet.
Bezüglich Religion und Kirche bleibt man dann erst recht auf Klischees abonniert, die von den Medien oder am Arbeitsplatz oder in den Familien herumgereicht werden. Schon die Fragen nach religiöser Grundorientierung verdunsten und lassen sich bewußtseinsmäßig kaum mehr orten und lebensgeschichtlich festmachen oder gar bewußt und autonom beantworten. Die Signale im Leben und der in Krise führenden Erfahrungen verlören ihren religiösen Code. Nicht einmal eine bewußte Auseinandersetzung und eine persönlich verantwortete Distanzierung wären möglich. Und insofern ist dies als menschlicher Verlust zu begreifen. Wenn der Religionsunterricht wenigstens in Elementen dazu Hilfe böte, wäre er ein Dienst für die persönliche Lebensentfaltung und -gestaltung; es wäre ihm in diesem Sinn durchaus eine solidarische (diakonische) Dimension eigen.

(3) Im Unterschied zur Situation in Deutschland und Österreich ist der *Religionsunterricht strukturell* stärker in der Schule *und* in der Pfarrei zugleich verankert.[5] Aufgrund der kantonalen Schulhoheit ist nicht nur das Schulwesen, sondern auch die rechtliche Position des Religionsunterrichts an der Schule föderalistisch bunt und unterschiedlich. Typisch für die Schweiz ist wohl die in vielen Kantonen bestehende Zweiteilung von Bibelunterricht und konfessionellem Religionsunterricht. Manche haben den Bibelunterricht beim Klassenlehrer bzw. der Klassenlehrerin. Der Religionsunterricht hingegen wird durch kirchlich beauftragte und von der Pfarrei bzw. Kirchgemeinde angestellte Frauen und Männer (Pfarrer, Katecheten, Pastoralassistenten, Religionslehrer usw.) haupt- oder nebenberuflich erteilt.

---

[4] Vgl. L. Karrer, Der Glaube in Kurzformeln (Mainz 1978) 16—37, 57—62.

[5] Kurzinformation s. bei R. Weibel, Schweizer Katholizismus heute (Zürich 1989) 44ff; vgl. F. Dommann, Religionsunterricht und Katechese in Österreich, in: Schweiz. Kirchenzeitung 155 (1987) 313—320.

Beim Bibelunterricht können wir drei Modelle unterscheiden: den konfessionellen, den interkonfessionellen (ökumenischen) und den neutralen (staatlichen).
„Der konfessionelle Bibelunterricht ist dadurch gekennzeichnet, daß er für die Kinder nach Konfessionen getrennt erteilt wird. Er ist vor allem in katholischen Kantonen, wie z.B. Luzern, Schwyz, Wallis usw., institutionalisiert. Zusätzlich zu diesem Bibelunterricht wird im Rahmen der Schule ein konfessioneller Religionsunterricht erteilt, der in der vollen Verantwortung der Kirche liegt. — Der interkonfessionelle (ökumenische) Bibelunterricht ist durch Kooperation der christlichen Kirchen entstanden. In gemeinsam erarbeiteten Lehrplänen sind Zielsetzungen und Inhalte des Bibelunterrichtes sowie die ihm entsprechenden Lehrmittel festgelegt. Auch die Ausbildung und Fortbildung der Lehrer für den Bibelunterricht geschieht auf interkonfessioneller Basis. Diese Art von Bibelunterricht existiert ebenfalls in mehrheitlich katholischen oder paritätischen Kantonen, wie z.B. Freiburg, St. Gallen, Zug usw. Die katholischen Schüler besuchen nebst diesem Bibelunterricht noch den konfessionellen Religionsunterricht mit 1—2 Wochenstunden. — Der neutrale oder staatliche Bibelunterricht wird in mehrheitlich protestantischen Kantonen, wie z.B. Bern oder Zürich, erteilt. Er untersteht dem Verantwortungsbereich von Schule und Staat (die Kirchen werden beratend beigezogen) und wird Schülern aller Konfessionen angeboten. Vielerorts lassen sich die katholischen Schüler von diesem Bibelunterricht dispensieren und besuchen statt dessen den konfessionellen Religionsunterricht, der meist außerschulisch in pfarreieigenen Räumen erteilt wird.“[6]
Wo im Rahmen der Schule ein konfessioneller Religionsunterricht stattfindet, sind je nach Kanton oder Schulstufe 1—2 Wochenstunden dafür vorgesehen. Dieser Religionsunterricht liegt in der personellen Verantwortung der Pfarrei bzw. der Mitarbeiterinnen und Mitarbeiter der Pfarrei. Auch dafür sind kirchliche Weisungen vorhanden, die Unterrichtsziele und Stoffprogramme betreffen. In diesem Zusammenhang ist für die Schuljahre 1—9 in der deutschsprachigen Region der „Deutschschweizerische Rahmenplan“ verbindlich.

(4) Ein Blick in die Realitäten des religionspädagogischen Alltags wird auf das Engagement vieler bewährter und engagierter Leute stoßen. Es gibt ausgesprochene Begabungen und originelle Versuche, sich den Schwierigkeiten im Religionsunterricht zu stellen. Dabei ist vor allem auch an die vielen Frauen zu erinnern, die nebenamtlich Unterricht ertei-

---

[6] F. Dommann, Religionsunterricht in der Schweiz und schweizerische Lehrmittel, in: Religionspädagogische Beiträge 18 (1986) 13ff.

len und viele Kinder zur Erstkommunion und Jugendliche zur Firmung begleiten. Gerade durch die Verzahnung von Schule und Pfarrei in der Schweiz ergeben sich mancherorts Vorbereitungsmodelle auf die Erstkommunion und auf die Firmung hin, die man nur weiterempfehlen kann (weil Schule, Eltern und Pfarrei Bezugspunkte sind). — Über die Schweiz verstreut gibt es Rektorate für Religionsunterricht und katechetische Arbeitsstellen, die die Religionslehrer und -lehrerinnen medientechnisch unterstützen, aber auch fachlich beraten und bildungsmäßig begleiten, wie dies in solchem Ausmaß aus anderen Ländern kaum bekannt ist. Sowohl aus den Reihen der Religionslehrer als auch von diesen Stellen sind namhafte Impulse nicht nur für die Jugendarbeit und Erwachsenenbildung oder für vorschulische religiöse Erziehung ausgegangen, sondern auch sakramentenkatechetische Modelle (Erstkommunion, Firmung, Buße . . .).
Nicht vergessen werden darf, daß auch die religionspädagogische Forschung und Lehre durch einzelne Vertreter dieses Faches über die Schweizer Grenzen hinaus Dynamik entwickelt haben (z.B. F. Oser, K. Kirchhofer, O. Frei, A. Bucher u.a.). Das Fach selbst ist in den letzten Jahren auch an der Theologischen Fakultät in Freiburg strukturell ausgebaut und personell kompetent besetzt worden. Trotzdem läßt sich für die deutschsprachige Schweiz generell sagen, daß die religionspädagogische Ausbildung der Theologen und Theologinnen unter dem verantwortlichen Niveau liegt und einer energischen Reform bedarf.

Ein nüchternen Blick auf die Realitäten kann nämlich nicht übersehen, daß diese einzelnen hervorragenden Fachleute oder Stelleninhaber eher vereinzelte „Propheten“ sind und daß die nach meiner Einschätzung recht schwerfällige und zum Teil mühsame Situation des Religionsunterrichts zu entschiedenerem Handeln führen müßte. Es genügt aber konzeptionell nicht, nur darüber zu befinden, ob man den Religionsunterricht in den schwierigen Jahren ausfallen läßt. Vielleicht ist das Wort eines international reputierten evangelischen Religionspädagogen, wonach „in der katholischen Religionspädagogik der Schweiz Eiszeit herrsche“, etwas kühn. Nachdenklich machen muß es allemal.

Man wird den Eindruck nicht ganz abwehren können, daß es im Bereich des Religionsunterrichts in der Schweiz viele tapfere Einzelkämpfer und Einzelkämpferinnen gibt, die manchmal recht allein gelassen ihrer Aufgabe nachkommen; zum Teil erwartet man von ihnen, was Eltern und Pfarrei nicht „leisten“. Aber insgesamt nimmt es sich wie ein vielfältiges Nebeneinander aus und kaum als ein strukturiertes Konzept. Das hängt ohne Zweifel auch mit der föderalistischen Struktur und pragmatischen Ausrichtung in unserem Land zusammen und mit der Personalknappheit. Aber es schwächt auch insgesamt die Solidarisierung und damit den pastoralen Synergie-Effekt; und manche „krampfen“ für das subjektive Empfinden vergeblich gegen Windmühlen an. So gibt es beispielsweise

für die mittleren Schulstufen auf dem Platz Freiburg kein durchsichtiges religionspädagogisches Gesamtkonzept, von dem her entsprechend kompetentes Personal gesucht, ausgebildet und eingesetzt wird. Und die Personaldecke wird immer noch dünner; von einer problembewußten großzügigen Personaldisposition seitens der Bistumsleitung ist nicht viel zu spüren. Es ist kaum mehr als ein notdürftiges Stopfen von Löchern zu sehen, wobei oft die Linke im buchstäblichen Sinn nicht weiß, was die Rechte tut (wenn etwa ein Teildeputat an einer Orientierungsstufe an unvorbereitete Studenten weitergegeben wird und die Verantwortlichen nicht einmal davon wissen). Kommt ferner hinzu, daß die religionspädagogische Ausbildung an der Universität bis vor wenigen Jahren nur auf Sparflamme erfolgen konnte (während in der BRD ein Referendariat von zweieinhalb Jahren im Anschluß an das Studium vorgeschrieben ist), dann ist verständlich, daß es zu einfach wäre, dieses Problem auf dem Rücken der Religionslehrer und -lehrerinnen austragen zu wollen. — Ein Phänomen ist klar zu benennen: „Weshalb scheuen sich so viele, auch junge Theologen/innen vor dem Religionsunterricht? Ist es nur die ungenügende Ausbildung? Oder ist es eine viel tiefere Unsicherheit: sollen unsere Kinder überhaupt evangelisiert werden? Was sind denn die tiefsten, religiösen Lernziele oder was haben Christus und die Kirche mit einer sinnvollen Reifung zu tun? Oder ist es einfach Entmutigung wegen Erfolglosigkeit? Die Interdiözesane Katechetische Kommission (IKK) geht diesen Spannungen im Oberstufen-Religionsunterricht nach“ (Ph. Hautle).
Auch wenn es kaum ein Patentrezept für diese vielschichtige wichtige Aufgabe gibt, so ist wohl in der katholischen Kirche Schweiz das Gewicht auf eine weitsichtig planende Personaldisposition in diesem Bereich und auf eine bessere Qualifikation zu legen. Sonst bleibt der Religionsunterrricht ein vernachlässigtes Stiefkind. Für eine differenziertere Ausbildung des Lehrpersonals an mittleren und höheren Schulstufen sind an der Universität (in enger Zusammenarbeit mit dem Pädagogischen Institut) differenziertere Studiengänge eingerichtet worden. Aber schon bei der Suche nach kompetenten Übungslehrern und -lehrerinnen zeigt sich die ganze Misere des Personaldilemmas.
Große Möglichkeiten ergeben sich in der Schweiz aus dem Modell der nebenamtlichen Katechetinnen; ohne sie wäre der Religionsunterricht für die jüngeren Schüler kaum zu garantieren. Zu diesem Modell ist alle Sorge zu tragen, damit eine unverzichtbare Beratung und sorgfältige Begleitung die Katechetinnen nicht sich selbst überläßt, denn bei allen positiven Erfahrungen mit Seelsorgeteams bleibt es doch oft auch wieder erstaunlich, wie selbst auf Pfarreiebene motivierte Leute keine Förderung und kein Echo erfahren. Damit sind wir aber schon beim nächsten Thema.

b) Weiterführende gemeindekatechetische Ansätze

Von manchen Religionslehrern und -lehrerinnen wird die stundenplanmäßige und räumliche Verschulung ihres Faches als ein Problem empfunden.[7] Es ist nur schwerlich möglich, in diesem begrenzten Rahmen jene Bedingungen und Beziehungen zu schaffen und zu finden, die einer lebensbezogenen Weitergabe des Glaubens förderlich sind. Von seiten der Katechetenverbände in der deutschsprachigen Schweiz ist deshalb die vermehrte Suche nach neuen Formen ermutigt worden. Vor allem sei der schulische Religionsunterricht stärker aus der Sicht der Pfarrei zu bedenken; und der Oberstufenunterricht dürfe sich nicht nur auf die Schule beschränken; vielmehr sind die Eltern miteinzubeziehen. Dafür sind in der Schweiz, wo es die scharfe Trennung zwischen schulischem Religionsunterricht und Gemeindekatechese nicht gibt, günstigere Chancen gegeben.

(1) Auch *grundsätzlich* ist doch nicht zu übersehen, daß der christliche Glaube den ganzen Menschen meint und demzufolge der Religionsunterricht versuchen sollte, Anwalt des ganzen Menschen zu werden. Dann ist aber seine viel beklagte Isolierung aufzubrechen und die Katechese auf die Zusammenarbeit mit den Eltern und eventuell mit der pfarreilichen Erwachsenenbildung und Jugendarbeit — wenn möglich — zu verknüpfen. Das kann nicht dem katechetischen Personal allein aufgebürdet werden; sondern die Pfarrei ist gefordert mit ihren Gruppen und „Instrumenten". Die Verankerung im Erfahrungsraum der Kirche bzw. einer pfarreilichen Gruppierung oder pfarreilicher Anlässe stärkt die erstrebenswerte Resonanz des Religionsunterrichts. Wenn die Kinder und Jugendlichen keinen erlebnismäßigen und auch emotionalen Zugang zur Kirche finden — und dies läuft, wenn überhaupt, im Normalfall über die Pfarrei —, dann halte ich es für unwahrscheinlich, daß man den Weg auch nach Phasen der Entfremdung und Distanz wieder zurücksucht. Ist aber über gewisse Wegstrecken der subjektiven Kirchenbiographie ein solcher Zugang der Fall gewesen, dann können erneute Anknüpfungsversuche leichter zum Tragen kommen. Gerade auch deshalb sind Erwachsenengruppen und Eltern in die Glaubensvermittlung und Sakramentenkatechese entscheidend miteinzubeziehen. Die zur Zeit engagierte Diskussion um das Firmalter ist von dieser Blickrichtung her sehr zu begrüßen.

(2) Es ist nüchtern zu sehen, daß der Ort der Katechese kaum die Familie ist oder sein kann (und es wohl kaum einmal war, im Vergleich etwa zum Judentum). Aber die Eltern sind nach Kräften mit der Katechese zu ver-

---

[7] Vgl. R. Weibel, a.a.O., 45; V. Merz, . . .und solches nennt sich Unterricht! Bedenkliche Episoden aus Religionsstunden (Zürich 1990).

binden.[8] Eltern eröffnen oder verschließen ihren Kindern hilfreiche emotionale Grundlagen ihrer Glaubensgeschichte. Sie vermitteln ihnen bestenfalls die Möglichkeit zu vertrauen, zu danken, zuzuhören, zu schenken, zu fragen und unerschöpflich neugierig zu sein, Fähigkeiten zur Liebe, zum Selbstvertrauen und zur Selbständigkeit, zur Trauer und zum Staunen . . . Dies geschieht weniger durch pädagogisch absichtsvolle Maßnahmen als vielmehr durch die Art und Weise, wie sie ihren Kindern begegnen, sich mit ihnen auseinandersetzen und sie ernst nehmen, sowie durch das Klima, wie sie ihre Partnerschaft und ihre Familie gestalten und andere daran teilhaben lassen. — Dies ist wohl der entscheidende menschliche Resonanzboden, der die individuelle Glaubensbiographie aufleben und die Resonanz des Religionsunterrichts und der pfarreilichen Katechese erklingen läßt.

In der Westschweiz haben sich pfarreilich gebildete Seelsorge-Equipen von Seelsorgern und Laien dafür in Dienst nehmen lassen. Allein im französischsprachigen Teil des Bistums Basel dürften es annähernd 1000 Laien — in der Mehrheit Frauen — sein, die regelmäßig den Religionsunterricht, der außerhalb der Schule stattfindet, erteilen. In vielen Pfarreien übernehmen die Eltern selbst die religiöse Ausbildung der Kinder.[9]

In der Deutschschweiz — mit der ausgeprägteren Nähe zur Schule — ist an manchen Orten die Form des Blockunterrichts entwickelt worden (z.B. im Raum Luzern), wobei statt der Schulstunden im 8. Schuljahr an sechs Halbtagen thematische Veranstaltungen stattfinden und zusätzlich einmal monatlich eine außerschulische Veranstaltung. Im 9. Schuljahr sind fünf Halbtage und zwei „Intensivtage" (während einer Schulwoche) auf das Jahr verteilt. An den Intensivtagen versucht man, Lehrer und Eltern zu beteiligen.

Ausdrücklich in Richtung Gemeindekatechese geht das im Kanton Zürich entwickelte Modell „Heimgruppenunterricht" (HGU). Inzwischen hat dieses Modell auch in anderen Kantonen „Schule" gemacht. Die Grundidee ist dabei, die Kinder erlebnisorientiert in das Leben, in den Glauben und in das Feiern der christlichen Gemeinde einzuführen und so zu erfahrungsmäßigen Bedingungen des Gemeindeaufbaus beizutragen.[10] Eigens dazu ausgebildete und begleitete Frauen und Mütter versammeln im Auftrag der Pfarrei etwa 4—5 Erst- oder Zweitklässler aus ihrem Quartier zu einer katechetischen Gruppe. Man trifft sich dann jede Woche zu einer Gruppenstunde bei der „Untimutter" zu Hause.

---

[8] W. Bartholomäus, Das Lernen von Christsein, in: Diakonia 14 (1983) 25—33; vgl. auch L. Karrer, Religionsunterricht — Echolot des Glaubens?, in: Schweiz. Kirchenzeitung 153 (1985) 116—122.

[9] Blick in den Jura, in: SPI, Gemeinden ohne Pfarrer am Ort, 156—161.

[10] R. Weibel, a.a.O., 45f; vgl. dazu: H. Leu, Heim-Gruppen-Unterricht (HGU), in: W. Blum u.a. (Hrsg.), Stromaufwärts (Luzern 1987) 66—69.

Das Berufsbild der Katecheten und Katechetinnen hat sich durch die Öffnung aus einer verengten schulischen Konzentration des Religionsunterrichts auf Pfarrei hin bzw. auf Gemeindekatechese und auf Jugendarbeit hin usw. selber ausgeweitet und gewandelt. Die Aufgaben orientieren sich an einem umfassenderen familien- und gemeindebezogenen sowie an Eltern und Jugendlichen orientierten pastoralen Modell.[11] Entsprechend sind auch die Studienordnungen am Katechetischen Institut Luzern (KIL) angepaßt worden.[12]

Dem Anliegen einer differenzierten Wahrnehmung des Katechetenberufes dient das 1985 in Chur gegründete Institut für Fort- und Weiterbildung der Katecheten (IFOK).[13] Aufbauend auf der Grundausbildung des Katechetischen Instituts Luzern bietet das IFOK in Form von längerfristigen und berufsbegleitenden Kursen und Seminaren Fort- und Weiterbildung an und unterstützt die Arbeit und Anliegen einschlägiger Kommissionen und Vereinigungen. — Im Unterschied zu diesen Ausbildungskonzepten werden in der Westschweiz am Institut Romand de Formation aux Ministères (IFM) in Freiburg (seit 1987) nicht eigentlich Katecheten und Katechetinnen, sondern Animatoren für ehrenamtliche Katechetinnen und Katecheten ausgebildet (die Ecole de la Foi in Freiburg steht im Dienste ähnlicher Anliegen für Menschen aus der Dritten Welt).

Gerade vom Institut für Fort- und Weiterbildung der Katecheten (unter Leitung von K. Kirchhofer) sind Impulse ausgegangen, die verdienen, bekanntgemacht und diskutiert zu werden. Dabei ist zu denken an das Projekt „Religiöse Bildung und Begleitung geistig Behinderter“ unter Mitarbeit ausgewiesener Fachleute[14] und an die „Gemeindekatechetische Animation“.[15]

---

[11] D. Emeis/K. H. Schmitt, Handbuch der Gemeindekatechese (Freiburg i.Br. 1986); K. Kirchhofer, Gemeinde — bevorzugter Ort und Motor der Katechese, in: Schweiz. Kirchenzeitung 155 (1987) 637f.

[12] F. Dommann, 20 Jahre Katechetisches Institut Luzern, in: Schweiz. Kirchenzeitung 153 (1985) 117.

[13] R. Weibel, Institut für Fort- und Weiterbildung der Katecheten, in: Schweiz. Kirchenzeitung 153 (1985) 709f.

[14] Vgl. N. Kuster, Religionsunterricht bei geistig behinderten praktisch bildungsfähigen Kindern (Lizentiatsarbeit, Freiburg Schweiz 1984).

[15] Institut für Fort- und Weiterbildung der Katecheten, Projekt 2: Gemeindekatechetische Animation. Eine berufsbegleitenden Fortbildung (Ausbildung) für Katecheten/innen und Pastoralassistenten/innen. Ein Planungsbericht im Kontext der katechetisch-pastoralen Entwicklung in den letzten 30 Jahren (Chur 1987): Projektbeschrieb; vgl. dazu: B. Ruch, Gemeindekatechetische Animation, in: Schweiz. Kirchenzeitung 158 (1990) 10—12; K. Kirchhofer, Weitergabe des Glaubens als Prozeß, in: J. Pfammatter/E. Christen (Hrsg.), Glaubensvermittlung — Theologische und anthropologische Aspekte, Theologische Berichte 18 (Zürich 1989); ders., Gemeindekatechetische Animation: Dem Glauben „Seele“ geben, in: L. Karrer (Hrsg.), Handbuch praktischer Gemeindearbeit (Freiburg i.Br. 1990) 112—122.

(3) Das Grundziel der gemeindekatechetischen Animation liegt darin, die Pfarrei als Gemeinde prozeßhaft zum bevorzugten Lernort des Glaubens werden zu lassen. Kriterien dafür sind die Gemeinde als Erfahrungsraum gelebten Christseins und in diesem Sinn als Ziel und Subjekt der Katechese. An der Ausbildung nehmen Frauen und Männer, Priester, Ordensleute und Laien teil, die katechetisch und/oder theologisch ausgebildet sind, eine pastorale Tätigkeit von mindestens drei Jahren geleistet haben und die gewillt sind, mit einer Gruppe den Weg des gemeinsamen Glauben- und Lebenlernens zu gehen.
Der Ausbildungsaufbau zeigt eindeutig drei Phasen, die nicht nur linear hintereinander folgen, sondern zum Teil auch überlappend verlaufen. — Die erste Phase dient der Sensibilisierung in thematisch-inhaltlicher wie auch in methodischer Hinsicht. Die zweite Phase (als Seminare mit den schwerpunktmäßigen Elementen: Subjektiver Faktor, Supervision der Praxis und Theorie-Bildung) dient vor allem der Fortbildung und der persönlichen Entfaltung. Die dritte Phase erwächst aus dem Praxisfeld und versucht, von der Situation zum gewünschten Ziel voranzukommen.[16]
Weil die gemeindekatechetische Animation Prozesse in Gang setzen will, die meines Erachtens von allgemeiner pastoraler Gültigkeit sind, seien sie im folgenden differenziert aufgeführt:

— „Die passive, konsumorientierte Mentalität der Christen in Richtung aktiver, mitgestaltender Teilnahme am Auftrag der Evangelisation in unserer Gesellschaft zu verändern.
— Die begrenzte, nur hierarchische Trägerschaft der Gemeinschaft der Glaubenden in eine partizipative, kreative Trägerschaft auszuweiten.
— Die Gemeinde immer mehr als Subjekt zu fördern und erfahrbar zu machen.
— In der Gemeinde den bevorzugten Lernort des Glaubens zu sehen: Von ihr gehen die Initiativen aus. Die religiöse Dimension des Lebens wird nicht einem ‚klerikalen Team' überlassen."

Auch den Leitsätzen kommt programmatische Bedeutung zu:

— Angelernte Glaubenslehre wird biographisch erfahrener und ausgetauschter Glaube.
— Angebotene, vorgeführte Liturgie wird mitgestaltete und gemeindeeigene Liturgie.
— Delegierte Diakonie wird solidarisch mitgetragene Diakonie.
— Isolierte Sakramente (lebensgeschichtlich, personal) werden begleitete Sakramente.
— Politische Zurückhaltung wird zur Parteinahme . . ."[17]

---

[16] Projektbeschrieb (FN 15) 44; vgl. auch B. Ruch, a.a.O.
[17] K. Kirchhofer, a.a.O., 114; vgl. auch Projektbeschrieb 35.

(4) Um die Fülle gemeindekatechetischer Impulse im Raum der Kirche Schweiz zu vermitteln, sei nicht nur auf die interessanten und ermutigenden Erfahrungen bei der von Eltern und nebenamtlichen Mitarbeitern/innen getragenen Kommunionkatechese[18] und der Bußkatechese[19] oder auf die Modelle der Hinführung zur Firmung[20] hingewiesen, sondern auch auf die zahlreichen Bemühungen um voreucharistische Gottesdienste und auf die Hilfen zur religiösen Erziehung im Vorschulalter.[21] Die interdiözesane Vereinigung „Theologie für Laien" (Zürich) hat Kurse zur religiösen Erziehung im Vorschulalter ausgearbeitet, die großes Echo ausgelöst haben.[22]
Aber damit ist schon deutlich geworden, daß sich gemeindekatechetische Bemühungen nicht nur auf Sakramentenkatechese oder auf die sogenannten Kasualien[23] beziehen, sondern über die Sakramentenpastoral und über die Verkündigung und punktuelle Seelsorge auf die Lebenswelt der Menschen.
Dies darf nicht mißverstanden werden. Das sakramentale Leben der Kirche hat nicht nur eine katechetische Dimension, sondern ist zutiefst gottesdienstliches Tun der Gemeinde (Liturgie); und auch das christliche Begräbnis kann ein qualifizierter Ort für die Verkündigung bzw. für das

---

[18] Vgl. F. Oser, Kommunion (Modelle). Eine Reihe für den Religionsunterricht Band 17 (Olten 1979). Schülerbuch, Elternbuch, Katechetenbuch.

[19] St. Leimgruber, Buße — Wege zur Versöhnung. Eine Schrift in die Hand der Eltern zur Erstbeichte ihres Kindes; dazu: Begleitheft „Anregungen für Katecheten" (hrsg. v. Interdiöz. Katechet. Kommission, Luzern 1982).

[20] H. Kuhn-Schädler, Gestärkt unterwegs (Luzern 1982); R. Weibel, „Ich — die Firmung und die Gemeinde", in: Schweiz. Kirchenzeitung 155 (1987) 654f; s. auch Beiträge von M. Arnold und J. Annen in: Schweiz. Kirchenzeitung 155 (1987) 709—713; M. Arnold u.a., Firmung mit 17 (Luzern 1988); U. Eigenmann/St. Leimgruber, Firmung — Eine Brücke ins Leben (Zürich 1981); vgl. auch W. Blum u.a. (Hrsg.), a.a.O., 65—103; Weghilfen zur „Firmung ab 17". Impulsmappe der Jungen Gemeinde (Zürich 1991). — In den vergangenen Jahren ist ein Diskussionsprozeß über die Verschiebung des Firmalters in Gang gekommen und in diesem Zusammenhang eine tiefere Erörterung über dieses Sakrament und die Hinführung zur Firmung in der Spannung zwischen Schule und christlicher Gemeinde. Auf dieser Basis und auf dem Hintergrund des Zerfalls einer sogenannten christlichen Gesellschaft und angesichts der Erkenntnisse der Entwicklungspsychologie ist die Diskussion des Firmalters ohne Zweifel eine notwendige Sach- und Suchdiskussion. Entscheidender jedoch als ein bestimmtes Alter ist indes der je altersspezifische Gemeindebezug bei der Firmung.

[21] H. Kuhn-Schädler, Elternarbeit und Sakramentenkatechese, in: L. Karrer (Hrsg.), Handbuch der praktischen Gemeindearbeit (Freiburg i.Br. 1990) 123—129; X. Pfister-Schölch, Der Ort der Kinder in der Gemeinde, in: Diakonia 17 (1986) 309—316.

[22] Vgl. Theologie für Laien, Kurszeitung 30 (1988/89) 119 und 31 (1989) 121.

[23] K. Koch, Verkündigung und Seelsorge an den Knotenpunkten des Lebens, in: L. Karrer (Hrsg.), Handbuch der praktischen Gemeindearbeit (Freiburg i.Br. 1990) 71—87; ders., Aufstand der Hoffnung. Die befreiende Lebenskraft christlicher Feste (Freiburg i.Br. 1986); J. Bommer, Die Verkündigungsaufgabe der Kasualien Taufe, Hochzeit und Beerdigung, in: J. Pfammatter u.a. (Hrsg.), Liturgie als Verkündigung. Theologische Berichte 6 (Zürich 1977) 167—199.

Bekenntnis zum christlichen Glauben angesichts radikaler Erfahrungen sein; sie sind aber nicht punktuell sozusagen sich selbst zu überlassen, sondern — gerade auf gemeindlicher Ebene — zu vernetzen und ins Leben zu „erden".
Die Mitarbeiter in der Praxis erfahren es jeden Tag, daß sich die traditionellen Lernorte für die Glaubensweitergabe wie Schule, Elternhaus, Pfarrei usw. nicht mehr eindeutig umschreiben und abgrenzen lassen. Je nach den schulischen, familiären, pfarreilichen und staatskirchlichen Verhältnissen wird der eine Lernort dem anderen vorgezogen. Es gilt somit auch in den Pfarreien der Schweiz, noch intensiver nach Wegen der Vernetzung dieser Lernorte und der Gemeinschaftserfahrung zu suchen und den Glauben an den Lebensprozessen orientiert („ganzheitlich") zur Sprache zu bringen. Damit ist der vielschichtige und vielseitige Bereich dessen gemeint, was mit theologischer Erwachsenenbildung und mit Mystagogie (Weg und Begleitung zur religiösen Erfahrung) umschrieben wird.

c) „Erwachsenenbildung" (und Mystagogie) in der katholischen Kirche Schweiz

Um es vorwegzunehmen: Dieses Thema wäre es wert, in einer fundamentalen Untersuchung erfahrungs- und praxisorientiert reflektiert zu werden. Angesichts der Vielfalt auf diesem Sektor auch im Rahmen der vergleichsweise kleinen Kirche Schweiz und angesichts der früher schon geschilderten Nöte und Herausforderungen kann man die Bedeutung und die Notwendigkeit einer differenzierten theologischen und kirchlichen Erwachsenenbildung und der Mystagogie als Hinführung zur Glaubenserfahrung gar nicht dreist genug unterstützen.

(1) Der *Begriff* der Erwachsenenbildung selbst ist in etwa so diffus wie die vielen Konzepte, Methodenüberlegungen und Institutionen, die mit Erwachsenenbildung zu tun haben. Eigentlich fällt alles darunter, was sich als Form von Bildung in allen Lebensbereichen nach der Schulbildung oder der beruflichen Lehre anschließt. In einem weiteren Sinn gehören auch die spontanen und informellen Lern- und Bildungsprozesse dazu, die überall stattfinden und an denen Erwachsene lernen. Als Erwachsenenbildung im engeren Sinn sind systematisch aufgebaute, formelle Bildungschancen gemeint, die von kompetenten Trägern in Kursform, in projektbezogener Schulungsarbeit oder auch in praxisbegleitender Beratertätigkeit durchgeführt werden.
Nun besteht kein Zweifel, daß für die Bewältigung des persönlichen und gesellschaftlichen Lebens aus dem Geiste Jesu und für die subjektive Glaubensbiographie Orientierung, Bildung von Kompetenzen und Fähig-

keiten sowie Motivklärung und Vertiefung unumgänglich sind. Dies bedingt nicht nur menschliche Lernprozesse und Sachverständigkeit, sondern auch hinsichtlich der kirchlichen Praxis und des persönlichen Glaubens eine weiterführende Vertiefung und „Bildung". Allzuleicht bleibt man sonst diesbezüglich auf der „pubertären" Informationsebene und Sichtweise stehen und staunt dann später, daß dies im Auf und Ab des Erwachsenenlebens nicht mehr zu tragen vermag und daß es als „Kinderglauben" über Bord geworfen wird. Dies ist zwar eine späte Reaktion auf eine frühere Lebensphase, aber keine angemessene Auseinandersetzung mit Religion.

„Wir leben unseren Glauben nicht als Zustimmung zu einem Ganzen geordneter Wahrheiten, sondern als eine fortschreitende Lerngeschichte, in der sich unsere geistliche Bestimmung nach und nach erhellt."[24] Es geht somit um die Mündigkeit der Glaubenden — ein viel strapaziertes Wort. Denn von Mündigkeit kann dann gesprochen werden, wenn der Mensch in der Komplexität des persönlichen, sozialen und gesellschaftlichen Lebens seine Fähigkeiten zur Entfaltung und zum menschen- und sachgemäßen Einsatz bringt. Sie beinhaltet eine gewisse Theoriefähigkeit der Lebenspraxis (Urteilsfähigkeit, Wertempfinden . . .) und die Freiheit als persönliches Vermögen („Kraft"), die Theorie im Handeln zu verantworten (Spannung zwischen Fremd- und Selbstbestimmung, Entscheidungsfähigkeit . . .). Letztlich zielt Mündigkeit prozeßhaft auf die Identität des ganzen Menschen in Tun, Denken und Fühlen und fordert ihn bis in den Kern seines subjektiven Daseins (Gewissen) hinein.

Die Mündigkeit der Christen und der Christinnen erweist sich in der Gestaltung des konkreten Lebens in allen seinen Bezügen auf der Grundlage der vorgegebenen und nicht mehr verfügbaren Botschaft Jesu; das heißt, im Interpretieren und Ertragen der Wirklichkeit von Jesus Christus her (Glauben und Hoffen) sowie in der praktischen Verwirklichung des persönlichen und gesellschaftlichen Lebens in seiner Nachfolge. Es geht um persönliche Entscheidungen und Entschiedenheit, die nicht abgenommen noch an andere delegiert werden können (Umkehr, Liebe, Solidarität). In diesem Sinn ist christliche Mündigkeit, die die Beziehung zu sich und zur Mitwelt und Umwelt aus der Beziehung zum Gott Jesu zu gestalten versucht, gleichbedeutend mit Spiritualität. Auch sie bedarf der bewußten Kultur und Pflege (Mystagogie). Deshalb geht die Erwachsenenbildung von den persönlichen, beruflichen und gesellschaftlichen Erfahrungen der Menschen aus, fördert deren Eigeninitiative und schöpferische Kommunikation sowie kritisches Denken in der Spannung zwischen Gesellschaft und Kirche (Gemeinde).

---

[24] H. Schaller, Erwachsen-Sein/Mündigkeit, in: Ch. Schütz (Hrsg.), Praktisches Lexikon der Spiritualität (Freiburg i.Br. 1988) 338.

Genau dieser hohen Option hat die kirchliche Erwachsenenbildung — gelegen oder ungelegen — zu Diensten zu sein, auch wenn man durchaus darum wissen darf, daß auch große Optionen in der Spannung zwischen Situation und Auftrag nur in der Mühsal vieler kleiner Schritte wachsen und werden können. Aber es ist mit den obigen Sätzen unmißverständlich formuliert, woraufhin die Kräfte der Phantasie, des Herzens und des Geistes in der Kirche Schweiz zu konzentrieren sind, wenn die Kirche als Gemeinschaft — um der Menschen willen — auch in unserem Land Zukunft haben will.

(2) Auf dem *praktischen Feld* der Erwachsenenbildung sowie der vielen Kurssysteme zur Mitarbeiterschulung und der beruflichen Fortbildung der Seelsorger und Seelsorgerinnen (auf Dekanats- und Bistumsebene) gibt es in der Kirche Schweiz ein unübersehbare Fülle von Bildungshäusern / Akademien, Arbeitsstellen Institutionen und Kommissionen, aber auch von Berufsorganisationen (z.B. die Vereinigung der deutschsprechenden Laienkatecheten in der Schweiz, VLS) sowie Bewegungen, Hilfswerke und Verbände mit je eigenen Bildungsangeboten (z.B. KAB, Jugendverbände ...). Wer das Kursbuch „Bildung — Besinnung", das jeweils von der KAGEB (Kath. Arbeitsgemeinschaft für Erwachsenenbildung der Schweiz und des Fürstentums Liechtenstein) herausgegeben wird, oder die alljährlich in der Schweiz. Kirchenzeitung veröffentlichen Kursangebote an das Seelsorgepersonal aufmerksam durchliest, ist ob der disparaten und vielseitigen Fülle erstaunt und davon fast „erdrückt". — Und was darüber hinaus im mehr weiteren Sinn der Erwachsenenbildung auf pfarreilicher, städtischer und regionaler Ebene, bei Glaubenskursen, in ungezählten Bibelgesprächen und bei problemorientierten Veranstaltungen an hoffnungsvoller Arbeit investiert und welche Impulse freigesetzt werden, das läßt sich statistisch nicht messen noch qualitativ beurteilen. Somit ist auch hierzulande das weite Feld der Erwachsenenbildung (bis hin zur Mystagogie) eindrucksvoll ausgebaut worden, wobei übrigens nicht zu vergessen ist, daß Erwachsenenbildung als gesellschaftliche Selbstverständlichkeit heute im deutschsprachigen Gebiet ursprünglich auf die Kirchen und andererseits auf die Gewerkschaftsbewegung zurückgeht.
Im vielgleisigen Nebeneinander der einschlägigen Institutionen und Programme ist nun zwar in hohem Maße eine vielseitige und verstreute Sachverständigkeit vorhanden, die nach meiner Ausicht für gesamtschweizerische oder für sprachregionale Meinungsbildung und planerische Koordination „abzurufen" wäre. Kritisch ist aber das Ganze dahin zu hinterfragen, ob die erwachsenenbildnerischen Anstrengungen insgesamt nicht doch vielen Puzzlestücken gleichen, die kaum zu einem Gesicht zusammenzufügen sind. Leider wirkt manches Projekt oder Experiment auf den

Außenstehenden wie eine „Arbeitsbeschaffungsmaßnahme“.[25] Von einer Vernetzung mit den Ausbildungsstätten kann (vorerst) kaum die Rede sein, obwohl das von einzelnen Leuten in diesem Sektor durchaus als Anliegen gesehen und einzelkämpferisch auch forciert wird oder von der Arbeitsstelle für Bildungsfragen (der Schweizer Katholiken) in Luzern angestrengt wird; letztere verbindet die KAGEB mit der Konferenz Katholischer Schulen und Erziehungsinstitutionen der Schweiz (KKSE).
Bei aller Anerkennung für das viele, was auf pfarreilicher, regionaler und kantonaler Ebene diesbezüglich fachlich und menschlich investiert wird, ist der kritischen Frage nicht auszuweichen, ob die Angebote das Schwergewicht insgesamt nicht doch auf praktische und funktionale Themen und auf subjektive Spiritualitätspflege legen. — Angesicht der skizzierten Herausforderungen an die Christinnen und Christen unseres Landes kann das aber ein Mangel sein, selbst wenn man weiß, wie auch dieser Markt von der Spannung zwischen Angebot und Nachfrage abhängig ist. Bei den Herausforderungen sind in Erinnerung zu rufen: politische Solidarität, präventive Solidarität als Zukunftssicherung, kommunikative Diakonie als (sich) mitteilende Solidarität; therapeutische Solidarität mit Menschen in seelischer und körperlicher Not; kulturelle Diakonie (Werte) und religiöse Diakonie angesichts der Sinnsuche der Menschen. Natürlich wäre es naiv, die erwachsenenbildnerischen Möglichkeiten mit zu hohen Erwartungen zu überfrachten. Aber die in der Gesellschaft vorhandenen Herausforderungen bzw. die Nöte und Fragen der Menschen geben den Horizont ab, dem die kirchliche Erwachsenenbildung verpflichtet ist. „Meditation in allen Variationen erspart uns nicht die Arbeit an den konkreten Leiderfahrungen, die Auseinandersetzung mit den moralischen und gesellschaftlichen Übeln in unserer Welt, mit den ethischen, politischen und theologischen Problemen.“[26] — Für eine angemessene Reflexion der Situation und der auf die Praxis hin orientierten Zieldiskussion der kirchlichen Erwachsenenbildung scheint nun eine verstärkte Kooperationsform dringlich nötig, damit auch die geistige Auseinandersetzung statt pragmatisch-gemächlich verstärkt mit (der Ausdruck sei erlaubt!) „intellektuellem Biß“ erfolgen kann. Um kein falsches Unbehagen aufkommen zu lassen, ist damit keine aggressive Gangart gemeint; vielmehr wird für eine energischere kritisch-analytische Arbeit eingetreten, die eine der wichtigen Voraussetzungen ist, um differenziert und um-sichtig an die Lösung der Probleme heranzugehen. — Im Unterschied zur reinen („akademischen“)

[25] L. Karrer, Ist sich unser Katholizismus seiner Herausforderungen bewußt?, in: Schweiz. Kirchenzeitung 155 (1987) 117.
[26] A. Imhasly, „Welche Ziele — welche Adressaten?“, in: Schweiz. Kirchenzeitung 152 (1984) 753; sehr zum Studium empfohlen: Schweiz. Pastoralsoziologisches Institut (SPI), Fortwährende Weiterbildung. Überlegungen zur Koordination der kirchlichen Erwachsenenbildung im Kt. Zürich (St. Gallen 1987).

Spekulation bezieht sich die Theoriebildung auf die Praxis und ihre Situation, die nur pragmatisch-funktional oder intuitiv allein nicht zu verstehen und zu meistern sind. Letztlich handelt es sich dabei um eine Variante von Nähe und Distanz, denn jede Form bewußter Praxis bedarf einerseits des unmittelbaren Handelns, andererseits aber auch der zu ihr auf Distanz gehenden Reflexion und Handlungs-Freiheit.
Von solchem Hintergrund und solcher Zielsetzung her wird verständlich, daß gerade die reichlichen Instrumentarien der kirchlichen Erwachsenenbildung in der Schweiz eines profilierten „Kartells" zur Reflexion und Vergewisserung und Koordination der Schwerpunkte bedürfen, in die nicht nur Hochschulinstitute zu integrieren wären, sondern auch die Hochschulseelsorge und einschlägig wirkende Verbände (z.B. Medienvereine), Hilfswerke und vor allem auch das Schweiz. Kath. Bibelwerk (SKB) mit der Bibelpastoralen Arbeitsstelle in Zürich (Silvia Schroer). Daß den sogenannten katholischen Bildungshäusern und Akademien dabei eine besondere Funktion zukommt, ist wohl unbestritten. Aber gerade aus den Erfahrungen der bekannten Paulus-Akademie in Zürich ist zu lernen, wie mühsam eine solche Bereitschaft zur kulturellen Begegnung und Auseinandersetzung an der geistigen „Front" sein kann, denn auch eine demokratisch gewählte „Trägerschaft" kann einer engen bürgerlichen Orientierung verhaftet bleiben und ebenso starr sein und bremsen wie eine zentralistische Kirchen-Behörde in der Bundesrepublik. — Ähnlich wie die von den Jesuiten herausgegebene „Orientierung" eine größere Unabhängigkeit genießt, um heiße Eisen kritisch anzugehen, ist es im Bildungsbereich das 1984 von der Missionsgesellschaft Bethlehem gegründete „Missionarische Zentrum" in Luzern, das Romero-Haus. Es zeigt sich darin meines Erachtens auch, wie wichtig die Orden und modernen Kongregationen für die katholische Kirche Schweiz sind und welche Impulse wir ihnen in diesem Kontext verdanken.

(3) Eine eigene Erwähnung wert sind die von der interdiözesanen „Vereinigung: *Theologische Kurse für katholische Laien und katholischer Glaubenskurs*" (in Zürich) getragenen Kurssysteme, die in ihrem Aufbau an die Wiener und Würzburger Theologie- und Glaubenskurse erinnern.[27] In relativer Stille geschieht hier unter der Trägerschaft „Theologie für Laien" eine imponierende Arbeit im Dienste der Weitergabe des Glaubens und seiner Vertiefung. Man kann nur hoffen, daß diese Kurse, die 1954 (!) mit den Theologiekursen für Laien (TKL) und Anfang der sechziger Jahre mit den Glaubenskursen (KGK) begannen, sich in die Zukunft hinein noch feinmaschiger in der Kirche Schweiz verankern lassen. Die Stärke dieser

---

[27] B. Schlauri, 40 Jahre theologische Bildungsarbeit in Österreich, in: Theologie für Laien: Kurszeitung 22 (1980/81) 81—83.

Kurse sind intensive zentral oder regional durchgeführte Langzeitkurse (TKL: 4 Jahre, KGK: 2 Jahre). Manchmal fragt man sich, ob und wie die vielen Absolventen/innen das gemeindliche und verbandliche Leben prägen und wo manche von ihnen gleichsam versickern.
Aufgrund des großen Andrangs bei den Vorlesungen der „Senioren-Universitäten" in verschiedenen Schweizer Städten und ausgehend von der Idee eines St. Galler Seelsorgeteams für einen Senioren-Glaubenskurs, ist ein Kurssystem für Menschen in der zweiten Lebenshälfte entwickelt worden, der auf pfarreilicher und regionaler Ebene oder in einem Bildungshaus durchgeführt werden kann.[28] Seit 1986 bietet nun die Vereinigung „Theologie für Laien" den Pfarreien und kirchlichen Verbänden auch „Kurspakete" zum Kauf an — für die selbständige Organisation und Gestaltung von Erwachsenenbildung durch Laien. Das erste Kurspaket unter dem Titel „Ein Jahr im Leben — Jahreszeiten des Lebens" enthält Anleitung und Materialien für Lebens- und Glaubensbesinnung unter Menschen in der zweiten Lebenshälfte (20 Kurseinheiten, aufgeteilt in die vier Jahreszeiten). Ein weiteres Kurspaket trägt den Titel „Mit Kindern leben, glauben, hoffen" (13 Kurseinheiten) und will Eltern zum Gespräch um die religiöse Erziehung im Vorschulalter zusammenführen. Beide Angebote haben unter den Seelsorgern und Laien in der Deutschschweiz großes Interesse und gute Abnahme gefunden. Die Herausgabe eines weiteren Bildungspakets ist für 1992 in Vorbereitung: „Unsere Jugendlichen fordern uns heraus" (8 Kurseinheiten für Eltern von Jugendlichen zwischen 14 und 18 Jahren). Diese Art Bildungsarbeit ohne Fachreferenten, aber mit Leitungsteams aus den Pfarreien baut weniger auf Information und Belehrung als vielmehr auf die Förderung einer kirchlichen Gesprächskultur zu lebensaktuellen Fragen der Pfarreiangehörigen.[29]

(4) Die erwähnten Kurse beeinflussen das neben- und ehrenamtliche Engagement vieler Frauen und Mäner im manchen Pfarreien. Allerdings ist zu wünschen, daß die Teilnahme an solchen Kursen in vielen Pfarreien bewußter und gezielter gefördert würde. Es ist ja nun vielfach erwähnt worden, daß die christliche Gemeinde mit ihren Sozialformen und ihrem Glaubensleben durch die heutigen Schwierigkeiten der Glaubensvermittlung und durch die individuelle Atomisierung der einzelnen Menschen herausgefordert ist. Die Gemeindemitglieder sollen vermehrt Subjekt der Glaubensvermittlung werden und deshalb von einem einseitigen Versorgungsdenken wegtendieren, welches das Glaubenszeugnis an das kirchli-

[28] E. Ghezzi, In Vorbereitung — ein Senioren-Glaubenskurs, in: Theologie für Laien: Kurszeitung 26 (1984/85) 15f; ders./B. Schlauri, Unser „jüngstes Kind". Der Senioren-Glaubenskurs, ebd. 113—115.

[29] Vgl. Theologie für Laien: Kurszeitung 31 (1989/90) 65f.

che Berufspersonal delegiert. Somit ist die *Pfarrei/Gemeinde* der „alltägliche“ *Ernstfall* der *kirchlichen Erwachsenenbildung*. Auch auf Pfarreiebene zeigen gerade die Programme von Verbänden, Vereinen oder Projektgruppen, daß vielfältigste erwachsenenbildnerische Elemente und gemeindekatechetische Anliegen wahrgenommen werden. Oft bleiben sie aber zu punktuell und zu zielgruppenorientiert, um eine wenigstens bescheidene Auswirkung auf die Gemeindeöffentlichkeit zu zeitigen. Zudem werden solche Chancen zuweilen — vor allem von Frauen — weniger im Sinne einer „éducation permanente“ wahrgenommen, sondern eher als Nachholen einer verpassten Ausbildungschance (man wechselt dann leicht von einem Kurs zum andern).

Nicht ohne Einfluß der schon erwähnten Initiativen und Impulse werden in einigen Pfarreien oder auf Stadtebene in Bibelgesprächen und in „kleinen Glaubenskursen“ persönliche Rechenschaft über den christlichen Glauben ermöglicht und vertieft. Vermutlich wäre in vielen christlichen Gemeinden — vorab in den städtischen Agglomerationen — in Richtung von Bibelkreisen und kleinen Glaubenskursen viel mehr möglich, wenn man entsprechende Initiativen von Frauen und Männern da und dort mutiger und ermutigend fördern und unterstützen würde. Die Gemeindeverantwortlichen sind aufgerufen, „Basiskurse im Christsein“ (= kleine Glaubenskurse) in Zusammenarbeit mit den Pfarreigremien zu initiieren und auszugestalten. Im Pfarrkreis St. Peter, Christ-König (Freiburg), Marly und Villars-sur-Glâne stoßen entsprechende Initiativen (von Georges Perler, Marly, mit Förderung von Pfarrer Winfried Bächler) für solche Basiskurse schon seit fünf Jahren auf ein solches Echo, daß die gleichen Kurse auch auf Stadtebene und zunehmend in Pfarreien der Umgebung durchgeführt werden müssen (dürfen).

Im Unterschied zur Predigt, die natürlich ebenfalls zum Glauben anstiften will, sind solche Kurse trotz der Informationsanteile (Referate) auf Diskussion und Gedankenaustausch und gesellige Kommunikation ausgerichtet. Die Erfahrung hat gezeigt, daß es vorteilhaft ist, in Arbeitskreisen und Gemeindegremien (z.B. Arbeitskreis Erwachsenenbildung und Pfarreirat bzw. Pfarreiseelsorgerat) solche Veranstaltungen inhaltlich und formal vorzubereiten, sie auf etwa vier Abende im Rhythmus von vier oder zwei Wochen zu begrenzen, ein Ambiente für Erfahrungsaustausch zu ermöglichen und vor allem die Menschen persönlich anzusprechen. Die Themen für die folgenden Kurse werden jeweils von den Teilnehmern und Teilnehmerinnen selber bestimmt: Gottesfrage, Kirche, Sakramente, Gebet, Freiheit und Fundamentalismus . . .[30]

Bei diesen Erfahrungen handelt es sich um kein Patentmodell. Aber es

---

[30] Vgl. M. Gmelch, Impulse für eine zukünftige Gemeindespiritualität, in: Diakonia 20 (1989) 162—171.

zeigt, was übrigens in ähnlicher Form manchenorts auch versucht wird, daß mehr möglich und von den Menschen her nötig und gesucht ist, als manchmal in unseren Pfarreien vermutet und zugelassen wird.

(5) Ein bewußtseinsmäßig weithin unterschlagenes und nur von wenigen Pionieren und Pionierinnen(!) tapfer verfochtenes Thema ist im klassischen Land des Fremdenverkehrs und des Reisens die Frage *Kirche* und *Tourismus* vom Hintergrund des künftig wohl noch zunehmenden Rohstoffs *„Freizeit"* her. Während die dafür zuständige Kommission bzw. das Sekretariat (mit dem nicht gerade glücklichen Kürzel KAKIT) bis Ende 1990 auf Sparflamme gehalten war, griffen die Auswirkungen der Freizeit, die letztlich mit dem Bereich der Arbeit und der Wirtschaft ganz eng verflochten ist, tief in das Leben auch unserer Pfarreien hinein (sei es als Entsende- oder als Empfangspfarrei). Denn Freizeit ist mit Wochenend- und Ferientourismus verbunden und prägt den Rhythmus unseres Alltagsverhaltens.
So scheint es dringlich, solche Prozesse nicht nur lokal oder regional, sondern sprachregional und gesamtschweizerisch auf ihre pastoralen Probleme und Chancen hin zu reflektieren und ein Konzept für das praktische Entscheiden und Handeln vor Ort zu entwickeln.[31] Auch in diesem Feld sind Diözesangrenzen, die ja in der Tat wie die Kantone ausgeprägte Grenzen sind, für ein problemorientiertes und koordiniertes Vorgehen hinderlich. Aber wir dürfen uns trotzdem fragen lassen, ob wir hierzulande nicht neue Orte, Wege und Chancen der Glaubensvertiefung und der Mystagogie verpassen oder gar verschlafen, weil wir uns zuwenig Gelegenheit und die dazu notwendigen Instrumentarien verschaffen, die pastorale Phantasie spielen zu lassen. Ist der „befreizeitete" Mensch nicht offen für Gespräche und vielleicht in einer Art und Weise ansprechbar, wie dies im Lebensalltag mit dem beruflichen oder familiären Streß weniger der Fall ist? Wo und wie werden die Kuraufenthalter (Präventiv-Kur . . .) erreicht? — Dabei ist wohl nicht zu übersehen, daß man auf behördlicher und gesellschaftlicher Seite offener ist für entsprechende Initiativen und Überlegungen der Kirchen, als wir uns dessen im Insidermilieu bewußt sind. — Von daher ist es um des Anliegens willen nur zu begrüßen, daß die Stabsstelle für „Kirche im Tourismus" durch einen Fachmann (Markus Vogler, Luzern) besetzt worden ist und daß die entsprechende Kommission als Stabskommission der Schweizer Bischofskonferenz entsprechendes Gewicht erhält und auf Resonanz an der Basis stößt.[32]

---

[31] M. Vogler, Kirche und touristische Mobilität. Praktische Theologie im Dialog. Bd. 6 (Freiburg Schweiz 1990) stellt einen ersten solchen Versuch dar, der auf der Basis einer gesamtschweizerischen Bestandsaufnahme und theologischer wie anthropologischer Kriterien Handlungsperspektiven zur Seelsorge an Menschen, die in ihrer Freizeit unterwegs sind, entwickelt.
[32] S. Schweiz. Kirchenzeitung 159 (1991) 59f.

3. Und die Mission ...?

Auch hier schaut die katholische Kirche Schweiz auf eine reiche Vergangenheit zurück, wenn an den praktischen Missionseinsatz von Frauen und Männern bis in unsere Tage hinein und an deren Unterstützung durch die „Heimat" gedacht wird. Aber dieses Stichwort „Mission" schafft nicht nur einen Zugang zum großartigen missionarischen Engagement seit etwa Mitte des letzten Jahrhunderts; es wird auch zu einem Begriff, der exemplarisch den großen Wandel im Missionsverständnis und damit im Kirchenbild markiert und zu einer Aussage darüber wird, wohin der Kurs der katholischen Kirche Schweiz gehen dürfte. — Ein eher quantitatives „Gewinndenken" (Seelen gewinnen) ist von tiefgreifenden qualitativen Fragestellungen bezüglich des Missionsverständnisses eingeholt worden. Ob allerdings ein neues Missionszeitalter ansteht (vgl. Enzyklika „Redemptoris missio" 1991), bleibt indes mehr als fraglich.[33]

(1) Es ist nicht zu übersehen, daß sich die katholische Kirche Schweiz in der ersten Hälfte des letzten Jahrhunderts für ihren Missionsauftrag und in diesem Zusammenhang für ihre weltkirchliche Kooperation zu erschließen begann. Der *Anstoß* kam von unten: vom Volk. Im Jahre 1822 entstand in Lyon der „Verein der Glaubensverbreitung". Dieser erste Missionsverein breitete sich in der Folge zunächst in westschweizerischen Pfarreien, dann aber auch in deutschschweizerischen Gemeinden rasch aus. 1832 wurde demzufolge in der Schweiz die „Gesellschaft zur Verbreitung des Glaubens" mit einer eigenen Zeitschrift gegründet. In den vierziger Jahren entstand der Jugendmissionsverein. Das Kloster Einsiedeln wurde zum Zentrum der beiden Vereine, die ihre Ideen auch an Deutschland und Österreich weitergaben.[34]
Im vergangenen Jahrhundert waren es die Verbände und Werke des sich formierenden Katholizismus, die den Missionsgedanken verbreiteten und im Volk einen neuen Weitblick weckten.
Dieser Aufschwung der missionarischen Mitarbeit war mit den alten Orden verbunden, die sich verstärkt der Missionsarbeit verpflichteten, wie etwa Benediktiner, Kapuziner und Jesuiten. Hinzukamen — und dies war ein Novum — die Frauenkongregationen von Ingenbohl, Menzingen, Baldegg, Cham und andere, die ihre Schwestern in alle Welt sandten. Auch neue Männerkongregationen (-orden) gründeten Stützpunkte in der Schweiz, wie zum Beispiel die Steyler Missionare, die Mariannhiller, die

[33] W. Bühlmann, Wird ein neues Missionszeitalter heraufziehen?, in: Anzeiger für die Seelsorge 6/91, 238—241.
[34] H. R. Röthlin, Zum Papstbesuch 1984. Einheit und Vielfalt der Kirche in der Schweiz (Manuskript 1984) 34.

Salvatorianer und die Weißen Väter. Im Jahre 1895 entstand das Missionshaus Immensee, das 1921 zur eigentlichen Gründung der Schweizerischen Missionsgesellschaft Bethlehem (SMB) führte. In den dreißiger Jahren dieses Jahrhunderts müssen schon ca. 1000 Missionare und Missionarinnen im Dienst von „Kirchen in Aufbau und Not" gewesen sein. Es entstanden auch verschiedene Missionshilfswerke, wie der Missionsärztliche Verein und 1932 die Missionsverkehrs-Aktion (MIVA). Die verschiedenen Missionsvereine wurden schließlich am 30. Oktober 1973 in der Gestalt der „Päpstlichen Missionswerke" miteinander verbunden. Aus der Geschichte dieser Entwicklung könnte man lernen, wie sich Initiativen „von unten" mit der Strukturierung bzw. Organisation „von oben" vermischt haben. — Gegenüber einem vom Ordensleben geprägten Missionsideal zeichnete sich nach dem Zweiten Weltkrieg in der Schweiz eine neue Tendenz ab, als Maria Oberson mit tatkräftiger Förderung durch Bischof F. Charrière in Freiburg die „Gemeinschaft der Laienmissionarinnen" (GLM) gründete „für Frauen, die in die Mission gehen wollten, aber keine Klosterberufung verspürten" (Gret Lustenberger).

(2) Eine *Wende* zeichnet sich in den fünfziger Jahren ab. Auch hier waren es kulturelle und politische Fortschritte, die die Kirche zum Nachdenken zwangen. Die Völker der südlichen Erdhälfte begehrten gegen ihre Kolonialherren aus der nördlichen Erdhälfte auf und trachteten nach Selbständigkeit (Bandung-Konferenz 1955).
Es begannen in der Kirche eine Neubesinnung auf das Wesen (die bewußtseinsmäßig das Konzil vorbereitete) und eine Sensibilisierung für die Zwiespältigkeit einer missionarischen Tätigkeit, die allzu eng mit den Kolonialherren verbunden war und sich für die „Einheimischen" wie eine Verdoppelung der europäischen Zivilisation ausnehmen mußte. Unter diesem Mentalitätswandel wagten dann die in der Schweiz niedergelassenen Missionsinstitutionen mit der Schweizerischen katholischen Missionsausstellung „Messis" einen Bewußtseinsvorstoß in die kirchliche Öffentlichkeit. Diese Ausstellung, die im Jahre 1955 in elf Städten gezeigt wurde, gab im gleichen Jahr den Anstoß zu Hilfsaktionen wie etwa das heutige Dritte-Welt-Hilfswerk der KAB „Brücke der Bruderhilfe". Im Jahre 1957 schuf der katholische Frauenbund sein Werk der Entwicklungszusammenarbeit, das „Elisabethenopfer", das jeweils im November in vielen Pfarreien aufgenommen wird.[35]
Ein Durchbruch gelang im „Missionsjahr der Schweizer Katholiken" 1960/61, das entscheidend von den Jugendverbänden getragen wurde und

[35] Schweizerischer Katholischer Frauenbund (Hrsg.), Werkstattgespräche. Gedanken von Insidern und Outsidern zum 70-Jahr-Jubiläum des Schweiz. Kath. Frauenbundes (Luzern 1982) 25f.

inspiriert war von Meinrad Hengartner (auch eine der großen Gestalten der Schweizer Kirche). Auf dieses Missionsjahr geht bekanntlich das heutige Fastenopfer zurück, das 1962 erstmals durchgeführt worden ist. – Durch die „Messis“ und das Missionsjahr hatten sich die Päpstlichen Missionswerke und die Missionsinstitute zusammengefunden und sich zu einer Arbeitsgemeinschaft zusammengeschlossen. Um dieser Arbeitsgemeinschaft Dauer zu verleihen, wurde 1963 der „Schweizerische Katholische Missionsrat“ konstituiert. Zu dieser Zeit wirkten annähernd 2000 Schweizer Missionare und Missionarinnen in Übersee (unter ihnen ca. zehn Prozent Laien).

Als die Impulse des Konzils die neue Sicht der Kirche betonten, wonach eine missionarische Kirche „Grundpflicht des Gottesvolkes ist“ (Missionsdekret „Ad gentes“, 35f), sah sich der Missionsrat zu einer Verbreiterung seiner Trägerschaft veranlaßt: Die Abteien und Bistümer traten ihm bei. Die folgenden Jahre standen im Zeichen der vorwärtsschauenden Pastoralplanung. Eine 1968 eingesetzte „Missionarische Prospektiv-Gruppe“ befaßte sich mit der Zukunft der Dritten Welt und mit der Rolle der Kirche bzw. mit der künftigen missionarischen Kooperation. Ganz in diesem Geiste erfolgten die Diskussionen auf der Synode 72, wie das Dokument X der Diözese Basel („Weltweites Christsein: Die Verantwortung der Kirche in der Schweiz für Frieden, Entwicklung und Mission“) aufweist, und die Überlegungen der Pastoralplanungskommission der Bischofskonferenz (PPK). Das wichtigste Ergebnis dieser Überlegungen und pastoralen Planungen war einerseits die institutionelle Integration des schweizerischen Zweiges der Päpstlichen Missionswerke (Missio) in die Kirche Schweiz dadurch, daß Missio eine Stiftung der Bischofskonferenz wurde; andererseits wurde 1977 organisatorisch die sprachbedingte Regionalisierung der missionarischen Animation beschlossen (Missionskonferenzen). „Hier sollen die Vertreter der Bistumskirchen, der Missionsinstitute, der Hilfswerke und der missionswissenschaftlichen Forschung zusammenwirken. Die Vertreter der Bistumskirchen sind im Rahmen der Statuten der regionalen Missionskonferenzen auch Mitgliedes der Missio. Zur Koordination der regionalen Missionskonferenzen, zur Wahrnehmung jener Aufgaben, die in den Sprachregionen nicht gelöst werden können, und zur Beratung der Bischofskonferenz wird der neue Schweizerische Katholische Missionsrat eingesetzt.“[36]

Diese Koordinierungsschübe weisen hintergründig auf eine ungemein vielfältige und vielgestaltige Fülle von missionarischen Einsätzen, Initiativen, Institutionen und Gruppen hin; deren Aufzählung ergäbe eine lange Liste. Einen guten Überblick über sie und ihre Aktivitäten bietet das von

---

[36] Erklärung der Bischofskonferenz zum missionarischen Auftrag der katholischen Kirche in der Schweiz, in: Schweiz. Kirchenzeitung 145 (1977) 557.

Missio und der Missionskonferenz herausgegebene Informationsblatt „Mission konkret". Es ist ja nicht zu übersehen, daß die „Brücke der Bruderhilfe" oder das „Elisabethenopfer" ihren Rückhalt in Verbänden haben; und ähnlich haben die missionarischen Institutionen und Missionsgesellschaften ihren Freundeskreis und über ihre Presse eine noch relativ breite Leserschaft (Botschaft, Ite, Missionskalender, Jumi, Justinusblätter, Missionsblätter, Mission konkret, Missionsjahrbuch, Stadt Gottes, Michaelskalender, Sendbote MSF, Wendekreis, Unterwegs . . ., um wenigstens einige Publikationen in der Deutschschweiz zu nennen). „Herz im Angriff/Mission 91" (Mission/Cœur en Alerte) wird von elf Missionsinstituten seit 30 Jahren herausgegeben. Es zeigt sich an dieser Herausgebergemeinschaft gleichsam exemplarisch, wie unterschiedliche kirchliche Gemeinschaften unter dem Aspekt der Rationalisierung und der verantwortungsbewußten Öffentlichkeitsarbeit (bis hin zur Übernahme sozialer Patenschaften) sich ein Anliegen zur gemeinsamen Aufgabe machen können. Zudem vereinigt es verschiedene Kräfte, so auch im öffentlichen Leben profiliert engagierte Persönlichkeiten, die ihre Kompetenz und Kraft ehrenamtlich zur Verfügung stellen.

In diesem Zusammenhang ist an das Engagement der Fidei-Donum-Priester (zur Zeit 53 Diözesanpriester) zu erinnern, deren Stabs-Sekretariat (in Immensee) 1972 von der Bischofskonferenz errichtet worden ist, und an Interteam (Luzern), das den Dienst von Frauen und Männern in der Entwicklungshilfe koordiniert. Für den pastoralen Basiseinsatz von Equipen arbeitet die Schweiz. Missionsgesellschaft Bethlehem mit dem Fidei-Domum-Sekretariat und mit Interteam eng zusammen. Die missionarische (pastorale) und entwicklungshilfeorientierte Motivation zu verbinden erweist sich immer weniger als selbstverständlich. Pastorale und entwicklungspolitische Vorstellungen und Motive brechen leicht auseinander. Aus diesem Grunde werden im Romerohaus Kurse zur Motivationsförderung für „Mission und Entwicklungshilfe" durchgeführt.

Vom allgemeinen gesellschaftlichen und kirchlichen Wandel und Hintergrund her und nicht zuletzt aufgrund der auch in der Schweiz dünner werdenden Personaldecke (vor allem Priestermangel) wird man nicht erstaunt sein, wenn die Zahl der Fidei-Donum-Priester im Moment eher rückläufig ist und ebenso die Zahl der Schweizer Missionare (im Jahre 1987 waren es ca. 1350).[37]

Seit den fünfziger Jahren hat sich nicht nur in den „Missionsländern", der Kirche und der schweizerischen Gesellschaft viel verändert, auch das Missionsverständnis bei uns hat sich, wie die bisherigen Ausführungen dokumentieren, radikal verändert. Am Anfang dieser Geschichte war noch der Gedanke wegleitend, daß möglichst viele Missionsfreunde ihr kleines

---

[37] Vgl. R. Weibel, a.a.O., 51.

Scherflein spenden und ihr tägliches Gebet für die Bekehrung der „armen Heiden" verrichten. Der Missionsauftrag der Kirche wurde als Werk von Spezialisten betrachtet; Missionsgebiete waren die „Heidenländer".

(3) Auf die *Zukunft des missionarischen Auftrags* der Kirche Schweiz hin sind die im Verlaufe der letzten 30 Jahre aufgebrochenen und gewachsenen Impulse nun verstärkt ins Bewußtsein engagierter Gruppen und vor allem auch der christlichen Gemeinden zu bringen. Dabei ist bei den Grundsätzen der Bischofskonferenz anzuknüpfen, die sie schon in der erwähnten Erklärung zum missionarischen Auftrag (1977) für die Wahrnehmung der missionarischen Animation geltend gemacht hat: „Hauptziel ist, die Bistumskirchen, die einzelnen Mitglieder der Kirche, die Pfarreien und andere Gemeinschaften missionarisch zu aktivieren; wo immer es möglich und sinnvoll ist, soll die Arbeit ökumenisch geschehen; übergeordnete Organe sollen nur jene Aufgaben wahrnehmen, die auf unteren Ebenen nicht erfüllt werden können (Subsidiarität); die neuen Strukturen sollen für eine Weiterentwicklung offenbleiben."[38] In der gleichen Erklärung wird die missionarische Animation in der Schweiz in einen größeren Horizont und in einen grundsätzlichen Zusammenhang gebracht, und zwar durch vier grundlegende Dimensionen (Aufträge). Diese Dimensionen hat die Bischofskonferenz aus Anlaß des 150jährigen Bestehens der Päpstlichen Missionswerke (Missio) im Jahre 1982 unter der Überschrift „Gute Nachricht für alle Kulturen und Religionen" vertiefend aufgenommen.[39] Das Grundanliegen war dabei, allen Gläubigen bewußtzumachen, wie sehr der missionarische Auftrag eine verpflichtende Aufgabe für alle Glieder des Gottesvolkes ist und bleibt. Die Ausführungen der Bischofskonferenz zeigen, welch großer Wandel im Missionsverständnis in kurzer Zeit erfolgt ist; zugleich sind sie Kriterien für die Gewissenserforschung der katholischen Kirche Schweiz bezüglich ihrer missionarischen Offenheit.

— Der erste missionarische Auftrag besteht darin, daß unsere Ortskirchen das Evangelium hier in der Schweiz bezeugen. — Damit ist nicht explizit gesagt, daß auch wir ein „Missionsland" sind, obwohl dies durchaus eine ernst zu nehmende Annahme sein kann. Das Gewicht wird darauf gelegt, daß jeder einzelne und jede Gemeinde das erste Missionsfeld seien. „Wir selbst sind zuerst die Betroffenen, die das Handeln Gottes in uns und unter uns zu erkennen und zu preisen haben." Dabei können wir „nicht das Heil aller Menschen in der Schweiz bewirken. Aber wir haben zu bezeugen, daß Gott in den einzelnen Menschen sowie in den Gruppen und Völkerschaften wirkt und sie zum Heile führt."

[38] S. Anmerkung 36.

[39] In: Schweiz. Kirchenzeitung 150 (1982) 612—614.

- Der zweite missionarische Auftrag (Dimension) liegt darin, daß wir an der Gründung und am Aufbau neuer Ortskirchen in der Welt mitwirken. „Auch hier gilt: Wir Christen haben nicht das Heil in irgendeinen Teil der Welt oder der Kulturen zu ‚importieren'. Denn Gottes Heilshandeln ist immer schon im Gange. Und dies schon lange, bevor wir tätig werden." Dann wird Position gegen Vereinnahmungen und für den Dialog mit anderen Religionen und Kulturen bezogen. „Wir haben die schon vorhandenen Religionen nicht zu überwinden und zu zerstören, sondern in ihnen das reinigende Heilshandeln Gottes bewußtzumachen, das auf Jesus Christus hinweist."
- Konsequent ist der dritte missionarische Auftrag: Er „besteht im Beistand und Austausch zwischen Ortskirchen bei der Erfüllung ihrer Aufgaben". Mit Ortskirchen sind hier in der Diktion des Zweiten Vatikanischen Konzils die Bistumskirchen mit ihren Gemeinden gemeint. — Bedeutsam erscheint der Hinweis, daß die jungen Kirchen als erste uns ihren Beistand leisten, denn sie öffnen uns zum Beispiel die Augen für die Tragweite der Umkehr im biblischen Sinn. Sie helfen uns, „Kirche für die anderen" zu sein, denn sie drängen uns zum Einsatz im Dienst für Frieden und Gerechtigkeit. Damit ist von einem kolonisatorischen Missionsverständnis Abschied genommen, denn das Verhältnis zwischen „alten" und „jungen" Kirchen wird zu einem gegenseitigen Geben und Nehmen. Und wenn wir den „jungen" Kirchen unseren Beistand in praktischer Hinsicht leisten als Voraussetzung zu deren Selbständigkeit, dann kann aus diesem partnerschaftlichen Miteinander durchaus so etwas wie ein „spirituelle Entwicklungshilfe" an unsere teilweise so müde wirkende Kirche entspringen.
- Der vierte missionarische Auftrag ist die Solidarität mit allen Menschen im Geiste Christi, der eint und befreit. — Das Heilshandeln Gottes wird hier ganzheitlich und gesamtmenschlich verstanden. Es verheißt „das Reich Gottes und seine Gerechtigkeit" (Mt 6,33), das jede Herrschaft von Menschen über Menschen überwindet und eine gute Nachricht für die Armen, Unterdrückten, die Gefangenen (Lk 4,18) und für die „um der Gerechtigkeit willen Verfolgten" (Mt 5,10) ist. — An die Kirche Schweiz stellt ein solches Missionsverständnis unbequeme und herausfordernde Fragen: „Was bedeutet es, Kirche Jesu Christi in der Schweiz zu sein?" Die Geschichte hat uns auf die Seite der reichen Nationen gestellt innerhalb einer Weltwirtschaftsordnung, welche die Armen ärmer und die Reichen reicher macht. „Wie kann da die Kirche ihre eigenen Grenzen überschreiten und ihre Solidarität mit den Menschen aller Völker zum Ausdruck bringen? Wie kann sie mit den anderen Teilkirchen zusammenarbeiten und die gemeinsame Verantwortung gegenüber der Welt tragen?" — So gilt auch für die Kirche Schweiz: „Mission bedeutet ... heute: mit den Menschen dieser Län-

der gemeinsam Wege suchen, wie sie sich aus der Unterdrückung und wir uns aus ausbeuterischen Herrschaftsstrukturen befreien können — damit das ‚Reich Gottes‘ kommt“ (Gret Lustenberger).

Mit diesem herausfordernden Missionsverständnis ist schon eine Brücke geschlagen zum Stichwort „Evangelisierung“. Mit diesem Begriff soll eine kritische Anfrage an Tendenzen im Bereich der Glaubens-Vermittlung verbunden werden, wie sie auch in der katholischen Kirche Schweiz anzutreffen sind. Dies soll nur ganz knapp angesprochen werden.

4. Evangelisierung oder einseitige Ethisierung des Glaubens?

Im Anschluß an das Symposium des Rates der Europäischen Bischofskonferenzen über Säkularisierung und Evangelisierung im Oktober 1985 schrieb Papst Johannes Paul II. an den Ratspräsidenten einen Brief (2. Januar 1986), in dem er auf die Dringlichkeit hinwies, „mit der sich heute die Aufgabe der Evangelisierung oder, besser gesagt, der Neu-Evangelisierung des alten Kontinents stellt“.

(1) Mit Evangelisierung kann kein integralistisches Verkündigungskonzept gemeint sein, wie dies in den letzten Jahren oft mißverstanden wurde, wonach es darum ginge, die europäische Welt in den Schoß der Kirche zurückzuholen. — Vielmehr ist damit ein Programmwort von Papst Paul VI. aus seinem Apostolischen Schreiben „Evangelii nuntiandi“ (1975) aufgegriffen worden: Evangelisierung „besagt für die Kirche, die Frohbotschaft in alle Bereiche der Menschheit zu tragen und sie durch deren Einfluß von innen her umzuwandeln und die Menschheit selbst zu erneuern“ (18). Die Kirche kann es daher auch nicht akzeptieren, „daß ihre Sendung nur auf den Bereich des Religiösen beschränkt wird, indem sie sich für die zeitlichen Probleme des Menschen nicht interessiert“ (34).

Das Wort „Evangelisierung“ erlebte in der zweiten Hälfte der achtziger Jahre eine wahre Begriffskonjunktur und wird vermutlich bald wieder vergriffen und semantisch „zerschlissen“ sein[40], zumal es mit der Evangelisation freikirchlicher Bekehrungsbemühungen leicht verwechselt wird.

Für die einen beinhaltet Evangelisierung eher einen Krisenbegriff in einer Zeit der zunehmenden Entfremdung von der Kirche und von den christlichen Deutungsmustern für das Leben. Für andere hinwiederum ist es eher ein Strategiebegriff, um die solidarische und prozeßhafte Seite der Glaubensvermittlung zu betonen, und zwar gegenüber den anderen kirchlichen

---

[40] Konferenz der deutschsprachigen Pastoraltheologen/Fachgruppe Praktische Theologie (Hrsg.), Pastoraltheologische Informationen 1 (1988): Evangelisierung in Europa.

Strategien der Glaubensvermittlung in der Form der Katechismen, die die inhaltliche Integrität des Glaubens betonen.
Aber Evangelisierung meint im Unterschied zu einer rein verbalen Verkündigung oder einem die Empirie unterschlagenden Spiritualismus die sich gegenseitig bedingende und kritisch beleuchtende Verbindung von Orthodoxie und Orthopraxie, von Mystik und Politik. Glaubwürdig gelebtes Christentum läßt sich danach weder auf den Glaubensinhalt allein noch auf das Handeln allein reduzieren, sondern verbindet beide Pole. Es geht somit darum, daß das Subjekt der Evangelisierung auch seinen Ort und seine Situation in Blick nimmt. „Das ernst zu nehmen bedeutet, daß von Gott nur glaubwürdig gesprochen werden kann, wenn damit ein entsprechendes Zeugnis der Tat einhergeht.“[41] Sehr klar bringt dies die Konferenz von Puebla zum Ausdruck, wenn sie Christen und Christinnen aufruft, ihre christliche Identität „als Menschen der Kirche im Herzen der Welt und als Menschen der Welt im Herzen der Kirche“ (Nr. 786) zu wagen. Evangelisieren ist demnach nur möglich, wenn man auch sich selber „evangelisiert“.
In einem umfassenden Sinn ist die Frage nach der Evangelisierung die fundamentale Frage für die Kirche Schweiz, in deren Lichtkegel viele andere Aufgaben und Probleme sich gleichsam brechen und spiegeln. Diese fundamentale Herausforderung darf nicht nur einzelne beherzte Gruppen oder „Profis“ beschäftigen, sondern ist Ernstfall auf allen Ebenen unseres kirchlichen Systems und muß gesamtschweizerisch diskutiert und erörtert werden. In diesem Begriff „ballt“ sich die entscheidende Aufgabe für die Kirche Schweiz zusammen; er ist gleichsam eine Kurzformel für die Herausforderungen und die Aufgaben, denen die katholische Kirche Schweiz alle nur vorhandenen Kräfte des Geistes, des Herzens, der Phantasie und Handlungsmöglichkeiten leihen muß. Es geht für die katholische Kirche Schweiz bei der Evangelisierung in diesem Sinn um ihre entscheidende Zukunft.

(2) Ohne nun ins Detail zu gehen, seien schlußendlich nur zwei Tendenzen genannt, die meines Erachtens die beiden Pole Glaubensbotschaft und Glaubwürdigkeit im Handeln auseinanderreißen.

— Das eine Extrem erblickt in der Kirche eine exklusive Hüterin des christlichen Glaubens und eine moralische Autorität, die sich mitnichten in die Politik und gesellschaftlichen Kräfteverhältnisse einmischen dürfe („Kirche wohin?“). Man bekundet Mühe und eine teilweise krude Abwehr gegen gesellschaftsbrisante Themen der Fastenopfer-Agenden oder

[41] N. Mette, Vom Säkularisierungs- zum Evangelisierungsparadigma, in: Diakonia 21 (1990) 427.

gegen christliche Gruppen, die sich in der Asylfrage, für die Aufhebung der Armee, eine Lockerung des Bankgeheimnisses oder den Stopp der Waffenausfuhr usw. engagieren.[42] Davon war schon mehrfach die Rede, denn diese Polarisierung entspricht in etwa den mehr progressiven und mehr traditionellen Lagerbildungen in der Kirche.

— Weniger offenkundig ist allerdings in der katholischen Kirche Schweiz die eher schleichende und fast lautlose Verzerrung der beiden Pole „Glauben“ und „Handeln“, die man etwas ungeschützt mit Ethisierung des christlichen Glaubens umschreiben kann. Mit Ethisierung des Offenbarungsglaubens ist jene Tendenz angesprochen, in welcher der christliche Glaube auf ein Symbol für konkretes und soziales Verhalten reduziert wird, der Glaube nur in seiner Zweckmäßigkeit als Motivressource oder Orientierungsmodell für bewußtes Engagement verrechnet wird, wobei die Wahrheitsfrage und damit letztlich die Gottesfrage verlegen vertagt wird und abhanden kommt. So ist — ob es gern gehört wird oder nicht — der Frage nicht auszuweichen, ob der praktisch erteilte Religionsunterricht da und dort noch sein Thema wagt und sich nicht zuweilen auf ethische Fragen und Lebenshilfe zurückzieht. — Auch bei den thematisch reichen und vielseitigen Themen und Kursen im Sektor der Erwachsenenbildung fragt man sich zuweilen, ob neben dem Gewicht von Meditation und Sammlungsübungen auch die spirituelle Vertiefung in die „Geheimnisse des Glaubens“ bis hin zu einer Gebets-Mystagogie entsprechende Aufmerksamkeit erhält. Selbst in der Liturgie, vorab in kleinen Gruppengottesdiensten, werden beispielsweise Fürbitten manchmal so formuliert, als würde ein „personales Gottesbild“ total abgelehnt und eine Beziehungssprache (die den Gott Jesu auch „anspricht“ und sich dadurch in Beziehung setzt) verlegen umgangen (Man bittet nicht zu Gott, sondern nur gruppenorientiert: „Ich bitte darum, daß wir einander verstehen können“). Auch die Tendenzen zur Katechetisierung der Liturgie lassen durchaus die Frage zu, ob dadurch Liturgie und Gottesdienst verzweckt werden.
Nicht zuletzt von diesem Hintergrund her ist es höchst bedauerlich, welche Mühe die deutschsprachige katholische Kirche Schweiz mit einem Kirchengesangbuch, mit einem offiziellen Gebetbuch, bekundet. Viel Mühe ist über ein Jahrzehnt von der Gesangbuchkommission investiert worden. Aber seit 1975 gibt es in den anderen deutschsprachigen Ländern das „Gotteslob“; und wir schaffen nicht einmal einen entsprechenden schweizerischen Eigenteil als Anhang dazu. Und nun werden wir für ein eigenes Kirchengesangbuch auf 1994 oder 1995 vertröstet; allerdings sollen die bisherigen Vorarbeiten vielversprechend sein.

[42] Vgl. S. Daeniker-Pfister, Keine einseitige Politik in unseren Kirchen!, in: Reader's Digest/ Das Beste (Sept. 1989) 161—166.

Dabei ist allenthalben bekannt, wie sensibel und bedeutsam gerade für die Vermittlung und Vertiefung des christlichen Glaubens die Sprache ist, aber auch Lieder, Formeln und Sprachformen. Sprache ist nicht nur informatorisches „Transportmittel“, sondern der „Ort“ von Kommunikation und Medium für Beziehung. Und zudem ist es wohl eine menschliche Verarmung, wenn die Grundhaltungen und menschlichen Werte bewußtseinsmäßig diffus verschwinden, kaum eine bewußte Gestalt mehr finden und sich unauffindbar aus dem Alltag verabschieden. Wenn die Menschen ihre Ängste und Erwartungen aus selbstgewählten Mißdeutungen zu lösen versuchen, dann bedürfen sie einer lebendigen Sprache, in der sich auch die religiöse Lebens-Dimension zu „verleiblichen“ vermag. Zur mündigen Gestalt des Christsein gehört auch die bewußte und denkende Rechenschaft, die Eindeutigkeit der inneren Ausrichtung und eine reflektierte Wachheit über die Deutung der Welt und das Menschsein aus dem Glauben heraus und über die praktische Bedeutung dieses Glaubens für unser Verhalten und Handeln im gesellschaftlichen Lebenskontext.

Und wie soll Kommunikation über den Glauben und Gemeinschaft der Gläubigen gelingen, wenn nicht Sorge auf Sprache, Gesang und Gebetsformeln gelegt wird? — Religiöse Sprache erstickt und verkommt in einem formelhaften Gehabe einer vom konkreten Leben abgekoppelten Zeremonienwelt. Sie wird nur dann leben können, wenn sie in der „zivilen“ Sprache der Menschen und ihrer Erlebniswelt sozusagen zu Hause ist und von dort stets neu genährt wird. Nicht über religiöse Edelsprache erreicht das Wort Gottes die Menschen, sondern über die aus dem Leben und Erleben kommende Sprachwelt. Ohne solchen Erfahrungsbezug wird die sogenannte religiöse Sprache (und damit das religiöse Lebenswissen) der Menschen unmerklich zu einer „restringierten Sprache“ („restricted code“).[43] — Die restringierte oder verarmte Sprache läßt den Menschen gerade in solchen Lebenssituationen im Stich, in denen er auf Sprechen und Sprache unbedingt angewiesen ist: wenn er mit sich und seinem Innern ins reine kommen will, wenn er sich über das unmittelbare Hier und Jetzt hinaus zu orientieren versucht und wenn er Mitmenschen Einblick in sein Denken und Fühlen gewähren möchte (Kommunikation). Das hat entscheidend damit zu tun, daß die eigene Identität und Stellung in der Welt und in der Gemeinschaft gefunden werden kann. Schon dies macht deutlich, wie die Sprache für die persönliche Glaubensbiographie und die gemeinschaftliche Dimension von Kirche ein unverzichtbares „naturales“ Sakrament ist, gilt doch Kirche (nach Luther) als „creatura verbi“.

In diesem Sinn ist Evangelisierung nicht nur Ernstfall für die Kirchen in der Schweiz, sondern auch *menschlicher* Ernstfall für alle Christen und Christinnen persönlich.

---

[43] Vgl. H. Villinger, Deutsche Literatur (Frauenfeld 1984) 403.

5. Option für die Jugend: Mehr Mut zur Jugend — mehr Platz für die Jugend

Das Thema Jugend ist immer wieder aufgetaucht. Es stellt sich aber im erweiterten Horizont die Frage nach der Jugend, nämlich ob eine zum Engagement bereite Jugend in unserer Kirche Raum und eine einladende Atmosphäre findet. — Es handelt sich dabei um eine umfassende Option für die Jugend. Mit „Option für die Jugend ist nicht gemeint, dauernd über die Jugend zu reden, sondern die ganze Pastoral aus der Sicht der Jugendlichen anzuschauen, damit die Kirche erneuert wird . . ." (Pierre Stutz).

(1) Die organisatorische und pastorale „Haben-Seite" der Kirche für die Jugend scheint auf den ersten Blick großzügig zu sein. Dabei ist nicht nur an die Jugendseelsorge auf Pfarrei- und Dekanatsebene zu denken, sondern auch an die offene und verbandliche Jugendarbeit und an die Jugendpastoral in den Bewegungen. Nach Aussagen des in der Bischofskonferenz für das Ressort Jugend zuständigen Weihbischofs Martin Gächter werden in der Deutschschweiz 10—20 Prozent der Jugendlichen von katholischen Verbänden und Bewegungen erfaßt, im Tessin hingegen 40—50 Prozent.[44] Die Jugendverbände in der Deutschschweiz haben zwar einige Mühe, ihren Bestand zu halten, machen aber immer noch den Hauptteil der kirchlich organisierten Jugend aus. Die Jungwacht mit 15 000 Knaben und Blauring mit 20 000 Mädchen schauen auf eine bald schon 60jährige Geschichte zurück, während die Junge Gemeinde schätzungsweise ca. 7000—8000 Jugendliche erreichen kann.
Gerade die „Junge Gemeinde", die der Jugendverband in der katholischen Kirche der Deutschschweiz und des Fürstentums Liechtenstein ist, zeigt an ihrer Geschichte die Mühe, die nachschulische Jugendarbeit der Kirche zu strukturieren und in der pfarreilichen Basis zu verankern. Die älteren Leute erinnern sich noch an die „ungebrochene" Kraft der „Jungmannschaft" für Burschen und der „Kongregation" für schulentlassene Mädchen. Zu Beginn der siebziger Jahre mit dem Zusammenbruch vorher so führender Verbände entstand die „Arbeitsstelle Jugend und Bildungsdienst" aus der Kongregation (mit dem Jugend- und Bildungs-Zentrum in Einsiedeln); und aus der Jungmannschaft sproß die „Schweizerische Kirchliche Jugendbewegung". Beide Nachfolgeorganisationen entwickelten sich ähnlich, sprachen dasselbe Zielpublikum an und machten die ähnlichen Grenzerfahrungen. Vor allem vermißte man die Möglichkeit, die Erfahrungen bei den Verbandstreffen in der Region oder auf Pfarreiebene weiterzuführen. Ähnlich sind ja auch die Erfahrungen mit den Be-

[44] Gespräch von Hans Rahm (KIPA) mit Jugendbischof Martin Gächter zur Jugendpastoral in der Schweiz, in: Spektrum. Aargauer Volksblatt 10. Dez. 1988.

gegnungen in Taizé. Nach längerer Suche nach sinnvollen Lösungen wurde 1983 die „Junge Gemeinde" als Nachfolgeverband der beiden genannten gegründet. Hauptziel ist nach wie vor, die Arbeit an der Basis zu fördern, Jugendgruppen zu unterstützen und junge Menschen in den Pfarreien zu aktivieren. Aus diesem Grunde wurde die mittlere Ebene („Kantonalleitungen") als Scharniergelenk zwischen Verband und Pfarrei ausgebaut.

Die „Junge Gemeinde" ist für viele Junge ihr Sprachrohr in der Kirche geworden. Bedeutsam ist auch die Zusammenarbeit mit Jungwacht/Blauring und mit der evangelischen Jungen Kirche sowie die politisch sensibilisierende Arbeit. Mit ihren äußerst gehaltvollen Adventskalendern, Impulsmappen und der Jugendzeitschrift „Läbig", mit ihren Liedersammlungen, durch ihre Ranfttreffen im Advent und mit ihren Oster- oder Pfingsttreffen usw. geben sie ungemein wichtige Impulse über den Kreis der angesprochenen Jugendlichen hinaus.[45] — Oder man denke an die großartige Initiative von Blauring und Jungwacht im Jahre 1981, im Gedenken an das friedensstiftende Wirken von Bruder Klaus in der Nähe des Ranft ein Friedensdorf aufzubauen. Die beiden Verbände haben zusammen mit den Dorothea-Schwestern, der Jungen Gemeinde, den Deutschschweizer Jugendseelsorgern, der Caritas Schweiz und dem Bruder-Klausen-Bund das Friedensdorf zu einer Dauerinstitution werden lassen (1983): das „Friedensdorf St. Dorothea". Ihnen allen gemeinsam ist die Sorge um Gottes Schöpfung und die Überwindung der weltweiten Ungerechtigkeit. Jugendliche und Erwachsene, Pfarreigruppierungen, Kirchenräte, Seminaristengruppen usw. sind eingeladen, sich auf die gemeinsame Hoffnung einzulassen und konkret Hoffnungsschritte zu wagen.

Nicht zu vergessen sind die katholischen Pfadfinderinnen und Pfadfinder; sie umfassen über 11 000 und die katholischen Turnerinnen über 12 000 jugendliche Mitglieder.

Die Bewegungen sind zahlenmäßig nicht so stark, wohl aber religiös und kirchlich sehr engagiert. Zu den „Gen" der Fokolar-Bewegung gehören etwa 600 Engagierte und ca. 4000 Eingeladene. — Ohne mit diesen Hinweisen den vielfältigen Initiativen im Blick auf die Jugend gerecht werden zu können (z.B. Franziskanische Laiengemeinschaft . . .), so ist doch an das Gesprächs-Instrument „OKJV" zu erinnern, das die deutschsprachige Ordinarienkonferenz zu regelmäßigen Treffen mit den Jugendverbänden führt und dadurch den gegenseitigen Meinungsaustausch fördert. Unter vielen in der Jugendpastoral tätigen Frauen und Männern begegnet die Kirche Schweiz hervorragenden Seelsorgern und Seelsorgerinnen, für die man nur dankbar sein kann. Trotzdem stellt die entsprechende Ausbildung mit einer pastoralen Einführung ein dringliches Problem dar. Auch

[45] P. Stutz, Mit Jugendlichen für das Leben einstehen, in: Diakonia 22 (1991) 59—62.

diesem Anliegen widmet sich verstärkt der „Verein Deutschschweizerischer Jugendseelsorger und -seelsorgerinnen".[46]
Insbesondere sie erleben und erleiden auch die Spannung zwischen den beiden Fragerichtungen, ob die Jugend der Kirche davonlaufe oder ob es nicht auch die Kirche ist, die der Jugend davonläuft.[47]
Seit dem Jahr der Jugend 1985 ruft Papst Johannes Paul II. jedes Jahr am Palmsonntag zu einem „Welttag der Jugend" auf, der neben dem großen Jugendtreffen in Rom an jedem Ort, in jeder Pfarrei stattfinden kann. — Aber wird die Jugend in den kirchlichen Gremien und in den Entscheidungsprozessen der Pfarreien wirklich ernst genommen? Ergeht es der Jugend in der Kirche nicht ähnlich wie in der schweizerischen Politik, auch wenn ihnen das Wahl- und Stimmrecht nun mit 18 Jahren zugesprochen worden ist? Jugendpolitik fristet ein Mauerblümchen-Dasein. Haben die Jugendlichen in der Kirche wirklich Stimm-Recht?
Natürlich ist zu fragen, ob und in welchem Umfang sie von diesem Recht Gebrauch machen wollen. Ist die Jugendzeit nicht tatsächlich schon so sehr besetzt — durch die Werbung, die Medien und die Sachzwänge des Lernens —, daß Kirche nicht mehr dazwischenpaßt? Sind viele Sorgen der Kirchenverantwortlichen nicht doch so weit weg von den Jugendlichen, daß diese keine Anknüpfungspunkte erkennen, sich mit Kirche zu identifizieren? Die Fragen sind wichtig. Aber sie sind nicht quantitativ zu beantworten, weil sie nach Verhaltensweisen und Einstellungen rufen.
Vielmehr stellt sich die praktische Frage: Finden die Jugendlichen in unseren Pfarreien Raum und Klima vor, damit sie tatsächlich kommen können und nicht nur eventuell kommen wollen? Denn Tatsache bleibt, daß für die Zukunft entscheidend ist, ob es den Pfarreien gelingt, aktiv junge Menschen, die sich bereitwillig einsetzen, auch aufzunehmen und ihnen Raum zu geben, auch wenn sie andere Ansichten vertreten.

(2) Nicht nur die organisatorische Haben-Seite der Kirche für die Jugend ist groß, sondern auch die Soll-Seite an Offenheit und Bereitschaft, die Jugend kommen zu lassen.
Als ein Alarmsignal in diese Richtung ist die 1989 in Zürich erschienene Publikation „Eines Tages kam mir die Kirche abhanden" zu verstehen, die von der Gruppe „Tauwetter", einem „Verein zu Förderung eines Kirchenfrühlings", herausgegeben worden ist. Das Buch enthält, wie es der Untertitel sagt: Texte, Gespräche, unerhörte Anfragen und Perspektiven

---

[46] P. Stutz, in: Schweiz. Kirchenzeitung 159 (1991) 254.

[47] P. Stutz, Mit Jugendlichen den Glauben entdecken — mit Jugendlichen Kirche aufbauen, in: W. Blum u.a. (Hrsg.), a.a.O., 106—113; ders., Option für die Jugend ist notwendig, in: Schweiz. Kirchenzeitung 158 (1990) 188—190; vgl. dazu: O. Fuchs, Prophetische Kraft der Jugend (Freiburg i.Br. 1986); A. Biesinger/P. Braun (Hrsg.), Jugend verändert die Welt — Wege aus der Resignation (München 1989).

zu einer verlorenen Heimat. Ehemalige Hauptverantwortliche der Jugendverbände Jungwacht und Blauring berichten über ihren Lebensweg, der bei einigen von ihnen allmählich von der Kirche wegführte. Manche glauben, christliche Werte leichter außerhalb der Kirche finden zu können, und sie sind darüber enttäuscht, daß die Kirche sich mit eigenen Problemen befasse statt mit den Herausforderungen der Zeit; man vermißt Gemeinschaft in der Kirche und das Ernstnehmen der Frauen ... Sie haben sich zwar nicht vom christlichen Leben verabschiedet, wohl aber von einer Institution. Andere wieder geben der Hoffnung Ausdruck, daß die „kranke Kirche" durch ihre heutigen Schwächen wachse.
Es wäre nun in der Tat zu einfach, die Gründe für eine solch wachsende Distanzierung einzig und allein bei den jungen Erwachsenen suchen zu wollen, obwohl sie sich solchen Rückfragen natürlich auch aussetzen und dazu Anlaß bieten.[48]

(3) Aber entscheidend gehen die Fragen an die Verantwortlichen in der Kirche bzw. in den Pfarreien. Denn es macht ungemein betroffen, daß ausgerechnet jene jungen Erwachsenen der Kirche enttäuscht den Rücken kehren, welche sich in ihrer Jugend aktiv eingesetzt haben. „... sie haben irgendwann zwischen zwanzig und dreißig Jahren genug von der Kirche. ... Doch beunruhigt das Bischöfe, Pfarrer, Theologen, Kirchenbehörden?" (7), fragen die Herausgeber. — Es beunruhigt viele; aber die meisten sind so hilflos wie die darüber schreibenden Pastoraltheologen. Zudem ist dazwischen zu bemerken, daß die Probleme der Jugend mit der Kirche und der Kirche mit der Jugend, wenn man dies einmal so pauschal formulieren will, gesamtgesellschaftliche Hintergründe und Ursachen haben. Diese zeigen sich zwar in der Kirche spezifisch; aber sie sind nicht nur binnenkirchlich zu „therapieren", weil das den Ursachen wohl kaum gerecht würde, sondern am Symptom hängenbliebe. — Entscheidend wäre insgesamt wohl, die Jugendlichen mit ihren Fragen, mit ihrem Ungestüm und ihrer Kraft, mit ihren Erwartungen und mit ihrer Enttäuschbarkeit viel mehr kommen zu lassen.[49] Es zeigt sich dann, wie offen eine Pfarrei für sie ist, aber auch, wie offen die Jugendlichen für die Pfarrei sind. Erst dann, wenn man sie kommen und „machen" läßt, erweist sich, was es mit „Jugend und Kirche" auf sich hat. Nicht vorher.

(4) Eine erste Frage an die Adresse der Kirche und unserer Pfarreien ist somit die, ob all die Erwartungen, Suchbewegungen, Unruhen, Kritiken

---

48 Vgl. L. Karrer, Fragen, die mir kommen ..., in: Eines Tages kam mir die Kirche abhanden (Zürich 1989) 103—106.

49 Zur Lektüre empfohlen sind die eindrücklichen und phantasieanregenden Beiträge in: W. Blum u.a. (Hrsg.), Stromaufwärts. Lebendige Pfarrei aus der Sicht heutiger Jugendarbeit (Luzern 1987).

und „Kirchenkrisen“, Hoffnungen und Sehnsüchte ankommen dürfen, ob man sie an sich herankommen läßt, für sie erreichbar wird, hören und zuhören kann, ihnen gleichsam Auge und Ohr zu leihen vermag. — Warum erweckt die Kirche bzw. die amtliche Großkirche bei den Jugendlichen so schnell den Eindruck, die „Unterwerfung und Anpassung an das Katholische“ zu wollen? Warum erwarten die jungen Erwachsenen kaum, daß sich die Kirche verändern kann? Warum gewinnen sie den Eindruck, daß die Kirche den amtlichen Rahmen (bis in die Gottesdienste hinein), die Tradition und viele Richtlinien betone, aber nicht das „Kirche leben“? Warum erleben sich viele Junge schon so eingegrenzt?
Die Kritik an der Gesamtkirche und Erwartungen wie ökumenische Öffnung, Verantwortung gegenüber der Dritten Welt und für eine internationale Friedenspolitik, für die Natur und für innerkirchliche Gleichberechtigung und Offenheit in der Ämterfrage („Allgemeines Priestertum“) sind durchgehend feststellbar. Diese Erwartungen teilen sie doch mit vielen anderen Frauen und Männern der Kirche.

(5) Auf der Ebene der Pfarrei oder des Verbandes wird das Bild bunter und die Farben gegensätzlicher. Es zeigt sich auch, daß der örtliche und unmittelbare Freiraum und Erfahrungsbereich, die Beziehungen und Begegnungen vor Ort von ausschlaggebender Bedeutung sind für den weiteren Lebensweg und seine Richtung. — Im Vergleich dazu ist das Bild von der Großkirche indessen eher abstrakt und klischeehaft.
Die Frage ist nun, ob seitens der Pfarreien und der Kirche gerade auch für diese junge Generation „erfahrene“ (offene) und „reflektierte“ (zuhörende) Jugendseelsorger/innen als Wegbegleiter „zur Verfügung“ stehen. Für die anstellenden Behörden ist die gewünschte Effizienz-Kontrolle oft sehr schwierig, vor allem wenn Jugendseelsorger und Jugendseelsorgerinnen eher den Einzelkontakt zu den Jugendlichen suchen (obwohl sich ihre Aufgabe darin nicht erschöpfen soll). Sie wären und sind die natürlichen Brückenbauer zu den Jugendlichen hin und umgekehrt, sozusagen Augen und Ohren der christlichen Gemeinde. Das heißt, daß an Ort und Stelle der Lebensbrennpunkte für Jugendliche Frauen und Männer als Seelsorger erreichbar erlebt werden müssen und daß regionale Jugendseelsorgerstellen diesen gegenüber nur dienende Stabsfunktionen zu erfüllen haben. Nur in überschaubaren Rahmenbedingungen sind Begegnungen möglich und kann der Kontakt im Gespräch zum Fließen kommen, auch der Dialog in seiner harten Währung, der kritische Lebensfragen nicht schenkt.

(6) Kann sich die Kirche erlauben — so sind alle in der Kirche zu fragen —, das menschliche und geistliche Potential leichtsinnig abhanden kommen zu lassen, das in der Jugend und bei den jungen Erwachsenen vorhanden ist? Viele Barrieren entstehen zweifelsohne aus Angst, Hilflo-

sigkeit und Verlegenheit, nicht aus Bosheit oder grimmigem Machtkalkül. — Aber von den jungen Leuten her werden Gaben und Erwartungen deutlich, die in die Kirche und in unsere Pfarreien strömen sollten und möchten: eine ausgeprägte und fordernde Gesprächsbereitschaft und -erwartung, Erfahrungen in der Verbandsarbeit und in Basisgruppen/Gemeinden; das Bedürfnis zur Vertiefung des eigenen persönlichen Glaubens und nach stimmigen Gebetsformen; oftmals auch eine eindrucksvolle Bereitschaft zur Selbstkritik und Ehrlichkeit sich selbst gegenüber; Erfahrungen und Impulse aus Bibelgesprächen und aus den Erfahrungen als Partner(in) oder aus der Beziehung zu den Kindern; Bemühen um Toleranz; die Unerbittlichkeit hinsichtlich der Glaubwürdigkeit der Kirche und der grundsätzlichen Postulate wie Gleichberechtigung und Solidarität ... Um ihrer selbst willen ist die Kirche diesen Impulsen und ihren Trägern und Trägerinnen gegenüber verpflichtet.

(7) Damit verbindet sich eine weitere Frage struktureller Art, nämlich nach den konkreten Freiräumen für die Jugendarbeit und Jugendseelsorge (an beidem muß der Kirche gelegen sein). Sind die Jugendlichen in die Position von Bittstellern gerückt, oder sind sie nur in einzelnen Glücksfällen („Alibi“?) auch wirklich in den Gremien vertreten, damit sie selber zur Sprache kommen und nicht nur als Problem zur Sprache gelangen? Das scheint mir die nicht eingelöste Frage zu sein: Wie ernst wird die institutionalisierte Mitsprache und Beteiligung der Jugend und deren Seelsorger/innen in unseren Pfarreien und Räten betrieben? Bleiben sie am Rand des pfarreilichen Lebens, oder wird ihnen hier für die konkrete Mitgestaltung echte Mitverantwortung zugetraut und zugemutet? Oder müssen sie von Anfang an alles „recht“ machen, damit sie auch dürfen?
Damit sind wir wiederum beim gesamtkirchlich heißen Thema der Partizipation, der Mitsprache auch „von unten“ und in letzter Konsequenz von dezentralisierten bzw. kollegialeren Kirchenstrukturen. So verraten diese Fragen im Bereich Jugend einige Probleme und Defizite des Ganzen.

(8) Hinter solchen Fragen stehen natürlich die atmosphärischen Eindrükke und das menschliche Klima in Kirche und Pfarrei. Damit sind wir aber beim „Subjekt“ der Kirche angelangt. Die Kirche ist nicht so abstrakt und anonym, wie es zuweilen bei den Äußerungen der Jugendlichen den Anschein erweckt. Vielmehr ist sie in Menschen konkret, auch durch jene, die ihr verärgert, enttäuscht oder verletzt den Rücken kehren oder sich als inzwischen desinteressiert erklären.
In mündlichen und schriftlichen Echos der Jugendlichen auf ihre Kirchenerfahrungen, die nachträglich die Kirche oft in positiverem Licht erscheinen lassen, tauchen durchaus auch ambivalente Begriffe auf wie Heimat,

Beheimatung, überschaubare Lebensräume, Atmosphäre, Freundeskreis, Solidarität, Geborgenheit usw.
Man spürt: Kirche hat sehr viel mit „Klima" zu tun. — Sind somit unter den Jugendlichen auf Pfarreiebene und in der Verbandsarbeit „Zugvögel" zu erkennen, die heute spüren, worauf in Zukunft mehr Sorge zu legen ist? — Denn es ist wohl unbestritten, daß gerade mit der Jugend auch der Kirche ein Seismograph für beginnende Entwicklungen und aufkreuzende Fragestellungen geschenkt ist. Sie brauchen sicher auch wieder die Erwachsenen, um sich im Langstreckenlauf und im praktischen Christen-Mut einzuüben und sich nicht vorzeitig zu erschöpfen. Aber geht den Erwachsenen und der Kirche nicht „elend" viel verloren, wenn sie die engagierten jungen Leute verlieren, die noch so wach und gescheit sind, die so wichtigen „dummen" Fragen zu stellen? — Sie könnten Kraftquellen auch für die katholische Kirche Schweiz sein, noch entschiedener die religiöse Glut aus der geschenkten Hoffnung (Mystik) mit den praktischen Hoffnungsschritten konkreter Parteinahme (Politik) zu verbinden. „In all den Jahren habe ich meine Gottesbeziehung vertieft, weil ich überzeugt bin, daß die Verwurzelung in den menschgewordenen Gott immer auch die unbequeme Parteinahme für die suchenden und entwurzelten Menschen beinhaltet" (Pierre Stutz).[50]

[50] Aus: L. Enderli/P. Stutz, Tastend unterwegs. Gottesbilder im Mutter unser — Vater unser (Luzern 1990) 14.

VIII.
Christen und Christinnen vor der Kirchentüre — Praktische Solidarität mit den Menschen in Not

Das eben umschriebene Verständnis von Evangelisierung führt von der Verkündigung geradewegs zur Diakonie als konkreter Solidarität; es geht um die praktische Verschränkung von Gottesdienst und Menschendienst. In unserer theologischen Reflexion über die Kirche als Zeichen und Ort der geschenkten Hoffnung ist von der Botschaft und dem Handeln Jesu her deutlich der Primat der Liebe (Solidarität) ins Zentrum gesetzt worden. Die Antiphon vom Gründonnerstag „Ubi caritas et amor, Deus ibi est" („Wo Güte ist und Liebe, da ist Gott") verweist auf diesen Primat. Darin liegt auch die tiefe Symbolik der Fußwaschung in der Gründonnerstags-Liturgie. Nun wäre es nur zu wünschen, daß wir auch glaubwürdig singen dürften: „Ubi caritas et amor, ecclesia ibi est" („Wo Güte ist und Liebe, da wird Kirche erfahrbar"). Allerdings ist realistisch zu sehen, daß dieser Satz nicht einfach umkehrbar ist („Ubi ecclesia, ibi caritas"), weil die empirische Seite der Kirche weit hinter ihrem Anspruch zurücksteht. — Im Zusammenhang mit den Herausforderungen an eine solidarische Kirche (Tatorte für praktischen Christenmut) ist auf die konkreten „Dienstanweisungen Gottes" an die Schweizer Kirche ziemlich breit und eingehend hingewiesen worden: politische Solidarität — in der Not mit und durch Strukturen und Systeme; präventive Solidarität der Zukunftssicherung — in Sorge um den Frieden und die Schöpfung; kommunikative Diakonie als (sich) mitteilende Solidarität — angesichts Isolation und Beziehungsnot; therapeutische (heilende) Solidarität mit Menschen in seelischer und körperlicher Not; kulturelle Diakonie — in der Auseinandersetzung um die tragenden Werte; und religiöse Diakonie — angesichts der Sinnsuche der Menschen. Der Aufgaben und Herausforderungen sind weiß Gott mehr, als wir sie bei noch so gutem Willen erfüllen können. Verantwortung trägt aber die Kirche für das Mögliche. In diese Richtung sollen einige der folgenden Überlegungen zielen.

1. Solidarität als Ernstfall auf allen Ebenen (bes. Pfarrei-Ebene)

Die Verantwortung der Kirche Schweiz für Frieden, Gerechtigkeit, für die Bewahrung der Schöpfung und für Solidarität mit Menschen in persönlicher Notlage spielt naturgemäß auf verschiedenen Ebenen und bindet die Schweizer Kirche in eine globale Perspektive ein (Europäische Gemeinschaft, Dritte Welt . . .).
Um Mißverständnissen vorzubeugen, sei wiederholt, daß nicht die Kirche selber Patentrezepte oder Handlungspläne für politische, gesellschaftliche und wirtschaftliche Probleme erarbeiten kann noch selber lancieren soll. Aber sie hat — gelegen oder ungelegen — die Christinnen und Christen zu motivieren, ihrer ethischen Verantwortung in diesen Herausforderungsfeldern nachzukommen und Raum und Mittel für die Wahrnehmung dieser Verantwortung zur Verfügung zu stellen.

(1) „Nach wie vor die wichtigste Ebene ist die Gemeinde, die Pfarrei, das Quartier: Hier geschieht die unauffällige Nachbarschaftshilfe, hier suchen Asylanten Wohnung und Arbeit, hier werden Kranke und Neuzugezogene besucht. Diese freiwilligen bzw. ehrenamtlichen Dienste werden immer noch mehrheitlich von Frauen geleistet, die vielfach in einer Frauen- und Müttergemeinschaft Rückhalt finden.“[1] Da eine durchschnittliche Pfarrei auf viele Schweizer und Schweizerinnen nicht gerade attraktiv oder einladend wirkt und die Pfarrei bei den alljährlichen Rekrutenbefragungen trotz großer Erwartungen alles andere als gut abschneidet und da selbst Pastoralsoziologen schon vor Jahren den Tod der Pfarrei eingeläutet haben, wird es wohl kaum erstaunen, wie wenig zur Kenntnis genommen wird, was in manchen christlichen Gemeinden an sozialem und diakonischem Einsatz zu finden ist. Diese Unkenntnis mag auch mit der „stillen Caritas“ zusammenhängen, die unauffällig und in vielen kleinen unhonorierten Schritten von vielen ehrenamtlich engagierten Leuten wahrgenommen und durchgetragen wird. Wer sich die Mühe nehmen würde und in einigen Pfarreien bzw. Gemeinden nur schon der katholischen Kirche sich informieren ließe, würde beeindruckt sein von der erstaunlichen Fülle an diskreten und offizielleren Formen, in denen Christinnen und Christen sich engagieren, sich erreichen lassen und anderen Nähe schenken: Kontakt- und Besuchergruppen, Selbsthifegruppen für verschiedene Bedürfnisse und Problemlagen, Kranken- bzw. Spitalbesuche, Treff-Punkte, Dritt-Welt-Läden, Begegnungszentren, Seniorentreffen, Essens-Dienst, Kinder-Betreuungsdienst, Behindertenhilfe . . . und so manches gute Werk und versteckte materielle Hilfe durch Seelsorger und Seelsorgerinnen.

[1] R. Weibel, Schweizer Katholizismus heute (Zürich 1989) 41.

Hinzu kommen jene vielen Dienste, die Pfarreiorganisationen und Vereine (z.B. Vinzenzvereine in Freiburg, Basel-Land, Zug, Tessin . . ., denen allerdings Nachwuchs fehlt) spezifisch wahrnehmen, Dritte-Welt-Arbeitskreis, Frauengruppen (wie Gruppe junger Mütter, Frauenstammtisch usw.), Fastenopferaktion, Partnerschaften mit Projekten in der Dritten Welt, Umweltarbeitskreis und vieles mehr. Nicht zu übersehen ist, was oft von mehreren Pfarreien in zum Teil ökumenischer Kooperation und Projektunterstützung (z. B. von gemeinnützigen Stiftungen) geschieht oder an Beratungsstellen für Ehe- und Lebensfragen usw. Oder man denke an die „Prärie“ in Bern oder an das „Offene Haus“ in Basel, wo Menschen aus sehr unterschiedlichen Milieus und Generationen (Rentner, Jugendliche, Obdachlose, Drogenabhängige usw.) kommen und mitmachen dürfen. Auf Stadt- bzw. Dekanatsebene geht es dann weiter, nicht nur in der Spitalseelsorge, sondern auch in der Gefangenen- und Aids-Seelsorge, in der offenen Gassen-Arbeit (z. B. Lebensraum- und Obdachlosenarbeit in Luzern durch Josef Riedener), in der Behindertenseelsorge usw. Im Vergleich zur Bundesrepublik finden wir in der Schweiz kaum ein entsprechendes Engagement für Arbeitslose, für Aussiedler oder Obdachlose, obwohl Pfr. Ernst Sieber in Zürich mit seinen Initiativen Impulse setzt. Bezeichnenderweise findet man sein Buch „Menschenware — Wahre Menschen“ in einer Buchhandlung an der Marktgasse in Bern — welch ein Scherz! — unter der Rubrik Belletristik.
Auch auf der Ebene der Pfarrei geht es nun aber kaum mehr ohne Fachleute, wenn die sozialen Dienste der Pfarrei fachlich verantwortlich und auf der Höhe der heutigen Sozialarbeit bleiben wollen. In manchen Pfarreien der Schweiz (vor allem in Städten wie Bern, Zürich, Luzern, Basel . . .) sind in den letzten Jahren Sozialarbeiter und Sozialarbeiterinnen in Dienst genommen worden. Die Probleme vieler Menschen sind heute bekanntlich hintergründiger, versteckter, schwerer greifbar und so komplex, daß sie den einzelnen als Helfer überfordern und die begleitende Hilfe geschulter Fachleute nötig machen. Hier beginnt das Arbeitsfeld des kirchlichen Sozialarbeiters, in dessen Aufgabenbereich direkte Hilfe, Wahrnehmung und Analyse sozialer Probleme, Aufzeigen von Lösungsmodellen und entsprechendes Handeln, Begleiten und Motivieren sowie Suche nach Kooperationspartnern fallen.
Je mehr Pfarreien sich auf Sozialarbeiter/innen einlassen, um so deutlicher zeigt sich insgesamt, welch weiter Lernweg in manchen Pfarreien der Schweiz noch zu gehen ist. Die Sozialarbeit orientiert sich an den Methoden der sozialen Gemeinwesenarbeit: „In der Gemeinwesenarbeit geht es also um die Lösung gemeinsamer Probleme, die den Bürger im Sinne der Verwirklichung von Demokratie und im Sinne der Selbstentfaltung einsatzfähig und reif machen und insofern vor Isolation, Verwahrlosung, Kriminalität, Krankheit, Behinderung, Arbeitslosigkeit, aber auch vor Resig-

nation, Selbstzufreidenheit und Gleichgültigkeit schützen soll" (Klaus Rohrer). Solche Methoden und solches Berufsethos stoßen sich natürlich mit den herkömmlichen Strukturen und Schwerpunkten der Pfarreipastoral. Das zeigt sich etwa darin, wenn ein Pfarrer unter dem Arbeitsdruck sich wehrt: „Sozialarbeit ist nicht für mich, dafür habe ich den Sozialarbeiter. Meine Aufgaben sind Gottesdienst und Predigt."
Die Sozialarbeiterin und der Sozialarbeiter sind somit kein Ersatz für eine unsoziale Gemeinschaft bzw. Pfarrei. Vielmehr sind sie auf ehren- und nebenamtliche Mitarbeit angewiesen und setzen auf Selbsthilfegruppen; zum anderen sind sie Animatoren (ein Wort, das in der Schweiz nun einmal sehr gebräuchlich geworden ist) einer Pfarrei: „Ich habe es seit meinem Stellenantritt ... als meine Aufgabe angesehen, die verschiedenen schon bestehenden Gruppierungen der Pfarrei zu aktivieren und zu koordinieren, Bedürfnisse und Lücken aufzuspüren und entsprechende neue Gruppierungen zu schaffen. Das Ziel ist immer die Verlebendigung des Pfarreilebens, die Vermittlung von Gemeinschafts- und Zusammengehörigkeitsgefühl. Die Zugehörigkeit zu einer Gruppe erleichtert die Entstehung des Pfarreibewußtseins und verstärkt das Verantwortungsgefühl für das Ganze."[2] — In diesem Anliegen treffen sich grundsätzlich die Sozialarbeiter/innen mit den Frauen und Männern in der kirchlichen Jugendarbeit und Erwachsenenbildung.

(2) Aber mit dem Primat der Diakonie (Liebe!) und unter dem Leitgedanken, daß Kirche sich zutiefst als „Dienstgemeinschaft" zu verstehen hat, gerät die herkömmliche Pfarreipraxis in die Krise und unter Kritik. Welches sind ihre Gewichte und größten Sorgen? Stehen nicht gerade Sozialarbeiter und Sozialarbeiterin leicht am Rande des pfarreilichen und kirchlichen Lebens und sind kaum integriert? So fragt auch Bischof O. Wüst: „Doch wie sieht es ... in unseren Gemeinden aus? Eine katholische Gemeinde ohne gottesdienstliche Versammlung können wir uns nicht vorstellen. Ebensowenig ohne Verkündigung, ohne Weitergabe des Glaubens. Bei der Diakonie sieht das schon anders aus. Dafür gibt es hoffentlich einen Ausschuß des Pfarreirates, dafür gibt es eigene karitative Vereine ..., deren Dienst nicht hoch genug zu schätzen ist. Dafür gibt es den Sozialdienst oder die Caritaskonferenz. ... Aber daß Diakonie tatsächlich eine unabdingbare Sache der Gemeinde ist wie Gottesdienst und Verkündigung — von diesem Bewußtsein sind wir doch alle noch weit entfernt. Viele ‚gute Christen' denken, das sei ein Spezialauftrag einzelner. Was wird Gott sei Dank in Bewegung gesetzt, damit der Sonntagsgottesdienst in den Gemeinden erhalten bleibt? Ist eine vergleichbare Sorge im Bereich der Diakonie festzustellen? Sicher ist die ständige War-

[2] U. Heeb, in: Sozialarbeiter, hrsg. v. Caritas Schweiz (Luzern 1986), Teil I, 11.

nung vor dem „Horizontalismus' im Sinne der Engführung des Christlichen auf die Diakonie nicht unberechtigt. Doch: Ist aber ein Vertikalismus, eine Engführung auf die Liturgie nicht ebenso gefährlich?"[3] Die innere Einheit und Balance der Grundgesten der Kirche von Martyria, Leiturgia und Diakonia und darin die Erfahrung von Koinonia (s. S. 93 ff.) sind bewußtseinsmäßig nicht gewahrt, weil das praktische Gewicht auf Liturgie gelegt wird. Die Worte des Bischofs von Basel legen den Finger auf diesen wunden Punkt, der für mich zu einer kritisch-prophetischen Anfrage an Pfarreien und kirchliche Institutionen auch in der Schweiz wird. Denn wie im diakonischen Bereich die Botschaft Jesu zu erfahren und zu spüren sein sollte, „müßten letztlich bis in die Predigt der Liturgie und in die Katechese soziale Erfahrungen einfließen können. Sonst haben Pfarreiangehörige keine Ahnung von den Problemen des pfarreilichen Sozialdienstes. Ebenso könnten auch Entwicklungshelfer, Rückkehrer und Asylanten am Ort in die Verkündigung und ethische Unterweisung einbezogen werden" (Anton Bernet-Strahm). — Die „Diözesane Arbeitsgruppe Diakonie" im Bistum Basel widmet sich diesem Anliegen und Brückenschlag.

(3) Wichtige Impulse für dieses Problembewußtsein gehen auf Gespräche zwischen den Pastoraltheologen und dem Deutschen Caritasverband (Freiburg i.Br.) zurück.[4] R. Zerfass hat die „Kluft, die sich zwischen Caritas und Gemeinde in den letzten 30 Jahren zunehmend aufgetan hat", als eine „der großen verborgenen Wunden der Kirche in Deutschland" beurteilt, „verborgen hinter einem imposanten Caritasapparat und einer ebenso perfekt durchorganisierten Pfarrseelsorge".[5] Damit sind Optionen aufgegriffen worden, die Jahre zuvor J. Moltmann unmißverständlich in die Diskussion eingebracht hat: „Diakonie geschieht in und durch heilende Gemeinschaft. Offene Gemeinschaft heilt die sozialen Leiden der Isolation, Verachtung und Entfremdung und ist damit die Voraussetzung für die Heilung ... — Es ist heute die wichtigste Aufgabe, die Gemeindediakonie zu stärken und diakonische Gemeinden in der Gesellschaft aufzubauen."[6] Die Stoßrichtung der Kritik zielt auf das Delegationsprinzip, wonach die christlichen Gemeinden den Bereich der Caritas und der politischen Diakonie auf die professionellen Institutionen und Einrichtungen in kirchlicher Trägerschaft sozusagen übertragen haben, auf eine kirchli-

---

[3] O. Wüst, in: Soziale Aufgaben im Schweiz. Kath. Frauenbund (Luzern 1988) 41.

[4] Vgl. Deutscher Caritasverband (Hrsg.), DCV materialen 5: Der ekklesiologische Ort der Diakonie (Freiburg i.Br. 1985) und: DCV materialien 10: Diakonische Praxis und Praktische Theologie (Freiburg i.Br. 1987).

[5] R. Zerfass, Wenn Gott aufscheint in unseren Taten, in: P. M. Zulehner, Das Gottesgerücht (Düsseldorf[2] 1987) 105.

[6] J. Moltmann, Diakonie im Horizont des Reiches Gottes (Neukirchen-Vluyn 1984) 38.

che „Zweitstruktur“[7] neben der Gemeinde. Damit verliert die Gemeinde leicht eine entscheidende Dimension und zieht sich auf ein pastoral-amtliches Innenleben und mit der Zeit auf einen Kreis der mehr oder weniger Gleichgesinnten zurück. Daß damit Distanz zu gesellschaftlichen Problemfeldern und Rückzüge in ein innerkirchliches Pfarreigetto einhergehen können, liegt auf der Hand. Insofern ist die Diakonie als eine entscheidende Tiefendimension aller kirchlichen Koinonie und als ein prophetisches Kriterium für unsere alltägliche Gemeindepraxis[8] immer wieder in ihr Recht einzusetzen.
Im Unterschied zur Bundesrepublik Deutschland, wo die kirchlichen Caritasorganisationen und diakonischen Werke zu den größten Arbeitgebern zählen,[9] ist diese strukturelle Ausgangslage in der Schweiz ganz anders. Deshalb zeigt sich bei uns das Problem der Diakonie-Abstinenz im Vergleich zum Aufwand in Verkündigung und Liturgie nicht in dieser Schärfe; sie ist damit analytisch schwerer zu erfassen. Aber sie ist trotzdem da. Sie stellt eine große Herausforderung für unsere Pfarreien dar, inwiefern sie alle gemeindlichen Grundvollzüge ernst nehmen und sich damit hinauswagen in die konkreten Problembereiche in unserer schweizerischen Gesellschaft, etwa im Bereich des Asylwesens, das bei uns ein viel schwierigeres Feld ist als vergleichsweise das Eintreten für das Überleben der Schöpfung. „Nirgendwo kann die Kirche so konkret wie auf der Ebene der Lokalgemeinde zu spüren bekommen, daß es Notlagen auch in einer Wohlstandsgesellschaft gibt. Voraussetzung dafür ist allerdings, daß sie sich der in ihrem Umfeld antreffbaren leiblichen Not, seelischen Bedrängnis und sozialen Ungerechtigkeit, in denen einzelne oder Gruppen gehalten werden, stellt, daß sie sich zu den ‚Opfern der Zeit‘ begibt.“[10] — Nur ein kleiner Zwischenruf in diesem Zusammenhang: Wenn wir global davon sprechen, daß sich im Pfarreileben „nur“ mehr Kinder, Frauen oder ältere Menschen zeigen, dann ist in städtischen Agglomerationen vielleicht auch zu fragen und zu analysieren, was sich dahinter gesellschaftlich verbirgt. Statt zu klagen, wäre vielleicht zu fragen, ob sich dahinter Herausforderungen anmelden, für die die Kirche bzw. gemeindliche

---

[7] R. K. W. Schmidt, Zur Konstruktion von Sozialität durch Diakonie (Frankfurt/München 1976); vgl. dazu H. Steinkamp, Diakonie-Kennzeichen der Gemeinde (Freiburg i.Br. 1985) 44ff.

[8] Vgl. dazu: R. Zerfass, Organisierte Caritas als Herausforderung an eine nachkonziliare Theologie, in: E. Schulz u.a. (Hrsg.), Dem Menschen nachgehen (St. Ottilien 1987) 321—348; F. Kerstiens, Über die Chancen sozialer Lernprozesse in der Gemeinde, in: L. Karrer (Hrsg.), Handbuch der praktischen Gemeindearbeit (Freiburg i.Br. 1989) 215—229; K. Koch, Solidarität mit den Leiden und Nöten der Menschen, in: L. Karrer (Hrsg.), a.a.O., 230—245; O. Fuchs, Kirche für andere. Identität der Kirche durch Diakonie, in: Concilium 24 (1988) 281—289.

[9] Vgl. N. Mette, Gemeinde werden durch Diakonie, in: L. Karrer (Hrsg.), a.a.O., 198—214.

[10] N. Mette, a.a.O., 209.

Gruppen auch dazusein und Partei zu ergreifen hätten. Reformbereite Gemeinden wagen erfreuliche Entwicklungen (z.B. bei Quartierproblemen). Aber für viele Pfarreien in der Schweiz gilt doch, daß eine auf den Pfarrer oder die Hauptamtlichen oder auf einen Kern konzentrierte Mentalität dazu führt, daß eigenverantwortliche (Selbsthilfe-)Gruppen, die auf wahrgenommene Herausforderungen einzugehen wagen, eher gehemmt oder gar gehindert werden. Das hängt wohl auch damit zusammen, daß es mühsam und schwierig ist, die Betroffenen selbst zu „aktivieren", zumal sie ja auch kirchlich am Rande stehen oder sich am Rande oder draußen „glauben". Und je gesellschaftspolitischer und brisanter Themen und Aufgaben sind, wo es also nicht nur um individuelle Hilfe geht, sondern um Gerechtigkeit, da fürchtet man, sich die Finger zu verbrennen. Auch dies führt trotz viel Engagements im karitativen und sozialen Bereich zu einer ängstlichen Distanz in der sozialpolitischen Diakonie (was ja nicht Parteipolitik im engeren Sinn meint).[11] — Andererseits zeigen praktische Beispiele — wie z.B. Gassenarbeit in Luzern — auch eine große Freiheit kirchlicher Initiativen: „Meiner Meinung nach können die Kirchen recht gut umgehen mit den Grauzonen, die sich unweigerlich ergeben in der Nähe der Gassenarbeit. Hinzukommt auch das Vorschuß-Vertrauen, das wir Vertreter der Kirchen immer noch genießen. Dadurch bekommen wir auch den nötigen Rückhalt . . ." (S. Riedener).

2. Träger der kirchlichen Diakonie in der Schweiz

Die Ebene der Pfarrei hat noch nie genügt, soziale Fragen umfassend und hinlänglich genug wahrzunehmen. Dies beweist schon die Pfarreigeschichte. „So wurden die regionalen bzw. kantonalen Caritas-Stellen mit dem Auftrag gegründet, auf regionaler bzw. kantonaler Ebene die vorhandenen sozialen Nöte wahrzunehmen und anzugehen. Ein wichtiger Teil ihres Auftrages ist dabei, die Pfarreien zu animieren und den Einsatz von freiwilligen Helfern zu fördern."[12]

---

[11] Vgl. dazu die aktuelle Diskussion in Diakonia 19 (1988) Heft 2: „Hindernisse und Chancen für Evangelisierung und Gemeindebildung", und Diakonia 20 (1989) Heft 2: „Christen leben in Gemeinden" (bes. die Beiträge von H. Steinkamp, N. Greinacher, G. Biemer, N. Mette). Empfohlen sei in diesem Zusammenhang die jüngst erschienene Publikation von U. Eigenmann, Am Rand die Mitte suchen. Unterwegs zu einer diakonischen Gemeindekirche der Basis (Fribourg/Brig 1990), wo die praktisch-theologische Diskussion über Diakonie als Paradigma für christliche Gemeinde unter dem Einfluß der befreiungstheologischen Impulse systematisch dargestellt wird; s. auch J. Riedener, Eine Pfarrei bricht auf, in: W. Blum u.a. (Hrsg.), Stromaufwärts (Luzern 1987) 50—57.

[12] R. Weibel, a.a.O., 42.

a) Caritas-Schweiz

Im Unterschied zur Weltkirche, in der die Caritas diözesan organisiert ist, haben wir in der Schweiz eine kantonale Regionalstruktur. Die meisten Kantone haben somit Caritas-Regionalstellen, die sich der direkten Hilfe und Bewußtseinsschulung auf Pfarreiebene widmen (während die Zentrale in Luzern verstärkt Grundlagenarbeit, Koordination im Bund und international gewährleistet).

(1) Diese kantonalen Caritas-Regionalstellen sowie Institutionen und Verbände, die von ihrer Aufgabe her ganz oder teilweise sozial engagiert sind, kommen auf schweizerischer Ebene in der Caritas Schweiz zusammen. – Die Geschichte der Caritas Schweiz zeigt ähnlich wie beispielsweise der Wandel des Missionsbegriffs exemplarisch die Veränderungen im gesellschaftlichen Ambiente der Schweiz und ein gewandeltes Verhältnis von Kirche und Gesellschaft. Schon die Gründung der Caritas-Stelle im Jahre 1901 in Luzern war das notwendige Ergebnis eines langen sozialen Engagements der Kirche in der Schweiz, denn es galt damals, die zu Hunderten entstandenen Sozialwerke zu koordinieren, die zur Hauptsache von Orden, Bruderschaften, Stiftungen und Kongregationen getragen wurden. Noch Anfang der fünfziger Jahre waren allein in der karitativen Arbeit der geschlossenen Fürsorge von 10 500 Angestellten über 7 000 Ordensleute.[13] Für sie werden keine Denkmäler errichtet. Nachdem die Caritas Schweiz lange Zeit eine qualifizierte Fachstelle für die Hilfe an Menschen in geistiger, körperlicher und materieller Notsituation und für Mittelbeschaffung gewesen ist, geriet sie Ende der sechziger Jahre in die größte Krise ihrer bisherigen Geschichte.[14] Eine Caritas, die auf die Behebung von Notfällen ausgerichtet gewesen war, mußte sich auf eine breitere Sozialpolitik des Staates einstellen und andererseits die neuen Krisen des Wohlfahrtsstaates wahrzunehmen lernen. „Caritas mußte die Augen öffnen auf die Tatsache, daß der entwickelte Sozial- und Wohlfahrtsstaat selbständig neue Nöte produziert und entwickelt; weil die theoretische Analyse und rein sozialpolitische Orientierung bis in die allerneueste Zeit das Gegenteil verkündeten, wurde es zu lange nicht bewußt.“ Entsprechend hat sich auch das Leitbild für die achtziger Jahre gewandelt. So versteht sich die Caritas-Inlandhilfe „jetzt als Sammelpunkt und Drehscheibe der Auseinandersetzung von Menschen mit der heutigen Not. Ein kleiner Stab soll möglichst vielen Betroffenen die Auseinandersetzung mit ihren eigenen Problemen garantieren.“[15] Sie ist somit nicht selbst unmittelbar an

[13] B. Marthy, Caritasverbände in Europa und Basisgemeinschaften. Manuskript (1981) 13.

[14] V. Conzemius, Idee und Geschichte der schweizerischen Caritas, in: Vaterland v. 11. u. 18. Dez. 1976.

[15] B. Marthy, a.a.O., 19.

der Front aktiv, wohl aber fördert sie das Bewußtsein für eine zeitgemäße Diakonie und ein entsprechendes Verhalten und Handeln und dient der Planung und Entwicklung, Führung und Koordination von Caritaswerken und -einrichtungen der Kirche mit entsprechend fachgerechten sozialen Hilfeleistungen im In- und Ausland. Die Caritas, die aus zweckmäßigen Gründen in eine Inland- und in eine Ausland-Hilfe untergegliedert ist, versteht ihre Arbeit als subsidiäre Hilfe; subsidiär in dem Sinne, daß sie die Zentralstelle der Caritasbewegung und des Caritasverbandes ist; dann aber auch als Hilfswerk, das eigenständig im Inland und im Ausland wirkt (Sozial- und Aufbauhilfe, Katastrophenhilfe ...). Sowohl als Zentralstelle wie auch als Hilfswerk ist die Caritas Schweiz ein Zweig der Caritas Internationalis, die in allen katholischen Teilkirchen der Welt und durch sie für eine solidarische Welt wirbt und konkrete Zeichen in dieser Richtung setzt.
Die Felder der Not, die auf die Caritas und die ihr angeschlossenen Stellen und Einrichtungen einstürmen, sind ja schon differenziert angesprochen worden.

(2) Die Caritas-Inlandhilfe (seit 1974) bemüht sich als „kirchliches Hilfswerk und sozusagen als Treuhänderin des Caritas-Gedankens“[16], sich auf folgende Schwerpunkte zu konzentrieren: Isolation und seelische Not, materielle Armut bzw. Neue Armut und Verschuldung (Kleinkreditnehmer); Fremde unter uns (ausländische Arbeitnehmer, Flüchtlinge, Asylbewerber); Not der Familie — Not in der Familie; Wohnen und Umwelt; Langzeit-Arbeitslose und ausgesteuerte, alte Menschen — vergessen und ausgeschlossen; Schwerkranke und Sterbende (Behinderte, Patientenverfügung ...); Gefangene und Strafentlassene; Sucht und Suchtgefährdung; Fahrendes Volk ...
Für diese Bereiche leistet die Caritas die so wichtige Grundlagenarbeit, gewinnt Helfer und Helferinnen für Solidarisierung und Selbsthilfe, fördert Pilotprojekte und Modell-Versuche und leistet Öffentlichkeitsarbeit zur Bewußtseinsbildung (zumal die Not in der Schweiz im Vergleich zu anderen Ländern sich durch ihre versteckte Anonymität „auszeichnet“).

(3) Beindruckend ist auch die weltweite Orientierung der Caritas-Auslandshilfe. Diese unterstützte im Jahre 1989 in aller Welt rund 250 Projekte im Betrag von über 18 Millionen Franken. Diese nüchternen Zahlen beziehen sich auf die vielgesichtigen Herausforderungen im Bereich der Strukturhilfe (Aufbau einer Caritas-Infrastruktur in Ländern der Dritten Welt und seit 1989 in Osteuropa), Entwicklungszusammenarbeit und Sozialhilfe (Randgruppen-Programme, Kampf gegen Hunger, medizinische

[16] Caritas Schweiz, Not in der Schweiz fordert uns heraus (Luzern 1987) 11.

Infrastruktur, Bildung genossenschaftlicher Selbsthilfe ...), Katastrophenhilfe (Naturkatastrophen, Krieg, politische Verfolgung) usw.
Von dieser Aufgabenfülle her gibt es nur den Weg der Kooperation mit anderen kirchlichen und zivilen Hilfswerken sowie mit einschlägigen Organisationen anderer Konfessionen und Religionen. So arbeitet die Caritas mit dem „Fastenopfer/Brot für alle" und mit Missionsgesellschaften bzw. Kongregationen zusammen, im Bereich der Katastrophenhilfe mit den in einer Arbeitsgemeinschaft zusammengeschlossenen Hilfswerken des Roten Kreuzes, der Evangelischen Kirchen Schweiz (HEKS) und des Schweiz. Arbeiterhilfswerkes (SAK) und natürlich auch mit der Institution des Bundes, der Direktion für Entwicklungszusammenarbeit und humanitäre Hilfe (DEH).
Beim Wandel der Leitbilder, der Unternehmens-Grundsätze, des kirchlichen bzw. konfessionellen Selbstverständnisses und vor allem der Herausforderungen sowie der Kooperationspartner bei der Zusammenarbeit ergeben sich selbstverständlich innere Spannungen und ein Sog auf Restrukturierungen.
Insbesondere Orden und religiöse Gemeinschaften haben sich sozialer Fragen angenommen und entsprechende Institutionen aufgebaut. Am 17. März 1932 erwuchs daraus ein Verband der katholischen Anstalten, Heime und Institutionen der Jugendfürsorge der Schweiz, der von der Caritas-Fachgruppe der Kinder- und Jugendfürsorge in die Wege geleitet wurde. 50 Jahre später bot dieser Verband (SKAV) Mitgliedschaft und Dienstleistungen auch Heimen und Institutionen nichtkirchlicher Trägerschaft an. Die religiösen Gemeinschaften waren aufgrund des mangelnden Nachwuchses nicht mehr in der Lage, die Leitung und Mitarbeit zu garantieren. Gleichzeitig bekräftigte der Vorstand, daß aus ökumenischer Gesinnung eine intensivere Zusammenarbeit mit verwandten Institutionen und Organisationen aller christlichen Konfessionen anzustreben und als Fachverband die partnerschaftliche Zusammenarbeit mit verwandten Fachorganisationen und Gremien auszubauen sei. Seit 1988 nennt sich der „SKAV" demzufolge: „Schweizerischer Verband christlicher Heime und Institutionen".[17] „Diese Entwicklung wird von manchen bedauert, von anderen hingegen als große neue Chance gesehen ... Damit wird das klassische Paradigma von der ‚Präsenz in der Welt' nicht zurückgenommen, wohl aber dem gesellschaftlichen Wandel angepaßt."[18]
Der SKAV definiert sich somit nicht mehr „rein katholisch", sondern hat sich ökumenisch und gesellschaftlich geöffnet und damit gegenüber dem katholischen Ursprung geändert (ähnlich wie übrigens auch Interteam

[17] Der SKAV ist Träger der Schule für Heimerziehung Luzern (SHL) sowie Herausgeber eines Fachblattes.
[18] R. Weibel, a.a.O., 43.

oder Christlicher Dienst für medizinische Zusammenarbeit: SolidarMed). Von daher ist auch die Caritas Schweiz mit ihrem Kirchenverständnis im Auftrag der Bischöfe Werk der Katholiken und Katholikinnen in der Schweiz, aber zugleich mit ihrem ökumenischen Anliegen konfrontiert, letztlich auch mit der Spannung zwischen einer konfessionell ausgerichteten Pastoral und einer universal orientierten Diakonie, die für die Zusammenarbeit mit allen Menschen guten Willens offen sein will.

(4) Im Verbund mit diesen komplexen Spannungspolen ergibt sich für die Caritas Schweiz die Frage, wie sie es in Zukunft schafft, sich noch stärker in die Basisgruppen und in die christlichen Gemeinden einzubringen. Die mangelnde Basisverankerung ist ohne Zweifel ein ungelöstes Problem. Dabei ist nicht zu übersehen, daß die Caritas Schweiz im Grunde genommen keine Basis-Organisation ist, so sehr sie ihre Adressaten und Spender dort sucht und findet, sondern eine Stabsstelle, die eine Verbandsstruktur mit professioneller Betriebsführung vereinigt. Im übrigen gilt dies bis zu einem gewissen Grad auch für manche der kantonalen Caritas-Stellen. Allerdings sind diese schon Zwischenstationen auf dem Weg der Annäherung zur Basis. Spannungen infolge Überlastung können sich ergeben, wenn von der Zentrale in Luzern den kantonalen Regionalstellen neue Aufgaben zugemutet werden (z.B. im Asylbereich). Da fällt es nicht leicht, den Weg zur gemeindlichen Ebene zu finden, zumal die Pfarreien selbst, wie schon vermerkt, ihrerseits Mühe bekunden mit einem umfassenderen Diakonie-Verständnis, das über karitative Aufgaben hinausgeht. Aus einer Untersuchung des Pressedienstes der Erzdiözese Wien über die Pfarreiräte scheint sich die Tendenz zu ergeben, daß die sozial-karitative Tätigkeit nur das Hobby einiger weniger ist, während sich die „renommierten" Mitglieder mit den „wichtigen" Fragen der Finanzen und der Liturgie beschäftigen.[19]
Von offenen und engagierten Leuten in den Pfarreien (vor allem Frauen) ist immer wieder zu hören, daß sie zur Übernahme von Aufgaben bereit sind, aber als mitplanende Mitarbeiter/innen, nicht als „Befehlsempfänger" von Caritas-Experten oder als Delegierte einer Zentralstelle. Aber insgesamt wird es für die Caritas-Schweiz — trotz aller Schwerfälligkeiten und entmutigender Sperren — auf die Dauer auch für ihre eigene Existenz bzw. Aufgabenwahrnehmung wichtig sein, den Weg in die Pfarreien oder zu pfarreilichen Gruppierungen und Projekten zu finden. Auf dieser Ebene ist der Normalfall für Motivierung und Verbreitung der diakonalen Anliegen gegeben. Die gemeindliche Ebene wird aller Voraussicht nach für die großen Hilfs-Werke die eigentliche „Ressource" bleiben, wie in der

[19] V. Omelko, Anliegen der Caritas an die Pastoral, in: J. Wiener/H. Erharter (Hrsg.), Diakonie der Gemeinde (Wien 1978) 144.

zweiten Hälfte des letzten Jahrhunderts für den damals sich formierenden Verbands- und Vereinskatholizismus.
Die bisherigen Bemühungen (Grundlagen-Papiere) der Caritas Schweiz, die ja gerade in den achtziger Jahren immer wieder entsprechende Impulse auslösten und das Bewußtsein für die Bedeutung der Pfarrei signalisierten, waren insgesamt wohl abstrakt und spekulativ; sie erreichten die Pfarreien kaum, was nicht nur an denen lag. Appelle überfordern auch leicht. Aber es wird doch entscheidend darauf ankommen, daß solche Bewußtseinsbildungsprozesse auf gemeindlicher Ebene nicht von punktuellen Caritas-Opfern erwartet werden, sondern kleinräumiger und mit Unterstützung der regionalen Stellen auf konkrete Projekte hin (z.B. Caritas-Lädeli bzw. Fairness-Shop, Projektpatenschaften ...) erfolgt. Ein Konzept, daß die Not gleichsam „in die gesellschaftliche und kirchliche Öffentlichkeit transportiert", ist doch wohl zu einseitig linear gedacht und zu wenig vom Erfahrungshorizont der pfarreilichen Erlebnisebene her.
Demgegenüber ist alles zu ermutigen und zu fördern, was der Sensibilisierung und Animation der Gemeinde für die Diakonie als Vollzug christlichen Lebens dient; die Diakonie systematisch in die Planung, Gestaltung und Rechenschaft des kirchlichen Lebens in der Gemeinde einbezieht; die deutliche Schwerpunkte und überlegte Aktionen im Laufe des Kirchenjahres einplant mit Rücksicht auf Bedürfnisse in gemeindlicher Reichweite und auf allgemeine Notsituationen; die die Mitarbeit von Freiwilligen gewinnt und motiviert und sie begleitet.[20]

b) Fastenopfer der Schweizer Katholikinnen und Katholiken

Durch die Fastenopfer-Aktion in der Fastenzeit ist das Fastenopfer in vielen wachen Pfarreien recht gut verankert. Das Fastenopfer (FO) ist ohne Zweifel — wie schon bemerkt — eine der großartigsten „Erfindungen" der jüngeren Geschichte der katholischen Kirche in unserem Land (1961). Es ist eine Bewegung, die das „Teilen" — untereinander und miteinander — als Weg zur Gerechtigkeit und zur Umgestaltung der Welt wählt.[21] Das alljährlich vom „Fastenopfer/Brot für alle" gesammelte Geld kommt mehrheitlich im Sinn einer Hilfe zur Selbsthilfe den Ärmsten in der Dritten Welt zugute. Im Fastenopfer schlägt sich somit — ausgehend vom Missionsgedanken — die Entwicklung auf internationale Brennpunkte der Not und des Aufbaus nieder — eine Entwicklung, die auch in der Auslandhilfe der Caritas Schweiz (1974) ihren Niederschlag gefunden hat.

---

[20] Vgl. M. Bruckmüller, Integration der Behinderten in die Gemeinde, in: J. Wiener/H. Erharter (Hrsg.), a.a.O., 80—87.
[21] Vgl. H. Vogel, Buße als ganzheitliche Erneuerung (Freiburg Schweiz 1990).

Es darf nicht übersehen werden, daß das Fastenopfer überdies einen großen Beitrag zur jährlichen Bildungs- und Bewußtseinarbeit leistet (man denke nur an die alljährlichen „Slogans“ wie etwa für 1991: „Frieden wollen alle ...“ das aktueller nicht hätte sein können, oder für 1992: „Land in Sicht“ im Blick auf 500 Jahre Entdeckung Amerikas) und auch überdiözesane pastorale Aufgaben und Werke mitfinanziert. Unumgängliche Dienste auf gesamtschweizerischer Ebene wie beispielsweise im Bereiche der Glaubensverkündigung, der Pastoralplanung und Beratung, der Schulung und Bildung, der Spezialseelsorge, der Ausländerseelsorge, der außerschulischen Jugendarbeit, der Massenmedien usw. wären ohne Mithilfe des Fastenopfers heute nicht zu gewährleisten. Gerade durch diese kirchlichen Werke geschieht aber auch wieder Glaubensvertiefung und christliche Motivationspflege, ohne die auf Dauer auch die konzeptionelle und materielle Unterstützung der Projekte in der Dritten Welt und in der Missionsarbeit nicht gewährleistet sein werden. So hilft der Inlandanteil des Fastenopfers, die Möglichkeiten der Hilfe außerhalb des Landes zu garantieren. Allerdings stellt sich für manche auf längere Sicht die Frage, ob schweizerische Werke und pastorale Stabsstellen nicht durch Kirchensteueraufkommen zu decken wären, damit die Spendengelder für aktuelle Nöte und für Projekte in der Dritten Welt und in der Missionsarbeit eingesetzt werden könnten.

c) Verbände, Stabsstellen und Bewegungen

Es ist schon an früherer Stelle auf Sozialwerke des Schweiz. Katholischen Frauenbundes hingewiesen worden: Elisabethenopfer (1957) und Solidaritätsfonds für werdende Mütter in Bedrängnis 1976); schon 1918 wurde die Soziale Frauenschule (heute: Höhere Fachschule für Sozialarbeit HFS in Luzern) gegründet, die heute eine selbständige Trägerschaft hat; seit 1927 führt der Frauenbund das Erholungsheim Hof in Gersau. Der Frauenbund versteht Sozialarbeit sowohl als helfendes Handeln wie auch als gesellschaftspolitisches Wirken. Deshalb unterstützt er alles, was der Entwicklung der einzelnen förderlich ist, in der persönlichen Entfaltung, in Familie, Schule, Kirche, Staat, am Arbeitsplatz usw. Für ihn sind Themen wie Gerechtigkeit, Recht, Arbeitsbedingungen, Frieden, Schöpfung, Dritte Welt ... im weitesten Sinn soziale Themen.[22] Weil der SKF bei der Gesetzgebung des Bundes sich über das Vernehmlassungsverfahren äußern kann, begründen seine sozialen Erfahrungen die politischen Postulate. Diese allgemeinen Hinweise auf den Schweiz. Katholischen Frauen-

---

[22] Soziale Aufgaben im SKF. Leitideen. Freiwillige soziale Arbeit, hrsg. v. SKF (Luzern 1988).

bund, einem der zur Zeit wohl vitalsten Verbände im Weichbild des schweizerischen Katholizismus, zeigen exemplarisch, was von einem einzelnen Verband in karitativer und gesellschaftspolitischer Hinsicht eingebracht und aufgebracht werden kann. Zudem war und ist er Dachverband für das, was ungezählte Frauen in ungezählten Stunden und Tagen in den lokalen Sektionen vor allem der Frauen- und Müttergemeinschaften in den Pfarreien und auf regionaler Ebene alles geleistet haben und leisten. Ein weiteres Beispiel stellt sicherlich die Katholische Arbeitnehmerbewegung (KAB) mit ihrem christlichsozialen Magazin „Treffpunkt" und mit ihren Bildungsmappen usw. dar. Ähnlich wie die „Brücke der Bruderhilfe" (wäre wohl neu zu formulieren!) ist das Sozialinstitut ein Werk der KAB, das sich vor allem den Themen Gerechtigkeit, Frieden und Bewahrung der Schöpfung verpflichtet weiß und um die Anerkennung der Arbeits- und Freizeitwelt innerhalb der Kirchen kämpft.[23] Welche gesellschaftspolitischen Möglichkeiten in einem solchen Verband „schlummern", ist aus den Erfahrungen der KAB zu lernen, denn aus ihrem Kreis ist die Unterschriftenaktion für die „Mitenand-Initiative" für eine neue Ausländerpolitik lanciert worden, die im Oktober 1977 eingereicht worden ist.

Des weiteren sei an die Schweizerische Katholische Arbeitsgemeinschaft für Ausländerfragen (SKAF) erinnert, die einerseits eine Stabskommission der Schweizer Bischofskonferenz für Ausländerfragen ist (seit 1970), andererseits aber (seit 1965) auch ein gemeinnütziger Verein (mit Sitz in Luzern). Er nimmt sich der sozialen, kulturellen und seelsorgerlichen Belange der in der Schweiz lebenden Ausländer und ihrer Familien an. Die SKAF ist nicht nur mit den unmittelbaren sozialen Problemen der Migration befaßt, sondern darüber hinaus zwangsläufig mit der Finanzierung der verschiedensprachlichen Ausländermissionen und mit ökumenischen Fragen, seit Jahren aber auch mit Fragen anderer Religionen (Muslime).

Erwähnt seien auch „Kinderhilfe Bethlehem", die in der kirchlichen Öffentlichkeit fast sträflich vergessene „Aktion der Christen für die Abschaffung der Folter" (ACAT Schweiz), die „Schweiz. Katholische Arbeitsgemeinschaft Kirche und Industrie" (SKAKI), die „Vereinigung der katholischen Spital- und Krankenseelsorger", die „Christliche Arbeiterjugend" (CAJ), die Schwesterngemeinschaft des Seraphischen Liebeswerkes Pro infante et familia (Solothurn), das „Friedensdorf St. Dorothea" (Flüeli-Ranft), die „Schweizerische Vinzenzgemeinschaft", die schweizerischen kirchlichen Jugendbewegungen „Junge Gemeinde", Blauring und Jungwacht, der Verband „Pro Filia", aber auch die regionalen Sozialdienste oder sozialethischen Arbeitsstellen (z.B. Biel), die ja ihrerseits in ein dichtes Netz mit anderen diakonisch tätigen Institutionen eingebunden sind

---

[23] Treffpunkt 22 (1990) Nr. 24, S. 10.

(Dargebotene Hand: Telefonseelsorge, ökumenische Ausschüsse und Arbeitsgruppen, Heim- und Fachkommissionen usw.). Wenn der Charme (auch der katholischen Kirche Schweiz) im Detail liegt, dann ist nicht zu übersehen, welche Ausstrahlung von Christinnen und Christen im Bereich der praktischen Solidarität ausgeht.
Einen wichtigen Auftrag erfüllt „Iustitia et Pax", eine Kommission der Schweizer Bischofskonferenz (seit 1973) und eine Stabsstelle, die ihren Beitrag zur Förderung der Gerechtigkeit und des Friedens innerhalb unseres Landes und in der Welt leistet. Ob eine so wichtige Stelle — eventuell in Verbindung mit einer schweizerischen Friedens- oder Sozialakademie in kirchlicher Trägerschaft — nicht großzügiger auszubauen wäre?
Übersehen werden sollen auch nicht die Katholische Behindertenseelsorge im Kanton Zürich und — stellvertretend für viele — das großartige und stille Engagement von Pfr. Hans Brügger,[24] die von der Befreiungstheologie inspirierte „Theologische Bewegung für solidarische Entwicklung" (1982); die regionalen „Basisgemeinden-Treffen"; der Solidaritätsfonds der Laientheologen und Laientheologinnen im Bistum Basel; der Exodus-Verlag (Luzern), der vor allem der Befreiungstheologie und den befreienden Traditionen in Europa und Nordamerika Gehör verschaffen will, usw. Sie seien als Teile eines größeren Ganzen genannt, das in seiner Fülle reicher ist, als es die Phantasie eines einzelnen ausmalen könnte.

d) Und die Orden und Kongregationen?

Auch hier bleibt der Schreibende Schuldner gegenüber der Vielfalt und Qualität alltäglicher Treue. Aber der Versuch einer Rechenschaft über die praktische Solidarität der Kirche Schweiz würde zu einer undankbaren Unterschlagung von Wirklichkeit, würde nicht an die immense Last und das unübersehbare Engagement der Orden, Kongregationen und der religiösen Laienvereinigung eigens gedacht. Es sind schon das Romero-Haus der Missiongesellschaft Bethlehem, die Laienmissionarinnen (Freiburg) usw. genannt worden. Aber die Palette reicht viel weiter, wie schon der historische Aufriß (im ersten Teil) ansatzweise vermitteln wollte. Denn der Sozial- und Bildungskatholizismus ist ohne die Orden und die neuen Kongregationen kaum zu denken. — Allerdings ist auch ihnen ein Umbruch und eine Umorientierung nicht geschenkt, wofür der rapide Nachwuchsmangel nur ein Symptom sein mag. Trotzdem ist nicht zu übersehen, was die Orden und Kongregationen im Pflegedienst, im sozial-karitativen Einsatz, im Krankenwesen, für Schwer- und Schwerstbehinderte, in der Fami-

---

[24] E. Jermann (Hrsg.), Nichtbehinderte Behinderte. Behinderte Menschen in Kirche und Gesellschaft (Zürich 1988).

lienhilfe und im Beratungsdienst, aber auch in der Entwickungshilfe, für Bildung und Berufausbildung auch heute noch mit weniger Kräften, die oft noch mehrberuflich ausgebildet sind, an menschlichem Einsatz erbringen. Man stelle sich auch unsere Hilfswerke und zum Teil die Verbände vor ohne das Engagement der Frauen und Männer, die aus den alten und neuen religiösen Gemeinschaften kommen!

Und was kleine Kommunitäten von Ingenbohler, Chamer, Baldegger oder Menzinger Schwestern, von Dominikanern oder Franziskanern bzw. Kapuzinern allein in Zürich für Obdachlose, Suchtkranke und -gefährdete, für die Menschen am Platzspitz, im Pflegedienst oder in der Ausbildung von Krankenschwestern etc. tun, macht naturgemäß keine Schlagzeilen, ist aber ein eindrückliches Zeugnis für die Präsenz von Christinnen und Christen an den sozialen Hecken und Zäunen unserer Gesellschaft.

In unserer hektischen Zeit ist es zudem ein sozialer Dienst und ein Zeichen von aktiver Solidarität, wenn klösterliche Gemeinschaften ihre Tore für Meditationskurse und für Zeiten der Stille und der Gemeinschaftserfahrung öffnen wie etwa das Kloster Nominis Jesu in Solothurn oder Haus Bruchmatt in Luzern u.a.m.

Einen anderen Weg geht das St. Katharina-Werk. Bestand dieses „Säkularinstitut“ (als solches 1952 anerkannt) früher ausschließlich aus ehelos lebenden Frauen, so hat es sich in jüngster Zeit für ehelos lebende Männer, für Ehepaare und für kirchliche „Randgruppen“ (als solche fühlen sich auch wieder-verheiratete Geschiedene) geöffnet. In der Spiritualität des Jesuiten P. Teilhard de Chardin beheimatet, ist das St. Katharinawerk an einer ganzheitlichen Sicht der eigenen Spiritualität, der Kirche und der Welt orientiert: Menschheit und Schöpfung sind auf dem Weg, Leib Christi zu werden. Das Werk trägt nicht nur ein Therapieheim oder ein Haus der Begegnung (Versöhnung), sondern übt auch Solidarität in ökumenischer Offenheit mit den Armen in der Dritten Welt, indem es (z.B. durch Kalenderverkauf) Frauenprojekte und die Arbeit mit Straßenkindern auf den Philippinen unterstützt.

Verwandt mit diesen neuen Zielsetzungen religiöser Gemeinschaften ist die Spiritualität, von der Basisgemeinden bzw. Basis-Gemeinschaften geprägt sind, vor allem wenn sie sich auch auf gesellschaftspolitische Themen wie Frieden, Gerechtigkeit und Bewahrung der Schöpfung, aber auch für eine humanere Quartiergestaltung einsetzen. Vor allem das schon erwähnte Friedensdorf St. Dorothea im Flüeli-Ranft (1983) versteht sich ganz im Dienste der Konkretisierung des Bundes für Gerechtigkeit, Frieden und Bewahrung der Schöpfung. Es will ein Ort für Besinnung und Umkehrprozesse sein und trägt als Signet den Regenbogen, das Bundeszeichen Gottes (Gen 9,13).

3. Die katholische Kirche Schweiz und soziale Probleme

Im folgenden sollen konkrete gesellschaftspolitische Problemfelder angesprochen werden, vor deren Herausforderung das soziale Gewissen der katholischen Kirche Schweiz steht. Dabei handelt es sich exemplarisch um einige soziale Brennpunkte. Die brisanten Anliegen der Ökologie zum Beispiel sind schon angesprochen worden und können daher nicht angemessen gewürdigt werden (u.a. die Bemühungen des Ökumenischen Arbeitskreises „Kirche und Umwelt" mit ihrer Aktion „Haut der Erde retten").

a) Die Ausländerfrage

Mit Einwanderern konnte die Schweiz erst dieses Jahrhunderts Erfahrungen sammeln, nachdem sie in den vergangenen Jahrhunderten ein ausgesprochenes Auswanderungsland (mit „Wirtschaftsflüchtlingen", die behördlich gerne nach Süd- und Nordamerika abgeschoben worden sind) gewesen ist. Das ging dann zu Beginn dieses Jahrhunderts so schnell, daß 1914 von den fast 4 Millionen Einwohnern in der Schweiz — ähnlich wie heute — schätzungsweise 16 % Ausländer waren.[25]
Die massive Zunahme der ausländischen Bevölkerung in der Zeit nach dem zweiten Weltkrieg (die zweite Welle) beunruhigte manche Bevölkerungskreise, was zu den verschiedenen „Überfremdungsinitiativen" führte (siehe S. 128). Die Ausländer genießen zwar im Sozialbereich die gleichen Rechte und Pflichten wie die schweizerischen Arbeitnehmer. Allerdings ist zu sagen, daß sie vor allem in den unbeliebteren Berufen tätig sind, was den Schweizern geholfen hat, in einträglichere Positionen aufzusteigen. Die am wenigsten privilegierte Arbeitnehmerschaft setzt sich demnach mehr aus Nichtschweizern zusammen.
Vor dem Hintergrund der Verschlechterung der Stimmung blieben kirchliche Kreise und Kirchenleitungen nicht untätig. Katholischerseits wurde die schon erwähnte Schweiz. Arbeitsgemeinschaft für Ausländerfragen (SKAF) gegründet, und die Bischofskonferenz erklärte 1970 diesen Verein zu ihrer Fachkommission. Einen Arbeitsschwerpunkt bildete in der Folge die Ausländerseelsorge.
Schon zuvor sind in den fünfziger Jahren Italiener-Missionen aufgebaut worden, die Menschen gleicher Sprache versammelten und eine Antwort auf soziale und religiöse Bedürfniss suchten. Sie wurden vom Ausland auf die Beine gestellt, wobei sich die Schweiz wenig einmischte. Inzwischen ist die Ausländerseelsorge als eine Aufgabe der schweizerischen Ortskirche erkannt und anerkannt worden. Mitte der achtziger Jahre wurden sie

[25] Manuskript v. H.P. Röthlin: Zum Papstbesuch 1984 (Freiburg Schweiz 1984) 38.

von mehr als 200 eigenen Seelsorgern betreut (Italiener, Spanier, Portugiesen, Kroaten, Ungarn, Slowenen, Tschechen, Slowaken, Vietnamesen und Polen). Inzwischen herrscht auch dort Priestermangel. Insgesamt ist der Eindruck nicht von der Hand zu weisen, daß trotz einzelner Bemühungen die Ausländerseelsorge und die schweizerische Pastoral „getrennte" Schwestern sind, was sich vor allem auch bei Fortbildungsveranstaltungen für die Seelsorger und Seelsorgerinnen zeigt. Die Ausländerseelsorger haben das Gefühl, letztlich auf „Ablösung" hin zu arbeiten und ihre Volksgruppen — besonders die zweite Generation — für die schweizerischen Ortsgemeinden zu öffnen. Diese wiederum bekunden große Mühe, das Pfarreileben umzugestalten, auch wenn ein Drittel der Pfarreimitglieder Ausländer/innen sind.
So sind noch verstärkt die ausländischen Gruppen mit ihrer religiösen und kulturellen Eigenständigkeit in einen Austausch mit den einheimischen Gemeindegruppen bzw. Pfarreien zu verbinden. Die ursprüngliche Situation, vor allem für die Italienermissionen, hat sich doch gewandelt; es geht um die Eingliederung der zweiten Generation, die ja über gute Kenntnisse der Landessprachen verfügt, auch wenn nicht vergessen werden darf, daß dies gefühlsmäßig nicht automatisch eine Integration bedeuten muß. Aber sollten nach alter föderalistischer Tradition den Minderheiten nicht mehr Rechte zugestanden werden, als ihnen zahlenmäßig zukämen? Wer am Rand steht, wird solidarisch in die Mitte genommen (Vertretung in den pfarreilichen und kirchlichen Gremien beispielsweise). Von daher wäre in allen Kantonen das kirchliche Stimm- und Wahlrecht der Ausländer/innen in der Schweiz einzuführen.[26] Die Kirchen sind in dieser Beziehung dem Staat meilenweit voraus. Das hätte gute Auswirkungen für die Ausländerpolitik und Ausländerseelsorge, auch wenn das eingefleischte Mißtrauen einer alpenländischen Gesellschaft gegenüber dem Fremden und Neuen nicht zu unterschätzen ist.[27]
Die katholische Arbeitsgemeinschaft für Ausländerfragen befaßt sich aber auch mit den sozialen und politischen Ausländerproblemen. Als wunder Punkt erwies sich für die Kirchen vor allem das Saisonnier-Statut, wonach Arbeitsbewilligungen nur für neun Monate erteilt wurden und der Saisonnier sich drei Monate lang im Ausland aufhalten muß und zudem die Familie nicht mit in die Schweiz nehmen darf. Daß die oben genannte „Mitenand-Initiative" 1981 haushoch abgelehnt wurde, hing damit zusammen, daß sie das Saisonnierstatut abschaffen wollte[28], welches das Interesse an der Arbeitskraft schützt, aber nicht die Würde und die Bedürfnisse der Be-

26 Vgl. die Übersicht bei R. Weibel, a.a.O., 66—69; Luzern hat es im Januar 1991 eingeführt.
27 Vgl. F. Stampfli, Fragen um die Zukunft der Ausländerseelsorge — hilflose oder heilsame Unrast?, in: Schweiz. Kirchenzeitung 152 (1984) 641f; vgl. auch den Brief an die Gemeinden und Gemeinschaften der katholischen Kirche Schweiz, in: ebd., 642—644.
28 R. Weibel, a.a.O., 64.

troffenen und ihrer Familien. Dieses Problem ist bis auf den heutigen Tag nicht gelöst. Zur Volksinitiative der Nationalen Aktion für die Begrenzung der Einwanderung (1988 abgelehnt) hat eine Arbeitsgruppe der drei Landeskirchen mit ihrer Erklärung „Für eine menschliche Ausländerpolitik"[29] nochmals deutlich das Saisonnierstatut als „einen Stein des Anstoßes" bezeichnet, das es abzuschaffen gelte, vor allem wegen der Beeinträchtigung des Familienlebens.

So versteht man die kritischen Fragen von U. Köppel an unseren „Ausländersonntag", dessen tieferer Sinn nur darin zu finden sei, „daß jeder über diese Thematik seine Gedanken macht, das Belastende und Bereichernde im Zusammenleben annimmt, sein eigenes Verhalten kritisch hinterfragt und sich überlegt, was er beitragen kann durch seine Haltung, seine Einstellung und sein Beispiel. Dies gilt nicht allein für die Einheimischen, sondern auch für den Ausländer, für den der Einheimische ja auch ein ‚Ausländer' ist."[30]

Bedauerlicherweise muß man sagen, daß diese Problematik wohl kaum verdaut ist, aber überlagert erscheint, und zwar vom Streit um die außereuropäischen und osteuropäischen Asylsuchenden. „Die Fremdenangst begann sich nun gegen diese zu richten."[31]

b) Die Kirche vor der Flüchtlingsfrage

Ausländer waren Arbeit suchende Menschen. Flüchtlinge suchten Schutz, wobei dem Durchschnittschweizer einsichtig war, warum diese Menschen vor wem Schutz suchten: nach dem Ungarnaufstand 1956, Ende des „Prager Frühlings" (1968), Tibeter (1965), Vietnamesen (1979) und Polen nach der politischen Krise 1982. — Inzwischen ist die Situation sehr viel komplexer geworden, weil viel mehr Menschen auch aus anderen Gründen in die Schweiz wollen. Vermutlich wird dieser Strom aus Osteuropa und mittelfristig aus Afrika und Asien anschwellen. Stehen dem nicht diffuse Ängste und Mißmut unter der Bevölkerung entgegen und sogar krasser Rassismus? Sprachen wir früher noch von Gastarbeitern, so verrät das Wort „Asylant" eine kalte Distanz und ein frostig abweisendes Klima. Es wäre nun zu einfach, den Behörden den schwarzen Peter zuzuschieben und zu übersehen, daß sie sich in einem gewissen Sinn zwischen Hammer und Amboß befinden. Ihre Entscheidungen fallen nicht im luftleeren

---

[29] In Schweiz. Kirchenzeitung 156 (1988) 642—644, zit. 643.

[30] U. Köppel, „In verschiedenen Sprachen den einen Gott loben", in: Schweiz. Kirchenzeitung 158 (1990) 621; vgl. H. Schöpfer (Hrsg.), Christen und Gastarbeiter (Meitingen—Freising 1985).

[31] R. Weibel, a.a.O., 65; s. auch: Auf der Seite der Flüchtlinge, in: Schweiz. Kirchenzeitung 153 (1985) 338.

Raum, sondern hängen von der aktiven Bereitschaft des Volkes zur humanitären Hilfe ab, aber auch von der Fremdenfeindlichkeit und den Vorurteilen im Volk. Dabei geht es nicht um einen Gnadenakt von Fall zu Fall, sondern um den Ernstfall von Solidarität, die übrigens auch unsere Neutralität inhaltlich und ethisch definiert. Daraus ergibt sich ein Testfall für kirchliches Handeln in der Schweiz einerseits gegenüber jenen, die um Asyl ersuchen, und andererseits gegenüber der praktischen Gestaltung der Asylpolitik.

Die drei Landeskirchen haben deshalb 1985 in ihrem gemeinsamen Memorandum „Auf der Seite der Flüchtlinge“[32] auf die menschliche Tragik des bitteren Flüchtlingsloses hingewiesen und sich gegen die Verschärfung der Asylpraxis gewehrt. Die Kirchen fordern die Schweiz auf, durch eine aktive Menschenrechts- und Entwicklungspolitik und natürlich durch eine damit übereinstimmende Außenwirtschaftspolitik dazu beizutragen, daß den Menschenrechten in aller Welt nachgelebt wird und dadurch die Ursachen der Flüchtlingsnot beseitigt werden. Sie richten sich nicht nur an die Kirchen, an christliche Gruppen oder Pfarreien bzw. an die kirchlichen Hilfswerke, sondern auch an die Politiker und staatlichen Instanzen. Da die staatlichen Behörden zunächst jedoch auf eine Verschärfung des Asyl- und Ausländerrechts setzten, meldeten sich die drei Landeskirchen 1987 in einem zweiten Memorandum erneut zu Wort unter dem Titel „Für eine menschliche Asylpolitik“.[33] Aber die von den eidgenössischen Räten verabschiedete Verschärfung wurde im gleichen Jahre durch eine Volksabstimmung gutgeheißen (ab 1. Januar 1988 in Kraft).

Die Kirchen drängen nicht nur in Worten zu einer humanen Asylpolitik; sie sind vielmehr über ihre Hilfswerke unmittelbar am Asylverfahren beteiligt, wenn ihre Vertreter an der Befragung der Asylsuchenden teilnehmen. Die Caritas Schweiz hilft mit, Asylbewerbern einen menschenwürdigen Aufenthalt zu gewähren, rechtlichen Beistand zu leisten, die Ausgestaltung der schweizerischen Asylpolitik mitzuprägen, für Toleranz zu werben und Rückwanderer zu unterstützen (mit Schwesterorganisationen).

Sie wird vor allem über ihre kantonalen Stellen Begegnungen mit Flüchtlingen und Asylsuchenden auf lokaler Ebene in christlichen Gemeinden und Gruppen ermöglichen helfen (die allerdings oft nur eine kurze Spanne Zeit möglich sind), zu Patenschaften motivieren, aber auch weitergehende Möglichkeiten prüfen wie Asylbewerbergruppen (für die Bewußtseinsbildung vor Ort, für Unterbringung von Asylbewerbern in kirchlichen Gebäuden). Die Hilfswerke brauchen nicht nur Mitarbeiter und Mitarbeiterinnen sowie Freiwillige auf der unmittelbaren Ebene des

---

[32] Schweiz. Kirchenzeitung, 153 (1985) 338f.

[33] Schweiz. Kirchenzeitung 155 (1987) 162f.

Handelns, sondern auch die Rückendeckung der Kirchen. Diese wurde im zweiten Memorandum auch zugesichert: „Wir wissen, wie schwierig die Durchführung einer menschenwürdigen Asylpolitik ist. Auch wir können keine Patentrezepte anbieten. Wichtig bei unserer Meinungsbildung sind für uns jedoch die Arbeit und die Erfahrung unserer Hilfswerke, welche sich als unverzichtbare Partner des Bundes und der Kantone um Flüchtlinge kümmern. Es gehört zu unserer Verantwortung, diese Erfahrungen auch im politischen Entscheidungsprozeß geltend zu machen." Die Kirchenleitungen wollen sich „als Fürsprecher der Asylsuchenden mit den zuständigen Behörden in Verbindung setzen und für menschengerechte Lösungen eintreten". Dann wird klar gefordert, daß ein Asylbewerber, dem im Heimatland Verfolgung droht, nicht zurückgeschickt werden darf. Dieser Hinweis erinnert an das erste Memorandum, in dem es heißt: „Die Sorge um die Asylbewerber und Flüchtlinge ist eine Aufgabe der ganzen Kirche. Möglichkeiten dazu ergeben sich vielerorts und auf allen Ebenen, sei es durch das Eintreten für die Flüchtlinge und Asylbewerber gegen außen, auch gegenüber dem Staat, sei es durch die Begegnung und Partnerschaft mit ihnen innerhalb der kirchlichen Gemeinschaft."
Diese Selbstverpflichtung ist im praktischen Alltag nicht leicht, mitunter sogar gefährlich. Einerseits ist kaum etwas so mühsam wie Vorurteile, Ängste, Ideologien und Rassismus usw., gegen die Argumente kaum Kraft entwickeln können. Zum anderen haben die Auseinandersetzungen mit der Aktion „Kirche wohin?" zum Kirchenasyl gezeigt, wie unterschiedlich die Einstellungen und Frontstellungen sowie die Kirchenbilder bzw. die Spannung zwischen einem unpolitischen Glaubensverständnis und einem sozial bekümmerten und politisch wachen Christentum sind. Die Gewährung des Kirchenasyls in Lausanne, wo gefährdeten Menschen Aufenthaltsorte und Solidarität angeboten wurden (1985), und für Chilenen in Zürich-Seebach (1987), die Sicherung von Asylbewerbern vor einer drohenden Ausschaffung durch Seelsorger und vor allem auch die Aktionen für abgewiesene Asylsuchende (AAA) von H. und M. Zuber (Ostermundigen), im Friedensdorf St. Dorothea in Flüeli-Ranft sowie regionaler oder lokaler Asylkomitees usw. haben deutlich werden lassen, welche Konsequenzen das „Eintreten für Flüchtlinge und Asylbewerber ... auch gegenüber dem Staat" zeitigen kann. Ob solche Versuche nicht eher auf dem Boden der schweizerischen Bundessolidarität und unserer Geschichte stehen als die Verfechter einer sauber zu haltenden Insel der Glückseligkeit — die es ja so nie gab? Und es ist zu fragen, ob in diesen Formen der Solidarisierung mit Menschen in Not am Rande der Legalität nicht stellvertretend für jene Christen und Christinnen gehandelt worden ist, deren Solidarität noch stärker zu wecken und zu motivieren ist. Es gibt durchaus die Herausforderung zum zivilen Ungehorsam, wenn es darum geht, die Einhaltung der Menschenrechte — und dazu zählt auch das Asylrecht — als

eine Existenzfrage der geistig-politischen Glaubwürdigkeit und damit des „Überlebens“ einzuklagen oder anzumahnen.
Schon im Alten Testament galt das Leitwort: „Der Fremde soll euch wie ein Einheimischer sein“ (Lev 19,34). Anders als die umliegenden Heidenvölker genoß der einzelne Fremde innerhalb der Grenzen des Volkes Israel wie die Witwen und Waisen einen besonderen Schutz Gottes. Die gläubigen Israeliten sollen Gottes Liebe zum Fremden sichtbar werden lassen, indem sie ihm Gerechtigkeit widerfahren lassen, an den sozialen Einrichtungen (Sabbatruhe) und an den religiösen Festen Anteil geben. Damit ist bereits die neutestamentliche Forderung vorbereitet, wonach es nicht mehr Juden und Griechen, Sklaven und Freie, Mann und Frau geben soll, sondern nach Gal 3,28 alle eins sind in Jesus Christus (Rudolf Schmid).

c) Reiches Land und internationale Solidarität (Entwicklungszusammenarbeit)

Auch hier kann es nicht um umfassende Analysen oder gar um Patentrezepte gehen, sondern um eine Frage, vor der nicht auszuweichen ist. In der „Halljahr“-Botschaft der christlichen Kirchen der Schweiz[34] heißt es: „Nachweisbar leben eine halbe Million Menschen in unserem Land in Armut und werden an den Rand gedrängt. Für Millionen in der weiten Welt ist die Zukunft überhaupt in Frage gestellt. Die Armut und die Verschuldung der Dritten Welt sind in unseren Augen ein unerträglicher Skandal.“
Nun ist es kein Geheimnis, daß die Schweiz mit Zürich, Basel und Genf nach New York und London internationales Finanzzentrum ist. Hinsichtlich der Bilanzsumme pro Kopf sowie des Wertschöpfungs- und Beschäftigten-Anteils der Banken überragt die Schweiz alle anderen Länder beträchtlich. Im Jahre 1983 gab es in der Schweiz zudem 108 Versicherungsgesellschaften, die vom Bund kontrolliert wurden. Sie nahmen über 10 Milliarden Franken ein, vor allem in den Bereichen Lebensversicherung, Haftpflicht, Unfall, Feuer, Fahrzeugkasko, Krankheits- und Transportversicherung. Daß wir Schweizer am „versichertsten“ sind, hat sich schon längst herumgesprochen.[35]
Die Schweiz kennt bekanntlich ein gesetzlich sehr gut geschütztes Bankgeheimnis, das 1934 eingeführt worden ist mit der „honorigen“ Absicht, jüdische Flüchtlinge vor Nazi-Verfolgern zu schützen. In den siebziger Jahren geriet es unter den Beschuß von entwicklungspolitisch und christlich engagierten Gruppen. Die interkonfessionelle Konferenz „Schweiz—Dritte Welt“ in Bern wies im Jahre 1970 darauf hin, daß Fluchtkapitalien sehr

[34] In: Schweiz. Kirchenzeitung 158 (1990) 685ff.
[35] H. P. Röthlin, a.a.O; 49.

oft die Devisen- und Steuerbestimmungen der Ursprungsländer verletzen. Das sei im Zusammenhang mit der Entwicklungshilfe von Bedeutung. Die Synode griff das Anliegen auf: „Als besonders dringlich erscheinen ... eine Prüfung und Untersuchung folgender Probleme: Bankgeheimnis, Finanztätigkeit in der Dritten Welt, Handels-, Finanz- und Zollpolitik ..." (Synode 72: Weltweites Christsein, Diözese Basel X, 5.3.5). Eine Kommission der schweizerischen Entwicklungsorganisationen betonte im Jahre 1975, daß die Rolle der Schweiz als internationaler Finanzplatz unterschätzt werde und daß sie sich durch die „weiche Gesetzgebung" im Bankenbereich für Transaktionen zum Schaden von Entwicklungsländern mitschuldig mache. Die komme einem „passiven Imperalismus" gleich. — Eine entsprechende Bankeninitiative, die eine Lockerung des Bankengeheimnisses anstrebte, wurde 1984 massiv abgelehnt. Die zentralen Themen für die Kirchen bleiben weiterhin für eine prophetische Kritik die Auswirkungen der schweizerischen Kapitalexporte, Fluchtgeldproblematik, Maßnahmen zur Abwehr von Geldern aus Entwicklungsländern, Vermeidung von schädlichen Auswirkungen bei Transaktionen ...
Wie steht es vor diesem Hintergrund mit der schweizerischen Solidarität, vor allem im Bereich der Entwicklungszusammenarbeit? Die Schweiz betreibt Entwicklungspolitik aus Eigeninteresse und aus Solidarität mit anderen. Nach dem Bundesgesetz über internationale Entwicklungszusammenarbeit und humanitäre Hilfe erstrebt sie langfristig „besser ausgewogene Verhältnisse in der Völkergemeinschaft" (Art. 5).[36] Diese Politik sieht die folgenden vier Bereiche vor: die technische Zusammenarbeit, die den Großteil des vom Parlament in Rahmenkrediten bewilligten Geldes beansprucht (z.B. für Ausbildungsprojekte); dann Finanzhilfe, wobei der Bund Entwicklungsländern Gelder zu Vorzugsbedingungen zur Verfügung stellt; des weitern handelspolitische Maßnahmen wie Investitions- und Exportrisiko-Garantie; und schließlich humanitäre Hilfe (seit 1972 steht ein Katastrophenhilfskorps zur Verfügung). Schon vor Jahren hat Iustitia et Pax darauf hingewiesen, daß die Schweiz mit den von ihr verwendeten Geldern weit hinter der Zielvorgabe der UNO, nämlich 0,7 % des Bruttosozialprodukts, bleibt. Zusätzlich zum Bund bringen die privaten Hilfswerke weit über 100 Millionen Franken jährlich auf. Hier sind vor allem die Caritas, das Hilfswerk der Evangelischen Kirchen in der Schweiz, das Fastenopfer und „Brot für alle" zu nennen. Seit 1962 hat sich vor allem das Fastenopfer für die Erneuerung der Fastenzeit im altchristlichen Geist des Teilens eingesetzt. Jedes Jahr setzt es bekanntlich einen Informations- und Schulungsprozeß in Gang, der von den Pfarreien — mit Schwerpunkt auf die Fastenzeit — getragen wird. Seit 1968 geschieht dies in enger Partnerschaft mit dem evangelischen Hilfswerk „Brot für Brüder" (seit 1991:

---

[36] Ebd., 51.

„Brot für alle"). Für das Jubiläumsjahr 1991 war das Motto: „Frieden wollen alle...", das durch die Ereignisse des Golf-Krieges eine ungeahnte Aktualität erhalten hat.
Als der Bundesrat im Oktober 1982 drastische Sparmaßnahmen des Bundes ankündigte, die vor allem die Entwicklungszusammenarbeit und humanitäre Hilfe betrafen, überreichten die Kirchenleitungen dem Bundesrat Anfang 1983 ein Memorandum[37], und gleichzeitig starteten kirchliche und mit ihnen kooperierende Hilfswerke eine Petition unter dem Titel „Entwicklungshilfe ist eine Überlebensfrage".[38] Bis zum September 1983 wurden über 200 000 Unterschriften gesammelt; die Petition erhielt die Unterstützung verschiedener Parteien. Das Fastenopfer schrieb dazu: „Die Kirchen und kirchlichen Hilfswerke können aus ihrer christlichen Verantwortung heraus nicht schweigen, wenn ausgerechnet bei der Hilfe an die Ärmsten der Welt am meisten gespart werden soll." Es zeigte sich, daß die ganze kirchliche Bewußtseinsbildung (z.B. durch das ökumenische Werkheft bzw. Kursbuch des FO) und Spendenarbeit im Gebiet der Entwicklungszusammenarbeit unter einen zwielichtigen Widerspruch gerät. Sie ist zu schwach, um das Ärgernis zu versöhnen, das sich die Schweiz auf Kosten der Armen leistet. Obwohl die kirchlichen Hilfswerke Hervorragendes tun, ist es kaum mehr als der berühmte Tropfen auf den heißen Stein. Zudem ist nicht zu übersehen, daß die Schweiz im Handel mit den Entwicklungsländern letztlich durch die Rückflüsse in die schweizerische Wirtschaft mehr verdient, als sie durch ihre Hilfe den Entwicklungsländern zugute kommen läßt.
Trotzdem darf festgehalten werden, daß wenigstens ein politisches Teilziel erreicht worden ist, und dies nicht zuletzt wegen der genannten Petition. Der Kredit für die Entwicklungszusammenarbeit ist von 0,24 Prozent des Bruttosozialprodukts (1982) bis auf 0,31 Prozent (1991) erhöht worden. — Die Petition hat zudem gezeigt, daß die Entwicklungsorganisationen der Schweiz (z.B. die Arbeitsgemeinschaft Swissaid/Fastenopfer/Helvetas/Brot für alle) referendumsfähig sind, was für die ganz konkrete Arbeit im entwicklungspolitischen Bereich der Schweiz von Bedeutung ist.
Es ist durchaus denkbar, daß dieser Petitionsanlauf eine praktische Übung war im Blick auf die Entschuldungsinitiative 1990 (s. S. 118), die immerhin deutlich werden ließ, welche politischen Möglichkeiten in vielen kleinen konkreten Schritten enthalten sein können. Diese Erfahrungen sind für mich Impulse für weiteres Vorgehen im Sinne einer kritisch-prophetischen Solidarität der Kirchen Schweiz.

---

37 In: Schweiz. Kirchenzeitung 151 (1983) 62—64.

38 S. Schweiz. Kirchenzeitung 151 (1983) 317f; vgl. auch: A. Hartmann, Und es war doch ein Erfolg, in: Schweiz. Kirchenzeitung 152 (1984) 4f.

Die Grundlage der schweizerischen Armee liegt in einer allgemeinen Wehrpflicht für Männer, für die Frauen auf freiwilliger Basis. Die Wehrform der Miliz stellt die militärischen Pflichten direkt neben die Bürgerpflicht. Alle Dienstverweigerer kommen vor ein Militärgericht und werden mit Haft oder Gefängnis bestraft oder (seit Juni 1991) zum Ersatzdienst „verurteilt".
Man darf nicht übersehen, daß die Schweiz das einzige westeuropäische Land ist, das grundsätzlich keinen zivilen Ersatzdienst kennt. Die Synode 72 nahm die einschlägigen Aussagen des Zweiten Vatikanischen Konzils auf und monierte die schweizerische Praxis: „Trotz der Anerkennung einer berechtigten militärischen Landesverteidigung weiß die Synode um die Verantwortung der Kirche für Menschen, welche die Verpflichtung zum Militärdienst in einen Gewissenskonflikt bringt. Die unterschiedliche Bewertung religiöser, ethischer, politischer Gründe ist fragwürdig, weil alle diese Motive zu einem echten Gewissenskonflikt führen können. Wer vor seinem Gewissen die Leistung des Militärdienstes nicht verantworten kann, soll statt dessen ... zu einem andern Dienst an der Gemeinschaft verpflichtet werden. Die Synode unterstützt daher die Bemühungen, die Bundesverfassung in dem Sinn abzuändern, daß ein solcher Dienst als Alternative ermöglicht wird" (Synode 72. Diözese Basel X, 5.5.7). — Die Erfüllung dieser Forderung ist bis heute Zukunftshoffnung geblieben; aber es gibt heute Gründe für eine berechtigte Hoffnung, daß das Postulat des Zivildienstes parlamentarisch einer Lösung zugeführt wird. Bewußtseinsmäßig haben die Volksinitiativen 1977 und 1984 für einen Zivildienst auf der Grundlage des Tatbeweises, trotz ihrer Ablehnung, und vor allem der Ausgang der Initiative zur Abschaffung der Armee (1989) frühere zementierte Auffassungen in etwa aufweichen können. Vor allem scheint nicht zuletzt aufgrund der internationalen Friedensbewegung, der Diskussion um den UNO-Beitritt und der Vorgänge in Osteuropa 1989/90 die Vorstellung der Neutralitätspolitik und in deren Gefolge der Landesverteidigung differenzierter gesehen zu werden. Auch dieser Bereich stellt „Lehren" zur Verfügung, die zeigen, wie auch gesellschaftlich heiße Themen und ethische Anliegen des „steten Tropfens" bedürfen, der Solidarität vieler, die kleine Schritte wagen, damit die Herausforderungen erkannt und anerkannt werden.
Aber wie an früherer Stelle schon angemerkt worden ist, muß die Frage nach Krieg und Gewalt zur aktiven Friedenshaltung und -politik führen. Darin ist wohl auch die Bedeutung der sozialethischen Überlegungen zur Diskussion über die Abschaffung der Schweizer Armee zu sehen, die von Iustitia et Pax und der Kommission für soziale Fragen des Schweiz. Evangelischen Kirchenbundes vom Mai 1989 verlautbart wurden (faire Mei-

nungsbildung, Abbau von Gefahrenpotentialen, Förderung des Friedens auf allen Ebenen ...).

Aber selbst die Frage nach dem Frieden kann leicht zum Streit führen. Als die Schweiz im Jahre 1981 des Klaus von Flüe gedachte, der 500 Jahre zuvor einen Bürgerkrieg verhindert und den inneren Frieden gestiftet hat, wählten die beiden großen Hilfswerke „Fastenopfer“ und „Brot für Brüder“ für 1981 das Motto „Frieden wagen“ und für 1982 das verstärke Leitmotiv „Frieden wagen — Schritte tun“. Die ökumenische Fastenagenda bzw. das Werkheft zu den Aktionen in der Fastenzeit lösten eine scharfe Kontroverse aus. Und auch die Nationalkommission „Iustitia et Pax“ geriet ins Kreuzfeuer der Kritik. Gleichsam als Antwort auf die aufgeworfenen Fragen gaben die schweizerischen Bischöfe im Dezember 1981 eine Erklärung über unsere Verantwortung für Förderung und Sicherung des Friedens heraus.[39] Dabei gingen sie zwar vom herkömmlichen Verständnis der Armee im Gesamtkonzept von Sicherheit und Freiheit aus. Sie verurteilten aber den „Wahnsinn des Rüstungswettlaufs“, der keinen Menschen unbeteiligt lassen könne. Das Engagement für den Frieden sei für jeden Christen eine Pflicht, und der Friede könne auch mit anderen als militärischen Mitteln gesichert werden. Sie sprachen jeder Friedensarbeit die Glaubwürdigkeit ab, die nicht eine gerechtere Verteilung der Güter zwischen industrialisierten Staaten und der Dritten Welt anstrebt. Zu den schwersten Friedensgefährdungen gehörten die unermeßliche Not, der Hunger und das Elend. Die Bischöfe bekunden schließlich Verständnis für „die wachsende Ungeduld vor allem der jungen Generation, die sich mit offiziellen Beschwichtigungen nicht mehr abfinden will, sondern immer drängender nach konkreten Schritten zum Frieden drängt“.

In diesem Zusammenhang ist auch der Waffenexport ein wunder Punkt, an dem sich auch christliche Gruppierungen schon lange reiben und der angesichts des Golfkrieges seine zynisch destruktiven Konsequenzen fast lähmend offengelegt hat. Gegenstand reger politischer Diskussionen ist die schweizerische Waffenausfuhr wohl schon seit zwei Jahrzehnten. Auch diesbezüglich sind die Worte der Synode 72 klar genug und harren noch ihrer praktischen Einlösung, wenn es heißt, „daß eine unkontrollierte Beteiligung von Schweizer Unternehmen am internationalen Waffenhandel vom moralischen Standpunkt aus untragbar ist, der Glaubwürdigkeit der Schweiz nach innen und nach außen schadet und den humanitären Bestrebungen unseres Landes widerspricht. Solange ein totales Waffenausfuhrverbot nicht erreicht ist, erwartet die Synode:

„— vom Bundesrat, daß er die einschlägigen Bestimmungen über die Waffenausfuhr streng handhabe und sich wirksam in den Dienst der allgemeinen kontrollierten Abrüstung stelle;

[39] Wortlaut in: Schweiz. Kirchenzeitung 149 (1981) 795f.

— von den Christen der Schweiz, daß sie den Bundesrat in seinen Bemühungen tatkräftig unterstützen;
— von der Kommission ‚Iustitia et Pax' und von den Politikern, daß sie die schweizerische Praxis der Waffenausfuhr kritisch beobachten und auf eine weitere Beschränkung dieses Handels drängen" (Synode 72. Diözese Basel X, 5.5.8).[40]
Es ist wohl nicht überinterpretiert, daß auch dieser Lernprozeß zeigt, wie es eine Inkubationszeit der Bewußtseinsbildung durch einzelne Prophetinnen und Propheten, Gruppierungen und Institutionen braucht, bis eine solche Herausforderung auf breiterer Basis zum Anliegen erwacht und sich zur politischen Forderung verdichten kann. So hätten diese Impulse ohne die vielen Bewegungen und Ostermärsche und letztlich ohne den konziliaren Prozeß für Frieden, Gerechtigkeit und Bewahrung der Schöpfung kaum eine solche Kraft entwickeln können, wie dies vor etwa zehn Jahren für die Schweiz noch nicht absehbar gewesen ist. Wie sehr Frieden und Konfliktverhinderung bzw. -verminderung vielschichtige Prozesse bedeuten, wird im Blick auf die Pfarreiarbeit durch das ökumenische Werkbuch zur Aktion '91 „Frieden wollen alle . . ." eindrucksvoll belegt und aufgezeigt. Denn der Frieden in der Welt hängt auch ab von den Friedensschritten und von der Konfliktbewältigung im menschlichen und kirchlichen Alltag ab. Man kann nicht im großen mit Pathos gegen Aufrüstung sein und im kleinen dauernd aufrüsten und mit Feindbildern kämpfen. Leider ist von diesem Widerspruch der kirchliche Alltag und manche Auseinandersetzung auch unter Theologen und Theologinnen geprägt.

d) Wo steht die katholische Kirche Schweiz in der Welt der Arbeit?

(1) Auch dieser Bereich ist so kompliziert und feinmaschig, daß schon in Angst gerät, wer überhaupt die Frage zu formulieren wagt. Mehr als eine Frage soll es auch nicht sein. Aber stimmt der Eindruck, daß bis an wenige tapfere Einzelkämpfer oder problembewußte Organisationen die Kirche Schweiz in der Welt der Arbeit nicht präsent, ja ihr ungemein entfremdet ist? — In der Einleitung zum Hirtenbrief der Bischofskonferenz der USA „Wirtschaftliche Gerechtigkeit für alle" (auf deutsch hrsg. v. Publik-Forum, 1987) der auch in Europa verdientes Aufsehen erregt hat, wird darauf hingewiesen, „daß die Bedeutung wirtschaftlicher Institutionen, wirtschaftlicher Beziehungen, ja der gesamten Wirtschaftspolitik weit über rein weltliche oder technische Fragen hinausgeht. Sie sind längst zu Angelegenheiten der Moral geworden, die die Menschen tief bewegen. Sie be-

[40] P. Hafner, Die Schöpfung vor der Selbstvernichtung bewahren, in: Schweiz. Kirchenzeitung 150 (1982) 214—217.

rühren unseren tiefen Glauben an Gott ebenso ..." Dieser hohe Anspruch ist schon in den Texten der Synode 72 im Sachbereich VII „Die Verantwortung des Christen in Arbeit und Wirtschaft" zur Sprache gekommen. Die Überlegungen kreisten um das Leitbild des Menschen, der Menschenwürde, der Vermenschlichung. Die Synode 72 der Diözese Chur spricht der Kirche selbst ins Gewissen: „Erstens sind wir als Christen von diesen Fragen betroffen, weil wir selbst in der Welt der Arbeit und Wirtschaft stehen und hier unser Christsein zu leben haben; zweitens muß die Kirche — als Gemeinschaft von Menschen und Institutionen — dort tätig werden, wo menschliche Werte gefährdet sind. Heute ist es nötig, daß sie ihre sozialethische und sozialkritische Aufgabe in verstärktem Maße wahrnimmt" (VII, 3.1). — Auch die Diözesansynode von Lausanne, Genf und Fribourg wird deutlich: „Le Synode demande aux chrétiens de s'engager: à modifier les rapports de production de telle sorte qu'ils soient conçus en fonction de l'homme et des peuples à servir et non du plus grand profit à réaliser, profit tant individuel que national ..." (Pour une église servante de Jésus-Christ, Fribourg 1978, 72).
Diese sozialethischen Forderungen werden in den verschiedenen diözesanen Synodentexten recht griffig genannt: „Sobald die Kirche als Arbeitgeber auftritt, gelten auch für sie die genannten Forderungen ...: — Zeitgemäße und menschenwürdige Behandlung und Führung; — gerechter Lohn; — gleicher Lohn für Frauen; — gerechte Sozialleistungen; — Mitbestimmung und Mitverantwortung; — Transparenz" (Diözese St. Gallen VII, 3.5.1).
Natürlich weiß man um den Wandel der Arbeitswelt und der sozialen Frage (Verschiebung auf den tertiären Sektor der Dienstleistungen), des Bewußtseins (die Arbeitnehmer werden selbstbewußter, individualisierter) und der Arbeitnehmerschaft (Starker Verlust an Einheitlichkeit und Geschlossenheit, gegenüber Gewerkschaftsbewegung eher berufliche Gruppierungen ...) und um die Aussichtslosigkeit eines geschlossenen Modells.[41] Und es gibt eine unübersehbare Summe von einschlägigen Dokumenten des kirchlichen Lehramtes, der Synoden und der Fachleute aus Theologie und Sozialethik, Studien von Fachkommissionen ... auch in der Schweiz.
Die pastoralen Grundanliegen (wie z.B. nicht „für", sondern „mit" den Menschen, offener für die Probleme der Arbeitswelt) wirken allerdings rührend, weil sie allgemeine Postulate wiederholen, die zwar richtig sind; aber konkret wären sie erst dadurch, daß sie in unmittelbare Erfahrungsbereiche praktisch eingeführt würden. In der Praxis zeigt sich aber meines Erachtens, daß die Kirche Schweiz insgesamt Mühe hat, ein Verhältnis

---

[41] Vgl. „Dienst der Kirche in der Welt der Arbeit", hrsg. von der Pastoralplanungskommission der Schweiz. Bischofskonferenz: PPK (1987)

zur Welt der Arbeiter zu finden, auch wenn sie gesamtschweizerisch bzw. sprachregional durchaus über Instrumente des Kontaktes zu ihr verfügt.

(2) Die Katholische Arbeitnehmer-Bewegung (KAB) ist schon genannt worden. Sie zählt in über 250 Pfarreien ca. 18 000 Frauen und Männer als Mitglieder (Stand 1987). Sie schildert sich selbst wie folgt: „Die KAB sammelt ... Arbeiter und Arbeiterinnen im Erwachsenenalter. Auf der Basis der religiösen und geselligen Gemeinschaftspflege bietet sie ihnen permanente Weiterbildung in den Bereichen Persönlichkeitsbildung, religiöse Festigung, gesellschaftliche Mitverantwortung an. Die heutigen Mitglieder weisen sich größtenteils mit einer Berufslehre aus. Ihre Wohlstandssituation genügt nicht mehr als Impuls für die KAB-Arbeit. Bewußtsein über die gesamtgesellschaftliche Lage muß geschaffen werden. Die Katholische Soziallehre dient der KAB als Maßstab der Beurteilung. Der Mensch steht im Zentrum allen Handelns. Daraus leitet die KAB ihre notwendenden Aktionen ab. Die kritische Anwendung der katholischen Soziallehre legt auch sozialethische Lücken offen. Die KAB will zumindest anregend wirken für die Weiterentwicklung der katholischen Soziallehre."
Während die KAB mit ihrem Magazin „Treffpunkt", mit ihrer Bildungsarbeit und mit ihrem Sozialinstitut usw. und nicht zuletzt durch ihre Zusammenarbeit mit christlichen Gewerkschaftsvereinigungen auf kantonaler Ebene (z.B. in Deutschfreiburg als christlich-soziales Kartell) gesellschaftspolitisch engagiert ist, versteht sich das Schweizerische Kolpingwerk (früher: Katholischer Gesellenverein) als lebensbegleitende Bildungs- und Aktionsgemeinschaft. Es will seine Mitglieder befähigen, sich als Christen in der Welt und damit in Beruf, in Ehe und Familie, in Kirche, Gesellschaft und Staat zu bewähren. Als weltweite Gemeinschaft sieht es seine besondere Aufgabe in der Pflege und Förderung internationaler Zusammenarbeit und Solidarität. Das Schweizerische Kolpingwerk geht bekanntlich auf Adolf Kolping (1813—1865) zurück, den (1991 seliggesprochenen) Gesellenvater, der den Handwerksgesellen familiäre Geborgenheit und Möglichkeiten der religiösen und beruflichen Bildung geben wollte. Heute sind Frauen und Männer verschiedenster Berufe Mitglieder, die in der Schweiz in rund 100 Vereinen (Kolpingfamilien) organisiert sind. Die meisten Vereine sind in eine jüngere Gruppe (Berufslehre bis zum 30. Altersjahr) mit ca. 2000 Mitgliedern und in eine ältere Gruppe mit ca. 10 000 Mitgliedern unterteilt.
Die Christliche Arbeiterjugend (CAJ) ist demgegenüber in der deutschsprachigen Schweiz in einer kritischen Lage. In der französischsprachigen Schweiz hingegen findet die Kirche Anknüpfungspunkte in der Jeunesse Ouvrière Chrétienne (JOC), die sich an Schüler, Lehrlinge und Angestellte richtet, und in der mehr gewerkschaftlich orientierten Action Catholique Ouvrière (ACO), die beide von Kardinal Joseph Cardijn inspiriert sind.

Darüber hinaus ist in diesem Zusammenhang der Christlich-nationale Gewerkschaftsbund der Schweiz (CNG) zu nennen, der sich zwar nicht als offizieller kirchlicher Verband versteht, dessen über 110 000 Mitglieder jedoch mehrheitlich der katholischen Kirche angehören. Er stellt die gesamtschweizerische Organisation der 14 christlichen Berufsverbände sowie der kantonalen Vereinigungen christlicher Gewerkschaften dar. Die 14 Branchenverbände umfassen Arbeitnehmerinnen und Arbeitnehmer der verschiedenen Industrien, des Gewerbes und der öffentlichen Dienste. Zu ihnen gehören Berufsarbeiter, Hilfsarbeiter, Lehrlinge, kaufmännische und technische Kader wie auch Beamte. Mit dem „aktiv" verfügt der CNG über eine eigene Zeitung; und wesentliche Arbeit wird durch das CNG-Bildungsinstitut geleistet. Die Bedeutung des CNG liegt auch darin, daß er öffentlich zu aktuellen Themen Stellung bezieht und mit Parolen vor Abstimmungen politisch aktiv ist. — In seiner Zielsetzung und in seinen Aktionsmitteln läßt er sich von der christlichen Sozialethik und Soziallehre leiten: geistige, kulturelle und materielle Förderung der Arbeitnehmerschaft; Eintreten für eine Wirtschafts- und Gesellschaftsordnung, die auf der vollen Anerkennung der Würde des Menschen und dem Vorrang der Arbeit vor dem Kapital beruht; Gleichberechtigung und Solidarität aller sozialen Schichten zur Verwirklichung des Gemeinwohls. Von diesem Ethos her ergibt sich zwangsläufig eine Zusammenarbeit auf den verschiedenen Ebenen mit dem Schweiz. Gewerkschaftsbund (SGB), mit Arbeitgeber-Organisationen sowie mit dem Bundesamt für Industrie, Gewerbe und Arbeit (BIGA) und natürlich mit der Vereinigung christlicher Unternehmer (VCU). Diese zählt in acht Regionalverbänden über 500 Mitglieder und vertritt den Standpunkt des christlichen Unternehmertums. Über die eigene Stiftung „Offene Hand" betreibt die VCU Entwicklungshilfe und versucht, Kleinunternehmen in Entwicklungsländern durch Rat und Tat zu unterstützen.

Allein schon eine solche Fülle der Instrumente in der Welt der Arbeit mag erstaunen und die Probleme in der Feinmechanik der praktischen Zielverwirklichung übersehen lassen.

Angesprochen wurde dies auf der Tagung der Christlichen Sozialbewegung der Schweiz (CSB) in Zürich im Herbst 1990, als Bruno Köstinger, Präsident des CNG, davon sprach, daß die Christliche Sozialbewegung Menschen brauche mit Visionen, aber auch praktische Macher. Für das Handeln wäre das „Humankapitel" aufzubauen, das Öffentlichkeit herstelle und Grundsatztreue beweise. Damit sind ohne Zweifel wohl auch Krisenursachen benannt, zumal auch die Gewerkschaftsbewegung sich mit der „Resignation der Erfüllung vieler sozialpolitischer Postulate". (Guido Casetti bzw. N. Leser) auseinanderzusetzen hat. Zudem sind die gesamtschweizerisch beschlossenen Visionen auf regionaler und kantonaler Ebene in die Tat umzusetzen, wo die eigentliche Frontarbeit geschieht.

Die Christliche Sozialbewegung sieht sich nach einer inaktiven und ruhigen Phase wieder eher im Aufwind.[42] Ob das mit dem Wahljahr 1991, mit dem Jubiläum „700 Jahre Eidgenossenschaft“ oder mit dem hundertsten Erscheinungsjahr der großen päpstlichen Sozialenzyklika „Rerum novarum“ zusammenhängen mag, ist wohl eher fraglich. Entscheidend sind die Problemerkennung und offensives Selbstvertrauen, das grundsätzlich und praktisch-politisch Öffentlichkeit wagt. Immerhin ist die „Christliche Sozialbewegung“ der Schweiz eine Dachorganisation von großen christlich-sozial engagierten Organisationen: CNG, KAB, Christlichsoziale Parteigruppe der Schweiz sowie Einzelinstitutionen wie etwa Wohnungsbau, Versicherungen, Reisebüros und — wer weiß das? — Leobuchhandlung in St. Gallen. Geographisch ist sie vor allem in der Ostschweiz, der Zentralschweiz, dem Wallis, Deutschfreiburg, Schaffhausen sowie Aargau/Solothurn vertreten.
Nicht zuletzt durch den europäischen Integrationsprozeß werden auch in der Schweiz die Themen für die Arbeitnehmerorganisationen nicht ausgehen: Flexibilisierung der Arbeitszeit, Mitbestimmung, dann aber auch Arbeitsverständnis bzw. Arbeitszeit und Freizeit, gleicher Lohn usw. Es ist an die Familie zu denken, die sich seit über hundert Jahren an die Arbeitswelt anpassen muß.

(3) Spannungen ergeben sich zu Parteien, auch zur CVP, der gerade der Christlich-nationale Gewerkschaftsbund doch nahesteht, vor allem dem christlich-sozialen Flügel der Partei; dieser wird im Moment nicht gerade stärker. Im christlich-sozialen Flügel arbeitet der CNG mit und versteht sich als Gegengewicht zum Gewerbeflügel. „Ohne uns würde die CVP noch stärker nach rechts rutschen“ (G. Casetti). Früher war das Verhältnis wohl besser: Es verschlechterte sich, als der CNG mit Volksinitiativen selbständig politisch tätig wurde (wie z.B. Mitbestimmungs- oder Kündigungsschutz-Initiativen . . .).[43]
Spannungen sind auch innerkirchlich nicht zu übersehen, vor allem wenn es um gerechtere Wirtschaftsstrukturen „zwischen“ Kapitalismus und Sozialismus geht sowie um die Themen, die vor allem von den Befreiungstheologen thematisiert worden sind und auch innerkirchlich polarisieren. Immerhin konnte auf dem unter der Schirmherrschaft von Kardinal Höffner 1985 in Rom durchgeführten „Symposium Kirche/Wirtschaft“ selbst gegen Äußerungen von „Päpsten jüngster Vergangenheit“ Kritik laut werden. „Man wehrte sich gegen die Meinung, die in der Zusammenballung wirtschaftlicher Macht ein Instrument der Ausbeutung der Schwächsten

42 Vgl. Bericht in: Freiburger Nachrichten v. 21. Nov. 1990.
43 B. Lustig, Ein Stiefvater für die Christlichsozialen?, in: Treffpunkt 22 (1990) Nr. 12/13, S. 24.

durch die Stärksten sehe und von einem skrupellosen Gebrauch des Eigentums spreche. Man verwahrte sich gegen die Verallgemeinerung solcher Rede ..." — Und wer versucht, die liberale Marktwirtschaft kritisch zu beleuchten und Elemente für einen sogenannten dritten Weg zwischen Kapitalismus und Sozialismus zu diskutieren bzw. wer die strukturellen Bedingungen von Ungerechtigkeit, Hunger und Unterdrückung auch bei uns zu analysieren und zu benennen wagt, der gerät gar schnell in Verdacht, ein „Kommunist" zu sein.[44] Hilfswerke und sozialkritische Gruppierungen werden auch von Vertretern des Verbandskatholizismus als „Wundertäter bzw. Zauberlehrlinge" hingestellt, die „von Tuten und Blasen keine Ahnung" hätten.

Vor diesem Hintergrund müßte die Frage wohl absurd erklingen, ob die katholische Kirche Schweiz in der Arbeitswelt präsent sei? Wie steht es aber mit der sogenannten Arbeiter-, Industrie- und Wirtschafts-Seelsorge? Schon allein die institutionelle Bilanz ist beschämend mager[45]: Für die beiden Basel gibt es ein Industriepfarramt (mit einer Bürogemeinschaft mit dem reformierten Industriepfarramt); im Kanton Zug ist ein Industrie- und Arbeiterseelsorger tätig, und auf der Arbeitsstelle „Kirche und Industrie" in Zürich gibt es zwei Vollämter und für Winterthur ein Teilamt. In den übrigen Kantonen der Deutschschweiz sieht es nur mehr „ausbaufähig" (wenn etwa im Aargau ein Erwachsenenbildner dafür mit 30 % vorgesehen ist oder der Leiter der Sozialethischen Arbeitsstelle in Biel rund 25 % Industriearbeit leistet oder Ortspfarrer ein Teilamt als Arbeiterseelsorger wahrnehmen) oder gar nur „ungesichert" aus. In der französischsprachigen Region wird die Pastoral in der Arbeitswelt seit 1984 auf neue Art versucht, nämlich durch konzentrierte Gruppenbildung durch Animatoren für diesen Bereich.

Für die Zusammenarbeit bestehen die Arbeiterseelsorger-Konferenz (ASKO) und die Schweiz. Katholische Arbeitsgemeinschaft „Kirche und Industrie". Darüber hinaus ist die ökumenische Zusammenarbeit zu nennen, die mit den entsprechenden Partnern erfolgt. — Nicht unerwähnt darf bleiben, daß es die Arbeitsstelle in Zürich (Bruno Holderegger) ist, die zum Beispiel in Kooperation mit den theologischen Fakultäten alle zwei Jahre ein ökumenisches Betriebspraktikum (früher Industriepraktikum) für Theologiestudierende durchführt und in diesem Sinn wertvolle und geschätzte Impulse vermitteln kann.

Dies nimmt sich aber aus wie eine hilflose Symptombehandlung. Gerade Pioniere auf diesem Feld wie B. Holderegger sehen ganz klar: „Ausgangspunkt ist die auch in unserem Land festzustellende Tatsache, daß Kirche und Lebenswirklichkeit des arbeitenden Menschen sich immer mehr ent-

---

[44] B. Lustig, Christliche Soziallehre aufs Abstellgleis?, in: Treffpunkt 18 (1986) Nr. 1, S. 3f.

[45] Laut „Dienst der Kirche in der Welt der Arbeit" ..., 17 (vgl. Anm. 41).

fremden. Die Pfarreien, Kirchgemeinden und die Arbeitswelt leben ein beziehungsloses Nebeneinander. Für die Änderung dieser Situation bräuchte es vorerst ein größeres Bewußtsein, daß die Arbeitswelt und die Wirtschaft ein von der Kirche vernachlässigtes Arbeitsfeld sind. Aus diesem Bewußtsein heraus müßten innerkirchlich und theologisch vermehrt Anstrengungen gemacht werden, diese zwei einander fremden Welten durch einen Brückenschlag wieder näherzubringen."[46] Für alles, was das fördert (Verbände, Organisationen und kantonale Stellen, Räte usw.), kann man nur dankbar sein. Entscheidend ist aber auch hier die Ebene der christlichen Gemeinde angesprochen. Sind die Anliegen „Kirche und Arbeitswelt" in einem Pfarreirat vertreten oder durch eine pfarreiliche Gruppierung (eventuell von KAB und/oder Kolping-Werk ...) wahrgenommen? In der Praxis zeigt sich, daß Arbeitnehmer oft schon mit der Sprache der hauptamtlichen Seelsorger und Seelsorgerinnen sowie der Frauen und Männer in den gemeindlichen Gremien frustrierende Erfahrungen machen. Unsere Pfarreien sind auch mentalitätsmäßig mittelständisch besetzt, so daß Arbeiter und Arbeiterinnen wenig Raum sehen, sich dort einzubringen, weil sie sich zu wenig gehört wissen. — Dabei müßte man sich auch pastoraltheologisch der Frage stellen, ob nicht gerade in der Arbeitswelt, ähnlich wie im Schulbereich oder in der Krankenseelsorge, der pastorale Normalfall zu finden wäre und nicht so sehr in einem flächendeckenden Pfarreiprinzip. Damit ist kein Plädoyer für eine neue zielgruppenorientierte Standespastoral abgelegt; vielmehr ist die Frage gestellt, ob der Ort für den pastoralen Ernstfall nicht doch die spezifische Situation und Lebenswelt der Menschen ist und ob nicht demgegenüber die kirchliche und pfarreiliche Welt oft als abstrakt und „weg vom Fenster" empfunden werden muß.
Die Fragen im Zusammenhang mit Kirche und Arbeitswelt dürfen nicht vergessen lassen, daß es neben den bisher genannten pastoralen Wegen und Antwortversuchen und außer Bildungshäusern wie St. Josef in Lungern und das Franziskushaus in Dulliken auch berufsspezifische Seelsorge gibt unter und mit Bäuerinnen und Bauern, die ihre spezifischen Verbände haben, aber auch die Seelsorge für Gastgewerbe und Tourismus sowie die Schifferseelsorge (z.B. in Basel).

f) Motivationsarbeit für praktische Solidarität

Zu guter Letzt seien nur zwei kurze Anliegen eingebracht, die in bezug zur praktischen Solidarität Beachtung verdienen.

---

[46] Tätigkeitsbericht 1989 der Arbeitsstelle Kirche und Industrie, Zürich.

(1) Zum einen ist es eine handfeste Tatsache, daß die Frage um Frieden, Gerechtigkeit und Solidarität mit der Schöpfung auch innerhalb der Kirche und in vielen kirchlichen Gremien auf allen Ebenen zu Unfrieden, Vorurteilen mit Feindbildern und zur Polarisierung und Streit führt. Man muß sich dessen nüchtern bewußt sein, wenn für klare Optionen eingetreten wird. Wenn hinter allen Positionen, die *gegen* Unrecht, Ungleichheit, Konfliktursachen und Strukturen der Desolidarisierung vorgehen, und in der Art und Weise des Vorgehens zutiefst auch spürbar wird, daß dieses Gegen einem positiven Für (Pro) im Sinne von mehr Frieden, Gerechtigkeit und Sorge für das Überleben der Schöpfung entspringt, dann dürften Verständnisbrücken leichter zu bauen sein. Allerdings ist den Auseinandersetzungen auf dieser Basis nicht verräterisch auszuweichen, wo Menschenrechte einzuklagen und deren Verletzung anzuklagen sind. Auch Protest kann Christenpflicht sein. Denn Kirche bzw. Christsein definiert sich auf praktische Weise. In diesem Sinn geschieht das Handeln von Christen und Christinnen in einem politischen Horizont.

(2) Ein anderes Anliegen scheint fast noch heikler. Etwas salopp formuliert: Werden in Zukunft die menschlichen Motivressourcen für dieses praktische Engagement angesichts der geschilderten vielfachen Herausforderungen nicht eher geringer? Wenn es stimmt, daß die Individualisierung sich zum Teil zu einer Singularisierung oder Atomisierung der Einzelmenschen entwickelt; und wenn es stimmt, daß es immer schwieriger wird, vor allem jüngere Leute für die Mitarbeit in unseren Gemeinwesen zu interessieren (vgl. die im Juni 1991 bekanntgegebenen Ergebnisse des sogenannten Rekruten-Befragung 1988), daß man/frau sich lieber in die private Welt der Freizeit und der Familie zurückzieht . . ., dann ist doch ernsthaft zu fragen, wohin dies alles führt. Wohin steuert unser schweizerisches „Milizsystem", das doch gerade von der ehren- und nebenamtlichen Mitarbeit vieler lebt? Wohin kommen wir, wenn es komplizierter wird, Leute für den Kranken- und Pflegedienst und für die Betreuung der älteren Menschen und für die vielen sozialen Aufgaben zu gewinnen? Was soll all das Pathos für die Herabsetzung des Wahl- und Stimmalters und für demokratische Rechte, wenn eine wählende und abstimmende Minderheit die „schweigende" Mehrheit vertritt? Was machen die Gewerkschaften, die Parteien, die Vereine und Verbände und auch die Kirchen . . ., wenn es immer weniger gelingt, für ihre wichtigen Aufgaben auch jüngere Leute zu verpflichten? Wie sollen neue Solidaritätsstrukturen entstehen, wenn Selbstentfaltung und Selbstverwirklichung nicht auch in den Dimensionen des Du und Wir geschehen? Die Frage sei erlaubt, auch wenn sie als unbegründet erscheinen oder als typisches Sorgenzeichen eines älter werdenden Menschen wirken mag. Aber wenn die diesbezüglichen Ausführungen (im ersten Teil) belegbar sind und plausibel er-

scheinen, dann wird auch in diese Richtung der Motivierung und der Ermutigung zu aktiver Solidaritätspraxis und neuen Solidaritäts-Strukturen (wie z.B. Spitex) eine Aufgabe der Kirche und aller vorhandenen kirchlichen Instrumente liegen. Darin sähe ich auch den Sinn eines verpflichtenden Sozialdienstes (als Ersatz für Militärdienst) für alle im Alter von 20 Jahren.

Allerdings soll der genannte Eindruck nicht total verallgemeinert werden. Denn es ist nicht zu übersehen, daß auch unter den Jugendlichen durchaus politisches Engagement — vorerst auf Gemeindeebene — festzustellen ist. Sie sind durchaus wandlungs- und argumentationsbereit, akzeptieren auch Widerspruch und probieren gerne neue Szenarien und Plattformen aus. Sie bleiben in Gruppen allerdings auch selbstbezogen und lassen sich nicht gerne in gängige Parteien und Programme pressen. Dadurch sind sie für eingefleischte Erwachsene nicht so leicht zu orten oder an herkömmlichen Werten zu messen. — Das punktuelle Engagement und das Wechseln scheinen selbstverständlicher zu werden als langfristige Selbstverpflichtung für eine Partei oder einen Verein. Selbst ein Musikverein muß heute viel Förderung und Phantasie investieren, um qualifizierten Nachwuchs auf längere Dauer an sich binden zu können. So käme auf die kirchlichen Verbände und Gruppierungen (auch auf Pfarreiebene) eine vermehrte Aufgabe zu, nicht nur Unterhaltung und Treff-Punkte zu ermöglichen, sondern zu sensibilisieren und Bereitschaft zum Handeln zu wecken und entsprechende Bildung und Schulung zu veranlassen bzw. mit andern Projektträgern zu koordinieren. Aufgaben werden alleine seltener wahrgenommen. Gemeinsam wird man findiger und fündiger. Mit anderen gemeinsam wird man wacher für Herausforderungen und mutiger und entschlossener, mit Herz und Verstand „Hand anzulegen“.

IX.
Konfessionelle Identität und ökumenische Partnerschaft (statt eines diffusen Ökumenismus ökumenische Gastfreundschaft)

Eine wichtige Herausforderung der katholischen Kirche in der Schweiz ist die ökumenische Bewegung. Von diesem Land gingen wesentliche Impulse für die reformierte Tradition des Christentums aus (H. Zwingli in Zürich, J. Calvin in Genf). Aufgrund der Durchmischung der Bevölkerung und der dadurch selbstverständlich gewordenen Kontakte im Beruf, in der Freizeit und Ferienzeit, im Militärdienst, in den Familien („Mischehen") und in den demokratischen Gremien usw. haben die Konfessionen nach einem jahrhundertealten bewußten Nebeneinander zu einem mehr oder weniger selbstverständlichen Miteinander gefunden. In Genf sind auch der Ökumenische Weltrat der Kirchen und das Orthodoxe Zentrum Chambésy angesiedelt. Das Bewußtsein ist weitverbreitet, daß es nur eine gemeinsame Zukunft geben kann. Auf dem Weg in diese Zukunft ist das Ziel zu umschreiben wie: „Versöhnte Verschiedenheit der Konfessionen; kritische Liebe zu geschichtlich gewachsenen Traditionen; breite Zusammenarbeit und zunehmende Gottesdienstgemeinschaft".[1]

1. Wohin geht die Ökumenische Bewegung?

Wirkungsvolle ökumenische Bestrebungen kamen erst in unserem Jahrhundert auf, als nach den Zusammenbrüchen nach dem Ersten Weltkrieg die Kirchen der Reformation, die ja unter ihrer Zersplitterung stärker litten, auf mühsamen Pfaden eine Einheit suchten. Erst die noch fundamentaleren Erschütterungen nach dem Zweiten Weltkrieg haben eine größere Bereitschaft zum ökumenischen Dialog entstehen lassen. Auf katholischer Seite hat vor allem das Zweite Vatikanische Konzil die Frucht dieser Entwicklung aufgenommen. „Seine Anstöße — mehr als seine thematischen Aussagen — haben in der Folgezeit einen Aufschwung ökumenischer Theologie und auch Praxis auch in der katholischen Kirche gebracht, der

---

[1] Hoffnungskette, hrsg. als Manuskript an Allerheiligen 1985 v. V. Dormann, U. Eigenmann, W. Hofstetter, C. Jud, A. Odermatt, R. Thalmann u. J. Trottmann.

aber in diesem Jahrzehnt wieder an Dynamik verloren hat und von amtskirchlichen Einschränkungen behindert wird."[2] Diese Einschätzung ist wohl kaum für alle Ebenen des ökumenischen Suchens zu verallgemeinern. Aber gesamtkirchlich dürfte der Eindruck nicht täuschen, zumal schwer vorstellbar ist, daß der Dialog mit den anderen Kirchen gelingen kann, wenn der innerkirchliche Dialog nicht zu gelingen scheint. Immerhin hat kein geringerer als der Ratsvorsitzende der Evangelischen Kirche in Deutschland, Bischof Martin Kruse, in Lübeck-Travemünde in seinem Bericht von einer kritischen Phase der Ökumene gesprochen und dabei die Kirchenleitung in Rom im Visier gehabt. Mit Blick auf die „Kölner Erklärung" von deutschsprachigen Theologen und Theologinnen am 6. Januar 1989 und die Vatikanische „Instruktion über die kirchliche Berufung des Theologen" meinte Bischof Kruse: „Werden von Rom schon die Anfragen und Einwände der eigenen Theologen nicht ernster genommen, ist zu befürchten, daß kritische Einsprüche der reformatorischen Christenheit noch viel eher ins Abseits geraten, von vornherein als häretisch erscheinen."[3]

Entspricht also einer innerkirchlichen Restaurationstendenz das Konzept einer Rückkehr-Ökumene, wonach die römische Kirche im vollen Besitz der Wahrheit die anderen Kirchen sozusagen „heimkommen" läßt? Ein solches Ökumene-Verständnis widerspräche den Intentionen, dem Geist und den Aussagen des Zweiten Vatikanums, das eine Einigung der Kirchen nicht als „Rückkehr ins Vaterhaus" versteht, sondern als Bewegung aller Kirchen auf Zukunft hin.[4]

Nicht nur auf kirchenamtlicher Ebene sind Begegnungen und Gespräche möglich geworden, sondern vor allem theologisch ist in kurzer Zeit ein großer und langer Weg beschritten worden. Eine beeindruckende Fülle von Monographien und Fachaufsätzen bezeugt diese intensive theologische Bemühung. Konfessionskundliche oder ökumenische Institute leisteten und leisten fruchtbare Arbeit, auch Kirchenleitungen setzten Kommissionen ein, und es wurden Konsenspapiere erstellt. Die theologische Möglichkeit der Einheit dürfte größer sein, als gemeinhin angenommen wird.[5] Aber ist oder war es vielleicht eine Illusion, auf die Durchschlagskraft theologischer Argumente zu vertrauen? Warum ergab sich aus dem weiten theologischen Konsens so wenig gemeinsames kirchliches Bewußtsein?[6]

---

[2] K. H. Ohlig, Das Ziel der ökumenischen Bewegung (I), in: Imprimatur 23 (1990) 360.

[3] Ebd., 397.

[4] H. Fries, Einigung der Kirchen — reale Möglichkeit, in: Diakonia 16 (1985) 367; vgl. auch H. Schuster, Enttäuschte Ökumene?, in: Diakonia 16 (1985) 361—364; vgl. R. Weibel, Schweizer Katholizismus heute (Zürich 1989) 33.

[5] H. Fries, a.a.O., 365—376; K. Rahner, H. Fries, Einigung der Kirchen — reale Möglichkeit (Freiburg i.Br., 1983).

[6] H. Schuster, a.a.O., 361f.

Haben die beachtlichen theologischen Annäherungen und die vielen ökumenischen Papiere (von Lausanne, Lund, Accra, Lima usw.) etwas bewegt?[7] Gewachsen ist in kurzer Zeit doch sehr viel, was vor drei Jahrzehnten noch undenkbar und „unfühlbar" gewesen wäre. Ohne verantwortliche Reflexion wäre die praktische Ökumene wohl kaum in diesem Maße zur Selbstverständlichkeit geworden ... und wohl auch umgekehrt.

Nur eine Frage darf nicht unbekümmert beiseite gelassen werden. Gibt es eine Art „passiver oder kalter Ökumene", die eher einem faulen Frieden gleicht, als eine um das gemeinsame Handeln bemühte Ökumene? Hat nicht auch das Verhalten der katholischen Kirche beim Konziliaren Prozeß auf die Ökumene befremdlich gewirkt? Stößt die Ökumene überhaupt auf Interesse? Oder sind die konfessionellen Gegensätze für manche jüngeren Leute keine existentiellen, sondern bestenfalls historische Probleme? Diese haben nicht mit dem Heute, sondern mit dem Früher zu tun. Ein „waschechter" Katholik oder „typischer" Protestant zu sein, das ist wohl wenigen noch erstrebenswert, gerade auch jenen nicht, die sich darum bemühen, „gute Christen" zu sein.[8] Machen sich Christen noch Gedanken über Rechtfertigung, über den Sakramentsbegriff, über die Gültigkeit des Amtes und die rechte Interpretation der Realpräsenz, über den Unterschied von Abendmahl oder Eucharistie, Brot oder Hostie ...?

Diese klimatische „Annäherung" und bewußtseinsmäßige „Relativierung" könnten nun allerdings übersehen lassen, daß wir mentalitätsmäßig und gefühlsmäßig vielleicht doch stärker „konfessionalistisch" geprägt und verankert sind, als uns bewußt ist. Ähnlich wie bei Spannungen zwischen Sprachgruppen, wie etwa bei unserem bekannten „Röschtigraben", kann beim konkreten Nah-Kontakt oder bei Auseinandersetzungen die Lava von Vorurteilen hochschießen; und schnelle Hoffnungen können sich als Illusionen entpuppen. Ungeklärte ökumenische Fragen werden eben nicht im konfessionellen Getto brisant, sondern im Gespräch. Im unmittelbaren Kontakt erst zeigen sich die noch nicht bereinigten Kontroversen und die gefühlsbestimmten Vorbehalte. So bedarf es weiterhin des beherzten Brückenschlags und der bewußten Auseinandersetzung im guten Sinn des Wortes, nämlich als theologische Reflexion.

---

[7] K. H. Ohlig, a.a.O., 360; Konfessionskundliches Institut (Hrsg.), Kommentar zu den Lima-Erklärungen über Taufe, Eucharistie und Amt. Bensheimer Hefte 59 (Göttingen 1983).

[8] Ebd., 361.

2. Ökumenische Bewegung in der Schweiz: vom Nebeneinander zum Miteinander

a) Schritte von Pionieren

Erste zaghafte Schritte gehen auf die Westschweiz zurück, wo man durch die von Abbé P. Couturier aus Lyon empfohlene Weltgebetswoche an das ökumenische Anliegen erinnert wurde. Zuerst gewann es in der welschen Schweiz unter kräftiger Führung von Bischof M. Besson an Boden, während die deutsche Schweiz sich vorderhand eher zurückhielt und sich mit dem „Einsiedler Gebetsbund zur Wiedervereinigung im Glauben" begnügte.[9] Bischof Besson, Sohn aus einer Mischehe, schrieb 1933 das bewegende Buch „Nach 400 Jahren": „Muß denn diese Kluft, die uns schon seit vierhundert Jahren trennt, ... wirklich ständig fortdauern? Wir glauben beiderseits, auf dem Weg zu Gott zu sein; sollten wir da nicht irgendwo zusammenkommen können? ... Wäre der Geist der Wiedervereinigung im Glauben stärker verbreitet, dann wären die uns trennenden Gräben weniger tief; manche würden sogar ganz verschwinden."[10] — Vorerst konnte aber von einer ökumenischen Bewegung keine Rede sein, da deren Anliegen in der Schweiz nur einigen „Spezialisten" am Herzen lagen. Aber es gab regelmäßige Kontakte, so beispielsweise in den zwanziger Jahren in einem evangelischen Berner Pfarrhaus, wo die Pioniere der Ökumene lernten, aufeinander zu hören.[11] In der Mehrheit aber verhielt man sich gegenseitig wie die Unberührbaren und verharrte noch in erstarrten Fronten.

Unmittelbar nach dem Zweiten Weltkrieg nahmen diese Gesprächsgruppen festere Konturen an, nicht zuletzt unter dem Einfluß von Una-Sancta-Kreisen aus Deutschland, wo nicht nur die Erfahrungen im Dritten Reich und die Kriegsereignisse, sondern auch das politische und soziale Handeln viele „getrennte" Christen und Christinnen zusammengeführt haben. Trotz teils bitterer Widerstände aus Rom gegenüber der sich anbahnenden ökumenischen Bewegung[12] suchten Seelsorger und Theologen die Verständigung im gemeinsamen Glauben und den Abbau jahrhundertealter konfessioneller Mauern. Ein weit über die Schweizer Grenzen hinaus wirkender Pionier der Ökumene, der wohl wie wenige in der katholischen Kirche Ökumene auch erleiden mußte, war Otto Karrer.[13] Dessen Anliegen ist die

---

[9] A. Stoecklin, Schweizer Katholizismus (Zürich 1978) 187.

[10] Zit. bei A. Ebneter, Ökumene in der Schweiz in katholischer Sicht, in: J. Müller (Hrsg.), Katholische Kirche Schweiz heute (Freiburg Schweiz 1981) 52.

[11] E. Wildbolz, Die römisch-katholische Kirche in der Schweiz und die ökumenische Bewegung, in: J. Müller (Hrsg.), a.a.O., 36—51; vgl. A. Stoecklin, a.a.O., 190—194.

[12] A. Ebneter, a.a.O., 54; A. Stoecklin, a.a.O., 186ff.

[13] V. Conzemius, Otto Karrer (1888—1976). Theologe des Aggiornamento, in: St. Leimgruber/M. Schoch (Hrsg.), Gegen die Gottvergessenheit. Schweizer Theologen im 19. und 20. Jahrhundert (Freiburg i.Br. 1990) 576—590; L. Höfer, Otto Karrer 1888—1976. Kämpfen und Leiden für eine weltoffene Kirche. Unter Mitarbeit v. V. Conzemius (Freiburg i.Br. ²1986).

„Otto Karrer Gesellschaft“ in Luzern verpflichtet. R. Weibel berichtet[14], daß O. Karrer Anfang 1946 dem reformierten Sigriswiler Pfarrer R. Kraemer begegnete. Diese Begegnung gab den Anstoß zur Gründung ökumenischer Gesprächskreise in verschiedenen Schweizer Städten (Luzern, Basel, Bern, Zürich, Olten). Mit Gastfreundschaft fing es zur Pionierzeit schon an. Im Sigriswiler Kreis war mehrmals Pfr. R. Bäumlin dabei, der seinerseits den Gesprächskreis in Bern angeregt und Kontakte zu Ökumenikern in Frankreich (seit 1937 Groupe des Dombes, eine Privatinitiative katholischer, lutherischer und reformierter Theologen in Frankreich) hatte; in seinem Umkreis wurde vor allem der geistliche Ökumenismus gepflegt, während in den von O. Karrer inspirierten Gruppen dem theologischen Austausch besondere Aufmerksamkeit gewidmet wurde.[15] — Den endgültigen Durchbruch brachte das von Papst Johannes XXIII. einberufene Zweite Vatikanische Konzil, dessen Nahziel die Erneuerung der Kirche war, dessen Fernziel aber lautete: Wiedervereinigung der Christen und Christinnen. Dieses Konzil hat nicht nur den anderen Konfessionen die Bedeutung als Kirche zuerkannt, sondern die ökumenische Aufgaben dem Katholizismus ins Pflichtenheft eingetragen. Immerhin finden sich im Ökumenismus-Dekret so deutliche Worte wie: „Die Sorge um die Wiederherstellung der Einheit ist Sache der ganzen Kirche, sowohl der Gläubigen wie auch der Hirten, und geht einen jeden an“ (Nr. 5).

b) Ökumene wird zum Anliegen der Kirchen

Ganz im Geiste dieses Konzilswortes erregte der Wahlspruch des Ende 1967 neu gewählten Bischofs von Basel, Anton Hänggi, Aufsehen: „Ut omnes unum sint — Daß alle eins seien“. Mit diesem Wahlspruch hatte Bischof A. Hänggi, dem ein entscheidendes Verdienst am Aufbruch der Kirche Schweiz in den siebziger Jahren zukommt, ohne Zweifel auch die innerkirchliche Einheit in einer zunehmend spannungsvollen Entwicklung im Auge.[16] Aber er wies mit seinem Bischofsmotto auch auf die Wiedervereinigung der getrennten Christen und Christinnen hin, was sehr dankbar registriert und 1984 mit der Verleihung des Ehrendoktorates der Evangelischen Theologischen Fakultät der Universität Basel anerkannt worden ist. — Das Bischofsmotto war nicht nur spirituelle Programmatik, sondern auch schon Echo auf eine konfessionelle Entkrampfung und ökumenische Öffnung.[17] Schon im Jahre 1968 begannen in der Zürcher Paulus-Akade-

---

[14] R. Weibel, a.a.O., 33.

[15] Siehe dazu; J. L. Leuba/H. Stirnimann (Hrsg.), Freiheit in der Begegnung. Zwischenbilanz des ökumenischen Dialogs (Frankfurt/Stuttgart 1969); s. auch: St. Leimgruber/M. Schoch (Hrsg.), a.a.O., 518—590; vgl. Herder Korrespondenz 45 (1991) 160—162.

[16] Vgl. M. Hofer (Hrsg.), Anton Hänggi — Bischof in Rufweite (Freiburg Schweiz 1985).

[17] A. Stoecklin, a.a.O., 232ff.

mie Begegnungen von Römisch-katholischen und Christkatholiken; und am Aschermittwoch 1968 fand auf dem Leuenberg bei Hölstein (BL) ein ökumenisches „Gipfeltreffen" der Verantwortlichen der drei Landeskirchen statt. An diesem als denkwürdig empfundenen Treffen nahmen auch die Mitglieder der Gesprächskommissionen teil, u.a. K. Barth, H.U. von Balthasar.

Diese Gesprächskommissionen mit den evangelischen Kirchen bzw. mit dem Evangelischen Kirchenbund (Evangelisch/Römisch-katholische Gesprächskommission: ERGK) und mit der christkatholischen Kirche (CRGK) waren eine Frucht des im Jahre 1964 verabschiedeten Ökumenismus-Dekretes (Unitatis redintegratio); beide wurden schon im Jahre 1965 eingesetzt. Der Auftrag für die Evangelisch/Römisch-katholische Gesprächskommission lautete, „die Mißverständnisse zwischen den beiden Kirchen abzutragen, eine stets engere Zusammenarbeit der Kirchen zu fördern und gemeinsam vom Gehorsam gegenüber dem Evangelium Zeugnis zu geben". Für die Christkatholisch/Römisch-katholische Gesprächskommission galt, die „Mißverständnisse zwischen den beiden Kirchen abzutragen, die katholische Tradition im Blick auf eine gemeinsame Verwirklichung zu prüfen und die Zusammenarbeit, besonders in der Liturgie und in der Pastoral zu fördern".[18] Diese Kommissionen sollten vor allem mit Studienarbeiten befaßt sein; sie erarbeiteten aber auch die Vorschläge und Texte zur Mischehenfrage (1965), zur gegenseitigen Anerkennung der im Namen des dreifaltigen Gottes gespendeten Taufe (1973), über ökumenische Gottesdienste (1970 und 1979), zur kirchlichen Eucharistie (1973) etc.

Als wichtigstes ökumenisches Ereignis auf offizieller Ebene wird die Gründung der „Arbeitsgemeinschaft christlicher Kirchen in der Schweiz" (AGCK) am 21. Juni 1971 im Konzils-Saal in Basel beurteilt.[19]

Ihr Ziel ist: Die Besinnung über Fragen von Glaube und Leben mit der Absicht zur Klärung und Verständigung; Förderung des theologischen Gesprächs unter den Mitgliedskirchen; Beratung über Möglichkeiten der Zusammenarbeit und Förderung gemeinsamer Aktionen und Werke; Vermittlung bei Meinungsverschiedenheiten zwischen einzelnen Mitgliedskirchen. Gründungsmitglieder waren neben den Landeskirchen die Evangelisch-Methodistische Kirche, der Bund der Baptistengemeinden und die Heilsarmee; 1973 wurde der Bund Evangelisch-lutherischer Kirchen aufgenommen.[20] Ist es da noch erstaunlich, daß die anderen Kirchen zur Teil-

---

[18] Zit. bei. Weibel, a.a.O., 34.

[19] A. Ebneter, a.a.O., 57; vgl. auch P. Mamie, Begrüßung des Heiligen Vaters bei der Begegnung mit der Arbeitsgemeinschaft christlicher Kirchen in der Schweiz, in: Schweizer Bischofskonferenz (Hrsg.), Pastoralreise Johannes Paul II. Ansprachen in der Schweiz (Freiburg Schweiz 1984) 101—103.

[20] R. Weibel, a.a.O., 34.

nahme und Mitarbeit an der Synode 72 eingeladen wurden? — Präsident dieser ökumenischen Arbeitsgemeinschaft ist der derzeitige Bischof von Lausanne, Genf und Freiburg, Bischof Pierre Mamie. Seine große Sorge für den Ökumenismus zeigt sich auch darin, daß er bei der Schweizer Bischofskonferenz das Ressort „Ökumene" seit 1973 innehat und Mitglied des römischen Einheits-Sekretariates ist.
Mitglieder von orthodoxen Kirchen des Ostens kamen in den letzten Jahrzehnten vor allem als Emigranten, Flüchtlinge oder Arbeitskräfte in die Schweiz.[21] Die orthodoxen Kirchen sind indes an dieser ökumenischen Arbeitsgemeinschaft nicht beteiligt. Aus diesem Grunde haben die Bischofskonferenz einerseits und die griechische, rumänische, russische und serbische Kirche — unter Koordination durch das Orthodoxe Zentrum des Ökumenischen Patriarchats in Chambésy — andererseits im Jahre 1979 die Orthodox/Römisch-katholische Gesprächskommission (ORGK) gegründet. Diese hat vor allem die Förderung einer Zusammenarbeit in gemeinsamen pastoralen Problemen zu pflegen, natürlich unter Berücksichtigung der die Pastoral tragenden theologischen Grundlagen.

c) Vielfalt des ökumenischen Miteinanders

Bischof A. Hänggi äußerte sich gegenüber der ökumenischen Leitung des Medienverbundprojektes „Warum Christen glauben" bei einer Sitzung der Deutschschweizerischen Ordinarienkonferenz am 19. März 1980: „Was wir ökumenisch gemeinsam tun können, das müssen wir auch tun."[22] Dieses Gesetz ist vor allem bei den Verbänden und Hilfswerken und in vielen sozial-karitativen und diakonischen Dienststellen schon viel mehr Alltag geworden, als es ein oberflächlicher Blick auf die Kirche Schweiz wahrzunehmen vermag (wie aus den bisherigen Ausführungen auch vielfach hervorgeht). Paradebeispiele dafür mögen die bewährte Zusammenarbeit von „Caritas Schweiz" und dem „Evangelischen Hilfswerk" oder von „Fastenopfer" und „Brot für alle" sein.
Eine eigene Zusammenarbeit der Kirchenleitungen brachte gemeinsame Stellungnahmen zu gesellschaftspolitischen Fragen mit sich, die von entsprechenden Fachkommissionen vorbereitet worden sind, wie etwa „Die 7 Thesen der Kirchen zur Ausländerpolitik" mit einem aktualisierten Kommentar (1985)[23] und die Memoranden der drei Landeskirchen zu

[21] Gesichter einer Ortskirche. Visages d'une Eglise locale, hrsg. v. Info-Dienst der Schweiz. Bischofskonferenz, in: Civitas 35 (1981) 529.
[22] S. Schweiz. Kirchenzeitung 148 (1980) 207.
[23] H. Schöpfer (Hrsg.), Christen und Gastarbeiter (Meitingen—Freising 1985) 166—193. Neuerdings: Gegen die neuen Richtlinien zur Erteilung von humanitären Aufenthaltsbewilligungen, in: Schweiz. Kirchenzeitung 159 (1991) 134.

Asyl- und Flüchtlingsfragen: „Auf der Seite der Flüchtlinge" (1985) und „Für eine menschliche Asylpolitik" (1987). In diesem Zusammenhang sind auch die gemeinsamen Kommissionen der Bischofskonferenz und des Kirchenbundes zu sehen, wie die Arbeitsgruppe „Neue religiöse Bewegungen in der Schweiz" und der kirchliche Koordinationsausschuß für Ausländerfragen. Aber auch auf kantonaler und Gesamtkirchgemeindeebene sind im sozialen und gesellschaftspolitischen Bereich die entsprechenden Kommissionen, Projekte und Arbeitsstellen ökumenisch verflochten. — Natürlich ergeben sich an diesen Nahtstellen dann auch die Spannungen. Konservative Vorwürfe an „Brot für alle" — so von der „Aktion Kirche wohin?" — treffen auch das Fastenopfer. Und katholisch-intern ist öfters von einer evangelisch-reformierten Dominanz, vorab in gesellschaftpolitischen Fragen, die Rede.[24]
Aber nicht nur im sozialkaritativen und diakonischen Bereich gibt es eine reiche Fülle der ökumenischen Zusammenarbeit oder Koordination, sondern auch — wie schon öfters erwähnt — im Verbandssektor, im Bildungs- und Medienbereich. Ein Beispiel stehe für das Ganze. Auf der Schweiz. Frauenausstellung 1957 (SAFFA) trafen sich die konfessionellen Frauenverbände in ihrem Kirchlein beim Mittagsgebet. Es wurde die Arbeitsgemeinschaft der konfessionellen Frauenverbände gegründet, die zu tiefen ökumenischen Erfahrungen führte.[25] Im Jahre 1968 beschloß der Schweiz. Kath. Frauenbund, sich gemeinsam am ökumenische Weltgebetstag mit dem Evangel. Frauenbund und mit dem Verband Christkath. Frauenvereine zu beteiligen. Und es waren nicht zuletzt die alljährlichen Vorbereitungen zum Weltgebetstag der Frauen, namentlich der Umgang mit der Liturgie und die Bibelarbeit, die katholischen Frauen Mut gemacht haben zur Gestaltung von Frauengottesdiensten in der eigenen Kirche. — Mit der ausgezeichnet redigierten ökumenischen Zeitschrift „Schritte ins Offene" für Kultur, Emanzipation und Glaubensfragen (gegründet 1971) werden freisetzende Anstöße gegeben und neues Denken in Bewegung gesetzt. Auch dies wäre eine eigene Studie wert, zeigt sich doch an der Geschichte eines solchen Verbandes, wie die vielen Rinnsale, die sich zu einer Bewegung vereinigten, ihre Quellen an der Basis haben und nicht die Ergebnisse einer weitsichtigen amtlichen Strategie sind.
Ähnlich wäre nun für den Bildungsbereich (z.B. KAGEB) oder für den Katholischen Medienverein (VKM) exemplarisch aufzuzeigen, wie selbstverständlich die ökumenische Kooperation geworden ist (etwa beim Filmverleih, zwischen den Medienstellen und den Beauftragten der jeweiligen Landeskirchen für Radio und Fernsehen . . .). Es zeigen sich aber auch

[24] R. Weibel, a.a.O., 36f.

[25] A. Höchli-Zen Ruffinen, Geschichte und Gegenwart des Schweiz. Kath. Frauenbundes (Manuskript 89).

wieder die labilisierenden Erfahrungen, wenn beispielsweis bei der ökumenisch getragenen illustrierten Halbmonatszeitschrift „Zoom" (ab 1992 mit neuem Konzept) einseitige Entscheidungen getroffen werden, ohne mit dem katholischen Partner Rücksprache zu nehmen. Aber gerade solche praktischen Beispiele bringen auch an den Tag, daß der Wille zur ökumenischen Zusammenarbeit selbst durch solche Pannen nicht mehr rückgängig zu machen ist.

Nicht zu vergessen ist, daß die katholische Missionskonferenz der deutschen und rätoromanischen Schweiz und die Kooperation Evangelischer Kirchen und Missionen (KEM) die Schulungsarbeit „Brennpunkt Welt" gemeinsam tragen. Die gleiche Missionskonferenz und der Schweiz. Evangelische Missionsrat gaben bis 1990 gemeinsam das Missionsjahrbuch (jeweils zu einem Schwerpunktthema) heraus, das meiner Ansicht nach für Gruppenarbeit und persönliche Vertiefung hervorragende Hilfen bot und eine größere Verbreitung verdient hätte. In diesem Jahr (1991) haben die Missionskonferenz und KEM zusammen die Arbeitsmappe „Ein Regenbogen von Kulturen und Religionen. Begegnungen in der Schweiz wagen . . ." herausgegeben.

Mehr auf privater Basis arbeiten Theologen und Theologinnen in der Schweiz. Theologischen Gesellschaft zusammen oder im Ökumenischen Arbeitskreis für Bibelarbeit. Die Theologische Fakultät der Universität Freiburg hat ein Institut für ökumenische Studien, dessen Direktorium interkonfessionell besetzt ist. Fast beschämt ist anzumerken, daß es zwar zwischen den theologischen Instituten ökumenische Kontakte und zunehmend Projekte gibt (wie das Betriebspraktikum oder Diakonie-Praktikum), die gemeinsam geplant und durchgeführt werden, und auch Dozentenaustausch stattfindet; aber insgesamt ist bei der Hochschul-Theologie kaum ein ökumenisches Feuer auszumachen, im Gegensatz zu früheren Jahren (J. Feiner, H. Stirnimann, J. L. Leuba, W. Nigg, O. Cullmann, J. J. von Allmen).

So ist aus dem früher klaren Nebeneinander ein vielfältiges Miteinander, aber auch eine vielfältige Vermischung vom „Schon" und „Noch nicht" geworden. Kaum zu überblicken ist die ökumenische Arbeit, die an einzelnen Orten, oft in kleinen Gruppen ohne viel Aufsehen und Sensation, aber auch bei Frauenkirchentagen usw. selbstverständlich geschieht und auch weiterwächst. — Was weiß man in der Deutschweiz vom interessanten ökumenischen Experiment Radio Cité in Genf? Dieser Sender ist von den anerkannten Kirchen Genfs getragen (reformierte, röm.-kath. und christkath.), wobei auch andere Kirchen, die Vereinigung der christlichen Kirchen und Gemeinden in Genf (RECG) ebenfalls beteiligt sind. Radio Cité (seit 1984 bzw. 1987) produziert 18 Stunden am Tag religiöse Sendungen mit viel Musik und ohne Werbezeit.

Auf der Basis dieser vielseitig vernetzten und oft stillen Ökumene ist mentalitätsmäßig und bewußtseinsmäßig etwas gewachsen, was wenige Jahrzehnte zuvor schwer vorstellbar gewesen wäre. Ein Beispiel dafür mögen die Ausführungen der Ökumene-Kommission der Schweizer Bischofskonferenz aus dem Jahre 1983 geben: Was katholische Christen an der Reformation schätzen gelernt haben:

„1. Als erstes darf ‚die Liebe und Hochschätzung, ja fast kultische Verehrung der Heiligen Schrift‘ (Ökumenismus-Dekret 21) dankbar anerkannt werden. Gottes Geist hat in evangelischen Gemeinschaften vieles an gläubigem Verstehen und Vertrauen im unmittelbaren Kontakt mit den heiligen Schriften wachsen lassen. Es gibt ein echtes ‚sola scriptura‘ in dem Sinn, daß die Bibel immer das unersetzbare Grunddokument unseres Glaubens bleiben muß, dem keine andere, auch keine kirchliche Glaubensaussage an die Seite gestellt werden kann, mögen sich auch unsere Wege nicht immer ganz decken, wo von der Rolle der Kirche im Erschließen und Verstehen der Heiligen Schrift, die ihr anvertraut sind, die Rede ist.

2. Die Reformation betont, daß alles Heilswirken im Menschen nur aus Gottes gnädiger Zuwendung beginnen, sich fortsetzen und vollenden kann, daß nicht menschlich verdienstliche Werke der Gnade vorausgehen, sondern alles Heil Gott zu danken ist. Wir wissen, daß dieses ‚sola gratia‘ nicht dazu führen muß, die Werke, die im Menschen (und nicht ohne den Menschen) als Frucht der Gnade und Rechtfertigung gedeihen, zu verwerfen oder abzuwerten. Eine reiche Liebestätigkeit, die auf evangelischem Boden gewachsen ist, kann das bezeugen.

3. Es ist ein Kernstück der paulinischen Lehre im Neuen Testament, daß allein der Glaube — ‚sola fides‘ —, die dankbare Bereitschaft, den rechtfertigenden Gott an uns wirken zu lassen, dem Menschen Zugang zu Gottes gnädigem Wirken an uns gibt. Nur durch den Glauben allein, nicht durch Werke, die vom Menschen in Eigenmacht getan werden, kann Liebe und Vertrauen in den Menschen einströmen. Es verdient Anerkennung, daß reformatorische Einsicht und Predigt dieser Wahrheit nachdrücklich Beachtung verschafft haben.

4. Christus allein — ‚solus Christus‘ — ist der einzige Mittler Gottes und der Menschen, der einzige, durch den uns Gnade und Vergebung zukommen kann. Nichts und niemand kann mit ihm in Konkurrenz treten. Wo immer kirchliches Tun, wo Sakramente, wo die Gemeinschaft der Heiligen im Heilsprozeß genannt werden, da darf das nie anders geschehen als im vollen Bewußtsein, daß sie nie aus sich, sondern nur in der Kraft und in dem Geiste Jesu Christi wirksam sein und vermitteln können, was aus Christi Erlösermittlerschaft stammt, was ganz und gar Christus allein zu verdanken ist und keiner anderen zusätzlichen Quelle. Solus Christus: es ist ein Verdienst der Reformation, dies deutlich hervorgehoben zu haben. Es muß ein Anliegen der ganzen Kirche sein.“[26]

---

[26] Die römisch-katholische Kirche der Schweiz in der ökumenischen Bewegung. Eine Standortbesinnung des Papstbesuches.

3. Steine auf dem Weg?

Da schon vieles über Jahre hinweg gewachsen ist, erstaunt es, wie sich plötzlich konfessionelle Ängste äußern: Anläßlich der Diskussion um eine Reorganisation der Bistümer in der Schweiz anfangs der achtziger Jahre, aus Anlaß des Papstbesuches im Jahre 1984, als Weihbischof A. Grab 1987 seinen Wohnsitz in Genf nahm und als wiederum die Diskussion um ein Bistum Zürich anhob . . ., ist doch nicht zu überhören gewesen, daß zwischen den Konfessionen Empfindlichkeiten vorhanden sind.
Auch für den pastoralen Alltag in der katholischen Kirche gelten noch die „Seufzer" der Synode 72 : „Ökumenische Bemühungen werden auch heute noch von allzu vielen Katholiken als Liebhaberei gewisser Idealisten betrachtet, ja sogar als Aufweichung und Zersetzung der katholischen Tradition verdächtigt" (Ökumenischer Auftrag in unseren Verhältnissen, Diözese Basel V, 2.1). Sind aber die Impulse der Synode 72 allenthalten in die Tat umgesetzt worden?

a) Ökumene in der Schule

Die Synode 72 widmet der „Ökumene in der Schule" breiten Raum (Diözese Basel V, 3.2). Bezüglich der Ökumene im Religionsunterricht balanciert sie salomonisch: „Von manchen Seiten wird heute im Namen der Ökumene der Konfessionell-kooperative Bibel- oder sogar Religionsunterricht gefordert. Er wird gesehen als die große Möglichkeit, die Kinder zu ökumenischer Haltung zu erziehen. Die Befürworter und die Gegner eines solchen Unterrichts haben gute und wichtige Gründe für ihre Ansicht. Dabei ist aber zu bedenken, daß die Problematik des schulischen Religionsunterrichts durch die konfessionelle Kooperation nicht gelöst ist" (3.3.1). — Die Empfehlungen sind etwas konkreter: „Die Synode begrüßt die Bemühungen bereits bestehender regionaler Arbeitsgruppen, welche die Frage des konfessionell-kooperativen Bibelunterrichts studieren. Sie ersucht . . ., die Bildung solcher Arbeitsgruppen zu fördern. In diesen Arbeitsgruppen sollen Eltern, Lehrer, Pfarrer und Katecheten der verschiedenen Konfessionen vertreten sein" (8.3.1.).
Ob wir insgesamt — von einzelnen Bemühungen von Pfarrern oder Katecheten und Katechetinnen abgesehen — wesentlich weitergekommen sind, steht zu bezweifeln. Vielleicht liegt das unter anderem auch an der Krise des Religionsunterrichtes und darüber hinaus bis zu einem gewissen Grad an der Krise der Schule. Aber zeigt sich vermutlich nicht auch auf diesem Feld, daß es Ökumene um so schwerer hat, je mehr sie an strukturelle und institutionelle Vorgaben gebunden ist. Auch in der Bundesrepublik hatten ähnliche Versuche schon in den siebziger Jahre ihre Grenzen

an der staatlichen (Schul-)Gesetzgebung gefunden. — Dagegen haben es ökumenische Initiativen im freien Spiel der Kräfte leichter, sich behende einen Weg zu bahnen. Aus dem Zürcher „Frauenkirchentag“ und der Vorbereitung der Frauengottesdienste im Fraumünster ist inzwischen die ökumenische Frauenbewegung Zürich herausgewachsen, die sich als Verein konstituiert hat. — Die Bemühungen um die ökumenische Gestaltung des Religionsunterrichts an der Oberstufe (im Kanton Zürich) brauchten immerhin ca. 15 Jahre.[27] Die Spannung liegt in der Regel, wie in anderen Kantonen auch, zwischen dem ökumenischen („staatlichen“) Bibelunterricht und dem konfessionellen Religionsunterricht. Für den Kanton Zürich gilt folgende Regelung seit 1990: „An der ersten Oberstufe werden zwei Stunden schulischer Religionsunterricht erteilt, an der zweiten Oberstufe noch eine Stunde. An der dritten Oberstufe entfällt der schulische Religionsunterricht. Zusätzlich stellt die Schule an der ersten Oberstufe fünf Halbtage und an der zweiten und dritten Oberstufe zusammen nochmals fünf Halbtage für konfessionellen Unterricht zur Verfügung. Die katholische Kirche verzichtet an der ersten Oberstufe auf den konfessionellen Unterricht von einer Wochenstunde.“
Der schweizerische Föderalismus, vor allem in Sachen Schule und Kultur, macht bekanntlich eine generelle Lösung unmöglich. Die je verschiedenen konfessionellen und politischen Konstellationen in der Bevölkerung führten im Laufe der Zeit zu allen möglichen Variationen im Verhältnis von Staatsschule und Kirche und damit von Schule und Religionsunterricht. Deshalb hängt manches ökumenische Bemühen — vor allem eine vermehrte Zusammenarbeit von Schulstufe zu Schulstufe — noch ganz vom „good will“ aufgeschlossener Persönlichkeiten der Kirche und der Schule ab. — Andererseits zeigt sich auch hier, daß ökumenische Annäherung und Einheit einen vielschichtigen Prozeß darstellen. Zudem kann man im Detail die Tatsache nicht überspielen, daß die Kircheninstitutionen leider noch eine größere Trennung markieren, als von den gewachsenen Prozessen her nötig ist. Davon ist auch der „Testfall“ Mischehe geprägt.

b) Ökumenische Ehe/Familie

Die sogenannten Mischehen, die bekenntnisverschiedenen Ehen also, nahmen infolge der Wanderungsbewegungen seit der Zeit des Ersten Weltkrieges auch in der Schweiz unaufhaltsam zu. Alle kategorischen Versuche, sie zu verurteilen, konnten sie nicht verhindern. Die Realität war stärker als die Idealität kirchenamtlicher Verlautbarungen. Und was ist in

[27] Römisch-katholische Zentralkommission (Hrsg.), Die katholische Kirche im Kanton Zürich. Jahresbericht 1989, S. 29.

dieser Hinsicht nicht alles Frauen und Männern angetan worden, weil ihre „Misch-Ehe“ als kirchlich nicht ganz rechtens und „zweitrangig“ abgewertet worden ist? Welche pastorale Reibungsverluste sind in Kauf genommen worden, um das strenge Mischehenrecht des kanonischen Rechts aus dem Jahre 1917 im Pfarreialltag der Diaspora „durchzuboxen“? Ob nebst einem um die Ökumene hochverdienten Otto Karrer nicht auch viele Frauen und Männer alleingelassen Ökumene ertragen und erduldet haben, ohne um das befreiende Wort zu wissen, wie wir heute? Unter ihnen sind wohl viele Pioniere und Pionierinnen, die vorbereitet und darauf gewartet haben, was beim Zweiten Vatikanischen Konzil zum Durchbruch kam. — Die Wegräumung dieses Hindernisses auf dem Weg zur Wiedervereinigung wurde naturgemäß zum Testfall aufrichtig gemeinter Ökumene. Die vom Konzil geforderte und von Papst Paul VI. im Jahre 1970 erlassene neue Mischehenordnung hat ein wichtiges ökumenisches Postulat erfüllt, als die Exkommunikation des katholischen Ehepartners bei nichtkatholischer Trauung oder wegen nichtkatholischer Taufe und Erziehung der Kinder mit rückwirkender Kraft aufgehoben wurde. Für eine evangelische oder zivile Trauung mußte jetzt „nur“ noch die bischöfliche Dispens von der katholischen Trauungsform eingeholt werden. Der nichtkatholische Ehepartner ist von früheren Versprechen der Taufe und Erziehung der Kinder in der katholischen Konfession befreit.[28] Nach dem neuen Kirchenrecht von 1983 bleibt des konfessionelle Vorbehalt; es bedarf (can. 1124) bei einer konfessionsverschiedenen Ehe einer kirchlichen Erlaubnis, die aber der Pfarrer erteilen kann.

Eine evangelisch-katholische Arbeitsgemeinschaft für Mischehenseelsorge in der deutschsprachigen Schweiz (AG-MES) verfaßte Handreichungen für die ökumenische Trauung (1973), für das ökumenische Traugespräch (1975) und für die religiöse Kindererziehung in den konfessionsverschiedenen Ehen (1979). Die Tendenz ging eindeutig von einer kirchenrechtlichen Orientierung zu einer pastoralen Lösung der Probleme.

Die Notwendigkeit einer kirchlichen Erlaubnis zum Eingehen einer ökumenischen Ehe führte nicht selten zu einer Belastung, ebenso die Forderung, daß der katholische Partner das Versprechen ablegen mußte, alles in seiner Kraft zu tun, damit die Kinder katholisch getauft und erzogen würden. Die Synode 72 hatte gesamtschweizerisch diese Anliegen aufgegriffen und der Schweiz. Bischofskonferenz empfohlen, „bei der zuständigen Instanz dahin zu wirken, daß dieses Ehehindernis beseitigt wird“ (Ökumenischer Auftrag in unserer Verhältnissen, Diözese Basel V, 11.7). Bezüglich Taufe und Erziehung der Kinder sei folgende Regelung zu treffen: „Es liegt in der gemeinsamen Entscheidung beider Elternteile, in welcher Konfession die Kinder getauft und erzogen werden. Jedes einseitige

[28] A. Ebneter, a.a.O., 63.

kirchliche Versprechen eines Ehepartners ist abzulehnen. Die Ehedokumente sind sofort dieser neuen Mischehenpraxis anzupassen" (V, 11.6.). Die schweizerische General- und Bischofsvikaren-Konferenz ist im Sommer 1978 diesem Wunsch nachgekommen und hat eine „wirklich ökumenische Lösung" getroffen. Die Dispensmöglichkeit liegt bei den Pfarrern. Die Ehedokumente der Schweizer Bistümer enthalten für „Mischehenpaare" ein Beiblatt, auf dem der Pfarrer durch Unterschrift bezeugt, daß „der Unterzeichnete die Brautleute über ihre Pflichten bezüglich der religiösen Kindererziehung unterwiesen hat" und daß die Brautleute „sie zur Kenntnis genommen haben und damit einverstanden sind".[29]

c) Trennt uns nur der Gottesdienst?

Der unvergeßliche Papst Johannes XXIII. hat in einer ökumenischen Stunde das tiefgründige Wort des Kirchenlehrers Augustinus neu ins Gedächtnis gerufen: „Sie (die getrennten Brüder) sind unsere Brüder. Sie hören erst auf, unsere Brüder zu sein, wenn sie aufhören, das Vaterunser zu sprechen."[30] Damit ist an die alte geistliche Lebensregel der Kirche erinnert, wonach die Gebetsnorm auch Glaubensnorm ist (Lex orandi — lex credendi), ganz im Sinne des Wortes Jesu: „Wo zwei oder drei in meinem Namen versammelt sind, da bin ich mitten unter ihnen" (Mt 18,20).
Im Lichte dieser Grundlagen und Feststellungen haben die drei Landeskirchen in ihren 1979 herausgegebenen Grundsätzen erklärt: „Der gemeinsame Gottesdienst ... ist und bleibt Mittel- und Schwerpunkt der ökumenischen Bemühungen und Veranstaltungen" (Nr. 1). Zwischen evangelischen und katholischen Christen ist zunächst an Gebets- und Wortgottesdienste (mit Predigt) gedacht. Die Ansetzung solcher ökumenischer Gottesdienste soll „nach freiem Ermessen und in gegenseitiger Rücksichtnahme" erfolgen (Nr. 11). Um sich gegenseitig besser kennen und verstehen zu lernen, wird darüber hinaus empfohlen, daß „Gruppen, Familien (besonders konfessionell gemischte) und einzelne Gemeindeglieder gelegentlich ordentliche Gottesdienste anderer Kirchen besuchen" (Nr. 15).[31]
Die Gemeinsamkeit im Beten, Hören des Wortes und im Handeln hat „natürlicherweise" den Wunsch verstärkt, über die Grenzen der Konfessionen hinweg gemeinsam Eucharistie zu feiern. Es gibt in solchen ökumenischen Prozessen durchaus so etwas wie ein charismatisches bzw. pneumatisches

---

[29] Ebd., 64; vgl. A. Bölle, Religiöse Kindererziehung in der Mischehe, in: Schweiz. Kirchenzeitung 147 (1979) 600—602.
[30] Zit. bei A. Ebneter, a.a.O., 59.
[31] Ebd., 60.

„Naturgesetz“ des Wachsens. Aufgrund der „unerledigten“ Lehrdifferenzen über Eucharistie und Amt läßt das Zweite Vatikanische Konzil keine so weitgehende Abendmahlsgemeinschaft zu, wie es bereits mit der orthodoxen Kirche — aber auch hier erstmals — für möglich gehalten worden ist. So kommt nach den genannten Grundsätzen der drei Landeskirchen von 1979 höchstens in Ausnahmesituationen und mit Zustimmung der Kirchenleitungen eine „sukzessiv verbundene Eucharistiefeier“ in Frage; das heißt, Amtsträger verschiedener Konfessionen feiern nach einem gemeinsamen Wortgottesdienst nacheinander die Eucharistie, wobei jeder dem Abendmahlsritus seiner Kirche folgt, und die Gläubigen kommunizieren getrennt bei ihren Amtsträgern.[32]

Wenn man die Texte der Schweizer Synode 72 genau zur Kenntnis nimmt, dann ist man erstaunt über die grundlegende Offenheit ihrer damaligen Grundsätze, aber auch darüber, daß sie nach bald zwanzig Jahren praktisch immer noch aktuell sind. Ist das ein Zeichen für eine eingetretene Stagnation der ökumenischen Bewegung in der Schweiz?

Es seien nur einige Aussagen der Synode 72 zur eucharistischen Mahlgemeinschaft in Erinnerung gerufen: „Die Synode des Bistums Basel betrachtet es als seelsorglich dringend, daß den bekenntnisverschiedenen Ehepaaren angesichts ihrer Glaubens- und Lebensgemeinschaft von den Kirchen gegenseitige Aufnahme in die eucharistische Mahlgemeinschaft gewährt wird. Durch das gemeinsame öffentliche Bekenntnis ihres Glaubens bekunden die konfessionsverschiedenen Ehepaare ihre tiefe Einheit und erinnern die ganze Kirche an ihre Berufung zur Einheit“ (Diözese Basel V, 11.5). — Für die Nicht-Katholiken erwähnt die Synode der Diözese Basel im Anschluß an das Konzil eigens: „Ein Christ, der aus dem gleichen eucharistischen Glauben lebt wie die katholische Gemeinde, aber in einer Gemeinschaft geboren wurde, die von der vollen Gemeinschaft mit der katholischen Kirche — oft nicht ohne Schuld der Menschen auf beiden Seiten — getrennt ist, . . . ein solcher Christ muß zum eucharistischen Mahl zugelassen werden, wenn seine Bitte einem wahren geistlichen Bedürfnis entspricht und er wegen physischer oder moralischer Unmöglichkeit die Kommunion in der eigenen Gemeinde nicht empfangen kann“ (V, 12.3.5).

Für den umgekehrten Fall der Teilnahme von Katholiken am evangelischen Abendmahl erklärt die Synode: „Den Katholiken, der sich durch die konkreten Umstände vor die Entscheidung gestellt sieht, ob er an der Eucharistie einer von uns getrennten Kirche oder kirchlichen Gemeinschaft teilnehmen will, erinnert die Synode, daß er eine solche Entscheidung im Licht seines Glaubens fällen muß, gemäß der Mahnung des Apostels: ‚Was nicht aus Glauben geschieht, ist Sünde‘ (Röm 14,23)“ (V, 12.3.8). Von daher ist es sozusagen nur logisch, daß die Synode im ge-

[32] Ebd., 61.

samtschweizerisch verabschiedeten Text in Anbetracht der konfessionellen Situation unseres Landes das vatikanische Sekretariat für die Einheit auffordert, „einen neuen Schritt vorwärts zu tun zur Verwirklichung der Einheit, und sie wünscht, daß die Ortskirchen freier entscheiden können, unter welchen Bedingungen die Eucharistiegemeinschaft vollzogen werden kann“ (V, 12.5). Dies war keine rein pragmatische Forderung, sondern basierte schon damals auf den vielen, vom Konzil ausdrücklich gewünschten Dialogen mit den evangelischen Kirchen über die Lehre vom Abendmahl und dem kirchlichen Amt. „Das auf verschiedenen Ebenen begonnene Gespräch über Amt und Eucharistie berechtigt zu der Hoffnung, daß wir auch in unserer schweizerischen Situation zu einer größeren Übereinstimmung in diesen Fragen gelangen und damit einer vollen Eucharistiegemeinschaft näherkommen“ (V, 12.5).

Leichter ist vom ganzen Gewicht der Tradition her die Mahlgemeinschaft mit den orthodoxen Kirchen (Verständnis der Eucharistie, Amtssukzession . . .). Auch da ist die Synode 72 klar auf konziliarem Kurs (und den muß man ja wohl nicht verteidigen!): „Was die Teilnahme an einer orthodoxen Eucharistiefeier betrifft, hat das Dekret über den Ökumenismus eine klare und motivierte Antwort gegeben: ‚Da . . . diese Kirchen trotz ihrer Trennung wahre Sakramente besitzen, vor allem aber in der Kraft der apostolischen Sukzession das Priestertum und die Eucharistie, wodurch sie in ganz enger Verwandtschaft bis heute mit uns verbunden sind, so ist eine gewisse Gottesdienstgemeinschaft unter gegebenen geeigneten Umständen mit Billigung der kirchlichen Autorität nicht nur möglich, sondern auch ratsam‘ (15; vgl. auch Dekret über die katholischen Ostkirchen, 26-29)“ (V, 12.3.9). — Die Eucharistiegemeinschaft mit der christkatholischen Kirche ist im ähnlichen Sinn zu lösen: „Das angeführte Motiv erlaubt, diese Antwort auch auf andere Kirchen des Westens, wie die christkatholische Kirche, auszudehnen, die das Bischofsamt und das Weihesakrament bewahrt haben“ (V, 12.3.10).

Auch wenn gesamtschweizerische Synodentexte nicht automatisch gesamtkirchlich akzeptierte Dokumente — wenngleich kirchlich verankert — sein müssen, so ist aus den kirchlichen und synodalen Grundlagen deutlich, daß der theologische Spielraum viel größer ist, als es die institutionelle bzw. amtliche Ökumene in vielen Pfarreien, Bistümern und auf weltkirchlicher Ebene zuzulassen scheint. Wenn zum Beispiel für sogenannte Ausnahmefälle die eucharistische Mahlgemeinschaft bzw. Gastfreundschaft als möglich anerkannt wird, dann ist sie auch grundsätzlich möglich; denn man kann nicht eine ausnahmsweise Gültigkeit für etwas beanspruchen, was prinzipiell als unmöglich erklärt wird. — Zudem ist es wohl zu einfach, die eucharistische Mahlgemeinschaft nur als Krönung und Ziel der Einheit zu akzeptieren. Das Herrenmahl ist „Zeichen der Einheit“, aber auch Weg und Quelle zur Einheit.

Vermutlich liegt das Problem für die Ökumene darin, daß ihr Ziel zu ausschließlich nur als Einheit zwischen den Institutionen der Konfessionen verstanden wird, so wichtig dieser Aspekt auch bleibt. Denn es gibt keine endgültige Einheit, wenn diese nicht auch die Kirchenleitungen zusammenführt. Aber auch hier ist Ökumene eine Frage des (langen?) Weges zueinander, nicht nur ökumenischer Blitzbesuche. Zudem schwebt die Ökumene wie auch das Sakramenten- oder Amtsverständnis stets in Gefahr, zu exklusiv von der Lehre, von der theologischen Doktrin her gesehen zu werden. Aber in diesem Spannungsfeld sind die Vorschläge/Thesen von H. Fries bzw. von K. Rahner sehr hilfreich, wonach unter anderem die Grundwahrheiten des Christentums, wie sie in der Hl. Schrift, im Apostolischen Glaubensbekenntnis und in dem von Nicäa und Konstantinopel ausgesagt werden, für alle Teilkirchen der künftig einen Kirche verpflichtend sind. Darüber hinaus gelte ein realistisches Glaubensprinzip: In keiner Teilkirche darf dezidiert und bekenntnismäßig ein Satz verworfen werden, der in einer anderen ein verpflichtendes Dogma ist.[33] Der christliche Glaube reicht existentiell immer tiefer und ist stets mehr als das nachdenkende Wissen von ihm. — Im Zusammenhang der Vision einer Kirche als Zeichen und Ort der geschenkten Hoffnung war eine der Zukunftsperspektiven oder Optionen der Übergang vom System der Glaubenssätze zum existentiellen und personalen Glauben (S. 100f). Somit ist auch Ökumene nicht obrigkeitlich zu verordnen oder zu bremsen, nicht allein theoretisch-spekulativ zu bewältigen und auch nicht rezepthaft zu machen, denn Rezepte kommen doch leicht ins Spiel, wo Denken und Suchen aufhören.

4. Auf dem Weg zur Einheit — ökumenische Gastfreundschaft

Insgesamt täuscht wohl kaum der Eindruck, daß auch der ökumenische Elan in der Schweiz — gesamthaft gesehen — fast lautlos abhanden gekommen ist. Die achtziger Jahre sind nach meiner Beobachtung sogar geprägt von ökumenischen Enttäuschungen und ernüchternden Erfahrungen[34], auch wenn die Initiative „Trennung von Kirche und Staat“ (1980) gemeinsame Auseinandersetzungen um die Fragen Kirche und Staat veranlaßte. Fast schon vergessen erscheint, wie gedämpft die Stimmung war, als — gleichsam als Vorbereitung für den 1981 geplanten Papstbesuch —

[33] Vgl. H. Fries, a.a.O., 365—376; vgl. H. P. Bucher, Zum Ringen um die Einheit der Christen, in: Schweiz. Kirchenzeitung 152 (1984) 18—23, 34—37, 62—66.

[34] Vgl. die Fragen v. H. Stirnimann, Ökumene solidarisch — oder Rückkehr zum Konfessionalismus, in: Schweiz. Kirchenzeitung 147 (1979) 33—36; auch M. Kaiser, der Promotor für ökumenische Offenheit, fragt, ob die Ökumene stagniere oder wachse: z.B. in: Schweiz. Kirchenzeitung 154 (1986) 50f.

das Memorandum des Evangelischen Kirchenbundes „Die evangelischen Kirchen der Schweiz in der ökumenischen Bewegung“ erschien. In diesem Dokument zeigt der Kirchenbund recht scharf, wie er die ökumenische Bewegung versteht und mit welchen Erwartungen er an andere Kirchen herantritt. Er ist der Ansicht, daß die Reformation in der ökumenischen Bewegung ihre Fortsetzung finde, und zwar darin, daß in der ganzen Kirche die Quelle und Mitte ihres Glaubens zur Geltung gebracht werde: das Evangelium von Jesus Christus. Deutlich werden drei besonders umstrittene Fragen beim Namen genannt: das Kirchenverständnis, die Feier des Abendmahls und die Mischehenregelung. Das Dokument schließt mit der Feststellung: „Der Schrei der heutigen Welt nach dem befreienden Worte Gottes ist so stark, daß die Sorge der Kirchen einzig darin bestehen darf, wie sie dieses befreiende Wort gemeinsam bezeugen.“ — Mit gedämpften Erwartungen und Skepsis[35] wurden in Interlaken die von der Bischofskonferenz vorgeschlagenen ökumenischen Konsultationen aufgenommen (Oktober 1980), die sich aber als fruchtbare Schritte erwiesen. Dabei sind die Anliegen aufgenommen worden, die auch Gegenstand der Ansprache von Pfr. J. P. Jornod, Präsident des Schweiz. Evangelischen Kirchenbundes, an Papst Johannes Paul II. in Kehrsatz am 14. Juni 1984 gewesen sind.[36]

Einen geradezu „kollektiven Aufschrei“ verursachte das Monitum der Schweizerischen Bischofskonferenz zur Eucharistischen Gastfreundschaft vom 8. Juli 1986.[37] Aus dem an und für sich verantwortlichen Bemühen heraus, gegen Wildwuchs Bedenken anzumelden, wurden die oben genannten Impulse der Synode und die Ergebnisse des ökumenischen Gesprächs aus den siebziger Jahren zurückgenommen und auf Notfälle eingeschränkt. Was aber am gesamten Duktus des recht kurzen Textes obendrein noch verletzt, ist die kasuistische Sprache einer dekretalen Tarifordnung in Sachen Ökumene.[38]

Ökumenische Begegnungen mit bewußtseinsbildender Schubkraft waren indes die Vorkonferenzen auf die Weltversammlung für „Gerechtigkeit, Frieden und Bewahrung der Schöpfung“ im Frühjahr 1990 in Seoul/Südkorea, und zwar im Pazifik (Sept. 1988), in Asien (Sept. 1989), in Lateinamerika (Dez. 1989) und für Europa an Pfingsten 1989 in Basel. Diese Bewegung macht deutlich, daß Offenheit und Solidarität (Frieden!) zwischen den Kirchen eingebunden sein muß in die gemeinsame Offenheit und Solidarität für die Menschen und die Schöpfung in Not. Eine gewisse

[35] Jahresbericht 1980. Bistum Basel, S. 10.

[36] Pastoralreise Johannes Paul II. Ansprache in der Schweiz, hrsg. v. Sekretariat der Schweizer Bischofskonferenz (Freiburg Schweiz 1984) 111—113.

[37] Text in: Schweiz. Kirchenzeitung 154 (1986) 55f.

[38] Vgl. dazu: A. Ebneter, Unstimmigkeit im Monitum der Schweizer Bischöfe, in: Schweiz. Kirchenzeitung 154 (1986) 592.

Irritation löste jeweils die offizielle Politik des Vatikans aus, der sich nur zur Entsendung von Beratern entschied, obwohl auch Katholiken und Katholikinnen persönlich teilgenommen haben.[39] — Das nächste Mal müßte die katholische Kirche als mittragendes Voll-Mitglied daran beteiligt sein. Die innerkirchlichen Polarisierungen, vor allem die unerträglichen Ereignisse durch und um Bischof W. Haas, belasten die ökumenische Zusammenarbeit und verschärfen seelsorgliche Notfälle.[40]— Vermutlich von diesen Ereignissen in etwa verdeckt, wurde eine grundsätzliche Debatte, die tief in das Verständnis von Kirche und Ökumene greift, in der schweizerischen kirchlichen Öffentlichkeit kaum zur Kenntnis genommen. Die Synode der Berner reformierten Kirche verzichtete in einem grundsätzlichen Entscheid auf die Taufe als Voraussetzung zum Abendmahl. Dieser theologisch unerhörte Vorgang[41] hätte meines Erachtens mindestens einen ebenso „kollektiven Aufschrei“ verdient wie das Mahnschreiben der Bischöfe zur eucharistischen Gastfreundschaft. Denn gerade auf der Taufe beruht die gegenseitige Anerkennung der Konfessionen als Kirchen und die Übereinkunft der drei Landeskirchen vom 5. Juli 1973 zur gegenseitigen Anerkennung der Taufe. Damit ist das Verständnis von Kirche und der Sakramente verbunden. Insofern konnte ein solcher Entscheid durchaus als „ökumenischer Dolchstoß“ empfunden werden, der die grundsätzliche Diskussion um Ökumene heraufbeschwören müßte und zeigt, wie labil auch ökumenische Vereinbarungen sein können. Erschütternd bleibt für mich, wie „egal“ man über solche Vorkommnisse hinwegschreitet und auch katholische Pfarrer „ahnungslos“ reagiert haben.
Ist es da erstaunlich, daß an der berühmten Basis vor einem solchen Hintergrund zur Selbsthilfe gegriffen wird? — Bedenklich mögen jene Praktiken oder Versuche erscheinen, die sich nicht um das „Schon“ und „Noch nicht“ der ökumenischen Bewegung kümmern. Wer die katholische Kirche weiterhin als unbeweglichen Monolith im Vollbesitz der Wahrheit sieht, der mag nur eine Rückkehr-Ökumene im Auge haben. Andererseits kann in einer Ehe, in einer Pfarrei oder in Gruppen nicht so getan werden, als sei die volle Einheit schon erreicht. Weder das eine noch das andere wäre angesichts der Wirklichkeit ökumenisch redlich. — In dieser Situation ist im Hinblick auf die Gottesdienstpraxis eine Gefahr nicht aus dem Auge zu verlieren, nämlich eine Form von ökumenischen Wortgottesdiensten, die einem diffusen Ökumenismus Vorschub leisten. Man geht dabei

[39] Vgl. W. Ludin, Was geschieht in Seoul?, in: Schweiz. Kirchenzeitung 158 (1990) 121f; ders., Katholiken an der Vollversammlung in Seoul, in: ebd., 192f; R. Trauffer, Seoul und die Teilnahme der katholischen Kirche, in: Schweiz. Kirchenzeitung 158 (1990) 122—124.

[40] H. P. Röthlin, Ja zur ökumenischen Weiterarbeit, in: Schweiz. Kirchenzeitung 158 (1990) 568.

[41] Vgl. M. Hauser, Heute unzeitgemäß: Basilius' des Großen Aufruf zur heiligen Taufe?, in: Freiburger Zeitschrift für Philosophie und Theologie 37 (1990) 499—514, insbes. 507—510.

von der Parität der Konfessionen aus und von der gutgemeinten Absicht, der jeweils anderen Konfession nicht zu nahezutreten. Man sucht zu oft krampfhaft ein „Drittes“ über den zwei bzw. drei Konfessionen und einigt sich auf einen recht neutralen „gemeinsamen“ Nenner. Der Gottesdienst wird wortreich, intellektuell und verdunstet kirchlich in eine allgemeine Religiosität — oder er wird ethisch oder humanistisch verzweckt.
So stellt sich die Frage, ob auf dem noch mühsamen ökumenischen Weg nicht jene Wegrichtung angemessener ist, die mit ökumenischer Gastfreundschaft passend umschrieben werden kann. Man kommt aus einem klaren Konfessionsbezug mit den Traditionen, den Elementen des kirchlichen Lebens und mit den Gottesdienstformen, die man mit konfessioneller Identität umschreiben mag.[42] Mit konfessioneller Identität ist natürlich ein gefährliches Wort gefallen, wenn damit ein sich selbst einigelnder Konfessionalismus gemeint wäre. Konfessionelle Identität im ökumenischen Gespräch könnte aber bedeuten, daß die einzelnen Kirchen ihre „Stärken“ im ökumenischen Ringen und Dialog einbringen und sich selber voll wagen, andererseits aber ihrer Verkürzungen und Schwächen erst recht innewerden. In einem solchen Prozeß würde Ökumene fruchtbar in einem gegenseitig herausfordernden und sich fördernden Begegnungs- und Lernprozeß. So könnte es sein, daß die Kirchen der Reformation die zentrale Bedeutung der Hl. Schrift in das gemeinsame Haus der Kircheneinheit heimbringen, die orthodoxen Kirchen die mystische Dimension der Kirche in ihrer sakramentalen Fülle und die Bedeutung der Orts- (bzw. Bistums-)Kirche, während die katholische Kirche die Einheit im Glauben und Beten sowie ebenfalls die Fülle des sakramentalen Lebens als Anliegen einbringt. In einer solchen Identitätsrechenschaft könnte sich zeigen, wo die Stärken zu Schwächen wurden und wo die Treue gegenüber der Sendung durch Jesus Christus verraten und an Zweitrangiges geheftet wurde. Insofern ist die Frage nach der Taufe oder nach dem Eucharistieverständnis nicht nur eine christologische Frage (zwischen Christus und den glaubenden Menschen), sondern auf dieser Basis auch eine ekklesiologische Frage (Gemeinschaft der Glaubenden) bzw. von ökumenischer Trag-Weite. Zudem darf nicht übersehen werden, daß das tiefste Anliegen der Ökumene (Umkehr zur christlichen Tiefendimension der Kirche) im gottesdienstlichen Feiern zu seiner Quelle heimfindet: im Danksagen und im Lob Gottes (Doxologie!). Keine kirchlichen Mauern sollten das gemeinsame Beten hindern.
So ist die Wegrichtung der ökumenischen Gastfreundschaft der echtere Pfad, wobei die katholische Kirche beispielsweise in der Einheitswoche,

---

[42] R. Weibel, Konfessionelle Identität im ökumenischen Kontext, in: Schweiz. Kirchenzeitung 150 (1982) 42. — Der Schweiz. Studentenverein, der das Konfessionalitätsprinzip aufgegeben hat, merkt in den eigenen Reihen, daß kirchenspezifische Veranstaltungen sehr schnell die Konfessionsfrage hochbringen, die nicht dadurch zu lösen sind, daß man sie „dem Frieden zuliebe“ meidet und verdrängt. Vgl. Civitas 46 (1991) Vereinschronik 10—13.

am Weltgebetstag, am Eidgenössischen Bettag usw. (und nicht nur bei der Hochzeit oder Beerdigung) die Brüder und Schwestern der anderen Kirchen zu ihrem authentischen Gottesdienst einlädt und Katholiken und Katholikinnen umgekehrt sich zum Gottesdienst bei anderen Konfessionen einladen lassen. Das Gastrecht ist zwar noch keine Einheit, sondern eine Form der Begegnung (Freundschaft), in der etwas Gemeinsames geschieht, auch wenn Differenzen noch bestehen und man noch nicht im gleichen kirchlichen Hause „beisammen" wohnt. Man gibt dabei das Eigene nicht auf. Aber es wächst das Verstehen, Fremdes wird vertraut. Damit werden konfessionelle Grenzen, die ja gerade im gemeinsamen Gottesdienst vor Gott gebracht werden dürfen, nicht verwischt, wohl aber entgrenzt. „Eucharistische Gastfreundschaft meint ja gerade dies, daß man jemand, ohne ihn für sich vereinnahmen zu wollen, zur Teilnahme am Leben und Glauben einer Kirche, die nicht die seine ist, einlädt."[43] Theologisch ist im wesentlichen dafür der Weg bereitet, daß auch im Gottesdienst — nicht nur im Bereich der Medien, der Hilfswerke und der gesellschaftspolitischen Diakonie — die getrennten Wege sich finden dürften, indem zwar nicht voreilig zur Reife zu drängen, aber auch nicht ängstlich und phantasiearm zu bremsen ist. Das Problem ist kaum mehr die Theologie, sondern die Rezeption der theologischen Arbeit auf den Entscheidungsetagen der Kirchen und wohl auch vielerorts an der Basis. — Auch in der Ökumene gibt es Phasen der Euphorie und der Fortschritte und Phasen der Abkühlung und Stagnation, aktive Schübe und Latenzperioden — wie im Leben mit seinen Wachstumsgesetzen. Entscheidend sind aber der Wille und der Mut zur Ökumene. Dabei ist der Weg der ökumenischen Gastfreundschaft wohl belebender als ein diffuser und nach allen Seiten hin sich neutralisierender Ökumenismus, der allenthalben verleidet und lähmt. — Dies scheint auch vom zu wenig beachteten Hintergrund der fundamentalistischen Strömungen in allen Konfessionen bedeutsam. Denn es formiert sich — hinter dem Rücken der Verständigungsdialoge — eine eigentümliche Ökumene der Fundamentalisten.

5. Freikirchen und neue religiöse Bewegungen

a) Freikirchen

Freikirchen sind Freiwiligkeitskirchen, in denen man nicht durch Geburt, sondern erst durch einen freiwilligen und bekenntnishaften Entschluß Mitglied wird. — R. Weibel[44] unterscheidet bei den in der Schweiz bestehenden Freikirchen vier Traditionen:

---

[43] K. Dörig, Eucharistische Gastfreundschaft, in: Schweiz. Kirchenzeitung 154 (1986) 569.

[44] R. Weibel, Schweizer Katholizismus heute, 31r.; vgl. dazu das neue „Lexikon der Sekten, Sondergruppen und Weltanschauungen" mit Fakten, Hintergründen und Klärungen, hrsg. v. H. Gasper, J. Müller u. F. Valentin (Freiburg i.Br. 1990).

— Zur *täuferischen* Tradition gehören die Mennoniten (1525 in der Schweiz aus einem Kreis radikaler Zwinglischüler entstanden), die Baptisten (aus dem Puritanismus Englands 1608 entstanden, seit 1848 in der Schweiz) und die Neutäufer (1832 in der Schweiz entstanden).
— Zur *methodistischen* Heilungstradition gehört die Evangelische-Methodistische Kirche (1739 durch das Wirken von J. Wesley entstanden, seit 1856 in der Schweiz), die Heilsarmee (1865 aus dem Methodismus herausgewachsen, seit 1882 in der Schweiz).
— Zur *neupietistischen Erweckungstradition* gehören die Freien Evangelischen Gemeinden (1829 in der Schweiz entstanden), die Evangelischen Gesellschaften, die allerdings in den Landeskirchen verblieben (1831 in der Schweiz entstanden), sowie die Chrischona-Gemeinden (1869 in der Schweiz entstanden).
— Zur *Pfingsttradition* gehören die Schweizerische Pfingstmission (1907 bzw. 1935 in der Schweiz formiert), die Gemeinde für Urchristentum (nach 1927 in der Schweiz entstanden), die Freien Christengemeinden der Schweiz (nach 1933 entstanden).

Die meisten haben sich zum „Verband Evangelischer Freikirchen und Gemeinschaften der Schweiz" zusammengeschlossen. Einige sind den staatskirchlichen Strukturen bzw. gegenüber den Landeskirchen sehr kritisch eingestellt; andere sind zum ökumenischen Gespräch hin offen (vor allem im Bereich der Jugendarbeit).

Die Evangelisch-Methodistische Kirche ist Mitglied des Schweiz. Evangelischen Kirchenbundes, und somit auch an der Evangelisch/Römisch-katholischen Gesprächskommission beteiligt. Die Evangelisch-Methodistische Kirche, der Bund der Baptistengemeinden und die Heilsarmee sind zudem Mitglieder der Arbeitsgemeinschaft christlicher Kirchen in der Schweiz.

b) Neue (außerkirchliche) religiöse Bewegungen

Bis in die späten sechziger Jahre gab es hierzulande neben den Landes- und Freikirchen kleinere Sondergemeinschaften („Sekten") meist ausländischen Ursprungs (Zeugen Jehovas, Mormonen . . .). Seither ist die religiöse Szene in Bewegung geraten — vor allem durch die sogenannten Jugendreligionen. Hinzu kamen religiöse Strömungen mit zum Teil unscharfen Grenzen wie New Age, Reinkarnationslehren, Transzendentale Meditation, Scientology, Vereinigungskirche usw. Man rechnet in der Schweiz mit etwa 350 außerkirchlichen religiösen Gruppen.

Mit dieser religiösen Szene befaßt sich im Auftrag der Bischofskonferenz und des Vorstandes des Evangelischen Kirchenbundes die ökumenische Arbeitsgruppe „Neue religiöse Bewegungen in der Schweiz" (seit 1979 bzw. 1983).[45] Diese Arbeitsgruppe studiert die durch die außerkirchlichen Bewegungen ausgelösten Fragen und koordiniert die Informations- und Bildungsarbeit. Nicht vergessen werden darf, daß sie überdies mit rund 25 nebenamtlichen Beratungsstellen der Kirchen, insbesondere der Jugend- und Familienberatung, in den Regionen der Schweiz in Verbindung steht, die in Konfliktfällen Betroffenen zu helfen versuchen.

6. Abrahamatische Ökumene

Die Sorge um die Ökumene zwischen den christlichen Kirchen darf nicht den Blick für eine umfassendere Ökumene der monotheistischen Religionen, besonders mit dem Judentum, und letztlich auch mit den Weltreligionen vergessen lassen.[46] Darauf zielen ja die Anliegen, denen H. Küng in zunehmendem Maße Kraft und Stimme lieh. Er ist ja nicht nur engagierter Promotor des zwischenkirchlichen Gesprächs, sondern Brückenbauer für den Dialog zwischen den Weltreligionen. — Dabei ist nicht zu übersehen, daß sich dahinter das Herannahen einer multikulturellen und multireligiösen Gesellschaft ankündigt, wie sich durch die Flüchtlingswellen und durch die Mobilität zeigt, und damit eine der großen Herausforderungen von morgen.

a) Der Dialog mit dem Judentum

Von der Öffentlichkeit zu wenig registriert sind die unermüdlichen Schritte zum Gespräch zwischen Judentum und Christentum in der Schweiz durch den Leiter des Instituts für jüdisch-christliche Forschung an der Theologischen Fakultät in Luzern, Prof. C. Thoma (SVD). — Der Eindruck, daß der jüdisch-katholische Dialog auf Weltebene darunter leidet, daß judentumspolitische und kirchendiplomatische Überlegungen und Interessen den religiösen Dialog überlagern und damit letztlich torpedieren, hat zu einem jüdisch-katholischen Gesprächsforum in Luzern geführt.[47] Dadurch, daß dieses Forum vom Institut in Luzern — in Abspra

---

[45] J. Müller, 10 Jahre ökumenische Arbeitsgruppe „Neue religiöse Bewegungen in der Schweiz“, in: Schweiz. Kirchenzeitung 157 (1989) 763ff; ders., Religionsfreiheit und „Neue religiöse Bewegungen“, in: Schweiz. Kirchenzeitung 155 (1987) 663—668; vgl. H. Gaspar u.a. (Hrsg.), Lexikon des Sekten, Sondergruppen und Weltanschauungen (Freiburg i.Br. 1990).

[46] Vgl. R. Friedli, Christus in den Kulturen (Freiburg Schweiz 1991); erschienen in Französisch „Le Christ dans les cultures“ (Fribourg—Paris 1989). — H. Küng u.a., Christentum und Weltreligionen. Hinführung zum Dialog mit Islam, Hinduismus und Buddhismus (München 1984); ders., Projekt Weltethos (München 1990).

[47] R. Weibel, Die größere Ökumene bedarf größeren Vertrauens, in: Schweiz. Kirchenzeitung 152 (1984) 49f.

che und Zusammenarbeit mit der Vatikanischen Kommission für religiöse Beziehungen zum Judentum und mit dem American Jewish Congress — in die Wege geleitet worden ist, hat es über den wissenschaftlichen Ertrag hinaus den Neubeginn des religiösen jüdisch-katholischen Dialogs auf Weltebene bedeutet. So konnte Bischof Otto Wüst als Magnus Cancellarius der Luzerner Theologischen Fakultät erklären: „Ich freue mich, daß wir zum Beispiel in den wichtigen Fragen, die Kirche und Judentum betreffen, auch gegenüber den kirchlichen Zentralbehörden initiativ werden konnten, zum Wohle von Juden und Christen." Denn „von der Förderung der großen jüdisch-christlichen Ökumene hängt ein Großteil des Friedens in der Welt und in den Religionen ab".[48] — Auf Fakultätsebene werden die Studierenden durch Intensiv-Wochen in das Judentum eingeführt sowie durch Kontakte und Begegnungen mit ihm möglichst nah vertraut.
In diesem Zusammenhang verdienen die Tagungen und Abendveranstaltungen der Paulus-Akademie in Zürich Erwähnung, die der jüdisch-christlichen Begegnung dienen und die das jüdisch-christliche Trauma thematisieren. Dahinter verbirgt sich letztlich das israelisch-deutsche Trauma, für das in der Schweiz kaum ein breites Sensorium auszumachen ist.
Auf schweizerischer Ebene haben die Bemühungen von Prof. Clemens Thoma durch die tatkräftige Unterstützung von Bischof Pierre Mamie im Oktober 1990 zur Gründung der Jüdisch/Römisch-katholischen Gesprächskommission (JRKG) geführt. Diese Kommission der Bischofskonferenz und des Schweiz. Israelitischen Gemeindebundes ist eine Plattform für offizielle Gespräche und die Erarbeitung von grundsätzlichen Übereinkünften.

b) Und die muslimischen Einwanderer?

Gesellschaftlich ist nicht unbeachtet geblieben, daß nicht nur die umliegenden Länder von starken muslimischen Minderheiten geprägt werden; auch in der Schweiz nimmt der muslimische Einwandererstrom zu, vor allem aus der Türkei, aus islamischen Regionen Jugoslawiens und nordafrikanischen Ländern. Angehörige des Islam betonen ihre Identität in unserer Gesellschaft und wollen ihren Glauben leben. Die Reaktionen bei uns reichen von Interesselosigkeit bis zum Feindbild vom rückständigen („Aufklärungs"-feindlichen) und durch fundamentalistische Strömungen aggressiven Islam. Dabei spielen nicht nur religiöse, sondern auch soziale, kulturelle und politische Faktoren eine Rolle.[49]

---

[48] Ebd.; vgl. auch die Rezensionen in: Diakonia 16 (1985) Heft 6: Ökumene, 428—431.

[49] Vgl. N. Bischofberger, Islam, in: Spektrum. Aargauer Volksblatt v. 19. Februar 1990, S. 20; Ch. P. Baumann/Ch. J. Jäggi, Muslime unter uns (Luzern 1991).

So stellt Urs Köppel, Nationaldirektor der Schweiz. Kath. Arbeitsgemeinschaft für Ausländerfragen (SKAF), die Forderung auf, daß die Kirchen bessere Rahmenbedingungen für die in der Schweiz lebenden Muslime schaffen, damit sie ihren Glauben leben können, und daß der Staat vermehrt für Beratung und konkrete Hilfeleistungen sorgt. Zum besseren Verständnis und Abbau von Ängsten und Vorurteilen können unter anderem Tagungen beispielsweise im Romero-Haus in Luzern helfen; aber auch offizielle Gesprächskreise zwischen den Kirchen und den Vertretern des Islam sind zu wünschen. Hier sind die vielseitigen Bemühungen des Instituts für Missions- und Religionswissenschaften an der Universität Freiburg zu erwähnen (R. Friedli, A. Nayak, H. Schöpfer).
Auch hier ist wieder an einschlägige Initiativen der Paulus-Akademie in Zürich zu erinnern, die den jüdisch-christlichen Dialog auf den israelisch-palästinensisch-arabischen Konfliktbereich ausgeweitet haben.
Als Hilfe im Hinblick auf die Probleme, die zwischen den zur Zeit über 80 000 muslimischen Einwanderern und der „einheimischen" Bevölkerung auftreten können, haben die evangelischen und katholischen Kommissionen für Ausländerfragen zwei Broschüren herausgegeben: „Damit wir uns besser verstehen" und „Christen und Muslime im Gespräch" (1988). — Nachdenklich stimmt ein Wort des muslimischen Orientalisten Smail Balić (Wien), der meint: „Die Christen haben gelernt, mit der Welt des säkularisierten Denkens umzugehen; sie haben es verstanden, ihre Religion den Menschen von heute auf eine attraktive Art vorzustellen und die Quellen der religiösen Erkenntnis kritisch anzugehen. All das fehlt noch in der islamischen Welt." Allerdings beurteilt er gewisse Entwicklung im Christentum als besorgniserregend. Es sei ein Verlust an religiöser Substanz festzustellen: „Die Christen könnten vom Islam lernen, vermehrt über den eigentlichen Sinn unserer Existenz nachzudenken."[50]
Dieses Zitat zeigt, daß in einem Vorurteile abbauenden und Brücken der Verständigung bauenden Dialog alle Partner und Partnerinnen geben und empfangen können.

---

[50] Ebd.

X.
Vernetzte Vielfalt im Dienste einer solidarischen Kirche (Die Frage nach den „Instrumenten" der Kirche)

Vor dem Hintergrund der Herausforderungen an die katholische Kirche Schweiz sind im folgenden die Instrumente und Orte bzw. Wege für die Wahrnehmung ihrer Aufgaben des nähern zu bedenken. — Dabei werden insbesondere die Pfarrei bzw. christliche Gemeinde, die Funktion der Verbände und Werke sowie der Räte und Kommissionen auf den verschiedenen Ebenen und die Bischofskonferenz in den Blick genommen. Es handelt sich ja um die von den Grundfunktionen (Grundgesten) der Kirche ausgehende ortskirchliche Vernetzung der Christinnen und Christen sowie um die weltkirchliche Solidarität.

Theologische Leitlinien dafür bleiben die (im zweiten Hauptteil schon) erörterte Vision einer Kirche als Zeichen und Ort der geschenkten Hoffnung und insbesondere das Verständnis von Kirche als Gemeinschaft der getauften und gefirmten Frauen und Männer bzw. als „Volk Gottes", in der alle trotz der verschiedenen Gnadengaben eine gemeinsame Sendung zu erfüllen haben. — Für die Zukunftsperspektiven im Wandel der Kirche heißt dies: Das ganze Gottesvolk ist verantwortlich für die Kirche. In dieser Verantwortung gibt es keine grundsätzlichen Unterschiede zwischen den Frauen und den Männern oder zwischen Klerikern und Laien. Die von allen mitzuverantwortende Kirche ist nicht Selbstzweck, sondern steht im Dienst für konkrete Hoffnungsschritte der Solidarität unter und mit den Menschen und ihrer Welt.

Für die Vernetzung und Gestaltung des kirchlichen Lebens auf allen Ebenen wird für eine synodale Kirche und Struktur eingetreten. Mit der Option für eine synodale Kirche wird strukturell wohl am ehesten dem Leitbild der Kirche als „Leib Christi" und als „Volk Gottes" entsprochen. Mit diesem Begriff ist uns ein Leitgedanke mitgegeben, mit dem wir die geschichtlich gewachsene Gegenwartsstruktur der Kirche kritisch hinterfragen und für das künftige Handeln aber auch prospektive Orientierung erhalten können. Doch zuvor: Was ist mit synodaler Kirche gemeint?

1. Option für eine synodal strukturierte Kirche

Zu Beginn sind gleich zwei mögliche Mißverständnisse von „synodal" auszuräumen, damit die Konfusion der Begriffe nicht auch hier das Anliegen verdunkelt.

(1) Im *staatskirchlichen Bereich* kennen wir in der Schweiz auf kantonaler Ebene die Synode als Legislative mit einem Kirchenrat (auch Zentralkommission oder Synodalrat genannt) als Exekutive. Diese Rechtsfigur ist im 19. Jahrhundert entstanden und stammt ursprünglich aus der evangelisch-reformierten Überlieferung und diente seither als Instrument kantonaler Kirchenpolitik (worauf wir noch zu sprechen kommen im Zusammenhang mit den staatskirchlichen Strukturen). Es versteht sich von selbst, daß Synode in diesem Sinn kein internes strukturelles Instrument der katholischen Kirche ist, sondern eine parallele Institution.

(2) Seit dem Zweiten Vatikanischen Konzil haben wir kirchenintern mit bisher einmaligen *Synoden* in den verschiedenen Ländern Erfahrung machen können (wie z.B. die Synode 72 in der Schweiz) oder mit *Diözesansynoden* (Rottenburg—Stuttgart, Hildesheim, Augsburg . . .). Bekannter aber sind die in regelmäßigen zeitlichen Abständen vom Papst einberufenen *Bischofssynoden.* Die Bischofssynode ist nach dem katholischen Kirchenrecht eine „Versammlung von Bischöfen, die — aus verschiedenen Regionen der Erde ausgewählt — sich zu festgelegten Zeiten versammeln, um eine feste Beziehung zwischen Papst und Bischöfen zu fördern und dem Papst durch Rat in Fragen zu helfen, die die Unversehrtheit und das Wachstum des Glaubens und der Sitten sowie die Wahrung und Stärkung der kirchlichen Disziplin betreffen. Ferner sollen sie Fragen prüfen, die sich auf das Wirken der Kirche in der Welt beziehen" (Can. 342).[1] Sowohl in der personellen Zusammensetzung als auch auf den Gang der Bischofssynode kommt dem Papst der beherrschende Einfluß zu. „Er bestimmt die Tagesordnungspunkte, er legt deren Reihenfolge fest, er selbst oder ein von ihm dazu Ernannter führt den Vorsitz, und ihm allein kommt das Recht zu, die Synode zu beenden, zu verlegen, aufzuschieben und aufzulösen."[2] Formal nicht viel anders steht es um die Kompetenz eines Bischofs gegenüber einer Diözesansynode[3] — Mit den Synoden auf Landesebene, mit Diözesansynoden und auch Bischofssynoden sind ohne Zweifel Be-

---

[1] Vgl. K. Walf, Kirchenrecht (Düsseldorf 1984) 116; N. Ruf, Das Recht der katholischen Kirche nach dem neuen Codex Iuris Canonici (Freiburg i.Br. 1983) 105f; H. Schwendenwein, Das neue Kirchenrecht (Graz 1983) 173ff.

[2] K. Walf, a.a.O., 118.

[3] H. Schwendenwein, a.a.O., 201ff.

gegnungsmöglichkeiten und Foren für Erfahrungsaustausch gegeben, die für die Beteiligten persönliche Bereicherung und Erweiterung des katholischen und weltkirchlichen Horizontes bedeuten können. Aber trotzdem ist mit diesen Synoden nicht schon das synodale Anliegen eingelöst. Denn formal und kompetenzmäßig gehen diese Synodenmodelle über einen Pfarreirat nicht hinaus, ist doch der Pfarreirat schon in seiner Existenz von dem abhängig, den er beraten soll (Pfarrer). In diesem Sinn sind die Synoden keine institutionelle Einlösung des vom Zweiten Vatikanischen Konzil formulierten Kollegialitätsprinzips. Die Bischöfe bzw. die „Repräsentanten" der jeweiligen Teilkirchen können nicht echt mitentscheiden und die Themen und den Gang der Beratungen formal mitbestimmen. Insofern kommen die Synoden formal betrachtet im Grunde genommen über das in der früheren DDR praktizierte Volkskammersystem nicht hinaus, wo die kommunistische Partei bzw. der Generalsekretär beherrschend und kontrollierend alles im Griff hatte. In der katholischen Kirche gibt es auf weltkirchlicher Ebene nur eine rezeptive, aber keine auch von „unten" aktive Kollegialität, denn die Synodenteilnehmer können nur auf Vorschläge von „oben" reagieren.
Ein solches System läßt keine echte Partizipation zu und ebensowenig das Subsidiaritätsprinzip, das in der katholischen Soziallehre vehement verfochtene Prinzip, wonach auf höherer Ebene nicht Aufgaben wahrgenommen und Entscheidungen getroffen werden sollen, die auf unterer Ebene möglich und sinnvoll sind. Überdies wird eine zentralistische und nur von oben her gesteuerte Einheit dem Gedanken der Kirche als Leib Christi und als Volk Gottes und überdies der kirchlichen Gemeinschaftsform, wie sie in den ersten christlichen Jahrhunderten selbstverständlich war, nicht gerecht. Dem könnte eine synodal strukturierte Kirche eher entsprechen.

(3) Beim *synodalen* Modell handelt es sich um eine gegenseitige Verschränkung und Bindung der charismatischen und lebendigen Vielfalt (Basis!) mit den unverzichtbaren Diensten der Einheit im Glauben und Beten auf allen kirchlichen Ebenen (Hierarchie: Pfarrer, Bischof, Papst).
Die synodalen Formen einer („zukünftigen") Kirchenordnung hätten demnach zwei wesentlichen Kriterien zu entsprechen: der Einheit im Glauben an Jesus Christus und den sakramentalen Ausdrucksformen einerseits sowie der konkreten Einbindung dieser wesentlichen Einheit in die Organisationsformen echter und repräsentativer Mitverantwortung der getauften und gefirmten Kirchenmitglieder andererseits.
Im Vergleich zu einer monokratischen oder demokratischen Verfassungsform, die beide notgedrungen Machtstrukturen begünstigen, scheint eine synodal verfaßte Kirche am ehesten — im guten Sinn des Wortes —

„funktional“ sinnvoll zu sein.[4] Dabei kann es sich freilich um keinen Verschnitt aus Monarchie und Volksherrschaft handeln. Vielmehr geht es um die in den unterschiedlichen Bereichen und auf den verschiedenen Ebenen der Kirche auszuprobierenden synodalen Strukturen der Mitverantwortung, deren Zweipoligkeit einer doppelten Repräsentanz oder „Stimme“ entspräche: jener von „oben“ und jener von „unten“. Das Problem zeigt sich beispielsweise darin, daß Bischof Haas mit seinen disziplinarischen Maßnahmen Rom bis in die Pfarreien hinein „vertritt“, aber die Pfarreien und das Volk Gottes nicht in Rom. Praktisch würde das heißen, die Kirche als gegliederte Gemeinschaft oder Organisation so zu gestalten, daß die Verantwortung der „Basis“ und die Verpflichtung der Dienstträger in der Kirche aufeinander bezogen und bei Entscheidungen aneinander gebunden sind. Es sind somit polare Gemeindemodelle, diözesane und weltkirchliche Strukturen gemeint, in denen beispielsweise der Pfarrer bzw. der Bischof und die Pfarrei bzw. die Diözese in ihrer jeweiligen unübertragbaren Eigenständigkeit aufeinander verwiesen und miteinander verknüpft sind. In der Kirche sollten tendenziell keine Entscheidungsvorgänge bevorzugt werden, die gleichsam Sieger und Besiegte, Täter und Opfer schaffen. Im Gegenteil, die Institutionalisierung von Dialog und Gesprächsinstrumenten (im Sinne konziliarer bzw. synodaler Strukturen) schaffte Raum dafür, daß Erfahrungen, Fragen und Kritik gegenseitig zum Schlüssel würden. Warum, ist zu fragen, sollen nicht kirchliche Organisationsformen in Erfahrung gebracht und sozusagen experimentiert werden dürfen, in denen weder gegen den Willen einer Gemeinde noch gegen den Willen und die Verantwortung des Pfarrers bzw. des Bischofs Sach- und Personalentscheidungen getroffen werden, die möglichst einvernehmliche, wenn auch nicht konfliktfreie Lösungen nahelegen? Warum sollen Mitspracherechte der interessierten Christinnen und Christen nicht mit dem Dienst der Amtsträger für die Einheit der Kirche in ihren wesentlichen Vollzügen gekoppelt werden? Warum soll es rechtens sein, daß vom Vatikan gegen den Willen der Mehrheit eines Bistums ein Bischof aufgezwungen wird? Ist das übrigens nicht auch ein Verstoß gegen die kirchliche Tradition? Mitsprache bei Bischofswahlen war in den ersten kirchlichen Jahrhunderten noch selbstverständlich. In diesem Sinn dürften wir ruhig Traditionalisten sein. Denn die „guten“ Traditionalisten sind nicht jene, die im letzten Jahrhundert oder im 16. Jahrhundert mutwillig und unbegründet haltmachen, sondern jene, die den ganzen Schatz der kirchli-

[4] Vgl. L. Karrer, Aufbruch der Christen (Freiburg i.Br. 1989) 133—144; es ist erstaunlich, daß auch aufgeschlossene Kanonisten und Fundamentaltheologen dieses Thema m.E. kaum aufgegriffen haben und beim Wort „Demokratisierung“ mehr oder weniger an Partizipation bzw. Kollegialität der Bischöfe auf weltkirchlicher Ebene denken, aber kaum an eine mitentscheidende Verantwortung der getauften Frauen und Männer — auf allen Ebenen. Vgl. L. Swidler/P. Connor, „Alle Katholiken haben das Recht“ (München 1990).

chen Tradition bis zu ihren Ursprüngen und biblischen Quellen zurückverfolgen. Bei der Urkirche und in der Bibel sind nicht nur theologische Grundsätze zu suchen; von ihnen ist auch zu lernen, wie man es macht und wie man handelt. Das Neue Testament ist — wie überhaupt die ganze Bibel — im Grunde genommen „geronnene Praktische Theologie". —
Im Alltag des kirchlichen Lebens stehen doch zumeist viele Sachfragen, Personalprobleme, pastorale Prioritäten, situationsbezogene Entscheidungen, gesellschaftspolitische und soziale Beschlüsse sowie administrative und verwaltungstechnische Fragen an, die von Sachverstand abhängig sind. Dafür braucht es entsprechende Kommunikations- und Informationsstrukturen, die zentral gar nicht allein zu steuern sind und ohne die es zu katastrophalen Ergebnissen kommt, wie die derzeitige Praxis der Bischofsernennungen zuhauf beweist.

Um Mißverständnissen vorzubeugen: Mit synodaler Kirchenordnung ist weiß Gott keine Kirche ohne Papst, ohne Bischöfe und Pfarrer gemeint, wohl aber nichts weniger als die Überwindung einer institutionell-empirischen Kirche ohne Volk Gottes, ohne die sogenannten Laien. — Wenn die „Laien" zutiefst als Christen definiert werden dürfen und wenn getaufte Frauen und Männer mit den kirchlichen „Amtsträgern" zusammen die vielfältige Sendung der Kirche wahrnehmen, dann stellt sich auch empirisch und institutionell und nicht nur spirituell-grundsätzlich die beunruhigende Frage gleicher „Bürger-Rechte" in der Kirche. Dabei geht es um echte Mitentscheidung und Partizipation, die über die ersten Ansätze „kompetenzloser" Räte und über den institutionellen Status der Laien als „unmündige Kinder" hinausgehen. Das ist mit synodaler Kirchenordnung gemeint. Natürlich werden damit „heiße Eisen" berührt wie etwa Gleichberechtigung, Mitentscheidung und Lehramt, Ausschluß verheirateter Männer (außer Diakonat) und der Frauen vom kirchlichen Amt, Zölibat, Gemeindemodelle ... Heiß werden aber diese Eisen, weil sie in der Kirche nicht im offenen Gespräch und im fairen Streit gekühlt werden. — Innerkirchliche Schrebergärten oder Reservate für Laien genügen nicht mehr; Partizipation aufgrund von Taufe und Firmung ist bei der Sendung der Kirche angesagt, aber auch bei den Entscheidungen innerhalb der Communio der Kirche.

In diesem Zusammenhang sei darauf hingewiesen, daß das Anliegen der Mit-Verantwortung und Entscheidungs-Beteiligung, für das auch engagierte Feministinnen kämpfen, nicht dann erreicht ist, wenn auch den Frauen alle „Dienstgrade" in der Kirche offenstehen. Manchmal erweckt die Diskussion diesen Eindruck. Auch Frauen in kirchlichen Ämtern würden vermutlich „klerikale" Allüren entwickeln können. — Entscheidend ist, daß die Partizipation nicht erst über Ämter (Klerus) erreicht wird, sondern aufgrund von Taufe und Firmung eine der Kirchenmitgliedschaft innewohnende Dimension bedeutet, die der allseits verbindlichen Strukturen bedarf.

2. Die Knotenpunkte der kirchlichen Vernetzung

Soll die Fülle des kirchlichen Lebens nicht in die Vereinzelung führen, versekten oder in die punktuelle Isolation geraten, dann stellt sich die Frage, welches die Instrumente und Wege der Kirche Schweiz sind, die diese Vielfalt verbinden und vernetzen, zusammenführen und ko-ordinieren. — Zugleich ist auf die früher schon dargestellte Gefahr in der schweizerischen kirchlichen Landschaft, nämlich auf den Kongregationalismus hinzuweisen. Deshalb ist der Frage nicht auszuweichen, ob die Verzettelung und föderalistische Verlagerung der kirchlichen Vorgänge nach unten (Kongregationalismus) nicht doch bewirken, daß die katholische Kirche Schweiz in der gesamtschweizerischen Gesellschaft kritisch-prophetisch zu wenig präsent ist. Im Zusammenhang mit dem Vorschlag einer gesamtschweizerischen „Tagsatzung" der Katholikinnen und Katholiken in der Schweiz wird genau von diesem Hintergrund und von diesem Anliegen her argumentiert, daß nämlich die Kirche Schweiz aller Vermutung nach einen viel wirkungsvolleren Synergie-Effekt und eine deutlichere Stimme für ihre kritisch-prophetische Aufgabe in unserem Land und in unserer Zeit erreichen müßte und könnte.

Zuvor jedoch sollen die Knotenpunkte, Wege und Orte, die die vorfindliche Fülle vernetzen, kurz erörtert werden. Dabei ist selbstverständlich an das staatskirchenrechtliche Netz zu denken. Dieses ist aber eine formal unabhängige Zweitstruktur zur kanonischen und pastoralen Rechtsstruktur der katholischen Kirche. Um letztere geht es uns im folgenden. Im Rahmen der kirchlichen Verfassungsstruktur werden uns vor allem die Pfarrei und die Bistümer bzw. die Bischofskonferenz sowie die kirchlichen Räte interessieren, dann aber auch die vereins- bzw. verbandsrechtlichen Gruppierungen, Stabsstellen, Bewegungen, Stiftungen und Werke.

Die heutige Gestalt oder Sozialform der katholischen Kirche Schweiz ist weitgehender als in anderen Ländern von folgenden historisch gewachsenen Faktoren bestimmt:

- Auf der Pfarreiebene sind im staatskirchlichen Gewand der Kirchgemeinden das mittelalterliche Genossenschaftswesen (viele besitzen etwas gemeinsam und tragen Sorge dazu) und die relative Autonomie der Gemeinde wirksam.
- Aus der Zeit der Aufspaltung der Christenheit in Konfessionen und der Gegenreformation sowie der barocken Geistigkeit des 17. und 18. Jahrhunderts stammen die Modelle der Kongregationen (Jesuiten) und der von den Kapuzinern üppig geförderten Bruderschaften (die natürlich eine noch ältere Geschichte aufweisen).
- Vereine und Verbände stammen aus der Zeit des zunehmenden Organisationskatholizismus. Die Vereine erhielten von der Hierarchie unter Umständen große Unterstützung, wie etwa der Kath. Volksverein, der

Frauenbund, die Jugendverbände, die Caritas, der Presseverein, aber auch Kolpingverein, Vinzenzkonferenzen. Sie wurden damit auch kirchenabhängig. Das Kirchenrecht von 1917 sah für diese Vereine keine kirchliche Rechtsfähigkeit vor. Diese beruhte auf dem jeweiligen staatlichen Recht, das demokratische Vereinsstrukturen verlangte und sich vor allem im deutschsprachigen Gebiet entwickelt hat.

— Die „Katholische Aktion", die stärker in den lateinischen Ländern zum Leitbild wurde, ist eine Aktivierung der Laien im Sinne der Päpste. Mit der katholischen Aktion versuchte man von Rom aus, die bestehenden eigenständigen katholischen Verbände in eine der Hierarchie angegliederte Organisation umzustrukturieren. Klassisch wurde die Formulierung von Pius XII., wonach die katholische Aktion „ein Werkzeug in der Hand der Hierarchie ist, sie soll gleichsam die Verlängerung ihres Armes sein, sie ist darum ihrer Natur gemäß der Leitung der kirchlichen Obrigkeit unterstellt".[5] Weil sie aber kirchlich gesteuert sind, erleben sie dementsprechend im Gefüge des neutralen gesellschaftlichen Vereins- und Verbandswesens wenig Präsenz und Akzeptanz. — Wenn unterschiedliche Tendenzen in der Deutschschweiz, in der Westschweiz und im Tessin bezüglich der Laien-Aktivierung vorhanden sind, dann ist gerade auf die Unterscheidung zwischen dem vom staatlichen Vereinsdenken her geprägten Verbandskatholizismus und der am Kirchenrecht orientierten Katholischen Aktion zu achten. „Communione e Liberazione" spiegelt viel stärker das Modell der Kath. Aktion wider. In der Westschweiz stößt ihre offensive Methode allerdings immer weniger auf Gegenliebe. Die Katholische Aktion ist dort weniger einflußreich als früher, weil sie kritischer geworden ist und vom Klerus nicht mehr sonderlich unterstützt wird; sie ist als Trägerorganisation Mitglied der Communauté romande de l'Apostolat des Laïcs (CRAL), die ihrerseits vereinsrechtlicher Natur ist.

— Ebenfalls ein Kind des letzten Jahrhunderts ist die Schweizerische Bischofskonferenz, eine der ersten ihrer Art, die 1863 auf Anstoß des Piusvereins (später Schweiz. Kath. Volksverein) gegründet wurde. Also auch hier kamen die Impulse von der damaligen Dachorganisation der Laien.[6]

— Jüngeren Datums sind die Räte, Stabsstellen und Kommissionen, denen seit der Nachkriegszeit und im Wandel von Gesellschaft und Kirche eine wichtige Funktion zugewachsen ist.

---

[5] S. F. Klostermann, Das christliche Apostolat (Innsbruck 1962) 607; zur Katholischen Aktion s. L. Karrer, a.a.O., 59—62; vgl. auch P. Zerfass, Communione e Liberazione. Das Portrait einer neuen geistlichen Bewegung in der Kirche (Lizentiatsarbeit in Pastoraltheologie, Freiburg Schweiz 1989).

[6] U. Altermatt, Katholizismus und Moderne (Zürich 1989) 142.

3. Von der statischen Pfarrei zur basiskirchlichen Gemeinde

Das Stichwort „Pfarrei“ löst bei vielen Schweizern und Schweizerinnen unterschiedliche und gar widersprüchliche Reaktionen und Gedankenverbindungen aus. Ich erinnere mich, wie gegen Ende der siebziger Jahre ein Mitglied einer diözesanen Fortbildungskommission der festen Überzeugung war, daß es in zehn Jahren keine Pfarreien „im heutigen Sinn“ mehr gäbe. Selbst Pastoralsoziologen erklärten vor Jahren die Pfarrei als „tot“. Und vermutlich ist wohl kaum einmal so viel aus den Pfarreien und über die Pfarrei geschrieben worden wie seit Anfang der sechziger Jahre. Dies zeigt schon, daß die Pfarrei ein spannungsvolles Thema ist und daß wir es mit einem theologisch und praktisch widersprüchlichen und vielfältigen Aufgabenfeld zu tun haben. Die Pfarrei ist vermutlich der Normalort, wo Menschen der Kirche begegnen, aber auch, wo sich Distanzierung und Entfremdung und damit die Krise zwischen moderner Lebenswelt und Kirche am unmittelbarsten offenbaren. Es stellt sich die Frage, welche Pfarrei wir wollen.

a) Von der versorgten Pfarrei zur sorgenden Gemeinde

Die Unterscheidung zwischen Pfarrei und Gemeinde begann in der pastoraltheologischen Literatur der siebziger Jahre wirksam zu werden.[7]

(1) *Gemeinde als dynamische Zielvorstellung für Pfarrei.* In der territorial klar umschriebenen und vom Pfarrer her definierten Pfarrei erblickte man eine kirchenrechtliche Größe, sozusagen einen Verwaltungsbezirk, bei dem das Engagement der zu ihm gehörenden Katholikinnen und Katholiken unerheblich sei. Mit Pfarrei verband sich eher das statische Bild einer Volkskirche, die durch klare Funktionen und Traditionen festgelegt sei. Man gehörte dazu, ohne sich bewußt für sie entschieden zu haben.
Das aber war der springende Punkt für die Gemeinde. „Sie stellt eine Gruppe von Menschen dar, die an Jesus Christus glauben und versuchen, ihr individuelles und gemeindliches Leben an der Botschaft des Neuen Testaments auszurichten; die Gemeindemitglieder sind in der Gemeinde in einem Geflecht von sozialen Beziehungen hineingebunden und übernehmen bestimmte Funktionen in der Gemeinde; den Mittelpunkt des Gemeindelebens bildet die Gemeindeversammlung, besonders der eucharistische Gottesdienst; die Gemeinde stellt aber kein Getto dar; sie versteht sich als integrierender Teil der Gesamtkirche und weiß sich ver-

[7] Pastorale: „Die Gemeinde“, Im Auftrag der Konferenz deutschsprachiger Pastoraltheologen hrsg. von H. Fischer, N. Greinacher, F. Klostermann (Mainz 1970).

pflichtet zum Dienst an der Gesellschaft."[8] Diese Auffassung entspreche dem neutestamentlichen Selbstverständnis von Kirche, so daß Kirche mit Gemeinde theologisch gleichzusetzen sei. Folgerichtig lautete in vielen Variationen das Programm: Unsere Pfarreien müssen zu Gemeinden werden.

Hilfreich ist diese Unterscheidung insofern, als sie eine Zielorientierung für das Leben in unseren Pfarreien zu vermitteln vermag. Die Synoden, vor allem die Würzburger Synode in den Bundesrepublik Deutschland, waren von dieser Diskussion beeinflußt. In Textvorlagen der Würzburger Synode (1972—1975) gab es sogar die Tendenz, Pfarrei und Gemeinde prinzipiell zu unterschieden, wobei Gemeinde ein Begriff sein sollte für offene Gruppierungen. Die Deutsche Bischofskonferenz warnte davor, Gemeinde zu ausschließlich mit Elementen einer erlebnismäßigen Gruppe zu koppeln. Die Verkündigung der Frohbotschaft sei nicht an das Zusammengehörigkeitsgefühl einer Gruppe gebunden. Zudem entspreche das Eingefügtwerden in die größtmögliche Nähe durchaus nicht dem Lebensgefühl eines jeden Menschen. Aus dieser Diskussion resultierte der wohl meistzitierte Satz der Würzburger Synode: „Aus einer Gemeinde, die sich nur versorgen läßt, muß eine Gemeinde werden, die ihr Leben verantwortlich selbst mitgestaltet" (Die pastoralen Dienste in der Gemeinde, 2.3).[9] Zum Stichwort wurde: Von der versorgten zur sorgenden Gemeinde. Im Sinne eines Kompromisses wird gerne der Begriff „Pfarrgemeinde" verwendet, um beide Aspekte, nämlich die territorial bestimmte Pfarrei mit der ziel- und prozeßorientierten Gemeinde, zu vereinen.

Die Synodentexte der Schweizer Synode 72 sprechen von der Kirche als der Gemeinde Jesu Christi, und die Begriffe Ortspfarrei und Gemeinde erscheinen nebeneinander ohne besondere begriffliche (bzw. semantische) Unterscheidung. Aber das Anliegen wird klar benannt: „Kirche verwirklicht sich zunächst dort, wo Menschen ihren Glauben an Christus und an die Frohe Botschaft in Gemeinschaft leben. Sie erwarten, daß der Lebenskreis, in dem sie daheim sind, auch der Ort ist, wo sie ihre Kirche in ihren wesentlichen Lebensäußerungen erfahren können" (Kirchlicher Dienst, Diözese Basel III, 3.3.3). — Für das deutschschweizerische Sprachgefühl ergeben sich wohl Mentalitätsbarrieren gegenüber dem Wort „Gemeinde" für Pfarrei dadurch, daß „Gemeinde" wortbedeutungsmäßig schon zu sehr besetzt ist. Es erinnert an die staatskirchliche „Kirchengemeinde" und zuerst natürlich an die zivile Gemeinde, die — wie schon mehrfach betont — im eidgenössischen föderalistischen Kontext emotional ein ganz anderes praktisches Gewicht hat als in den anderen übrigen deutschspra-

---

[8] A.a.O., 14.

[9] Gemeinsame Synode der Bistümer in der Bundesrepublik Deutschland, Bd. 1 (Freiburg i.Br. 1976) 690.

chigen Ländern. Trotzdem bürgert sich der Begriff für Gemeinde auch bei uns langsam ein, besonders bei den kirchlich Engagierten und nicht zuletzt durch die basisgemeindliche Bewegung.

(2) *Von der flächendeckenden Pastoral zu einer sich um die Menschen und ihre Welt kümmernden Gemeinde (Von der statischen zur prozeßorientierten Gemeinde).* Jesus hat nicht Gemeinden gegründet, sondern Menschen in seine Nachfolge gerufen. Die kirchliche Sendung erfolgt primär auf Menschen bezogen. Die Sozialform kann dabei eine Fülle von unterschiedlichen Variationen aufweisen. Und diese haben eine örtliche bzw. territoriale Dimension; aber entscheidend ist die Gemeinschafts-Bildung. Auch wenn es unterschiedliche Sozialformen gegeben hat[10], so ist nicht zu vergessen, daß die Kirche nie gemeindelos war. Konstituierend waren für die Gemeinden das Wirken des Geistes Gottes und die vorfindbaren gesellschaftlichen Verhältnisse, die die Lebensweise und soziale Gestalt der Gemeinde mitformten und die umgekehrt auch wieder durch die Praxis der Christengemeinden beeinflußt wurden.[11]
Die personenbezogenen und ortsbezogenen Komponenten im Gemeindebegriff sind deutlich zu sehen. Zwischen beiden schwanken die verschiedenen Sozialformen und Modelle von Gemeinde. Es versteht sich auch von selbst, daß das personenorientierte Prinzip eine viel dynamischere und eine prozeßhafte Sicht von Gemeinde ergibt als das Territorialitätsprinzip, das stabilisierend und statisch genannt werden darf (Dies belegt auch die Pfarreigeschichte).
Dieses Spannungsverhältnis zwischen den beiden Polen „Personen" und „Territorium" bzw. „Ort" ist bis zu einem gewissen Grad zu einer grundsätzlichen Diskussion im Zusammenhang mit dem „neuen" Gemeindeverständnis geworden. Ist das territoriale Pfarreimodell (Parochialsystem) nicht doch einem geographischen und flächendeckenden Pastoralkonzept verpflichtet, wonach alle im Territorium (Pfarr-Gebiet, Pfarrbann, Kirchspiel ...) befindlichen Katholiken und Katholikinnen dazugehören und seelsorglich vom Territorial-Pfarrer und seinen Mitklerikern betreut und versorgt werden? Es ist eine kulturgestützte, gesellschaftskonforme und geschlossene Volkskirchlichkeit, in die man hineingeboren wird und die betreuungsmäßig vom Klerus garantiert wird. Eine solche Pastoral ist flächendeckend ausgerichtet und versucht, möglichst alle „Seelen" zu erfassen.
Eine mehr personenorientierte Gemeindeauffassung gewichtet stärker die personale Entscheidungsdimension sowie den Gemeinschaftscharakter und die gesellschaftliche Situation und Herausforderung, in denen eine

[10] H. J. Venetz, So fing es mit der Kirche an (Zürich [4]1990).
[11] P. M. Zulehner, Pastoraltheologie 2: Gemeindepastoral (Düsseldorf 1989) 60f. u. 213f.

solche Gemeinschaft zu „Hause“ ist. Kirche baut sich von jenen Menschen her auf, die angesichts der gesellschaftlich bedingten „Dienstanweisungen“ sich vom Evangelium inspiriert kritisch und gestaltungsbereit einzubringen versuchen und sich gelegen oder ungelegen ein-mischen. K. Rahner hat sich deshalb in seinem berühmten Büchlein „Strukturwandel der Kirche . . .“[12] dafür eingesetzt, daß die Kirche, wenn sie Zukunft haben will, von unten her, unter anderem durch Basisgemeinden freier Initiativen und Assoziationen, wächst und sich entwickelt. Und die Synode 72 betont: „Neue Formen christlicher und kirchlicher Gruppen und Gemeinschaften können Sauerteig zur Erneuerung der Kirche werden“ (Kirchlicher Dienst, Diözese Basel III, 3.3.3). Eine stärker personenbezogene Pastoral hat auch zu verschiedenen Sozialformen wie Personalpfarreien (für Soldaten, Kranke, Sprachgruppen . . .) geführt, aber auch zum Modell der eben genannten Basisgemeinden, zur Integrierten Gemeinde usw.

Für eine Gemeinschaft bzw. für eine strukturierte Gemeinde sind drei Grundelemente wichtig: die Menschen mit ihrem Lebensbereich, die Ziele und Absichten sowie der institutionelle Zusammenhalt:

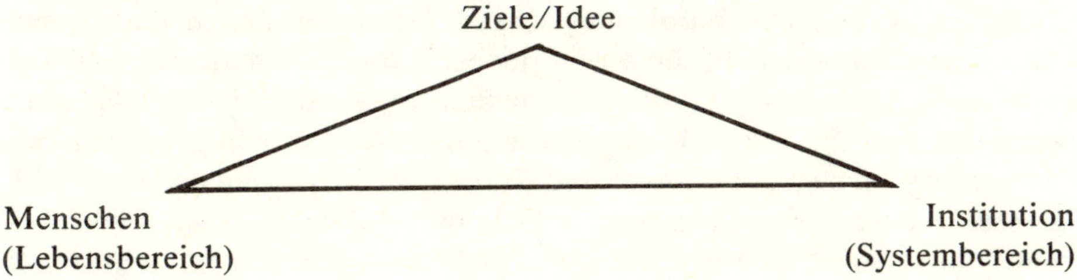

Für die Kirche bzw. die christliche Gemeinde bedeutet dies:

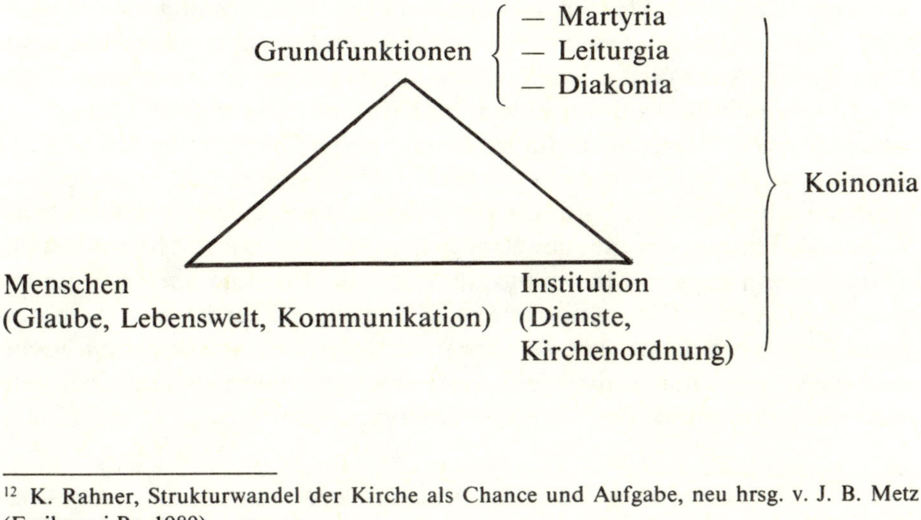

[12] K. Rahner, Strukturwandel der Kirche als Chance und Aufgabe, neu hrsg. v. J. B. Metz (Freiburg i.Br. 1989).

Für die Gemeinde ist es somit wichtig, daß sie von Menschen getragen und erlebt bzw. erfahren wird, daß die Menschen ihre Motivation kennen und ihre Aufgaben verstehen — und dies braucht ein Minimum an Institution — und daß die Institution nicht zum Selbstzweck erstarrt, sondern der lebendigen Kommunikation und Aufgabenwahrnehmung Raum und Rahmen schafft.[13]

Die Bewegungsrichtung von der eher statischen Pfarrei zur mehr dynamischen Gemeinde geht somit stärker von der Institution auf die Menschen bzw. ihre Lebenswelt zu. Dabei ist es wichtig, daß die einzelnen Christinnen und Christen ziel- und aufgabenbewußt und situationsgerecht Verantwortung wahrnehmen (das heißt, ihre Charismen fruchtbar werden lassen). Eine solche Pfarrei kann deshalb nicht als organisierte Gebietskörperschaft handeln, sondern nur in Gruppen, die sich den individuellen und gesellschaftlichen Problemen zu stellen bereit sind und darin die Gemeinde stützen und tragen. In diesem Sinn ist „Gemeinde" durchaus Leitmotiv und Zielvorstellung für Pfarrei: Sie wird beweglicher, sich kritisch und prophetisch im gesellschaftlichen Umfeld ins Spiel zu bringen.

Dadurch wird die Gemeinde auch offener, über ihren gewohnten Rahmen hinaus auf spezifische Problemlagen und Personengruppen einzugehen (z.B. Arbeitnehmerschaft, Jugend, Friedensbewegung, humane Quartiergestaltung, Flüchtlinge ...). Die Gemeinde wird eher diakoniefähig in dem Sinn, daß sie sich nicht auf Liturgie und Verkündigung zurückzieht, sondern bekümmert auf die Not und Fragen der Menschen eingehen will.

Es stellt sich wiederum die grundsätzliche pastoraltheologische Frage, was denn nun reguläre Seelsorge oder Normalseelsorge sei. Geschieht sie im Ablauf des Kirchenjahres, im kirchlichen Verein oder im Rahmen der Pfarrei? Oder geschieht sie nicht vielmehr an den Brennpunkten des Lebens, wo es gilt, den Menschen in ihren Lebenswelten und gesellschaftlichen Erfahrungsbereichen nachzukommen und dort Gottesdienst und Menschendienst zu verbinden? Das Ziel der Seelsorge ist ja nicht die Pfarrei und die möglichst umfassende Integration der Gläubigen in das pfarreiliche Leben. Pfarrei ist vielmehr Gemeinschaft und Instrument, damit die Seelsorge zu den Menschen finden kann. In diesem Sinn ist in der Tat zu fragen, ob die Frauen und Männer, die im Dienste der Betriebsseelsorge, der Studentenseelsorge, der Krankenhauspastoral, im Medienbereich, bei der Jugendarbeit, im Beratungsdienst, bei der theologischen Erwachsenenbildung, in der Gefängnis- und Aids-Seelsorge oder etwa auch in der pastoralen Arbeit unter den Schiffern im Hafen von Basel stehen, nicht eben diejenigen sind, welche die sogenannte Normalseelsorge bzw. den Normalfall von Seelsorge betreiben. Demgegenüber wäre eine christliche

---

[13] R. Schnyder, Organisatorische Aspekte der Neueinteilung der Bistümer, in: Neueinteilung der Bistümer in der Schweiz. Dokumentation, hrsg. vom SPI (St. Gallen 1990) 22.

Gemeinde eher von unterstützender und helfender (subsidiärer) Bedeutung und eine Gemeinschaft, die für diese Art von Seelsorge in konkreten Lebensbereichen eine menschliche Kraftquelle wäre und charismatische Motivationsquelle. Mit dem Plädoyer für eine an gesellschaftlichen Lebensbrennpunkten orientierte Seelsorge ist keine Zielgruppenpastoral gemeint, die die Leute je nach Lebensständen gesondert betreuen will, und zwar nach gesellschaftlich nicht mehr relevanten Ordnungsvorstellungen (Jungfrauen, Mütter, Männer, Jungmänner...), sondern pastorales Verhalten, das zu den Menschen geht und nicht primär sie zur pfarreilichen Zentrale kommen läßt (Geh-, nicht Komm-Struktur).
Beim dynamisierenden Prozeß von der Pfarrei zur Gemeinde ändert sich auch das Verhältnis zwischen christlicher Gemeinde als pastoralem Handlungsort und den staatskirchenrechtlichen „Kirchgemeinden". Letztere sind ja klare Gebietskörperschaften und bleiben im Verhältnis zur Pfarrei als Gemeinde eher unbeweglich, obwohl (wie noch zu zeigen sein wird) auch dort einiges in Bewegung geraten ist. Aber das Bewegungszentrum ist eher der gemeindliche Prozeß, wie er sich in den Pfarreien manifestiert. Eine Konsequenz aus dieser Tatsache ist die, daß die Pfarreien ruhig noch mehr Lebendigkeit und auch mehr kritischen und prophetischen Mut zu Initiativen wagen dürfen. Eine gewisse Balance ist immer noch staatskirchenrechtlich gegeben. Auch im Bistum Chur zeigt sich doch, daß eine gewisse Stabilität im katholischen Bereich von staatskirchenrechtlicher Seite ausgeht; die Kirche selbst ist der Konfliktfall und Unruheherd.
Christliche Gemeinde, in der möglichst viele Christinnen und Christen Subjekte in der Nachfolge Jesu werden und die zum Erfahrungsraum für solidarische Hoffnungsschritte im Vertrauen auf den Weg und die Botschaft Jesu wird, kann doch bis an die Grenzen der Vernunft und der Kraft praktischen Christen-Mut zulassen und begründen. Eine Typologie der Leitbilder für Gemeinden — im schweizerischen Kontext — kann das Anliegen verdeutlichen helfen.

b) Leit-Bilder der Pfarrei im Wandel: Versuch einer Typologie

In der Diskussion der letzten zwei Jahrzehnte über den Weg der kirchenrechtlich bestimmten Pfarrei hin zu dem von dynamischeren Formen und Prozessen geprägten Leitbild der Gemeinde haben sich drei Gemeindetypen herausgeschält.[14] Im Leitbild verbinden sich Ziele/Optionen mit Handlungswegen, vermischen sich Wunschbild und Erfahrungsbild.

---

[14] H. Steinkamp, Gemeindestruktur und Gemeindeprozeß, in: N. Greinacher u.a. (Hrsg.), Gemeindepraxis (München 1979) 77—89; vgl. J. Bommer, Gemeinde auf dem Weg Jesu (München 1988) 13—21; L. Karrer, a.a.O., 117—128; s. auch U. Eigenmann, Am Rande die Mitte suchen (Fribourg/Brig 1990).

(1) *Parochie oder Territorialpfarrei.* Die herkömmliche Territorialpfarrei war das selbstverständliche Pfarreimodell bis zum Zweiten Vatikanischen Konzil. Die ältere Generation ist darum bis tief ins Gefühlsleben davon geprägt. (Vielleicht gibt es auch so etwas wie einen emotionalen „Gefühls-Fundamentalismus", der Probleme schafft.) Die Katholiken einer gebietsmäßig klar umschriebenen Pfarrei wurden vom Pfarrer und seinen Vikaren bzw. Kaplänen „pastoriert", also seelsorglich betreut. Im Zentrum des Handelns stand der Pfarrer (parochus) als Hirte der Herde (Parochie!). Das pastorale Modell war das der individuellen Erfassung und weniger Gemeinschaftsbildung:

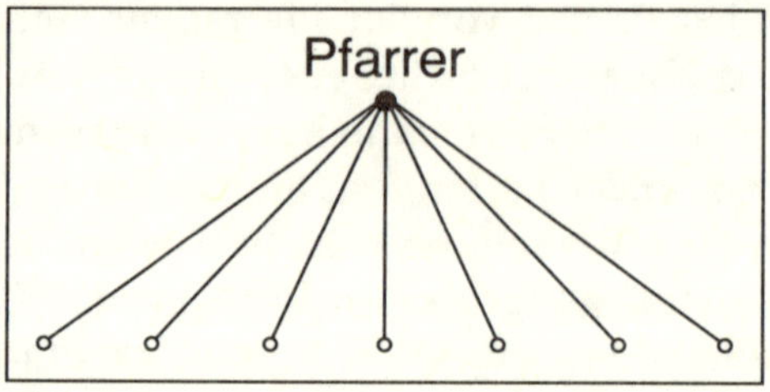

Kirchenstrukturell war die Pfarrei sozusagen die unterste Verwaltungseinheit der Großkirche, eine Filialagentur. Die einzelne Pfarrei verstand sich als die kleinste Einheit am unteren Ende eines großartigen Kirchengefüges („Ein Haus voll Glorie schauet ..."), an dessen Spitze der Papst steht. Die Pfarrei sah sich der Weltkirche zugehörig und blieb stumm gegenüber einer selbstbewußten Eigenständigkeit. Das Kirchenbild ist einer Pyramide ähnlich:

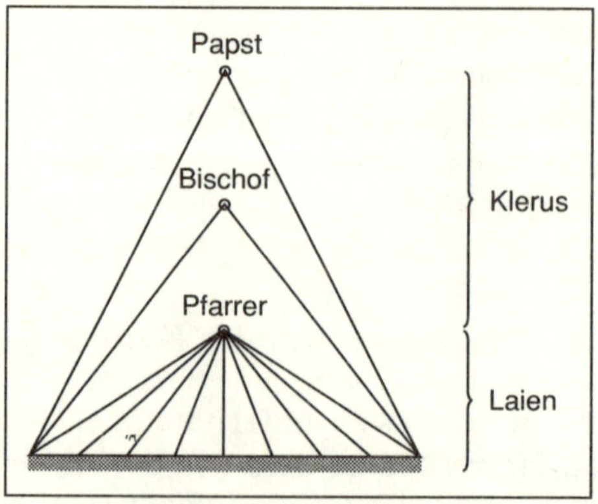

Alles, was religiös und kirchlich von Belang war, auch in den Vereinen, lag in den Händen des Klerus. Die Priester waren für alles verantwortlich; die Laien bildeten die gehorsame und hörende Kirche. Ein Großteil der pfarreilichen und durch das Kirchenjahr fein verästelten Anlässe kreiste um die Gottesdienste, den Religionsunterricht und die Christenlehre sowie um das reiche sakramentale Leben und religiöse Brauchtum.

Die Aufgabe der Seelsorger lag darin, für die unverfälschte Weitergabe der Lehre und die Einhaltung der kirchlichen Gebote Sorge zu tragen. Das grundlegende Motto aller pastoralen Bemühungen und Kirchendisziplin lautete: „Seelen retten".
Dieser Typ hat allem Anschein nach lange Zeit selbstverständlich gespielt, ohne von den Menschen in Frage gestellt worden zu sein. Er hat auch eine eindrucksvolle Geschlossenheit und Dichte erreicht.
Die staatskirchlichen Behörden hüteten sich, dem Pfarrer in pastoralen und kirchlichen Belangen dreinzureden. Ihre Aufgabe war die administrative Verwaltung des Vermögens und der Gebäude (Kirche, Pfarrhaus, Pfrundhäuser etc.) und an vielen Orten auch die Organisation der Pfarrwahl.

(2) *Die konzentrisch geordnete und aktive Gemeinde.* Vor dem erörterten Hintergrund der Gemeindediskussion und angesichts der Umbrüche in Gesellschaft und Kirche lockerte sich das feste Gefüge der auf den Pfarrer zugeschnittenen Territorialpfarrei. Das Leitbild der Kirche als Volk Gottes, das für die Welt verantwortlich ist, und die Betonung der durch Taufe und Firmung gegebenen Mitverantwortung belebte die Laien-Aktivitäten in den Pfarreien. In der Schweiz kamen ganz neue Seelsorgertypen wie Katecheten/innen (seit 1964) und später Pastoralassistenten/innen, Sozialarbeiter/innen usw. dazu. Die Gemeinde wurde zum Organisationszentrum für eine Vielzahl der von Laien mitgetragenen Programme und Veranstaltungen. Dies beglaubigte auch die Synode 72 in ihrem Dokument „Kirche heute": „Kirche als lebendige Gemeinschaft wird vor allem getragen von Christen, welche mit persönlichem Einsatz treu in der Ortskirche mitarbeiten" (Diözese Basel VI, 6.10). Nachdem das Konzil das Bistum als Ortskirche aufgewertet hatte, wurde nun durch das Synodengeschehen auch die Gemeinde als Kirche am Ort bzw. als „Lokalkirche" aufgewertet. Man begann zu begreifen, daß im quantitativen Teil qualitativ die ganze Kirche gegenwärtig ist — getreu dem Wort Jesu: „Wo zwei oder drei in meinem Namen versammelt sind, da bin ich mitten unter ihnen" (Mt 18,20). Die Charismenlehre erlebte eine Bewußtsein-Konjuktur. Das Ziel der Pfarreiarbeit liegt darin, möglichst viele Pfarrei-Mitglieder durch ein reiches Angebot zu aktivieren. Es fällt das Wort von der lebendigen Gemeinde, deren Aktivität durchaus zwischen Angebot und Nachfrage (Bedürfnissen und Interessen) balanciert. Ein reichhaltiges Angebot versucht, der existentiellen Nachfrage, den Interessen und der Lebensnot der Menschen gerecht zu werden. Weil die Gemeinde für die Welt und das gesellschaftliche Ambiente offen sein will, benennt sie sich nicht mehr nach dem Kirchenpatron, sondern schon eher nach dem Stadtteil (Frankfurt-Eschborn) oder nach dem Quartier (Wien-Machstrasse). Die St. Josefs-Pfarrei in Luzern wird zur „Maihof"-Pfarrei.
Der Pfarrer steht an der Spitze eines weit verzweigten Aktivitätszentrums

von erstaunlicher Vielseitigkeit. Er bleibt natürlich zuständig für die letzte Verantwortung (Entscheidung und Kontrolle). Aber zu ihm gesellt sich nicht nur das Seelsorger- und/oder Pfarreiteam, sondern auch der vom Konzil empfohlene Pfarrei-Rat.
Das Gemeindeleben wird differenziert; und vom früheren Klerikalismus ist weniger zu spüren. Viele der bisherigen pastoralen Aufgaben werden neben- und ehrenamtlich von Gruppen und von Männern, besonders aber von Frauen übernommen (Liturgie, Erstkommunion-Vorbereitung, Dritte-Welt-Laden, Missionsgruppe ...).
War das Strukturmuster der Territorialpfarrei die Pyramide (oder umgekehrter Trichter), so könnten wir bei diesem Gemeindetypus von einer konzentrisch organisierten und aktivierten Gemeinde sprechen.

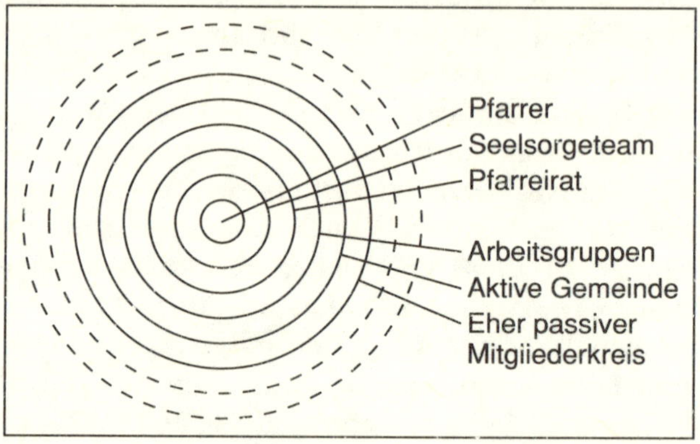

Natürlich weist auch dieser Typus kritische Momente auf. Man berechnet vom Aktivitäts-Zentrum aus Nähe und Distanz zur Kirche und weiß vielleicht zu schnell, wer sich am kirchlichen Rande befindet und wer wem nahe oder ferne steht. Es könnte sich unter der Hand das Vorurteil einschleichen, als ob die aktiven Christinnen und Christen (Kern-Gemeinde) automatisch auch die besseren Christen wären. — Strukturtheoretisch steht der Pfarrer und „sein" Team im Zentrum; leicht trifft sich immer wieder der gleiche Kreis von Menschen. Aber sie gehören zum Kreis der Ein-Geweihten. Es wäre auch bedenklich, wenn der Pfarrer im Extremfall zum (herzinfarktgefährdeten) „Manager" der Gemeinde würde, der wie ein Generalstabschef bis in die kleinste Kleinigkeit hinein generalmobil zu machen bemüht ist. Die Seelsorger und die Seelsorgerinnen sowie die Gemeinde wären am Ende die Opfer von Überforderung und Streß und damit langfristig von Resignation.
Andererseits ist nicht zu übersehen, daß dieser Gemeindetypus, der natürlich die Territorialität des Pfarrei nicht aufhebt, aber zum aktiven Mitmachen vieler einlädt, sehr viel in Bewegung gebracht hat. — Vermutlich pendeln die einzelnen Pfarreien mehr oder weniger zwischen diesen bei-

den Typen, wobei der zweite Gemeindetyp insgesamt sich selbstverständlich einzuspielen beginnt.
Die staatskirchlichen Behörden werden vom Verständniswandel der Laien-Rolle und des Kirchenbildes erfaßt und verstehen sich in ihren Funktionen auch für Kirche und für die pastoralen Anliegen mitverantwortlich, zumal sie die neuen pastoralen Spezialaufgaben und neuen Seelsorgetypen akzeptieren und mittragen müssen. Daraus könnte für das Verhältnis zwischen Pfarrei und Kirchgemeinde eine verändernde neue Verhältnisbestimmung erwachsen (z.B. Pfarrwahlkommission bestehen aus Vertretungen von Kirchenpflege und Pfarreirat).
Doch unter dem Einfluß des konziliaren Prozesses und dank der Basisgemeinden und der von ihnen inspirierten Befreiungstheologie in der Dritten Welt hat der Traum oder Typus einer basiskirchlichen Gemeinde stärker an Gestalt gewonnen.

(3) *Basiskirchliche Gemeinde.* Der Grundgedanke dabei ist, daß die Gemeinde durch Gruppen und Projekte noch beweglicher wird, auf konkrete Lebensbereiche und gesellschaftliche Problemfelder einzugehen. In diesem Sinn sprach man von der Pfarrei als „Gemeinschaft der Gemeinschaften".[15] Wohl besser ist der Ausdruck „Gemeinde von Gemeinschaften", um auch den die intimeren Bereiche der Gemeinschaft und der Primärbeziehungen übergreifenden Strukturaspekt einzubeziehen. Das Grundanliegen ist es, die ursprüngliche Berufung und Sendung eines jeden einzelnen Christen, der getauft und gefirmt ist, auch kirchlich ernst zu nehmen. Das Christentum will an die Basis des Lebens und sich in die gesellschaftlichen und örtlichen Prozesse sozial und politisch hineinbegeben. Deshalb läßt man sich auf eine vom Evangelium inspirierte Reflexion solcher Prozesse ein und wirbt für einen alternativen Lebensstil: Teilen, Versöhnung, Parteinahme für die Schwachen, Feiern als Erinnerung und Ausdruck von Hoffnung sind Leitvorstellungen, die dieses Leitbild einer christlichen Gemeinde bestimmen.
Die Basisinteressen werden hier durch Basisgruppen, Selbsthilfegruppen, Projektgruppen usw. wahrgenommen, die ihrerseits Subjekt des gemeindlichen Lebens sind. Die Gemeinde soll ja nicht nur den einzelnen Christen an sich binden, sondern Raum und Klima schaffen, in denen eine Vielfalt von Gruppen, Arbeitskreisen und „Gemeinschaften" entstehen und vergehen dürfen. In kleineren Bezugsgruppen können konkrete Aufgaben schneller und behender erfaßt und aufgegriffen werden, als dies einem Einzelkämpfer möglich ist. Die Vereinzelung in der heutigen Zeit (ver)führt leicht zum Gefühl der Aufgabenlosigkeit.

---

[15] Der Ausdruck geht auf die Pfarreierneuerung von Juan Cappellaro, José Mira und Julio Jiménez, Pfarrgemeinde der Zukunft. Projekt 1990 (Thaur/Tirol 1979) zurück.

Das Bild einer basiskirchlichen Gemeinde, die sozusagen „von unten her", das heißt, von den unmittelbaren konkreten Erfahrungen und Herausforderungen her lebt, ist nicht das der konzentrischen Kreise oder gar der territorial bestimmten Gebietskörperschaft. Schon eher spielt das Bild des Netzes. Der Sinn der Gruppen und Gemeinschaften liegt darin, Beziehungen und Kommunikation zwischen Mitgliedern zu ermöglichen, eine gemeinsame Aufgabe kontinuierlich anzugehen und Gruppenprozesse aus dem Glauben an Jesus Christus zu vertiefen und zu verarbeiten. Ihre Existenzberechtigung liegt zutiefst in der eigenständigen christlichen Berufung (Charisma); sie hängt nicht zuerst davon ab, ob sie pfarramtlich beglaubigt wird. Das Leitbild einer solchermaßen verstandenen basiskirchlichen Gemeinde (die natürlich das Territorialprinzip nicht gänzlich abstreift) wäre ein Netz von verschiedenen Gruppierungen und Gemeinschaften:

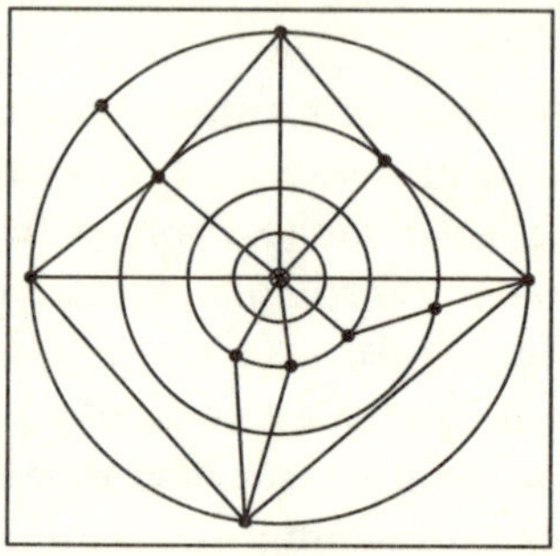

Eine solche Gemeinde ist viel beweglicher, über ihre Grenzen hinweg ökumenisch und auf gesellschaftliche Gruppierungen und Bewegungen hin offen zu sein und Brücken zu schlagen.

Allerdings lebt eine solche Gemeinde auch von der Vernetzung und Koordination der Gruppen und Projekte. Deren Gefahr könnte die eigenbrötlerische Abkapselung („kleine Sekte") sein. Oft hängt ja eine Gruppe auch von dominanten Persönlichkeiten ab, die Prozesse und Beziehungen blockieren können. Wichtig sind für sie die Herstellung von Öffentlichkeit (pastorale Gemeindeversammlungen, Wahlen des „Seelsorgerates" . . .) und Feste.

In diesem Gemeindeverständnis sehen sich die Seelsorger und Seelsorgerinnen eher im Dienste der Einheit und des Zusammenhalts, als mutmachende Animatoren und inspirierende Mit-Arbeiter der engagierten Gruppen, ohne nun in diesen immer selber präsent sein zu wollen oder zu müssen.

Wenn sich mit diesem Gemeindetyp so etwas wie die Utopie einer gemeindlichen Lebensgemeinschaft oder ein alternativer Lebensraum zur bürgerlichen Gesellschaft verbindet, dann ist die durchschnittliche Gemeinderealität doch wohl überfordert. Trotzdem ist dieses Leitbild hilfreich für eine Gemeinde, die nicht stehenbleiben, sondern aufbrechen und gehen will — im Spannungsfeld zwischen Botschaft Jesu und gesellschaftlicher Situation.

Im konkreten Alltag unserer Pfarrei-Wirklichkeit wird man wohl kaum eine der drei skizzierten Typen in glasklarer Reinform entdecken können. Bestenfalls werden die Gemeinden zwischen dem zweiten und dritten Modell balancieren. In manchen Pfarreien der Schweiz lassen sich Elemente aller drei Typen oder Mischformen finden. Das dritte Modell erinnert an Elemente von Basisgemeinden.

c) Basisgemeinden (Basis-Bewegungen) in der Schweiz

Im Zusammenhang mit den zeitgenössischen Herausforderungen an die Christinnen und Christen in unserem Lande sind die Differenzierungsprozesse mit einem hohen Grad an funktionaler Rationalität und mit dem Ergebnis der Individualisierung (Privatisierung) des Lebens angesprochen worden. Die Individualisierung kann in Vereinzelung bzw. Singularisierung umkippen, aus der heraus der einzelne Mensch sich nur schwer in der Lage sieht, mit anderen in Kommunikation (statt Konsum) zu treten und sich mit anderen für gemeinsam wahrgenommene Aufgaben zu solidarisieren. Ohne Kommunikation und Solidarität verlöre der vereinzelte Mensch seine Seele und seine Kraft.

Alternativ zu einer solchen Lebensattitüde entstanden und entstehen Bewegungen. Im kirchlich-gemeindlichen Kontext gibt es nicht nur die Orden und religiösen Gemeinschaften, Bibelkreise, Frauengruppen, die Aktionen des Fastenopfers, Glaubenskurse, die Gemeinschaften Christlichen Lebens, die Fokolar-Bewegung, die Schönstatt-Bewegung, Action 365, Opus Dei, Communione e Liberazione, charismatische Lebensgemeinschaften und Gebetsgruppen und dergleichen mehr, sondern auch die sogenannte Basisgemeinde-Bewegung.

Für L. Zimmermann, einen der Promotoren dieser Bewegung in der Schweiz, sind die Basisgemeinden dem Aufbruch[16] verpflichtet. Er spricht von gegen 40 solcher Gruppen, die man Basisgemeinden oder Basisgruppen nennen kann und „die in den letzten zehn Jahren auch in unserem Land zu wachsen begonnen haben. Kleine Gruppen von Christen, Frauen wie Männer, die verbindlich miteinander glauben und leben und sich für notleidende Menschen einsetzen“.[17]

Diese erfreuliche Bewegung und in die Zukunft weisende Entwicklung ist keine Erfindung der Schweiz.[18] Aber — wie so oft — schlagen internationale Bewegungen und Fragestellungen auch in der Schweiz Wellen und

[16] Die Zeitung „Aufbruch“ als Forum für eine offene Kirche geht auf die Initiative dieser Bewegung zurück.

[17] L. Zimmermann, Dem Aufbruch verpflichtet, in: Stadt Gottes 112 (April 1989) Nr. 7, S. 9.

[18] L. Karrer, Kirchliche Gemeinde — Die Entwicklung in der Schweiz vor dem Hintergrund des staatskirchlichen Gewandes, in: Bibel und Liturgie 61 (1988) Heft 2, 101—108.

führen hierzulande in einer vergleichsweise ideologischen Unbekümmertheit und einer helvetisch nüchternen Pragmatik zu entsprechenden Initiativen und Modellen.

Die brasilianische Bischofskonferenz, also diejenige aus einem der Mutterländer der Basisgemeinden, umschreibt deren wesentlichen Merkmale wie folgt: „Als ein striktes kirchliches Phänomen bilden sich die Basisgemeinden in unserem Land im Schoße der Kirche und entwickeln sich zu einer neuen Form kirchlicher Präsenz. Man kann sagen, daß sich in ihrem Umkreis eine pastorale und evangelisierende Tätigkeit der Kirche entwickelt und in Zukunft immer mehr entwickeln wird. Die Basisgemeinden entstehen und nähren sich aus diesen Grundideen: Kirche als Volk Gottes; Kirche als Zeichen und Instrument der tiefen Verbindung mit Gott und der Einheit des ganzen Menschengeschlechtes; das heißt die Kirche als tiefe Einigung von Menschen, die sichtbar wird in der partizipierenden und mitverantwortlichen Gemeinde; die Rolle des Laien in seiner nicht zu ersetzenden besonderen Sendung in der Kirche und in der Welt. — Die Basisgemeinden entdecken in der Lektüre der Bibel wieder den befreienden Aspekt der Heilsgeschichte ... Sie nehmen den Kampf auf für Gerechtigkeit und werden zu Propheten in der Gesellschaft von heute ... In der ständigen Bemühung des Handelns, Denkens und Feierns sind die Basisgemeinden eine Alternative der Erziehung für jene, die auf der Suche nach einer neuen Gesellschaft sind, wo Individualismus, Wettbewerb und Gewinnstreben der Gerechtigkeit und der Brüderlichkeit Platz machen."[19]

Damit ist das geistliche Grundgerüst für die basisgemeindliche Bewegung markiert.

Der Begriff basiskirchliche Gemeinschaften oder Basisgruppen ist als Sammelbezeichnung schillernd für die Fülle der vorhandenen Modelle. Entscheidend sind die Rückkehr zur Ur-Kunde des Glaubens, zur Bibel; die Umkehr zur praktischen Solidarität mit Menschen in Not und das geschwisterliche Miteinander. In all diesen Aspekten sind sie Herausforderungen für das herkömmlich kirchliche und pfarreiliche Leben.

Sie sind somit zu unterscheiden von Bewegungen und Gruppierungen mit fundamentalistischer Ausrichtung in vereinfachenden doktrinären Verhärtungen, die infolge Gesellschaftsvergessenheit keine Visionen für neue Solidaritätspraxis entwickeln und das eigene Vor-Urteil nicht an der Froh-Botschaft messen. Neben dem Rückzug auf frühere Tradierungsformen (Lefèbvre) oder auch die Glaubensdoktrin (SAKA, Timor Domini ...) gibt es eine verwandte Variation, nämlich den Rückzug auf die Autorität (Opus Dei, „Pro Ecclesia", der neugegründete Verband Kath. Frauen und Müttergemeinschaften MFM ...). Eine weitere Versuchung, das Heil in menschlichen Absicherungen zu suchen, ist der Rückzug in das Erleben

---

[19] Auszüge aus einem Manuskript ohne nähere Quellenangaben.

von Gemeinschaft, die Nestsuche in kirchlichen und sogenannten religiösen Gruppen mit zum Teil spirituellen Einseitigkeiten — oft geschart um eine dominante Persönlichkeit (Guru). Wenn wir nun den Blick auf die reiche Palette der Bewegungen und der sogenannten basiskirchlichen Prozesse werfen, dann ist im einzelnen genauer zu fragen, ob und inwiefern sie von den genannten Rückzugsanteilen (als einem religiösen Versicherungs- bzw. Absicherungssystem) geprägt sind. Bezüglich der charismatischen Gemeinschaften schreibt Christian Modehn: „Mit den sozialen Problemen der modernen Gesellschaft, etwa den neuen Armen in Frankreich, den nationalistischen Rechten und mit dem Fremdenhaß, setzt man sich von charismatischer Seite bisher kaum auseinander. Politische Fragestellungen — der Dritten Welt, der internationalen Rüstung — werden gemieden. Das Interesse der charismatischen Lebensgemeinschaften ist im allgemeinen vorwiegend innerkirchlich und innertheologisch bestimmt. Man will das christliche Leben in unserer Zeit aus dem geistlich-religiösen Zentrum erneuern."[20]

Die basiskirchliche Bewegung bzw. die Basisgemeinden in der Schweiz versuchen demgegenüber ausdrücklich, Mystik und Politik miteinander zu verbinden. Insofern könnten gerade sie „Zugvögel" in die Zukunft einer Kirche Schweiz sein, die sich darin findet, im Vertrauen auf den Weg und die Botschaft Jesu die Kunde von einem mit den Menschen solidarischen Gott zu vermitteln, indem man/frau sich um die Menschen und ihre Welt konkret müht und gegen menschenunwürdige Lebens-Bedingungen kämpft.

Die Diskussion um und über die basiskirchliche bzw. basisgemeindliche Bewegung ist in der Öffentlichkeit meines Erachtens momentan eher etwas zurückgegangen, vielleicht durch die Initiative für „Aufbruch" etwas absorbiert. Das muß aber kein Zeichen für Stillstand sein. Vielmehr geht die Bewegung in basiskirchlichen Gruppierungen auf Pfarreiebene — vor allem die an Carlos Meesters orientierte Bibelarbeit — weiter. Zum anderen sind durchaus zielverwandte Sozialformen der Solidarisierung von Christinnen und Christen festzustellen; dabei sei erinnert an Frauenkirchentage, überregionale Gemeindeforen, Diözesantreffen (wie beispielsweise im Herbst 1988 in St. Gallen), an kantonale Initiativen wie „Pfarrei 88" (Luzern) oder „Kirche im Jahre 2000" (Solothurn) usw.

Ihre geographische Streuung erstreckt sich vor allem auf die Region Innerschweiz (Küssnacht-Luzern-Kriens), auf St. Gallen, Basel sowie Bern und Biel. Sie sind bis jetzt vor allem im deutschprachigen Gebiet vertreten, in der Westschweiz in Genf. Sie orientierten und informierten sich gegenseitig über regelmäßige Mitteilungen: „Läbes-Zeiche" (redigiert von L. Zimmermann); inzwischen hat „Aufbruch" in etwa diese Funktion übernommen.

---

[20] Ch. Modehn, in: Christ in der Gegenwart 41 (1989) 126.

Auch wenn es das Anliegen dieser Basisgemeinden ist, zur kirchlichen Orstgemeinde (Pfarrei) zu gehören, so sind sie doch unvergleichlich freier gegenüber den Bindungen an die staatskirchenrechtliche „Volkskirche“ und offener für das ökumenische Anliegen. In ihrer Gemeinschaft lebt mit dem Ziel einer geschwisterlichen Kirche bzw. Gemeinde die Grundidee einer „synodalen“ Kirche. Sie praktizieren durchaus Anliegen, für die die Synode 72 eingetreten ist: „Die Kirche soll der Bildung von Gruppen offen gegenüberstehen und Verständnis zeigen für jene, die sich nur teilweise mit der Kirche identifizieren. Gruppen dürfen nicht für sich allein dasein und sich nicht verschließen. Wenn sie an der Kirche Kritik üben, müssen sie auch bereit sein, sich selber in Frage stellen zu lassen“ (Kirche heute, Diözese Basel IV, 6.11).
So ist zu erwarten, daß die basiskirchliche Bewegung den herkömmlichen Pfarreien dazu verhelfen kann, die Tagesordnung der Welt und die Agenda der Gesellschaft wacher wahrzunehmen und aus einer binnenkirchlichen Mentalität auszubrechen.[21]
Zudem wollen sie Sozialformen erproben und experimentieren, die nicht akademisch und spekulativ von anderen wortlaut fordern, was letztlich mit eigenen Schritten und Schmerzen zu wagen und zu bewähren ist. In basiskirchlichen Gruppierungen sind keine Garantien für die Zukunft gegeben (wo wären solche zu finden?), aber Formen der Wegsuche, in denen sich die Offenheit für die Tiefe der christlichen Hoffnungsbotschaft und die Bereitschaft zum solidarischen Handeln treffen und miteinander verbinden. In ihnen finden sich Christinnen und Christen zusammen zur Spurensuche für Geschwisterlichkeit, wo Ängste und Hoffnungen kommen und sein dürfen, wo langer Atem gegen die Macht der Realitäten und der seelenlosen oder die Seele verlierenden Rollenzumutungen geübt wird; und dies trotz der Versuchung zur Erschöpfung und Abschlaffung der Kräfte in der Kirche. In solchen Gemeinschaften wird man erreichbar füreinander; lernt man sich zu ertragen und gegenseitig zu tragen . . . und immer wieder aufzubrechen zu den Quellen der uns geschenkten Hoffnung in Gottesdienst, Bibelmeditation und Gebet.
Das Anliegen einer geschwisterlichen Kirche scheint mir angesichts mancher Tendenzen des Aktivismus, Stresses und der zum Teil hinterhältigen und unterschwelligen Exkommunikationen auf Pfarrei- und Gemeindeebene sehr erheblich und bedeutsam. Nicht zuletzt eine Konzentration der Gemeindepraxis auf Erwachsene hin, die zwar von bemerkenswerten Zielvorstellungen ausgeht[22], müßte die Frage erlauben, ob es nicht unter der

---

[21] Vgl. J. Amrein, Basisgemeinden und Befreiung in der Schweiz, in: Neue Wege 11 (1984) 346—352; W. Ludin u.a. (Hrsg.), Wir Kirchenträumer. Basisgemeinschaften im deutschsprachigen Raum (Olten 1987).
[22] Vgl. dazu: U. Eigenmann, a.a.O., 127—130.

Hand wieder Leistungsvorstellungen und Effizienzerwartungen an Sozialformen (Gruppenbildung) sind, für die Kinder und Jugendliche noch zu jung sind oder sogar als „störend" empfunden würden. Ist dies die Vision einer geschwisterlichen Kirche, die auch Raum und Klima für Kinder und Jugendliche bieten will? So könnten Basisgemeinden, die als Modell kaum auf unsere durchschnittlichen Pfarreien zu übertragen sind, durch die Betonung von Mystik und Politik in solidarischer Gemeinschaft jene Tendenzen kritisch begleiten und herausfordern, die Rückzug nur in Mystik, nur in Politik oder nur in Erlebnisnischen sind und von daher aussondern und ausladen, letztlich exkommunizieren statt einladen.
Für solche Klärung und Rechenschaft bedarf es nicht nur eines Minimums an Organisationsstruktur, sondern auch der gemeinsamen Vergewisserung in regionalen und gesamtschweizerischen Treffen der Basisgruppen (letztere finden alle zwei Jahre statt).[23]

4. Sonden (Sensorien) und Antennen in den Herausforderungsfeldern der schweizerischen Gesellschaft: Verbände, Werke und Stabsstellen ...

Sonden sind Metallstäbchen in der Form eines Senkbleis, um wahrzunehmen. Die Sonde hat mit „Fühlen" zu tun, nämlich mit Probemessen in magnetischen Feldern. Sondieren heißt folglich soviel wie Feststellen, Ausloten und Prüfen. Die Kirche bedarf solcher Sonden im gesellschaftlichen Leben; sie braucht Antennen, die auf die Wellenlänge der Welt eingestellt sind.
In der Spannung zwischen Gesellschaft und Kirche sowie zwischen der christlichen Berufung und den von der Welt diktierten „Dienst-Anweisungen Gottes" sind die entscheidenden Brücken und Kanäle seitens der Kirche wohl weniger die Räte, Kommissionen oder die Totalität einer Pfarrei usw., sondern eher die Verbände und Vereine, die kirchlichen Hilfswerke und Stabsstellen und je nach Aufgabenstellung auch die entsprechenden Institutionen und Einrichtungen. Von daher sind diese Sonden oder Sensorien relativ selbständige „Instrumente" oder Wege der Kirche neben den klassischen Trägern der Pastoral (Hierarchie) und den Ordensgemeinschaften sowie neben den staatskirchlichen Gremien, auch wenn sie im einzelnen durchaus miteinander kooperieren und organisatorisch vernetzt sind.

---

[23] Für die internationale Ebene vgl. H. Goldstein, Interekklesiales Treffen der Basisgemeinden, in: Orientierung 53 (1989) 164—167.

a) Die Geschichte zeigte es schon

Wie aus den historischen Überblicken hervorgeht, ist der Verbandskatholizismus in der Schweiz — etwas grobschlächtig eingeteilt — zwischen 1850 bis 1920 entstanden. Danach kann man bis gegen Ende der fünfziger Jahre sozusagen von seiner Blütezeit sprechen.

- Was nun interessant erscheint, ist die Tatsache, daß auch zu Beginn dieses feinverästelten Verbandskatholizismus keine festen Organisationen standen, sondern durchaus auch Initiativen und Versuche, Proteste und Petitionen, die wir heute wohl mit Bewegungen in Verbindung bringen würden. Eine erste Sammlung dieser zerstreuten Kräfte erfolgte im Piusverein (1857), dem späteren Volksverein.
- Auslöser für diese Bewegungen, die zum formierten Katholizismus führten, waren ohne Zweifel die Benachteiligung der Katholiken und die Einengung des pastoralen Spielraums ihrer Kirche, zum anderen aber konkrete gesellschaftliche Probleme und geistige Herausforderungen.
- Eine Differenzierung der Vielfalt und ihrer Dachorganisationen erfolgte durchaus funktional auf sachbezogene Aufgabenbereiche hin. Der politische Katholizismus setzte sich gegen den Staat und für die Kirche und Emanzipation der Katholiken ein; der soziale Katholizismus suchte eine Antwort in den sozialen Brennpunkten, und die katholische Gewerkschaftsbewegung reagierte damit auf die notvollen Konsequenzen der Industrialisierung; im Bildungs- und Kulturbereich schuf man Voraussetzungen für eine kompetente Präsenz usw.
- Die Instrumente und Wege für die Wahrnehmung der anfallenden Aufgaben waren nicht kirchlich, sondern staatlich und gesellschaftlich vorgegeben und ermöglicht worden (Versammlungsfreiheit, Vereinsrecht ...).
- Für die Gewinnung der Menschen bzw. der Basis („Rekrutierung") für die Vereins- und Verbandsarbeit sowie für Petitionen und damalige Bewegungen boten die Pfarreien das entscheidende Reservoir, worauf — in Zusammenarbeit mit wachen Pfarrern — ergiebigst und erfolgreich zurückgegriffen werden konnte. Dies scheint mir auch für heute (beispielsweise für die Hilfswerke) keine unerhebliche „Lehre" aus der Vergangenheit zu sein. Die Verbände waren Netze, deren Knoten in die Pfarreien reichten und dort verankert waren.
- Wie schon an anderer Stelle erörtert, aber hier unter dem Blickpunkt heutiger Aufgabenstellungen und ihrer Vernetzung aufgegriffen, war dieser facettenreiche Katholizismus ein Werk der Laien, der Männer und Frauen, wobei die selbstverständliche Zusammenarbeit zwischen Klerus und Laien in der Schweiz im Vergleich zum Deutschen Reich oder in der österreichischen Monarchie auf seiten der Laien praktisch unabhängiger war.

— Für eine aktive und auch streitbare Präsenz dieses Katholizismus der gesellschaftlichen und politischen Schweiz waren nun diese Verbände und Organisationen engagiert und viel weniger die Bischofskonferenz oder die pastorale Hierarchie.
— Die Vereine und Verbände waren in Zusammenarbeit mit Orden und neuen Kongregationen tragender Kern des kirchlichen Lebens: Studentenverein, Volksverein, Müttervereine, Arbeitervereine, Gesellenvereine, Jungmannschaft, Jungfrauenkongregation, Katholische Gesellschaft für inländische Mission im Schweizerland: Inländische Mission, Caritas-Verband, Pfadfinderabteilungen, Katholischer Turnverein, Jungwacht und Blauring . . .
— Vereine und Verbände, die in ihrer Sozialstruktur im letzten Jahrhundert entstanden sind und Antwortversuche auf Nöte und Probleme im letzten Jahrhundert in eindrucksvoller Weise wahrgenommen haben, können sowohl von den gewandelten gesellschaftlichen Bedingungen her, aber auch aufgrund der Erfüllung ihrer Aufgaben „überflüssig" geworden sein. Manche Organisationen sind deshalb lautlos verschwunden (Jungmannschaftsverband); andere sollten, statt in Erfüllungs-Depression infolge der erreichten Ziele zu verfallen und in der Mystifizierung der Vergangenheit zu erstarren, sich einer neuen klaren Aufgabenstellung unterziehen oder sich mit der Spiritualität der Selbst-Auflösung (des „Sterbens") befassen (was auch Institutionen nur schwer zu gelingen scheint).

b) Eine unüberblickbare Fülle

(1) Seit dem Zweiten Vatikanischen Konzil gab es einen neuen Schub an Initiativen und Bewegungen, die den „ehrwürdig" gewordenen Verbandskatholizismus nicht ablösten, ihn aber ergänzten und zu neuen gesellschaftlichen Ufern drängten. Ein Aperçu mag diesen *Umschwung* symbolisch darstellen. Im Jahr 1954 fand in Freiburg der letzte schweizerische Katholikentag statt. Katholikentage waren Ausdruck und gesellschaftlicher Höhepunkt des organisierten Katholizismus. Unter dem Einfluß der Westschweiz war der letzte Katholikentag aber der erste, an dem die Frauen offiziell zugelassen waren.[24] Es war, als hätte eine neue Zeit eine vergangene Epoche für immer verabschiedet.
Zwischen 1955 und 1960 entstanden in den meisten Vereinen Missionsaktionen. Gegen Ende der fünfziger Jahre kündigte der unvergeßliche Papst Johannes XXIII. ein Konzil an, wodurch angestaute Gedanken und Anliegen an die freie Luft drängten. An den Jugendverbänden wurde der

[24] A. Imstepf, Die schweizerischen Katholikentage 1903—1954 (Freiburg Schweiz 1987) 311.

Umbruch wahrnehmbar, der sich im Missionsjahr 1960/61 Bahn brach. Die Ökumene geriet immer mehr in Blick. Man wurde der weltweiten Entwicklung (wie Kulturrevolutionen und Ende der Kolonialherrschaften) und gesellschaftlichen Prozesse inne. Das führte zum Umbruch und teilweise zum Umsturz in den Verbänden. Nicht zu übersehen ist, daß sich beim kirchlichen Personal zur Konzilszeit erste Veränderungen anzeigten; Katechetinnen und Katecheten begannen in der Schweiz als sogenannte Pioniere einer Seelsorge durch „Laien".
Es war die Zeit, die im pastoralen und kirchlichen, im staatskirchlichen Bereich und bei den Stabsstellen, Instituten, Werken und Kommissionen den zweiten Schub verstärkte. Aufgrund der verschiedenen rechtlichen Systeme (kanonisch, staatskirchenrechtlich, vereinsrechtlich, sprachregional etc.) in der Schweiz ist die strukturelle Übersicht bzw. Durchsicht meines Erachtens hierzulande viel schwieriger, weil die Situation vielfältiger und verworrener ist, als im Vergleich zu Deutschland oder Österreich. Ein Monolith war der schweizerische Katholizismus in der Tat nie, nicht einmal in seiner Blütezeit.

(2) Auf *gesamtschweizerischer Ebene* soll das früher Gesagte zwar nicht im Detail wiederholt, wohl aber daran erinnert werden.
Eine der wichtigen Sonden oder Antennen der Kirche in die gesellschaftlichen Herausforderungsfelder hinein ist die *Caritas* Schweiz; sie steht im Dienste der sozialen (diakonischen) Verantwortung der Kirche. In der *Inlandhilfe* bemüht sich Caritas, nicht nur auf soziale Probleme aufmerksam zu machen, sondern auch Hilfen zu deren Lösung anzubieten, das Bewußtsein zu wecken und zu fördern für die schon früher erwähnten Bereiche wie Familie, Arbeitslose etc. Zunehmende Bedeutung gewinnt der Einsatz von Freiwilligen. Die Flüchtlingshilfe, zusammen mit den kantonalen Caritas-Stellen, hatte schon Mitte der achtziger Jahre die Verantwortung für etwas mehr als die Hälfte der damals 40 000 in der Schweiz lebenden Flüchtlinge. Vermehrt ist die Caritas auch in der Betreuung der vielen Asylbewerber engagiert. — In der *Auslandhilfe* versteht sich die Caritas in ihrer ganzen Arbeit als Mittlerin zwischen der Schweiz und der Dritten Welt (bei Katastrophenfällen, Entwicklungs- und Sozialhilfe . . .). Zu erwähnen sind schließlich die Betriebe der Caritas wie etwa die Materialzentrale in Waldibrücke/Luzern mit Sammelstelle, „Chleiderlade" und Sozialdienst für Menschen in Not, „Fairness-Shop" etc. — Über die Caritas ist die Kirche wie bei analogen Hilfswerken mit der staatlichen Fürsorge sowie mit zivilen und anderen konfessionellen Hilfswerken eng verbunden und sozusagen vernetzt.
Ähnlich verhält es sich diesbezüglich mit dem *Fastenopfer,* das strukturell eine Stiftung ist. Auf internationaler Ebene erfolgt die Zusammenarbeit innerhalb der CIDSE (Coopération Internationale pour le Développe-

ment et la Solidarité). Durch die Missionshilfe fördert das Fastenopfer die Entwicklung eigenständiger Ortskirchen in der Dritten Welt, unterstützt daselbst soziale Projekte, den Aufbau von Basisgruppen, Genossenschaften und Gewerkschaften etc. Zudem leistet es einen namhaften Beitrag an kirchliche Verbände und Stabsstellen in der Schweiz, die ihrerseits wichtige Scharnierfunktionen wahrnehmen, wie Katholischer Medienverein, Iustitia et Pax und andere. Die Information und Bewußtseinsbildung — auch auf Pfarreiebene — stehen ebenso im Vordergrund wie die Sammlung von Spendengeldern.

Eine wichtige Stabskommission zuhanden der Bischofskonferenz ist die Schweiz. Kath. *Arbeitsgemeinschaft für Ausländerfragen* (SKAF), die sich als gemeinnütziger Verein mit den seelsorglichen, kulturellen und sozialen Belangen der in der Schweiz lebenden Ausländer und Ausländerinnen befaßt.

Die Stabskommission der Bischofskonferenz *„Kirche im Tourismus“* ist für Tourismus- und Gastgewerbeseelsorge sowie für Freizeitfragen zuständig und in diesem Zusammenhang Anknüpfungspunkt nicht nur zu internationalen kirchlichen Räten für Migrations- und Tourismusfragen, sondern auch für Tourismusorganisationen und Forschungsstellen (wie etwa von Prof. Krippendorf in Bern).[25]

Auch die *Arbeitsstelle für Bildungsfragen* der Schweizer Katholiken und die *Konferenz Katholischer Schulen* und *Erziehungsinstitutionen* der Schweiz müssen als Sensorien zwischen kirchlichem Auftrag und gesellschaftlicher Situation in Erinnerung gerufen werden, die *Lukasgesellschaft* oder der *Schweiz. Kath. Musikerverband* (SKMV), die *Arbeitsgruppe „Neue religiöse Bewegungen in der Schweiz“*, die oftmals ja auch die ökumenische Zusammenarbeit voraussetzen oder fördern. Auf gesamtschweizerischer Ebene ist der Verband *Pro Filia* nicht zu vergessen oder die *Kinderhilfe Bethlehem*, die kaum eine laute Presse haben.

Ganz wichtige Dienste der Sondierungen leistet das 1968 gegründete Schweiz. *Pastoralsoziologische Institut* (SPI), das eine Einrichtung des Kath. Konfessionsteils des Kantons St. Gallen ist, aber seine Aufgaben für die katholische Kirche Schweiz wahrnimmt (Leitung: Alfred Dubach). Aufsehen erregt haben seine Forschungsergebnisse über „Gemeinden ohne Pfarrer am Ort“ (1987) und „Junge Eltern reden über Religion und Kirche. Ergebnisse einer mündlichen Befragung“ (1986) sowie „Religiöse Lebenswelt junger Eltern. Ergebnisse einer schriftlichen Befragung in der Deutschschweiz“ (1989).[26] Alle drei Publikationen haben über die Situation des Glaubens und über kirchliche Prozesse hierzulande, vornehm-

---

25 Vgl. M. Vogler, Kirche und touristische Mobilität (Freiburg Schweiz 1990); s. auch: Schweiz Kirchenzeitung 159 (1991) 59f.

26 Beim NZN-Verlag in Zürich erschienen.

lich in der deutschsprachigen Schweiz, einen ungeschminkten Spiegel vorgehalten und ein realistischeres Problembewußtsein angefacht. Zur Zeit ist das Institut zusammen mit dem Institut d'éthique sociale de la Fédération des Eglises protestantes de la Suisse (Lausanne) mit einer Auswertung über Religion im Wandel und konfessionelle Identität befaßt, die ein breites Echo verdienten. — Das Pastoralsoziologische Institut hat zu einer Vielzahl kirchlicher Fragen Arbeitsunterlagen, Dokumentationen und Forschungsdaten vorgelegt. — Zudem bot es die Infrastruktur für die beiden Pastoralforen in der Schweiz und koordiniert die Arbeit der Pastoralplanungskommission der Bischofskonferenz (PPK).
Im Spannungsfeld von Kirche und Politik arbeitet seit 1973 die Schweiz. Nationalkommission der Bischofskonferenz *„Iustitia et Pax"*. Durch Veröffentlichung sachorientierter Studien und Erklärungen zu politischen, wirschaftlichen und sozialen Fragen, durch die Zusammenarbeit mit anderen Gruppen und einschlägig engagierten Organisationen und Institutionen, durch die Beratung der Bischofskonferenz und Erarbeitung von Stellungnahmen und nicht zuletzt durch Bildungsarbeit für die an Menschenrechts-, Friedens- und Entwicklungsfragen interessierten Christinnen und Christen erweist sie einen ungemein wichtigen Dienst der Kirche Schweiz und nicht minder für die Kirche Schweiz. — Auch diese Institution ist sozusagen nach außen vielfach verbunden durch ökumenische Kontakte und Zusammenarbeit mit Lehr- und Forschungsstellen, zu Menschenrechtsorganisationen wie Aktion der Christen für Abschaffung der Folter (ACAT) oder Amnesty international, zu Friedensorganisationen wie Pax Christi, zu Hilfs- und Missionswerken usw. Aber auch nach innen stellt Iustitia et Pax ein Netz dar, denn durch ihre Publikationen, Tagungen, Studienprojekte und Kommissionen wirken Frauen und Männer als Theologen, Sozialethiker, Juristen, Ökonomen usw. zusammen.
Auf gesamtschweizerischer Ebene sind auch jene großen Verbände zu nennen, die wichtige Brückenfunktionen zwischen dem kirchlichen Feld und gesellschaftlichen Fragen wahrnehmen wie der Schweiz. Kath. *Frauenbund* (SKFV), der aufgrund der Herausforderungen durch die Frauenbewegung einer der sehr vital gebliebenen Verbände im Gesamtbild des schweizerischen Katholizismus ist. Durch seine Fachgruppen (Kirche, Staat, Soziale Aufgaben) und Sozialwerke, durch seine Presse- und Medienarbeit (Ehe—Familie, „Schritte ins Offene"), durch die Auslandskontakte und Zusammenarbeit mit anderen neutralen und konfessionellen Organisationen sowie durch seine breite kantonale und sprachregionale Verankerung und Mitgliederverbände ist er für mich so etwas wie eine exemplarische „Erinnerung" an eine künftige Form der Vernetzung vieler Initiativen, Bewegungen und Einrichtungen im kirchlichen Bereich unseres Landes und gleichzeitig der Kooperation mit Einrichtungen des öffentlichen Lebens.

Durchaus in lockerer Verbindung zur Kirche ist die Christliche Sozialbewegung der Schweiz (CSB) in diesem Spannungsfeld anzusiedeln, die eine „lose Arbeitsgemeinschaft unterschiedlichster Gruppen ist".[27]
In diesem Zusammenhang sei die Frage erlaubt: Wo steht in diesem ganzen Spannungsfeld der *Schweizerische Studentenverein*? Ist dort der Zustrom zu den Block-Verbindungen nicht stärker als zu den Reform-Verbindungen? Ist Geselligkeit die Haupttriebfeder, während „religio" viel stärker auf Indifferenz stößt?

(3) Auf *sprachregionaler* Ebene könnte das Bild noch facettenreicher weiter ausgemalt werden. Dabei sei vor allem der Bereich der Deutschschweizerischen Ordinarienkonferenz (DOK) ins Auge gefaßt.
Es ist unter anderem zu denken an die Jugendverbände und deren Treffen mit der Ordinarienkonferenz (OKJV), an die schon eingehender vorgestellte Missionskonferenz, an den Verein für katholische Medienarbeit (VKM seit 1987) mit seinen differenzierten Subkommissionen für den Fernseh- und Radiobereich und seinen Stabsstellen im katholischen Mediendienst (KM). Seit 1990 gibt es für die katholische Pressearbeit analog zum VKM den „Katholischen Medienverband der Schweiz" (KMV, was die Kürzel-Verwirrung bei uns nicht vermindern wird). — Fast leicht übersehen könnte man vor lauter Institutionen-Wald das Institut für weltanschauliche Fragen (Zürich), die Kath. Arbeitsgemeinschaft für Erwachsenenbildung der Schweiz und des Fürstentums Liechtenstein (KAGEB), die Schweiz. Katholische Arbeitsgemeinschaft Kirche und Industrie (SKAKI), die Verbände wie Christliche Arbeiterjugend (CAJ), die Frauen- und Müttergemeinschaften (FMG), den Schweiz. Kath. Männerbund (SKMB), die Katholische Arbeitnehmerbewegung (KAB), Vinzenzgemeinschaften, Interteam, sowie Blauring, Jungwachtbund und Junge Gemeinde unter dem Dach Kath. Jugendverband (SKJV).[28]
Auf kantonaler Ebene und auch im Bereich der Gesamtkirchgemeinden bzw. auf Dekanatsebene usw. könnte die Auflistung weitergehen; und das Bild würde noch bunter. Aber die Phantasie anregen würde diese Vielfalt erst dann, wenn man sich die Mühe nehmen würde, im Detail zuzuhören und zuzuschauen. Es ist zum Staunen, welche Vielfalt die kleine Kirche Schweiz mit ihren rund drei Millionen Katholiken und Katholikinnen dem interessierten Auge und hörbereiten Ohr preisgeben könnte.

---

[27] R. Weibel, Eigener Weg mit Verunsicherungen, in: Herder Korrespondenz 38 (1984) 290.
[28] M.-Th. Beeler, Blauring und Jungwacht werden Vereine, in: Schweiz. Kirchenzeitung 158 (1990) 483f.

c) Reflexion: Was hat sich gezeigt? — Unverzichtbare Dienste für heutige Präsenz

Insgesamt ist diese Fülle nicht angemessen zu würdigen. Einige Gesichtspunkte zu erwähnen sei trotzdem erlaubt.

(1) Ein Blick in die Geschichte der Kirche Schweiz und des Katholizismus zeigt, daß es vor allem die Hilfswerke, Verbände, Stabsstellen und Projekte usw. gewesen sind, die ein Gespür für die gesellschaftlich relevanten Probleme und Herausforderungen entwickelt und in den vergangenen Jahrzehnten als kritisch-prophetische Sensorien der katholischen Kirche Schweiz gewirkt haben. Sie waren die Sonden und Antennen, mit denen die Kirche über ihren Binnenraum hinausgewachsen ist und Impulse aus dem gesellschaftlichen Raum „zurück“ erhalten hat. Wenn dies so zutrifft, dann muß die Kirche Schweiz auf diese „Instrumente“ und Sensorien um ihrer aktiven Solidarität und „Aktualität“ willen alle Sorge verwenden. Sie verlöre sonst eine der wichtigsten Chancen, Aufgaben wahrzunehmen und Lösungen mitzutragen.

(2) Es ist wohl nicht übertrieben zu sagen, daß die kirchenrechtlichen Instanzen der Kirche und die Pfarreien ohne diese vereinigungsrechtlichen (bzw. vereinsrechtlichen) Strukturen viel stärker in Gefahr gerieten, sich auf sich selbst zurückzuziehen und noch stärker ins gesellschaftliche Abseits zu geraten (was immer Verlust von Solidarität bedeutet). — Die prophetischen Impulse des konziliaren Prozesses (Gerechtigkeit, Frieden und Bewahrung der Schöpfung), die Fruchtbarkeit der Fastenopferaktionen auf Pfarreiebene, die Medienarbeit und der zum Teil mühevolle Aufbau von Jugendarbeit in den Gemeinden usw. gehen in der Regel auf freie Assoziationen von Christinnen und Christen und oftmals auf inspirierende Einzelpersönlichkeit zurück. Sie befruchten die Pfarrei und Räte etc. Mit einfachen Worten: Ohne dieses „Milizsystem“ der Verbände zwischen den Polen Kirche und Gesellschaft verlöre nach meiner Überzeugung die katholische Kirche Schweiz die Welt bzw. die Menschen in ihrer konkreten Lebenswelt mit den Sorgen, Nöten und Fragen auf Tod und Leben. Im sogenannten Verbandskatholizismus erfuhren die Laien einen Freiraum „in der Kirche“, in dem sie ihre Sachkenntnisse, Initiativen, ihr Engagement und ihre Verantwortung einbringen konnten: ihr Charisma. Die Kirche kann daraus lernen, daß sie diesen Freiraum nicht kappen darf. Wenn sie ihn zu knapp bemißt, verkümmern die Charismen. In diesem Verbands-Katholizismus finden wir auch die kirchlich emanzipatorischen Elemente am deutlichsten (SolidarMed, CNG . . .).

(3) Die Stärke des Weltbezugs bzw. der funktionalen Nähe zu gesellschaftlich definierten Fragestellungen und Problembereichen ergibt ohne Zweifel des öftern eine Zerreißprobe zwischen den Sachproblemen bzw. dem zweckmäßigen Agieren — auch in kirchenfremden Bewährungsfeldern — und der Verankerung in der Botschaft Jesu bzw. in der christlichen Motivationsvergewisserung. Ähnlich wie schon früher im Zusammenhang mit Verkündigung von der Ethisierung des Evangeliums gesprochen worden ist, kann man in einigen Verbänden doch etwelche Mühe beobachten, die beiden Pole miteinander zu verbinden und praktisches Handeln an den grundsätzlichen Auftrag zu koppeln. Kirche bleibt dann Aktionspodium, aber kaum kritische und motivierende Instanz. — Verstärkt wird dies auch durch den Eindruck, daß pragmatisches und auf Nahziele hin operierendes Verhalten die so nötige konzeptionelle Arbeit auf der Basis von zuverlässigen Analysen und klaren Zielvereinbarungen eher verhindert oder „stundet". Leitbilddiskussionen kommen über Textkritik nur schwer hinaus und sind nur mühsam einer breiteren Verbandsbasis zu vermitteln. Eine kritisch-prophetische Präsenz der Christen und Christinnen in unserer schweizerischen Gesellschaft bedarf aber der klaren Vorstellungen oder Konzepte, um motivieren und offensiver bzw. selbstbewußter handeln zu können. Das mag auch damit zusammenhängen, daß die Verbände und Dachorganisationen — zunehmend — auf schweizerischer Ebene aus praktischen Gründen von Kollektivgruppen und Trägervereinen (Fördervereinen) getragen sind. Das ist aber in der Bewegungsrichtung ein Weg, der von der Basis eher wegführt und sich im Vereinsgestrüpp verheddert. Motivationsarbeit muß aber die einzelnen Menschen erreichen, muß also in die Ortsvereine, in die Basisgruppierungen und in die Pfarreien „transportiert" und dort verankert werden. Sonst ergibt sich ein Verbandskatholizismus, der institutionell nach oben funktioniert, aber nicht unten fundiert und getragen ist. — Dies ist in einer Zeit der diagnostizierten Singularisierung eine sehr ernst zu nehmende Gefahr. Ohne motivierte und interessiert-wache Basis wird Politik der Verbände unter der Hand zu einem System der Delegation; man überläßt die Arbeit den „Stellvertretern" und „Stellvertreterinnen". Wird man dann auf die Dauer noch spüren, ob man die den Menschen wichtigen Themen aus dem Auge verloren hat? Die Sonden verlören ihr magnetisches Feld. Die Antennen taumelten sonst richtungslos im All der Beliebigkeiten . . . und stürzten ab.

(4) Strukturell werden gerade die genannten Werke und Verbände zu Garanten der internationalen Vernetzung in den einzelnen Sachgebieten — analog, wie Schweizerpolitik sich in verschiedenen Bereichen immer deutlicher zu solidarischer Weltpolitik gedrängt sieht. Da die Verbände vereinsrechtlich staatlich organisiert sind (und von daher auch „freier"), aber auch im Auftrag der Kirche (namentlich der Bischofskonferenz bzw. der

DOK) handeln und in diesem Sinne anerkannt sind, ergibt sich eine gewisse Doppelstruktur, die recht unterschiedlich variiert, je nachdem, ob es eine Stiftung, ein gemeinnütziger Verein oder eine Stabskommission ist.[29] Von den synodalen Vorstellungen her ist durchgehend zu erwarten, daß die Stabskommissionen oder Vorstände kirchlich anerkannter Vereine mit Entscheidungskompetenz jeweils paritätisch zu besetzen sind, also von der Bischofskonferenz oder DOK zu benennende Mitglieder und in gleicher Zahl auch von den sogenannten Laiengremien. Das ist „nur“ in der Regel der Fall; aber es wird in den Statuten auf den sprachregionalen Proporz geachtet.

(5) Diesen Abschnitt über die Sensorien und Sondier-Instrumente der Kirche abschließend, sei mit Blick auf die Zukunft noch auf folgendes hingewiesen. Wie aus den historischen Elementen über den Verbandskatholizismus deutlich geworden ist, haben die Frauen und Männer damals auf die Herausforderungen ihrer Zeit mit zeitgemäßen Mitteln reagiert — und dies mit einem eindrucksvollen Einsatz der Kräfte und mit durch-schlagendem Erfolg. — Diese Zeit ist nicht im nachhinein zu idealisieren oder krampfhaft zurückzurufen. Aber wir dürfen bei den damals engagierten Frauen und Männern zur Schule gehen.
Uns heute ist es aufgetragen, die aktuellen Nöte, Fragen und Herausforderungen wahrzunehmen und anzunehmen. Dies ist nur möglich, wenn wir die Mittel, Bewegungen und Kommunikationsstrukturen von heute in Dienst nehmen und uns in diesem Sinn als „kluge Verwalter“ erweisen. Für solche Präsenz ist beispielsweise zu denken an den Bereich der verschiedenen Medien (die Pfarrblätter zum Beispiel erreichen vermutlich mehr Menschen als das Pastoral-Personal); die Freizeitwelt und Touristik; die Projekte für die Dritte Welt; die einschlägigen Vernetzungen und Kooperationsmodelle von Hilfswerken mit anderen Verbänden, Stellen und Missionsinstitutionen; die Friedensbewegung; heutige Protestformen und Memoranden; Basisgemeinden und Basisgruppierungen mit ihren Treffen; Verlage auf genossenschaftlicher Basis (wie etwa Exodus in Luzern); die verschiedenen Bewegungen für die Bewahrung der Schöpfung; sozial-ethische Institute; aber auch Frauenkirchentage und „Frauenkirche“; Filmkreise, Theatergruppen und Kontaktstellen zur kulturellen Szene; Erwachsenenbildung und Glaubenskurse sowie die Bewegung „Aufbruch“ usw. Sind das nicht neue Formen und sich formierende Sozialformen für die Wahrnehmung christlicher Solidarität, die durchaus noch zu stärken und auch formal auszubauen wären? Sie können sozusagen neue Schienen in die Zukunft sein. Dabei wird sich Neues mit Altem verbin-

---

[29] Vgl. dazu: A. Loretan, Die theologischen und rechtlichen Rahmenbedingungen des kirchlichen Vereins, in: Schweiz. Kirchenzeitung 158 (1990) 478—482.

den. Bedeutungsvoll wird wohl bleiben, ein gesellschaftlich echtes und relevantes Problem bzw. „Thema“ in partizipatorischen Gemeinschaftsformen und die motivierende Verankerung in der Botschaft Jesu miteinander zu integrieren. Dabei würden die Sozialformen etwas schillernder ausfallen und ihre Lebensdauer nicht auf ewig geplant sein müssen. Die Bewegungen sind offener und informeller angelegt, dadurch organisatorisch auch labiler. Auch die „Vereinigung für die Anliegen von Konzil und Synode“ (VAKS) — aus der Reaktion auf die Verurteilung H. Küngs heraus 1980 entstanden — hat keine strukturierte Kraft entwickelt und ist sozusagen lautlos verschwunden. Warum soll das schlimm sein? Bedenklich für dic Kirche ist nicht das Sterben von noch so gutgemeinten Initiativen, Institutionen, Gruppierungen und Bewegungen. Bedenklich für die Kirche wird es erst dann, wenn sie für solche Lebendigkeit und für solches Wachsenwollen keinen geistigen Humus mehr bietet. Waren nicht schon in der frühen und mittelalterlichen Kirchengeschichte die Klöster, Orden, Bruderschaften, Laien-Bewegungen und Zünfte solche Sensorien und Instrumente für die damalige „kritisch-prophetische“ Präsenz?

5. Instrumente für die kirchliche Koordination und Kooperation: Räte und Kommissionen

Nach dem Konzil entfachte die damalige Kirchenbegeisterung eine Räte-Euphorie. Die Räte schossen nur so aus dem Boden: Seelsorgeräte, Priesterräte, Pfarreiräte (in der Westschweiz: Pfarrei-Seelsorgerat). Nach dem Verbandskatholizismus glaubte man, die Räte würden nun deren Rolle übernehmen: „Alle Macht den Räten!“ Dadurch hoffte man, der Öffnung der Kirche zur Welt und dem neuen Verständnis des Laien gerecht zu werden. Die Synode 72 verstärkte diesen Bewußtseinsschub. Und es gab — wie unsere bisherigen Ausführungen sattsam dokumentiert haben — nicht nur eine Reihe von Kommissionsgründungen; es traten anstelle der weniger werdenden Priester in den Pfarreien, Regionen und Verbänden auch religionspädagogisch und theologisch kompetente Laien auf den Plan. Das Bild des kirchlichen und pastoralen Profis wurde schillernder und bunter. Bis auf wenige, wie etwa Frauenbund, Frauen- und Müttergemeinschaften (FMG) oder Verband katholischer Turnerinnen, traten die Vereine in den Hintergrund; sie hatten im einzelnen auch etwelche Mühe, im Besitzstand der reichen Ernte aus der katholizistischen Vergangenheit die neue Zeit der Räte und innerkirchlicher „Demokratisierung“ zu verstehen und sich durchzutragen.

a) Kirchliches Rätewesen in der Schweiz

Mit der Einführung der Räte, vor allem auf Pfarrei- und Bistumsebene schuf man parallel zur hierarchischen Verfassung der Kirche, aber auch zur staatskirchenrechtlichen Kirchgemeinde und zum Verbands- und Vereinswesen, ein neues Strukturelement. Eine Rätestruktur war katholischerseits etwas Neues, wenn man einmal von den „synodalen" Elementen der Mitsprache in den Orden absieht (was viel zu sehr vergessen wird).

(1) Das *Anliegen*, das sich mit diesen neuen Instrumenten der Laien-Beteiligung verband, hat die Synode 72 klar benannt: „Damit die Solidarität, das gegenseitige Sich-in-Frage-Stellen, der Austausch von Erfahrungen und die Mitsprache aller verwirklicht werden können, sind klare Strukturen und entsprechende Institutionen auf den verschiedenen kirchlichen Führungsebenen (Pfarrei, Dekanat, Region, Bistum, Land) notwendig. Diese Institutionen erleichtern es, gemeinsam über das Evangelium und die konkrete Sendung der Kirche nachzudenken, gemeinsam Beschlüsse zu fassen und in die Praxis umzusetzen. Damit sie als dynamisches Element in der Kirche wirken können, müssen Daseinsberechtigung, Zweckmäßigkeit und Statuten solcher Institutionen immer wieder überprüft werden" (Kirchlicher Dienst, Diözese Basel III, 2.3.1).
Von dieser Zielsetzung her ginge es in der Tat um eine Repräsentanz und Mitverantwortung des Volkes Gottes. Aus diesem Grund fordert die Synode zu Recht: „Damit in den Räten auf allen Ebenen . . . die verschiedenen Ansichten, Anliegen und Impulse der Einzelnen, Gruppen und Gemeinschaften zur Geltung kommen können, ist bei deren Wahl auf eine vielseitige Zusammensetzung zu achten. Es dürfen dabei nicht vergessen werden: die ausländischen Mitchristen, die junge und die alte Generation sowie kritisch eingestellte Christen. Es wird zwar nie möglich sein, daß das Gottesvolk in seiner Vielfalt in den Räten getreu vertreten ist . . . Wichtiger ist, daß die beteiligten Personen offen sind für den Geist Gottes und sich einsetzen für das Heil der Menschen" (III, 2.3.3). Auch wenn die Synodensprache kaum feministisch inspiriert erscheint, so sind manche Synodenaussagen von damals selbst der heutigen Praxis bisweilen voraus.

(2) Wenn in den siebziger Jahren das Wort von den „ratlosen Räten" bzw. von der *Krise der Räte* die Runde machte, so haben das die Mitglieder der Basler Synode schon damals gespürt: „Einige Kirchenglieder stehen den geschaffenen Räten skeptisch gegenüber. Sie sprechen ihnen die Zuständigkeit für eine kompetente Mitsprache in kirchlichen Fragen ab und distanzieren sich von ihren Beschlüssen. Andere fühlen sich durch ihr Bestehen davon dispensiert, durch freie und kritische Meinungsäußerungen

oder durch persönliches Engagement einen Beitrag zur Gestaltung des kirchlichen Lebens zu leisten ..." (III, 2.3.4).
Bewußtseinsmäßig gerieten die Räte verständlicherweise zwischen die verschiedenen innerkirchlichen Lagerbildungen mit ihren zum Teil widersprüchlichen Kirchenbildern. Strukturtheoretisch leiden sie an ihrer mangelnden Kompetenz. Solange ein Rat schon in seiner Existenz von jenen abhängig ist, die er beraten soll, ist er nur ein sehr mattes Schattenbild von dem, was er im Sinne echter Partizipation in einer synodalen Kirchenordnung sein sollte. Somit sind die Pfarreiräte nur ein erster Schritt. Sie haben auch sehr unterschiedliche Gesichter je nach Gemeinde oder Seelsorgeteam bzw. Pfarrer.
Konzeptionell scheint die Vitalität der Pfarrei-Räte davon abzuhängen, ob sie nur Zubringerdienste für den Pfarrer leisten, nur ein Debattierklub sind oder ob es ihnen gelingt, sich in der Grundspannung zwischen der Botschaft Jesu und den Sorgen, Fragen und Nöten der Menschen in der Gesellschaft und in der Pfarrei einzubringen. Sonst werden sie leicht zu einem müden Sitzungsgremium, das mehr anfallende Termine und Anfragen administriert, statt ein Forum, wo die Menschen im Verbund mit den Seelsorgern und Seelsorgerinnen Fragen und Herausforderungen an sich herankommen lassen. Damit der Pfarreirat kein Nischenkabinett um eine dominante Person wird, ist die Aufgeschlossenheit für die Probleme und Initiativen und die Bereitschaft zum Ausgleich der Interessen und Gruppierungen Voraussetzung für eine sinnvolle Arbeit. Eine Mahnung der Synode 72 ist in diesem Zusammenhang besonders in Erinnerung zu rufen: „Es liegt besonders an den Pfarrei- und Seelsorgeräten, soziale Tätigkeiten anzuregen und in ökumenischem Geiste zu koordinieren" (Kirche heute, Diözese Basel IV, 8.8).
Auch wenn der Pfarreirat institutionell in einer „erbärmlichen" Lage ist, sollte viel Phantasie, Kraft und Motivationsarbeit investiert werden, damit die Seelsorger und Seelsorgerinnen mit gewählten Leuten und der Vertretung aus den Vereinen und Projekten die Situation erörtern, die Kriterien des Handelns miteinander vertiefen und für die Planung und das Handeln Schwerpunkte setzen sowie die praktische Vielfalt vernetzen. Ob sich das so viel beschworene Volk Gottes für die Ratsarbeit auch interessiert, hängt sowohl von der Aktualität der dort geleisteten Arbeit ab als auch von den Instrumenten zur Herstellung einer Gemeinde-Öffentlichkeit (Feste, pastorale Gemeindeversammlung ...).

(3) Die Frage der *Konkurrenz* der Räte zu den staatskirchlichen Behörden halte ich für nicht ausgestanden. Ob es eine Lösung ist, wenn der Pfarrer den Kirchenrat bzw. die kirchgemeindliche Behörde auch mit den Funktionen des Pfarreirates betraut, ist bei der gegebenen Rechtslage nicht ganz unbedenklich, wenn es auch in Einzelfällen recht gut spielen mag.

Auch hier kommt es vor den strukturellen Bedingungen letztlich auf die konkreten Menschen und deren Fähigkeit zum gegenseitigen Einvernehmen an. Aber je deutlicher ein Pfarreirat Mitsprache reklamiert, vor allem wenn es um finanzielle Fragen und um die Wahl von Seelsorgern oder Seelsorgerinnen geht, kann es zu Schwierigkeiten führen. Andererseits sind solche Problemfälle doch auch wieder Auslöser dafür, daß die beiden Gremien zusammenkommen und vielleicht sogar kooperieren. Die Synode formulierte noch recht keck: „Es ist sinnvoll, daß die Räte bei der Bestellung der Amtsträger mitwirken. Auf pfarreilicher Ebene existieren in der Schweiz alte Volksrechte, unter die auch das Pfarrwahlrecht einzureihen ist. Es ist zu begrüßen, wenn bei der Wahl auch anderer Amtsträger, die eine Leitungsfunktion auszuüben haben (z. B. Dekan, Bischof usw.), die Kirchenglieder mitwirken. Eine Beteiligung am Wahlgeschehen erfordert, daß die Mitwirkenden die Kandidaten und die Anforderungen, die das Amt stellt, genügend kennen. Dies trifft für die Mitglieder der Räte am ehesten zu. Deshalb ist ihre Konsultation vor der Wahl oder ihre Beteiligung am Wahlgeschehen echter Ausdruck der Verantwortung aller in der Kirche“ (Kirchlicher Dienst, Diözese Basel III, 2.3.5).

(4) Die rechtliche Lage des *Priesterrates* und des *Diözesanseelsorgerates,* beides Kinder des Konzils, sind ungleich. Der Diözesanseelsorgerat als Beratung der Bistumsleitung durch Vertreterinnen und Vertretern der Pfarreien und Verbände etc. ist vom Konzil empfohlen. Er hat formal den gleichen rechtlichen Status wie der Pfarreirat. Demgegenüber ist der Bischof aufgrund des Konzilsdekrets über die Hirtenaufgabe der Bischöfe (Christus Dominus 27) verpflichtet, einen Priesterrat zu errichten. Es „soll in einer den heutigen Verhältnissen und Erfordernissen angepaßten Form ein Kreis oder Rat von Priestern geschaffen werden, die das Presbyterium repräsentieren . . . Dieser Rat kann den Bischof bei der Leitung der Diözese mit seinen Vorschlägen wirksam unterstützen“ (Dekret über Dienst und Leben der Priester: Presbyterium ordinis 7). Aber auch dieser „Senat des Bischofs“ kommt über ein Anhörungs- bzw. Beratungsrecht nicht hinaus.[30] Wie die leidigen Ereignisse im Bistum Chur zeigen und wenn man damit die Zusammenarbeit im Priesterrat etwa im Bistum St. Gallen oder gar Bistum Basel vergleicht, dann wird jedem Beobachter klar, welche Möglichkeiten mit diesem Instrument gegeben sein könnten, aber auch, wie schwach es ist in seiner institutionellen Kompetenz. — An den Priesterrat ist im Kontext unseres Landes zu fragen, ob er nicht ein Rat der Seelsorger und Seelsorgerinnen zu Handen der Bistumsleitung sein sollte. Weltweit sind Frauen und „Laien-Männer“ (die Sprache verrät das Dilemma) mit den Priestern zusammen für die praktische Pastoral mitverantwortlich.

[30] Vgl. N. Ruf, Das Recht der katholischen Kirche (Freiburg i.Br. 1983) 136.

Insofern stellt sich auch hierzulande — und nicht nur für den deutschsprachigen Teil — die Frage, ob der Priesterrat nicht sinnvollerweise zum „Seelsorger- und Seelsorgerinnen-Rat" des Bischofs werden sollte. Einen Versuch in diese Richtung gab es in den siebziger Jahren im Bistum Chur. Im Bistum Basel behilft man sich mit der merkwürdigen Konstruktion von Priesterrat und Rat der Diakone und Laientheologen/innen der Diözese Basel, die aber konkret gut zusammenarbeiten. Auch hier zeigt sich, daß die Praxis den zentralistischen und zu engen kanonischen Gesetzen voraus ist.

Zudem wäre experimentell in Erfahrung zu bringen, ob der diözesane Seelsorgerat und ein solcher Seelsorgerat des Bischofs nicht doch überlegt zu fusionieren wären. Patentrezepte gibt es aber kaum; und zudem sind die regionalen und rechtlichen Aspekte von Bistum zu Bistum unterschiedlich.

Im Sinne einer synodalen Kirchenstruktur könnte ein solches Gremium über den reinen Beraterstatus hinaus zu einem echten Mitentscheidungsinstrument werden, in dem weder die Vertretung von unten noch der Bischof je allein Entscheidungen, die das Bistum betreffen, im Alleingang vornehmen. So zeigt sich auch hier, wie die Frage nach synodaler Mitsprache und zugleich Haftbarkeit nicht nur die Christinnen und Christen kritisch, sondern auch die gegenwärtige monarchische Form der hierarchischen Kirche theologisch und pastoralpraktisch herausfordert.

(5) Mit dem in den siebziger Jahren beabsichtigten *Pastoralrat* hatte die katholische Kirche Schweiz bekanntlich kein Glück. Dabei hatte die Synode ein eindeutiges Votum in diese Richtung abgegeben: „Schon in der Vergangenheit hat die katholische Kirche der Schweiz sich auf regionaler und nationaler Ebene Dienststellen geschaffen. Sie ist sich ihrer Einheit bewußter geworden und hat diese Einheit zum Ausdruck bringen wollen. Vor allen hat die Schweizerische Bischofskonferenz an Bedeutung gewonnen, und die Synoden haben ihr zusätzlich neue Aufgaben anvertraut. — Um den Gläubigen die Möglichkeit zu geben, ihre Mitverantwortung mit den Bischöfen auch zu verwirklichen, wo sich pastorale Entscheidungen aufdrängen, die das ganze Land betreffen, bittet die Synode die Bischofskonferenz, einen Gesamtschweizerischen Pastoralrat zu schaffen" (Diözese Basel III, 5.3.2). — Er „ist auf schweizerischer Ebene Ausdruck der gelebten Verantwortung in den Diözesen und Sprachregionen ..." (ebd.). Es wird für das Statut festgehalten, daß eine möglichst umfassende Delegationsbasis zu berücksichtigen sei. „Die rechtliche Stellung des Pastoralrates zur Bischofskonferenz entspricht etwa jener der diözesanen Seelsorgeräte zum Diözesanbischof ..." (ebd.).

Ein solcher erster Schritt auf ein Forum hin, das auf Landesebene Transparenz und Kooperation vernetzt hätte, wäre für die katholische Kirche

schon deshalb eine echte Hilfe gewesen, weil wir hierzulande über nichts Vergleichbares wie etwa das Zentralkomitee der Deutschen Katholiken und keinen Gesamtdachverband verfügen (was uns übrigens auf dieser Ebene kaum ansprechbar macht, zum Beispiel im Zusammenhang internationaler Aktionen oder bezüglich der alljährlichen Salzburger Hochschulwochen). Aber ein solcher Pastoralrat wurde bekanntlich 1977 von den vatikanischen Behörden abgelehnt. Die schon früher erwähnten „Interdiözesanen Pastoralforen" 1978 in Einsiedeln und 1981 in Lugano erwiesen sich nicht als überzeugende Alternativen; und deren Optionen wurden von den diözesanen Räten kaum aufgegriffen und weitergeführt. Heute weiß man im Rückblick nicht einmal, wann das „Pastoralforum" gestorben ist und ob ihm überhaupt ein offizieller Totenschein ausgestellt worden ist.
Aber die Zeit des Rätebooms war auch eine Zeit neuer Initiativen auf Arbeitsstellen und Kommissionen hin, denen durchaus auch im Sinne der Räte die Verknüpfung von Koordination und Sachkompetenz zugeschrieben wird. Im Vergleich zu den Räten geht es ihnen gleichwohl stärker um die Verknüpfung von Entscheidungskompetenz (z. B. der Bischöfe) und Fachkompetenz im jeweiligen Sachbereich.

b) Palette mit bunten Farben: Kommissionen und Arbeitsstellen

Die gesellschaftliche und innerkirchliche Differenzierung machte es notwendig, herkömmliche Kommissionen oder kirchliche Stabsstellen den gewandelten Verhältnissen anzupassen oder neue ins Leben zu rufen. Es geht dabei um eine sachgemäßere Wahrnehmung regionaler oder gesamtschweizerischer Aufgaben in der Kirche und zwischen den Kirchen, also um Mittel, die die Kirche Schweiz „steuern" helfen sollen. Von der Zielsetzung her lassen sich diese „Steuerungsmittel" je nach spirituellen, sozialen, koordinierenden, integrierenden, planerischen oder pastoralen Anliegen differenzieren, ohne diese Anliegen und Funktionen im einzelnen streng unterscheiden und trennen zu müssen.
Es sei nur an die zwischenkirchlichen ökumenischen Gremien erinnert, die hier nicht nochmals aufgezählt werden müssen. Wie wichtig sind sie im Sinne eines auffangenden Netzes, wenn Konflikte anstehen oder bindende Vereinbarungen getroffen werden sollen?

(1) Im Bereich der *Bischofskonferenz* ist an die Katechetische, Liturgische und Theologische Kommission, an die Kommission Bischöfe—Priester, an die Medien- und Ökumene-Kommission zu erinnern. Die Kirchliche Frauenkommission, die im Vergleich zu anderen Ländern ein positives Zeichen der Bischofskonferenz setzte, zeigt wiederum das schon bei den Verbänden und kirchlichen Werken angesprochene Problem, wenn sämtli-

che Mitglieder von der Bischofskonferenz berufen werden. Der Hinweis auf eine vorausgehende Konsultation der Frauenverbände und ähnliches löst das Problem nicht. Eine solche Konsultation kann eine unkontrollierbare Alibiübung sein, wenn die Basis durch berufene, aber nicht von unten delegierte Mitglieder vertreten ist.

Nebst den großen Verbänden, Instituten und Hilfswerken gibt es Institutionen und Arbeitsstellen wie die Arbeitsgemeinschaft der katholischen Gehörlosenseelsorger, die Catholica Unio (Schweiz. katholisches Ostkirchenwerk), die Katecheten-Vereinigung (SKV), Missio, eine Kath. Presseagentur (KIPA), die Vereinigung der Höheren Ordensobern in der Schweiz (VOS) usw.

Eigens zu erwähnen ist der „Solidaritätsfonds" (in Verbindung mit der Kommission Bischöfe—Priester) mit dem Zweck, unter den Seelsorgern in der Schweiz, die ja beispielsweise im Tessin nicht über die gleichen wirtschaftlichen Sicherheiten verfügen, einen Lohnausgleich auf freiwilliger Basis zu erreichen. Eine Verbindung von pastoralen und sozialen Anliegen stellt auch der Verein „Inländische Mission der Schweizer und Liechtensteiner Katholiken" (IM) dar. Ursprünglich als Diaspora-Hilfswerk 1863 vom Piusverein gegründet, kommt es seit 1964 vorwiegend den Bergpfarrern und Bergpfarreien zu Hilfe. Vermutlich gibt es wenige Werke im schweizerischen Katholizismus, deren lückenlose Geschichte das Werden der Schweizer Kirche während der letzten hundert Jahre im Detail so klar markieren, wie gerade die Inländische Mission. Sie ist ein Beispiel, an dem man historisch das Ganze ablesen könnte. Ihre Aufgabe bleibt weiterhin sehr aktuell: „Eines läßt sich jedoch heute schon sagen: Der Finanzausgleich auf freiwilliger Basis wird noch während Jahren notwendig sein. Noch gibt es zu viele Gegenden in der Schweiz, die wirtschaftlich benachteiligt sind ... Noch gibt es Kantone, die keinen kantonsinternen Finanzausgleich unter den Kirchgemeinden und Pfarreien kennen und die auch nichts beitragen (können) zu einem gesamtschweizerischen Finanzausgleich für kirchliche Aufgaben ... Eine Folge dieses teilweise noch fehlenden Ausgleichs ist die Schwierigkeit, verschiedene regionale und überregionale Seelsorgeaufgaben zu finanzieren ... Die Inländische Mission ist ein Werk der innerschweizerischen Solidarität" (Anton Röösli, Direktor der IM).[31]

(2) Auf *sprachregionaler* Ebene (im Bereich der DOK) stehen zu Diensten der Kirche die Interdiözesane Katechetische Kommission, Liturgisches Institut, Gesangbuchkommission (die hofft, gegen 1995 mit einem Kirchengesangbuch aufwarten zu können), dann die Interdiözesane Kommission für Fortbildung der Seelsorger (IKFS), Dritter Bildungsweg für

---

[31] In: 1863—1988: 125 Jahre Inländische Mission der Schweizer Katholiken (Zug 1988) 60.

kirchliche Berufe, Bibelpastorale Arbeitsstelle, Vereinigung der deutschsprachigen Ordensoberinnen in der Deutschsprachigen Schweiz und Liechtenstein (VONOS), Institut für die Fort- und Weiterbildung der Katecheten (IFOK), die Medienvereine mit ihren Arbeitsstellen, um nur einige zu nennen. In diesem Rahmen sind die über die Landesgrenze hinaus renommierte Schweizerische Kirchenzeitung und „Auftrag“ (Zeitschrift für praktische Pfarreiarbeit) zu erwähnen. Neben den Kommissionen müßte eine ganze Reihe von Verbänden und Vereinen genannt werden, die aber im Ablauf unserer Überlegungen zumeist schon erwähnt worden sind. Mit dieser Auflistung sollte nur ein wenig belegt werden, wie farbig die Kirche Schweiz auch in diesem Bereich ist. Und man beachte, daß in dieser Auflistung nur die deutschsprachige Schweiz aufgeführt worden ist; das Bild würde noch bunter, wenn der einschlägige Reichtum aus den anderen Sprachregionen eingebracht würde.

c) Überlegungen im Vergleich

(1) *„Sensorien“ und „Räte“.* Zwischen Verbänden, Hilfswerken und gesellschaftsorientierten Stabsstellen (Iustitia et Pax), das heißt den Sonden in den Herausforderungsfeldern einerseits und den Instrumenten für die kirchliche Koordination andererseits und Kooperation, ist von ihrem Ort und ihrer Funktion her zu unterscheiden, auch wenn sie sich faktisch vielfach überschneiden und im gesellschaftlichen und kirchlichen Rahmen zum Teil feinmaschig eingebunden und vernetzt sind.
Größte Sorgfalt ist darauf zu legen, daß die „Sonden“ zwischen Kirche und Gesellschaft zeitgemäß ihre Aufgabe erfüllen können und die Kirche von dorther die Fragen und konkreten Herausforderungen wahrnimmt und aufgreift.
Von daher haben auch die spezifisch pastoral orientierten „Instrumente“ und Institutionen eine über sie hinausweisende Aufgabe. Ihre Gefahr liegt darin, zum Selbstzweck zu werden und sich auf binnenkirchliche Sorgen zurückzuziehen. So ist zwischen beiden ein differenziertes Miteinander immer wieder neu zu suchen und zu gestalten.

(2) *Brücken zueinander.* Bezüglich der pastoral orientierten (und wenn man strukturell will: binnenkirchlichen) Kommissionen, Stabsstellen und Räte auf gesamtschweizerischer und sprachregionaler Ebene ist zu sagen, daß sie nebst den kirchlichen Werken und Verbänden wie wohl kaum ein anderes Gremium die Sprachregionen der Schweiz verbinden und in der Sachdebatte zueinanderführen, aber auch die verschiedenen Denkungsarten und Ansätze für Problemlösungen deutlich machen. Für die gesamtschweizerische Situation ist dieser Aspekt nicht hoch genug zu veranschla-

gen, zumal wir um das emotional belastete und leicht erregbare Verhältnis zwischen den Sprachgruppen wissen.
Die Vernetzung spielt aber auch zu den Ausländern und Ausländerinnen in der Schweiz, so sehr wir auch in diesem Bereich um Mauern der Mentalitäten, Vorurteile und Hilflosigkeiten wissen, die es abzutragen gilt.
Zudem ist in diesem Zusammenhang darauf hinzuweisen, daß sich viele Kommissionen und Stellen „schweizerisch" nennen, daß aber auch die Katholiken und Katholikinnen im Fürstentum Liechtenstein kirchlich mit uns verbunden sind — vermutlich mehr als im zivilrechtlichen Sinn. Und die Vermutung ist wohl nicht von der Hand zu weisen, daß vor allem die deutschsprachige Region sich selbst so zu genügen scheint oder mit sich so sehr beschäftigt ist, daß viel zu wenig die Chancen genützt werden, grenzüberschreitend und über die Sprachgrenzen hinaus sich gegenseitig spezifischer wahrzunehmen und mehr aufeinander zu hören. Es täte allen gut!

(3) *Funktionale und territoriale Vernetzung.* Da die Kommissionen und Stabsstellen konkrete Fach- und Sachgebiete betreuen und entsprechend die Entscheidungsträger beraten, sind sie wie die Hilfswerke und Verbände primär funktional zu verstehen, und zwar auf praktische Aufgabenbereiche hin. Im Unterschied dazu sind die Räte territorial und auf Repräsentanz im Bezug auf ein klar umschriebenes Gebiet (Pfarrei, Dekanat, Diözese) angelegt. In ihrem territorial klar begrenzten Rahmen ist es um ihrer Vitalität willen erforderlich, daß sie die funktionalen Sonden und Bezüge berücksichtigen. Aber im Vergleich zu den Räten sind die funktional ausgerichteten Sensorien und Instrumente viel dynamischer; sie sind näher an der Problemfront als die Räte, die wohl offen sein müssen für eine dynamisierende Vielfalt, aber von ihrer Anlage her eher auf Ausgleich und Integration bedacht sind. Wenn dieser Eindruck stimmt, dann ist es wichtig, diese beiden Formen in der Praxis nicht zu isolieren, sondern miteinander zu verflechten. Bei den Kommissionen, Stabsstellen (Sonden) kann der Fall eintreten, daß sie sich in ihre Funktion einseitig verlieren — bei den Räten, daß sie sich als Kollektiv gegenüber dem Bischof oder Pfarrer gegenüber reaktiv oder passiv verhalten. Eine klare Definition von Anliegen, Zielsetzungen und Prioritäten im Handeln dürfte einem Rat vergleichsweise viel schwerer fallen. Er bedarf der dynamisierenden Faktoren.

(4) *Bewegungen.* Zu solchen dynamisierenden Kraftfeldern zähle ich auch die neueren Bewegungen, ob sie mehr aus spirituellen, gesellschaftlich engagierten oder emanzipatorischen Anliegen hervorgegangen sind. Entscheidend ist hier, Selbstverabsolutierungen zu vermeiden und nicht zum Sprengsatz zu werden, der mehr Energie abzieht als freisetzt. Der Form nach weisen natürlich die Verbände einen viel höheren Organisationsgrad

auf als die strukturell labileren Bewegungen. Aber diese, so sehr auch sie einer minimalen Struktur um ihrer Anliegen willen bedürfen, sind Quellen der Erneuerung und der Dynamik, für die die Kirche nur dankbar und offen sein kann, auch wenn es unsystematischer zugehen mag. Was sollen denn die Organisationen und Verbände, Kommissionen und Stabsstellen, wenn sie nicht wenigstens einen Rest ihrer ursprünglichen Bewegung zu erhalten verstehen? Auch die heute durch Alter ehrwürdig gewordenen Institutionen und Einrichtungen begannen ja oft als „Bewegungen“. Bewegung rechtfertigt Institutionen und Verbände; dieser Satz ist nicht einfach umkehrbar.

(5) *Ehrenamtlichkeit und (professionelle) Sachkompetenz.* Das weite und reichhaltige Gebiet der Verbände, Werke, Kommissionen, Institutionen sowie Räte und Stabsstellen haben sehr ausgeprägt mit dem für schweizerische Verhältnisse typischen Milizsystem zu tun. Ein wichtiger Faktor ist dabei die Ehrenamtlichkeit und ein großer Einsatz an Freizeit. Das alleine wäre vom schweizerischen Hintergrund her, aber auch grundsätzlich ein eigenes „Buch“ wert. Es zeigt sich aber, daß die Spannung zwischen Ehrenamtlichkeit und komplizierter und zeitaufwendig werdender Sachproblematik zu einer differenzierteren Aufgabenteilung führen wird. Wird die Motivation nicht arg strapaziert, wenn die Ehrenamtlichen nur als Befehlsempfänger von Experten behandelt werden? Ist die Ehrenamtlichkeit nicht zur Hauptsache das Feld der Frauen? Tragen die Ehrenamtlichen auch Entscheidungen mit? Haben die Frauen- und Müttergemeinschaften auf Verbandsebene und in den Pfarreien viele sozialen und karitativen Aufgaben wahrgenommen, ist ihnen inzwischen durch die Sozialarbeit teilweise eine Konkurrenz erwachsen. Die Tendenz zur Professionalisierung macht allerdings die Ehrenamtlichkeit nicht unnötig. Im Gegenteil: Von der Caritas Schweiz ist schon gesagt worden, daß die Freiwilligenarbeit im Sozialbereich zu unterstützen und zu fördern sei. Von daher wird ein neuer Strang der Vernetzung von ehrenamtlicher und professioneller Arbeit sichtbar. Auch ein Sozialarbeiter oder eine Sozialarbeiterin in einer Berner Pfarrei ist auf ein ehrenamtlich mittragendes und mitsorgendes Netz von engagierten Frauen und Männern angewiesen. Sonst sind sie ortlos.

Nicht wesentlich anders ist es auf sprachregionaler und gesamtschweizerischer Ebene. Im Medienbereich etwa ist die Verbands- und Vereinsarbeit ohne die sachkompetenten Fachleute, die auch von den Medienleuten ernst genommen werden, schlichtweg nicht seriös zu gestalten. Andererseits braucht der Sachbearbeiter beispielsweise im Freizeit- und Tourismusbereich eine ihn unterstützende, begleitende sowie in das Ganze integrierende Fachkommission oder Gruppe; der Einzelkämpfer könnte allzuleicht den Kontakt mit dem Boden der Realitäten und widerspenstigen

Wirklichkeit verlieren und ohne Bodenhaftung ins Schweben geraten (wie es gerade im Bildungsbereich teilweise der Fall sein kann).

(6) *Ehrenamtlichkeit und (amtliche) Entscheidungskompetenz.* In der praktischen Verbandsarbeit zeigt sich aber nicht nur eine Spannung zwischen Ehrenamtlichkeit und Professionalität, sondern auch zwischen Freizeit-Engagement der Ehrenamtlichen und dem Kommissionsverhalten der Berufskatholiken weltlichen und geistlichen Standes. — Es ist ungemein beeindruckend, welches Engagement Frauen und Männer in den verschiedenen Bereichen und Gremien für „ihre Kirche" bzw. für die entsprechenden Anliegen aufbringen, wie Freizeit eingesetzt wird, welche Gewissenhaftigkeit an den Tag gelegt wird und welche beruflichen Fachqualifikationen sich unter dem Dach der Kirche zusammenfinden. In unserem System der feinmaschigen Vernetzung ist zwar die Gefahr gegeben, daß sich oft die gleichen Leute treffen und es zu Verdoppelungen kommt. Und es ist auch gut, sich über die Sacharbeit hinaus kennen zu dürfen. Andererseits ist es für die engagierten Frauen und Männer mühsam, wenn bei der praktischen Arbeit gerade die Berufskatholiken vor lauter Sitzungskatholizismus sich öfters entschuldigen müssen und der Kommunikationsfluß bei Sachentscheidungen und Wahlen nicht spielt. Noch bemühender ist es allerdings, wenn Entscheidungen nach reiflicher Überlegung dem Ressortinhaber seitens der Bischofskonferenz oder DOK nur schwer zu vermitteln sind oder von dieser Seite gar verhindert werden. Entscheidungskompetenz und Sachkompetenz fallen zuweilen peinlich auseinander, auch wenn man Verständnis dafür hat, daß ein Ressortverantwortlicher nicht mit der ganzen Sachproblematik vertraut sein kann (ähnlich ergeht es ja den Verbands- oder Kommissionspräsidenten/innen manchmal auch). Aber es zeigt sich auch hier, daß synodale Strukturen eher in der Lage wären, Entscheidungsbefugnis und Sachverständigkeit zu einer gemeinsamen Verantwortung und Haftbarkeit zu verbinden.

6. Die Schweizer Bischofskonferenz

In dieser spannungsreichen Zeit, in der die Kirche trotz aller Ermüdungserscheinungen und der praktischen Distanz vieler Menschen den Weg in die zeitgenössische Gesellschaft mit ihren Fragen und Herausforderungen wagen und finden muß, stellt sich die Frage nach der Rolle der Schweizerischen Bischofskonferenz (SBK) und letztlich auch der deutschsprachigen Ordinarienkonferenz (DOK). Gelingt es der Bischofskonferenz, zwischen den Polen „Kirchenvolk" und „Universalkirche" zu vermitteln, Einheit und Vielfalt zu verbinden und das Schiff der katholischen Kirche Schweiz situationsgemäß und auftragsgebunden zu steuern?

(1) Grundsätzlich ist der *Status* der nationalen *Bischofskonferenzen* seit der Bischofssynode 1985 vermehrt ins Gespräch geraten. Bischofskonferenzen gab es in etlichen Ländern schon vor dem Zweiten Vatikanischen Konzil. In der Kirchenkonstitution „Lumen gentium" (1964) heißt es bereits: „Die kollegiale Einheit tritt auch in den wechselseitigen Beziehungen der einzelnen Bischöfe zu den Teilkirchen wie zur Gesamtkirche in Erscheinung . . . ," und die Bischofskonferenzen „können in unserer Zeit vielfältige und fruchtbare Hilfe leisten, um die kollegiale Gesinnung zu konkreter Verwirklichung zu führen" (23). Sehr deutlich äußert sich das Dekret über die Hirtenaufgabe der Bischöfe „Christus Dominus" (1965), wenn zu lesen ist: „Die Bischofskonferenz ist gleichsam ein Zusammenschluß, in dem die Bischöfe eines bestimmten Landes oder Gebietes ihren Hirtendienst gemeinsam ausüben, um das höhere Gut, das die Kirche den Menschen bietet, zu fördern, besonders durch Formen und Methoden des Apostolats, die auf die gegebenen Zeitumstände in geeigneter Weise abgestimmt sind" (38, vgl. auch 37).[32]
Basierten die Bischofskonferenzen bis zum Konzil auf freier Vereinbarung der beteiligten Bischöfe eines Landes, wurde sie durch das Konzil zu einer Einrichtung des allgemeinen Rechtes erhoben. Durch das neue Kirchenrecht (1983) ist das neue kollegiale Organ zu einer Zwischeninstanz zwischen der Ortskirche (Diözese) und dem Papst ausgebaut worden. Dieses neue kirchliche Organ war anscheinend schwer in das neue kanonische Recht einzubauen. Noch problematischer gestaltet sich seither seine grundsätzlich bzw. ekklesiologische Deutung und Einordnung. Dabei darf nicht außer acht gelassen werden, daß das neue Kirchenrecht trotz einiger Fortschritte im Detail die zentrale Funktion des Papstes noch mehr zementiert hat.[33] — So gingen die Antworten etlicher Bischofskonferenzen auf die Frageliste im Vorfeld der Sonder-Bischofssynode von 1985 zum Stichwort „Bischofskonferenzen" dahin, daß diese Einrichtung aufgewertet werden sollte (Brasilien) und mehr Autonomie bräuchte. Die Beziehungen zum Vatikan seien zu klären (USA), und die Bischofskonferenzen seien authentische Orte der Ausübung der Kollegialität und der Gemeinschaft (Kanada). — Aufsehen erregten die Äußerungen von Kardinal Ratzinger in seinem Interviewbuch „Zur Lage des Glaubens", in dem er den Bischofskonferenzen eine theologische Grundlage aberkannte und überdies meinte, die Rolle der Bischöfe werde durch die immer straffer durchorganisierten Bischofskonferenzen geradezu erstickt.[34] — Im Schlußdokument der Bischofssynode 1985 und in der weiteren Diskussion sind sowohl die theologischen als auch pastoralpraktischen Aspekte erörtert

[32] Vgl. K. Walf, a.a.O., 104—11.
[33] Ebd., 109.
[34] U. Ruh, Wenn Kollegialität konkret wird, in: Herder Korrespondenz 42 (1988) 245—248.

worden. Sorgen, die immer wieder auftauchen, gehen dahin, daß die Bischöfe ihre Verantwortung an eine Art Oberleitung abgeben und ihre psychologische Freiheit verlieren. Die Bischofskonferenzen könnten eine ungerechtfertigte Autonomie gegenüber dem Heiligen Stuhl beanspruchen. Sie wären überdies nicht aus dem theologischen Prinzip der Kollegialität abzuleiten, sondern durch kirchliches Recht geregelt. Man spürt hinter der ganzen Argumentation die Angst vor zu großer Selbständigkeit der Teilkirchen; deshalb werden sie auch theologisch abgewertet (eine psychologisch wohl durchschaubare Art der Rationalisierung von Ängsten). Was die praktischen Einwände betrifft, so sind sie in der Tat im Blick auf eine gute funktionale Balance zwischen dem Einheitsdienst und der notwendigen Vielfalt zu experimentieren. Aber es ist doch wohl kurzäugig, nicht sehen zu wollen, daß die psychologische Freiheit der Bischöfe durch Bischofskonferenzen eher gewährleistet würde als durch die zur Zeit forcierte zentralistische „Oberleitung“ seitens des Vatikans.
Und theologisch scheint die Argumentationsstruktur ebenfalls interessengeleitet. Wenn die Bischöfe keine päpstlichen Vikare und Direktivenempfänger einer Zentrale sind, sondern als Diözesanbischöfe aufgrund der Weihe eine eigenständige Autorität haben, dann ist nicht zu verstehen, daß die Kollegialität der Bischöfe im Rahmen einer Teilkirche nur eine kirchenjuristische Bedeutung haben soll. Vielmehr ist die Kollegialität eine dynamische Wirklichkeit, die sich auf den verschiedenen Stufen natürlich unterschiedlich verwirklicht, aber auf jeder Stufe das qualitativ Ganze der Kollegialität deutlich macht. Mit Kollegialität ist in diesem Zusammenhang das synodale Prinzip auf der Ebene Diözesen und Weltkirche gemeint. Und da die Teilkirchen nicht primär Kirche sind als Teilterritorien oder Großagenturen einer Zentrale, sondern auf der Basis der Grundfunktionen und sakramentalen Struktur Kirche im Vollsinn leben, ist theologisch nicht einsichtig, daß eine Bischofskonferenz nicht auch theologische Dignität und Bedeutung haben soll. Im quantitativen Teil der Kirche ist qualitativ das Ganze der Kirche präsent und lebendig. Das universal Gültige hat nur in partikularer Verankerung eine Chance; oder es verdunstet. Bevor man mit den Formeln „Ius divinum“ und „Ius ecclesiasticum“ solche interessengeleiteten Auf- und Abwertungen unternimmt, müßte zuerst einmal nachgewiesen werden, ob eine solche Unterscheidung praktisch durchführbar und überhaupt theologisch begründbar ist. Und was ist denn ein Konzil? Ist es göttlichen oder kirchlichen Rechts? Zudem ist primär die konkrete Ortskirche Bedingung dafür, daß die Frage nach Einheit erst sinnvoll wird. Von einer Struktur der Ko-Existenz zu sprechen, ohne daß zuerst Existenz gesichert und anerkannt ist, macht schlichtweg keinen Sinn. Solche Diskussionen lenken nur von wichtigeren Herausforderungen ab.
Es geht somit bei dieser Frage um den Anwendungsfall synodaler Kir-

chenordnungen. Gleichzeitig ist damit der Hintergrund für unsere Frage nach der Schweizer Bischofskonferenz skizziert.

(2) *Die Geschichte der Schweizer Bischofskonferenz* entbehrt nicht gewisser Pikanterien. Zwei Dinge sind dabei in Erinnerung zu rufen. Die Bischofskonferenz der Schweiz ist die älteste ihrer Art (als feste Einrichtung), also praktisch 100 Jahre den Impulsen des Zweiten Vatikanischen Konzils voraus.[35]

Der zweite Aspekt ist für eine Analyse noch wichtiger: Die Bischofskonferenz wurde nicht zuletzt dank eines Anstoßes des Piusvereins, also der Laienbewegungen und ihrer organisatorischen Sammlung, gebildet.[36] — Bis in die fünfziger Jahre dieses Jahrhunderts blieb es auch bei einer engen, wenn auch informellen Interessengemeinschaft von Amtskirche, Verbänden und der damaligen Katholisch-konservativen Volkspartei.[37] Diese Einheit lockerte sich in den sechziger Jahren aus den bekannten Gründen. Für die Schweizer Bischofskonferenz brachte das erwähnte Konzilsdekret über die Bischöfe „Christus Dominus" (1965) eine grundlegende Wende. Bis anhin funktionierte sie in der Form der Tagsatzung. Durch das Konzil wurde sie aber zu einer kollegialen „Regierung" mit Befugnissen und Kompetenzen, also zu einem formal aufgewerteten Steuerungsinstrument für die Einheit und Vielfalt der katholischen Kirche Schweiz. Es verband sich damit der Ausbau von Kommissionen, Stabsstellen und auch eines eigenen Sekretariats im Jahre 1966 (Paul Werlen). Neue Statuten gaben dem Kollegium eine zeitgemäßere Struktur, so zum Beispiel den alle zwei Jahre wechselnden Präsidenten (früher war der amtsälteste Bischof zeitlebens Dekan).

Und noch etwas ist zu vermelden. Die Bischofskonferenz griff die Stimmen aus kirchlichen Kreisen nach Abhaltung einer schweizerischen Synode auf.[38] Schon 1969 wurde die Synode in allen Bistümern der Schweiz einberufen. Obwohl der Bischof eine ausgeprägte Stellung einnahm, war die Synode in der Schweiz im Vergleich zu jenen in anderen Ländern (mit Ausnahme der holländischen) auf viel breiterer Basis abgestützt. Bischöfe und Priester waren bei uns viel näher am Puls des Volkes Gottes als etwa in Deutschland. Das trug gegenseitig und baute Vorurteile und Mentalitätsbarrieren ab. Das ist der Grundtenor, den die ehemaligen Synodalen und Synodalinnen (z.B. aus dem Bistum Basel) heute noch aus ihrer Erinnerung mitteilen (und stark mit der Person von Bischof Anton Hänggi verbinden). Die Zeit war noch insgesamt von der Aufbruch-Stimmung ge-

---

[35] Vgl. H. Bischofberger, 120 Jahre Schweizer Bischofskonferenz, in: Schweiz. Kirchenzeitung 151 (1983) 694—700.

[36] U. Altermatt, a.a.O., 142.

[37] Vgl. ebd., 164f.

[38] Vgl. E. Hangartner-Everts, Synode 72 (Luzern 1978) 45.

prägt. — Das wird auch im Dokument der Schweizer Bischofskonferenz zur Synode 72 aus dem Jahre 1983 noch deutlich: „Die Synode wurde in jedem Bistum durch eine allgemeine Umfrage in zahlreichen Besprechungen über Textentwürfe und durch das Gebet vorbereitet. Zur Synode versammelten sich (gewählte) Vertreter verschiedener Schichten und Tendenzen. Sie begegneten sich in Gottesdiensten, Sitzungen und Gesprächen. Dieser Vorgang wirkte unter den Beteiligten einheitsstiftend. Das war ein wichtiges Ergebnis und eine Voraussetzung für gemeinsame Beschlüsse. Alle Teilnehmer mußten persönliche Ansichten und Tendenzen relativieren.“[39]

Das Dokument, das insgesamt recht nüchtern wirkt und Interpretationsregeln für die Bewertung der Synode an die Hand geben will, bestätigt die bleibende Aktualität und Gültigkeit der diözesanen Entscheidungen der Synode. Es zeigte sich auf ihr doch eindrucksvoll, wie einheitsstiftend, Energie freisetzend und ermutigend es sich auswirken kann, wenn angesichts des Versuchs, auf echte Fragen Antworten zu suchen, die Bischöfe sich zu den „Laien“ begeben und sich zum Volk Gottes gesellen. Sie selbst überwinden die Isolation in ihrem Amt und werden zur Ermutigung für das Volk Gottes. Sie stießen auf so viel Kompetenz, Sympathie und Bereitschaft. So zeigt die Geschichte nicht nur, daß die Bischofskonferenz ebenfalls ein „Kind“ von Laien-Initiativen ist, sondern auch an Bedeutung und Echo gewinnt, je mehr sie sich dem Volk Gottes mit den bereitwilligen Frauen und Männern verbindet, um gemeinsam die Aufgaben anzugehen, die sich stellen.

(3) Die zur Zeit äußerst *traurige Situation* der schweizerischen Bischofskonferenz wird auch im Spiegel ihrer eigenen Geschichte als widersprüchlicher Kontrast empfunden. Mit großem Bedauern müssen jene, denen eine glaubwürdige Kirche am Herzen liegt, beobachten, daß nicht nur das Gewicht der Bischofskonferenzen seitens des Vatikans ausgehöhlt wird; erschreckend ist auch festzustellen, daß mit der unglücklichen Ernennung von Bischöfen vatikanische Interessen den Ortskirchen aufgezwungen werden. Der so wichtige Einheits-Dienst des Bischofs wird leider zum disziplinarischen Instrument umfunktioniert, und damit werden Polarisierungen und Zerwürfnisse — wie schon lange nicht mehr — mutwillig vom Zaun gerissen. Das Instrument der Einheit ist zum polarisierenden Instrument eines extremen Flügels in der Kirche geworden und verletzt damit die Einheit selbst. Der wichtigsten Kompetenz für das Bischofsamt, nämlich der Einheit in der unbarmherzigen Spannung durch Entschiedenheit und durch Dialogfähigkeit zu Diensten zu sein, wird eine stur wirkende Linientreue gegenüber dem Vatikan vorgezogen. Zu diesem Dienst sind

---

[39] In: Schweiz. Kirchenzeitung 151 (1983) 550.

nur Leute zu „berufen“, die in etwa über den Parteien und Lagerbildungen stehen und damit versöhnend und heilend wirken können. Deren gäbe es im Bistum Chur genügend.
Ein Bischof jedoch — und letztlich jeder, dem ein Einheits-Dienst übertragen ist —, der dem theologisch möglichen und pastoral notwendigen Pluralismus zu wenig Raum gibt, bringt sich selbst um die Chance, seinem Einheitsdienst persönlich zu Diensten zu sein. Zudem verstärkt sich die Gefahr, daß die pastorale Handlungsebene und die institutionelle-amtliche Ebene auseinanderklaffen oder gar entzweibrechen. Dahinter lauert die Gefahr eines Schismas zwischen faktischer Pastoral und nur noch rechtlich argumentierendem Amt. Dieses „Schisma“ mit all dem ungeheuren binnenkirchlichen Energieverschleiß und Glaubwürdigkeits-Verlust der Kirche ist praktisch im Bistum Chur gegeben. Die primäre (nicht alleinige) Verantwortung für diese ungeheure Zumutung an die Kirche Schweiz liegt in der Hand von „Chur“ und „Rom“. Da Chur nicht willens noch psychisch in der Lage ist, eine die Situation heilende Entscheidung zu treffen, läge es am Einheitsdienst des Papstes, seinen Dienst heilend und klärend einzusetzen. Damit stoßen wir an heillose Grenzen, weil — wie schon erwähnt — die Bischofsernennungen für die innerkirchliche Disziplinierung im Sinne des Vatikans instrumentalisiert werden.[40]
Die äußerst heftigen und andauernden Reaktionen in der Schweiz auf die Ernennung von W. Haas zum Koadjutor bzw. Diözesanbischof sind nicht nur auf das Demokratieverständnis des Schweizer oder auf andere Faktoren (wie Hartnäckigkeit der Schweizer) zurückzuführen, sondern auch auf einen sozialpsychologischen Gesichtspunkt. Viele Menschen stören nicht so sehr die unmittelbaren Erfahrungen mit der Kirche am Ort, sondern bestimmte Aspekte der zentralistischen Kircheninstitution Vatikan, weltkirchliche Vorgaben (Stellung der Frau, Frage der Geburtenkontrolle, Zölibat) und die institutionelle Ausgestaltung und praktische Wahrnehmung des Papsttums. Gerade diese Aspekte und die römische Zentralisierung werden durch die modernen Medien noch verstärkt. Diese Eindrücke werden nun gerade bei jenen kaum relativiert, die keinen oder einen seltenen Bezug zur Kirche vor Ort haben. — Durch die umstrittenen Ernennungen von Diözesanbischöfen ist nun für viele Menschen diese mehr über die Medien wahrgenommene Institution Kirche plötzlich trotz aller Distanz ganz nahegekommen und mediale Erfahrung geworden — verstärkt durch die sehr unglückliche Art des neuen Bischofs von Chur, seinen Kurs zu steuern.
Die Auswirkungen sind verheerend. Nicht nur das Bistum Chur ist betrof-

[40] Vgl. L. Karrer, Das staatskirchenrechtliche Gewand in der Schweiz im Spiegel der Churer Ereignisse, in: Schweiz. Kirchenzeitung 158 (1990) 494—499; ders., Aufbruch der Christen (München 1989) 91—108.

fen, sondern darüber hinaus die Kirche Schweiz. Insofern gehen die Vorgänge alle Schweizer Bischöfe an. Verletzt ist überdies das tiefere Verständnis von Kirche und der Sinn des Bischofsamtes. Man darf es nicht beschönigen: Was hier die Akteure von Chur und Rom der Kirche Schweiz aufgelastet haben, ist „zum Weinen".[41] — Die fahrlässige und verletzende Art der Bischofsernennungen (wie jüngst wieder in St. Pölten) stimmt viele, die die Kirche lieben, ungemein traurig und zornig. — Man stelle sich vor, wie auch Bischöfe, die ein hohes Ethos von ihrem Dienst haben und vom Volk Gottes angenommen und geschätzt werden, an dieser Situation leiden müssen; im Grunde genommen werden auch sie zutiefst verletzt und desavouiert.

Symptom für die Verlegenheit, als Bischofskonferenz gesamthaft auf die Kirche Schweiz einzugehen, ist für mich der Hirtenbrief „Christ sein — Zeugnis geben" zum Eidgenössischen Dank-, Buß- und Bettag 1990. Geschichtliche Gestalten werden genannt (J. Caesar, H. Dunant, J. Gotthelf), es wird an den vor 1700 Jahren verstorbenen Hl. Mauritius und die Thebäische Legion erinnert. Aber die Bischöfe haben keine Kraft mehr, angesichts der brodelnden Lage in der Kirche Schweiz mit einem Wort auf die Situation einzugehen und wenigstens „spirituell" etwas zu sagen. — Auch die Reaktion auf die „Luzerner Erklärung" vom 21. März 1991, die von 8000 kirchlichen Mitarbeitern und Mitarbeiterinnen in Sorge um den Kurs der Kirche unterschrieben worden ist, ist rein defensiv und läßt kaum noch Reserven für eine inhaltliche Diskussion erkennen.[42]

Im Moment ist leider kein Ausweg in Sicht. Die Schweizerische Bischofskonferenz ist als „Kollegium" blockiert und gelähmt. Das Vertrauen in Rom genießen — wie es leider scheint — gerade jene, die auf kein Vertrauen beim Volk Gottes stoßen und die nicht vermitteln können, weil sie keinen wohlwollenden Zugang zu „unseren" Verhältnissen haben.

Die Konsequenz ist ein zunehmender Bistumsindividualismus (der einer Zentrale wohl eher ins Konzept paßt: divide et impera!), der aber gerade in der heutigen Zeit und angesichts der Herausforderungen an die Kirche Schweiz in eine kompetente und handlungsfähige Bischofkonferenz zu integrieren wäre. So ist mit aller Nüchternheit zu sehen, daß dieses pastoral so notwendige, durch das Konzil aufgewertete Instrument für eine gemeinsame Planung in der Kirche Schweiz zur Zeit funktionsunfähig geworden ist und nicht als gemeinsame Klammer für die Vielfalt und die Sprachregionen in der Schweiz gelten kann.

---

[41] Vgl. Zur Lage im Bistum Chur, in: Schweiz. Kirchenzeitung 159 (1991) 170f; M. Hofer, in: Schweiz. Kirchenzeitung 159 (1991) 186f; M. Amherd (Hrsg.), Wolfgang Haas: Bischof ohne Volk. Volk ohne Bischof (Zürich 1991).

[42] Vgl. Schweiz. Kirchenzeitung 159 (1991) 202f; s. dazu die Stellungnahme vor R. Weibel, Mut und Wut, in: Schweiz. Kirchenzeitung 159 (1991) 242f.

Der unverzichtbare Dienst des Bischofs ist heute ein unbarmherziges Amt (besonders wohl in der Schweiz). Nicht nur die Lagerbildungen im schweizerischen Katholizismus und die Polarisierungen innerhalb einer Diözese können die Bischöfe menschlich an den Rand ihrer Kraft bringen. Ihre Situation ist in den letzten Jahren auch zwischen Vatikan und Diözesanbasis bis zur Erschöpfung angespannt geworden. Was Quelle für Mut, Solidarität und Erleichterung im Dienst sein sollte, ist zur zermürbenden und unbarmherzigen — oft einsamen — Last geworden. Wäre ein zivilcouragierter und grundsätzlich loyaler, aber in der Sache klarer Protest wenigstens von zwei oder drei Bischöfen nicht um der Kirche willen heils-notwendig — gelegen oder ungelegen? Wäre es dann eventuell nicht ein Weg, im einzelnen sich noch entschiedener auf die Seite der Menschen mit ihren Fragen und Problemen, auf die Seite des Volkes Gottes zu schlagen? Es würde vielleicht nicht weniger konflikt- und enttäuschungsreich; aber man erlebte dann die Kraft und Atmosphäre, daß man getragen wird und offenen Herzen begegnete, wenn man mit und unter dem Volk Gottes die unmittelbare Kraft und Wärme der Kirche erlebte. Nicht der Vatikan ist der primäre Horizont für einen Bischof, sondern das Volk Gottes. — Sonst drohen unheilvolle Kirchenspaltungen. Und sie sind vermutlich schon da. Die Probleme von „Kirchenspaltungen" sind meines Erachtens nicht so sehr zwischen Teilkirchen und Rom gegeben (das mag für unsere Breitengrade früher leichter der Fall gewesen sein), sondern eher auf der Ebene von Bischof und Volk Gottes. Wenn einmal die Bischöfe nicht mehr hinter dem Volk Gottes stehen und das Volk Gottes nicht hinter den Bischöfen, dann muß man Sorge haben um die Einheit im Glauben und Beten der Kirche.

XI.
Das staatskirchenrechtliche Gewand der katholischen Kirche Schweiz

Unserem staatskirchenrechtlichen Gewand ergeht es ähnlich wie den Pyramiden: Man weiß um sie, aber man hat sie kaum gesehen. Die nähere Ausgestaltung der staatskirchlichen Strukturen in unserem Lande dürfte mehr oder weniger nur den Insidern bekannt sein. Aber selbst für sie ist ein Überblick bezüglich der Geschichte, der grundsätzlichen Fragen, der öffentlich-rechtlichen Anerkennung, der Verwaltungsstrukturen, der Kirchensteuern und ihrer Verwendung, der Integration der Ausländer und Ausländerinnen sowie des Stimm- und Wahlrechts etc. kaum möglich. Denn hier macht sich das Bonmot, daß von Kanton zu Kanton alles anders sei, praktisch bemerkbar, zumal die Differenzierung nicht nur kantonal erfolgt, sondern auch auf Kirchgemeindeebene.
In der Schweiz sind die Kantone als „souveräne" Einzelstaaten, die den Bundesstaat bilden, von zentraler Bedeutung. — Die rund 3000 Gemeinden bilden kleine „Republiken" im Rahmen jener Autonomie, die durch die kantonalen Verfassungen umschrieben und gewährleistet ist. Dahinter steht eine starke basisdemokratische und genossenschaftliche Überlieferung. Die Gemeinden verleihen das Bürgerrecht, das Voraussetzung für das Schweizer Bürgerrecht ist. Sie ziehen auch eigene Steuern ein. Rechte können allerdings die Autonomie insofern zur Fiktion werden lassen, als im Rahmen der früher schon beschriebenen funktionalen Demokratie deren konkreter Handlungsspielraum (z.B. finanziell) eingeengt und festgelegt ist.
Neben den vereinsrechtlichen oder ordensrechtlichen Sozialformen des kirchlichen Lebens ist für die Katholiken und Katholikinnen in der Schweiz — im Vergleich zur übrigen Welt — besonders typisch und einzigartig, daß sie gebietskörperschaftlich zwei Systemen zugehören. Nach kirchlichem Recht zählen sie zu den rund 1800 Pfarreien und zu sechs Bistümern bzw. zur Abtei St. Maurice. Nach staatlichem Recht gehören sie aber auch zu Kirchgemeinden und meist auch zu kantonalkirchlichen Körperschaften mit entsprechenden Kirchgemeinderäten und kantonalkirchlichen Behörden. — Um diese staatskirchenrechtlichen Strukturen geht es im folgenden.

1. Historische Herkunft

Die Kirchgemeinde ist die älteste und entscheidende Institution des schweizerischen Staatskirchenrechts.[1] Die ersten kantonalkirchlichen Institutionen entstanden freilich bereits im 19. Jahrhundert. Sie stellen eine Rechtsfigur dar, die ursprünglich aus der evangelisch-reformierten Überlieferung stammt und nun als Instrument kantonaler Kirchenpolitik diente (St. Gallen, Graubünden, Aargau . . .). In den letzten Jahrzehnten ist dieses Instrument in über einem Drittel der Kantone revidiert oder klarer gefaßt worden. Sogenannte Landeskirchen sind in Zürich, Basel, Bern, aber auch in Nidwalden oder (als Zweckverband) in Obwalden entstanden. In Schwebe sind immer noch Wallis und Freiburg; in Freiburg ist ein erster Versuch bei einer Volksabstimmung 1986 gescheitert, was gesamtschweizerisch als Vorgang kaum registriert worden ist. Unterdessen ist aber ein Gesetz angenommen worden (1991) das landeskirchliche Statuten für die Konfessionen ermöglicht.

Die Wurzeln der Kirchgemeinde hingegen liegen im Mittelalter, in der Zuordnung der Gläubigen zu einer Pfarrei bzw. zu einem Pfarramt.[2] Ja, sie reichen sogar als genossenschaftlich wahrgenommene kollektive Verpflichtungen zur Aufrechterhaltung der kirchlichen Gebäude bis ins 9. Jahrhundert zurück. Seit dem 14. Jahrhundert erwarben sich diese „Genossenschaften" nebst den Pfründen auch die Patronatsrechte und erhielten damit auch das Recht, einen Geistlichen (Leutpriester) für das pastorale Amt zu präsentieren. Im 19. Jahrhundert entwickelte sich daraus die Kirchgemeinde der katholischen Stammlande.

Ein weiterer Zufluß, der sich seit dem 19. Jahrhundert in den staatskirchli-

---

[1] Vgl. A. Odermatt, Synodale Ordnung durch Verhandeln und Vereinbaren, in: P. Bischofberger u.a. (Hrsg.), Verheißung und Anstoß. Festschrift für Josef Amstutz zum 60. Geburtstag (Luzern 1987) 181—205; P. Hafner, Im Dienst am gleichen Menschen, in: J. Müller (Hrsg.), Katholische Kirche Schweiz heute (Freiburg Schweiz 1981) 69—95; ders., Staat und Kirche im Kanton Luzern (Freiburg Schweiz 1991); J. G. Fuchs, Aus der Praxis eines Kirchenjuristen (Zürich 1979); L. Carlen (Hrsg.), Räte in der Kirche zwischen Recht und Alltag (Freiburg Schweiz 1987) mit Lit.-Verzeichnis; L. Karrer, Kirchliche Gemeinden. Die Entwicklung in der Schweiz vor dem Hintergrund des staatskirchlichen Gewandes, in: Bibel und Liturgie 61 (1988) 101—108; ders., Das staatskirchliche System in der Schweiz und sein Einfluß auf das pastorale Wirken der Kirche, in: Diakonia 19 (1988) 261—269; ders., Das staatskirchenrechtliche Gewand in der Schweiz im Spiegel der Churer Ereignisse, in: Schweiz. Kirchenzeitung 158 (1990) 494—499; D. Kraus/R. Pahud de Mortanges (Hrsg.), Bibliographie des Schweiz. Staatskirchenrechts (Freiburg Schweiz 1991); vgl. auch KIPA, Interview mit Libero Gerosa, in: KIPA — 18. März 1991 (Nr. 77) 15f.

[2] U. J. Cavelti, Das schweizerische Staatskirchenrecht und das neue kirchliche Vermögensrecht, in: M. Amherd/L. Carlen (Hrsg.), Das neue Kirchenrecht. Seine Einführung in der Schweiz (Zürich 1984) 129—162; C. Pfaff, Pfarrer und Pfarreileben. Ein Beitrag zur spätmittelalterlichen Kirchengeschichte, in: Innerschweiz und frühe Eidgenossenschaft I, hrsg. v. Histor. Verein der Fünf Orte (Olten 1990) 205—282.

chen Strom ergoß, sind die den Klöstern und Stiften inkorporierten Pfarreien. Der Kanton übernahm von den zum Teil aufgelösten Klöstern das Kirchengut der Pfarreien und übergab es mit der Zeit den örtlichen Kirchgenossen als zweckgebundenes Eigentum. Später trat er verschiedentlich das Präsentationsrecht an die Kirchgemeinden ab (obwohl die Praxis auch hier innerhalb eines Kantons, z.B. Luzern, recht unterschiedlich ist). — Ein weiterer Zustrom kommt aus den Kantonen, die früher evangelisch-reformiert waren. Diese Kirchgemeinden sind ausschließlich staatlich begründet. Es sind Beitragsgemeinschaften ohne Abstützung auf Traditionen und kirchliches Recht. Die meisten haben auch Pfarrwahlrecht aufgrund staatlicher, von den Bischöfen nicht bestrittener Rechte. Das neue kirchliche Gesetzbuch von 1983 hat das Pfrundwesen grundsätzlich aufgehoben; damit ist auch das Patronatsrecht erloschen. Der Kirchgemeinde wurden damit die kirchenrechtlichen Grundlagen entzogen, die vom Codex Iuris Canonici aus dem Jahre 1917 immerhin noch anerkannt waren (can. 1452). — In der Schweiz ist es zweifellos unmöglich, diese ehemaligen, auf die Kirchgemeinden übergegangenen Pfrund- und Patronatsrechte auf einen diözesanen rein kirchenrechtlichen Träger zu übertragen. Denn die Vermögensmassen sind nicht Kirchengut; Eigentümer sind die staatskirchlichen Kirchgemeinden. Die Patronatsrechte sind die auch im neuen Kirchenrecht respektierten wohlerworbenen Rechte (can. 4).

2. Der staatskirchenrechtliche Rahmen

a) Bundesrechtliche Bedingungen für die kantonale Kirchengesetzgebung

Zwei Merkmale des schweizerischen Staatskirchenrechts sind zusammenzufassen:

— Mit der öffentlich-rechtlichen Anerkennung werden die Angehörigen einer bestimmten Konfession zu einer Körperschaft des öffentlichen Rechts vereinigt. Die Körperschaften sind territorial gegliedert in Kirchgemeinden, sodann in Kirchgemeindeverbänden (in größeren Städten) oder landeskirchlichen Verbänden (kantonale Synoden). Die Grundlage von Landeskirchen wie Kirchgemeinden ist somit staatlich, ihre Zwecksetzung jedoch kirchlich.

— Alle Kantone haben als Ausfluß der bundesrechtlichen Garantie der Glaubens- und Gewissensfreiheit einen sogenannten inneren Bereich offengelassen, in den der Staat sich nicht einmischt. Dieser Bereich umfaßt in jeden Fall Fragen der kirchlichen Lehre, des Kultus, der Seelsorge und der Diakonie. In den äußeren Belangen, wie Organisation im einzelnen, Verwaltung, Finanzen, teils Ordnung des Ämterwesens, ist eine staatliche Hoheit gegeben. Insbesondere im Maß der Intensität dieser staatlichen Hoheit unterscheiden sich die kantonalen Gesetzgebungen.

b) Entwicklung der staatskirchenrechtlichen Hoheit auf kantonaler Ebene

(1) *Zur Situation.* Es entspricht der schweizerischen Staatsauffassung, daß die Kantone auch auf dem Gebiet der Kirchengesetzgebung souverän sind. Die Kantone Genf und Neuenburg haben zu Beginn des 20. Jahrhunderts als einzige die Trennung zwischen Staat und Kirche eingeführt. Alle Glaubensgemeinschaften haben sich privatrechtlich zu organisieren. Allerdings haben das evangelisch-reformierte, das römisch-katholische und christ-katholische Bekenntnis eine gewisse Vorrangstellung (insofern der Kanton via Steuerrechnung freiwillig „Spenden" für die Kirchen einzieht).
Den größten Gegensatz dazu stellt die waadtländische Kirchenorganisation dar. Die Waadtländer Verfassung bezeichnet die evangelisch-reformierte Kirche als „nationale Institution". Diese ist öffentlich-rechtlich anerkannt; doch sind weder sie noch ihre Pfarreien eine eigene Rechtspersönlichkeit. Die römisch-katholische Kirche andererseits ist dort nicht öffentlich-rechtlich (mit einer Ausnahme-Regelung im Bezirk Echallens). Die zu einer Föderation zusammengeschlossenen katholischen Pfarreien bilden eine Vereinigung des Privatrechts.
Alle übrigen Kantone gewähren beiden Hauptkonfessionen, zum Teil auch dem christ-katholischen Bekenntnis, einen öffentlich-rechtlichen Status. Der Kanton Basel-Stadt anerkennt zudem die israelitische Gemeinde als Korporation des öffentlichen Rechts. In einigen Kantonen haben zwar die Kirchen ein Steuerrecht; aber der Staat kommt für gewisse Bedürfnisse auf, wie Besoldung von Geistlichen oder seit einigen Jahren von Laientheologen/innen im Pfarrer-Status (Bern, Basel-Land, früher auch Schaffhausen). — In den meisten Kantonen steht die Steuerhoheit bloß den Kirchgemeinden zu, nur sechs gewähren sie zudem den kantonalen kirchlichen Körperschaften. Zur Erfüllung der kantonalkirchlichen Aufgaben sowie zur Verwirklichung des Finanzausgleichs zwischen den Kirchgemeinden gewähren viele Kantone den Konfessionsverbänden das Recht, von den Kirchgemeinden Beiträge zu erheben. In einigen Kantonen erhalten die anerkannten Religionsgemeinschaften zusätzliche Beiträge von seiten des Staates, in anderen hinwiederum ist jede öffentliche Beitragsleistung zur Finanzierung eigentlicher Kultuszwecke verboten (z.B. Basel-Stadt). In den Kantonen Schwyz und Wallis fallen politische Gemeinde und Pfarrei-Territorium zusammen; die zivile Kommune kommt ebenfalls für die Bedürfnisse der Pfarrei auf. Mischformen (Sub-

ventionen von Pfarreien, Steuerhoheit, freiwilliges Beitragssystem ...) gibt es im Tessin. Schon allein diese wenigen Hinweise belegen, daß auch die staatskirchlichen Verhältnisse in der kleinen Schweiz viel unübersichtlicher sind als in den großen umliegenden Ländern.
Wie beim geschichtlichen Einstieg erwähnt, sind die meisten kantonalkirchlichen Institutionen als Zusammenschluß der Kirchgemeinden katholischerseits erst im Verlaufe der letzten 150 Jahre entstanden; zuerst waren somit die „Kirchgemeinden".[3]
Die Verwaltungsstruktur ist auf demokratischer Basis aufgebaut, wie in politischen Gremien üblich: Gesetzgebende Behörde (Legislative) — Ausführende Behörde (Exekutive) — Rechnungsprüfungskommission. Dies gilt für die Kirchgemeinde wie für die Landeskirche. Die Begriffe variieren dabei so stark (Kirchenrat, Kirchenpflege ...), daß Mißverständnisse fast nicht zu vermeiden sind.
Auf der Ebene der Landeskirche ist die Synode (bzw. Kirchenrat, Großer Kirchenrat, Kirchgemeindeverband, Kath. Kollegium, Corpus Catholicum, Fédération ...), deren Mitgliederzahl von Kanton zu Kanton verschieden ist, die gesetzgebende Behörde. Der Synodalrat (bzw. Kleiner Kirchenrat, Kirchenrat, Landeskirchenrat, Zentralrat, Zentralkommission, Administrationsrat ...) ist die ausführende Behörde.
Nun ist klar zu sehen, daß die Zusammenschlüsse auf kantonaler Ebene oder auch auf der Ebene größerer Städte (Gesamtkirchgemeinde) nicht nur dem Demokratiebedürfnis der Schweizer und Schweizerinnen entgegenkommen, sondern auch dem gewandelten Selbstverständnis der Laien und deren Ruf nach größerer Mitsprache auch in kirchlichen Angelegenheiten.

(2) *Im Vergleich zur Diözese und zur Pfarrei.* Auch in der Kirche gibt es ähnliche Tendenzen wie jene auf eine funktionale Demokratie hin. So sind nicht nur die Verbände, Räte, Kommissionen und Stabsstellen zu Indikatoren für einen Organisationsschub der katholischen Kirche Schweiz geworden. Die zunehmende Organisierung des kirchlichen Lebens wird vor allem auch von den staatskirchlichen Gremien verstärkt. Darauf weisen nicht nur die Bildungen von Kantonalkirchen jüngeren Datums hin (Zürich, Schaffhausen, Luzern, Bern, Nidwalden), in denen ein kirchliches Parlament (Synode) über administrative Belange entscheidet. Diese Belange beziehen sich sachlich und personell auf spezifische pastorale Aufgaben: Landeskirchliche Kommissionen und Arbeitsstellen für Katechese, Erwachsenenbildung, Medien, Jugendseelsorge, Jungwacht/Blau-

[3] Vgl. z.B. die Beiträge in: 100 Jahre Römisch-Katholische Landeskirche des Kantons Aargau (Baden 1986) 97—132; A. Ch. Kellerhals, Die öffentlich-rechtliche Anerkennung von Kirchen und Religionsgemeinschaften im Kanton Solothurn (Freiburg Schweiz 1991).

ring, Jugendamt, Kirche und Pfarrei, Bildungshäuser, Kantonaler Seelsorgerat, Pfarrblatt, Religionsunterricht, Spitalsselsorge, Ausländerseelsorge, Sozialdienste und Caritas-Stellen, Ehe-Familienberatung, Kirche und Arbeitswelt (Industrie-Pfarramt), Ökumene, Bibelwerk..., um nur einige zur Anregung der Phantasie oder als Erinnerungsstützen aufzuzählen. Diese Entwicklung ist im gesamtschweizerischen Kontext viel stärker zu reflektieren und zu analysieren.

Die Kantonalkirchen haben somit an Bedeutung mehr zugenommen als vergleichsweise die bischöflichen Ordinariate. Wer nämlich Stellen für Katechese, Religionsunterricht, Erwachsenenbildung, Jugendseelsorge usw. errichten oder streichen kann und sie auch personell besetzt, betreibt kirchliche Personalpolitik und gestaltet in hohem Maße pastorales und kirchliches Leben. Damit soll nicht schon von kantonalkirchlichen „Schattenbistümern" gesprochen, sondern eine Tendenz festgehalten werden, auf die wir noch zurückkommen müssen.

Noch schwach ausgebaut ist die gesamtschweizerische Kooperation der Kantonalkirchen. Erst im Jahre 1967 bildete sich eine „Konferenz der katholischen kantonalkirchlichen Organisationen", die einen Informations- und Gedankenaustausch bezweckte. 1971 gab sich diese Konferenz Vereinsstatuten und nennt sich seither „Römisch-Katholische Zentralkonferenz der Schweiz" (RKZ) mit Sitz in Zürich. Sie beschäftigt sich insbesondere mit der Frage der Mitfinanzierung überdiözesaner kirchlicher Institutionen aus Steuergeldern der Kantonalkirchen. Auf Dauer wird der Frage nicht auszuweichen sein, ob die Römisch-katholische Zentralkommission auch die Finanzierung gesamtschweizerischer kirchlicher Institutionen und Werke übernimmt, die bislang vom Inlandteil des Fastenopfers „berappt" werden müssen. Es ist nicht einzusehen, warum solche Institutionen aus Spendengeldern finanziert werden sollen, wenn deren direkte und indirekte Dienste auch den Kantonalkirchen zufließen. Die Fédération Romande Catholique-Romaine ist der Zusammenschluß der landeskirchlichen Gremien oder der entsprechenden Organisationen in der Westschweiz. Sie bezweckt die Koordinierung der finanziellen Belange, die die gesamte Westschweiz betreffen. Auch die Beschlüsse der Fédération Romande sind für ihre Mitglieder — wie bei der RKZ — nicht bindend, sondern gelten als Empfehlungen.

Auf kirchlicher Ebene kommen somit den stimm- und wahlberechtigten Konfessionsangehörigen analoge Rechte wie auf der Ebene der zivilen Gemeinde zu. Dies sollte nicht vergessen werden, wenn heute im theologischen Disput von Inkulturation gesprochen wird. — So sehr die staatskirchlichen Strukturen der Kirchgemeinden sich nicht in die innerkirchlichen Angelegenheiten einmischen sollen, sondern Voraussetzungen schaffen für die Erfüllung kirchlicher Aufgaben, und obwohl sie sich von kanonisch-kirchlichen Körperschaften unterscheiden, so ist auch hier der Trend

wie auf kantonaler Ebene sichtbar. Die Tätigkeiten und Entscheidungen der Kirchgemeinden greifen tief in das kirchliche Leben und in die pastoralen Vorgänge ein (vgl. die Ausführungen über Pfarreirat und Kirchenpflege!). Sie wählen aufgrund von Vorschlägen des Bischofs nicht nur die Pfarrer, sondern sprechen seit zwei Jahrzehnten vermehrt bei den sogenannten Laien-Seelsorgern und -Seelsorgerinnen mit, sie überbrücken zunehmend pfarrerlose Phasen und tragen entscheidend neue pastorale Modelle (Pfarreien-Verbund ...) mit sowie Aufgaben in verschiedenen Bereichen der Spezialseelsorge usw.
Die Frage ist nun, wie das Verhältnis spielt zwischen den beiden Rechtssystemen Kanonisches Recht und staatkirchliches Recht, Pastoral und Kirchgemeinde bzw. Seelsorger und Seelsorgerinnen auf der einen Seite und staatskirchliche Behörde auf der „anderen" Seite.

3. Bedenkenswertes und Bedenkliches aus pastoraler Sicht

Unter dem Aspekt der pastoralen Aufgaben der Kirche heute ist zu fragen, wie nun in der Feinmechanik des Alltags das zweipolige Spannungsverhältnis spielt, wo sich Chancen zeigen und wo Krisen.

a) Zwischen Parkinson'schem Gesetz und administrativer Entlastung

Vor dem Hintergrund der verwaltungstechnischen Rationalisierung und der allgemeinen Zunahme an Mobilität in den vergangenen drei Jahrzehnten hat sich in manchen Kirchgemeinden und Kantonalkirchen die Tendenz in Richtung eines administrativen „Überbaus" gegenüber pastoralen Gesichtspunkten entwickelt. Dies ist in der Schweiz vor allem dort feststellbar, wo sich mehrere Kirchgemeinden zu Groß- oder Gesamtkirchgemeinden zusammengeschlossen haben mit dem Großen Kirchenrat als Legislative und dem Kleinen Kirchenrat als Exekutive.
Formal stehen sich einerseits die Entscheidungsebene in baulicher, finanzieller und administrativer sowie in personeller Hinsicht (wobei zu beachten ist, daß die Seelsorger/innen grundsätzlich nur mit der Missio canonica des Bischofs wählbar sind) und andererseits die praktische Seelsorge in den Pfarreien, in der Spezialseelsorge (Jugendseelsorge, Katechetische Arbeitsstelle, Krankenhauspastoral usw.) und in den Verbänden und Vereinen gegenüber. Die staatskirchliche Verwaltung zieht nach ihren eigenen Gesetzen Büros und einen ganzen Troß von Mitarbeitern/innen nach sich, wodurch die Anonymität und die Undurchsichtigkeit der Entscheidungsprozesse — vor allem für die Jugendlichen und die Ausländer — eher zunehmen.

Die staatskirchlichen Organe indes nur als Drahtverhau für das Leben und die Phantasie in den Pfarreien taxieren zu wollen, verkennt leicht die Tatsache, daß durch sie eine große verwaltungsmäßige Entlastung der Seelsorger und Seelsorgerinnen erfolgt und manche — pastoral gesehen sekundäre — Verantwortung auf mehrere Schultern verteilt wird. — Zudem liegt im staatskirchlichen System im Vergleich zum katholischen Kirchenrecht doch eine erhebliche dezentralisierte Verlagerung der Kompetenzen an die Basis. So ist das System in der Schweiz — im Vergleich zum Diözesan-Kirchensteuersystem in der Bundesrepublik Deutschland — stabiler und behender, wenn es etwa um die Anstellung neuer Seelsorger-Kategorien (Frauen und Männer als Jugendseelsorger, Sozialarbeiter, Erwachsenenbildner, Katecheten, Pastoralassistenten ...) geht und die Finanzierung und Planung an die Basis bzw. in die einzelne Kirchgemeinde verlagert ist.

b) Zwischen zwei Kirchenleitungen? — Konkurrenz oder Kooperation?

Das Verhältnis zwischen den staatskirchlichen Behörden (Kirchenrat, Kirchenpflege ...) und den pastoral Verantwortlichen (Pfarrer, Seelsorge-Team, Pfarreirat, Kantonaldekan, Bischof ...) schafft vor allem auf der Pfarrei-Ebene gewisse Parallelisierungen. Wir haben in der Schweiz verfassungsrechtlich ohne Zweifel ein dualistisches System, nämlich die Doppelgleisigkeit staatsrechtlicher und kirchenrechtlicher (kanonischer) Art. Ergibt das in der Praxis keine Konkurrenz zwischen dem Pfarrer und dem Präsidenten oder der Präsidentin der Kirchgemeinde?

Trotz der formal klaren Grenzziehung gibt es in der Praxis eine Osmose der beiden Bereiche. — Bis zu einem gewissen Grad ist es verständlich, daß die staatskirchlichen Behörden nicht nur in Finanz- und Baufragen in Erscheinung treten, sondern bei der Budgetierung für pastorale Vorhaben (z.B. Schulung des Pfarreirates ...), und vor allem in Personalfragen interessiert entscheiden und damit inhaltliche Schwerpunkte setzen und Prioritäten treffen.

Probleme und Reibeflächen können sich insbesondere bei Besetzung von Stellen für „Laien" im pastoralen Dienst ergeben. Kirchgemeindepräsidenten können durchaus die Vorstellung pflegen, sie seien „Personalchefs", die beim pastoralen Personal qualitativ und inhaltlich entscheiden und dann durchaus auch kontrollieren. So wird gelegentlich durchaus am Bischöflichen Ordinariat vorbei (das eigentlich für Ausbildung und Qualifikation verantwortlich ist) Personalpolitik betrieben, zumal dies im Einzelfall durchaus den Interessen des Ortspfarrers entgegenkommt (bzw. auf sein Verhältnis zum Kirchgemeindepräsidenten ankommt). — Unter dem Eindruck der großen Personallücken verstärkt sich die Tendenz, unter dem staatskirchenrechtlichen Zaun hindurch Leute zu suchen und anzustellen, die nicht unbedingt den kirchlichen Qualifikationserwartungen entsprechen. Wenn es dann zu Konflikten kommt, kann schon nach einem Jahr gekündigt werden; und dann ist man — in zwar seltenen Fällen — „dreist" genug, den Fall dem diözesanen Personalamt abzutreten und auf dessen „soziale Fürsorgepflicht" hinzuweisen. Damit wird die Haftbarkeit von einem System auf das andere „delegiert" (gegen das „Verursacherprinzip").

Vor allem in Kantonen mit einer stärker katholischen und geschichtlich gewachsenen genossenschaftlichen Tradition gibt es durchaus gewisse Kontrollabsichten und Ansprüche, die an den „Josephinismus" erinnern. Nachdem aber der Staat sich eher zurückzieht und Kompetenzen an die staatskirchlichen Gremien abgibt, sollen letztere nicht in die Attitüde von Kultusbeamten des Staates verfallen, die auch die pastoralen Vorgänge in der Pfarrei regeln und beeinflussen wollen (z.B. kritische Diskussionen im Zusammenhang mit der Fastenopfer-Agenda) und zum Teil gerade dem Finanzgebaren von Klerikern argwöhnisch gegenüberstehen (vermutlich zuweilen nicht ohne Grund).

Andererseits schafft diese Ko-Existenz eine verstreutere und damit breitere Basis der praktischen Mitsprache und Mitverantwortung. Bei Sach- und Personalfragen werden manche Interessen und Gesichtspunkte offener und vielseitiger angesprochen; und es müssen — oft über langwierige Wege — einvernehmliche Lösungen gefunden werden. Damit sind das Bistum oder der Pfarrer in mancher Hinsicht auch wieder von der Haftung entlastet. — Zudem stellt die staatskirchliche Ordnung auf Gemeinde- und Kantonalebene einen Rahmen für Öffentlichkeit und damit für Einblick und Transparenz dar, die von der hierarchischen Struktur der Kirche gar nicht garantiert sind. Das darf nicht darüber hinwegtäuschen, daß — auf das Ganze gesehen — die weiterführenden Impulse oder die Voraussetzungen dafür, daß etwa Ausländer oder Jugendliche sich Gehör verschaffen können, zumeist aus dem gemeindlichen Leben stammen und eher von pfarreiinternen Gremien oder Gruppierungen ausgehen. Die Pfarrei ist in der Regel der dynamischere Part. Strukturell gibt das staatskirchliche Gewand der Opposition eine Chance, denn auch in Kirchgemeinde-Angelegenheiten kann das Referendum ergriffen werden.

Aber wie diese „Rechte" wahrgenommen werden, das hängt meines Erachtens von der „Spiritualität" und Beweglichkeit der Pfarrei ab. Pfarreiliche und verbandliche Gruppierungen haben sich in den letzten Jahren vor allem bei „überrissenen" Bauvorhaben als kritische Instanz erwiesen. Durch Pfarrei-Gruppierungen oder kirchlich weniger gebundene Kreise („Kirchenträumer") sind manche Herausforderungen im gesellschaftlichen und internationalen Horizont aufgegriffen und gegenüber staatskirchlichen Behörden vertreten worden.

c) Zwischen enger Kirchturmspolitik und Solidarität

Wenngleich in der Schweiz die Finanzierung der pastoralen und kirchlichen Aufgaben über Vermögenserträge, Spendenaktionen (Fastenopfer, Caritas, Missionsopfer, Mediensonntag . . .) oder Kollekten usw. erfolgt, so bleibt doch das Steuereinkommen (über die einzelne Kirchgemeinde) das entscheidende und stabile Finanzierungssystem. Das heißt im Klartext, daß die katholische Kirche Schweiz „unten" reich ist und „oben" — auf der Ebene der Bistümer und der Bischofskonferenz — ausgesprochen arm. Es ist somit schwierig, sprachregionale, diözesane oder gesamtschweizerische Projekte und Arbeitsstellen abzusichern oder gar langjährig zu planen. Weil aber gerade diese Ebene zunehmend gefordert ist, befindet sich die Kirche Schweiz zur Zeit auf einem „langen Marsch", um dem Problem gesamtschweizerischer Solidarität auch finanziell zu begegnen. Dabei handelt es sich um überdiözesane Aufgaben wie Glaubensverkündigung (Glaubenskurse . . .), Schulung und Bildung (katholische Schulen, Erwachsenenbildung, Laienapostolat, Dritter Bildungsweg . . .), Missionen für Sprachgruppen, Verbandsarbeit (Jugendarbeit, Frauen- und Müttergemeinschaft, Kath. Arbeitnehmer-Bewegung . . .), spezielle Aufgaben (Tourismusseelsorge, Fidei-Donum-Priester . . .), Internationale Organisationen, Pastoralplanung und Beratung (Pastoralsoziologisches Institut, Pastoralplanungskommission, Iustitia et Pax, Ökumenische Kommissionen . . .), Massenmedien (Katholischer Mediendienst und Presseagentur . . .) und Stabsstellen der Bischofskonferenz und der sprachregionalen kirchlichen Organisationen. Zu einem Teil werden diese Aufgaben — wie schon gesagt — durch die Römisch-Katholische Zentralkonferenz (gesamtschweizerisch) finanziert, zum größeren Teil aber noch durch Spendenaufkommen (Fastenopfer) gesichert. Das läßt die Frage entstehen, ob die durch Spenden- und Sammelaktionen gewonnenen Mittel nicht doch eher zweckgebunden und solidarisch den karitativen, sozialen und pastoralen Aufgaben armer Kirchen und Ländern der Dritten Welt zufließen sollten, während die Aufgaben der Kirche Schweiz von der eigenen Basis über das Steueraufkommen gedeckt werden sollten. Wie die funktionale Demokratie der Schweiz die Wahrnehmung von (neuen) Aufgaben nach oben absaugt, können viele Aufgaben der Kirche Schweiz von einem rein nach unten verlagerten territorialen Prinzip nicht mehr allein erfüllt werden. Vielmehr müssen sie überpfarreilich und kantonal oder interdiözesan wahrgenommen werden. Das schließt eine gewisse Relativierung einer nurmehr nach unten verlagerten Territorialstruktur auch im kirchlichen Bereich mit ein. Schon auf Pfarreiebene hat sich ja die Territorialstruktur nachweislich aufgelockert.

Der Differenzierung „unten" (Kirchgemeinden-Kanton, Pfarrei-Dekanat) entspricht noch keine Differenzierung „oben" (Kantonale Synode-Ge-

samtschweiz). Dies scheint aber dringlich gefordert, wenn die katholische Kirche in der schweizerischen Gesellschaft präsent und vernehmbar sein will. Erfreulich ist, daß in diese Richtung schon wichtige Schritte unternommen und Spuren gelegt worden sind. Als es bei der Aktion „Solidarische Kirche Schweiz. Finanzinformationen 1981" (veranlaßt durch Moritz Amherd) darum ging, den Fastenopfer-Inlandteil langfristig durch ordentliche Beiträge aus Kirchgemeinden und Kantonalkirchen abzulösen, zeigte es sich, daß ein hohes Maß an Verständnis und Solidarität vorhanden war (Urs Zehnder). Aber ein diözesaner oder interdiözesaner Finanzausgleich ist kaum vorhanden (vgl. Inländische Mission!). — Anders sieht es in manchen Kantonalkirchen aus, in denen ein Finanzausgleich zwischen armen und reichen Kirchgemeinden existiert und in denen kantonalkirchliche Einrichtungen und Arbeitsstellen für pastorale Stabsaufgaben in den letzten Jahren errichtet oder weiter ausgebaut worden sind (z.B. Erwachsenenbildung, Religionsunterricht).
Durch die fast unübersehbare Vielfalt staatskirchlicher Modelle mit der ausgeprägten Gemeinde-Autonomie gibt es bei den Gehältern auch der Seelsorger und Seelsorgerinnen ein zum Teil schon Ärgernis erregendes Gefälle, denn eine Kantonalkirche kann nur Rahmenrichtlinien oder Empfehlungen geben. — In den Kantonen des Bistums Lausanne, Genf und Freiburg erhalten zwar die Pfarrer einschließlich des Bischofs den gleichen Lohn. Diese Einrichtung ist in der Westschweiz möglich, weil sie von der Basis akzeptiert und mehrheitlich noch getragen ist. — Jeder Versuch eines Bistums aber, hier im Sinne von Solidarität auf ein mehr oder weniger ausgeglichenes Lohnniveau unter den einzelnen Seelsorgerkategorien wie Pfarrer, Pastoralassistenten/innen, Katecheten/innen usw. in den einzelnen Kantonen zu kommen, würde als ungehörige Einmischung entrüstet zurückgewiesen und den Argwohn vor „Vögten" schüren.
Diese wenigen skizzenhaften Hinweise zeigen in etwa, daß das staatskirchliche Gewand der Schweiz trotz der vorhandenen Vorteile im Vergleich zu einer zentralistischen Kirchenstruktur das Eigenleben der einzelnen (Territorial-) Pfarrei mehr betont als die pastoralen Strukturen der Pfarrei selber. Dadurch können die Probleme in der Welt und in der Kirche leicht unter dem verengten Blickwinkel des eigenen Kirchturms gesehen und beurteilt werden. Dies verstärkt fast zwangsläufig den ohnehin noch vorhandenen kirchlichen Kongregationalismus. Solidarität und Solidarisierung mit überpfarreilichen Projekten (z.B. ökumenisch getragene Beratungsstellen, Gründung von Seelsorgeverbänden ...) oder mit regionalen Arbeitsstellen (in den Bereichen Erwachsenenbildung, Kirche und Industrie ...) und insbesondere mit diözesanen Aufgaben und mit gesamtschweizerischen Initiativen haben es auf dieser Ebene rein institutionell und mentalitätsmäßig sehr schwer, wenn nicht vorher lange motivierende Bewußtseinsbildung und Information stattgefunden haben.

d) Zwischen Geld und Geist

Da die Ko-Existenz von kirchlich-pastoralen Strukturen und staatskirchenrechtlichen Institutionen in so vielen Modellen und Variationen spielt, ist es nicht möglich, ohne Vereinfachungen der Situationsschilderung auszukommen. Ich halte es jedoch für wichtig, daß das beiderseitige Verhältnis trotzdem nicht „unbewacht" und in seiner Pragmatik sich selbst überlassen bleibt. Einige haben durchaus grundsätzlich Mühe mit dem staatskirchlichen Gewand, zumal es gerade diese staatlich „geregelte" Verankerung der Kirche ist, die viele mit Volkskirche gleichsetzen. Die „volkskirchliche Situation" ist somit von Kanton zu Kanton sehr unterschiedlich. Viele kritische Anfragen an die Volkskirche richten sich somit an die staatskirchlichen Strukturen. Zudem gibt es Stimmen, die argwöhnisch fragen, wie lange wir dieses Gewand noch tragen werden. — Das Grundproblem ist wohl die Sorge, daß unter dem Einfluß des schweizerischen Staatskirchenwesens pastorale Anliegen und Absichten sich selbst entfremdet werden.

Am unmittelbarsten wird dies auf Gemeindeebene offenkundig. Manche der obligatorischen Gemeindeversammlungen (über Budget und Rechnung) können von vordergründigem Rentabilitätsdenken geprägt sein (Sparen). Man kann recht knauserig sein, wenn es um eine bescheidene Unterstützung eines überpfarreilichen Projektes geht („Was haben wir davon?") und doch auch wieder sozusagen die Rolle einer großzügigen Grundstücksmaklerin spielen, wenn es etwa um Käufe von Liegenschaften geht. Oder: Leistungserwartungen an das Seelsorge-Personal orientieren sich zuweilen am Muster der Industrie; Besoldungsvorstellungen halten sich an die betrieblichen oder beamtenmäßigen Tarifordnungen etc. — Es muß allerdings in diesem Zusammenhang betont werden, daß solche Überlegungen durchaus von honorigen Motiven getragen sein können und daß es in den staatskirchlichen Behörden viele tüchtige und kirchlich engagierte Frauen und Männer gibt, die ihre Verantwortung und (im Vergleich zu manchen Seelsorgerinnen und Seelsorger) ihre Diskretion sehr ernst nehmen. Aber ebenso spielt auch die Tatsache eine Rolle, daß das Berufsleben oder der militärische Grad manchmal durchaus massiv zur Geltung kommen können, vor allem, wenn es um gesellschaftlich brisante Themen geht. Mancherorts sind die staatskirchlichen Behörden nach dem örtlichen Parteienproporz zusammengesetzt, was nicht unbedingt im Sinne einer kritisch-prophetischen Gemeindepraxis ist.

Da das Seelsorgepersonal und selbstverständlich auch die Pfarrer von der Kirchgemeinde entlohnt werden, wächst im Einzelfall der Druck in Richtung eines kirchlichen Services, zu dem man sich sozusagen als Angestellter der Kirchgemeinde verpflichtet fühlt oder dem man in der Mentalität der Leute begegnet. Und ähnlich wie in einem diözesanen Zentralismus

über den „Geldhahn" kirchliche Gruppierungen diszipliniert werden können (wie beispielsweise Jugendverbände in der BRD), ist in der Schweiz dann und wann die Attitüde zu finden: Wer bezahlt, befiehlt. In diesem Bereich liegen durchaus Probleme, die im pastoralen Alltag zur Verunsicherung bei Seelsorgern und Seelsorgerinnen führen können und gelegentlich pastorale Zivilcourage abverlangen. Denn mit der Kirchensteuer verdient und erkauft man sich den pastoralen Service der Pfarrei. — Diese Spannung zwischen „Geld und Geist" ist durch das Phänomen der Kirchen- bzw. Pfarreidistanz vieler Kirchgemeinde-Mitglieder nicht geringer geworden. Bei umstrittenen Fragen wie Zivildienst, Bankeninitiative und Kirchenasyl für Asylbewerber (so 1986/1987 in der evangelischen Kirchgemeinde Zürich-Seebach) oder bei innerkirchlich heißen Eisen kann insbesondere der Pfarrer, wenn er sich eindeutig engagiert, in die Schlußlinie der Fronten geraten und sogar — selten zwar — seine Abwahl riskieren (wie z.B. in Zürich).
Trotzdem sind den Pfarreien viele Wege und Chancen gegeben, über Bewußtseinsbildung und Motivpflege Anliegen der Menschen und Herausforderungen in der Gesellschaft aufzugreifen und dann auch entsprechend über staatskirchliche Entscheidungsprozesse zu vertreten und zu stützen. Die Opposition hat ihre strukturelle Chance. Gerade konkrete Beispiele belegen, daß die einschlägigen Freiräume oft näherliegen und größer sind, als in der Mühe und Banalität des Alltags wahrgenommen wird. Dabei ist zu denken an Jugendförderungsvorhaben, Stipendienvergabe, Jugendzentren, Alterssiedlungen, Aufgaben im Bereich der sogenannten Drogenszene oder der Jugendreligionen, Projekte in der Kinderarbeit, Erwachsenenbildung, Religionspädagogik, Sozialarbeit usw. Natürlich hängt es von der Spiritualität bzw. von der kritisch-prophetischen Wachheit einer Pfarrei ab, ob und wie „Minderheiten" solche Anliegen im Rahmen der Kirchgemeinde durchbringen und vertreten und den notwendigen „langen Atem" entwickeln.
Anzusprechen ist noch kurz das Problem der Gleichgewichtsverlagerung bzw. der Vermischung der pastoralen Gesichtspunkte in kirchlicher Zuständigkeit mit der staatskirchlichen Räson und Kompetenz. Gerade durch den differenzierten Ausbau der Arbeitsstellen, Projekte und der Spezialseelsorge auf pfarreilicher, regionaler und kantonaler Ebene usw. haben die staatskirchlichen Behörden, wie schon angedeutet, zusätzliche Entscheidungskompetenz erhalten — und zwar durchaus in Bereichen, die von ausgesprochen pastoraler Bedeutung sind. Finanzielle und personelle Entscheidungen werden trotz der formal klaren Unterscheidung zu inhaltlichen Vorentscheidungen und Gewichtung von Prioritäten. Finanzordnungen orientieren sich an Handlungsnormen des Staates wie Sparsamkeit, Notwendigkeit, Verhältnismäßigkeit und Dringlichkeit. Bei aller Berechtigung solcher Normen ist aber darauf zu achten, daß von ihnen

nicht die pastoralen Zielvorstellungen und Interessen abzulesen sind. Die „Mittel“ würden unter der Hand zu „Zielvorgaben“; statt dessen haben die Ziele die Mittel zu bestimmen, zum Beispiel Solidarität, Partizipation und Mitverantwortung.

4. Das staatskirchenrechtliche Gewand im Spiegel der Churer Ereignisse

Die leidigen Vorgänge um die Ernennung von Bischof W. Haas haben bis auf den heutigen Tag einen Unfrieden in der Kirche Schweiz ausgelöst, in dessen ganzen Auseinandersetzungen die staatskirchlichen Strukturen der Schweiz eine bezeichnende Funktion ausgeübt haben, Im Echo der Churer Ereignisse ist somit die Eigenart dieses Rechtssystems genauer zu erheben.

a) Vergleiche mit anderen Ländern

Zwar äußerte ein Römer Korrespondent Mitte Juni 1990 in einer Schweizer Tageszeitung, daß sich nach den heftig umstrittenen Bischofsernennungen wie etwa für Wien, Feldkirch und Köln „die Wogen allemal gelegt haben“. Und im Blick auf die Ernennung von Bischof W. Haas für Chur fragt er: „Ob der Vatikan im Churer Fall den althergebrachten kämpferischen Geist der Eidgenossen unterschätze ...?“
In der Tat sind die Vorbehalte und Proteste seit der 1988 erfolgten Ernennung von W. Haas zum Koadjutor-Weihbischof von Chur nicht abgeebbt. Die definitive Einsetzung zum Diözesanbischof im Mai 1990 hat nun „das Faß überlaufen“ lassen. Der Widerstand gegen diese Ernennung ist auf breitester Basis unter den Priestern, Seelsorgern und Seelsorgerinnen, vor allem bei kirchlich interessierten Frauen und Männern verstärkt worden. Die tiefe Betroffenheit und Empörung über „Chur“ und den „Vatikan“ haben eine solch hartnäckige Intensität erreicht, wie dies von anderen Ländern in diesem Umfang nicht bekannt ist. Zwar täuscht sich der besagte Korrespondent, wenn er meint, daß sich die Wogen in Wien, Salzburg, Feldkirch oder Köln geglättet hätten. Aber im Vergleich dazu ist die bisherige Reaktion in der Schweiz tatsächlich ungewöhnlich und anhaltend. Gibt es dafür Gründe, die vielleicht nicht nur mit der sogenannten typischen Schweizer Art, sondern mit unserem staatskirchenrechtlichen System zusammenhängen mögen?
Knappe Überlegungen können vielleicht helfen, dieses komplizierte System etwas zu dechiffrieren.

b) Grunddilemma: Gewandeltes Bewußtsein im Volk Gottes ohne entsprechende Artikulations-Instrumente

Man muß sich im klaren sein, daß es sich bei den „Churer Wirren" nicht nur um typisch helvetische Probleme handelt. Es sind Symptome für gesamtkirchliche Prozesse.

Vielmehr treffen gegensätzliche Welten und Mentalitäten sowie verschiedene Kirchenbilder aufeinander. Wäre ein Bischof ernannt worden, der in etwa über den verschiedenen Lagern stände und über die unverzichtbare Voraussetzung zum Bischofsamt verfügte, nämlich zu integrieren und dialogisch zusammenzuführen, dann wäre er sicher auch vom Volk Gottes und den Seelsorgern und Seelsorgerinnen gerne akzeptiert worden. Das kleinste Zeichen des Verständnisses oder des Brückenbaus hätte wohl schon genügt. Wenn aber ein kirchlicher Dienstträger dezidiert vom Kirchenrecht her argumentiert, der gewandelten pastoralen Bewußtseinslage verständnislos gegenübersteht und sich in einer Teilkirche als Vollstrecker einer zentralistischen Kirchenräson verhält, dann kann er nicht mehr vermitteln, Brücken bauen und im guten Sinn des Wortes die verfahrene und kranke Situation „heilen". Er ist Partei und Instrument im Sinne einer ganz bestimmten Kirchenpolitik, die polarisiert und spaltet, ohne sich genügend Rechenschaft darüber zu geben, daß verschiedene Wege kirchlicher Innenpolitik theologisch und pastoral-praktisch möglich und nötig sind. Die Proteste gegen die Art und Weise der Ernennung können somit Widerstand gegen die Person sein, die den möglichen Pluralismus nicht aufgreift, und letztlich Widerstand gegen die von ihr vertretene kirchliche Restauration, gegen die ideologische „Zwangsaussiedlung" in die traditionelle Vergangenheit.

Ein solch langandauernder Protest auf so breiter Basis wäre vor 30 Jahren wohl kaum „denkbar" gewesen. Das Verhältnis zwischen Kirche und Gesellschaft, zwischen den Kirchen sowie das Selbstverständnis der katholischen Christen und Christinnen haben sich entscheidend und „scheidend" geändert (Konzil, Synodale Vorgänge in der Schweiz: 1972—75). Die „Laien" haben wieder ihre positive theologische Orsbestimmung erhalten. Sie definieren sich nicht mehr negativ in Absetzung vom Klerus, sondern positiv von ihrem Kirchesein. „Volk Gottes" betont die unübertragbare Subjekthaftigkeit (Würde) aller, die auf den Namen Jesu getauft sind. Wie unsere theologischen Überlegungen (im zweiten Teil) belegen, ist wieder selbstverständlich geworden, was bewußtseinsmäßig lange Jahrhunderte hindurch im theologischen Kirchenschatz geschlummert hat, daß zwar die Kirche keine Demokratie „aus eigenen Gnaden" ist, aber ebensowenig eine absolute Monarchie oder gar uniformistische Diktatur. — Somit sind durchaus synodale Kirchenstrukturen der Partizipation aller Kirchenmitglieder denkbar, die nicht gegen Papst, Bischof und Pfarrer

sind, aber institutionell auch nicht ohne das Volk Gottes. — Damit sind übrigens Postulate angemahnt, die schon vor über 20 Jahren der heutige Bischof von Lugano, Eugenio Corecco, bezüglich der Bischofswahl mit Entschiedenheit vertreten hat.[4]
Mit dem für manche sehr schmerzlichen Wandel im Kirchenbild gehen ein verändertes Menschenbild einher und gesellschaftliche Wertvorstellungen wie Mitsprache, demokratische Entscheidungsfindung, Gleichberechtigung von Mann und Frau, gerechte Prozeßordnung, Trennung von Legislative und Exekutive, Rechtsschutz und Freiheitsrechte ..., durchaus Anliegen im Sinne des Evangeliums. Insofern im Demokratisierungsprozeß humanisierende Tendenzen und Elemente wirksam werden, sind sie auch für die Kirche verpflichtend. Sind diese Anliegen bei einem Bischof aufgehoben und verrät er ein pastorales Gespür für das gewandelte Bewußtsein, dann wird er erleben und erfahren, daß ihn auch das Volk Gottes akzeptiert und ihn in diesem Sinne „einsetzt".
Es ist also — zumindest in weiten Teilen der Weltkirche — ein gewandeltes Bewußtsein im Sinne eines charismatischen Selbstbewußtseins wachgeworden, für das viele Kirchenleute pastoral noch zu wenig Gespür zeigen und für das es die Kirche bisher versäumt hat, entsprechende Instrumente und Ausdruckformen bereitzustellen. Wo haben die Fragen, Probleme, Ängste und Sorgen des „Volkes Gottes" in der offiziellen Kirche eine zuverlässige Chance, sich gehört zu wissen? Man muß es wiederholen: Es gibt in der Kirche leider keine Dialogstrukturen, die sozusagen auch „von unten nach oben" funktionieren. Sitz-Streiks vor Bischofsweihen, „Kirche von unten", Aufbruch-Bewegungen oder eine „Kölner Erklärung", der sich Hunderte von Theologieprofessoren/innen angeschlossen haben, und die Luzerner Erklärung etc. sind auch Symptome für den Mangel an partizipatorischen Strukturen in der Kirche. Und sie werden sich verstärken (müssen), je mehr die Kirchenleitungen sich selbst aus der Bewußtseinslage des Volkes Gottes „exkommunizieren". Dieser institutionelle Mangel an Dialog-Instrumenten vergiftet die innerkirchliche Atmosphäre in einer Zeit des verunsichernden Meinungs-Pluralismus und der bemühenden Kontestationen.

c) Katholizismus und staatskirchliche Institutionen als Instrumente für Partizipation von Frauen und Männern

Von daher erhalten nun der Katholizismus mit seinen Verbänden, Vereinen, Parteien und Institutionen und vor allem die staatskirchlichen Strukturen in den Schweiz eine kompensatorische Funktion. Sie schieben der

[4] In: Civitas 24 (1969) 616—635, 730—743.

sogenannten Basis Instrumente und Bahnen der Selbst-Artikulation zu. Sie werden gleichsam Ersatz-Ventile für die amtskirchlich dem „Volk Gottes“ zugemutete Armut der Sprachlosigkeit und der institutionellen Nicht-Kompetenz. Wie ist das genauer zu verstehen?

Das starre Klerus-Laien-Schema erlebte durch den sich formierenden Katholizismus eine erste Metamorphose. Als die Kirche unter dem Druck der Aufklärung, der durch die Ideale der Französischen Revolution inspirierten liberalen Staatsideen und den zum Teil antiklerikalen Emanzipationsbewegungen sowie der zeitweilig recht bedrohlichen Umklammerung durch den absolutistischen Staat versuchte, mit Konkordaten und durch die Aktivierung der Laien gesellschaftlichen Einfluß und kirchliche Freiheit zu sichern, bildete sich der Katholizismus als schützender Schild gegenüber den der Kirche feindlich gesonnenen Kräften. — Allerdings ist dadurch die Spannung „Klerus — Laie“ nicht beigelegt worden, weil der Verbandskatholizismus zwar demokratisch strukturiert gewesen ist; kirchlich und religiös indes blieb er unter der Führung des Klerus der in Staat und Gesellschaft hinein verlängerte Arm der Hierarchie und der rege Träger vielfacher sozialer und religiöser Aufgaben. Aber es änderte sich doch etwas an der Rolle der Laien: Wenn sie auch innerkirchlich als Laien im Status des unmündigen Kindes verblieben, so wurden sie im Bereich des Katholizismus Erwachsene.

Im gleichen Zeitraum wurde der katholischen Kirche Schweiz das staatskirchenrechtliche Gewand gleichsam aufgepfropft. Im Unterschied zum Verbands- und Vereins-Katholizismus ist es formal vom pastoralen Bereich der Kirche vollends getrennt; aber die staatskirchenrechtliche Ordnung hat der „Herde“ alle demokratischen Rechte zugespielt, wie sie auch im zivilen Bereich Geltung haben. Damit waren auch die Katholiken und später die Katholikinnen in staatskirchlichen Belangen — im Unterschied zum pastoralen innerkirchlichen Feld — Erwachsene und Vollbürger geworden. Insofern haben die Schweizer Katholiken und Katholikinnen im Vergleich zu anderen Ländern eine ganz andere und eigenwilligere Ausgangslage für das kirchliche Alltagsleben, vor allem auch in Zeiten von Krisen und Spannungen. Dazu kommen das föderalistische Denken und das eingefleischte Demokratiebewußtsein.

Wie allgemein bekannt, kann eine ausgeprägte Demokratie nur dann spielen, wenn die Entscheidungen möglichst feinmaschig „nach unten“ verlagert und Minderheiten geschützt sind und wenn es durchschaubare Instrumente der Konsensfindung gibt. Konsens drängt sich geradezu auf. Das Staatskirchenrecht der Schweiz ist ein Spiegelbild des staatlichen Lebens und gibt nun einer innerkirchlichen Opposition durchaus Mittel und Wege zur Hand, sich vernehmen zu lassen.

Das aus allen diesen Quellen genährte Rechtsempfinden ist meines Erachtens bei dieser Art der Bischofsernennung bei vielen verletzt worden. Die

Christen und Christinnen in der Schweiz sind vorerst einmal als „Schweizer" sehr verärgert, zumal sie die pastorale Amts-Qualifikation vermissen. — Dieses verletzte Empfinden findet jedoch in den staatskirchlichen Institutionen wirksame Schienen und Wege, auf denen es sich artikulieren und gegebenenfalls auch Gegendruck erzeugen kann.

d) Vergewisserung: Investitur-Streit oder Ersatz für Partizipation?

Die Proteste von Pfarreien und Dekanaten im Bistum Chur mit der Tendenz zu einer vorübergehend vom Bistum möglichst unabhängigen pastoralen „Selbstverwaltung" sind gerade durch die staatskirchlichen Gremien (auf der Ebene der Kirchgemeinden und der Kantone) massiv gestützt und wirksam geworden. Die staatskirchlichen Strukturen werden nun zu Brükken und Sprachrohren für das erwachende Bewußtsein der Laien. Jene gewinnen gerade in dem Maß an Gewicht, als das gestärkte charismatische Selbst-Bewußtsein des „Volkes Gottes" und das Rechtsempfinden der Bürger pastoral nicht respektiert werden und institutionell keine entsprechenden Instrumente in der Kirche vorfinden. Damit hängt nun das früher Gesagte zusammen, daß nämlich die auf Pfarrei- und Bistumsebene eingeführten Mitsprachegremien über die ersten Ansätze „kompetenzloser Räte" noch nicht hinaus gediehen sind, wie auch die vom Konzil feierlich verbriefte Kollegialität der Bischöfe bis jetzt überhaupt keine überzeugende Form finden durfte.

Es könnte nun durchaus zu einer Vermischung der staatskirchlichen mit der pastoral-kirchlichen Ebene kommen, weil die staatskirchlichen Gremien sich zusehends als Forum für innerkirchliche und pastorale „heiße Eisen" verstehen. Das wäre vor dem Konzil bzw. vor der angesprochenen Bewußtseins-Wende wohl kaum so möglich gewesen. Zwar kennen wir seit jeher auch Allüren von staatskirchlichen Behörden, die an den schon erwähnten „Josephinismus eidgenössischer Prägung" erinnern (ich nenne lieber keinen Kanton und keine Gesamtkirchgemeinde ...); aber zumeist waren die Kompetenzen zwischen Kirchgemeinde und Pfarrei doch klar geordnet und in der Regel respektiert.

Nun ist es aber eine vielbelegte Tatsache, daß die staatskirchlichen Behörden schon seit geraumer Zeit zusehends an „pastoraler Bedeutung" gewinnen. Weil eine genaue Analyse in diesem Rahmen nicht möglich ist, sei auf wenige Symptome kurz hingewiesen. — Aus der formal unverbundenen Parallelität von Pfarrei und Kirchgemeinde erwächst doch eine gegenseitige Osmose dadurch, daß die Menschen einer Pfarrei auch die Kirchgemeinde bilden. Wenn den Mitgliedern einer Kirchenpflege das pastorale Anliegen am Herzen liegt, dann können sie nicht einfach neutral bleiben. — Die formale Trennung zwischen Staatskirchenrecht und kanonischem Kirchenrecht spielte bis etwa zum Zweiten Vatikanischen Konzil grundsätzlich auf der Basis der klaren Unterscheidung von Klerus und Laien relativ reibungslos. Aber das gewandelte Bewußtsein der pastoralen Mitverantwortung für das pfarreiliche Leben ändert nun auch den Bewußtseinsstand in staatskirchlichen Entscheidungsvorgängen. — So mußte man doch auch in der kirchlichen Öffentlichkeit zur Kenntnis nehmen, daß die Behörden der Kirchgemeinden und die Kantonalsynoden sich eminent pastoraler Themen angenommen haben und sich zum Teil selbstbewußt „eingemischt" haben: Jugendseelsorge, Kirchenaustritte, neue Laiendienste, pfarrerlose Pfarreien, verheiratete Priester, Tagsatzung der Katholiken und Katholikinnen in der Schweiz etc. Zudem sind die Bistümer und die Bischofskonferenz aus eigener Kraft gar nicht dazu in der Lage, regionale und gesamtschweizerische Institutionen selber zu tragen. Aber die Aufgaben, die staatskirchlich ermöglicht und mitgetragen werden, greifen tief in die unübertragbare Berufung und Sendung der Kirche hinein.

Das hat sich ungemein ausdrucksstark bei der Reaktion auf die Churer Bischofsernennung gezeigt. Die Instrumente der Reaktion blieben zwar die staatskirchlichen Strukturen und Konkordate (Treu und Glauben). Das Anliegen war jedoch pastoraler Natur, gerade von seiten auch innerkirchlich bekümmerter und sich mitverantwortlich fühlender katholischer Frauen und Männer.

Mit der Zeit kann diese Tendenz zu einem grundsätzlichen Problem werden, weil aufgrund des Wandels der staatskirchlichen Instanzen auf pastorale Funktionen hin sich erneut die Frage stellen kann, ob sich die letztlich staatlich „aufgezwungenen" Strukturen nicht als Einmischung in die Sendung der Kirche oder als Blockierung des kirchlich-pastoralen Auftrages erweisen könnten. Es gibt Kantone, in denen man schon vor Jahren versuchte, durch Dachorganisationen der Pfarreiräte bzw. durch die Gründung eines kantonalen Seelsorgerates eine gewisse Gegenbewegung zur Landeskirche auszulösen (z.B. Kanton Luzern). Auch wenn der Seelsorgerat sich primär mit pastoralen Fragen befaßt, so ist dann auf der praktischen Ebene die Zusammenarbeit zwischen Seelsorgerat und Landeskirche auch wieder „selbstverständlich".

Steht also auf die Dauer ein Investiturstreit ins Haus der Kirche Schweiz? Wohl kaum! Aber die Wasser, die im Moment auf die staatskirchlichen Kanäle zuströmen, suchen einen Umweg, weil ihnen die Institution Kirche die Wasserläufe versperrt. Gedacht ist dabei an Formen der Partizipation, des Dialogs in Auseinandersetzungen (Schiedsgerichtsbarkeit!) und der Mitsprache usw. Das erwachte charismatische Selbstbewußtsein der Katholiken und Katholikinnen hat in den staatskirchlichen Institutionen ein Gefäß gefunden; es wäre aber theologisch-pastoral in einer synodalen Kirchenstruktur authentischer aufgehoben.

Erneut läßt sich erkennen, daß eine synodale Kirche fehlt. Erst wenn dies erreicht wäre, bräuchte das erwachte charismatische Selbstbewußtsein der Frauen und Männer in der Kirche Schweiz keine staatskirchlichen Umwege mehr.

e) Schisma/Spaltung? — Die Kirche in primärer Verantwortung für die Einheit

Trotz des Plädoyers für unser staatskirchliches System ist im Blick auf die Churer Wirren aus pastoraler Sicht etwas Bedenkliches anzumerken: *das Gefälle zum Schisma, die Gefahr der Spaltung*. Als sich der Katholizismus im vergangenen Jahrhundert formierte, band er sich gegenüber den als feindlich empfundenen staatlichen und gesellschaftlichen Kräften sehr stark an das Papsttum (Pius-Verein!). Man suchte ultra-montan Stärkung und Bündnispartner. Die staatskirchenrechtliche Ordnung war aber damals ein schmerzlicher Eingriff in kirchliche Angelegenheiten.
Heute haben sich im Vergleich zu damals manche Vorzeichen zum Teil radikal geändert. Die staatskirchlichen Organe im Verein mit einer selbstbewußten Kirchenbasis sowie mit den Seelsorgern und Seelsorgerinnen wehren sich gegen kirchliche Personalentscheidungen, die in einsamen Entschlüssen von oben aufgedrängt werden. Die Kantonalsynode in Zürich sperrt Gelder und Räume, die Eidgenossenschaft zitiert am 3. Juli 1990 den Apostolischen Nuntius ins Bundeshaus, und Politiker diskutieren den nach meiner Ansicht höchst problematischen Vorschlag von drei Weihbischöfen für das Bistum Chur, um nur einige markante Vorkommnisse zu nennen. Man verbündet sich praktisch (nicht grundsätzlich) gegen den Bischof von Chur und letztlich gegen den Vatikan. Man muß es leider wiederholen: Von den Entscheidungsträgern der Kirche her wird zwar der so wichtige Einheitsdienst des Bischofs leider zum disziplinarischen Instrument umfunktioniert; damit wird ein Konflikt aufgezwungen.
Andererseits aber können auch die staatskirchlichen Kompetenzen über den verständlichen und notwendigen Protest hinaus zum Werkzeug der Spaltung und des Rückzugs vom pastoralen Auftrag verkommen. Man blockiert sich gegenseitig und testet, wer den längeren Atem hat. Oder die „Bischofstreuen" spalten sich vom pfarreilichen Leben und aus dem staatskirchlichen Verband ab, ohne daß man inne würde, welches positive Anliegen sie nun vertreten. Auf die Dauer sind beide Gefahren für die Sendung der Kirche in unserem Land verheerend und pastoral geradezu katastrophal. Eine den staatskirchlichen und den kirchlichen Bereich übergreifende Instanz, die Versöhnungs-Schritte eröffnen könnte, gibt es formal nicht. Schritte müßten somit von beiden Seiten her immer wieder erneut versucht werden. Die Kirche und ihre Verantwortlichen stehen da-

mit in unmittelbarer Verantwortung zu heilenden und die Situation entkrampfenden Schritten und zur Versöhnungs-Umkehr, denn es geht um ihre ureigenste Sache, um ihre Sendung, um die Botschaft Jesu, in deren Dienst sie steht. Die Versöhnungs-Botschaft ruft nach kirchlicher Versöhnungspraxis. In jeder Krise und bei jedem Konflikt ist hintergründig immer die Kirche selber das Thema; sie definiert durch die Art der Konfliktbewältigung sich selbst auf praktische Weise. Somit ist nicht schon das Faktum des Konflikts an sich das Problem; aber es zeigt sich für viele Menschen am Stil der Konfliktbewältigung, was es mit Kirche auf sich hat. Dabei können die staatskirchlichen Instanzen der Kirche die pastorale Aufgabe und Verpflichtung zur Versöhnungspraxis nicht abnehmen; sie dürfen sich auch nicht in eine Anti-Rolle gegen das kirchliche Amt hineinmanövrieren lassen: wohl aber sollen sie klar Protest und „So nicht!" markieren.

5. Theologische Fragen und pastorale Überlegungen

a) Theologische Grenzen

Sosehr wir zur Zeit insgesamt aus praktischen Gründen sehr froh um die staatskirchlichen „Instrumente" sind, so klar müssen wir uns grundsätzlich auch ihrer Grenzen bewußt bleiben. Es sind theologische Vorbehalte anzubringen. Wenn lebendige Gemeinde und Kirche sich als Lebensraum für eine Hoffnungspraxis von Menschen verstehen, die aus dem Glauben an Jesus Christus ihr persönliches und gesellschaftliches Leben zu gestalten bemüht sind, dann bleibt die christliche Berufung und Sendung unübertragbar. Kirche geschieht somit nicht durch die Anerkennung des Staates. Auch der staatskirchenrechtliche Rahmen kann nicht definieren, was Kirche ist und wie lebendige Gemeinde glaubwürdig zu verwirklichen ist. Der Rahmen hängt vom Bild ab und nicht umgekehrt. Insofern ist zu sagen, daß die Kirche von ihrem Ziel her Ort gelebter Christlichkeit ist und dem lebendigen Christsein zu Diensten steht. Das ist und kann nicht unmittelbare Aufgabe staatlicher Instanzen und auch nicht Aufgabe staatskirchlicher Behörden sein. Falls sie das versuchen sollten, wäre ihnen mit aller Entschiedenheit entgegenzutreten. Zudem wäre diesbezüglich von den Erfahrungen der protestantischen Kirchen zu lernen.
Gerade die Begrenzung der staatskirchlichen Organe auf Beitragskörperschaften auf katholischer Seite war eine Distanzierung vom Staat und seinen Vorgaben zugunsten der pastoralen Freiheit der Kirche. Im Unterschied dazu sind die evangelisch-reformierten Kirchgemeinden und Landeskirchen selbst die Kirche, soweit sie rechtlich faßbar ist. Insofern ist der Pfarrer dort seiner staatskirchlichen Behörde unmittelbarer ausgeliefert.

Das praktische Problem liegt für mich in der Sorge, daß unter dem Einfluß des schweizerischen Staatskirchenwesens pastorale Absichten von pastoralfremden Rücksichten beeinflußt und diktiert sein können. Es fällt ja auf, daß in den staatskirchlichen Gremien auf gemeindlicher und kantonaler Ebene mit großer Freiheit und Liberalität innerkirchliche heiße Eisen wie die Zölibatsfrage oder die Mitsprachemöglichkeit behende aufgegriffen werden, während aber bei gesellschaftlich brisanten Problemen (z.B. Zivildienst, Bankeninitiative, Themen des Fastenopfers ...) die gleichen Gremien eher zurückhaltend oder sogar argwöhnisch reagieren können (im Unterschied zu manchen Verbänden!). Bei den Amtsträgern der Kirche ist es oft eher umgekehrt.
Im „staatskirchlichen Alltag" ist oft sehr beeindruckend, was alles an Zeit, Phantasie und menschlichen Engagement und Treue von Frauen und Männern investiert wird. Die Motive dürften sich in der Regel kaum von jenen unterscheiden, die in pastoralen Gremien oder im Pfarreirat engagiert sind. Aber es ist trotzdem unerläßlich, das beiderseitige Verhältnis nicht „unbewacht" zu lassen und keiner unkontrollierten Pragmatik zu überlassen. Unter diesem kategorischen Vorbehalt wird man dann allerdings sehen dürfen, daß auch den staatskirchlichen Aufgaben eine theologische Dignität zukommt; und zwar insofern, als sie den Dienst der Kirche ermöglichen, stützen und unterstützen helfen.

b) Pastorale Überlegungen

(1) Es ist schon mehr als genug belegt worden, daß wichtige pastorale Aufgaben von den staatskirchlichen Institutionen erst ermöglicht werden. Diese Institutionen tragen und garantieren damit (z.T. zusammen mit dem Fastenopfer) das, was wir *Öffentlichkeitsarbeit* nennen.[5] Die Kirche ist um ihrer kritisch-prophetischen Sendung willen darauf angewiesen, sich Stimme und Gehör zu verschaffen, Öffentlichkeit nach innen und nach außen herzustellen. Im schweizerischen Ambiente wird das heute entscheidend von den staatskirchlichen Strukturen und einschlägig wirkenden Verbänden getragen. Auf Pfarreiebene kann allerdings der Pfarreirat unmittelbarere und unbeschwertere Öffentlichkeitsarbeit leisten als die Kirchenpflege.

(2) Des weitern wächst zur Zeit der Eindruck, daß es bei all den Polarisierungen, der Pfarrei-Distanzierung und den Lagerbildungen im kirchlichen Leben den pastoralen Strukturen der Kirche nicht mehr gelingt, das Ganze in eine Sozialform zu binden und zusammenzuhalten. Diesen *„Zusam-*

[5] Vgl. M. Amherd, a.a.O., 52f.

menhalt" schaffen weder Bewegungen, Verbände, Pfarreien bzw. die Kirche; dies geschieht in der Tat (noch) durch den staatskirchlichen Rahmen. Er bildet die institutionelle bzw. formale Klammer für die gegensätzlichen Lager und Positionen. Haben wir schon überlegt, was das pastoral bedeutet und wie das theologisch zu deuten ist?

6. Schweizerisches Staatskirchenrecht: Elemente für eine synodale Kirchenordnung

Geradezu fatal wäre es zu übersehen, daß wir in unserem staatskirchenrechtlichen System Elemente und Erfahrungen für eine synodale Kirchenordnung vorfinden. Viel zu wenig wird in der Schweiz überlegt, was uns verlorengehen könnte, wenn nur noch das kanonische Kirchenrecht verpflichtend wäre und nicht auch Auflagen des staatskirchenrechtlichen Gewandes: Bischofswahl im Bistum Basel (allerdings durch Konkordat geregelt), Wahl von Pfarrern und Mitsprache bei der Bestellung von Seelsorgern/innen, gleichberechtigte Mitsprache von Frauen und Männern, nach „unten" verlagerte Verantwortung und damit auch Haftbarkeit etc. Ist im Rahmen der vergleichsweise kleinen Kirche Schweiz etwas einzuüben und stets kritisch-theologisch zu begleiten, was auch zu synodalen Modell-Fragmenten im gesamtkirchlichen Rahmen werden dürfte und sollte? Es ist in der Tat nicht zu übersehen, daß diesem System insofern eine grundsätzliche Bedeutung zukommen kann, als manche seiner Elemente sich wie Erinnerungen an gesamtkirchliche Erwartungen (oder Visionen) in Richtung einer synodalen Kirchenstruktur ausnehmen, deren formale Kriterien Partizipation, Transparenz und Solidarität wären.

(1) Es garantiert in seinem Geltungsbereich konkrete *Partizipation.* Sowohl in bezug auf die Kirchensteuereinnahmen wie auch hinsichtlich der Verwendung kirchlicher Mittel besteht ein direktes Mitsprache- und Mitentscheidungsrecht jedes Einzelnen oder zumindest ein indirektes über gewählte Delegierte, was etwa in Deutschland oder in Österreich nicht der Fall ist. (Beim Kirchensteuersystem in Deutschland halte ich nicht das Faktum für das Problem, sondern das Fehlen der Kontrolle und Mitsprache von unten.) Diese Partizipation ist mit der Gleichberechtigung von Frau und Mann gekoppelt. Frauen und Männer besitzen aktives und passives Wahlrecht und können für alle Chargen gewählt werden. Das bedeutet: Die Gesamtheit der wahl- und stimmberechtigten Kirchgemeinde-Mitglieder ist im staatskirchlichen Verband Rechtsträger und Rechtssubjekt — im klaren Unterschied zum Kirchenrecht.

(2) Am Wechselspiel zwischen den staatskirchlichen und pastoral-kirchli-

chen Einheiten ist abzulesen, daß ein solches System eher für *Durchsichtigkeit* und *Transparenz* der Entscheidungsprozesse und der dahinter liegenden Interessen und auch Vorurteile sorgt. Die Kontrolle „von unten" ist geregelt, und Konfliktfälle werden weniger nach oben abgezogen, sondern eher am Ort des Konflikts — natürlich oft mühsam — ausgetragen. — Gerade bei den jüngsten Bischofsernennungen ist den staatskirchlich wie demokratisch „geschulten" Schweizern und Schweizerinnen in deprimierender Form gezeigt worden, wie undurchsichtig und hinterhältig kirchliche Entscheidungen getroffen werden können und sogar Konkordate umgangen werden. Eine kirchliche Schiedsgerichtsbarkeit gibt es praktisch nicht. Außerhalb der Entscheidungsinstanzen hat das „Volk Gottes" keine Chance, sich Gehör zu verschaffen. Diesbezüglich gibt aber das Staatskirchenrecht klare Vorgaben.

(3) Trotz der Langsamkeit und Schwerfälligkeit demokratischer Entscheidungsvorgänge kann das staatskirchliche Gewand der Kirche Schweiz durchaus auch als Instrument für *Solidarität* gebraucht werden. Während die Spenden- und Sammelaktionen für soziale Nöte oder pastorale Aufgaben mehr kurz- oder mittelfristig Mittel zur Verfügung stellen, sichert das Kirchensteuersystem mittel- und langfristig die Mittelbeschaffung für die sozialen und pastoralen Aufgaben der Kirche und darüber hinaus.

(4) Im staatskirchlichen Bereich — der zwar den amtlichen Organisationsgrad der Kirche zusätzlich verdichtet — ist zudem manches in Fluß geraten und vor allem auf gesamtschweizerischer Ebene noch in Entwicklung begriffen (z. B. Kanton Freiburg . . .). Auch wenn in der Praxis die Probleme oft im Detail liegen und die theologische Hinterfragung dieses Systems heute vermutlich deutlicher als früher artikuliert wird, so ist doch der Eindruck nicht von der Hand zu weisen, daß einige Elemente in diesem staatskirchlichen System durchaus *Anliegen des Zweiten Vatikanischen Konzils* sozusagen vorweggenommen haben (auch wenn sie natürlich von ganz anderen geschichtlichen und geistigen Hintergründen stammen). Sicher ist es in einigen Beziehungen dem Kirchenrecht meilenweit voraus, was beispielsweise Partizipation, Gleichberechtigung, Durchschaubarkeit der Entscheide, Schiedsgerichtsbarkeit, Subsidiarität und Dezentralisierung betrifft. — Damit mag es zusammenhängen, daß manche Schweizer/innen durchaus ihre Probleme mit dem staatskirchlichen Gewand haben, es aber zur Zeit mit keiner konkreten Alternative eintauschen möchten.
Das schweizerische Staatskirchenrecht gibt den Laien, den getauften und gefirmten Katholiken und Katholikinnen, das, was ihre eigene Kirche ihnen aus theologisch unhaltbaren Gründen vorenthält. — Wenn sich diese Elemente kanonisch (vom Kirchenrecht her) mit den hierarchischen Dienstämtern (die nicht automatisch mit Monarchie identifiziert werden

dürfen) verbinden würden, dann hätte eine synodale (katholische) Kirche das Licht der Welt — wieder[6] — erblickt. Es wäre dann eine Kirchenordnung nicht ohne Papst, Bischof und Pfarrer, aber auch nicht ohne das „Volk Gottes".

7. Staatskirchenrechtliche Körperschaften: Instrumente für die Entflechtung von Kirche und Staat

a) Fragen, die zu denken geben

Ein weiterer Gesichtspunkt der eigenartigen Dualität kirchlicher und staatskirchlicher Organisationen in der Schweiz liegt darin, daß die staatskirchlichen Institutionen nicht samt und sonders mit dem Staat gleichzusetzen sind — wie dies in der Diskussion oft wenig differenziert geschieht. Es ist letztlich keine Einmischung in den sogenannten inneren Bereich der Kirche, sondern eine Struktur, deren Rahmen der Staat definiert, damit die Konfessionsangehörigen möglichst frei vom Staat und staatlichen Kirchenvögten das ihrer Kirche Gemäße „organisieren" und sich dafür eine institutionelle Form geben. Ist das staatskirchenrechtliche Gewand somit nicht ein Instrument zur Entflechtung von Kirche und Staat? Da es dem pastoralen Auftrag der jeweiligen Kirchen verpflichtet ist, kann es auch keine Parakirche genannt werden, wenngleich es sich vom Rechtssystem her um parallele Institutionen bzw. Körperschaften handelt.
Von daher wird vielleicht auch verständlich, warum man im Tessin ebenfalls eine staatskirchliche Körperschaftsstruktur möchte, aber nur, wenn die pastoral-kirchliche, also die hierarchische Kirche (praktisch das Bistum) als solche anerkannt würde. Das wäre ein Kompetenz- und Machtzuwachs ohne „Puffer" zwischen Hierarchie und Kirchenvolk. — Das aber würde eine zentralistische Konzentration der Diözese bedeuten — ähnlich wie beispielsweise in der Bundesrepublik. Das „Volk Gottes" hätte das Nachsehen; und wichtige Anliegen des staatskirchenrechtlichen Gewandes könnten keine Kraft entwickeln.
Ob sich nicht deshalb auch Widerstand meldet gegen diözesane Entscheidungen, die auf das Gefühl der Menschen zu wenig Rücksicht nehmen und der Vorgehensweise nach mindestens „autoritär" wirken können? (Man erinnere sich an den Kurswechsel, den Bischof Corecco 1987 gegenüber „Giornale del Popolo" eingeschlagen hat.) In diesem Zusammenhang wäre der Frage nachzugehen, ob eventuell der Streit um das Kruzifix in tessinerischen Schulstuben und der Streit um die Kirchensteuern im Tessin (1990) mit einer rigoroseren Gangart der Diözesanführung zu tun

---

[6] Vgl. L. Karrer, Aufbruch der Christen (München 1989) 26—148.

haben könnten. Gibt es gleichsan eine laizistische Opposition, die zwar geistesgeschichtlich eher ins letzte Jahrhundert paßt, die sich aber für eine monolithische Kirche mit klerikaler Konzentration der Befugnisse und Finanzen in keiner Weise erwärmen lassen will?[7]
Von daher erscheint eine abschließende Reflexion über das Verhältnis von Kirche und Staat im Blick auf unser staatskirchenrechtliches Gewand angebracht.

b) Verhältnis von Staat und Kirche in der Sicht des Konzils und der Synode 72

(1) Insgesamt wird man sagen dürfen, daß das *Zweite Vatikanische Konzil* die grundsätzliche Verschiedenheit von Staat und Kirche anerkennt, was die Aufgaben und Zielsetzungen betrifft. Aber sie sind auch aufeinander angewiesen und verwiesen. Die ebenfalls bedeutungsvolle Konstitution über die „Kirche in der Welt von heute“ (Gaudium et spes) spricht dies klar aus: „Die politische Gemeinschaft und die Kirche sind auf je ihrem Gebiet voneinander unabhängig und autonom. Beide aber dienen, wenn auch in verschiedener Begründung, der persönlichen und gesellschaftlichen Berufung der gleichen Menschen. Diesen Dienst können beide zum Wohl aller um so wirksamer leisten, je mehr und besser sie rechtes Zusammenwirken miteinander pflegen.“ Die Kirche kann dazu beitragen, „daß sich innerhalb der Grenzen einer Nation und im Verhältnis zwischen den Völkern Gerechtigkeit und Liebe entfalten. Indem sie nämlich die Wahrheit des Evangeliums verkündet und alle Bereiche menschlichen Handelns durch die Lehre und das Zeugnis der Christen erhellt, achtet und fördert sie auch die politische Freiheit der Bürger und ihrer Verantwortlichkeit“ (Nr. 76).
Klare Trennung der Zuständigkeiten bringt jene Freiheit, die Zusammenarbeit in kooperativer Partnerschaft ermöglicht. Es dürfen keine gegenseitigen Abhängigkeiten spielen, in denen die Kirche den Staat für ihre Interessen einspannt und dadurch Rechte Dritter verletzt werden, beziehungsweise die Kirche gegen ihre Berufung und Sendung erpreßbar wird oder sich goldene Fesseln anlegt.[8] Ohne solche Freiheit kann die Kirche ihren kritisch-prophetischen Auftrag nicht authentisch wahrnehmen.
Diese Freiheit zwischen Kirche und Staat ist indes nicht nur eine Friedenspragmatik zwischen zwei Körperschaften, sondern hat für das Konzil

---

[7] Dialoghi, Auseinandersetzung über die Moderne, in: Schweiz. Kirchenzeitung 159 (1991) 199—201.

[8] Vgl. auch: Der Denar oder theologische Leitlinien zum Verhältnis von Kirche und Staat, in: Civitas 33 (1977/78) 684—691; s. auch A. Loretan, Die Konzilserklärung über die Religionsfreiheit — 25 Jahre danach, in: Schweiz. Kirchenzeitung 159 (1991) 239—243.

einen tieferen und letztlich verbindlichen Grund, nämlich in der Religionsfreiheit bzw. in der Würde der menschlichen Person. Die Erklärung über die Religionsfreiheit, die ja im nachkonziliären Prozeß vor allem in den Kreisen um Lefèbvre heftig umstritten geblieben ist, hat sich eindeutig auf die Seite der Freiheit und der Autonomie des Gewissens und damit auf die Seite der Religionsfreiheit gestellt. Nur wer um die leidvolle Geschichte der auch von der Kirche geschürten Intoleranz gegenüber der Inanspruchnahme von Freiheit und Selbstbestimmung des Menschen — auch gegenüber religiösen Fragen — weiß, kann diesen geistigen und geistlichen Durchbruch in etwa ermessen: „Es geschieht also ein Unrecht gegen die menschliche Person und gegen die Ordnung selbst, in die die Menschen von Gott hineingestellt sind, wenn jemandem die freie Verwirklichung der Religion in der Gesellschaft verweigert wird ..." (Nr. 3). Die Konzilserklärung betont, daß die „Freiheit als Freisein von Zwang in religiösen Dingen, die den Einzelnen zukommt, ihnen auch zuerkannt werden muß, wenn sie in Gemeinschaft handeln" (Nr. 4). Begründet wird dies mit dem Hinweis auf die Sozialnatur des Menschen und mit dem Verständnis von Religion. „Die Staatsgewalt muß also durch gerechte Gesetze und durch andere geeignete Mittel den Schutz der religiösen Freiheit aller Bürger wirksam und tatkräftig übernehmen und für die Förderung des religiösen Lebens günstige Bedingungen schaffen, damit die Bürger auch wirklich in der Lage sind, ihre religiösen Rechte auszuüben und die religiösen Pflichten zu erfüllen ..." (Nr. 6). — Es besteht kein Zweifel, daß die Konzilsväter mit diesen Voten den pluralistischen und weltanschaulich neutralen Staat anerkannt haben. Noch bedeutungsvoller ist das Eintreten für die Freiheit und das Gewissen des einzelnen Menschen und damit auch für das Recht, sich entsprechend Gemeinschaftsstrukturen schaffen zu können.

(2) Die *Synode 72* knüpfte an dieser Sichtweise des Konzils an, mußte aber der praktischen Vielfalt der rechtlichen Ausgestaltung des Verhältnisses von Kirche und Staat in den einzelnen Kantonen Rechnung tragen. So bejaht die Synode grundsätzlich „die Religionsfreiheit als menschliches Grundrecht und fordert vom Staat die volle Freiheit der Bekenntnisse zur Erfüllung ihres religiösen Auftrages" (Beziehung zwischen Kirche und politischen Gemeinschaften, Diözese Basel IX, 4.1.19).
Die Synode plädiert nicht für eine radikale Trennung von Kirche und Staat, sondern vielmehr befürwortet sie „in unseren konkreten Verhältnissen die öffentlich-rechtliche Stellung der Landeskirchen und Kirchgemeinden", und dies aus zwei Gründen. Diese öffentlich-rechtliche Stellung entspricht „der tatsächlichen Bedeutung der christlichen Bekenntnisse in der Bevölkerung ... und anerkennt ihren Dienst am Menschen und an der Gesellschaft". Zudem erleichtert sie „die Lösung von Fragen ... welche Staat und Kirche gemeinsam interessieren" (4.1.2).

Nebst den informierenden Aussagen über Rechtsstellung der Bekenntnisse, die Beitragssysteme, Mitgliedschaft, das Verhältnis zwischen Pfarreien und Kirchgemeinden etc. hatte die Synode wohl auch prospektiv die Entflechtung von Kirche und Staat über den Weg staatskirchenrechtlicher Körperschaften im Auge. Denn die Anerkennung der Bekenntnisse im „öffentlichen Recht verlangt eine umfassende Ausscheidung der staatlichen und der kirchlichen Zuständigkeit. Ziel der Rechtsentwicklung ist die Freiheit der Kirchen, sich ihre Organisation aufgrund ihres eigenen Verständnisses selbst zu geben. Die Synode ersucht die zuständigen politischen Behörden, der Zweckverschiedenheit von Staat und Landeskirchen durch Einräumung eines vollen Rechtes zur Selbstorganisation Rechnung zu tragen" (IX, 4.1.3). In dieser Hinsicht dürfte vor allem die landeskirchliche Verfassung des Kantons Jura interessant sein, die solches ermöglicht.
Die Impulse der Synode gehen aber noch weiter und sind ohne Zweifel heute aktueller denn je: „Die Anerkennung im öffentlichen Recht darf die Religionsfreiheit anderer Bekenntnisse nicht beeinträchtigen. Die rechtlich gleiche Stellung der drei traditionellen christlichen Bekenntnisse ist in fast allen Kantonen erreicht. Dieselbe Möglichkeit soll jedoch auf auf andere Bekenntnisse ausgedehnt werden, die eine solche Stellung wünschen und deren Bedeutung eine Anerkennung rechtfertigt (IX, 4.14).

c) Theologisch wachsam und praktisch offen bleiben

So zeigt sich, daß das staatskirchenrechtliche Gewand der Kirche Schweiz weitergehender historischer, rechtlicher, pastoraler und theologischer Forschung und Reflexion bedarf.

— Es ist nicht nur für die Schweizer und Schweizerinnen ein institutionelles Geflecht, das man über die örtliche Mechanik hinaus kaum kennt. Noch verständlicher ist, daß auch die Kirchen anderer Länder oder die zentrale Kirchenleitung in Rom äußerst Mühe haben, „unser" System zu durchschauen, geschweige denn es zu akzeptieren. Im Vergleich zur plurikulturellen Schweiz haben die umliegenden Länder nun einmal eine einheitlichere Kultur. Das schlägt sich auch kirchlich nieder. Es sei daran erinnert, daß dem zu den alten Eidgenossen beorderten päpstlichen Gesandten die Mahnung mitgegeben worden ist, daß „man den Eidgenossen ihre Bräuche belassen müsse, aber auch ihre Mißbräuche", und Papst Gregor XVI. (1831—46) schon soll geseufzt haben, daß „die Diözese Basel die schwierigste der Welt sei" (H. Laemmel). — In den siebziger Jahren sprach man in kirchlich besorgten Kreisen der Bundesrepublik von „holländischen Zuständen" und meinte damit den Partizipationswillen der Kirchenbasis und die damit gegebene Gefahr der „Desorganisation". An diesen Ausdruck werde ich erinnert, wenn in den letzten Jahren von gewissen Leuten in der BRD plötzlich „schweizerische Verhältnisse" in der Kirche moniert werden. Auf Rückfragen hin sind es sehr oft Elemente unseres staatskirchenrechtlichen Gewandes; selbst die Pfarrwahl ist für manche „häretisch" und nicht mehr katholisch. Dabei wäre dieses Modell — je nach Umständen abgeändert — vielmehr zu „exportieren" und vor allem auch im Sinne einer vergleichenden Pastoral (oder Pastoraltheologie) zu reflektieren und zu erörtern.

— Vielleicht darf man daran erinnern, daß das schweizerische System wohl am meisten dem von der katholischen Soziallehre verfochtenen Prinzip der „Subsidiarität" entspricht.

— Für uns bleibt allemal wichtig, daß wir dieses System nicht bewußtlos seiner eigenen Automatik überlassen, sondern es theologisch und praktisch wachsam begleiten. Die Kirche hat sich durch die Synode selbst dazu verpflichtet: „Die Synode erachtet es als notwendig, daß die Probleme des Verhältnisses von Kirche und Staat weiterhin dauernd überprüft und entwickelt werden. Sie unterstützt solche Bestrebungen und empfiehlt deren Zusammenfassung unter maßgeblicher Mitwirkung von Sachverständigen. Namentlich ist die Bearbeitung des ganzen Fragenkomplexes auf wissenschaftlicher Ebene erforderlich. Bereits bestehende Dokumentationsstellen sollen in enger Zusammenarbeit mit den anderen christlichen Kirchen gefördert werden" (IX, 4.1.5).

— Natürlich ist mit diesem Aspekt nur ein Teilbereich des Verhältnisses von Kirche und Staat berührt. Die Kirche muß die Freiheit ihrer kritisch-prophetischen Präsenz in der Schweiz und in unserer Gesellschaft grundsätzlich vertreten und reflektieren, vor allem aber praktisch in Anspruch nehmen. Auch in dieser Hinsicht können die Entwicklungen der letzten Jahre einen Zugewinn an Freiheit bedeuten, auch wenn der erhöhte Organisationsgrad der Kirchgemeinden und Pfarreien andererseits als erschwerend für Initiativen und Bewegungen empfunden werden können. Aber grundsätzlich ist der eingeschlagene Weg der Entflechtung als Chance zu mehr Freiheit und Selbstverantwortung zu gewichten.

Für weiterführende Überlegungen stehen Themen an wie: Kirchenaustritt und staatskirchliche Strukturen (trotz Austritt eine offene Pastoral), Landeskirchliche Autonomie und gesamtschweizerische Solidarität, Verhältnis der Seelsorgeräte und Bischöflichen Ordinariate zu den Landeskirchen, theologische Bedeutung mancher staatskirchlicher Elemente wie Mitsprache auf der Basis gleicher Rechte von Mann und Frau (Theologie des Volkes Gottes, Bedeutung der Ortskirche), Gesellschaftliche Differenzierung und Staatskirchenrecht, aber auch rechtsgeschichtliche Aspekte und zeitgemäße Inkulturation der Kirche in unsere Geschichte und Lebenswelt — um nur einige zu nennen.

XII.
Geht der Kirche das Personal aus?

Jedermann und jedefrau mit Erfahrungen im Personalsektor wissen, daß Personalfragen zu den heikelsten Problemen zählen. Es verbinden sich allein im pastoralen Aufgabenfeld damit objektive Berufsprofile und subjektive Erwartungen, strukturelle Aspekte mit Chancen bzw. Grenzen und persönliche Biographie mit Qualifikationen und Begrenzungen, Kirchenbilder und Berufsperspektiven, Gemeindemodelle und funktionale Indienstnahme, Berufsethos und persönliche Freiheit, Dienst und Lebensform, pastorale Anforderungen und persönliche Prioritäten ... Angesichts der Fülle der Aspekte, die sich gerade beim kirchlichen Personal verdichten, möchte man leicht mutlos die Feder sinken lassen. — Aber um der Aufgabenwahrnehmung der katholischen Kirche Schweiz willen sind mindestens einige wichtige Fragen ansatzweise zu bedenken und sozusagen in ihr Recht einzusetzen. Auch wenn man im einzelnen keine Patentlösung weiß, so sind die Fragen nach dem „Personal" in der Kirche Schweiz zu wichtig, als daß man ihnen der impliziten Schwierigkeiten wegen aus dem Weg gehen dürfte. Es geht im folgenden somit um jene Frauen und Männer, die sich mehr oder weniger vollberuflich im kirchlichen und pastoralen Dienst einbringen, und um jene, die neben- und ehrenamtlich die vielfachen Aufgaben im kirchlichen Bereich unterstützen, mittragen und durchtragen. — Immerhin geht es bei der „Personalfrage" um Menschen und um einen entscheidenden Faktor für den Handlungsspielraum der Kirche.

1. Die Fakten sind brisant, ihre Interpretation aber ist gewagt

a) Personal-Notstand: nur Hypothese?

Wenn nicht alles täuscht, dann ist zu befürchten, daß auf die katholische Kirche Schweiz quantitativ und (damit) auch qualitativ ein Personalnotstand zukommt. — Diese Hypothese ist statistisch schwer nachzuweisen, obwohl die Orden oder einige Diözesen durchaus in der Lage sind, mit entsprechenden Daten für die letzten Jahrzehnte aufzuwarten. Aber insgesamt gilt für die Kirche in der Schweiz, daß sie mit statistischem Material über ihr Personal nicht verwöhnt ist.[1]

Ein kleiner Blick zurück in die jüngere Geschichte der Kirche Schweiz könnte gegenüber der Hypothese von der drohenden Personalnot vorsichtig stimmen. So heil wurde die Situation auch in den zwanziger Jahren nicht empfunden. In der Schweizerischen Kirchenzeitung wird unter der Rubrik „Junge klerikale Kritiker" folgende Äußerung von P. A. Huonder SJ zitiert: „Aber freilich, die neue Zeit, die Luft der modernen Schule, die geistige Atmosphäre, die uns umgibt, der stolze, selbstbewußte Zug des 20. Jahrhunderts, ist diesem Kindesgeiste (Wenn ihr nicht werdet wie die Kinder...) nicht eben zuträglich. Er fehlt so manchem der jungen geistlichen Herren, die, obschon noch ganz ohne Erfahrung, ohne Verdienst, ohne Bewährung, doch schon so selbstgefällig, so fertig abgeschlossen auftreten. Sie haben nichts mehr zu lernen, wissen alles, urteilen über alles, haben ein unbegrenztes Vertrauen in ihre eigene Einsicht und lächeln überlegen über die rückständigen Anschauungen und Grundsätze der Alten..." (1926, Nr. 3, 20). — Eine Reminiszenz, die atmosphärisch Licht auf diese Jahre wirft, in denen allerdings Priestermangel die Kirche Schweiz bedrückte. So klagte der damalige Bischof von Basel, J. Ambühl, in der Aula der Theologischen Fakultät Luzern am 7. Oktober 1929, daß „die brennendste Sorge des Bistums der herrschende Priestermangel ist. Dreißig Seelsorgestellen sind zur Zeit vakant, und doch sollten noch viele neue in der Diaspora geschaffen werden. Zur Hebung der Priesternot ersucht der Bischof die Diözesangeistlichkeit, in jedem hl. Opfer ein inniges Memento einzulegen. Besondere Aufmerksamkeit sollte dann den Ministranten zugewandt werden..."[2] — Es muß eine schnelle Wende der Verhältnisse eingetreten sein, denn in der Schweiz. Kirchenzeitung vom 5. Dez. 1935 (S. 408) wird unter dem Titel „Von einer schlechten Praxis" vor zu vielen Theologen gewarnt: „Schon jetzt haben wir Anzeichen einer Übersättigung des Volksganzen mit Geistesarbeitern. Wie in manchen Diözesen Deutschlands, so könnte auch bei uns der Zudrang speziell zum geistlichen Berufe als eine Zeiterscheinung gewertet werden; man möchte bei der heutigen Unsicherheit der wirtschaftlichen Verhältnisse an erster Stelle ein sicheres Auskommen und ein lebenslängliches Versorgtsein. Videant consules."[3] Interessant sind die Befürchtung und die Motiv-Unter

---

[1] Schweiz. Pastoralsoziologisches Institut, Kirchenstatistische Hefte 2: Kirchliches Personal 1965—1980 (St. Gallen 1981) 1; für die Laientheologen/innen vgl. L. Karrer, Die Laientheologen in der Schweiz, in: Schweiz. Kirchenzeitung 149 (1981) 174—179. — Systematisch werden auf nationaler Ebene keine Daten erhoben, weder im Personalsektor noch in anderen pastoralen Bereichen. Prognosen über die personelle Entwicklung gibt es aus den Bistümern Basel und St. Gallen.

[2] Schweiz. Kirchenzeitung 97 (1929) 341.

[3] Vgl. dazu Schweiz. Kirchenzeitung 103 (1935) 430f.

stellungen. — Schon fünf Jahre später ist die Rede von „Priesterüberschuß“ in der Schweiz und „Priestermangel“ in Übersee: „Dem einen oder anderen unserer hochwürdigsten Bischöfe bereitet der große Andrang von Kandidaten zum Priestertum nicht unbedeutende Sorgen. Manche jungen Leute müssen von ihnen zurückgewiesen werden, nicht wegen Mangel an Eignung, sondern lediglich wegen Mangel an Bedarf von geistlichen Kräften. Da und dort muß man einem verdienten Priester, der im Dienst der Kirche ergraut ist, die Resignation nahelegen, nicht weil er seinen Posten ungern oder mangelhaft ausfüllt, sondern nur, um einem jungen Geistlichen Platz zu machen ...“[4]
Wie sich die Zeiten schon damals und aber auch seither geändert haben! Wie froh wäre man in den vergangenen Jahrzehnten an manchen Stellen über jene gewesen, die man damals abgewiesen hat.

b) Personalmangel im pastoralen Bereich

In den vergangenen 40 Jahren haben sich aber nicht nur die Verhältnisse zwischen Kirche und Gesellschaft, sondern auch die innerkirchliche Situation zwischen Vergangenheit und Zukunft drastisch verändert. Alles Gesundbeten der früheren Verhältnisse kann die heutigen Probleme nicht heilen.

(1) Die Situation bezüglich des „*Priestermangels*“ ist offenkundig.[5] Die statistischen Kurven belegen eindeutig, daß es in der Schweiz um 1960 herum die meisten Weltpriester und Ordenspriester gegeben hat. Zwischen 1970—1980 fällt die Kurve jäh ab. Diese Tendenz ist im vergangenen Jahrzehnt nicht gestoppt worden. Falls sich die Zahl der Ordinationen im Rahmen der letzten Jahre hält (sich also auf einem sehr niedrigen Niveau stabilisieren sollte), dann dürften im Jahr 2010 noch 550 Diözesanpriester unter 65 Jahren zur Verfügung stehen. 1985 waren es immerhin noch 1385. — Seit 1970 stieg die Zahl der Pfarreien ohne ortsansässigen Priester kontinuierlich: von 156 Pfarreien im Jahre 1970 auf 173 im Jahre 1975 und auf 252 im Jahre 1980. Anno 1985 waren es dann bereits 338 Pfarreien, die kirchenrechtlich von einem auswärtigen Priester „verwaltet“ wurden.[6] Im Bistum Basel waren es 1970 noch 8 Pfarreien, 1980 bereits deren 56 und im Jahre 1985 — bei einer Gesamtzahl von 533 Pfarreien — deren 93 (17 %) ohne residierenden Pfarrer.

---

[4] Regens Boxler (Salesianum, Freiburg), Priesterüberfluß und Priestermangel, in: Schweiz. Kirchenzeitung 108 (1940) 369.

[5] Vgl. SPI (Hrsg.), Kirchenstatistische Hefte 2, 7—32 vgl. auch insgesamt dazu: P. Voll, Die Entwicklung des Personalbestandes der Schweizer Kirche (1), in: Schweizerische Kirchenzeitung 156 (1988) 508—513.

[6] SPI (Hrsg.), Gemeinden ohne Pfarrer am Ort (Zürich 1987) 20.

Dabei ist nicht zu übersehen, daß die Priesterzahlen in der Schweiz zwischen 1930 bis 1960 stetig anstiegen, daß aber das *Verhältnis Katholiken/ Priester* sich schon zwischen 1940 und 1950 zu verschlechtern begann. So gab es 1980 zwar noch ebenso viele Priester wie 1930; aber ihnen standen beinahe doppelt so viele Katholiken gegenüber.
Dazu kommt, daß unter den Priestern der Anteil der über 65-jährigen gewaltig gestiegen ist. Aber der zunehmende Priestermangel hat eine Form der kurzfristigen Problembewältigung ausgelöst, nämlich *Erhöhung* des *Aktivitätsalters* der Priester. In Umkehrung des gesellschaftlichen Trends in Richtung einer Senkung des Pensionsalters werden Priester in manchen Bistümern über das Alter von 65 Jahren hinaus im Amt belassen. Nur im Bistum Basel sind die beiden „Wachstumsraten" weitgehend identisch.[7]
Eine eindeutige Sprache spricht auch die Altersstruktur des schweizerischen Klerus (Überalterung). Schon im Jahre 1962 ist die Gruppe der Priester unter 41 Jahren — im Vergleich zur Gesamtbevölkerung — unterrepräsentiert, während damals die mittlere Gruppe von 41—65 Jahren übervertreten ist. Sie sind in der zweiten Hälfte der achtziger Jahre ins Pensionsalter gekommen. Anno 1980 waren es 36 % der Priester, die 65 Jahre und mehr zählten, 1985 waren es schon 42 %. Die Gruppe der Jüngeren (40 und darunter) ist demgegenüber von 24 % im Jahre 1962 auf schwache 8 % zusammengeschmolzen. Es gibt regionale Unterschiede. Für den deutschsprachigen Teil des Bistums Lausanne, Genf und Freiburg zum Beispiel ist das prozentuale Verhältnis noch drastischer.
Die *Interpretation*[8] dieser Statistiken ist ungemein schwierig, weil mit Zahlen nicht die gesellschaftliche, berufliche, kirchliche und persönliche Dimension angemessen zu Wort kommt. Es ist auch die Zeit vieler „Austritte" aus dem Priesteramt, der qualitativen Veränderungen im Priesterprofil und ganz neuer Wege, dem zunehmenden Priestermangel zu begegnen: durch Verdünnung der Priester-Stellen in den Gemeinden, Erhöhung des Aktivitätsalters, Abzug der Priester aus der Spezialseelsorge, Einsatz von Ordenspriestern und Weltpriestern aus dem Ausland, durch Kooperationsmodelle von Pfarreien (Pfarreienverbund) und vor allem durch den Einsatz sogenannter Laienseelsorger und -seelsorgerinnen.

(2) *Seelsorger- und Seelsorgerinnen-Mangel.* Die Integration von Frauen und Männern als Katecheten und Katechetinnen seit Mitte der sechziger Jahre, der Laientheologen und Laientheologinnen verstärkt seit Mitte der siebziger Jahre in den pastoralen Gemeindeaufgaben hat das Seelsorge-

---

[7] Ebd., 23.
[8] Vgl. die von A. Hopp hrsg. Personalprognose für das Bistum Basel: Fragmente eines Pastoralkonzeptes (Solothurn 1978) 11—13; diese Personalprognosen haben sich in der Folge durch einen großen Annäherungswert an die faktische Entwicklung (also „Treffsicherheit") ausgezeichnet.

profil grundlegend in einen Umbruch geführt. Zum kirchlichen Personal auf Pfarreiebene und in der Spezialseelsorge sind auch die Seelsorgehelferinnen und Sozialarbeiter und Sozialarbeiterinnen zu zählen. Zahlenmäßig ist es kaum möglich, genaue Statistiken über die „Laiendienste" zu erstellen.[9] Insgesamt darf man davon ausgehen, daß der diözesane Personalbestand gegenüber der priesterreichen Zeit kaum abgenommen hat[10], wobei hier allerdings auch jene inbegriffen sind, die kein Theologiestudium und keine Ausbildung am Katechetischen Institut absolviert haben. — Aber dies darf nicht vergessen lassen, daß auch die katholische Bevölkerung sich praktisch verdoppelt hat und in dieser Zeit eine zur Gesellschaft parallel verlaufene Differenzierung der kirchlichen Aufgaben und deren Selbstverständnis stattgefunden hat.
Im Vergleich zu den Welt- und Ordenspriestern im diözesanen Dienst der deutschsprachigen Bistümer in der Schweiz waren im Jahre 1980 ca. 40 Prozent der Geistlichen in der Spezialseelsorge tätig, während die sogenannten Laien-Seelsorger prozentual in einem umfangreicheren Maß in der Pfarrseelsorge eingesetzt gewesen sind (nur ca. 23 Prozent in einer Spezialseelsorge, besonders im Religionsunterricht und in der Jugendseelsorge).[11] — Inbegriffen sind 1980 allerdings schon die ersten Diakone (insgesamt 10), die im Unterschied zum „zivilberuflichen" Diakon (z.B. in der Bundesrepublik) in der Schweiz nur im Zusammenhang mit einem vollberuflichen Dienst in der Kirche geweiht worden sind. — Fazit bleibt: In der Schweiz haben wir nicht nur einen massiven Priestermangel, sondern einen drastischer werdenden Mangel an Seelsorgern und Seelsorgerinnen.

c) Personalmangel im kategorialen Bereich

(1) Mit Kategorialgemeinde oder funktionaler Gemeinde umschrieb die Pastoraltheologie in den siebziger Jahren jene Teilbereiche oder Personengruppen als pastorale Spezialbereiche, die von der sogenannten Normalpastoral in den Pfarreien kaum zentral wahrgenommen worden sind und pastorale Tätigkeiten unter und mit bestimmten Personen in besonderen Lebenssituationen umfassen. Heute sprechen wir wohl eher von „Spezialseelsorge": Krankenhauspastoral, Studierende/Akademiker, Kinder/Jugendliche, Gefängnisseelsorge, Behindertenpastoral, Tourismus, Industrie usw.
In den Ausführungen über die Pfarrei ist schon die Frage gestellt worden,

---

[9] Vgl. L. Karrer, a.a.O.

[10] Im Bistum Basel scheint die statistische Kurve für die Jahre von 1965—1980 eher anzusteigen: SPI (Hrsg.), Kirchenstatische Hefte 2,28.

[11] Vgl. ebd., 21—25.

ob die Spezialseelsorge nicht doch auch den Normalfall von Seelsorge (Pastoral an den Lebensbrennpunkten!) darstelle.
In unserem Zusammenhang sind in der Tat mit *„kategorialen Bereichen"* — außerhalb des pfarreilichen bzw. gemeindlichen Lebens — alle Aufgaben im pastoralen und kirchlichen Kontext auf allen Ebenen gemeint, damit die Kirche ihrer Sendung nachkommen und ihre kritisch-prophetische Präsenz wahrnehmen kann. Es handelt sich dabei um theologiegebundene Funktionen und Aufgaben sowie um all jene, die im weiten Herausforderungsfeld in der Kirche und zwischen Kirche und Gesellschaft nur mit entsprechenden menschlichen und fachlichen Qualifikationen übernommen werden können (z.B. nebst Theologie und den klassischen Zusatzfächern oder -studien wie Soziologie, Psychologie, Pädagogik und Kommunikationswissenschaften auch Musik und Literatur, Kunst- und Kultur, Rechts- und Wirtschaftswissenschaften, Verwaltung und Management).

(2) *Notwendigkeit von Sachkompetenz.* Als (im zweiten Hauptteil) die Herausforderungen an die Kirche Schweiz skizziert worden sind, ist schon auf das Dilemma hingewiesen worden zwischen Aufgabenfülle auf der einen und Personalknappheit auf der anderen Seite (sie hängt auch mit der Finanzknappheit auf gesamtschweizerischer Ebene zusammen). In diesem Rahmen ist bezüglich der kulturellen Diakonie gesagt worden, daß entsprechende Instrumente und kompetente Fachleute unentbehrlich geworden sind.
Wenn es um die Wirtschaftsordnung, um die Welt des Geldes, um die Arbeitswelt, Rechtsordnung, Politik, Strafgesetzgebung, Gentechnologie und Medizin, Medien, Ausländerpolitik, Erziehung und Bildung, Ehe- und Erziehungsberatung, Ökologie, Militär und Abrüstungsfragen, um das Verhältnis von Frau und Mann, um Sterbebegleitung oder -hilfe usw. geht, stellen sich die Fragen nach Sachkompetenz und Professionalität. Wie kann sich die Kirche „Sonden" und „Instrumente" zur Wahrnehmung dieser Herausforderungen schaffen, ohne die einschlägige Sachkompetenz, Erfahrung und fachlichen Qualifikationen von Frauen und Männern aus dem weiten Spektrum des gesellschaftlichen und kirchlichen Lebens einzubeziehen? Natürlich geschieht die Hauptarbeit durch Kooperation mit entsprechenden Institutionen und in Kommissionen mit neben- und ehrenamtlicher Mitarbeit. — Aber das geht auf die Dauer nur dann, wenn die entsprechenden halb- oder vollberuflichen Stellen in kirchlicher Trägerschaft mit sachverständigen Frauen und Männern besetzt werden können, die in ihrem jeweiligen Fach- und Sachbereich auch anerkannt sind, Brücken zu außerkirchlichen Bereichen und Institutionen schlagen können, um dann zurückvermitteln zu können.
Die katholische Kirche Schweiz bräuchte mehr solcher Kuriere. Ohne ein solches Netz von Frauen und Männern, die sowohl kirchlich als auch

fachlich „zu Hause“ sind, verliert die schweizerische Kirche so etwas wie ein „Frühwarnsystem“, das sensibel die Nöte, Ängste, Sorgen und Fragen in unserer Gesellschaft wittert, analysiert und bewußtseinsmäßig umzusetzen bemüht ist. Allzuleicht machen wir uns künstliche Sorgen — und staunen dann, daß die Menschen mit ihrer Lebenslast und ihren Sorgen, aber auch mit ihrer Lebenslust und -erfahrung die Kirche nicht mehr suchen und finden, weil sie in den Sorgen der Kirchenprofis nicht ihre Fragen und ihre Lebenswelt erkennen.

(3) *Beispiele, wo der Schuh besonders drückt.* Einige wenige Beispiele sollen das Gemeinte verdeutlichen. Der größte Personalmangel hierzulande herrscht zweifellos im ganzen moraltheologischen und ethischen Bereich. All die gesellschaftlichen Problemfelder rufen nach ihrer auch ethischen Bewältigung, was praktisch bedeutet, daß die Kirche Theologen und Theologinnen mit Schwerpunkt Ethik und zusätzlichen humanwissenschaftlichen Kompetenzen bräuchte. Wer berät die Fachstellen, Institutionen, Iustitia et Pax, die Bischofskonferenz und die Entscheidungsträger, die Verbände, Parteien und Hilfswerke, aber auch die Seelsorger und Seelsorgerinnen vor Ort? Wir haben in der Schweiz ausgezeichnete Moraltheologen bzw. Ethiker. Aber die Verteilung der zusätzlichen Fachqualifikation sollte nicht auf wenige Experten begrenzt bleiben, sondern bis in die Reihen der Seelsorger und Seelsorgerinnen auf Dekanats- und Pfarreiebene hineinreichen.
So könnten wir weitergehen: Für die Beratung in Ehe-, Erziehungs- und Lebensfragen, im Spannungsfeld Freizeit/Tourismus und Kirche, für Jugendarbeit und Jugendseelsorge, in der Krankenhauspastoral bzw. Spitalseelsorge, aber auch hinsichtlich der Kulturszene oder im Blick auf den ganzen Bereich Medien (Film, Radio und Fernsehen, Video . . .) und Presse (Zeitschriften, Zeitungen, Buchhandel, Verlage etc.) haben wir in der Regel doch Mühe, im notwendigen Umfang qualifizierte Fachleute zu gewinnen, von einer echten Auswahl ganz zu schweigen. Zwar fangen viele in diesen Branchen „bei der Kirche“ an (und warum nicht!); aber insgesamt bedürfte es einer viel klareren und mittelfristigen Personaldisposition, auch wenn eine solche im schweizerischen Umfeld nur Leitplanken geben kann, keine eigentliche Personalplanung.
Aber auch der pastorale Bereich mit seinen differenzierten Schwerpunkten ist meines Erachtens mehr ausgetrocknet, als wir bei der ganzen Konzentration auf das Pfarrei-Personal wahrzunehmen scheinen. Es sei erinnert an die Religionspädagogik auf den verschiedenen Schulstufen und -typen sowie Sonderpädagogik, an das weite Feld der Erwachsenenbildung, der Liturgie, des Kirchengesangs, der Spezialseelsorge (betont sei auch einmal die Seelsorge unter und mit den Soldaten), der Pfarreiadministration und des Managements. In all den genannten Feldern müßte es

doch unter den in der unmittelbaren Pastoral stehenden Seelsorgern und Seelsorgerinnen zusätzlich ausgebildete und ausgewiesene „Pastoraltheologen“ und „Pastoraltheologinnen“ geben. Wie bei den Medizinern bleiben sicherlich die „Allgemeinseelsorger“ von entscheidender Bedeutung. Und auf sie hin haben sich die „Fachleute“ zu verstehen.

Nicht unähnlich ist die Personalknappheit im religionspädagogischen und theologischen Bereich. Auch die Theologie in der Schweiz hätte größte Mühe, alle Disziplinen sozusagen aus eigener Kraft zu sichern.

Um nicht mißverstanden zu werden: Der Primat kommt der Praxis zu, aber einer Praxis, die nicht einer bewußtlosen Pragmatik verfällt, sondern ihren Ort, ihre Ziele und ihre Wege der Zielverwirklichung theologisch und handlungsspezifisch reflektiert und verdaut. Auch die katholische Kirche Schweiz wird ihrem Dienst nur dann nachkommen und ihren Herausforderung nur dann begegnen können, wenn sie sich auch intellektuell selbstbewußt der Wirklichkeit stellt. Sonst kommen ihr die notwendigen Sensorien und „Instrumente“ abhanden.

d) Was machte die Kirche Schweiz ohne die Orden?

(1) *Keine ordensfremde Funktionalisierung.* Wenn die Orden, Kongregationen und Klöster, die schon des öftern erwähnt worden sind, im Zusammenhang der Personalfrage Kirche Schweiz genannt werden, dann will eine solche mehr „funktionale“ Betrachtungsweise keineswegs die Fülle dieser geistlichen Energiequellen und ihre Differenziertheit im einzelnen interpretieren oder gar instrumentalisieren. Vielmehr geht es darum, im Duktus dieser Anliegen auf etwas „aufmerksam“ zu machen, was zwar offenkundig auf der Hand liegt, aber gerade infolge dieser faktischen Selbstverständlichkeit leicht übersehen wird. — Am besten kleidet man diesen Hinweis in eine Frage: Was würde in der katholischen Kirche Schweiz geschehen, wenn es plötzlich die Frauen und Männer in den Orden und ordensähnlichen Gemeinschaften, in den Kongregationen und Klöstern nicht mehr gäbe? Nicht auszudenken! Nicht nur in manchen Pfarreien würde man den „Ortspfarrer“ vermissen, auch der ganze kategoriale und diakonische Bereich würde über weite Strecken zusammenbrechen. — Es ist aber mit allem Nachdruck zu beachten, daß die Orden ihre Identität bewahren und ihre Dienste in und an den Ortskirchen mit ihrer Ordensspiritualität verbinden können müssen.

(2) *Die Fülle der Aufgabenwahrnehmung.* Wer sich nur ein wenig informiert, weiß um das nicht zu systematisierende Übermaß: Ausländerseelsorge, Besuchsdienste, Wohnheime für Studenten/innen und Schüler/innen, Akademikerseelsorge, Krankenhaus- und Gefängnisseelsorge, Be-

triebs- und Industrieseelsorge, Erwachsenenbildung, Katechese und Religionspädagogik, offene Fürsorge und Pflege von (Schwerst-)Behinderten, Krankenpflege, Haus- und Familienpflege, Schulen, Wallfahrtswesen, Theologie, aber auch Kulturpflege und -vermittlung, Wissenschaft, Medien, Zeitschriften, Journalismus, Verlagsleitung und Buchhandlungen, Exerzitien und Meditation ... Hinzu kommen die wichtigen Aufgaben, die Ordensleute an entscheidenden Stabsstellen wahrnehmen: zum Beispiel beim Katholischen Mediendienst, beim „Dritten Bildungsweg" (und IFOK), in der Fortbildung der Seelsorger und Seelsorgerinnen, bei der Berufswerbung, im Freizeit- und Tourismusbereich, bei den Verbänden, bei der Pastoralplanungskommission und beim Kath. Missionsrat, bei der Theologischen Kommission und bei der Dienststelle der Fidei-Donum-Priester und Interteam, Konferenz Kath. Schulen und Erziehungsinstitutionen, beim Institut für weltanschauliche Fragen und in den ökumenischen Gesprächskommissionen usw. Auch Aufgaben in den Ordinariaten, bei der Deutschschweizerischen Ordinarienkonferenz und bei der Schweizer Bischofskonferenz werden von ihnen wahrgenommen. Man muß sich dessen einmal bewußt werden, um zu ermessen, welch unersetzlichen Einsatz sie erbringen und zu welchem Dank die Schweizer Kirche ihnen gegenüber Anlaß hat.

(3) *Innovatorische Kräfte.* Es wäre indes sehr kleinkariert, diese immense Wahrnehmung von Aufgaben nur funktional-praktisch und als günstig bezüglich einer Nutzen-Mittel-Rechnung taxieren zu wollen. Primär sind die geistige und geistliche Ausstrahlung und die innovatorische Kraft für neue Initiativen. Schon in der alten, mittleren und jüngeren Geschichte waren es doch Ordensgründungen, die unter anderem auch die Funktion von „Sonden" wahrgenommen haben und Antwortversuche waren auf zeitgenössische Herausforderungen und menschliche Nöte. Für heute sei beispielsweise an die Projekte der Bethlehem-Missionare mit Interteam und mit ihren Assoziationen von Laien (bei der Missionsgesellschaft) hingewiesen, an die Impulse des Katharinenwerkes, auf die kleinen Kommunitäten von Franziskanern oder Dominikanern in den großen Städten, an die Ökumenische Begegnungsstätte in Unterbeinwil im Solothurnischen, an die Tagungshäuser und Exerzitienhäuser (wieviele werden gerade in der Schweiz von Orden und Kongregationen ermöglicht!) oder an das „Kloster auf Zeit" der Communauté von Grandchamp/NE (einer Schwesterngemeinschaft, die engen Kontakt mit der Bruderschaft von Taizé pflegt), an das missionarische Bildungszentrum „Romerohaus" in Luzern ...
Nicht zu unterschlagen ist der enorme Einsatz in der klassischen Missionsarbeit, in der Entwicklungshilfe und im Engagement für die Dritte Welt. Gerade diese zum Teil schon „altgedienten" Organisationen sind nebst den Hilfswerken und Verbänden praktisch und bewußtseinsbildend

die großen Brückenbauer zwischen der „Heimat“ und den Kirchen und Ländern der Dritten Welt. Auch die Hilfswerke und Verbände sind auf die Vernetzung mit ihnen angewiesen und umgekehrt. Aber manche Ordensgemeinschaften und Missionskongregationen waren in den aus heutiger Sicht vielleicht begrenzten Rahmenbedingungen von damals so etwas wie das „Fastenopfer“ heute.

(4) *Zusammenarbeit der Orden und Kongregationen.* Analog zum übrigen gesellschaftlichen und kirchlichen Leben haben auch die Orden, Kongregationen und „ordensähnlichen“ Gemeinschaften nicht nur ihre Kooperation verstärkt, sondern auch Konsultationsgremien geschaffen. Die Männerorden sind durch die gesamtschweizerische Vereinigung der Höheren Ordensobern zusammengefaßt: VOS, die 37 Verbände mit über 2600 Mitgliedern integriert. Nicht erfaßt waren 1985 ca. 400 Priester und Laien von 20 Ordensverbänden (Säkularinstitute, Gemeinschaften des apostolischen Lebens, Personalprälaturen etc.).[12] — Die Schwesterngemeinschaften sind in der VONOS: „Vereinigung der Ordensoberinnen der deutschsprachigen Schweiz und Liechtenstein“ organisiert. Nicht enthalten sind ca. 400 Schwestern aus Gemeinschaften ohne schweizerische Provinz oder schweizerisches Mutterhaus sowie Mitglieder von Säkularinstituten.[13] Die entsprechenden Kongregationen mit apostolischer Tätigkeit in der Westschweiz sind organisiert in der „Union des Supérieurs Majeurs de Suisse Romande“ (USMSR).

(5) *Krisen und Umbrüche.* Dies darf nun nicht übersehen lassen, daß auch in diesem Bereich die Wirklichkeit wie überall spielt. Es sind nicht zuletzt die „religiösen Gemeinschaften“, die den Umbruch der Zeit und die Polarisierungen innerhalb der Kirche sehr unmittelbar und in enger Gemeinschaftserfahrung oft bis an die Grenzen der Erträglichkeit erleben. Im Teil der „Orden“ und „Kongregationen“ spiegelt sich das Ganze der kirchlichen und gesellschaftlichen Prozesse und Probleme wider. Das betrifft auch die Nachwuchssituation. Insgesamt ist die Tendenz vor allem bei den Frauengemeinschaften rückläufig[14]. Dabei ist zu beachten, daß die monastischen Orden prozentual von dieser Nachwuchskrise nicht im gleichen Umfang betroffen sind wie die „aktiven“ Gemeinschaften. Diesen

---

[12] SPI (Hrsg.), Kirchenstatistische Hefte 6: Kirchliches Personal (St. Gallen 1987) 29.

[13] Vgl. ebd., 51. Eine eigene Vereinigung bildet die VOKOS: „Vereinigung der Oberinnen kontemplativer Orden der deutschsprachigen Schweiz“. Das westschweizerische Pendant ist die SDC: „Services des Contemplatives“. Die VONOS-Gemeinschaften betrugen 1985 annähernd 5000 Schwestern, während es gesamtschweizerisch über 8500 mit Wohnsitz in der Schweiz (und deren 9360 im Ausland) waren.

[14] Vgl. dazu P. Voll, Die Entwicklung des Personalbestandes der Schweizer Kirche (2), in: Schweiz. Kirchenzeitung 156 (1988) 524—528.

Unterschied spüren vor allem die Frauengemeinschaften. Vielleicht ist dies ein sanfter Hinweis, daß die Orden wieder stärker von ihrer spezifischen Lebensform Motivationskraft ausstrahlen müssen und weniger von praktischen „Apostolatsaufgaben", für die man und vor allem frau nicht mehr in einen Orden oder in eine Kongregation eintreten muß, wie etwa im letzten Jahrhundert. Zudem sind viele ihrer früheren Aufgaben inzwischen in die öffentliche Hand übergegangen.
Aber insgesamt machen sich infolge des Nachwuchsmangels und der teils rapide zunehmenden Überalterung eine Konzentration der Kräfte und Tätigkeiten bei den Orden und Kongregationen breit sowie eine grundlegende Neuorientierung ihres Ortes in Gesellschaft und Kirche. Und vielleicht wird sich die eine oder andere Gesellschaft der Frage stellen müssen, sich mit dem „Sterben" als Gemeinschaft auseinanderzusetzen. — Sie könnten für manche notwendigen Abschieds- und in diesem Sinn aufgenötigten Sterbensprozesse auch in der Kirche Hinweise sein.

(6) *Zur „Aushilfe" bei der Kirche Schweiz.* Insgesamt ist indes auch an die religiösen Gemeinschaften, in denen es von ihrer Ordensspiritualität her möglich ist, die Frage zu stellen, ob sie angesichts des zu befürchtenden akuter werdenden Personalnotstandes der katholischen Kirche Schweiz im einen oder anderen Fall nicht noch gezielter bei der Ausbildung des Ordensnachwuchses und bei der ordensinternen Personalplanung die Kirche Schweiz berücksichtigen könnten. Für eine umfassende Personaldisposition — mit Ausnahme des Bistums Basel mit seinem Bischöflichen Personalamt — gibt es in der Kirche Schweiz keine Instanz. Sind die religiösen Gemeinschaften in diesem Punkt nicht beweglicher und disponierter, der Kirche Schweiz dort auszuhelfen, wo diese Mühe bekundet, genügend Personal zu finden?

e) Wie steht es um den Nachwuchs?

Über mögliche Trendvermutungen kommen wir schwerlich hinaus. Wie gerade die Churer Ereignisse offenbaren, gibt es infolge der Kircheninnenpolitik mindestens saisonale Einbrüche und Schwankungen bezüglich der Aufnahme und des Abbruchs des Theologiestudiums. Dabei ist zu beachten, daß nicht nur die Studierenden der Theologischen Fakultäten und die Absolventinnen und Absolventen des Dritten Bildungsweges zu berücksichtigen sind, sondern auch die Studierenden des Katechetischen Instituts in Luzern und Teilnehmer und Teilnehmerinnen des Theologie-Kurses für „Laien" in Zürich.
Die Zahl derer, die in den Jahren 1980—1985 ihr Theologiestudium in Kontakt mit einem Bistum aufgenommen haben (ca. 420, davon etwa 90

Frauen), ist um rund 40 % höher als die Zahl der Studienanfänger/innen von 1974—1979[15]. Bei den Frauen beträgt die Zunahme gar rund 100 %. Für dieselben Zeiträume stieg die Zahl der Maturanden (-innen) in der Schweiz allerdings um 35 %. Das bedeutet eine geringe relative Zunahme der Theologiestudierenden. Sie ist für diesen Zeitraum vor allem auf die Zunahme auf seiten der Frauen zurückzuführen. Vielleicht war damit ein steigendes Interesse am kirchlichen Dienst verbunden. — Wie labil die Situation ist, zeigte sich, als 1987 die Studentenzahl an der Theologischen Fakultät Luzern leicht anstieg, der Frauenanteil gleichzeitig abnahm und unter den Studienanfängern sich keine einzige Frau befand[16].

Wie bei unseren Überlegungen zur Ausbildung und Studienbegleitung gezeigt werden wird, ist zwischen Attraktivität des Theologiestudiums und Attraktivität des kirchlichen Berufes sehr wohl zu unterscheiden. Das bedeutet, daß Studien- und Berufsmotivation nicht identisch sind und bei der Fortsetzung des Theologiestudiums auseinandergehen können, namentlich bei Frauen, die ihre Berufssituation subjektiv als begrenzt empfinden.

Gesamthaft — vor allem im Blick auf den deutschsprachigen Teil — wird man um die Einschätzung nicht herumkommen, daß die Personaldecke für die katholische Kirche Schweiz (im Unterschied zu evangelischen Kirche) noch dünner wird — und dies bei einer eher wachsenden Differenzierung der Aufgaben. Selbst wenn ein sehr hoher Prozentsatz der zur Zeit katholische Theologie studierenden Schweizer und Schweizerinnen in den Dienst eines Bistums oder einer kirchlichen Institution treten sollten — was ich im Moment sehr skeptisch beurteile —, selbst dann vermögen sie nicht die Abgänge zu kompensieren. Anfang der achtziger Jahre hatte man Ursache zur Annahme (z.B. im Personalamt des Bistums Basel), langfristig den Bedarf an Seelsorgerinnen und Seelsorgern aus dem Bistums-Nachwuchs decken zu können. Aber der Personaldruck mit dem Sog, daß möglichst jeder Geweihte Pfarrer wird und das ganze Potential möglichst auf Pfarreiebene eingesetzt wird, hat nicht abgenommen. Sowohl auf pfarreilicher Ebene wie in all den kategorialen Aufgabenfeldern ist im Moment für eine kurz- und mittelfristige Planungsphase keine Besserung absehbar. Langfristig mit einem Überfluß an Seelsorgern und Seelsorgerinnen bzw. an Theologen und Theologinnen zu rechnen, bleibt bei aller Offenheit für unvorhersehbare Trends und Entwicklungen eine gewagte Spekulation, die im Moment nicht weiterhilft. (Vielleicht verdünnt sich auch in Zukunft der Bedarf!) — Aber wo gibt es in der Kirche Schweiz eine Stelle, die all diese Fragen analysiert und planerisch aufgreift?

---

[15] Vgl. dazu: SPI (Hrsg.), Gemeinden ohne Pfarrer am Ort, 26f; P. Voll, Entwicklung des Personalbestandes der Kirche Schweiz (1), 512f.

[16] Vgl. R. Weibel, Heute aus dem Osterglauben leben, in: Schweiz. Kirchenzeitung 155 (1987) 734.

2. Komplexität der Seelsorger-Rolle, vor allem beim Pfarrer

Wenn es im folgenden um Aspekte der Seelsorger-Rolle geht, dann ist wegen ihrer besonderen Komplexität das Pfarrer-Profil primärer Gegenstand der Erörterungen. Aber letztlich geht es dabei um Fragen und Erfahrungen aller Kategorien von Seelsorgern und Seelsorgerinnen.

a) Echter und unechter (künstlicher) Seelsorger-Mangel

Angesichts der in der Schweiz zunehmenden Personalknappheit ist im internationalen Kontext zu sagen, daß wir hierzulande einen echten Seelsorgermangel registrieren können. In der Bundesrepublik oder unter je anderen Bedingungen in Holland und Österreich gibt es einen sozusagen künstlichen Seelsorgermangel. Dort wären Frauen und Männer mit theologischer und pastoraler Kompetenz bereit und von der Pastoral her auch gefragt, werden aber von der Kirche nicht beauftragt oder es fehlen die Mittel. Das ist ein unechter und teils von der Kirche zu verantwortender Personalmangel.
Aber es gibt vielerorts auch einen künstlichen Priestermangel, der durch kirchliche Gesetze ausgelöst wird: Gemeint ist das Ärgernis der dispensierten oder dispenswilligen Priester, denen die weitere Ausübung ihres Dienstes nicht mehr gestattet ist. Wenn in der Stadt Bern mehr als zehn „ehemalige“ Priester in anderen Berufen tätig sind und es immer schwieriger wird, für die Pfarreien gute Pfarrer zu finden, dann kann man in etwa ermessen, wie doppelbödig solche Wortwahl sein kann.

b) Pfarreien ohne Priester am Ort und die Tendenz zum Spezialistentum

Im Rahmen des Umbruchs in Gesellschaft und Kirche hat sich verständlicherweise auch das Profil des Pfarrers und des Priesters generell gewandelt. Priestermangel und die Pfarr-Verbände, also die regionale pastorale Zusammenarbeit mehrerer Pfarreien, sind Symptome dafür.

(1) *Von den vielen Priestern zum vereinzelten Pfarrer.* Daraus erwachsen aber für die Priester und für alle Seelsorgerinnen und Seelsorger menschliche Chancen, die es früher so nicht gab (und wie früher möchten es in der Tat nur wenige haben), aber auch spezifische menschliche Kosten, die durch den Rollenwandel und die komplizierter werdende Situation zugemutet sind.
Bis vor wenigen Jahrzehnten war es auch in durchschnittlich großen Landpfarreien keine Seltenheit, daß der Pfarrer mit seinem ersten Kaplan

und den übrigen 3—4 Kaplänen oder Vikaren die Pfarrei seelsorglich versorgte. Natürlich suchte der eine oder andere seine Arbeit, oder er ging seinen Hobbies nach. Sie verdienten zwar auch herzlich wenig; aber es gab das (oft als „glatt" empfundene) Wir-Gefühl im Klerus und unter den Kaplänen — zuweilen durchaus in einer gewissen Opposition zum Pfarrer als Patron. Und vor allem gab es dem einzelnen trotz des viel engeren kirchlichen und klerikalen Rahmens einen gewissen Freiraum, seinen persönlichen Interessen und Begabungen nachzugehen, Orgel zu spielen, sich mit Kunst zu befassen, historische Studien zu betreiben, sich als Bergführer oder als Imker-Experte zu installieren, in den zivilen Gemeinden und Schulgemeinden wichtige Funktionen wahrzunehmen. In diesem System konnten die Menschen wählen, zu wem sie lieber gingen. Und dieses System ertrug es recht gut, wenn unter der Geistlichkeit dann auch mal ein komischer Typ war, dessen „Kauzigkeit" einfach durch die Tatsache, daß er unter mehreren war, relativiert wurde.
Heute ist die Situation in einer für den einzelnen Pfarrer menschlich bedrohlichen Weise „unbarmherziger" geworden. Kapläne sind in manchen Bistümern bald rarer als Weihbischöfe. Wer zum Priester geweiht wird, erlebt einen Sog-Druck, bald und fast ausschließlich Pfarrer zu werden. Für andere sinnvolle und subjektiv angemessene Berufungen ergibt sich daraus ein zusätzlicher Legitimationsdruck. Die weniger werdenden Pfarrer geraten durch ihr Amt und ihre einsame Verantwortung in eine solch singuläre Position, die auch menschlich schwer zu gestalten und auszuhalten ist. Dies verstärkt sich noch, wenn junge Priester zu schnell Pfarrer werden sollen, wie dies in einigen Diözesen benachbarter Länder der Fall ist.

(2) *Pastorale Antwort-Versuche.* Für lebendige Gemeinden sind Pfarrer bzw. Seelsorger und Seelsorgerinnen unverzichtbar, um die lebendige Vielfalt der Gemeinden zur Entfaltung (Koinonia!) kommen zu lassen und auf die Grundvollzüge der Gemeinde (Glaubenszeugnis — Liturgie — Diakonie) zu sammeln.
In dieser Situation gibt es manche Neuansätze und Modellversuche, die sich allerdings nur teilweise als hilfreich werden erweisen können. Solche Lösungsversuche sind die Untergliederung der Gemeinde in ein differenziertes Netz von Gruppierungen, Vereinen, Projekten und dergleichen mehr oder in überschaubere „Basisgemeinden" oder Filialgemeinden. Zum anderen werden Pfarrverbände gegründet, die durch regionale Funktionen die personellen Kräfte sozusagen rationalisieren und so dem zunehmenden Priestermangel begegnen wollen. In diesem Zusammenhang sind Kooperation unter den Seelsorgern und Seelsorgerinnen wichtige Stichworte geworden (Seelsorgeteam).
Auch wenn überpfarreiliche Zusammenarbeit sinnvoll und durch den Priestermangel verstärkt worden ist, so darf nicht übersehen werden, daß

deren Wirksamkeit davon abhängt, daß lebendige und möglichst selbstverantwortliche *Gemeinden* vorhanden sind, die aus eigener Vitalität heraus zur Kooperation drängen. Der „Zusammenschluß von Pfarreien", wie der mißverständliche Ausdruck lautet, als Notlösung in einer priesterarmen Zeit, könnte leicht zur Bürokratie und zu aufreibendem Verwaltungs- und Koordinierungsaufwand verkarsten. Dadurch kann das Eigengewicht der kirchlichen Struktur so stark werden, daß die eigenen Kräfte in den einzelnen Gemeinden kaum eine Dynamik entwickeln und der missionarische Elan eher erlahmt. Die Pastoral verkommt zum Be-Trieb. Demgegenüber müßten von pastoralen Gesichtspunkten her die großen Pfarreien eher in kleinere Gemeinden aufgeteilt werden, in überschaubare Gemeinschaften, in denen Raum vorhanden ist oder geschaffen wird, um personalen Glauben zu wecken und Menschen in der Gestaltung der persönlichen und gesellschaftlichen Lebensbedingungen zu motivieren.
Auch die *Spezialisierung* mit ihrer Tendenz zur Expertenherrschaft ist bei aller Zweckmäßigkeit von Arbeitsteilung und Schwerpunktbildung ein zweischneidiges Schwert: Je spezialisierter die Seelsorger und Seelsorgerinnen sind, um so schwieriger wird die Integration in ein Team und die Kooperation untereinander. Das spricht nicht gegen eine notwendige Bündelung und Prioritätensetzung bezüglich einzelner pastoraler Aufgaben. Grundsätzlich ist aber immerhin zu bedenken, daß immer der ganze Mensch in seinem persönlichen Dasein Adressat des Evangeliums ist.[17] Von daher sind die kirchlichen „Diensträger" nicht als Superspezialisten in kirchlichen Funktionsbereichen gesucht, sondern als vermittelnde Treuhänder im Dienste der zentralen Aufgabe der Kirche, die in der Botschaft Jesu begründet ist. Ansonsten riskieren wir die Tendenzen zu pastoralen „Mayo-Kliniken" in Form von regionalen zentralistisch verwalteten kirchlichen Bezirken, wo die Menschen zur „Zentrale" gehen müßten statt umgekehrt. Entgegen dem guten Willen vieler Seelsorger und Seelsorgerinnen könnte das ungewollte Produkt erst recht eine Service-Pastoral mit religiösen Konsumenten sein. Die Seelsorger und Seelsorgerinnen müssen sich dann an die Macht der Fakten und deren Koordination anpassen und verlieren dabei die Kraft zur menschlichen Regeneration und zum Durchhalten von Visionen und Anliegen.
Der seelsorgliche Dienst ist gerade in seinen feinsten Lebensvorgängen ein personal-intensiver Dienst. Er lebt von der Freiheit und Kraft, daß sich Menschen aufeinander einlassen und sich erreichen können. Das macht diesen Dienst oft so bemühend und belastend, aber auch so reich

[17] Vgl. L. Karrer, Damit Gemeinde lebt, in: ders. (Hrsg.), Handbuch der praktischen Gemeindearbeit (Freiburg i.Br. 1990) 284. vgl. R. Zerfass, Menschliche Seelsorge. Für eine Spiritualität von Priestern und Laien im Gemeindedienst (Freiburg i.Br. 1985); H. Nouwen, Schöpferische Seelsorge (Freiburg i.Br. 1989); siehe auch Diakonia 21 (1990) Heft 4: Überforderung.

und lebensnah. Dies ist indessen nur in menschlich überschaubaren Gemeinden möglich, die aber austrocknen, wenn die Seelsorger und Seelsorgerinnen (neben- oder vollamtlich ist hier nicht die Frage) vor Ort nicht erreichbar sind. — Diese Fragen hängen natürlich mit gesamtkirchlichen Rahmenbedingungen und Ordnungs-Gesetzen zusammen. Die zentrale Kirchenleitung sperrt allerdings die Diskussion um die Zulassungsbedingungen zum Priestertum. Das verschärft die Verdrossenheit an der „pastoralen Front" mit dem Druck auf schnelle Problemlösung. Aber wenn es um die menschliche Berufs- und Berufungsfreude der Seelsorger und Seelsorgerinnen geht und um die gesellschaftlich wache christliche Lebendigkeit der Gemeinden und wenn wir von daher um der pastoralen Verantwortung willen zum Weiterdenken, Handeln und Entscheiden aufgefordert sind, dann wird wohl keiner sagen: Wir haben Gesetze und nach diesen müssen Gemeinden leider sterben.

c) Komplexität der Seelsorger-Rolle und die menschlichen Kosten

(1) *Vielfalt der Rollen und Aufgaben.* Auch wenn peinlichst darauf zu achten ist, keiner monokausalen Einschätzung der Lage zu verfallen, so ist die seelsorgliche Rolle (vor allem jene des Priesters) durch die komplexe Vielschichtigkeit der Berufsrollen charakterisiert. Trotz der Kostbarkeit der pastoralen Dienste und trotz der menschlichen Erfüllung in diesem Dienst ist die menschliche Überforderung sozusagen sprichwörtlich und nach meiner Überzeugung sogar imagegefährdend geworden. Sie müssen im Bereich der pastoralen Tätigkeiten in sehr unterschiedlichen Sektoren mit unterschiedlichen Fähigkeiten wirksam sein, und zwar gleichzeitig. Erinnert sei an eine ansprechende Gestaltung der Gottesdienste und der Sakramentenspendung, an den Zusammenhalt der Gemeinde mit ihren Gruppierungen und Meinungs-Lagern, an die Zusammenarbeit mit Räten, Behörden und im ökumenischen Kontakt, an die Verwaltung ihrer (zum Teil enormen) Einrichtungen, an theologisch gründliche und den Hörern und Hörerinnen verständliche Predigten, an aufgeschlossene theologische Erwachsenenbildung, an schulischen Religionsunterricht, an Individualseelsorge (Hausbesuche, Todesfälle . . .), Taufgespräche, Ehevorbereitung, Tätigkeit in Gruppen und Vereinen verschiedener Altersstufen, sozialer Schichten und Mentalitäten usw. In all diesen Aufgabenfeldern werden von ihnen theologische, psychologische, methodisch-didaktische, liturgische, organisatorische und administrative sowie geistliche Fähigkeiten und Kenntnisse verlangt; ebenso ein großes Verständnis für die so unterschiedlichen menschlichen Situationen. Man darf sich nie täuschen und noch viel weniger andere ent-täuschen. Bei alledem ist nicht zu übersehen, daß jede der genannten Arten von Qualifikationen beim Niveau heutiger

Ansprüche und „Verwöhnung“ normalerweise fast einen Spezialisten erfordert. Das übersteigt die zur Verfügung stehende Zeit, die psychischen und physischen Reserven und die durchschnittliche Begabungsbreite (die im Unterschied zur früher nicht mehr als überdurchschnittlich eingeschätzt wird) und ebenso die Aus- und Weiterbildungskapazitäten. Für fast alles und für alle dazusein bedeutet in sozialer wie psychischer Hinsicht für viele Seelsorger und Seelsorgerinnen eine menschliche Belastung, die in unserer Gesellschaft eine einmalig komplexe „Totalrolle“ darstellt. Nicht umsonst braucht man immer mehr auch Seelsorger- und Gemeindeberatung, die heilen soll, was konzeptionell schon problematisch ist.
Dieser Rollen-Erwartungsdruck und die daraus sich ergebenden Spannungen können auch durch den pastoralen Grundkonflikt verschärft werden, der sich zwangsläufig ergibt zwischen den von der Kirche offiziell gesetzten Normen, die die „Repräsentanten“ dieser Institution vertreten sollen, und den unterschiedlichen Bedürfnissen, Wünschen, Einstellungen und Erwartungen der Menschen (P.M. Zulehner: Leutereligion). Unter ihnen können die Seelsorger und Seelsorgerinnen nur mit entsprechendem Verständnis, Einfühlungsvermögen, Hörenkönnen und mit Solidarität wirken. Dabei begegnen sie widersprüchlichen Spannungsfeldern, zum Beispiel zwischen den kirchlichen ethischen Normen und den dazu querlaufenden Auffassungen in der Gesellschaft. Sie erleben, daß die traditionellen Erwartungen und Verpflichtungen, bei denen man sich an vorgegebene Riten und Verhaltensweisen halten konnte, quantitativ gesehen, ständig abnehmen, aber von einer Minderheit militant eingefordert werden können. Dagegen nimmt die Nachfrage nach differenzierten und situationsbezogenen Verhaltensweisen („Leistungen“) zu und damit die Herausforderung zu schöpferischer Fähigkeit und elastischer Spontaneität etc.
Es soll nicht behauptet werden, daß alle die aufgeführten Tätigkeiten verrichten. Der pastorale Alltag überläßt den Seelsorgern und Seelsorgerinnen — im Vergleich zu vielen anderen Berufen — einen enormen Spielraum, Prioritäten zu setzen und nach eigenem Ermessen aktiv zu werden oder aber auch zu „unterlassen“. Leicht wird das in der Hitze des seelsorglichen Alltags und der innerkirchlichen Konflikte aus dem Auge verloren. Aber es soll auf das Herausforderungsprofil hingewiesen werden, auf die Vielfalt der Erwartungen und Begehren, die „von außen“ an die Seelsorge herangetragen werden und die Seelsorger und Seelsorgerinnen „von innen her“ in Besitz nehmen. — Es geht dabei um kein Krisengerede. Bei etlichen Priestern und Seelsorgern und Seelsorgerinnen begegnet man einer ausgeprägten Dankbarkeit für das, was wir „Berufung“ nennen. Und die für die Synoden in Deutschland und der Schweiz in den siebziger Jahre durchgeführten Priesterumfragen registrierten vor allem bei älteren Priestern eine ausgesprochene Berufszufriedenheit. Damit ist allerdings

noch nicht die Frage beantwortet, ob die Zufriedenheit auch bei jenen vorhanden ist, für die sie Seelsorger sind (im Unterricht, beim Gottesdienst, bei der Predigt, im persönlichen Gespräch ...) und die oftmals den Pfarrer nicht zu „belästigen" wagen im Wissen darum, daß die Agenda seinen Tag von früh bis spät beherrscht.

(2) *Der Preis der Überforderung.* Was immer wieder als ein Grundproblem aufscheint, ist die zermürbende Überforderung, deren Phänomene teilweise schon aufgeführt worden sind. Gerade in Regionen (z.B. Pfarr-Verbänden), in denen für mehrere Pfarreien nur noch ein einziger Priester oder ein Seelsorgeteam zur Verfügung stehen, wird die gemeindliche Überlastung der Seelsorger durch die räumlich ausgeweitete Mobilität zusätzlich verstärkt, zumal Fortbildung, Räte, Ausschüsse, Dekanatsaufgaben etc. im Vergleich zu früher ein Mehr an Einsatz und seelischer Kraft erfordern. Vor allem in Deutschland fällt auf, wie oft insbesondere Geistliche vom Ordinariat neue Aufgaben (Ernennungen) zudiktiert erhalten, aber mit der verräterischen Floskel „unter Beibehaltung Ihrer bisherigen Aufgaben". Bedenkt man dabei die menschlichen Kosten? Wird der Preis nicht zu hoch? — Hinzu kommt, daß durch die sogenannten neuen Dienste (Pastoralassisten/in, Katechet/in, Gemeindereferent/in, Jugendseelsorger/in, Sozialarbeiter/in) und durch die Regionalisierung der Seelsorgearbeit (Pfarrverbände, regionale Jugendseelsorge, Religionsunterricht ...) ein massiver Sog auf konzeptionelle Planung und administrative Koordination, auf präzise Information und auf komplizierte Kooperations-Modelle hin entsteht. Wenn Seelsorger und Seelsorgerinnen sich persönlich erreichen lassen wollen, ist es äußerst belastend, die seelsorge- und seelsorgerfeindlichen Sogwirkungen auszuhalten, falls sie sich „im Vorfeld" des pastoralen Wirkens in verwaltungstechnischen Aufgaben aufreiben und sich in zuviel „Sitzungskatholizismus" ergehen müssen.
Hinzu kommt die bekannte Tatsache, daß der einzelne Priester unter dem Druck des zunehmenden Priestermangels im gottesdienstlichen und sakramentalen Bereich des Gemeindelebens und oft von mehreren Gemeinden so sehr gefordert wird, daß er für die damit notwendig verbundene glaubenerweckende und vertiefende Seelsorge immer weniger Zeit zur Verfügung hat oder sich gegen Mitarbeit seitens der Gemeinde wehrt, weil es „ohnehin Mehrarbeit bedeute" und „alles noch komplizierter mache". Es gibt eine Sogwirkung auf den „Mess-Pfaff" hin, wie Pfarrer selber sagen. Das kann weder im Sinne der Gemeinde noch der Seelsorger sein.
Diese Probleme müssen deshalb mit allem Nachdruck genannt werden, weil gerade die menschliche Erfüllung, die emotionale Entfaltung und die Dringlichkeit, daß die Seelsorger und Seelsorgerinnen sich selbst, den Mitmenschen und Gott in ihrem eigenen Herzen eine Chance geben, unerläßlich dafür sind, daß die Menschen sie in der Begegnung als menschlich

bereichernd, als befreiend und als menschenfreundlich, aber auch als religiös tief motiviert erleben. — Nicht zu unterschlagen ist ja auch, daß manche Überforderung mit der Selbst-Überforderung und mit den Ansprüchen aus dem eigenen idealisierten Selbstbild resultiert. Auch dies braucht menschlichen Lebensraum, um damit umgehen und ein Verhältnis dazu finden zu können.
Dies hängt natürlich nicht nur mit der Seelsorgerrolle alleine zusammen, sondern zugleich mit biographischen Erfahrungen der Seelsorger und Seelsorgerinnen und entscheidend auch mit der Lebensform. Dabei werden wir an den Zölibat und an die Zölibatsprobleme erinnert, aber genauso daran, daß wir in der katholischen Kirche gerade mit verheirateten Seelsorgern und Seelsorgerinnen sowie mit freiwillig und unfreiwillig unverheirateten Seelsorgern und Seelsorgerinnen — sowohl positiv wie negativ — erst wenig Erfahrungen sammeln konnten. Auch diesbezüglich sind die Gemeinden, die Seelsorger und Seelsorgerinnen und vor allem die Kirchenleitung(en) mit einer ganz neuen Situation konfrontiert und vielfach noch hilflos.

d) Das Auge der kontrollierenden Öffentlichkeit

Ein Aspekt, der in diesem ganzen Zusammenhang zu wenig beachtet wird, ist für mich der intensive Öffentlichkeits-Faktor der pastoralen Rollen. Von der Natur und vom Aufgabenprofil der pastoralen Dienste her stehen die Seelsorger und Seelsorgerinnen im gleißenden Licht eines lokalen Publikums. Sie sind, da sich funktionale und kommunikative Aspekte vielfach vermischen, in vielseitigerer Nähe zu den Menschen als die meisten anderen Träger und Trägerinnen einer Berufsrolle mit Öffentlichkeitscharakter. Dadurch sind die Seelsorger und Seelsorgerinnen einem beobachtenden Publikum auch mehr ausgeliefert und weniger geschützt, angreifbarer und verletzbarer. Es ist nun leicht einsehbar, daß sie bei der Widersprüchlichkeit der Erwartungen, bei den biographischen und charakterlichen Grenzen wie auch bei fachlichem Ungenügen schon bei kleinen Fehlern eine fast überdimensionale Publizität erhalten, Kritik auslösen, hämische Schadenfreude und eine durchaus lauernde Boshaftigkeit „lieber“ Mitchristen riskieren. Der Pfarrer und die Priester sind dabei rollenmäßig eher geschützt; die neuen Typen von Seelsorgerinnen und Seelsorger lösen kritische Neugierde und argwöhnische Gefühle aus, weil sie gewohnte Normen und Traditionen sprengen. Dieser Umstand kann zweifelsohne in einigen Konfliktfällen der Grund für einen Stellenwechsel sein oder für den Austritt aus dem kirchlichen Dienst. Allerdings ist nicht zu vergessen, daß meistens die Wurzeln der Probleme nicht so sehr in den formalen oder organisatorischen Bedingungen (bzw. Grenzen) zu suchen sind, als vielmehr in belastenden Erfahrungen auf der Beziehungsebene (Partnerschaft . . .) oder mit der Lebensform (Zölibat . . .). Wenn ein Konflikt an die Öffentlichkeit gezerrt wird, ist er deswegen auch schwerer beizulegen oder zu heilen. Es bilden sich leicht Fronten; und Brückenbauer haben es nicht leicht. Wo sich eine Pastoralreferentin auf den kleinsten Faux-pas hin stets der lieblosen Kontrolle oder ein Katechet einer gefühlsmäßigen Ablehnungsfront gegenübersieht, ist es auf die Dauer eine persönlich kaum mehr zu verkraftende Belastung. Diese wird um so stärker, wenn der Pfarrer sich zwiespältig verhält oder in einem Seelsorgeteam oder in einem tragenden Freundeskreis solche schmerzlichen und oft auch selbstverursachten Konflikte nicht auszuhalten und auszutragen sind. Wo gibt es einen Rahmen, in dem geschützt auch die subjektiven Anteile der Konfliktpartner/innen geklärt und eventuell verarbeitet werden dürfen?

3. Zum Werdegang der neuen pastoralen Dienste in der Kirche Schweiz

a) Die Kirche Schweiz auf der Suche (stellvertretend für die Gesamtkirche)

Wie schon an verschiedener Stelle vermerkt, haben in der Kirche Schweiz in den letzten 25 Jahren zusehends neue Kategorien von Seelsorgern und Seolsorgerinnen das Licht der Welt erblickt. Katecheten und Katechetinnen waren seit Mitte der sechziger Jahre die Pioniere, denen in den siebziger Jahren die Laientheologen und Laientheologinnen (später: Pastoralassistenten/innen) folgten sowie die Seelsorgehelfer und Seelsorgehelferinnen. Aber nicht zu vergessen sind auch die Sozialarbeiter und Sozialarbeiterinnen sowie die Jugendarbeiter und Jugendarbeiterinnen.
Es scheint den meisten Katholiken und Katholikinnen kaum bekannt zu sein, daß in der Kirche Schweiz die weitestgehenden Wege diesbezüglich eingeschlagen worden sind, wenn man dabei an das europäische „Ausland" denkt. Es ist aber kein isolierter Weg, denn die Frauen und Männer mit theologischer und religionspädagogischer Ausbildung sind auch in den Kirchen von Deutschland, Holland, Österreich, Belgien usw. nicht wegzudenken. Die Pastoral würde ohne sie schlechterdings zusammenbrechen. Aber es ist auch offenkundig, daß die Kirche teils viel Mühe bekundet, diese neuen Seelsorger-Kategorien institutionell und pastoral zu „beheimaten". Auch bei den so bemühenden und friedlosen Auseinandersetzungen in und um Chur stehen der Umfang und das Konzept der neuen pastoralen Dienste im Zentrum der Auseinandersetzung. Gerade sie sind es, die durch Bischof W. Haas mit dem „Sonderfall Kirche Schweiz" in Verbindung gebracht werden. Gründe genug, sich im Rahmen der Kirche Schweiz mit diesem mutigen Weg dieser Kirche — besonders getragen

und gefördert von den Diözesan-Bischöfen des Bistums Basel Anton Hänggi und Otto Wüst — auseinanderzusetzen!
Dabei müssen wir uns selbstverständlich auf ein Beispiel begrenzen. Im folgenden wird vor allem auf die Laientheologen und Laientheologinnen im pastoralen. Dienst und auf die Katecheten und Katechetinnen Bezug genommen. Viele Aspekte gelten für alle Seelsorgertypen, selbst für die Priester. Aber die Beschränkung auf eine ausgeprägte Gruppe läßt doch hoffen, daß am gewählten Beispiel exemplarisch das Ganze zu verstehen ist. Die Erfahrungen der Kirche Schweiz sind viel selbstbewußter als Lernschritte und Suchbewegungen zu verstehen, die durchaus auch für die Gesamtkirche lehrreich und hilfreich sein könnten, allerdings nicht zu kopieren sind (ähnlich wie mit den staatskirchenrechtlichen Strukturen).

b) Die Laien im pastoralen Dienst: eine sehr junge Geschichte

Das moderne Phänomen „Laientheologen/innen“ kennt eine längere Anlaufzeit, als dies die Situation in der Schweiz vermuten läßt. Die „neuzeitliche“ Geschichte der Laientheologen hat in Deutschland ihren Ausgang genommen, als in den zwanziger und dreißiger Jahren einige wenige Frauen neben den Priesteramtskandidaten Theologie studiert haben (in Münster). Von einer eigentlichen Entwicklung kann jedoch erst seit dem Zweiten Weltkrieg gesprochen werden, als Laientheologen/innen in zunehmendem Maße als Religionslehrer an den Höheren Schulen wirkten und in den sechziger Jahren verstärkt Aufgaben in der kirchlichen Erwachsenenbildung und im akademischen Mittelbau der pädagogischen Hochschulen in der Bundesrepublik und zunehmend auch an den Theologischen Fakultäten übernahmen. — Nach dieser ersten Phase, in der der Laientheologe generell noch stark mit dem Religionslehrer bzw. mit den Religionsphilologen identifiziert worden ist, setzt etwa seit 1970 insofern eine neue Phase ein, als die Laientheologen und dann — etwas verzögert — die Laientheologinnen immer mehr in das engere seelsorgliche Aufgabenfeld in den Gemeinden und auf Pfarrverbandsebene und dann zusehends in Spezialaufgaben einbezogen worden sind.
Diese zweite Phase nahm erste klarere Konturen etwa um 1970 an, zuerst in Holland, dann in Österreich, in der Schweiz und 1971 in der Bundesrepublik Deutschland. Während sich in der Bundesrepublik und seit Ende der sechziger Jahre auch in Österreich die Laientheologen/innen sehr stark im Schul- und Bildungssektor beruflich integriert haben (in der Bundesrepublik Deutschland z.B. als Lehrer bzw. staatliche Beamte), blieb die Entwicklung der Laientheologen/innen in der Schweiz sehr stark auf den kirchlichen Sektor im engeren Sinn des Wortes beschränkt. Vielleicht mag es auch damit zusammenhängen, daß wir in der Schweiz relativ sehr weni-

ge studierende Laientheologen/innen haben, während in der Bundesrepublik und in Österreich zusammen deren Zahl immer noch weit über 10 000 sein dürfte.
Wichtig ist in diesem Zusammenhang, daß die Frauen und Männer mit Theologiestudium nicht als die ersten Laien im seelsorgerlichen Dienst in den Gemeinden gelten können. In der Bundesrepublik konnte man seit den späten zwanziger Jahren schon reichliche Erfahrung mit dem Dienst der Seelsorgehelferin sammeln. Frauen sind die Pionierinnen.
Ein wichtiges Jahr, in dem von der Schweiz viele Impulse für die Einbeziehung von Laientheologen in die Seelsorge ausgegangen sind, ist das Jahr 1970. Besondere Signalwirkung ging von einem Treffen der Bistumsleitung des Bistums Basel mit den studierenden Theologen in Dulliken Anfang Januar 1970 aus. Den Teilnehmern, die sich auf dieser Tagung zum kirchlichen Dienst bereit erklärten, obwohl sie sich nicht zur Weihe entschließen konnten, sprach Bischof Anton Hänggi die Einladung zur Mitarbeit aus. In seiner Stellungnahme zu den Forderungen, die von den Studenten aufgestellt worden sind, erklärte der Bischof seine große Bereitschaft, auch nicht ordinierte Theologen als hauptamtliche Mitarbeiter für den Heilsdienst der Kirche einzusetzen. Diese grundsätzliche Stellungnahme weckte große Erwartungen und kann im Rückblick als der entscheidende auslösende Faktor für die Entwicklung der Einbeziehung von Männern und Frauen als Laientheologen betrachtet werden.
Kurze Zeit später trafen sich im Mai 1970 auch die Churer Theologiestudenten mit ihrem Bischof und äußerten ihrerseits ebenfalls den Wunsch, als Laientheologen vollen Dienst in der Kirche leisten zu können. Schon im März 1970 haben die Vertreter der diözesanen Priesterräte an der Sitzung mit den schweizerischen Bischöfen gefordert, daß die Stellung der Theologen, die sich nicht weihen lassen, überlegt und daß Laientheologen, die hauptamtlich im Dienst der Kirche stehen, zur Kapitelsversammlung eingeladen würden.[18] Im gleichen Jahr befaßte sich auch die Dekanenkonferenz des Bistums Basel mit dem Einsatz der Laientheologen, wobei vor allem der damalige Regens des Priesterseminars in Luzern, Otto Moosbrugger, für die Integration von Laientheologen in den Gemeinden plädierte.[19] In erstaunlich offener Weise sprach sich auch schon der Priesterrat des Bistums Basel im Juni 1970 für die Laientheologen aus, und der damalige Bischofsvikar und heutige Diözesanbischof des Bistums Basel, Otto Wüst, betonte die Bedeutung des Einsatzes der Laientheologen angesichts des immer bedrohlicher werdenden Priestermangels.[20]
Die Initiativen für die Einbeziehung von Laientheologen in den seelsorgli-

[18] Schweiz. Kirchenzeitung 138 (1970) 118.
[19] Schweiz. Kirchenzeitung 138 (1970) 191.
[20] Schweiz. Kirchenzeitung 138 (1970) 381—383.

chen Dienst der Kirche gingen damals in der Schweiz nicht nur von den Laientheologen, sondern auch von Regenten und von Ordinariaten bzw. bischöflichen Personalämtern aus. Für die Einbeziehung von Laien in die pastoralen Aufgabenfelder war hierzulande ohne Zweifel das 1964 gegründete Katechetische Institut in Luzern bewußtseinsfördernd, auch wenn die Katecheten und Katechetinnen offiziell primär als Religionslehrer eingesetzt worden sind.

Heute, nach über 25jährigen Erfahrungen mit dem Katechetenberuf und den gut 20 Jahren Erfahrungen mit den Pastoralassistenten und seit ca. 15 Jahren mit Pastoralassistentinnen, ist die pastorale Arbeit ohne die qualifizierte Mitarbeit dieser Seelsorgerkategorien undenkbar. Das heißt allerdings nicht, daß die neuen Dienste auch konzeptionell zu ihrer „Reife“ gefunden hätten. Schon eine diesbezügliche Karte der Schweiz würde anhand regionaler Unterschiede konzeptionelle Fragen verraten. Die typisch schweizerische Entwicklung, die relativ behende vorangeschritten ist, weist unterschiedliche Strömungen auf. In der Westschweiz steht man Laien als organisierten und hauptamtlichen Pastoralprofis eher zurückhaltend gegenüber. Es sind in diesem Zusammenhang auch die beschränkten finanziellen Möglichkeiten zu beachten. Neben den wenigen sogenannten Laientheologen und Laientheologinnen in der Westschweiz sind zahlreiche nebenamtliche Katechetinnen und Katecheten tätig; sie werden ausgebildet, begleitet und gefördert von den Pastoral-Equipen bzw. von einigen vollberuflichen Seelsorgern; und sie arbeiten zumeist unentgeltlich.

In den letzten Jahren sind regionale Kurse und Institutionen (z.B. Institut Romand de Formation aux Ministères in Freiburg) sowie Katechetische Zentren entstanden. Jedenfalls ist eine vermehrte Nachfrage nach pastoraler Ausbildung über die Katechese hinaus zu verzeichnen.

Im Tessin sieht man nach wie vor die Lösung darin, daß man Priester gewinnen und einsetzen will. Aber in Ausnahmefällen sind Ordensschwestern als „Pastoral-Assistentinnen“ anzutreffen.[21]

c) Mitgliedschaft in den Räten und Seelsorgegremien

Im Unterschied zu den Laientheologen und Laientheologinnen war die Integration der Katecheten/innen vor allem auf Dekanatsebene ein langwieriger Prozeß (Dekanatsversammlung, Fortbildung ...). Bei einer Umfrage, die Mitte der achtziger Jahre durchgeführt worden ist, gaben von 53 vollamtlichen Befragten immerhin 41 an, zu den Fortbildungsveranstaltungen des Dekanats eingeladen zu sein, und 30 waren Mitglied des

[21] B. Schlauri, Laien im kirchlichen Dienst. Zur Diskussion gestellt, in: Theologie für Laien — Kurszeitung 26 (1984/85) 62.

Dekanatskapitels. Aber anfangs der achtziger Jahre war es eine häufig gehörte Klage, vor allem aus Katechetenkreisen aus dem Bistum Chur, kaum in die Pfarrei- und Dekanatsgremien integriert zu sein. In den „Richtlinien für die Anstellung von Katechetinnen und Katecheten" aus dem Jahre 1984 wird die Regelung der Zugehörigkeit zur Dekanatsversammlung den einzelnen Diözesen überlassen (S. 5).

Geschmeidiger lief diese Frage bei den Pastoralassistenten und -assistentinnen. Wenn man deren geschichtliche Entwicklung in der Schweiz im nachhinein betrachtet, dann fällt auf, daß die zu Beginn des siebten Jahrzehnts schon eingespielten Räte, vor allem die Priesterräte und die von ihnen gegründeten Subkommissionen, zu Trägern der Bewußtseinsbildung für die neuen Dienste wurden und auch zu Stätten, in denen die Grundsatzprobleme praktisch von Anfang an mitbedacht worden sind. So hat der Priesterrat des Bistums Basel auf seiner Sitzung am 17. und 18. Juni 1970 schon von der vollen Verantwortung der vollamtlichen Laienseelsorger in den Seelsorgeteams und von deren Integration in die Dekanatskapitel gesprochen. Man war bereits damals der Meinung, daß die Laientheologen auch im Vorstand des Kapitels und in einem eventuellen Regionalteam vertreten sein könnten.

In einem ähnlichen Sinn äußerte sich der Priesterrat des Bistums St. Gallen im März 1974. Weil die Weihe von „viri probati" kurzfristig nicht für realisierbar gehalten wurde, forderte der Priesterrat die Integration der Laientheologen in Pfarrei und Dekanat, wo immer und so weit dies immer möglich sei. Sie sollten auch vollberechtigte Mitglieder der Dekanatsversammlungen und Gremien sein mit aktivem und passivem Stimmrecht. Allerdings ist auch ausdrücklich festgehalten worden, daß sie selbst nicht Dekane werden könnten.[22]

Zwei Monate später beschließt auch der Basler Priesterrat, daß alle Laientheologen, die hauptamtlich in der Seelsorge tätig sind, als gleichsam geborene (von Amts wegen) Mitglieder zur Kapitelversammlung gehören. Der Vorschlag, Laientheologen sollten auch das Amt des Dekans bekleiden können, wurde mit dem Hinweis abgelehnt, es müsse vorerst darauf hingearbeitet werden, daß die Laientheologen in die volle Sakramentalität des Ordo hineingenommen würden.[23] Die allgemeine Begründung für diese Entscheidung ist auch heute noch, daß der Dekan Pfarrer einsetzen bzw. installieren muß und dafür der vollen jurisdiktionellen Kompetenz bedarf. Heute teilt man die Aufgaben des Dekans oft auf einen Priester und auf Laientheologen/innen auf.

Auch auf anderer Ebene wird die zunehmende Zahl an Laienseelsorgern beachtet. So nimmt 1976 die „Kommission für Weiterbildung der Prie-

---

[22] Schweiz. Kirchenzeitung 142 (1974) 220f.

[23] Schweiz. Kirchenzeitung 142 (1974) 398f.

ster“ die Existenz von Laientheologen zur Kenntnis und zieht daraus ihre Konsequenzen, indem sie sich künftighin „Interdiözesane Kommission für die Fortbildung der Seelsorger“ nennt, weil sie fortan alle im Dienste der Seelsorge stehenden Priester und Laien erreichen will.[24] Als eine freundliche Geste wurde auch allgemein empfunden, daß der traditionelle Neujahrsbrief der Schweizer Bischöfe zu Beginn des Jahres 1977 in der Schweiz. Kirchenzeitung sich nicht nur an die Priester wendet, sondern an alle, die in der Seelsorge stehen.[25]
Atmosphärisch von weitreichender Bedeutung war der Statutenentwurf zur Frage der Mitgliedschaft von Laientheologen im Priesterrat des Bistums Basel in Frühjahr 1975. Man ging dabei von der Tatsache aus, daß viele Dienste, die früher von Priestern ausschließlich wahrgenommen worden sind, inzwischen in wachsendem Maße auch von Laientheologen geleistet werden. Der Priesterrat war ja von Anfang an als ein Beratungsgremium von Seelsorgern für den Bischof gedacht. „Wenn man zudem bedenkt, daß auf Grund der Personalprognosen die Anzahl der Ordinierten stark zurückgeht und bereits jetzt Laientheologen quasi als Gemeindeleiter wirken, ist in einem ‚Priesterrat‘ ohne Laientheologen die Repräsentanz der Dienstträger nicht gewährleistet. Die vorgebrachten Bedenken gegen die Aufnahme von Laientheologen waren vielfältig: ein Gremium, in dem die Priester unter sich sind, ist nötig; der Ordo könnte durch Mitwirkung der Laientheologen abgewertet werden; im Seelsorge-, nicht im Priesterrat sollen Laientheologen volles Mitspracherecht haben; die Verbindung zum Bistum ist beim Priester stärker als beim Laientheologen; die Vertretung der Laientheologen bringt Ungleichheit gegenüber den Katecheten.“ Trotz dieser Bedenken entschloß sich der Rat für eine Vertretung der Laientheologen im Priesterrat, welche dort ab 1976 Einsitz nahmen.[26] Anfang der achtziger Jahre mußte eine Mitgliedschaft von Laientheologen und Diakonen in den Priesterräten der Diözesen Basel und Chur im Sinn eines aktiven Stimmrechtes zurückgenommen werden. Im Bistum Basel ist aber der „Rat der Diakone und Laientheologen/innen“ dem diözesanen Priesterrat — wie schon früher erwähnt — assoziiert (mit vollem Stimmrecht).

d) Richtlinien für die Anstellung von Laientheologen/innen

Wichtige Marksteine auf dem Wege einer teilkirchlichen Konsolidierung der neuen Dienste sind ohne Zweifel die Richtlinien, die im Jahre 1972

[24] Schweiz. Kirchenzeitung 144 (1976) 529f.
[25] Schweiz, Kirchenzeitung 145 (1977) 1f.
[26] Schweiz. Kirchenzeitung 143 (1975) 283f.

diözesan erlassen worden sind. Die Richtlinien des Bistums Basel wurden vom Priesterrat ausgearbeitet und nach der Vernehmlassung bei den Kantonalkirchen verabschiedet und am 20. Oktober 1972 von Bischof Anton Hänggi für das Bistum Basel in Kraft gesetzt. Sie beinhalteten die Begriffsumschreibung, Auflistung der Funktionen, die Bestimmung der Wahlvoraussetzungen, die Anstellung, die Rechte und Pflichten des Arbeitgebers und Arbeitnehmers, sowie Lohn- und Sozialleistungen und die Frage der Weiterbildung. In einem eigenen Abschnitt wird die vom Bischof erteilte Amtsbefugnis (Missio) definiert und geregelt sowie die Voraussetzungen des Bewerbers für die Missio umschrieben. Etwa gleichzeitig wurde in den deutschsprachigen Bistümern der Schweiz der sogenannte Weihekurs, der bis dahin für die Priesteramtskandidaten die Einführung in die praktische Seelsorge ermöglichen sollte, in „Pastoralkurs" umbenannt, um ihn auch jenen Laientheologen zu öffnen, die ohne Priesterweihe in den seelsorgerlichen Dienst des Bistums treten wollten. Hatten die Richtlinien von 1972 schon die Missio-Erteilung innerhalb einer liturgischen Feier vorgesehen, so fand im Jahre 1975 die erste liturgische Feier statt, in welcher gemeinsam Priester geweiht und Frauen und Männer in den kirchlichen Dienst aufgenommen worden sind. In den letzten Jahren finden die Priesterweihe und Institution wieder getrennt statt.
Von nicht zu unterschätzender Bedeutung ist das synodale Geschehen in der Schweiz, wurden dort doch die Probleme, die sich mit den neuen Seelsorgertypen ergaben, konkret und praktisch eingehend überlegt. Zwar blieben die Aussagen der Diözesansynoden 72 über den Laientheologen im besonderen sehr allgemein (Synode 72: Kirchlicher Dienst, Diözese Basel III, 5.2.4); aber es wurden die sich damit stellenden heißen Eisen mutig angefaßt, wie etwa die Frage nach den „viri probati" oder nach der Zölibatsverpflichtung. Auf der in Würzburg durchgeführten Synode der deutschen Bistümer war es umgekehrt: Man sprach sehr detailliert und konkret vom möglichen Einsatz von Laien bzw. Laientheologen, verdrängte aber in der öffentlichen Synodendiskussion die genannten heißen Eisen.
Trotz der schon erwähnten Richtlinien und der Regelung der Missio canonica war die Einordnung der Laienseelsorger, vor allen im Bistumsverband, nicht selbstverständlich. Während in der Bundesrepublik Deutschland und in Österreich die Laientheologen primär von der Bistumsleitung her den Gemeinden zugewiesen werden, wirkten sich die starken Mitspracherechte der einzelnen Kirchgemeinden dahingehend aus, daß sich so etwas wie ein Schwarzmarkt entwickelte, wobei die gut dotierten Gemeinden eher Chancen hatten, geeignete Laientheologen zu finden, und die Laientheologen insgesamt nicht zuerst nach gesamtpastoralen Gesichtspunkten eingesetzt wurden. Anfänglich soll unter ihnen teilweise die Meinung vertreten worden sein, daß sie gerade als „Laien" von Laien in den

seelsorglichen Dienst berufen werden sollten und daß sie sich bewußt als von der Kirchgemeinde angestellt wüßten. Aber nicht zuletzt die Tatsache, daß sie gleichsam als Angestellte der Kirchgemeinde von den Kirchenräten etc. zur Rechenschaft gezogen und kontrolliert wurden, ist zum auslösenden Faktor dafür geworden, daß sie sich auch auf die Beauftragung durch den Bischof und auf das Weisungsrecht ihrer kirchlichen Vorgesetzten beriefen. An der Laientheologentagung des Bistums Basel im Jahre 1976, die — wie manche Tagungen zuvor — dem Kontakt zwischen Bistumsleitung und den Laientheologen und dispensierten Priestern dienen sollte, wurde diese Problematik aufgegriffen. Man wünschte, daß die Bistumszugehörigkeit und die Beauftragung durch den Bischof deutlicher zum Ausdruck komme, was dann in den revidierten „Richtlinien für den Einsatz von Pastoralassistenten in den Bistümern Basel, Chur und St. Gallen" Berücksichtigung gefunden hat. In den im Herbst 1978 publizierten Richtlinien kommen die Ausbildung, die Bistumszugehörigkeit und die Beauftragung sowie die Indienstnahme durch den Bischof deutlicher zum Ausdruck. Im gleichen Jahre wurden von der Deutschschweizerischen Ordinarienkonferenz die neue Regelung über die Missio canonica herausgegeben. Während die Missio canonica die jeweils für eine ganz konkrete Stelle erteilte kirchliche Beauftragung durch den Bischof ist, versteht man unter „Indienstnahme" (Institutio) eine auf Dauer eingegangene Bindung des Pastoralassistenten bzw. der Pastoralassistentin an das Bistum und andererseits eine Bindung des Bistums an den Laientheologen bzw. an die Laientheologin.

Darin kann ohne Zweifel der bis jetzt am weitesten gediehene Versuch einer teilkirchlichen Regelung bzw. einer strukturellen Integration erblickt werden (analog zur Inkardination). In einer Eingabe an die Sakramentenkongregation hat die Schweizer Bischofskonferenz ihre Bitte begründet, der Auftrag des Pastoralassistenten möge als eigentliches Amt („Ministerium") anerkannt werden. Dies entsprach in etwa auch dem Motu proprio Pauls VI. „Ministeria quaedam", wonach örtliche Bischofskonferenzen die Einführung von neuen Ämtern in ihrer zuständigen Region erbitten können. In dieser Form entsprach die Sakramentenkongregation dem Wunsche der schweizerischen Bischöfe nicht. Trotzdem wird römischerseits die Möglichkeit des weiteren pastoralen Dienstes von Laien anerkannt; nur ist man besorgt, daß neue Dienstgrade die Abwertung des Weihesakramentes nach sich ziehen könnten.

Zwar sind die dienstlichen Voraussetzungen und die Aufgabenbereiche der Laientheologen in den Richtlinien von 1978 klar und differenziert aufgeführt. Für eine revidierte Neuauflage dieser Richtlinien würde man aber gerne als weitere wichtige formale Elemente beispielsweis das Problem der Delegation durch den Pfarrer bzw. die Eigenverantwortlichkeit der Laienseelsorger/innen sowie die Frage der „Bezugspersonen" (Gemeindeleitung) in Gemeinden ohne Pfarrer am Ort und die Regelung für arbeitsteilige Seelsorgeteams wünschen.

e) Diakonat

Inzwischen dürfte es in der Schweiz annähernd 40 Diakone geben, die einen vollberuflichen pastoralen Dienst wahrnehmen. Schon beim ersten Treffen der Laientheologen im Bistum Basel mit der Bistumsleitung im Dezember 1974 wurde auch die Frage der Einführung des ständigen Diakonats aufgeworfen. Die Laientheologen selbst bekundeten damals nur wenig Interesse an diesem Amt. Viel drängender empfand man eine Änderung der Zulassungsbestimmungen zum Priestertum.

Die Frage des Diakonates wurde auf der Tagung der Laientheologen des Bistums Basel im November 1976, die dann auch für die endgültige Fassung der Richtlinien im Jahre 1978 entscheidend wurde, neu besprochen. Sie wird unter den Pastoralassistenten/innen bis auf den heutigen Tag kontrovers diskutiert. Man könnte immerhin bedenken, daß das Diakonat eine Form der Integration dieser neuen Dienste ist bzw. sein kan.

Für jene Laientheologen, die als sogenannte Pastoralassistenten praktisch die Gemeindeleitung übernommen haben, wäre das Diakonat ohne Zweifel eine sinnvolle Form der kirchlichen Beauftragung. Diese Frage müßte offener und konkreter besprochen werden. Man kann ja aus ideologischen Gründen — wie Karl Rahner sich einmal äußerte — zu schnell für das Diakonat sein, aber auch aus ideologischen Voreingenommenheiten zu lang die Möglichkeiten hinauszögern. Allerdings muß man sehr deutlich sehen, und hier sind auch die Vorbehalte mehr als berechtigt, daß die Einführung des Diakonates gerade den notwendigen Priester nicht ersetzen kann. Hierbei würde das Diakonat auch wieder nur zu einem „Durchgangsbahnhof" und kaum zu einem profilierten eigenständigen Dienst innerhalb der vielen Dienste in der Kirche. Es wäre immerhin eine Form der kirchlichen Beauftragung für all jene Frauen und Männer, die in irgendeinem Bereich der Martyria, Leiturgia und Diakonia bestimmte Aufgaben schwerpunktmäßig wahrnehmen, auch für jene in der Sozial- und Jugendarbeit.

Praktische Bedenken gegen die Einführung des Diakonates ergeben sich für viele daraus, daß nur Männer geweiht werden können. Zudem kompromittieren die „zivilberuflichen" (nebenamtlichen) Diakone, die in manchen Bistümern der Bundesrepublik gefördert werden, das Konzept eines vollamtlichen in der Seelsorge tätigen Diakons.

Die faktische Entwicklung der sogenannten Laiendienste in der Schweiz[27] nötigt somit geradezu zu einer konzeptionellen Rechenschaft.

---

[27] Vgl. auch die Ergebnisse der empirischen Untersuchung zur Situation der Laientheologen in den Bistümern Basel, Chur und St. Gallen, die A. Brühlmann publiziert hat unter dem Titel „Zur Situation der Laientheologen in der Schweiz" (Zürich 1981); Zum Diakonat: K. Schuler, Zur Einführung des eigenständigen Diakonates in der deutschsprachigen Schweiz, in: Schweiz. Kirchenzeitung 149 (1981) 286—290.

4. Die Frage nach den grundlegenden Kriterien

a) Notwendigkeit zuverlässiger Anhaltspunkte

Die Existenz von Katecheten und Katechetinnen sowie von Laientheologen/innen im pastoralen Dienst auf Gemeinde- und auf Pfarrverbandsebene ist keine Frage mehr. Mit dem Dasein ist aber nicht automatisch schon das Sosein bewältigt. Die *Suche* nach den *tragenden Kriterien* einer dauerhaften Konsolidierung dieser Dienste wird qualitativ zur eigentlichen Existenzfrage auf die Zukunft hin. Die Einbeziehung von Laien in die seelsorglichen Aufgabenbereiche kann sich ja nicht nur am Faktischen orientieren, noch darf sie einer rein experimentierenden Pragmatik erliegen. Es könnten aus der Lückenbüßer-Situation, aus der die neuen Seelsorgerkategorien ohne Zweifel auch entstanden sind, allzuleicht Lückenbüßer-Konzeptionen und Notstandstheorien erwachsen. — Demgegenüber wird sich die Qualitätsfrage, die langfristig die entscheidende Existenzfrage sein wird und sein soll, daran orientieren müssen, ob die Modelle des pastoralen Dienstes psychologisch zumutbar, berufssoziologisch zuverlässig, aber auch theologisch fundiert und pastoral fruchtbar sind.
Zum Beispiel: Als ein einschneidendes Problem schält sich heraus, daß die „Laien" im pastoralen Dienst allzusehr vom Gelingen des persönlichen Verhältnisses zum Pfarrer abhängig sind. Von einer Beziehungsebene her allein, so entscheidend sie auch ist und bleibt, ist aber kein stabiler Beruf im Rahmen unserer Gesellschaft festzulegen. Insbesondere beleuchten schmerzliche Konflikte dies oft auf drastische Art. Das Problem verstärkt sich, wenn die sogenannten Laien-Seelsorger/innen an die Altersgrenze von etwa 40 Jahren kommen, weil sie auf Dauer als „Assistenten"(!) weder für sich noch für andere (die Gemeinde, für die Priester . . .), weder theologisch noch berufsstrukturell deutlich identifizierbar sind. Sie erwerben immer mehr pastorale Kompetenzen, aber die formale bzw. institutionell zugesprochene Kompetenz (z.B. als Gemeindeleiter bzw. als Pfarrer) bleibt verwehrt. Bei den Priestern erleben wir dann oft den umgekehrten Fall: Sie erhalten schon früh eine durch die Weihe zugesprochene formale Kompetenz, ohne daß die pastorale Kompetenz praktisch schon erworben wäre. Ähnlich wie sich dies im individualpsychologischen Bereich verhält, ist auch ein pastoraler Beruf bzw. Dienst schwer durchzuhalten, der nicht ein gewisses Maß an beruflicher und theologischer Identität und damit eine gewisse Rollen-Sicherheit vermittelt. — Ist es da verwunderlich, wenn manche aus solchen Erfahrungen heraus sich nach Alternativen umsehen — sehr oft in der Einzelseelsorge und im Bildungssektor?
Von daher verdichtet sich der Praxis-Druck auf die Frage hin, wie die Entwicklung verantwortlich zu konzipieren und problembewußt zu gestalten ist. Woher erhalten wir die Kriterien für die „Konsolidierung" jener Dien-

ste in der Kirche bzw. in der Pfarrei, die halb- oder vollberuflich theologiegebundene pastorale Aufgaben in einem Seelsorgeteam möglichst eigenverantwortlich wahrnehmen?

b) Der Drei-Klang unverzichtbarer Kriterien

(1) *Rollen-Normen.* Grundlegend ist nach wie vor die *Rollen-Norm-Theorie*, die sich bis jetzt als sehr plausibel erwiesen hat.[28]
Die Rollennormen, die das Verhalten bzw. die Verfügbarkeit für eine Rolle (Ich-Leistung, Identifikation) bestimmen, beziehen sich analytisch auf drei unterschiedliche Herkunftsbereiche: Person (Rollenträger), Situation und Institution. Die Einbeziehung von „Laien" in den pastoralen Dienst (ein Ausdruck, der übrigens die begriffliche Verlegenheit markiert) muß dementsprechend berücksichtigen:
— die Laientheologen/innen im pastoralen Dienst, ihre Geschichte, ihre Erwartungen, ihre Lebensformen, ihre Zumutungen und Herausforderungen, die Erfahrungen ihrer Akzeptanz oder der Sperren gegen sie usw.
— die pastorale Situation, wo der Dienst verrichtet wird: in der Regel kirchliche Gemeinden in einem ganz bestimmten gesellschaftlichen Ambiente;
— die Institution, die die seelsorglichen Dienste und die verschiedenen Ämter in Kirchenordnungen strukturiert, wobei auch die grundsätzlichen theologischen Grundlagen der „communio ecclesiae" und ihrer Sendung (Missio) in der heutigen Welt einzubeziehen sind.

(2) *Keine monokausale Einseitigkeit.* Es würde zu kurzatmigen Modellen führen, nur eine einzelne der drei genannten Perspektiven herauszubrechen. Die Frage nach den pastoralen Diensten übersteigt damit die reine Laientheologen- oder Katecheten-Perspektive. Wollte man nur von den Rollenträgern/innen alleine ausgehen, dann bestünde die Gefahr der Selbst-Gettoisierung, der elitären und teils hochtheoretischen Abkapselung vom konkreten Ort der Herausforderung. Gefahr wäre Expertengehabe und Verfolgung — wie man sagt — nur gruppenbezogener „Standesinteressen".
Würde man nur von der Situation ausgehen, dann wären in der Tat Not-

---

[28] Ygl. dazu L. Karrer, Entwurf einer Theorie der Integration von Laien (Theologen) in die pastoralen Aufgabenfelder der Kirche, in: Lebendiges Zeugnis 32 (1977) Heft 3, 36—56; ders., Diakonia 15 (1984) 158—169; s. auch G. Köhl, Der Beruf des Pastoralreferenten (Freiburg, Schweiz 1987); kritisch gegen meine Position (weil er nur vom Ordo her argumentiert): Ch. Kohl, Amtsträger oder Laie? (Bern 1987).

standsexperimente zu befürchten, die nur mehr Löcher pragmatisch stopfen, ohne auch konzeptionell Pfarrei bzw. kirchliche Gemeinde und ihre Dienste in einem konkreten gesellschaftlichen Umfeld theologisch und situations-kritisch zu bedenken.
Wenn wir nur institutionsorientiert vorgehen würden, dann könnte eher eine inhaltsleere Funktionärsdefinition im Interesse der Entscheidungsträger herauskommen, die den pastoral notwendigen und theologisch möglichen Freiraum in der Gestaltung der pastoralen Dienste sozusagen „von oben her" unzulässig einengt.
Diese drei Rollen-Norm-Bereiche ergeben nun die wichtigen Stichworte, die wir im folgenden problemorientiert und ekklesiologisch in leider nur knapper exemplarischer Form erörtern können. Letztlich wären alle Dienste und Ämter in der Kirche — und zwar in allen Bereichen und auf allen Ebenen — von diesen Kriterien her zu dimensionieren und zu gestalten (auch der so wichtige Dienst des Pfarrers).

c) Das Subjekt des pastoralen Dienstes: Frauen und Männer mit theologischer und pastoraler Kompetenz (in der Spannung zwischen Identitätssuche und Emanzipation)

(1) Daß sich mit den neuen Seelsorger/innen-Kategorien für diese selber, aber auch für die kirchlichen Gemeinden, Verbände, Gremien und für den Klerus ganz neue *Zumutungen* und *Herausforderungen* verbinden, liegt auf der Hand. Die kirchliche Amtsstruktur war in unseren Breitengraden bis vor wenigen Jahrzehnten ausschließlich auf den Klerus konzentriert, mit dem die Kirche praktisch auch identifiziert worden ist. Die katholische lateinische Kirche hat mit verheirateten sowie mit freiwillig oder unfreiwillig unverheirateten „Laien" als Seelsorgern und Seelsorgerinnen wegen ihrer über Jahrhunderte hinweg verfestigten Traditionen kaum Erfahrungen sammeln können. Hilflosigkeiten und Ressentiments bei allen Parteien sind von daher erst einmal begreiflich.
Das Potential der Laientheologen/innen verstärkt nun diese Tendenz, weil sie studienmäßig über die gleichen Voraussetzungen verfügen wie das bisherige klassische Seelsorgepersonal, ja oft sogar eine Zusatzausbildung oder die Qualifikation in einem Zweitfach mitbringen. Das hat schon auf der Ebene der Bewußtseinsprozesse Auswirkungen auf die Kirche als Glaubensgemeinschaft. Umfragen belegen, daß die Laientheologen/innen beispielsweise eine deutliche Divergenz zwischen dem idealen und dem realen Kirchenbild zeigen, was im Vergleich zum vorkonziliaren klerus-zentrierten Kirchenbild auf eine eher kritische Einstellung schließen läßt. Sie betonen die Verkündigung des Evangeliums als primäre Aufgabe der Kirche, gewichten stärker eine soziale Orientierung, Ökumene und der-

gleichen — und erst dann Gottesdienst bzw. Liturgie und Sakramentenspendung. Ohne nun solche Ergebnisse in ihrem Aussagegehalt forcieren oder gar pauschal interpretieren zu wollen, so zeigen sich doch Gewichts-Verschiebungen und eine stärker erlebte Diskrepanz zwischen Vorstellungen von der Kirche und der Realität in der Kirche. Es wird nicht gesagt, daß die Laientheologen/innen diese Trends ausgelöst haben; aber sie verstärken sie sicher. Manches kann sich ja auch als eine Generationenfrage erweisen, was vorerst mit dem jungen Phänomen in Verbindung gebracht wird. — Allerdings ist der Frage nicht auszuweichen, ob sich eventuell hinter gelegentlicher Abwertung etwa der Sakramente oder der Eucharistie unter den neuen Seelsorgern und Seelsorgerinnen („Kult") eine Abwehr verbirgt, die eigene unerfüllte Wünsche (z.B. Weihe bzw. Gemeindeleitung) rationalisiert; denn wir werten leicht ab, was persönlich unerreichbar ist oder scheint.
Noch schärfer wird das Bild, wenn diese neuen Seelsorgerkategorien für die Viri probati plädieren und ein hoher Prozentsatz unter ihnen für die Ordination der Frauen eintritt. Diese wenigen Hinweise erhärten schon, welche Auswirkungen von den Trägern und Trägerinnen dieser neuen Seelsorgerrollen ausgehen und zu welchen Spannungen dies in unserer konkreten Kirchenstruktur führen kann und muß. Solche Spannungen oder Konflikte sind aber nicht einfach negativ zu sehen, sondern dürfen als Hinweise auf Prozesse und Such-Bewegungen in die Zukunft hinein verstanden werden.

(2) Bezüglich der *Spiritualität* und der *Berufsmotivation* darf sich die Kirche auf diese neuen Seelsorger und Seelsorgerinnen — was die Mehrheit betrifft — freuen. Diese bringen in der Regel eine hohe religiöse Berufsmotivation mit. Dies mag jene erstaunen, die meinen, daß sich ihre Motivation kaum von jener der Sozialarbeiter unterscheide (wobei die Frage nicht beantwortet ist, ob ein solcher Vergleich den Sozialarbeitern/innen gerecht wird). Man sagt, die „Laienseelsorger" hätten den Terminus „Berufung" abgeschafft und sie verhielten sich der Kirche gegenüber in der Mentalität einer GmbH. Die kühle Einstellung zum Diakonat beweise, daß sie sich mit der Kirche nicht allzu eng identifizieren wollen. — Natürlich gibt es solche kaufmännische Berechnung und Job-Mentalität auch unter ihnen. Aber die allermeisten sehen ihren Einsatz nicht als kurzes Gastspiel, und ihnen ist die Loyalität zum wesentlichen Anliegen der Kirche wichtig (CH-Umfrage von A. Brühlmann 1981: 60 %); zudem wird die Solidarität mit den anderen Mitseelsorgern/innen hoch veranschlagt (80 %).
Wenn Spiritualität definiert werden kann als das inmitten aller beruflichen Aufgaben und gesellschaftlichen Herausforderungen bewußt glaubende, als Christ mitdenkende und verantwortlich In-der-Kirche-Stehen-

Wollen, dann ist ihnen aufgrund ihrer Selbstaussagen und aufgrund der Erfahrungswerte eine ausgeprägte Spiritualität im Sinne eines kritisch-konstruktiven Kirchenverhältnisses zuzuerkennen. — Es liegt auf der Hand, daß sich die unterschiedliche Ausbildung und Konkurrenz der Motivationspflege und Spiritualitätsformen nur belebend und inspirierend auswirken wird, wenn die Ausbildung gemeinsam erfolgt und auch im späteren Berufsleben die gar nicht leichte Integration im Team gelingt.

(3) Diese Fragen sind natürlich eng verwoben mit der Frage nach der *Lebensform.* — Ehe und Familie sowie der pastorale Beruf sind ko-extensive Lebensbereiche, die sich gegenseitig fordern und beeinflussen und je eigene Zeit beanspruchen. Diese Spannung dürfen wir nicht unreflektiert lassen.

Mit einigen wenigen Hinweisen muß es sein Bewenden haben.

— Die *Verfügbarkeit* bzw. die Verbindung von Berufsleben und Privatleben zeigt sich als eine oft belastende Herausforderung. Wäre es nicht bedenklich, sich an der Verfügbarkeit des Priesters, womit ja der Zölibat begründet wird, orientieren zu wollen? Unverheiratete Seelsorger/innen sind nun einmal — rein quantitativ — mobiler. Verheiratete Seelsorger und Seelsorgerinnen, die — aus welchem Erwartungsdruck auch immer — es dem Pfarrer zeigen wollen, daß sie ebenso präsent sein können, werden den Wettkampf verlieren. Quantitative Verfügbarkeit ist nicht unbegrenzt. Entscheidend ist eine qualitative Verfügbarkeit als persönliche Erreichbarkeit, die durchaus im Rollenkonflikt zu einer Spiritualität des verantwortlichen Nein-Sagens führen kann (übrigens auch für Pfarrer, wenn ihnen gleich mehrere größere Pfarreien zugemutet werden).

— Dann ist zu fragen — gegen den Verdacht, verheiratete Seelsorger wären Halbidealisten, da sie den ganzen Schritt nicht gewagt hätten (Frauen sind vor diesem Vorwurf geschützter) —, ob in der Freundschaft, in der Partnerschaft und in den Familien nicht gerade jene Tugenden Ernstfall sind, die auch der pastoralen Praxis ungemein guttun und für sie tauglich machen. Die Qualifikationen für das Bischofsamt in den urchristlichen Gemeinden waren nicht zölibatäre, sondern erklärtermaßen familiäre Tugenden (vgl. 1 Tim 3). — Sind nicht die „Evangelischen Räte" (Armut, Keuschheit, Gehorsam) für alle Seelsorger und Seelsorgerinnen in unterschiedlichen Lebensformen eine Herausforderung? Zeigt sich darin nicht eine qualitative Tiefe der Verfügbarkeit, die nicht beim Kleriker automatisch vorauszusetzen und bei den Laien nicht automatisch auszuschließen ist?

— Was für die Partnerschaft betont wird, gilt auch für die freiwillig und unfreiwillig unverheirateten Seelsorger/innen: Kultur der Einsamkeit, Pflege von Beziehungen, Einüben in Nähe und Distanz, Verhältnis zu sich und zu den anderen, Versöhnung mit unabgegoltenen Sehnsüchten und Erwartungen in der eigenen Biographie, bewußte Pflege des persönlichen Christseins usw.

- Um keinen unrealistischen Sichtweisen Vorschub zu leisten, ist allerdings nüchtern festzustellen, daß der pastorale Dienst durchaus geeignet ist zur Flucht vor persönlichen Lebensfragen, vor eigenen Konflikten sowie vor Ehe- und Familienproblemen — wie übrigens auch vor solchen in klösterlichen Gemeinschaften. Man kann sich noch lange „für das Haus Gottes" verzehren, und zu Hause verrotten die Beziehungen, während man nach außen ja ein unverdächtiges Alibi besitzt.
- Zudem ergibt sich durchaus eine Spannung für Familie und Partnerschaft, wenn idealisierte Rollenzumutungen in der Gemeinde oder von der Institution her persönlich überfordern. Welches Kirchenverhältnis entwickeln die Kinder der Kirchenprofis? Vom evangelischen Pfarrhaus dürften wir ruhig noch mehr lernen. — Die Frage an die Betroffenen lautet, ob sie in Gruppen, Freundeskreisen, bei Treffen der Berufsgruppen, in Exerzitien oder in Supervisionen solche Problemfelder aussprechen und miteinander zu klären bemüht sind.
- Mit den neuen Kategorien von Seelsorgern und Seelsorgerinnen erlebt nun aber die Kirche auch pastorale Probleme, die sie bisher nur sozusagen distanziert und normativ angegangen ist, am eigenen Personal: Dabei ist zu denken an die Tatsache unglücklicher oder zerbrochener Ehen. Jeder konkrete Fall ist eine äußerst schmerzliche Erfahrung, weil gerade hier Lebensform und Beruf eng verwoben sind und oft klare Lösungen erschweren. Diesbezüglich stehen wir wohl erst am Anfang eines Lernweges.
- Abschließend sei noch darauf hingewiesen, welche Langzeitwirkung für die Kirche und Gemeindepastoral daraus erwachsen wird, wenn immer mehr Frauen und Männer mit theologischer und pastoraler Qualifikation das charismatische Selbstbewußtsein der Laien stärken und sich in den Dienst des Volkes Gottes stellen, damit dieses immer bewußter sich selber artikuliert und zum Subjekt auch des kirchlichen und gemeindlichen Lebens wird. In spezifischer Weise ist dies für die Frauen nochmals zu unterstreichen. — Man kann sich auch ausrechnen, was es bedeuten wird, wenn theologische und humanwissenschaftliche Kompetenz von Frauen und Männern zur Kirche auf Distanz geht, weil man sich durch die Kirche verletzt oder abgelehnt erfährt oder glaubt (z.B. abgewiesene Laientheologen/innen in der Bundesrepublik Deutschland). Kirche produziert dadurch eine Kirchendistanz, die ihr nicht gut bekommen wird.

Insgesamt sind der Kirche durch all die Frauen und Männer, die in den verschiedenen kirchlichen Bereichen und pastoralen Aufgabenfelder mit tiefer Motivationskraft sich ins Spiel bringen, eine kaum zu bändigende

Fülle an Berufungen geschenkt. Sie sind nicht die einzigen Berufungen. Aber in ihnen sind Gaben und Begabungen zum Durchbruch gekommen, die insgesamt der Kirche zwar keine konfliktfreie Zukunft bescheren, wohl aber eine üppige Fülle an Charismen, die vermutlich Voraussetzung dafür sind, damit die Kirche überhaupt in der Lage ist, ihrer Sendung in der Zukunft nachzukommen. Denn diese ist mit dem bisherigen klerikalen Modell nicht mehr zu vollziehen. Es kommt auf die Kirche in unseren Ländern ohnehin ein „Professionalisierungsschub" zu, der sie in ihrer gewachsenen formalen Struktur erschüttern wird: denn die pastorale und theologische „Sachverständigkeit" liegt immer mehr bei jenen Frauen und Männern, die nicht zu den Klerikern zählen und über keine formale Kompetenz verfügen. Entweder sprengen die „Assistenten/innen" das System, oder dieses paßt sich ihnen an. — Doch damit ist schon das nächste Rollenkriterium genannt.

d) Pastorale Situation der kirchlichen Gemeinde/Pfarrei

(1) Ein entscheidendes Gewicht für die konkrete Gestaltung der pastoralen Berufung kommt der pastoralen Situation zu, den kirchlichen Gemeinden, wo die Rolle „spielt". Der pastorale Dienst ist nicht nur ein personaler Dienst als Begegnung von Menschen auf Menschen hin, sondern auch ein personalintensiver Beruf. Die Seelsorger/innen sind gewissermaßen selber das Instrument der Seelsorge. Das kann menschlich ungemein bereichernd sein, aber auch Last und Belastung bedeuten.
Die schon genannte Umfrage unter Schweizer Laientheologen/innen (1980/81) bestätigt, daß die *Akzeptanz durch die Gemeinde* weitgehend von der Persönlichkeit und dem Geschick der Laientheologen/innen abhängt — wie Arbeitsstil (Klima), Kontakt- und Kommunikationsfähigkeit —, also von ihren kommunikativen Fähigkeiten und ihrer persönlichen Glaubwürdigkeit. Im Unterschied zur Pfarrerrolle können sie sich auf keinen aus der Tradition kommenden Rollen- oder Amtsbonus berufen. Allerdings sind sie auch durch keinen Amts-Malus fixiert. Der Druck ist dadurch viel stärker auf die Persönlichkeit konzentriert. Ihr Status ist kirchen-institutionell (nicht zivil!) relativ labil. Die Befragten nennen als wichtigste Faktoren für die Schaffung eines Vertrauensverhältnisses mit Abstand selber „persönliche Kontakte und Kommunikationsbereitschaft", gefolgt von „persönliche und religiöse Ausübung des Berufes". — Nach dieser Untersuchung werden die Pastoralreferenten/innen in Bereichen als kompetent betrachtet, die während Jahrhunderten Priestern vorbehalten waren. Zudem ist die Zufriedenheit bei dem, was sie tun dürfen und an freier Gestaltungsmöglichkeit haben, relativ hoch, wenn man die institutionellen Grenzen bedenkt. Obwohl es natürlich bei den Leuten

noch manche Umstellung in den Erwartungen und gefühlsmäßigen Einstellungen braucht, so haben die „Pfarreiangehörigen" mit den Pastoralreferenten/innen keine so grundsätzlichen Probleme, wie sie die Kirchenleitung und zum Teil auch Theologen haben. Das ist deutlich zu sehen. Daß verheiratete Männer und Frauen nicht Messe halten und keine Beichte hören, ist für viele Gläubige doch eher eine Frage des Nicht-Dürfens als des Nicht-Könnens. — Andererseits ist auch bei den staatskirchlichen Behörden zuweilen die Mentalität zu spüren, daß „unbedingt ein Priester hermuß"; sie suchen am bischöflichen Personalamt vorbei nach „letzten" Möglichkeiten, um dann die Eigenmächtigkeit meistens doch schnell zu bereuen.

(2) Auch wenn eine hohe Zufriedenheit mit dem vorhanden ist, was man tut, und wenn der Beruf auch akzeptiert wird, so stoßen die Pastoralreferenten/innen dennoch an *Grenzen*, die auch von Gemeinde-Mitgliedern oft sehr schmerzlich erfahren werden. Sie dürfen formal nicht, was sie von der pastoralen Situation her sollten. So verschärft sich dann praktisch die Spannung zwischen den Seelsorgern und Seelsorgerinnen, die könnten und wollten, und der Situation, in der man müßte und sollte, auf der einen Seite und der Institution auf der anderen Seite, von der her man nicht darf. Damit stoßen wir an die Grenzen der institutionellen Ordnung der Weltkirche, wovon noch zu „sprechen" sein wird.

(3) Was aber auf gemeindlicher und ortskirchlicher Ebene als Problem zu lösen wäre, ist die Entwicklung einer *variablen Fülle von Diensten* zwischen den Extremen „Universalist oder Ersatzkaplan" und Spezialist. Eine Grundfrage ist die kollegiale Struktur des Seelsorgeteams und die relative Eigenverantwortung in pastoralen Schwerpunkten (Delegation!). Im Vergleich zur Situation in der Schweiz, wo aus vielen Gründen die Gemeindeebene dominant ist, war die ursprünglich massiv gesteuerte Tendenz der Deutschen Bischofskonferenz bedenklich, die Pastoralreferenten/innen primär oder ausschließlich als Spezialisten auf Pfarrverbandsebene einzusetzen. Die Praxis der letzten Jahre hat allerdings auch dort einiges korrigiert. Bei diesem Modell werden allzu leicht die Probleme des strukturellen Novums (Pfarrverband mit Bürokratie und Mobilität) auf dem Rücken des personellen Novums (Laientheologen/innen) ausgetragen. Auch wenn überpfarreilich Zusammenarbeit sinnvoll ist, so darf nicht übersehen werden, daß die Bedingung für deren Fruchtbarkeit darin liegt, daß lebendige und möglichst selbstverantwortliche Gemeinden wachsen können, die aus eigener Vitalität heraus zur Kooperation drängen.

(4) Aber die Laientheologen/innen sind zu fragen, welche *Seelsorgetheorie* sie befolgen, welches *Pfarrei-* oder *Gemeindebild* sie beseelt. Dahinter

steckt die Frage: Was wollen sie eigentlich? Es dürfte nicht unbekannt sein, daß vor allem P. M. Zulehner im Zusammenhang mit den Pastoralreferenten/innen vor einer Expertokratie bzw. vor einer Expertenkirche warnt. Die Sorge vor einer Klerikalisierung durch Laientheologen/innen ist ohne Zweifel begründet und auch sehr ernst zu nehmen (und wenn man realistisch sein will: wohl kaum ganz zu verhindern). — Eine Gemeinde, die zum Objekt von pastoralen Tribunen und Tribuninnen oder zum reinen Dienstleistungsbetrieb verkommt, gerät in echte Lebensnot und bringt sich um die entscheidende Dimension: die Subjektwerdung *aller* Getauften und Gefirmten als Volk Gottes im gemeinsamen Glauben und Beten sowie im Wagnis von Solidarität. Die Sorge muß der wachen Zusammenarbeit von interessierten Frauen und Männern, der Eigendynamik und der freien Initiative gelten. Ansonsten verbleiben die Seelsorger und Seelsorgerinnen allzusehr einem innerkirchlichen Kreis von Gemeindeaktivisten/innen verhaftet, der dauernd um sich selber kreist. Man bleibt unter sich, und zwar hinter den Kirchentüren, und wagt sich nicht hinaus zu den Menschen mit ihren Sorgen, Ängsten, Nöten und Fragen. — In dieser Spannung lauert die Gefahr der Expertokratie und des Machtanspruches der „Profis" und Spezialisten in jedem System, und natürlich auch in jeder Kategorie von pastoralen Berufen. Sie ist nicht nur bei den Pastoralreferenten/innen zu sehen. — Andererseits sind Seelsorger und Seelsorgerinnen für lebendige Gemeinden lebensnotwendig; nicht um die geschenkte Vielfalt gleichsam zu verwalten und in enge Kanäle zu steuern, sondern um sie zur Entfaltung kommen zu lassen und auf die Grundvollzüge der Gemeinde zu sammeln. Sie stehen als begleitende Christen und Christinnen im Dienste einer gemeinsamen Weggenossenschaft.
Die Hinweise auf Einsatzmodelle und ihre Grenzen (wie z.B. „Sakramentensperre"), lassen zum dritten Rollennorm-Bereich kommen, zur Institution.

e) Institutions- bzw. kirchenbezogene Kriterien

(1) Es genügt ja nicht, den neuen Seelsorgerkategorien nur Aufgaben zu übertragen und sie einzuladen, etwas zu tun, ohne auch der Frage nachzugehen, wer sie *im Gesamt* des kirchlichen Lebens, *der Kirchenordnung* und der amtlichen Strukturen sind. Es ist davon gesprochen worden, daß die Berufsbedingungen auch berufssoziologisch zuverlässig sein müssen. Beruf ist eine dauernde Tätigkeit in einem arbeitsteiligen Ordnungsgefüge der Gesellschaft und meist auch wirtschaftliche Existenzgrundlage. Somit hat auch der pastorale Beruf mit gesellschaftlichen Berufsbedingungen und mit institutionellen Elementen der Kirche zu tun. Damit sind die Integration auf Pfarrei- und Pfarrverbands- und auf Dekanatsebene gemeint, die Kompetenzverteilung im Seelsorgeteam, aber auch der institutionelle

Standort innerhalb einer Ortskirche (Bistum) oder im Bereich einer nationalen Bischofskonferenz.

(2) Im *Rahmen einer Bistumskirche* stehen Fragen der Einsatzmodelle, der Einsatzebenen, der Berufsausbildung, der Personaldisposition, Stellenvergabe, Kündigung und Konfliktregelung an.
In diesem Bereich sind die Tendenzen auch in der Schweiz von Bistum zu Bistum recht variabel. Von nicht zu unterschätzender Bedeutung ist ein Personalamt bzw. Personaldienst im Rahmen einer Bistumsleitung. Das spüren vor allem die Frauen und Männer in den „neuen" pastoralen Diensten in jenen Bistümern, in denen kein eigentliches Personalamt eingerichtet ist.

(3) Im weltkirchlichen Maßstab stehen jahrhundertealte *Traditionen* der *Amtsformen* und der *Amtsbedingungen* im Vordergrund, die den Rahmen — wie schon angesprochen — für heutige Suchbewegungen neuer Dienste und Gemeindeformen einengen und das Wachsen einer neuen Gemeindekultur und Dienstordnung einschnüren. Soziologen betonen aber, daß jedes System, das die für die Erreichung seiner wesentlichen Ziele notwendige Differenzierung nicht vornimmt und wagt, in Krise gerät.
In diesem Zusammenhang stehen die Fragen des *Zölibats* und der *vollen Amtsfähigkeit der Frau* an. Natürlich sind diese Fragen nicht isoliert zu sehen, sondern im Zusammenhang mit dem ganzen Fragenkomplex um eine synodale Kirchenordnung, die der dezentralisierten Partizipation der getauften Frauen und Männer auch institutionell Raum und Rahmen schafft.

(4) Aber die Institutionsbezogenheit verweist auf die *Kirche*, die *in ihrer Tiefendimension* eine Glaubensgemeinschaft ist. Diese ekklesiologische Fundierung der pastoralen Dienste läßt nach der Identifikation der Pastoralreferenten/innen mit der fundamentalen Berufung und Sendung der Kirche fragen. Dies führt abschließend zur Frage: Von welchem *Kirchenbild* bzw. von welcher *Kirchentheorie* gehen sie aus? — In der Vergangenheit ist die Kirche allzu triumphalistisch mit ihrem Idealbild identifiziert worden; sie war beinahe selbst das Ziel, das Reich Gottes. Die christliche Tiefendimension darf aber nicht einfach mit ihrer historischen und empirischen Gestalt gleichgesetzt werden. Wie gesagt, ist seit dem Zweiten Vatikanischen Konzil durch die Theologie des Volkes Gottes wieder stärker die historische und gesellschaftliche Dimension von Kirche und ihr grundlegender Zeugnischarakter, ihre Sendung als „Sakrament" für die Welt betont worden, ihr Charakter als Gemeinschaft im Glauben auf dem Weg.
Einer solchen Kirche stehen die Seelsorger und Seelsorgerinnen zu Diensten, einer Kirche, die die Vertikale der Gottesfrage mit der Horizontalen der Menschenfrage untrennbar verbindet, die immer wieder vom Gott Je-

su herkommt und gerade deshalb auch leidenschaftlich zu den Menschen will. Das ist die entscheidende Dimension von Gemeinde bzw. Kirche, auf die es ankommt. Im Vergleich dazu ist die Frage nach dem kirchlichen Personal zweitrangig, als Instrumentenfrage aber doch wichtig.
Die Kriterien im Schema zusammengestellt:

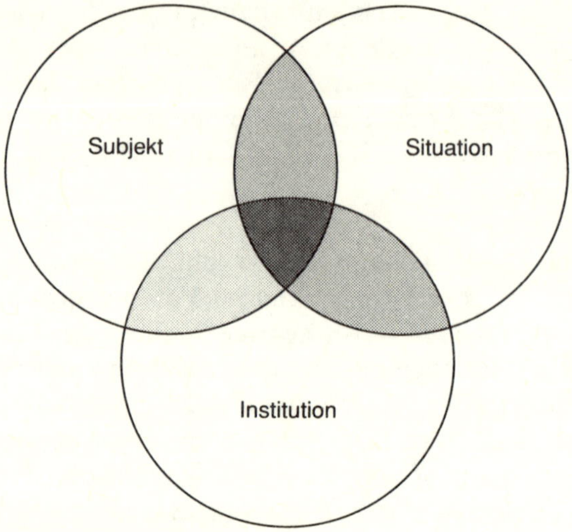

Je stärker die Kreise auseinandertreten, um so problematischer (krisenanfälliger)

Je größer die Schnittmengen, um so besser (stabiler)

5. Zwischen pastoraler Ortsfindung und struktureller Ortsdefinition (institutionelle Integration)

a) Auch die Zeit ist ein Faktor für alles, was wachsen will

Aus den bisherigen Überlegungen wird deutlich, daß nur alle drei Kriterien (Subjekt, Situation und Institution) zusammen — sozusagen in einer „konzertierten Aktion" — zuverlässige Perspektiven ergeben. Die Frage nach den Katecheten/innen und den Pastoralreferenten/innen übersteigt somit die reine Katecheten- oder Laientheologen-Perspektive, aber auch eine alleinige Orientierung an der Pfarrei oder an der kirchlichen Institution. Diese Kriterien sind nun auf handlungsorientierte Schritte hin zu entwerfen. Anders gesagt: Die Horizontale der Rollennormen ist mit der Vertikalen der zeitlichen Entwicklung zu koordinieren.
Dies ist im folgenden zu versuchen. Für die Entwicklung von kurz-, mittel- und langfristigen Handlungsperspektiven kann die Unterscheidung von

pastoraler Ortsfindung und struktureller Ortsdefinition hilfreich sein. Mit der *Unterscheidung* von kurz- und mittelfristiger *pastoraler Ortsfindung* und mittel- und langfristiger *struktureller Ortsdefinition* kann man meines Erachtens dem Gesetz der Entwicklung, des Wachsens und Reifens der neuen Dienste eher entsprechen, als wenn man nur theoretische Kriterien nennt, und zwar ohne Gefühl und Verständnis für das Werden und das Prozeßhafte auch in der Kirche. Leicht wird dann entweder etwas von oben herab dekretiert oder von unten her voreilig forciert.
Zudem erlaubt eine solche Betrachtungsweise eher, jetzt schon begrenzte Schritte zu wagen auf Optionen und langfristige Perspektiven hin. Man versteht sich dann von wünschenswerten Zielen her, die auch dann gültig sind und kritisch-normierend bleiben, wenn sie zur Zeit nicht vollumfänglich zu verwirklichen sind. Ansonsten gerät ein neues Potential für die Seelsorge in die bemühende Gefahr, sich beruflich dauernd eine „Identität" auszuborgen (z.B. vom Pfarrer) oder die Labilität des Modells dauernd — aggressiv oder depressiv — abzureagieren. Gerade vom teilweise doch schmerzlichen Weg der Seelsorgehelferinnen oder der evangelischen Gemeindehelferin in Deutschland ist durchaus zu lernen, wie die Einbeziehung von Frauen und Männern in die pastoralen Aufgaben der Kirche zukünftig nicht ablaufen darf.
Ausgehend von den schon gemachten Erfahrungen und auf der Basis der Rollenkriterien sind zum einen aufeinander abgerichtete und aufeinander konzeptionell bezogene Schritte der „Konsolidierung" zu entwickeln, auf Schritte hin, die gangbar sind. — Zum anderen aber müssen diese kurz- und mittelfristigen Zielsetzungen langfristig auf pastoral überzeugende und theologisch fundierte Lösungsperspektiven hin angegangen werden. Ansonsten ist Lang-Mut und die Kraft zum Langstreckenlauf nicht möglich. — Die unterschiedenen Entwicklungsphasen werden per definitionem nicht gleichzeitig, sondern im Nacheinander erfolgen. Aber sie sollten sich bis zu einem gewissen Grad gegenseitig doch begleiten und überschneiden. Deshalb wird formuliert: *Kurz-* und *mittelfristig* handelt es sich um die pastorale Ortsfindung für die neuen pastoralen Dienste; der aber muß *mittel-* und *langfristig* die kirchenstrukturelle Ortsdefinition folgen. Das Wort „mittelfristig" deutet auf die entwicklungsmäßig gegenseitige Verschränkung und Phasenüberlappung hin.

b) Kurz- und mittelfristig: pastorale Ortsfindung

(1) Die Zeitspanne der *pastoralen Ortsfindung* ist die Pionierzeit des Suchens und des Erkundens von gangbaren Wegen und Lösungsmodellen. Es ist gleichsam die Test- und Experimentierphase, in der das pastoral Notwendige und Mögliche gewagt und erprobt wird. — Durch die Bereit-

schaft der neuen Laienseelsorger und zunehmend der Laienseelsorgerinnen, der Gemeinden und der kirchlichen Entscheidungsträger soll in durchaus unterschiedlichen Modellen und Formen des pastoralen Dienstes in Erfahrung gebracht werden, was für das neue Personal zumutbar und für die kirchlichen Gemeinden bzw. für eine Gott- und Welt-offene Kirche fruchtbar und förderlich ist. Es soll an den Tag kommen und sich erweisen, welche Wege zielführend und gangbar sind.

(2) Für das *Subjekt* kann diese Phase begeisternd und belastend sein. Das Berufsprofil muß sich erst finden lassen. Damit ergibt sich eine hohe Anforderung an die Frauen und Männer, sozusagen „ich-stark", also vertrauensfähig in sich selbst und in die Menschen zu sein, innovatorisch zu handeln und sich in Konflikten und bei „dummen Fragen" (die hintergründig oft sehr gescheit sind) die Freude nicht verjagen zu lassen.
In diesem Zusammenhang ist an die schon angesprochene Verbindung von Dienst und Lebensform, die Zusammenarbeit mit dem Pfarrer und den anderen Seelsorger/innen, an die Pflege der Spiritualität usw. zu erinnern. Als belastend erweist sich, daß die Frauen und Männer sich immer wieder mit den institutionellen Grenzen ihres Berufes auseinandersetzen und sozusagen versöhnen müssen, gerade auch dann, wenn die subjektive, aber nicht erfüllbare Berufung zum Dienst des Priesters verarbeitet werden muß. Es scheint, daß die jüngeren Generationen von Pastoralassistenten/innen die Situation als stagnierend empfinden und immer ungeduldiger auf weitere Schritte der „Amtskirche" drängen.

(3) Damit ist schon die *Gemeinde-Dimension* angesprochen. Diesbezüglich ist nicht nur an die schon berührten Fragen der Dienstprofile (mit klaren Verantwortungs-Schwerpunkten) oder der Einsatzebene (Pfarrei oder Pfarr-Verband oder auf beiden Ebenen zugleich), an klare Delegations-Absprachen, an das zum Teil sehr heikle Neben- oder Miteinander der verschiedenen Seelsorger-Kategorien, Integration in die Gemeinde- und Dekanatsgremien oder an Job-Sharing und dergleichen mehr gedacht. Das sind alles Fragen, die der praktischen Klärung und der Bewährung bedürfen. — Aber es geht auch um die Akzeptanz bei den Menschen, mit denen zusammen lebendige Gemeinde zu gestalten ist. Auch diese brauchen Zeit mit neuen Seelsorger-Typen. Doch wie die Frauen und Männer in den pastoralen Diensten schon vielfach erfahren haben, gehen die Leute bald mit, wenn man ihnen menschlich überzeugend begegnet. Von den Mitchristen und Mitchristinnen in den Gemeinden sind die neuen Seelsorger und Seelsorgerinnen schnell akzeptiert und in diesem Sinn schneller eingesetzt, als es die Traditionen der Kirche vermuten lassen. Als im Jahre 1978 Peter Haag-Käser, Seelsorger in Kaiserstuhl, zum Diakon geweiht wurde, soll der Präsident der Kirchgemeinde von Baldingen (E. Laube)

zum Bischof gesagt haben: „Von uns aus können Sie unseren lieben Peter Haag sogleich zum Priester weihen. Nur einen Grund gibt es dagegen: Wenn Sie ihn zum Priester weihen würden, müßten wir als kleine Gemeinde ihn verlieren. Deshalb sind wir froh, wenn er ‚nur' Diakon wird." Diese Aussage zeigt deutlich, worauf die Menschen achten und daß Seelsorger und Seelsorgerinnen auch vom Volk einzusetzen sind.

(4) In *institutioneller* Hinsicht sind die Gemeinde- und Dekanatsebene und vor allem das Bistum bzw. die Bischofskonferenz gefordert. An der „Institution" liegt es nun, den Erfahrungen des Subjekts und der Gemeindesituation auch konzeptionell Rechnung zu tragen. — Die Elemente einer strukturellen Klärung des Berufsbildes im Rahmen einer Teilkirche sind schon erwähnt worden: Ausbildung, Variationen des Dienstprofils (z.B. Gemeindeebene im Pfarrverband oder Dekanat; Spezialseelsorge . . .), Definition der Berufs-Voraussetzungen und Ausbildungswege, Personalplanung, aber auch kirchliche Beauftragung, Fragen des Diakonates, Rahmen-Richtlinien, die das Verhältnis dieser Seelsorgerkategorie zum Bistum regeln usw. — In diesem Sinn ist die Institutio, wie sie in einigen Bistümern der Schweiz praktiziert wird, als die bislang reifste Form einer teilkirchlichen Regelung der gegenseitigen Bindung und Verpflichtung von Laientheologen/innen und Bistum zu betrachten. Ausschlaggebend ist auch hier, daß die Entscheidungen von den Bistumsverantwortlichen mit den Betroffenen vorher abgesprochen werden. — Meines Erachtens wäre ein ähnlicher Weg auch für die Katecheten und Katechetinnen zu begehen.
Natürlich kommt auch eine Ortskirche oder eine Bischofskonferenz an die Grenzen ihrer institutionellen Möglichkeiten, wenn die kurz- und mittelfristige Entwicklung von der Situation und Bewußtseinslage der Menschen in den Pfarreien sowie von der Motivlage der neuen Rollenträger her weitergedeiht, sich differenziert und die Entwicklung vorwärtsdrängt. Aber die diözesane Ebene ist über den institutionellen Aspekt hinaus klimatisch und atmosphärisch von nicht zu unterschätzender Bedeutung. Ob man mit den Frauen und Männern im pastoralen Dienst spricht, sich mit ihnen zusammensetzt, die Richtlinien miteinander erarbeitet (wie dies im Bistum Basel beispielhaft bei den Richtlinien von 1978 geschehen ist) und durchstreitet, Erwartungen und Enttäuschungen gegenseitig vermittelt, ist von ausschlaggebender Wirkung, gerade weil die Stellung institutionell labil und in eher traditionell ausgerichteten Kreisen nicht unumstritten ist. Davon hängt somit im Augenblick viel ab. Die Gefahr ist ja nicht zu übersehen, daß die kirchliche Labilität der sogenannten Laiendienste dazu verführen kann, daß man die vermeintliche oder echte Unsicherheit abreagiert, sich als überempfindlich zeigt, ideologisch „totalitär" rechtet und kein Gefühl für die Wachstumsgesetze entwickelt oder daß man krampf-

haft und mit Fremdbeschuldigungen aus dieser noch diffusen Ortlosigkeit im Ganzen herauskommen will. Die Phase der kurz- und mittelfristigen pastoralen Ortsfindung ist ein letztlich nie geschenkter Prozeß des Wagens und Suchens, was für eine lebendige, glaubwürdige und menschenfreundliche Kirche pastoral gut und notwendig und für die Seelsorger und Seelsorgerinnen zumutbar ist. Damit begegnet die Kirche am Beispiel der neuen Dienste einer dynamischen Dimension, die letztlich immer Ernstfall für Kirche ist (pastorale Ortsfindung und strukturelle Ortsdefinition sind letztlich zwei verschiedene Dimensionen des einen Prozesses).
Wenn nun des weiteren von der mittel- und langfristigen institutionellen Ortsdefinition der neuen Dienste die Rede ist, dann stellen sich Fragen an die Kirche und an ihren institutionellen Rahmen.

c) Mittel- und langfristig: institutionelle Ortsdefinition

Vergessen wir nicht: Die pastoralen Dienste der Katecheten/innen und der Laientheologen/innen sind aus der Sicht der Betroffenen immerhin schon 20—25 Jahre alt. — Aber sie sind aus der Perspektive der Institution auch erst und nur 20—25 Jahre jung.
Für die betroffenen Seelsorger und Seelsorgerinnen und teilweise für die Gemeinden ist das natürlich schon eine geraume Zeit. Für die Großkirche nimmt sich das eher wie eine vielleicht vorübergehende charismatische „Naturkatastrophe“ aus, die es wie andere Krisen zu überwinden gilt. Auch das Kirchenrecht von 1983 hat diese wohl nicht mehr rückgängig zu machende Entwicklung ignoriert. Das ist durchaus gut so; der Rahmen wäre ohnehin zu eng ausgefallen. Das können alle irgendwie sogar verstehen, die um das Wachsen und Prozeßhafte auch des kirchlichen Lebens wissen. Zuerst muß sich etwas bewähren und „dauern“, bis es rechtlich faßbar wird.
Aber trotzdem sind — gelegen oder ungelegen — klare Dienstanweisungen an die Entscheidungsträger der Kirche beim Wort zu nennen, die sich aus der Berufung und Sendung der Kirche und aus der pastoralen Situation ergeben.

(1) Aus dem, was nun schon seit zwei Jahrzehnten aufgebrochen und gewachsen, aber auch an Krisen und Nöten in der Kirche ausgebrochen ist, entsteht ein Druck und ein unausweichlicher Sog auf *weiterführende Schritte* hin, die dem pastoral Bewährten und Notwendigen den dienlichen Rahmen und Bewegungsradius öffnen. Es geht um erweiterte Rahmenbedingungen und um die kirchliche Verankerung der neuen Dienste-Vielfalt.
Angesprochen sind damit die Bischofskonferenzen und die weltkirchliche

Ebene, denn dort stehen Entscheidungen oder mindestens die Diskussion von Entscheidungen an, bei denen eine Bistumskirche nicht im Alleingang handeln kann, ohne in zermürbende und in sich gegenseitig befehdende Lager zu zerfallen. — Diese Entscheidungs-Herausforderung halte ich für eine hohe Frage an die Spiritualität der Entscheidungsträger in der Kirche. Eine Verweigerung, im Rahmen des pastoral Notwendigen und theologisch Möglichen den pastoralen Dienst der Kirche in der Welt von heute zu vollziehen und dafür eine Fülle der Dienste zu ermutigen, zu fördern und zu strukturieren, kann eine Verletzung der Amtspflichten bedeuten und einen Verstoß gegen die „Dienstanweisungen" Gottes an die Kirche hier und heute. Das wäre Ungehorsam der Amtsträger gegenüber der Situation und den Zeichen, die sich im Volk Gottes zeigen.
Auch hier muß man sich mit wenigen Beispielen bescheiden. Wir dürfen theologisch von der Grundthese einer variablen Fülle von kirchlichen und pastoralen Diensten oder Ämtern ausgehen, die je nach Zeit und Ort sich differenzieren und die auch wieder „sterben" dürfen, wenn ihre Zeit erfüllt ist. Die Kirche hat ja damit schon Erfahrungen gemacht, vor allem in ihren Sturm- und Drangperioden. Aber auch für unsere Zeit bestätigt die Synode 72: „Darum ist es unbedingt nötig, daß die Kirche ihre Dienste vielfältiger gestaltet, sie überprüft, anpaßt, koordiniert, damit sie die Menschen erreicht, zu deren Dienst sie von Christus gesandt ist" (Kirchlicher Dienst, Diözese Basel III, 3.1.5).
Wenn auch die Dienste von Frauen und Männern im sozial-karitativen Bereich, im katechetischen und religionspädagogischen Feld, in pastoralen Spezialaufgaben, auf Gemeindeebene oder an kirchlichen Stabsstellen, in der Theologie und Erwachsenenbildung, als Gemeinde — oder als Pastoralassistenten, als Diakone usw. in sich sinnvoll und nötig und nicht nur als „Durchgangsbahnhöfe" auf das „volle" kirchliche Amt zu tolerieren sind, so stellt sich dort zusätzlich die Frage nach den Viri probati bzw. Mulieres probatae. Nicht zuerst, weil Frauen und Männer dazu bereit wären, sondern weil die Situation in den Gemeinden drängt und die Theologie den nötigen Spielraum durchaus gewährt. „Politisch" wird die Situation dadurch, daß es Männer und Frauen gibt, die qualifiziert die „volle" Gemeindeleitung übernehmen würden.

(2) Unter dem Druck des zunehmenden Priestermangels werden zusehends vor allem *Pastoralassistenten/innen und Diakone* in sogenannten priesterlosen Gemeinden faktisch hauptverantwortlich als *Gemeindeleiter/innen* eingesetzt. Sie haben aber bekanntlich nicht die volle Kompetenz, weil ihnen die Weihe fehlt. Wir nennen das so kühl und technisch „Sakramentensperre". Aber sie gehören vom pastoralen Aufgabenfeld her zu jenen, die eigentlich geweiht sein sollten, denen also aus sakramententheologischen und ekklesiologischen Gründen der Dienst durch Weihe über-

tragen werden sollte. Die Synode 72 bewies auch hier (nicht Zivil-, sondern) „Kirchencourage": „Heute bewähren sich zahlreiche Männer als Verheiratete im Dienst der Kirche ... Es stellt sich die Frage, ob solche Männer nicht für das priesterliche Amt geweiht werden sollten. Das Bedürfnis nach der Weihe solcher Männer zeigt sich auch in unserem Bistum immer mehr. Es muß aber ... auf die Gesamtkirche Rücksicht genommen werden" (Kirchlicher Dienst, Diözese Basel III, 3.6.3). — Je mehr die neuen Dienste in den Sog geraten, fehlende Priester zu ersetzen, verdunstet ihr Aufgabenprofil, und sie werden Lückenbüßer. Und dies erzeugt nicht nur im konkreten Einzelfall subjektiv Unzufriedenheit und Streß, weil man die Leute gar oft buchstäblich „vor den Kopf" stoßen muß. Es wird auch vom Sinn der Sakramente und von dem her, was in den ekklesiologischen Aussagen des Konzils und der Synodentexte über Einheit von Gemeinde und Eucharistie gesagt wird, etwas Tiefes verletzt. Zudem tritt eine Widersprüchlichkeit zutage, die zu wenig beachtet wird: Würden alle Kirchenmitglieder genau das befolgen, was die Kirchenleitung verlangt, nämlich den Sonntagsgottesdienst regelmäßig besuchen und des öftern beichten gehen, dann ständen wegen des Priestermangels schon gar nicht genügend Priester zur Verfüngung. Unter einem solchen geistlichen Boom würde das aus Klerikern bestehende Personalsystem zusammenbrechen. Was will man also?

Es geht somit um das pastoral notwendige und theologisch mögliche bzw. verantwortbare Handeln und Entscheiden der Kirche. Institutionell und ekklesiologisch kommen wir damit um einige Anmerkungen zur Amtsfrage nicht herum. Dabei müssen wir uns dessen bewußt sein, daß das herkömmlich fast mystische Priesterbild das Gefühlsleben nicht nur vieler Priester, sondern auch vieler Laien geprägt hat und weiterhin prägt. Und Fragen, die in tiefe Schichten der Emotionalität greifen, darf man nicht unsensibel und grobschlächtig abhandeln. Trotzdem müssen wir uns theologisch verantworten, denn das theologisch Wünschenswerte ist das Ziel der Kirche, nicht das taktisch und interessengebundene Machbare.

Die Synode 72 hat auch hier Breschen geschlagen, die damals bei anderen Synoden (z.B. bei der deutschen in Würzburg) als äußerst mutig empfunden worden sind. Die Synode ersuchte die Bischofskonferenz, sie möge an die zuständigen Stellen mit folgender Bitte gelangen: „Die Bischöfe sollen auch in der lateinischen Kirche im Leben und im kirchlichen Dienst bewährte verheiratete Männer zu Priestern weihen dürfen. Dies soll dort geschehen, wo die Bedürfnisse es erfordern und die Voraussetzungen gegeben sind" (III, 6.5.2). Ein differenzierter Abschnitt ist der Wiedereingliederung verheirateter Priester gewidmet. Es wird die Erklärung der schweizerischen Bischöfe vom 4. Juli 1972 aufgenommen: „Die Bischöfe sind bereit, unter Berücksichtigung der konkreten Verhältnisse, dispensierten Priestern jene kirchlichen Dienste zu überlassen, die von einem Laien mit entsprechender theologischer Ausbildung wahrgenommen werden können" (III, 6.5.3).

Auch bezüglich der Frauenordination ist die Synode 72 für die damalige Zeit erstaunlich offen: „Die gesamtschweizerische Synode gibt daher ihrer Befriedigung darüber Ausdruck, daß die internationale Theologenkommission beschlossen hat, die Frage der Priesterweihe der Frau zu studieren, und wünscht, daß diese Studien weitergeführt werden. Die Synode bittet die Bischofskonferenz, diesen Wunsch an die zuständigen Stellen in Rom weiterzuleiten" (III, 6.5.4). — Bischof Anton Hänggi hat aber die Ambivalenz der Situation in seinem einfühlsamen Brief an die „Laientheologen im seelsorglichen Dienst im Bistum Basel" vom 2. Dez. 1980 klar ausgedrückt: „Der Einsatz von Pastoralassistenten in der allgemeinen Seelsorge schafft jedoch die meisten Probleme, weil man dort am ehesten an Grenzen stößt."

(3) Wie weit reicht denn nun die *theologische Ermächtigung*, die der Kirche angesichts der ihr zuwachsenden Dienstämter Freiraum für verantwortliche Schritte läßt? Zusammengefaßt kann man im Sinne einer Ergebnissicherung der exegetischen und theologischen Forschung folgende Leitlinien vertreten.[29]

— Die Kirche hat einen viel größeren Spielraum und Freiheitsradius, ihre Dienstämter zu gestalten und zu strukturieren, als die augenblickliche dreigliedrige Ordo-Struktur (Episkopat — Presbyterat — Diakonat) erkennen läßt und als die Kirche sich selbst offiziell zugesteht.
— Wir können nicht in naiver oder nostalgischer Weise die neutestamentliche Situation kopieren. Aber die Kompetenz, die die Kirche damals in selbstverständlicher Treue zum fundamentalen Auftrag und der ihr vorgegebenen Sendung wahrgenommen und praktiziert hat, ist eine Kompetenz, deren sich die Kirche auch heute bedienen dürfte. Wenn gegen diese These eingewendet wird, daß die konstituierende Zeit der Kirche vorbei und dadurch die Amtsstruktur für immer normiert sei, dann ist zu fragen, ob die Kirche nicht doch immer im geschichtlichen Prozeß des Werdens begriffen ist und wie man eine solche allfällige Zäsur theologisch begründen und historisch benennen könne.

---

[29] Der priesterliche Dienst, Quaestiones disputatae 46—50 (Freiburg i.Br. 1970—1973); K. Kertelge, Das kirchliche Amt im Neuen Testament. WdF 439 (Darmstadt 1977); J. Blank, Vom Urchristentum zur Kirche (München 1982) 89—215; K. Rahner, Schriften zur Theologie 14 (Einsiedeln 1980); Concilium 16 (1980) Heft 3: Das Recht der Gemeinde auf einen Priester; E. Schillebeeckx, Ämter in der Kirche der Armen, in: Concilium 20 (1984) 522—530; H.-J. Klauck, Gemeinde — Amt — Sakrament (Würzburg 1989); H. J. Venetz, So fing es mit der Kirche an. Ein Blick in das Neue Testament (Zürich ⁴1990); D. Wiederkehr, Grundvollzüge christlicher Gemeinde, in: L. Karrer (Hrsg.), Handbuch der praktischen Gemeindearbeit (Freiburg i.Br. 1990) 14—38.

— Die Gestaltung und Differenzierung der Dienststruktur in der Kirche ist in einem fundamentalen Sinn eine pastoral-praktische Frage. Von daher ist die Amtsfrage nicht in sich selbst isoliert theologisch zu deuten und zu ergründen. Vielmehr ist die Frage des kirchlichen Amtes auf die Berufung und Sendung der Kirche zu beziehen und ekklesiologisch zu verankern. In diesem Sinn gibt es eine Theologie des Amtes nur insofern, als sie eine Theologie von der Kirche ist. So sind theologische Deutungen des Ordo als „Repraesentatio Christi" oder „In Persona Christi agere" in ihrer Tiefe ekklesiologische Aussagen und nicht exklusiv auf die Amtsträger einzuengen. Sie gelten für das gemeinsame Priestertum. Kein Geringerer als Karl Rahner hat gegen Ende seines Lebens die Amtsfrage eher praktisch-funktional gedeutet; so sagt er, daß das Wesen des kirchlichen Amtes an der Funktion des Pfarrers ablesbar sei.[30]
— Die Kirche kann somit in ihren gegenwärtigen Entscheidungsträgern (Bischofskollegium in Einheit mit dem Papst) die Entwicklung ihrer Dienste selbst verantworten, und zwar je nach Notwendigkeit der geschichtlichen und örtlichen Situationen und in der Treue zu ihrem fundamentalen und sie einenden Auftrag.
— Die kirchliche Tradition des Amtsverständnisses ist verdichtet und geprägt von der Einheit der Gemeindeleitung (Einheitsdienst), Vorsitz bei der Eucharistiefeier und der Handauflegung durch den Bischof. — In diesem Sinn ist der genuine Priestermangel letztlich nur durch Priester zu beheben. Ohne eine ausreichende Zahl von Priestern ist auf Dauer eine „gesunde" Entwicklung der Vielfalt neuer pastoraler Dienste durch Frauen und Männer schwer denkbar. — Allerdings ist zu beachten, daß nicht viele Ordinierte Aufgaben suchen, sondern daß die Aufgaben („Funktion") die kirchliche Beauftragung (Ordination) suchen.
— Wer im Auftrag der Kirche (die variable Form liegt nochmals in den „Händen" der Kirche) einen qualifizierten und pastoralen Dienst in den Gemeinden oder auf Pfarrverbandsebene ausübt, nimmt einen Dienst (kirchliches Amt) wahr und ist somit von dem her, was er oder sie *tut*, theologisch als „Amtsträger" oder als „Amtsträgerin" zu verstehen. Männer und Frauen, die in diesem Sinn einen konkreten Auftrag erhalten, übernehmen einen Dienst als ein „Amt in der Kirche" (in einer Teilkirche), auch wenn er noch nicht zum „Amt der Kirche" (Weltkirche) geworden ist.
— Die bisherige Amtsstruktur in der Kirche kann somit evolutiv weiterentwickelt werden; dies ist möglich, auch wenn die neuen Amtsformen und Dienstprofile noch nicht zu einer gesamtkirchlichen Regelung finden können (Amt *der* Kirche).

30 K. Rahner, a.a.O., 134.

(4) Hierzu noch ein kleiner *Exkurs*, der das Gemeinte verdeutlichen helfen mag. Das Zweite Vatikanische Konzil spricht von der Eucharistie als „Mitte und Höhepunkt des ganzen Lebens der christlichen Gemeinde" (Dekret über die Hirtenaufgabe der Bischöfe, 30). Die Gemeinsame Synode der Bistümer in der BRD steht mit vielen Aussagen in dieser Linie des Konzils: „Die Eucharistiefeier ist somit die vornehmste Aufgabe der Kirche und jeder Generation" (Beschluß: Gottesdienst 2.3). — Nimmt die Kirche diese feierliche Verbriefung der Bedeutung von Eucharistie selber ernst, wenn ihr daraus institutionelle „Kosten" entstehen? Müßte die Kirche dann nicht die zweitrangige Amtsbedingung des Pflichtzölibats endlich korrigieren? Karl Rahner schreibt vom Zölibat und vom „Recht" einer christlichen Ortsgemeinde „auf einen Priester als Vorsteher der Gemeinde und der Eucharistiefeier"[31]. Ich erinnere mich an eine Äußerung von ihm, als er im Blick auf diese Frage bei einer Tagung in Köln (Bensberg) von einem „übernatürlichen Naturrecht" sprach. Im Anschluß an seine Gedanken könnte man von einem *„pneumatischen Naturrecht"* der christlichen Ortskirchen sprechen. Die Kirche hat in ihrer Soziallehre immer darauf gepocht, daß alle Gesetzgebung und das positive Recht an das Naturrecht gebunden sind und es nicht aufheben können. Dies gälte doch wohl auch für die positive Gesetzgebung der Kirche selber; das Kirchenrecht hätte das „pneumatische Naturrecht" zu respektieren und ihm zu dienen. Mit anderen Worten: Das kirchliche Zölibatsgesetz darf nicht das „pneumatische Recht" verletzen, sondern wäre entsprechend zu ändern. — Gemeinden ohne Priester (Priester-Mangel) bei vorhandenen Berufungen sind eine Herausforderung an die Ehrlichkeit und Glaubwürdigkeit der Entscheidungsträger in der Kirche. Hat es in der Kirchengeschichte je einen Priester-Mangel dieser Art (Mangel bei gleichzeitiger Fülle von Berufungen) schon gegeben? Was wird eine spätere Kirchengeschichtsschreibung dazu sagen?

d) Wenn notwendige Entscheidungen verzögert werden . . .

Im Klartext ist daraus zu folgern, daß nicht nur die Gemeinden und neuen Seelsorger und Seelsorgerinnen, sondern vor allem auch die Entscheidungsträger der Kirche im Prüfstand der pastoralen Verantwortung und Haftbarkeit stehen.
Vor einem solchen Hintergrund stellt sich nun die Frage, wie zu erreichen ist, daß die neuen Dienstträger/innen zu einem geeigneten dienstlichen Ferment für glaubwürdige Christenpraxis in den Gemeinden und in der Kirche werden.

---

[31] Ebd., 146.

(1) Von der Situation der Gemeinden und von der Motivlage der Pastoralassistenten/innen her erscheint es notwendig, daß die gesamtkirchlichen Strukturen den ortskirchlichen Erfahrungen und Wegen einen offeneren Rahmen geben. Andererseits muß nicht in allen Teilen der Weltkirche gut sein, was uns hierzulande sinnvoll erscheint. Gesichert erscheint, daß der Kirche theologisch ein viel weiterer Freiraum zur Gestaltung der pastoral notwendigen Dienste gegeben ist, als dies die gegenwärtige Ordo-Struktur verrät.

In der aktuellen Stunde unserer Kirche kann die Verzögerung, die institutionellen Rahmenbedingungen zu erweitern, zu *schismatisierenden Tendenzen* im kleinen führen. Dabei ist die Frage zu stellen, ob dies im praktischen Alltag nicht immer ein wenig der Fall ist. Die Einheit funktioniert nie lupenrein und uniform, sondern immer mit vielen „Ungleichzeitigkeiten".

Was ist damit gemeint? Im pastoralen Bereich, beim gottesdienstlichen und sakramentalen Geschehen (Beichte, Krankensalbung, Eucharistie . . .) wird sich punktuelle Selbsthilfe immer mehr einschleichen und partiell zur Praxis, wobei die Kirche nachträglich wird „sanieren" bzw. die offizielle Regelung wird „nachreichen" können („sanatio in radice"). Man feiert Mahlgemeinschaft (die „Materialität" des Sakramentes), auch wenn sie nicht im kirchenoffiziellen Sinn „Eucharistie" genannt wird. Aber man/frau „tut" es schon. Das Problem ist die Abspaltung von Gruppen und deren Vereinzelung *oder* eine stillschweigende Praxis, von der man zwar weiß, auch wenn die offiziellen Doktrinen und Ordnungen der Kirche unterlaufen oder durchlöchert werden. Das führt zu konfliktreichen Polarisierungen und bemühenden Zielverunsicherungen (Spaltung von formaler Kirchenordnung und pastoraler Praxis bzw. Sub-Kultur).

(2) Für eine verantwortbare (und vielleicht etwas „ideale") Lösung halte ich eine sogenannte *Doppelstrategie.* Sie schafft unentbehrliche Selbstverständlichkeiten. In Kurzform: Auf der Ebene des persönlichen Tuns des mit anderen solidarischen Handelns versucht man (kurz- und mittelfristig) das Mögliche zu verwirklichen und Freiräume zu besetzen und zu füllen — aber auf mittel- und langfristige Perspektiven und Ziele hin, die man auf die Entscheidungsebene hin geeignet vertritt, reklamiert und anmahnt. Solches Vorgehen rechnet eben damit, daß das Neue auch in der Kirche, wenn es Zukunft finden soll, prozeßhaft reifen muß. Aber dieses Wachsen bedarf der sorgsamen Hege und bewußten Pflege und entschiedenen Förderung.

Doppelstrategie meint: im Bereich des eigenen Tuns unverdrossen und mit charismatischem Selbstbewußtsein praktischen Christen-Mut zu wagen und sich selbst aufs Spiel zu setzen, aber gleichzeitig auf die Entscheidungsträger hin die notwendigen institutionellen Schritte anmahnen —

gelegen oder ungelegen, sie also zum Gehorsam gegenüber dem theologisch Möglichen und pastoral Notwendigen mit allem Freimut und charismatischer Zivilcourage zu drängen. Praktisch ist das alles andere als leicht, weil uns in der Kirche partizipatorische Strukturen in einer synodalen Kirchenordnung fehlen. Um so bedrängender ist die Notwendigkeit, daß wir uns selber Organe der Vernehmlassung und Willensäußerung schaffen.

(3) So kommen wir zu guter Letzt zu einer Überlegung, die nicht billig ist, nämlich: Die *Frauen und Männer* in den neuen Diensten sind *selber* der *Preis* ihrer pastoralberuflichen *Zukunft.*

Wenn die eine Ebene der „Doppelstrategie" das Agieren und Stoßen auf die institutionellen Entscheidungsträger hin meint, dann ist doch die Ebene des persönlichen Handelns bzw. die pastorale Fruchtbarkeit des Dienstes von entscheidender Kraft. Die Frauen und Männer in den neuen pastoralen Diensten selber stehen in allererster Linie im Zukunftstest für ebendiese Dienste. Was ist mit diesem ungemütlichen und das Subjekt zuerst fordernden Hinweis gemeint?

Zum einen ist zu sagen, daß die Freiräume, die praktisch im kirchlichen Alltagsleben (wie wohl sonst nirgendwo) trotz bemühender Rahmenbedingungen vorhanden sind, von den Seelsorgern und Seelsorgerinnen mit Phantasie bis an den Rand der Möglichkeiten auszuschöpfen und zu erringen sind. Von Wirklichkeit prägender und damit Zukunft gestaltender Kraft ist die menschlich überzeugende und religiös glaubwürdige pastorale Qualitätsarbeit der neuen Diensträger/innen und die bewußte Bereitschaft, sich in der konkreten Kirche mit Christen-Mut zusammen mit anderen einzubringen. Dadurch wird man selber zur Brücke für die gewünschte Zukunft, zum Subjekt für vertrauensbildende Maßnahmen. Dies ist die wirksamste und einladendste Voraussetzung, daß sich die Menschen auf sie einlassen, aber auf die Dauer auch die Gemeinden, die Amtsträger und die Teilkirchen. Dieser persönliche Christenmut ist nicht mehr an andere delegierbar, weder an Vaterfiguren noch an Mutterinstanzen in der Kirche.

In diesem Sinn hängt es meines Erachtens primär (nicht allein) von den Frauen und Männern im pastoralen Dienst ab, von der Art und Weise, ob und wie sie sich ins Spiel bringen, ob Ängste und Vorbehalte abgebaut werden, ob Vertrauen geweckt wird, damit man sich auf die Dauer auf diese neuen Dienste einläßt. Deren primäres Medium sind die Dienstträger/innen selber. — Neue Wege und Reformen in der Kirche haben sich in der Regel nicht dann durchgesetzt, wenn man deren Einlösung von den Amtsträgern eingefordert hat, sondern wenn man selber versuchte, wagte und tat, was man zu Recht von den anderen verlangte. So stehen nicht nur die Kirchen-Verantwortlichen im Prüfstand ihrer pastoralen Gewissenhaftigkeit, sondern auch die Frauen und Männer in den neuen pastoralen Diensten.

6. Frauen und Männer mit theologischer und pastoraler Kompetenz als „Volkstheologen/innen"

Wenn an die Katecheten/innen und Laientheologen/innen gedacht wird, so ist das Phänomen insgesamt nicht mit den pastoralen Berufen gleichzusetzen. Zwei Einschränkungen scheinen wichtig zu sein: Die Zahl der ca. 2500 Laientheologen/innen im kirchlich-pastoralen und gemeindlichen Dienst der deutschsprachigen Länder ist in Beziehung zu anderen neuen Seelsorgerkategorien zu sehen; und sie sind als Bruchteil des Phänomens „Laientheologe" zu deuten.

a) Phänomen „Laientheologen/innen"

Während die erste Phase der Laientheologengeschichte (bis ca. 1970) fast ausschließlich auf die Bundesrepublik beschränkt blieb, wuchs die Zahl seither nicht nur in Österreich und in der Schweiz, sondern auch in den USA, in den Niederlanden und in anderen europäischen Ländern. Beim Phänomen „Laientheologe" handelt es sich somit um viele Tausende von theologisch wie pädagogisch qualifizierten Frauen und Männern. Die qualitative Seite dieser quantitativ eindrucksvollen Zahl haben wir nicht annähernd bewältigt: Ihre ekklesiologische Deutung und Bedeutung kann sich niemals nur auf den Einsatz im Religionsunterricht oder in der Gemeindepastoral beschränken. Die Alternativen gehen weit über den kirchlich institutionellen Rahmen hinaus in die Welt mit ihren Fragen und Nöten hin zu einer kritisch-prophetischen Präsenz in unserer konkreten Gesellschaft. — Die Frage nach den Laientheologen/innen als neuen Dienstträgern der Kirche ist meiner Meinung nach in diesen größeren Horizont einzuordnen und letztlich im Rahmen einer Kirchentheorie zu orten, die die Kirche in Spannung zwischen der Botschaft Jesu und der Welt, aber in grundsätzlicher Solidarität mit den Menschen und ihrer Welt begreift. Was bedeutet das Faktum „Laientheologe — Laientheologin" auf die Dauer für die Kirche und letztlich für die Gesellschaft, für die Religionspädagogik, für das charismatische Selbstbewußtsein der Laien als Glieder unser konkreten Kirche, für die Theologie, für die Ökumene, für die Vielfalt der pastoralen Dienste, für ein neues Miteinander von Frauen und Männern, für die Strukturen und die Kommunikation in der Kirche, für das Gespräch zwischen Theologie und den sogenannten modernen Wissenschaften, für die Ethik, für die Pastoral der Ehe, für Familie, Erziehung usw.? Was bedeutet das alles, wenn im Unterschied zu früher immer mehr Frauen und Männer mit verschiedenen theologischen Abschlüssen und Zusatzqualifikationen in anderen Bereichen, wenn Frauen und Männer, Verheiratete und Unverheiratete, mit zum Teil sehr differenzierten Lebensformen und Lebensstilen, mit widersprüchlichen gesellschaftlichen und politischen Vorstellungen sowie mit sehr unterschiedlicher Nähe und Distanz (Abstand) zur Kirche das theologische Selbstbewußtsein und die kirchliche öffentliche Meinung artikulieren und repräsentieren? Insgesamt sind wir uns der praktischen Bedeutung und der ekklesiologischen Deutung dieser Fülle an Implikationen kaum richtig bewußtgeworden.[32] Aber sie wird Langzeitwirkung zeitigen. — Diese Fragen verbinden sich mit dem Wort „Volkstheologe/in" (der Begriff stammt von Peter Modler).

b) Symptom für weltweite und innerkirchliche Prozesse

Auch bezüglich der neuen pastoralen Dienste stehen die Pastoralreferenten/innen nicht alleine da. Die eigentlichen Pioniere sind auch hier, wie schon kurz angedeutet, Frauen: die Seelsorgehelferinnen; man nannte sie in den frühen zwanziger Jahren: Diasporahelferinnen. Wenn somit die Katecheten/innen und Pastoralreferenten/innen vom schweizerischen Hintergrund her zur Sprache kamen, so darf diese Blick-Verengung nicht unterschlagen, daß wir Probleme am Beispiel der Laientheologen/innen besprechen, aber an diesem das Ganze an praktischen und grundsätzlichen Fragen der Gemeindereferenten/innen, Jugendseelsorger/innen, Sozialarbeiter/innen, der Katechisten/innen in Afrika und der Animadores in Südamerika usw. zu verstehen ist. All dies relativiert unsere Wege, setzt sie also in Beziehung zu anderen Suchbewegungen in der Weltkirche. Gleichzeitig wäre es absurd, diese Suchbewegungen in der Kirche Schweiz als eigenbrötlerischen „Sonderweg der Kirche Schweiz" diffamieren zu wollen. Sie weisen im schweizerischen Kontext exemplarisch auf gesamtkirchliche Prozesse hin.

---

[32] Vgl. dazu differenzierter L. Karrer, Sind Laientheologen/innen eine Anfrage an die Kirchentheorie?, in: Schweiz. Kirchenzeitung 154 (1986) 486—491 = J. H. Schneider (Hrsg.), Schritte zu befreitem Leben. Erinnerung an Adolf Exeler (Selbstverlag, Münster) 112—130; ders., Die Geschichte der Laientheologen — exemplarisch für vergleichende Pastoraltheologie, in: M. Berief u.a. (Hrsg.), Verkündigen aus Leidenschaft. Dank an Hans Werners (Münster-Kevelaer 1984) 332—348.

7. Stimmt die Ausbildung der künftigen Seelsorger und Seelsorgerinnen?

a) Vexierbild der Realitäten

Ein klares Bild von der jüngsten Geschichte und von der aktuellen Gegenwart der „Theologenausbildung" in der Schweiz ist trotz klarer Rahmenrichtlinien nicht leicht zu gewinnen.

Für die Katecheten und Katechetinnen gab es in den Jahren der Synode 72 das Katechetische Institut in Luzern, die Vereinigung Theologischer Kurse/Katholischer Glaubenskurs (mit anschließendem Katechetikkurs) und auch den Grencher Arbeitskreis usw. Aber die entsprechenden Ausführungen der Synode 72 blieben doch allgemein und wage: „Die Aufgabe der Katecheten aller Stufen ist verantwortungsvoll und besonders an der Oberstufe der Volksschule und an den Mittelschulen nicht leicht. Deshalb darf die Grundausbildung und die Fortbildung der Katecheten nicht vernachlässigt werden. Dies gilt auf theologisch-katechetischem, pädagogischem, methodischem und ganz besonders spirituellem Gebiet" (Glaube und Glaubensverkündigung heute, Diözese Basel I, 8.11.1).

Für die kirchlichen Dienste mit theologischer Ausbildung sagt die Synode 72 in einem anderen Dokument (Kirchlicher Dienst, Diözese Basel III, 3.4.1): „Eine zeit- und lebensnahe theologische Ausbildung und eine reife, von eigener Glaubenserfahrung geprägte Persönlichkeit bilden die Voraussetzungen für die Übernahme jedes kirchlichen Dienstes. Darauf kann eine echte pastorale Aus- und Fortbildung aufbauen, die alle entsprechenden nicht-theologischen Wissenschaften, theoretische und praktische, einplant und kritisch verwertet. Bei Spezialseelsorgern kann unter Umständen eine andere Grundausbildung als die theologische möglich, vielleicht sogar notwendig sein. Es ist jedoch auch bei ihnen für eine ausreichende theologische Bildung zu sorgen." Im Anschluß daran betont der Text der Basler Synode die Praxisbezogenheit, die Teamfähigkeit und die spirituelle Durchformung des künftigen Seelsorgepersonals (vgl. auch III, 6.3). Diesen hohen Ansprüchen steht eine eher diffuse Vielfalt der praktischen Zugangswege gegenüber. Während die Richtlinien für Katecheten (1984) mehr allgemeine „Kenntnisse" nennen (S. 6), sprechen die Richtlinien für den Einsatz von Pastoralassistenten/innen in den deutschsprachigen Bistümern (1978) vom Studienabschluß an einer Theologischen Hochschule bzw. am theologischen Seminar des Dritten Bildungsweges, von einschlägigen Praktika und dem diözesanen Pastoralkurs — ähnlich wie für die Priesteramtskandidaten. Durch die Integration der studierenden Laientheologen und Katecheten in das Seminar Luzern und der Frauen in die Seminargemeinschaft in Chur gab es immer wieder Diskussionsstoff, wie gerade die Vorgänge um das Seminar in Chur anfangs 1991 deutlich ma-

chen, wonach das Seminar wieder ein „reines“ Priesterseminar werden soll.
Ein weiteres Faktum ist der sprachregionale Unterschied. Während die Studierenden aus den deutschsprachigen Bistümern in der Regel an einer der drei theologischen Fakultäten studieren, wohnen sie nur zeitweise im diözesaneigenen Seminar in Chur, in Luzern oder in Freiburg (für die Diözese St. Gallen ist das Salesianum in Freiburg vorgesehen). Demgegenüber wohnen die Studierenden (Priesteramtskandidaten) der Diözese Lausanne, Genf und Freiburg im Diözesanseminar und besuchen die Lehrveranstaltungen an der Universität; ähnlich jene aus dem Bistum Sitten in ihrem Seminar in Givisicz. Die Seminaristen aus dem Bistum Lugano wohnen noch im Salesianum; aber die diözesanen Bestrebungen gehen dahin, dieses „Seminar“ von Freiburg abzuziehen.
Seitens der Bistümer wird großer Wert darauf gelegt, daß wenigstens ein Teil der Studienzeit im Diözesan-Seminar verbracht wird. Das Anliegen dahinter ist die Erwartung, daß die künftigen Seelsorger(innen) das Bistum kennen und daß der Kontakt mit dem Regens und mit den Verantwortlichen gepflegt werden kann. Gerade Frauen und Männer mit einigen Jahren pastoraler Praxiserfahrung bestätigen die Bedeutung ihrer gemeinsamen Seminarjahre (z.B. für gemeinsame Projekte oder Solidarisierung). Nun ist die Tatsache nicht zu übersehen, daß es durchaus Mühe macht, das Seminar in Luzern zu belegen, weil die Studierenden es mehrheitlich vorziehen, nicht im Seminar zu wohnen. — Zudem ist auch bei den Absolventen/innen des Dritten Bildungsweges ursprünglich die leitende Idee, im Seminar zu wohnen, in den vergangenen Jahren immer schwerer zu vertreten gewesen. Dahinter verbergen sich verschiedene Trends, Gründe und Motivationslagen. Interessant ist auch hier — und das trägt durchaus zum Vexierbild der Situation bei —, daß die Studierenden gegenüber den Diözesanverantwortlichen mit Vehemenz für die Möglichkeit von „Laien“ bzw. Frauen, im Seminar zu wohnen, eintreten, es aber praktisch gar nicht im erwarteten Umfang für sich in Anspruch nehmen. Die „Theorie“ steht auch hier stellvertretend für vieles andere als für die eigene beabsichtigte Praxis. Ebenso treten Studierende in Chur gegen die Politik von Bischof Haas vehement für die Beibehaltung des offenen Seminars in Chur ein, aber praktisch wollen manche es für sich doch nicht in die Tat umsetzen.
Eine weitere Chance, vor allem auch an der Universität Freiburg, wäre der interkulturelle und sprachregionale Austausch. Viele Vorurteilsstrukturen könnten aufgedeckt und zugleich Brücken der Verständigung und der gegenseitigen Lern-Impulse gebaut werden. Aber solche Chancen entpuppen sich auch als Grenzen, vor allem, wenn sich damit nicht nur Mentalitätsbarrieren verbinden, sondern auch theologische Lagerbildungen mit teils unterschiedlichen Kirchenbildern, spirituellen Perspektiven und mit sehr gegensätzlichen Sichtweisen des Verhältnisses von Theorie und Pra-

xis etc. Demzufolge ist die Vermutung nicht ganz von der Hand zu weisen, daß allein an einer Ausbildungsstätte wie Freiburg eine „Spektralanalyse" der verschiedenen Lager und Strömungen innerhalb des Katholizismus und der Kirche Schweiz zu gewinnen wäre. Es spiegelt sich das Gesamtbild en miniature wider.
Somit stellt sich die Frage, wie sich die Ausbildungs-Möglichkeiten für die künftigen Seelsorger und Seelsorgerinnen in der Schweiz konkret ausnehmen.

b) Die „klassischen" Ausbildungsinstitutionen für die katholische Kirche Schweiz[33]

Für die traditionelle, das heißt akademische Ausbildung der Seelsorger und Seelsorgerinnen stehen drei Hochschulen zur Verfügung: die Theologische Hochschule Chur, die vom Bistum Chur getragen wird und deren Diplome vom Kanton Graubünden staatlich anerkannt sind; die Theologische Fakultät Luzern, die vom Kanton Luzern getragen wird (mit dem Katechetischen Institut, dem Sozialethischen Institut, dem Institut für jüdisch-christliche Forschung und dem Philosophischen Institut), und die Theologische Fakultät der Universität Freiburg mit mehreren Instituten.
Die *Universität Freiburg* ist eine staatliche Universität; auch wenn sie von ihrer Geschichte her „katholische Universität" ist.[34] Dieser katholische Charakter kommt zum Ausdruck im Vertrag zwischen den Schweizer Bischöfen und dem Staatsrat des Kantons Freiburg vom 2. September 1949. Darin verpflichten sich die Bischöfe, ihr Möglichstes auch finanziell zu tun durch Kirchenkollekten oder Sammlungen. Der Staatsrat des Kantons Freiburg verpflichtet sich seinerseits, ein Konsultativorgan — den Hochschulrat — zu bilden. Im Hochschulrat sind die interessierten Kreise des Schweizer Katholizismus vertreten; er verfügt nicht nur über den jährlichen Beitrag, sondern er ist in allen wichtigen Angelegenheiten der Universität von den Behörden des Staates wie der Universität anzuhören.
Die Universität Freiburg ist die einzige Universität in der Schweiz mit einer römisch-katholischen Theologischen Fakultät. Ursprünglich ganz dem Dominikanerorden anvertraut, wurde für sie im Gefolge von Auseinandersetzungen um Zuständigkeiten[35] ein Abkommen zwischen dem Domi-

---

[33] R. Weibel, Schweizer Katholizismus heute (Zürich 1989) 26ff.

[34] Vgl. dazu die entsprechenden Beiträge in: A. Schifferle (Hrsg.), Verantwortung und Freiheit. Vocation spirituelle de l'Université (Freiburg Schweiz 1990).

[35] L. Kaufmann, Ein ungelöster Kirchenkonflikt: Der Fall Pfürtner (Freiburg Schweiz 1987); zur Theologischen Fakultät s. O. Keel, Die Theologische Fakultät, in: St. Marti (Red.), Universität Freiburg 1889—1989 (Freiburg Schweiz 1989) 89—92; M. Donzé, Die Theologische Fakultät aus der Sicht des Diözesanklerus, in: ebd., 199—202; A. Holderegger, Die Universität Freiburg i.Ue. und ihre theologische Fakultät, in: Schweiz. Kirchenzeitung 158 (1990) 654—660; s. auch A. Hänggi, Für eine konkrete Solidarität der Schweizer Katholiken mit „ihrer" Universität, ebd., 671—673.

nikanerorden, der Schweizer Bischofskonferenz und dem Staat Freiburg ausgehandelt und am 8. Juli 1985 unterzeichnet.

Wie jede andere Fakultät ist auch die Theologische Fakultät der wissenschaftlichen Lehre und Forschung verpflichtet. Analog zur Entwicklung in anderer Ländern wird in der Schweiz eine dritte Funktion betont: „Dienstleistungen" zuhanden eines breiteren Adressatenkreises. Bei den Theologen und Theologinnen ist dies schon früher ein wichtiger Bereich gewesen, auch wenn es für die einzelnen Dozenten/innen immer wieder eine neue Herausforderung bedeutet, diese drei Funktionen in eine verantwortliche Balance zu bringen.

Dadurch, daß die Theologische Fakultät Freiburg in eine staatliche Universität integriert ist, wird den Theologie-Studierenden eine fächerübergreifende Ausbildung in Form von Zweit- oder Neben- und Zusatzstudien ermöglicht. So können auch Studierende anderer Fakultäten Theologie als Nebenfach studieren (z.B. für das Sekundarlehrerpatent).

Wie der Lehrkörper, so ist auch die Studentenschaft aus sehr vielen verschiedenen Nationalitäten zusammengesetzt. Das Studienprogramm für die über 500 studierenden Theologen und Theologinnen erfolgt in französischer und deutscher Sprache.

Sehr wenig bekannt sind die theologischen Disziplinen. Die „klassische" Theologie gliedert sich in die Bibelwissenschaft (Exegese), die Historische Theologie (Kirchengeschichte, Patristik), die Systematische Theologie (Fundamentaltheologie und Dogmatik, Moraltheologie bzw. Theologische Ethik), die Praktische Theologie (inkl. Liturgik, Homiletik, Religionspädagogik, Pastoral . . .) und das Kirchenrecht. — Hinzukommen Institute für Missions- und Religionswissenschaften, für Ökumenische Studien, Pastoralinstitut und Moraltheologisches Institut.

Das Vollstudium dauert in der Regel 10 Semester, wobei 4 Semester das Grundstudium (mit Vordiplom) und 6 Semester das Hauptstudium bilden (Lizentiatsabschluß oder Diplom). — Theologie im Haupt- oder Nebenfach (in Verbindung mit einer anderen Fakultät) erfordert eine Mindestdauer von 8 Semestern. Als Nebenfach für Sekundarlehrerpatent gliedert sich die Theologie in deren 7-semestrigen Studiengang ein.

Nahe an die klassische Priesterausbildung kommt der Dritte Bildungsweg, den die Theologische Hochschule Chur im Auftrag der Deutschschweizerischen Ordinarienkonferenz (DOK) anbietet. Er richtet sich an Männer und Frauen, die keine Matura gemacht haben, sondern andere mehr praktische Voraussetzungen für den kirchlichen Dienst mitbringen, und die Priester oder Diakon oder Pastoralassistent bzw. -assistentin werden wollen. Eine Voraussetzung ist eine hinreichende theologische Vorbildung, wie sie beispielsweise die Theologischen Kurse für Laien (Zürich) anbieten.

Für die Italiener in der Schweiz, für Laien und für Ordensfrauen, gibt es einen eigenen dreijährigen Theologie- bzw. Pastoralkurs. Ursprünglich

waren die heute rund 280 italienischen und spanischen Ordensfrauen praktisch ausschließlich sozial tätig (Kinderhorte usw.); in den letzten Jahren haben sie aber zunehmend pastorale Aufgaben übernommen.[36]
Neben diesen klassischen und kirchlichen Ausbildungswegen zum pastoralen Dienst erhielten in den letzten Jahren nichtkirchliche Ausbildungsgänge eine zunehmende Bedeutung (Sozialarbeit, Jugendarbeit, Erwachsenenbildung, Musikschule). Diese Tendenz hat mit Entwicklungen im Bildungs- und Berufswesen im allgemeinen zu tun. Solche Entwicklungen kamen aber auch im Bereich der Fort- und Weiterbildung zum Tragen (obligatorische Fortbildung für Seelsroger/innen, Kaderkurse für Katecheten/innen usw.).

c) Die Ausbildungswege in drei Bildungsphasen

(1) *Formal* haben wir es hier mit einem Nebeneinander, Miteinander und Nacheinander zu tun. Am besten ist es wohl, mit einer schematischen Skizze die folgenden Überlegungen zu beginnen (siehe S. 435).
Die Ausbildung für den seelsorglichen Dienst in den Pfarrgemeinden erfolgt in der Regel in drei Phasen: Theologiestudium, Berufseinführung und berufsbegleitende Fortbildung. Nebst dem ersten Bildungsweg über Matura oder Lehrerdiplom und dem zweiten Bildungsweg für sogenannte Spätberufene, die einen Beruf erlernt haben und über ein abgekürztes Verfahren die Matura erlangen, gibt es den Dritten Bildungsweg für Berufsleute mit abgeschlossener Lehre. Letztere können zunächst das dreijährige Ausbildungsprogramm des Katechetischen Instituts in Luzern (KIL) mit staatlichem Diplomabschluß oder nebenberuflich den vierjährigen Theologiekurs für Laien in Zürich (TKL) absolvieren und nach einiger Zeit der praktischen Seelsorgetätigkeit zum zweijährigen Theologiekurs für Seelsorger im Seminar St. Luzi (Chur) zugelassen werden. Danach erfüllen sie eine der unentbehrlichen Voraussetzungen, um mit den Theologen/innen, die den ersten oder zweiten Bildungsgang gewählt haben, den Pastoralkurs (PK) zu beginnen. Wer den Pastoralkurs erfolgreich abgeschlossen hat, kann nunmehr als Priester oder als Laientheologe bzw. als Pastoralassistent(-in) eine seelsorgliche Aufgabe in den Gemeinden übernehmen.
Daneben gibt es auch Sonderregelungen in Einzelfüllen für solche, die aufgrund ihrer Berufstätigkeit die Voraussetzungen für einen verkürzten Zugangsweg mitbringen und mit einem „Bischöflichen Examen“ abschließen.

[36] R. Weibel, a.a.O., 27.

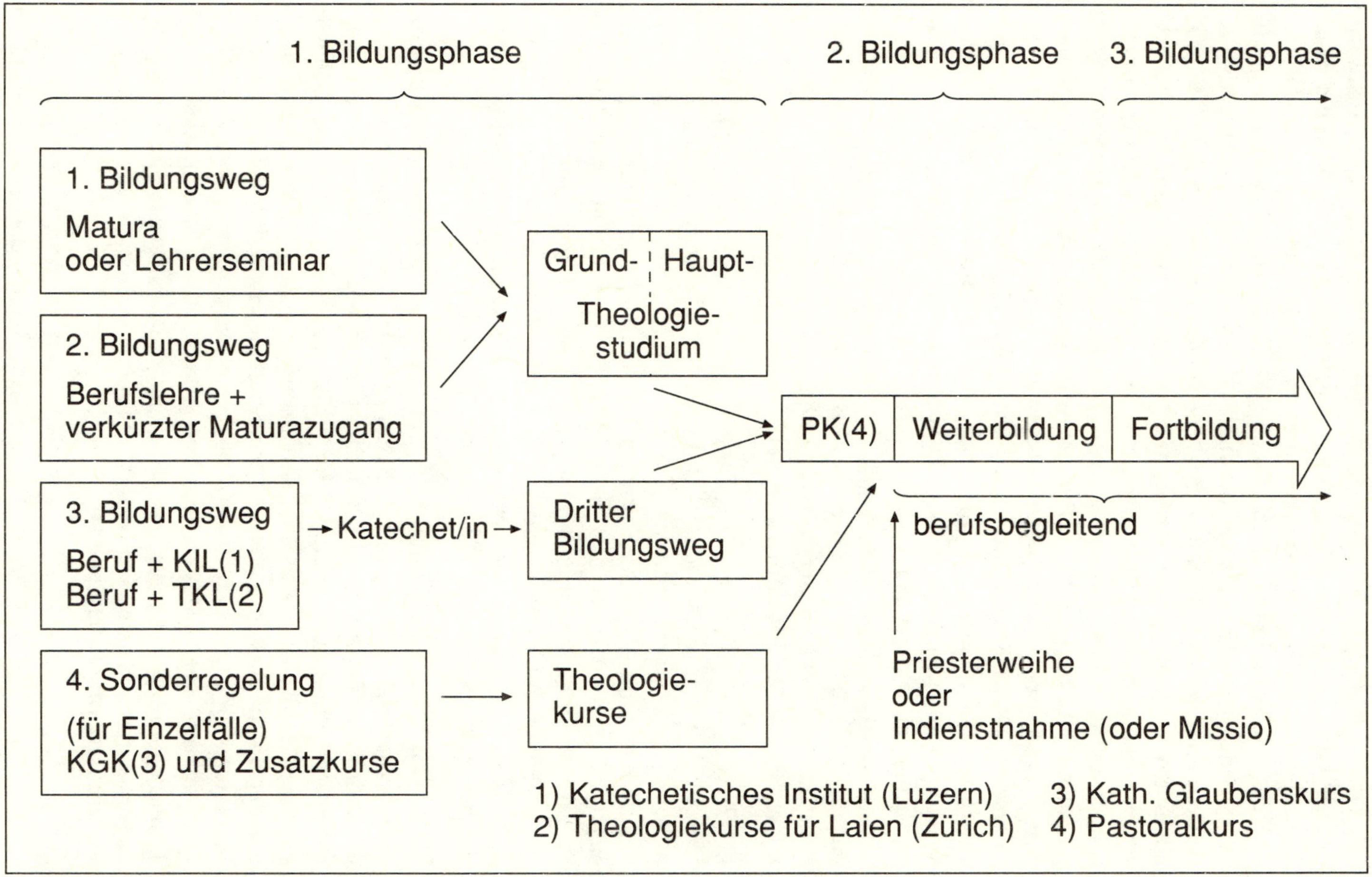

1. Bildungsphase
2. Bildungsphase
3. Bildungsphase
1. Bildungsweg
Matura
oder Lehrerseminar
2. Bildungsweg
Berufslehre +
verkürzter Maturazugang
3. Bildungsweg
Beruf + KIL(1)
Beruf + TKL(2)
4. Sonderregelung
(für Einzelfälle)
KGK(3) und Zusatzkurse
Katechet/in
Grund- Haupt-
Theologie-
studium
Dritter
Bildungsweg
Theologie-
kurse
PK(4)
Weiterbildung
Fortbildung
berufsbegleitend
Priesterweihe
oder
Indienstnahme (oder Missio)
1) Katechetisches Institut (Luzern)
2) Theologiekurse für Laien (Zürich)
3) Kath. Glaubenskurs
4) Pastoralkurs

(2) *Erste Bildungsphase: Theologiestudium.* In den folgenden Ausführungen gehen wir von den Ausbildungswegen aus, wie sie vor allem in den deutschsprachigen Diözesen beschritten werden, aber im wesentlichen sich auf alle Sprachregionen beziehen. Die in der Regel fünf Jahre umfassende Studienzeit ist selbstverständlich vom Ablauf, der Struktur, den Anforderungen und der Planung des *Theologiestudiums* geprägt. Die große Chance des Theologiestudiums ist die gründliche Befassung mit den biblischen Grundlagen, der historischen und inhaltlichen Entfaltung des Offenbarungsglaubens und seiner kritischen Reflexion im Horizont der jeweiligen Zeit und gesellschaftlichen sowie kirchlichen Situation. Dies ist eine Chance, aber durch die Distanz zur Praxis auch eine Gefahr zu erfahrungsvergessener Spekulation und subjektiver Einseitigkeit.
Im *Hauptstudium* zielen die theologischen Reflexionen im Vergleich zum *Grundstudium* eher auch auf die Praxis in Kirche und Gesellschaft. Diesem Anliegen widmet sich insbesondere die Praktische Theologie: [37] Liturgiewissenschaft, Pastoraltheologie, Predigtlehre, Religionspädagogik, Katechetik, Diakonik usw. In diesem Zusammenhang sind das katechetische Praktikum zu nennen, Betriebs- und Diakoniepraktika, Kommunikationskurse, Sprech- und Rhetorikkurse etc.

(3) *Zweite Bildungsphase: Pastoralkurs und vierjährige Weiterbildung.* Im Unterschied zum wissenschaftlich-fachlichen Tenor der ersten Bildungsphase wird die zweite Bildungsphase zunehmend von der praktischen Tätigkeit bestimmt. Als äußerst sinnvoll, verbindend und herausfordernd hat sich die Praxis erwiesen, daß diese Phase für Priesteramtskandidaten bzw. Priester und Laientheologen/innen gemeinsam durchgeführt wird. Diese zweite Phase ist unterteilt in den einjährigen Pastoralkurs und in die Weiterbildung während des ersten pastoralen Einsatzes in einer Pfarrgemeinde, der in der Regel vier Jahre dauert (Modell im Bistum Basel).

— *Pastoralkurs.* Der Pastoralkurs dient in erster Linie zur Einführung und unmittelbaren Einübung in die Seelsorgepraxis sowie zur Integration in die diözesane Ortskirche. Er besteht deshalb vor allem aus einem mehrmonatigen Praktikum in einer Pfarrei. Zudem soll er die Kollegialität festigen, eine intensive Auseinandersetzung mit dem Berufsentscheid und mit der Spiritualität des Berufes ermöglichen sowie den Kontakt mit den Bistumsverantwortlichen fördern.
Der konkrete Ablauf des Pastoralkurses läßt sich — formal gesehen — in Trimester aufteilen, wobei das erste und dritte Trimester in der Art von zweimonatigen Kursen im Diözesanseminar in Luzern das fünfmonatige Pfarrpraktikum umschließen.

[37] Vgl. L. Karrer, Praktische Theologie — ein Januskopf?, in: Freiburger Zeitschrift für Philosophie und Theologie 30 (1983) 307—329.

Wichtig ist dabei die Erfahrung der Kursgemeinschaft. Das erste „Trimester" beginnt meistens Ende September mit einer Werkwoche, in der man sich näher kennenlernt und die genauere Gestaltung des Pastoralkurses und Fragen um den kirchlichen Dienst bespricht. Bis zum Beginn des Pfarreipraktikums (Anfang Advent) wird ein intensives und sehr detailliertes Ausbildungsprogramm durchgeführt, das vom Seminar und zum Teil auch von der Fakultät Luzern getragen wird.
Im Rahmen der Kursgemeinschaft werden Probleme und Fragen des Gebetes und der Liturgie, des kirchlichen Berufes und seiner Voraussetzungen sowie der Lebensform besprochen, oft mit dem Regens und Spiritual zusammen. Viel Gewicht wird auf die Begegnung und die Gespräche mit den Bischöfen und ihren Mitarbeitern in der Bistumsleitung (Generalvikar, Pastoralamt, Offizialat, insbesondere mit den Vertretern des Personalamtes etc.) gelegt, damit die Anonymität überwunden und das Kennenlernen gefördert wird.
Thematische Schwerpunkte des Pastoralkurses sind beispielsweise: Arbeit im Geflecht der Wirtschaft, der arbeitende Mensch, Kirche und Industrie, Kirche und Tourismus, Freizeitverhalten, Jugend und Gesellschaft, Ehe und Familie, Dritte Welt und Mission, Gastarbeiterprobleme ... Diese und andere Themenbereiche werden oft über einen längeren Zyklus grundsätzlich erarbeitet, teils mit Vertretern/innen der entsprechenden Institutionen oder Projekte.
Parallel dazu finden Seminare und Week-ends zur Erwachsenenbildung statt, ebenso eine über das ganze Jahr sich hinziehende Einführung in das seelsorgerliche Gespräch, Gruppenpraktika zur Gestaltung des Sonntags-, Werktags- und Gruppengottesdienstes und zur Sakramentenpraxis (z.B. Tauf- und Bußpraxis, Krankensakramente etc.); nicht zu vergessen sind Sprech- und Singübungen sowie die Organisation und Vorbereitung der Pfarreipraktika.
In dieses Programm sind auch Angebote der Theologischen Fakultät gezielt eingeflochten: Pastoralpsychologie, Sakramentenpastoral, Methodik der Erwachsenenbildung in der Pfarrei, Pastoralmedizin und Pastoralsoziologie, eventuell auch Katechetikkurse. — Es ist reichlich viel, was jeweils vorgesehen ist; von den Absolventen und -innen des Pastoralkurses wird gerne darauf hingewiesen, daß man teilweise zu viel an Stoff, Erfahrungen und Eindrücken verdauen müsse.
Die Praktikumszeit dauert in der Regel vom Advent bis Ostern und wird durch Konzentrationswochen im Seminar (zu Themen wie: seelsorgliches Gespräch, Erwachsenenbildung, Sakramentenpastoral), Exerzitien (vor der Diakonatsweihe im Januar) und durch Zwischenauswertungen der Praktikumserfahrungen (Supervision) unterbrochen. — Ende April müssen Praktikant/in und Praktikumspfarrer einen detaillierten Bericht über die gemachten Erfahrungen und deren Bewertung an den Regens ablie-

fern, die bei der Entscheidung für die erste Seelsorgestelle Berücksichtigung finden.
Der dritte und letzte Abschnitt des Pastoralkurses führt die Absolventen/innen des Kurses wieder im Seminar zusammen und wird ähnlich wie das erste Trimester gestaltet. Diese Wochen bis Ende Juni finden jedoch unter dem nachhaltigen Eindruck der Praktikumserfahrungen und der Bestimmung der ersten Seelsorgestelle statt und nicht zuletzt unter dem Eindruck der Vorbereitung auf die Priesterweihe und die Indienstnahme (Aufnahme in den dauernden Dienst des Bistums) als Pastoralassistent/-in, womit der Pastoralkurs formell seinen Abschluß findet. — Die Arbeitsthemen und Ausbildungsveranstaltungen im Seminar konzentrieren sich dabei noch präziser auf die pastoralen Tätigkeitsfelder Jugendseelsorge, Ökumene in der Gemeinde, Medienpädagogik, Gefängnis- und Strafentlassenenseelsorge, kirchliche Verbände, Ausländerseelsorge, Menschen am Rand der Gesellschaft, Altersseelsorge etc. Viel Sorgfalt wird weiterhin darauf verwendet, durch Kontakte und durch ein Besuchsprogramm einen Einblick in verschiedene Bereiche zu erhalten, die für den Seelsorger wichtig sind: verschiedene Pastoral- bzw. Gemeindemodelle, Seelsorgeteams, psychiatrische Kliniken, Gefängnisse, Heime usw.
Von besonderer Bedeutung sind während des ganzen Jahres die Gruppenprozesse und die Entscheidungsvorgänge innerhalb des Kurses, nicht zuletzt die regelmäßigen Aussprachen untereinander und die gemeinsamen Gottesdienste. Die Kontakte mit den Vertretern des Personalamtes dienen zum einen dem gegenseitigen Kennenlernen und zum andern den Überlegungen im Hinblick auf die erste Einsatzstelle. Dabei bedarf es zuweilen recht langer Prozesse, bis die persönlichen Erwartungen und „Bedingungen“ der künftigen Seelsorger zu den objektiv vorhandenen Seelsorgsaufgaben in ein annähernd verantwortungsvolles Verhältnis geraten.
Sehr erfreulich ist die Tatsache, daß die Partner und Partnerinnen der Laientheologen(-innen) in verstärktem Maße in den Ablauf des Pastoralkurses einbezogen werden (Wochenenden, Gesprächsabende etc.), denn auf das im Gespräch geklärte Einverständnis des Partners zum kirchlich-pastoralen Dienst wird sehr großer Wert gelegt.
Außer der schon genannten Fülle an Zielen und Inhalten wird mehr Zeit „für sich selbst“ gewünscht, eine Reduzierung des ersten Trimesters eventuell zu Gunsten des dritten Trimesters, da nach dem Pfarrei-Praktikum die konkrete Seelsorgesituation sowie die eigenen Fähigkeiten und Defizite deutlicher zu erkennen seien. Eine Alternative zur Tatsache, daß Priesteramtskandidaten und Laientheologen(-innen) den Pastoralkurs gemeinsam verbringen, wird nicht erwogen, empfindet man doch gerade diese Art der Gemeinschaft — bei allen auch schmerzlichen Prozessen der Auseinandersetzung und Herausforderung — als gute Einführung in den konkreten Alltag der künftigen Berufssituation; und die geistige Pluralität

(auch in der Wahl der Lebensform) ist als eine bereichernde und klärende Erfahrung zu bewerten. Dieses Ausbildungsprogramm wird im Bistum St. Gallen insofern in abgewandelter Form durchgeführt, als dort die Ausbildung individueller gestaltet (was auch an der geringeren Zahl der Bewerber liegt) und mit jeweils mehrwöchigen Blockveranstaltungen im Bistum Chur gekoppelt wird. Dort erhalten die Priesteramtskandidaten und Laientheologen(-innen) in stärkerem Maße eine praxis- bzw. berufsbegleitende Ausbildung (wie es auch in einigen Bistümern der Bundesrepublik und Österreich der Fall ist), weil die Priesteramtskandidaten und Laientheologen/innen schon gleich zu Beginn einer bestimmten Pfarrei als erster Stelle zugeordnet werden. Demgegenüber ist das Konzept im Bistum Basel nicht berufsbegleitend, sondern eher ausbildungsorientiert und insofern schützender, als man nicht gleich von Anfang an als „Profi" qualitativ und zeitlich überfordert wird.

— *Weiterbildung*. Die ersten vier Dienstjahre sind „Lehr- und Wanderjahre" und sollen den jungen Seelsorgern und Seelsorgerinnen Gelegenheit bieten, sich möglichst in die breite Vielfalt der seelsorglichen Arbeit einzufinden (während die zweite Stelle schon eher gezielte Spezialaufgaben vorsieht). Diese Anfängersituation ist gekennzeichnet durch die Erfahrung beruflicher Verantwortung, Abrücken von der studentischen Konsumhaltung, Hineinwachsen in einen noch neuen Personen- und Kollegenkreis, neue Wohnverhältnisse (Pfarrhaus mit Haushälterin, Familie etc.), Unterordnung unter den Pfarrer bzw. Einordnung in ein Team, Überbetonung der Praxis im Verhältnis zur Theorie bzw. deren Auseinanderklaffen, Erfahrung der persönlichen und zeitlichen Überforderung, Begegnung mit Indifferenz und Desinteresse und andererseits Druck infolge vieler Erwartungen, Erfahrungen von Begeisterung und eigener und gemeinsamer Gebets- und Glaubensnot, Bedürfnis nach weiterer Ausbildung in Richtung pastoraler Fertigkeiten und persönlichkeitsbedingter Schwerpunktbildung, noch starke Bindung an Ausbildungsinstitution bzw. an den früheren Kollegenkreis usw. — Die Aufgabe dieser Bildungsphase liegt somit darin, die individuellen und sozialen Erfahrungen des beruflichen Einstieges bzw. die eigene Praxis zu reflektieren und zu verarbeiten, die theologischen Inhalte und pastorale Praxis zu verknüpfen und dieses Spannungsfeld fruchtbar zu gestalten (oder wenigstens auszuhalten), die Prioritäten in der Seelsorge richtig zu setzen, die Fähigkeit zu einem kooperativen Führungs- und Begleitungsstil weiter zu vertiefen, seelsorglichen Beruf und persönlichen Glauben zu integrieren (Integration der beruflichen und persönlichen Identität) und einen persönlichen Lebensstil zu finden, der einer offenen Gesellschaft entspricht, aber in der inneren Dynamik des Evangeliums Jesu Christi verankert ist.
Demzufolge sind weniger theologische Inhalte Schwerpunkte dieser Jahre

als vielmehr die Eigenarbeit und die Begleitung des einzelnen in fachlicher, persönlich-spiritueller und in personalplanerischer Hinsicht (je nach Eignung und Neigung). — Die äußere Verantwortung als Begleitung übernimmt für die ersten zwei Jahre in erster Linie das Seminarteam und in zweiter Linie das Personalamt. Für die letzten zwei Jahre geht die primäre Zuständigkeit an das Personalamt über (nicht zuletzt im Hinblick auf die zweite Stellenbesetzung). Wichtig bleibt bei alledem ein geeignetes Praxisfeld, wobei dem einführenden Pfarrer und der Gemeinde besondere Bedeutung zukommt. — Die Form dieser Weiterbildung sind Konzentrationstagungen des jeweiligen Pastoralkurses, wobei vor allem der Erfahrungsaustausch und die Schulung (z.B. das seelsorgerliche Gespräch mit einzelnen und in Gruppen) Prioritäten besitzen. Noch ist das Konzept zu wenig klar (teils zu punktuell und pragmatisch) und vom jeweiligen Pastoralkurs stark individuell geprägt und bezüglich der Teilnahme zu beliebig. Insgesamt wirken aber die Veranstaltungen sich berufsstabilisierend aus und tragen den einzelnen in Konfliktsituationen. Thematisch und personell bleiben sie jedoch zum Teil an der früheren Ausbildung haften.
Für die weitere Zukunft muß eine intensivere Praxisbegleitung („Supervision“) insbesondere für diese Phase überlegt werden und die Möglichkeit, ob die zweite Bildungsphase mit den ergänzenden Kursen, Arbeitsgemeinschaften und Studientagungen den Abschluß in einem längeren mehrwöchigen Kurs (z.B. über Gemeindeleitung) finden sollte (was teilweise in den Neupfarrer-Kursen geschieht).

(4) *Dritte Bildungsphase: Fortbildung.* Die dritte Bildungsphase ist strikt berufsbegleitend und vereinigt in der Regel alle Seelsorger und Seelsorgerinnen (Priester, Pastoralassistenten/innen, Katecheten/innen und zum Teil nebenamtliche Katechetinnen) jedes Jahr dekanatsweise zu einem thematisch mehr grundsätzlich orientierten Fortbildungskurs (der diözesan vorbereitet und durchgeführt wird) und zu einem vom Dekanat vorbereiteten mehr praktisch orientierten Fortbildungskurs (jeweils drei bis vier Tage). Hinzu kommen nach bestimmten Dienstjahren jeweils ein einwöchiger und vierwöchiger Fortbildungskurs, die der Reflexion der in der Seelsorge gemachten Erfahrungen und zur Vertiefung theologischer Fragestellungen dienen. In diesem Zusammenhang sei auch an die Kurse „Priester im Ruhestand: eine Aufgabe“ (im „Seniorenstand“) erinnert, die primär der Begegnung und der Information über neuere theologische Tendenzen dienen und gerne besucht werden.

d) Die Frage um die existentiell-spirituelle Studien-Begleitung

(1) *Notwendigkeit.* Im informativen Beitrag zur Universität Freiburg und ihrer theologischen Fakultät schreibt Adrian Holderegger, daß die spirituelle Begleitung der Theologiestudierenden vorrangig in der Kompetenz der Diözesen bzw. der Deutschschweizerischen Ordinarienkonferenz liege: „. . . sie könnte im deutschsprachigen Bereich vielleicht noch engagierter wahrgenommen werden, denn vieles ist noch provisorisch angelegt und strukturell nicht bereinigt.“[38] Diese Einschätzung trifft meines Erachtens voll zu.
Entscheidend sind für die künftigen Seelsorger und Seelsorgerinnen nicht an erster Stelle Fertigkeiten im Sinne eines Know-tow (Rezepte im Sinn eines pastoralen „Kochbuches“) und das „Studierthaben“ vieler theologischer, psychologischer, pädagogischer oder soziologischer Theorien und Inhalte — so wichtig diese im einzelnen sind; entscheidend bleibt, daß sie zuerst von sich selber her den Menschen als Mitmenschen zu begegnen vermögen und sich menschlich erreichen lassen. Es geht nicht so sehr um pragmatische Funktionäre oder spekulative Ideologen, sondern um die Verbindung von Theorie und Praxis, die zu einem Wirklichkeitsverhältnis und einem entsprechenden Wirklichkeits-Verhalten führen. Für Theologen und Theologinnen bedeutet dies, ein Verhältnis zur eigenen Wirklichkeit (zu sich) und zur Wirklichkeit der Umwelt und Mitwelt (zu anderen) finden, aber auch ein Verhältnis zum Gott Jesu und auf dieser Basis zur konkreten Gesellschaft und Kirche. Dies ist mit der spirituell-existentiellen Dimension der persönlichen Entscheidung zum pastoralen und kirchlichen Beruf gemeint.

(2) *Ziele und Wege.* Weil vom künftigen Seelsorger nicht nur fachlich-kognitive und pastorale Fähigkeiten, sondern insbesondere auch persönliche Voraussetzungen erwartet werden, stellt sich die Frage der *Studienbegleitung* für Theologiestudierende. Deren Aufgaben liegen darin, erstens die einzelnen Theologiestudenten/innen bei der Persönlichkeitsentfaltung und Identitätsfindung als Christen zu begleiten, zweitens die Berufsmotivation klären und die Berufsentscheidung vertiefen zu helfen (u.a. zölibatäre oder eheliche Lebensform?) und drittens zu einer eigenen aktiven Positionsfindung in Kirche und Gesellschaft und zur kritischen Auseinandersetzung mit den politischen und geistigen Strömungen der Gegenwart zu verhelfen. — Die Diözesanseminare stehen grundsätzlich den Priesteramtskandidaten, den Laientheologen und Katecheten (nicht den Frauen) offen. Das Leitungsteam des Seminars sucht den regelmäßigen Kontakt auch zu den Studenten(-innen) außerhalb des Seminars und in anderen

---

[38] A.a.O., 660.

Universitätsstädten (besonders frequentiert werden von den schweizerischen Theologiestudierenden nebst Luzern, Freiburg und Chur vor allem München, Tübingen Nijmegen, Paris, Rom u.a.). Im Seminar, zu dessen Gruppenveranstaltungen, Gottesdiensten usw. auch die Studenten und Studentinnen außerhalb der Seminargemeinschaft eingeladen sind, wird versucht, einen Lebensstil der möglichst großen Zusammenarbeit zu entwickeln. Alle sollen die Möglichkeit erhalten, ihre eigenen Fähigkeiten zu entfalten, sich aber auch in die Gruppe und in die Gemeinschaft zu integrieren sowie die Erwartungen der Ortskirche zu erfahren und sich ihnen zu stellen.

In den vergangenen Jahren sind in Freiburg und Luzern zusätzlich zum früheren Regententeam Mentorinnen für die Studienbegleitung beauftragt worden. Damit ist die Möglichkeit zusätzlicher Ansprechpartner für die Theologiestudierenden seitens der deutschsprachigen Bistümer erweitert worden.

(3) *Miß-Verständnisse.* Um Miß-Verständnissen vorzubeugen, sei gleich auf zwei Extrembeispiele hingewiesen, wie sie vor allem in der Bundesrepublik tendenziell gegeben sind. Problematisch sind all jene Konzepte, die angepaßte und aufgrund von kontrollierbaren und abhakbaren Übungen als für die Kirche zuverlässig erwiesene Seelsorger und Seelsorgerinnen „erziehen" wollen. *Kontrolle* und *Betreuung* sind die Stichworte einer so verstandenen Studienbegleitung. Wenn dabei der Akzent auf der numerischen Aufzählung zu erbringender Leistungen liegt, wird die Versorgungsmentalität gefördert und die Eigenverantwortlichkeit der Studierenden gehemmt, zumal Studienbegleitung leicht unter dem Aspekt einer äußeren, das heißt kontrollierbaren Verbindlichkeit gesehen wird, wobei den Anforderungen, die an die Studierenden gerichtet werden, keinerlei Verbindlichkeit bezüglich einer Anstellung seitens der kirchlichen Stellen bzw. Ordinariate entspricht (was in seinen psychischen Auswirkungen zu bedenken ist). Es verwundert dann nicht, daß Studienbegleitung bzw. Spiritualität als Kontrolle mißverstanden und beargwöhnt wird. Verbindlichkeit wird leicht in äußeren Leistungen operationalisiert, ohne daß damit schon die Frage beantwortet wäre, wie es denn mit der inneren, von der Sache her kommenden Verbindlichkeit steht und mit dem Prozeß der Selbst-Findung.

Die Gefahr ist, daß es zu einer *disziplinarischen Kasernierung* kommt, die in manchen Elementen an die frühere Priesterausbildung erinnert, wobei man die Studienbegleitung weniger als Reifungs- und Entscheidungsprozeß sieht, sondern eher als eine Festigung auf ein schon zu Beginn des Studiums anscheinend klares Profil hin. — Zweifelsohne wird auch eine solche Art von Studienbegleitung Leute mobilisieren können. Gerade Zeiten gesellschaftlicher und kirchlicher Umbrüche und Unsicherheiten steigern das Sicherheitsbedürfnis. Andererseits ist auch in gewissen Kreisen der Schweiz zu beobachten, daß unter dem Druck des Priestermangels ein bestimmter Kandidaten-Typ gefördert (und zum Teil an „zuverlässige" Seminare ins Ausland geschickt) wird, der eher einer bestimmten Kirchenräson entspricht als den pastoralen Herausforderungen. Es ist übrigens für das Profil des Pfarrers verheerend, wenn nur noch ein bestimmter Priester-Typ gefördert wird (und wenn abgewiesene Kandidaten in anderen Bistümern aufgenommen werden, falls sie nur dem beabsichtigten Typus entsprechen).

— Ein weiteres Mißverständnis könnte natürlich auch darin liegen, daß die Studienbegleitung unversehens zum *Begleitstudium* würde, wobei das Studium und eventuell ein Zusatzstudium durch intensive Leistungsanforderungen an den Rand gedrängt würden.

Selbstverständlich ist in den Bestrebungen um eine Studienreform ein stärkerer Berufspraxisbezug zu verankern, wobei aber Praxisbezug nicht so sehr die Aneignung einzelner Techniken bedeutet, sondern vielmehr die Fähigkeit, pastorale Berufspraxis kritisch zu reflektieren, zu gestalten und zu entfalten.

Sowohl beim Modell der „Kasernierung" als auch bei der Studienbegleitung als „Begleitstudium" droht die Gefahr, daß der äußere Druck es kaum mehr zuläßt, die Prozesse der Selbstfindung und der menschlichen Persönlichkeitsentfaltung aus dem Geiste des Evangeliums heraus zu wagen und im übrigen ein gründliches Studium zu absolvieren.

— Natürlich gibt es — zum Teil auch von Studierenden artikuliert — die Meinung, die Frage der Studienbegleitung liege einzig und allein im *Belieben* des einzelnen Studenten oder der einzelnen Studentin; man könne hinsichtlich der Spiritualität niemanden zwingen. Wenn auch letzteres zutrifft, so gibt es eine Verbindlichkeit in der Sache, das heißt eine innere Verbindlichkeit der Persönlichkeitsentfaltung und der Auseinandersetzung mit sich und mit der kirchlichen und gesellschaftlichen Situation sowie mit den eigenen Motiven der Berufsentscheidung — eine Verbindlichkeit, sich dem Geist und den Impulsen des Evangeliums zu stellen.

Zudem werden die für die pastoralen Dienste in der Kirche Verantwortlichen sich Rechenschaft über die künftigen Seelsorger und Seelsorgerinnen geben müssen, über deren Motivation, über deren menschliche und fachliche Qualifikation. Der pastorale Dienst ist eine zu kostbare Aufgabe, als daß man ihn als Job verstehen oder nur in der Manier eines schlichten Arbeitnehmer-Arbeitgeber-Verhältnisses erfüllen könnte. Von daher ist zwischen kirchlicher Studienbegleitung und universitärem Studium auch formal immer strikt zu unterscheiden, auch wenn sie letztlich gleichen Zielen dienen mögen.

Doch mit den defizienten Modellen einer Studienbegleitung ist noch nicht positiv umschrieben, welches denn der Sinn, die konkreten Ziele und Modelle sowie Elemente einer Studienbegleitung sein sollen. Dies soll im folgenden knapp skizziert werden.

(4) *Studienbegleitung in der Spannung zwischen Selbstentfremdung und Persönlichkeitsentfaltung.* Der Praxisbezug des Theologiestudiums wird zuweilen pragmatisch mißverstanden als unmittelbare Ankoppelung des Studiums an die gängige Berufspraxis. Die Gefahr solch einseitiger Praxis-Orientierung wären Pastoraltechnologen, nicht aber verantwortlich denkende und dynamische Theologen/innen in der Seelsorge. Die Gefahr besteht darin, daß sie einseitig auf eine Berufspraxis ohne klare Berufstheorie orientiert ist.

Demgegenüber bedeutet Praxisbezug der Studienbegleitung primär und zuerst die Beachtung der Praxis und der menschlichen Situation der Theologiestudierenden. Diese sind das Subjekt des Studiums und der Studienbegleitung. Studienbegleitung dient dem Vorgang und Prozeß der Persönlichkeitsfindung, der Auseinandersetzung mit dem Glauben, der Vertiefung im Glauben und der Berufsklärung. — Die leitenden Motive von Studienbegleitung haben im Hinblick auf die Theologie-Studierenden die ganze Spannung zwischen Selbstentfaltung, Ichstärkung, Identitätsfindung — wie immer diese zum Teil sicher auch modisch gehandhabten Begriffe heißen mögen — und den vielen Möglichkeiten der Selbstentfremdung realistisch zu bedenken.

Wenn die künftigen Seelsorger und Seelsorgerinnen wach, dynamisch und engagiert für eine einladende und glaubwürdige Kirche wirken und arbeiten wollen, wünschen sie eine Kirche, die sich als Weg versteht und das Wagnis der Offenheit in die Zukunft hinein auszuhalten bemüht ist und die sich nicht aus Ängstlichkeit und Argwohn einmauert. Dann sollten von dieser entscheidenden Grundrichtung ausgehend sämtliche Formen von Studienbegleitung alle Tendenzen der Selbstentfremdung zu überwinden und die Kräfte der schöpferischen Entfaltung und der Selbstfindung zu fördern versuchen. Dabei ist zu beachten, daß sich die Persönlichkeitsentfaltung nicht nur in der Kategorie einer „emanzipatorischen Selbstverwirklichung" ereignet, sondern unabdingbar auch in der Kategorie des Du (Wir!), also im sich Loslösen, um frei zu werden für Bindungen; im sich Öffnen für das Gegenüber, um von sich selber geben zu können; im Loskommen von versklavenden Fixierungen; im Eingehen von Verpflichtungen, um sich verbrauchen zu können für Aufgaben, für die es sich lohnt. Selbstentfaltung kann nur gelingen, wenn ich mich öffne und die Mitmenschen in meine eigenen Lebensbewegungen miteinbeziehe.

Da wir Menschen soziale Wesen sind, ist auch auf emotionale Entfaltung größter Wert zu legen. Entscheidend für die Kirche sind Seelsorger als Menschen, die — wie schon an anderer Stelle betont — nicht nur Bildungsinhalte studiert haben, sondern eine „Herzens*bildung*" im Hörenkönnen, Zuhören, im Mitgehen und Verstehen, im Aushalten von Belastungen und in der Fähigkeit zur Begegnung an den Tag legen. Eine rationalisierende Diffamierung des Gefühls — vor allem in einem Milieu, das rationalistisch und akademisch die Wirklichkeit zu bewältigen versucht — und eine verhinderte, nicht zugelassene oder verunmöglichte Differenzierung und Entfaltung des Gemütes sind ernste Gründe für Angst; und Angst verunsichert. Ohne gesamtmenschliche emotionale Entfaltung wird es kaum möglich sein, daß später die Begegnungen der Menschen mit den Seelsorgern/innen als menschlich bereichernd, als befreiend und auch als erlösend erfahren werden. Zudem wird doppelt schwierig, die vielen Phänomene der Angst auch innerhalb der Kirche abzubauen, wenn es nicht gelingt, auch für die künftigen Generationen der Mitarbeiter/innen in der Seelsorge möglichst angstfreie und autonome (befreiende) Entwicklungen zu ermöglichen. — Ansonsten ist schwer zu verhindern, daß die Theologen/innen auf Außenstehende durch eine larmoyante Wehleidigkeit oder durch die Unfähigkeit, Pluralität anzunehmen und auszuhalten (Toleranz), auffällig wirken.

Gegenüber den oben skizzierten Fehlentwicklungen dürfte somit Studienbegleitung ihr Ziel nicht primär darin erblicken, durch institutionalisierte oder programmatische „Kasernierung“ den kirchlich angepaßten Einheitstyp erziehen zu wollen, von dem man gleich zu Beginn schon weiß, wie er am Ende auszusehen und wie er sich zu verhalten hat. In diesem Modell (feste Vorstellungen vom „idealen Endprodukt“) würde gerade die Selbstentfremdung mit all den kompensatorischen und verkrampfenden Verhaltensweisen gefördert. Auf der anderen Seite würde eine reine Beliebigkeit, die die Studierenden ganz ihrem Gutdünken überläßt, dem Anspruch und der inneren Verbindlichkeit von Studienbegleitung nicht gerecht, denn Beliebigkeit ist letztlich eine unkritische und nicht weiterführende Haltung. Entscheidungen werden storniert oder vertagt. Man betrügt dadurch sich selbst.

Das Ziel von Studienbegleitung liegt vielmehr darin, die Studierenden als Subjekte des Theologiestudiums primär ernst zu nehmen, und zwar in ihrer spezifisch studentischen Situation, die eine Phase der differenzierenden Selbstfindung ist. — Wenn man bedenkt, daß die Theologiestudierenden nach den ersten Semestern des Studiums bezüglich ihrer Studienmotivation, ihrer Berufsklärung und ihres persönlichen Christseins und Glaubens sowie in ihrer Einstellung zur Kirche in die Krise bzw. in Verunsicherung geraten (oft ein Weg des Prozesses von der ersten zur zweiten Reflexionsstufe bzw. Naivität), dann ist leicht einzusehen, daß eine zu enge und kontrollierende Studienbegleitung schon in dieser Phase psychologisch bedenklich ist. Notwendige Prozesse, die zur echten Vertiefung und Klärung führen können, werden leicht unterbrochen, gestört oder in falsche Bahnen gelenkt, wenn sie von außen gleichsam unter entscheidungsfremden Druck geraten.

Globalziel aller Studienbegleitung müßten die Theologiestudierenden bzw. die künftigen Priester, die Religionslehrer/innen oder Pastoralassistent/innen als mündig engagierte Christen und Christinnen sein. Der einzelne Mensch steht in der Mitte, nicht primär ein irgendwie gearteter kirchlicher Funktionär.[39]
Von diesem Hintergrund stellen sich dann die Fragen nach dem Bezug zum künftigen Beruf und der praktischen Hinführung zu Entscheidungen, zur konkreten Kirche und zum Bistum bzw. zur praktischen Einstellung in einer Pfarrei (Pastoralkurs) und natürlich auch zu gemeinsamen Veranstaltungen mit den Theologischen Fakultäten wie etwa Pfarreipraktika etc. (die kirchlicherseits zu fordern sind).

e) Einige Anfragen an die gängige Ausbildung in der Schweiz

Abschließend seien einige Anfragen bezüglich der Ausbildung bzw. der pastoralen Kompetenz der Seelsorger und Seelsorgerinnen gewagt, die im Einzelfall als heikel empfunden werden mögen, aber nichtsdestotrotz eine Diskussion verdienen.

(1) In den vergangenen Jahren sind von einzelnen Bistümern die Anstrengungen für Fort- und Weiterbildung differenziert worden. Das Fortbildungssystem, wie es vor allem vom Bistum Basel entwickelt worden ist, dürfte im internationalen Vergleich seinesgleichen suchen. Gleichzeitig sind auch die Gemeindeberatung[40] und Supervision von einzelnen Seelsorgern und Seelsorgerinnen weiter ausgebaut und verstärkt in Anspruch genommen worden. — Je stärker dieses „Bedürfnis“ zur berufsbegleitenden Konfliktberatung ansteigt, um so deutlicher werden auch die Anfragen an das Ausbildungskonzept. Die Berufszufriedenheit hängt von vielen institutionellen und situationsgegebenen Faktoren ab, entscheidend auch vom eigenen menschlichen Geschick und von fachlichen Qualifikationen.

(2) Im schweizerischen Ausbildungs-System mit seinen verschiedenen Wegen und Sonderzüglein ist die Tendenz gegeben, daß in einzelnen Kirchgemeinden und je nach Personalpolitik des Pfarrers durchaus Frauen und Männer halb- oder vollamtlich in kirchliche und pastorale Aufgaben rutschen, die im Einzelfall ein großartiges Charisma an den Tag legen, im Durchschnitt jedoch dem berufsspezifischen Ausbildungsniveau

[39] Zur ganzen Frage der Klärung, Beratung und Begleitung zum kirchlichen Beruf s. H. Stenger (Hrsg.), Eignung für die Berufe der Kirche (Freiburg i.Br. 1988).
[40] P. Zemp. Gemeindeberatung: Pfarreien und ihre Gemeinde begleiten, in: Schweiz. Kirchenzeitung 155 (1987) 441; ders., Ausbildung zum Gemeindeberater, in: ebd., 443f.

nicht entsprechen. Es ist ja nicht selten der Fall, daß über ein Kurssystem (wie z.B. Glaubenskurs) und zusätzliche Ausbildungseinheiten sich Frauen und auch Männer plötzlich in theologiegebundenen Aufgaben und Berufen einfinden und sich am Ausbildungsgrad der Katecheten und Katechetinnen sowie der Theologen und Theologinnen (bzw. der Pastoralassistenten/innen und Pfarrer) messen oder messen lassen müssen. Es gibt sogar Leute, die ohne qualifizierte Ausbildung einfach unter dem Druck der Personalnot eingesetzt werden. Die Erfahrungen des Ungenügens können zu tiefen Verletzungen, zu kritischen Attitüden und peinlichen Kompensationen führen, die das Minderwertigkeitsgefühl und eine leicht reizbare Empfindlichkeit eher verstärken. Zudem kann dadurch ein Seelsorgeteam ungemein belastet werden. Ähnliche Probleme ergeben sich zwischen den verschiedenen Seelsorger-Kategorien (bzw. dem sozialen Berufsgefälle).
Die Ausbildungselemente stehen ihrerseits im Spannungsdreieck Subjekt—Situation—Institution (s. Rollen-Norm-Bereiche!). Es genügt somit nicht, daß jemand guten Willen und Motivation mitbringt; für einen pastoralen Beruf muß auch die pastorale „Gemeindekompetenz" vorhanden sein. Die Voraussetzung dafür zu ermöglichen, aber auch zu prüfen, ist in der Regel Aufgabe des Bistums.

(3) Die einzelnen Seelsorgekategorien sollten ausbildungsmäßig durchlässig gestaltet werden. Wenn etwa Katecheten und Katechetinnen sich bewährt haben und zusätzliche Ausbildungseinheiten auf sich nehmen (z. B. Theologiekurse für Laien . . .), sollte es ihnen ermöglicht werden, Pastoralassistenten/innen zu werden (mit Leitungsaufgaben in pfarrerlosen Gemeinden) und Zugang zum Diakonat zu finden. Dies ist bei uns in der Schweiz über den Dritten Bildungsweg möglich. Aber für verheiratete Seelsorger und Seelsorgerinnen müßten doch noch weitere Wege ihren institutionellen Ort finden dürfen. Diese Durchlässigkeit wäre natürlich ebenfalls für verheiratete Diakone zu wünschen, nämlich auf die Ordination zum Pfarrer bzw. Gemeindeleiter hin.

(4) Die pastoral-praktische Ausbildung insgesamt läßt in einigen Punkten zu wünschen übrig. In der Schweiz verfügt die Kirche ohne Zweifel über ebenso gutes Seelsorger-Personal wie in anderen Ländern. Das läßt leicht den Schluß zu, daß unsere Ausbildung in allen Teilen zu genügen vermag. Leicht vergessen wir, daß die pastorale Ausbildung beispielsweise der Gemeindeassistenten/innen in der Bundesrepublik (Fachhochschulen) breiter angelegt ist als die vergleichbare Ausbildung am Katechetischen Institut in Luzern. Diese Katecheten/innen wiederum verfügen über eine gediegenere religionspädagogische Qualifikation als die meisten Pastoralassistenten/innen, deren diesbezügliche Ausbildung etwa an der Universität Freiburg bis vor zwei Jahren unverantwortlich minimal gewesen ist. Wenn

wir zudem an das Referendariat (fachdidaktische Ausbildungsjahre) der Laientheologen/innen in der Bundesrepublik oder an das Pädagogikum im Anschluß an das Studium in Österreich (mit psychologischen, pädagogischen und fachdidaktischen Lehrveranstaltungen sowie schulpraktischen Übungen und Schulpraktikum) denken, dann leuchtet ein, was wir in der Schweiz den Theologen und Theologinnen und letztlich ihrem so wichtigen Dienst schuldig geblieben sind. — Es ist doch die Tatsache nicht zu unterschlagen, daß manche Seelsorger und Seelsorgerinnen gerade im teilweise harten Bereich des religionspädagogischen Mühens — oft in einsamer Not — entmutigende Niederlagen verkraften müssen. Manche wechseln vor dem Hintergrund des Mißerfolgs den Beruf, die Stelle oder gehen in die Spezialseelsorge, in die Erwachsenenbildung oder in die Medienarbeit oder kehren an die Universität zurück, um zu promovieren. All dies sind Ausweich-Möglichkeiten, die auch den persönlichen Begabungen eine angemessene Chance bieten können. Wenn allerdings die eigenen subjektiven Anteile in solchen Erfahrungen nicht aufgearbeitet werden, alle Schuld auf die Institution Kirche oder auf andere projiziert wird, dann löst und heilt dies wenig. Und auch für die Zukunft der theologischen Wissenschaft wäre es nicht förderlich, wenn solche Enttäuschungen motivleitend wären für den Versuch einer theologischen Laufbahn (zumal hierzulande auf eine längere Praxiserfahrung der Theologiedozenten/innen zu wenig Gewicht gelegt wird. Es wäre bedrückend, wenn im Theologiebetrieb Leute „verschulen“ würden, sozusagen „ewige Gymnasiasten“ blieben).

Eine entscheidende Konsequenz wäre allerdings eine Intensivierung und ein Ausbau der einschlägigen Ausbildungseinheiten. Ein Versuch in diese Richtung ist in Freiburg unternommen worden mit dem Studienprogramm für Volltheologen/innen für das Lehramt in Religion an den Höheren Schulen (1990). Ein eigenes Schwergewicht müßte die Jugendarbeit und -seelsorge finden.

Des weiteren sind durch die schon genannten Praktika während des Studiums (Predigtübungen, katechetische Übungen, Pfarreipraktika), durch interkonfessionelle Praktika für Theologen und Theologinnen (Betriebs- und Diakoniepraktikum) sowie durch Kommunikations- und Rhetorikkurse einige wichtige (wenn auch nur punktuelle) Schritte versucht worden. Ein Medienpraktikum (zusammen mit dem Institut für Journalistik und Kommunikationswissenschaft an der Universität Freiburg) ist in Planung. Es zeigt sich hier, daß mit den universitären Kräften alleine solche studienintegrierten Praktika nicht durchzuführen wären. Das Spezifische dieser Praktika liegt darin, daß nicht nur Erfahrungen gesammelt, sondern auch methodisch verarbeitet und „verdaut“ werden. Dies ist nur interdisziplinär und in Zusammenarbeit mit kirchlichen Stellen und Hilfswerken, etc. durchzuführen und durchzutragen.

Die Reaktionen der teilnehmenden Studenten und Studentinnen sind durchwegs so, daß sie durch diese Herausforderungen mehr wahrgenommen haben als durch ein erfahrungsisoliertes Studium. Trotzdem ist nicht darüber hinwegzusehen, daß der Schrei nach Praxisbezug des Studiums seitens vieler Studierender ein recht „theoretischer" Schrei ist; wenn es darauf ankommt, ist es nur ein kleinerer Prozentsatz, der sich zum Praktikum entschließt. Zur Intensivierung dieser Praktika sind diözesane Initiativen nötig.

(5) Praktika sind eine große Lernhilfe und können Impulse für die Studienmotivation und Berufswahl schenken. Eine Ausbildung im strengen Sinn sind sie indes nicht. Das wäre Aufgabe des Pastoralkurses und einer berufsbegleitenden intensiven Fort- oder Weiterbildung in den ersten Berufsjahren.
Probleme ergeben sich zum Teil dadurch, daß der Pastoralkurs und bisweilen die Jahre danach die Funktion der Berufsklärung erhalten. Sie werden zum Ort der Entscheidungsprozesse bezüglich kirchlichem Dienst und/oder Lebensform. Es stellt sich die Frage, ob solche Prozesse nicht schon während des Studiums stärker angeregt und gefördert werden sollten. Foren und Räume dafür sind durch die inzwischen besetzten Mentoratsstellen in Freiburg und Luzern erweitert worden. — Seitens der Kirche sind den studierenden Theologen und Theologinnen nicht primär (aber selbstverständlich auch) Seminare, Konvikte oder Wohngemeinschaften zur Verfügung zu stellen, sondern zuerst und entscheidend Regenten und Mentorinnen usw., Menschen also, die mit einem persönlich und pastoral reichen Erfahrungsschatz und mit Distanz zur eigenen Studienzeit sich als Gesprächspartner und -partnerinnen erweisen. Diese können sich mit den Studierenden auf deren eigenen Weg begeben, hören, zuhören, verstehen und ermutigen. Sie müssen sich den Studierenden geistig-geistlich wie auch menschlich und intellektuell stellen und im guten Sinn des Wortes Widerstand leisten, das heißt streiten können. Gerade dann ist dies fruchtbar und nötig, wenn es um das entscheidend Menschliche geht und wenn jemand auf billigen Umwegen und entfremdenden Irrwegen (z.B. Beliebigkeit) durchkommen möchte. Solche Gesprächspartner und -partnerinnen ermutigen zu Wegen, die menschlich authentisch weiterführen und bereichern. Auch die Studierenden bedürfen solcher Weggenossenschaft, die um die Ängste und Unsicherheiten — auch bezüglich der eigenen Glaubens- und Kirchenbiographie — wissen darf und nicht auf voreilige Antworten abonniert ist.
In diesem Sinn müßte die Kirche Schweiz ihre Erwartungen und Bedingungen an das künftige Seelsorge-Personal deutlicher deklarieren und den Mut aufbringen, gegebenfalls auch „Nein" zu sagen. Man dürfte ruhig größere Qualifikations-Erwartungen an das Seelsorge-Personal definieren.

Das ist auch dann zu sagen, wenn es einige ärgern mag. Wenn jemand in den Pastoralkurs einsteigt, weil es nun soweit ist und keine andere Chance vorhanden ist, oder wenn man sie oder ihn aber kaum kennt, dann sind zuerst die Voraussetzungen — bis hin zu den Gründen, warum man sich gegenseitig kaum zur Kenntnis genommen hat — zu klären und miteinander zu bereinigen. Auch wenn man um die Mühewaltung in einer solchen Situation weiß, so ist das um der Verantwortung willen notwendig. Zu wenig bereinigte Berufs- und Personalentscheidungen kehren später wie aufgeschobene Entscheidungen zurück. Meistens gehen sie zugunsten des „Subjekts" aus, aber nicht zugunsten der Pastoral und des betroffenen Seelsorgerteams, das ja dann unter der Hand von „Sozialfällen" spricht, die zusätzlich belasteten.

(6) In diesem Zusammenhang kann es nicht umfassend um das Theologieverständnis, um die Theologiestudierenden (und letztlich -dozierenden) und um die Ausbildung gehen. Aber was Besorgnis erregt — und sich auch als eine Frage an die Ausbildungsstätten erweist —, ist die Tatsache, daß viele Theologiestudierende im Verlaufe des Studiums eine solche Schwellenangst gegenüber dem pastoralen Berufsalltag und eine solche Mühe mit der Entscheidung zum kirchlichen Beruf entwickeln, daß man die akademische Isolation, soweit man sich nur theoretisch mit Problemen befaßt, in Frage stellen muß. Dazu kommt, daß zunehmend auch Theologiestudierende (und wohl auch Dozierende) Kirche mehr über die Medien wahrnehmen als über stetige eigene Erfahrungen. Dadurch verschärft sich die ohnehin kritische Distanz, weil Kirche via Medien institutionsbezogen und konfliktbeladen vermittelt wird. Und sie wird dann alles andere als einladend erlebt. Dadurch, daß man aber alternativ zum akademischen Betrieb Kirche weniger selbst erlebt, vereinseitigt sich das vermittelte Bild, das durch unmittelbare und eigene Erfahrungen kaum korrigiert werden kann. Es besteht ohnehin die Tendenz, daß man gelesene und systematisierte „Erfahrungen" reflektiert. Es verschärfen sich erst recht der Idealitätsanspruch oder die ideologischen Brillen, die die Wirklichkeit mit ihren Tücken und Chancen nicht mehr angemessen wahrnehmen. Auch Theologiestudierende können dann in eine Angst gegenüber der vermeintlichen Realität, die aber eine nur gedachte oder in einer Gruppe ideologisch geduldete Sicht der Realität ist, verfallen und für sich keine echte Chance mehr erblicken. Ohne Realitätsbezug durchschaut man nicht, daß man nur Fiktionen (nur Gedachtes) imitiert. Toleranz sowohl seinen eigenen Möglichkeiten und Grenzen als auch anderen gegenüber erlöscht dann leicht.

So ist die Frage zu stellen, ob seitens der Kirche so etwas wie ein Praktikumsjahr (im sozialen, diakonischen Bereich etc.) zwischen Grundstudium und Hauptstudium nicht viel stärker zu forcieren wäre. Natürlich

müßte ein solches Jahr (zusammen mit Regententeam und Mentorinnen) vorbereitet und begleitet sowie von entsprechenden Fachleuten supervisiert werden. Dies hätte meines Erachtens zwei Vorteile. Zum einen könnte ein solches praktisches Jahr studienklärend wirken. Das weitere Studium kann nur gewinnen — sowohl für die Studierenden als auch für den Studienbetrieb —, wenn die Erfahrungselemente Anhaltspunkte für die eigene Motivation werden und wenn aus der Erfahrung gewonnene Fragestellungen Eingang in den weiteren Studienverlauf finden.
Aber es geht nicht nur um die Studienmotivationen, sondern um die davon klar zu unterscheidende Berufsmotivation. Ob man weiterhin auf den kirchlichen Dienst zusteuern will, ob man sich eher als Pastoralassistent/in oder als Priester sieht oder in einer Spezialaufgabe, ob man auch eigene Fähigkeiten oder Schwächen entdeckt hat, Vertrauen zu sich gewonnen hat usw., dies alles kann für die weitere Studiengestaltung (mit eventuellen Zusatzfächern oder Schwerpunktsetzungen) und für die weiteren Entscheidungsprozesse nur vorteilhaft sein. Zudem hätte man Kirche konkret wahrgenommen und im Detail vielleicht auch zu sehen gelernt, daß sich auch die mühsamen kleinen Schritte lohnen können. Vermutlich fände man dadurch auch ein wenig wirklichkeitsnäher zu sich selber, weil man sich weniger unter den klinischen Bedingungen des akademischen Lehrbetriebes wahrgenommen hat. — Ob der Pastoralkurs insgesamt nicht entscheidend zu intensivieren wäre? Dabei müßte das Modell einer vielfächrigen Einführung in den pastoralen Beruf zu einer längeren methodischen Einübung in die verschiedenen pastoralen Aufgabenfelder ausgeweitet werden. Die Überlegungen im Bistum Basel, die in diese Richtung weisen, sind sehr zu begrüßen.

8. Im Miteinander der ehren- und nebenamtlichen Vielfalt

Wenn auch ausgiebig über die pastoralen und kirchlichen Berufe und Dienste gesprochen und die Notwendigkeit eines kirchlichen Berufsförderungsprogramms untermauert worden ist, so ist damit keiner Expertokratie und keinem neuen Klerus das Wort gesprochen. Vielmehr dienen alle Instrumente und Mittel der Kirche dazu, Kirche in den Menschen lebendig werden zu lassen. Falls sie nur noch aus Hauptamtlichen bestehen würde, wäre sie zum Funktionärs-Apparat verkrustet, aber keine ausstrahlende und lebendige Kirche mehr. Die eigentliche Personalfrage sind somit die Christen und Christinnen, die in den Pfarreien, Verbänden und Gruppierungen die Grunddienste der Kirche zum eigenen Anliegen werden lassen und die sich in diesem Sinne selbst ins Spiel bringen. Ziel sind nicht viele hauptamtliche Seelsorger und Seelsorgerinnen, sondern möglichst viele Frauen und Männer, die neben- oder ehrenamtlich engagiert sind für eine glaubwürdige Kirche.

(1) Die Spannung zwischen „professionellem“ Seelsorge-Personal und Ehrenamtlichkeit ist in den *Sprachregionen* sehr *unterschiedlich.* In der französischsprachigen Schweiz ist die Ehrenamtlichkeit viel systematischer ausgebaut. Dort ist das Geld auch nicht im gleichen Ausmaß vorhanden wie in der Deutschschweiz, wo das staatskirchenrechtliche Gewand wirtschaftliche Grundlagen für die Anstellung von teil- oder vollberuflichen Seelsorgern und Seelsorgerinnen leichter erlaubt. In der Westschweiz, wo eine weitgehende Trennung von Kirche und Staat besteht, wird — wie schon mehrfach erwähnt — der Religionsunterricht von „mamans catéchistes“ ehrenamtlich erteilt, wie auch in Frankreich. Es wäre also zu wünschen, daß man die einschlägigen Erfahrungen in den Sprachregionen viel mehr austauscht und miteinander bedenkt.

(2) Des weitern ist daran zu erinnern, daß die *ehrenamtliche* und nebenberufliche *Mitarbeit* in der Kirche eine viel *breitere Tradition* in der Kirche darstellt als die bezahlten Ämter. Zwar gab es in unterschiedlich geregelten Formen immer auch die für kirchliche Dienste freigestellten und dotierten „Amtsträger“. Aber es gibt kein gesichertes Patentrezept für die wirtschaftlichen Grundlagen der kirchlichen Aufgabenwahrnehmung. — Zusammen mit zwei, drei anderen Ländern gehören wir zu den reichsten katholischen Teilkirchen.[41] Das trifft aber vor allem für die deutschsprachige Region zu. Das war nicht immer so und wird wohl auch nicht immer so bleiben (müssen).

(3) Die breite Basis ehren- und nebenamtlicher Mitarbeit garantiert viel *unmittelbarer* die *Nähe* der Kirche *zu den Menschen* und zum Volk Gottes. So hat sich auch gezeigt, daß während der Planungseuphorie der frühen siebziger Jahre (wohl noch unter dem Einfluß der Fortschritts-Philosophie) Stabsstellen errichtet worden sind, denen es nur zum Teil gelang, an der Basis Fuß zu fassen und einen echten Gewinn für die Kirche zu bewirken. Zwar braucht es Fachleute in den verschiedenen Bereichen auch der pastoralen Arbeit, die umfassendere Kenntnisse in Dienst stellen. „Aber wirkliches Leben wird sich nicht entfalten, wenn diese es nicht verstehen, andere miteinzubeziehen und zu engagieren.“[42] Verwurzelung in einer Gemeinde und Verankerung in den persönlichen und gesellschaftlichen Fragen sind nur dann zu erfahren, wenn man sich selber vor Ort einbringt, engagiert und mithilft.

---

[41] M. Amherd, Ehrenamtliche Arbeit in der Kirche: Erwartet, gelobt, doch nicht honoriert?, Vortrags-Manuskript (14. 5. 1985), hrsg. v. Schweiz. Kath. Frauenbund (Luzern 1985) 2.

[42] E. Longoni-Portmann, Frauen im Spannungsfeld zwischen Erwerbstätigkeit und ehrenamtlichem, unbezahltem Einsatz, Vortrags-Manuskript (14. 5. 1985), hrsg. v. Schweiz. Kath. Frauenbund (Luzern 1985) 3.

(4) „Unsere Gesellschaft könnte nicht funktionieren ohne die unzähligen freiwilligen und ehrenamtlichen Mitarbeiter in Dienstgruppen, in Verwaltungs- und Entscheidungsgremien, in Vorständen und Kommissionen wie auch im politischen Bereich. Welch eine Stundenzahl von freiwillig geleisteter Arbeit ergäbe sich nur schon innerhalb des Katholischen Frauenbundes mit seinen Mitgliederverbänden, seinen Kantonalverbänden und lokalen Sektionen" (E. Longoni-Portmann).
Die *Wertschätzung* der ehrenamtlichen Mitarbeit entspricht aber oft keineswegs ihrer praktischen Bedeutung. Leider ist in unserer Gesellschaft die Mentalität anzutreffen, daß nur das zählt und wert-voll ist, was auch kostet und „teuer" zu stehen kommt. Ehrenamtlichkeit wird mit „zweitklassig" abgetan — und dies, obwohl das Bedürfnis danach wächst. Dabei zeigt sich auch im sozialen Feld, daß die Arbeit im fürsorgerischen Bereich nicht von Berufsleuten alleine zu versehen ist, sondern daß sie der vielen ehrenamtlichen und nebenberuflichen Kräfte bedürfen und daß solidarische Hilfe von Mensch zu Mensch geschehen muß.

(5) Die *Definition* von *Ehrenamtlichkeit* ist nicht leicht. Von ehrenamtlichem Einsatz ist dann zu sprechen, wenn Frauen und Männer sich *freiwillig* und *ohne Entgelt* für die geleistete Arbeit engagieren. Freiwilligkeit garantiert mehr Unabhängigkeit und damit einen größeren Freiraum für Kreativität und Spontaneität. „Sie gibt innerhalb der Kirche auch eine gewisse Narrenfreiheit" (E. Longoni-Portmann). Ehrenamtliche Arbeit kann durchaus auch eine persönliche Chance sein, allerdings auch zum Ort werden, wo — für andere zuweilen unangenehm — kompensiert wird. Probleme ergeben sich bezüglich des unbezahlten Einsatzes. — Wer kann sich dies überhaupt leisten? Wie wird unbesoldete Arbeit gewertet? Wer leistet zur Hauptsache die ehrenamtliche Arbeit? Zudem darf nicht übersehen werden, daß in diesem Bereich viele Frauen und Männer Anerkennung finden, sich selbst als wertvoll und notwendig erleben und sich Beziehungen knüpfen lassen und ergeben. Das empfinden viele auch als „Lohn", der nicht durch Geld aufzuwiegen wäre.
Stimmen die Klischees, daß Frauen eher im sozialen und kirchlichen Bereich ehrenamtliche Arbeit leisten, während sich die Männer doch eher im politischen, öffentlichen, kulturellen oder sportlichen Leben ins Spiel bringen? Und wie verteilen sich die jeweiligen prozentualen Anteile von Frauen und Männern in den kirchlichen Gremien auf allen Ebenen und im pfarreilichen Alltag? Ist es nicht so, daß die Frauen eher im formal schwachen Pfarreirat (bzw. Seelsorgerat in der Westschweiz) vertreten sind als in der Kirchenpflege, wo es um große Projekte, Entscheidungen und um die Finanzen geht? Wo wichtige Entscheidungen zu treffen sind, da findet man vornehmlich Männer. Ist nicht eine Durchmischung von Frauen und Männern in allen Bereichen der ehrenamtlichen Mitarbeit an-

zustreben? Und gibt es nicht Frauen, die solche Dienste freiwillig gerne verrichten, während es beispielsweise eine alleinerziehende Mutter ebenso gerne freiwillig tun würde, aber auf ein entsprechendes Entgelt angewiesen ist? Müssen in der Praxis die Grenzen zwischen ehren- und nebenamtlichen (bezahlten) Dienstleistungen nicht doch fließend gestaltet und offener gehandhabt werden?
Die Ehrenamtlichkeit erhält in unserer Gesellschaft durchaus eine gewandelte Bedeutung dadurch, daß aller Wahrscheinlichkeit nach sich die Freizeit und Arbeitszeit auch auf eine Sozialzeit verteilen wird. Das „Milizsystem" erfährt insofern einen Wandel, als vermutlich viele Aufgaben (z.B. im Gesundheitswesen) nicht durch die Arbeitszeit der Professionellen alleine, sondern durch einen Sozialdienst (Sozial-Zeit) auf ehren- und nebenamtlicher Basis gedeckt werden.

(6) Im Sinne synodaler *Partizipation* wäre gerade die Mitsprache der ehrenamtlichen Frauen und Männer solide zu verankern. Wer in den unterschiedlichen Bereichen Aufgaben wahrnimmt, will und soll auch sachverständigen Einfluß im kirchlichen Raum nehmen können; ansonsten ist kaum garantiert, daß Meinungen ernst genommen werden und die Engagierten sich Gehör verschaffen können. Leicht geraten sie in die Rolle, nur Zubringerdienste leisten zu dürfen und nur mitzuarbeiten, statt auch mitzuverantworten. Gerade nebenamtliche Katechetinnen fühlen sich zuweilen ausgenutzt, weil sie den oft begründeten Eindruck nicht loswerden, daß auf sie Aufgaben abgeschoben werden, die den Hauptamtlichen nicht behagen. Man läßt sie in einem Teilbereich (Katechese) allein, aber integriert sie weniger mitverantwortlich ins Seelsorgeteam oder in die Gemeindegremien. Und dann wird es nicht verstanden, wenn sie eines Tages müde sind und nicht mehr wollen. — Viel selbstverständlicher müßten in manchen Pfarreien die Spesenvergütung erfolgen und vor allem die gezielte Weiterbildung, die ehrenamtliches Engagement nicht einigen wenigen, sondern möglichst vielen öffnet.
In einem Positionspapier der Pastoralplanungskommission der Schweizer Bischofskonferenz ist dies prägnant zusammengefaßt: „Jeder hat sein Charisma. Zu fördern sind in den Pfarreien alle Bemühungen, die den Gemeindemitgliedern helfen, ihr ureigenes Charisma zu erkennen und zu pflegen. Jede Gemeinde erhält vom Heiligen Geist auch die Begabungen, welche sie befähigt, Kirche zu verwirklichen. Diese Begabungen werden auch wirksam im ehrenamtlichen Dienst für die Gemeinde. Nicht einige sollen vieles tun, sondern viele sollen einiges tun. Es geht um die Suche, Ermutigung und Förderung von ehrenamtlicher Mitarbeit in den Pfarreien. Seelsorge mit vielen ehrenamtlichen Mitarbeitern gewinnt an Menschennähe. Mit ihren Erfahrungen und neuen Sichtweisen sind sie eine Bereicherung des kirchlichen Lebens. Für den Einsatz Ehrenamtlicher ist

besonders darauf zu achten, daß sie auf ihre Aufgabe vorbereitet und begleitet werden ... Die Selbstverantwortung der Gemeinden als Volk Gottes wird nur dort wirksam, wo Partizipation, Mitverantwortung und Mitentscheidung gepflegt wird."[43]

[43] Gemeinden ohne Pfarrer am Ort, 257.

XIII.
Erneutes Plädoyer für eine „Tagsatzung" der Katholiken und Katholikinnen in der Schweiz

Zu Beginn des Jahres 1987 ist im Zusammenhang mit der Frage, ob der schweizerische Katholizismus prophetisch bewußtlos sei oder ob er sich seiner Herausforderungen bewußt sei, der Vorschlag einer Tagsatzung des Schweizer Katholizismus unterbreitet worden.[1] — Das mündliche und schriftliche Echo war so hundertfach — und zwar innerhalb weniger Monate —, daß man gar nicht mehr diskutieren dürfte, ob sie noch stattfinden soll. Man kann mit Fug und Recht von einem Plebiszit sprechen. Es ist wieder einmal offenkundig geworden, daß ein Vorschlag nicht deshalb ein Echo auslöst, weil er etwa gelungen oder gar schön formuliert gewesen wäre, sondern weil sein Anliegen sozusagen „in der Luft" liegt. Das Thema hat es von der Situation her in sich.

1. Das Anliegen ist schon älter, aber nicht verjährt

Ohne nun eine umfassende Geschichte dieses Anliegens bieten zu können, sei wenigstens durch punktuelle Belege auf seine schon frühere Aktualität hingewiesen.

a) Pastoralrat — Pastoralforum

Die Synode 72 bringt im Text „Kirchlicher Dienst" folgende Überlegung: „In einem so vielfältig gestalteten Land wie der Schweiz erscheint die Schaffung eines entsprechenden Organs der Zusammenarbeit, Koordination und Beratung, das auf nationaler Ebene der Schweizer Bischofskonferenz zur Verfügung stände, als besonders dringend. Die zwar oft recht schwierige, aber für die Kirche unseres Landes wertvolle Erfahrung der gesamtschweizerischen Synodenarbeit zeigte die Bedeutung eines gesamtschweizerischen Pastoralrates im Dienste der Einheit. Vielleicht kann die Kirche unseres Landes aufgrund ihrer Vielfalt auch für die Gesamtkirche in dieser Hinsicht wertvolle Impulse vermitteln" (Diözese Basel III, 2.3.2).

---

[1] L. Karrer, Eine Tagsatzung des Schweizer Katholizismus, in: Schweiz. Kirchenzeitung 155 (1987) 129—131.

Auch die Synode der Diözese Lausanne-Genf-Freiburg formuliert das Anliegen: „Au niveau suisse le Synode fait siennes les propositions de l'Assemblée suisse de coordination concernant la création d'un Conseil suisse de pastorale", und: „Le Synode demande à la Conférence des Evêques de créer un Conseil suisse de pastorale pour assurer aux fidèles l'exercice de leur responsabilité avec les évêques quand des options pastorales touchant l'ensemble du pays s'imposent et pour assurer à l'Eglise la connaissance de l'expérience de foi vécue par les chrétiens."[2]
Dem Grundtenor entsprechend dachte man dabei an ein gesamtschweizerisches Dach für die diözesanen Räte, dessen Verhältnis zur Bischofskonferenz eben ähnlich wäre wie das des diözesanen Seelsorgerates zum jeweiligen Diözesanbischof.[3] Da aber, wie schon an anderer Stelle erörtert, die verantwortlichen Instanzen in Rom aus Rücksicht auf andere Länder diesem Projekt nicht zustimmten, suchte man eine andere Lösung in der Form des sogenannten Interdiözesanen Pastoralforums.[4] Als Gründe für die ablehnende Haltung der zuständigen Stellen in Rom gegenüber einem gesamtschweizerischen Pastoralrat wurden folgende angegeben: Es fehlten für nationale Pastoralversammlungen, die in vielen Ländern beabsichtigt seien, die kirchenrechtlichen Grundlagen; ebenso wurde befürchtet, daß ständige Beratungsgremien zu Orten massiver Kritik und des Druckes auf die Bischöfe werden könnten; es könnte eine „parallele Leitungsgewalt" die Einheit der kirchlichen Gemeinschaft gefährden.[5] — Diese ablehnende Haltung wirft ein bezeichnendes Licht auf das Verständnis von Einheit und Einheitsdienst, die Angst vor dem „Volk Gottes" und die Wirklichkeitssicht, wonach von oben zu regeln ist, was nicht zuerst unten wachsen und sich finden durfte.
Die Notwendigkeit eines Kooperations-Instrumentes wurde weiterhin verfochten und führte zum Versuch eines interdiözesanen Pastoralforums. Im Einberufungsschreiben der Schweizer Bischofskonferenz zum ersten Interdiözesanen Pastoralforum vom 8.—10. Dezember 1978 in Einsiedeln steht zu lesen: „Die Bistümer der katholischen Kirche in der Schweiz sind, wie bereits erwähnt, kirchenrechtlich voneinander unabhängig. Zahlreiche Lebensfragen stellen sich jedoch auf gleiche Weise in der ganzen Schweiz — und in Europa. Damit sie in ihrer ganzen Tiefe betrachtet und gemeinsam beantwortet werden können, bedarf es der pastoralen Zusammenarbeit. Denken wir an die Fragen im kulturellen, sozialen, wirtschaftlichen

[2] Synode Diocésain, Pour une église servante de Jésus-Christ (Fribourg 1978) 37.
[3] Vgl. die Hinweise zum Statut im Synodentext der Diözese Basel (III, 5.3.2) oder der Synode Diocésain Lausanne, Genève, Fribourg et Neuchâtel 1972—1975, a.a.O., 37; s. auch: K. Oberholzer, Schweizerischer Pastoralrat, in: Schweiz. Kirchenzeitung 145 (1977) 296—297.
[4] S. Pressebericht der Sitzung der Schweiz. Bischofskonferenz v. 19.—21. Sept. 1977 in: Schweiz. Kirchenzeitung 145 (1977) 587.
[5] Ebd.

und politischen Bereich; den Atheismus, der sich ins Denken und Handeln einschleicht; das anstößige Verhalten unseres reichen Landes der ärmsten Menschengruppen und Völkern gegenüber. Denken wir an die Arbeitslosigkeit, an die Fragen der Wanderung, der die Arbeitskräfte unterworfen werden, mit ihren Folgen für das Familienleben. Denken wir an die Menschenrechte; die Rechte der Männer und Frauen, der Kinder und der Betagten; an die Fragen von Entwicklung und Frieden, von Energie und Verschwendung, von Wettrüsten und Waffenexport, von Gewalt und Zivildienst, Unterdrückung und Folter. — Für die Regelung innerkirchlicher Fragen sind zuerst die Bistümer zuständig. Aber oft rufen sie nach gemeinsamen Ordnungen. Wir erwähnen hier die kirchlichen Dienste der Laien, Diakone und Priester, besonders was deren Auswahl und Ausbildung betrifft; die ökumenische Zusammenarbeit; die Seelsorge im Dienst der Mischehen; die Seelsorge an den Geschiedenen; das kirchliche Wirken im Dienst gesellschaftlicher Randgruppen; die Zusammenarbeit mit den anderen Ortskirchen im Dienst der Weltmission; die Hilfe an den jungen und bedrängten Kirchen."[6]
Dieser Text alleine schon ist eine Legitimation in Richtung eines Pastoralrates, einer Synode oder umfassender einer „Tagsatzung", so daß die Schwerfälligkeit und Müdigkeit kaum zu entschuldigen sind, sich für diese kritisch-prophetischen Aufgaben ein wirksames Instrument auf gesamtschweizerischer Ebene zu schaffen. Wer diese Worte unserer damaligen Bischöfe nur schon ansatzweise ernst nehmen will, kann gar nicht mehr anders als alles daran zu setzen, daß „schleunigst" konkrete Schritte in diese Richtung unternommen werden.

b) Gesamtschweizerischer Katholikentag

Aber die eben zitierten Ausführungen der siebziger Jahre haben ihre Vorläufer in dem Jahrzehnt zuvor. Und es ist höchst erstaunlich, wie die Überlegungen und Planungen zu einem XI. Katholikentag in der Schweiz sich in vielem mit den Anliegen einer „Tagsatzung" treffen und zum Teil sogar decken.[7] Einige Stichworte sollen dies dokumentieren. Die Zentralkonferenz des Schweiz. Kath. Volksvereins debattierte am 16. Dezember 1962 die Frage eines schweizerischen Katholikentages 1964. Zwar wußte man um ein spürbares Mißbehagen gegen Massenveranstaltungen und empfand einen demonstrativen Katholikentag als „acies ordinata" gegen eine kirchenfeindliche Zeit nicht mehr nötig und angemessen. Trotzdem hielt der damalige Generalsekretär, der heutige Bischof von Basel, Otto

[6] In: Schweiz. Kirchenzeitung 146 (1978) 630.
[7] Vgl. A. Imstepf, Die schweizerischen Katholikentage 1903—1954 (Freiburg Schweiz 1987).

Wüst, an der Notwendigkeit von Großkundgebungen fest, weil das Gemeinschaftserlebnis gewahrt bleiben und die Kirche von Zeit zu Zeit mit ihren Anliegen in die Öffentlichkeit treten müsse.[8] Man dachte an die Form einer über mehrere Tage sich hinstreckenden Studientagung, an der sich Seelsorger und Laien über den Standort und die Zukunftsaufgaben des schweizerischen Katholizismus im Lichte des Konzils Rechenschaft geben sollten.[9]

Der Katholikentag sollte dazu dienen, „einige wenige Anliegen, die sich einerseits aus der heutigen Situation des schweizerischen Katholizismus und anderseits aus den vom Vatikanischen Konzil vorgezeichneten Grundsätzen und Richtlinien zur inneren Erneuerung der Kirche ergeben, der katholischen Öffentlichkeit in möglichst wirksamer Weise bewußtzumachen und . . . Impulse zu geben . . . Nun ist es einsichtig, daß diese Zielsetzung des Katholikentages nicht in einer an einem einzigen Tage erfolgenden großen Kundgebung erreicht werden kann. Es wird darum vorgeschlagen, daß dem eigentlichen Katholikentag vorausgehend eine zwei bis drei Tage dauernde Studientagung abgehalten wird."[10]

Als Lernimpuls für künftige Überlegungen zeigte sich, wie bei einem solchen Projekt die sprachregionalen Bedingungen und Empfindlichkeiten wahrzunehmen und aufzuarbeiten sind. — So entstand damals die bedeutenswerte Überlegung, ob nicht zwei oder drei Katholikentage im Tessin und in der West- und Deutschschweiz gleichzeitig durchgeführt werden könnten, aber gemeinsam vorbereitet würden.[11] Die Konturen der späteren Synode 72 werden schon ein wenig sichtbar. — Deutlich feststellbar sind die Anliegen der Kontinuität, die der Generalsekretär O. Wüst durch Massendemonstrationen nicht gewährleistet sah, und die vermehrte Koordination innerhalb des schweizerischen Katholizismus.[12]

Aufgrund verschiedener Ursachen und Entwicklungen wurden diese so wichtigen Grundlagenarbeiten und Pläne sozusagen „weggeschwemmt". Gleichzeitig wurden in der nachkonziliaren Zeit Überlegungen zu einem Katholikenrat gemacht, der gemäß den Worten von Bischof Anton Hänggi eine „Totalrepräsentation" der Schweizer Katholiken gewährleisten sollte[13], eine Aufgabe, der der Schweiz. Kath. Volksverein in den sechziger Jahren nicht mehr gerecht wurde.

Ausgehend von einem synodalen Kirchenbild wird man im Vergleich sa-

---

[8] Ebd., 113; wie aus der Arbeit von A. Imstepf hervorgeht, war Bischof Otto Wüst der geistige Motor dieser neuen Konzeption. Seine damaligen eindrucksvollen Überlegungen bilden heute noch wichtige Elemente für das Anliegen einer Tagsatzung; vgl. ebd. 131.

[9] Ebd., 114.

[10] So Dr. Otto Wüst in: A. Imstepf, a.a.O., 115.

[11] Ebd., 117; vgl. 123, 127.

[12] Ebd., 117f.

[13] Ebd., 132; vgl. 134.

gen müssen, daß die Überlegungen zu einem „Katholikentag" bzw. Katholikenrat auf breitere Repräsentanz angelegt gewesen sind, während der von der Synode vorgeschlagene Pastoralrat wohl stabiler (Kontinuität) konzipiert wurde. — Eines ist aber festzuhalten: Wenn es so etwas wie „Väter" einer künftigen „Tagsatzung" geben sollte, dann sind sie bei den wachen Leuten der sechziger Jahre zu suchen.

2. Gründe für eine „Tagsatzung"

Sie sind im ersten Teil schon erörtert worden, sollen aber zur Verdeutlichung des Anliegens zusammengefaßt werden.

a) Praktische Gründe kirchlicherseits

(1) Im Zusammenhang mit der Vernetzung der eher institutionellen kirchlichen Vielfalt und der pastoralen Wege und Initiativen ist vom *Kongregationalismus* in der katholischen Kirche Schweiz die Rede gewesen. Es ist somit der Frage nicht auszuweichen, ob es bei der Verzettelung und föderalistischen Verlagerung des kirchlichen Lebens nach unten der Kirche Schweiz zu wenig gelingt, sich gesamtschweizerisch kritisch-prophetisch vernehmen zu lassen. Einer solchen *kritisch-prophetischen Präsenz* fehlt der *Synergie-Effekt* der vielen verstreuten Kompetenz an der Basis.

(2) Ein damit zusammenhängendes Grundproblem der vielfältig parzellierten Kirche Schweiz liegt darin, daß vieles im *föderalistischen Nebeneinander* funktioniert und arbeitet. Auf horizontaler Ebene gibt es eine verzweigte Kooperation und eine feine Verästelung; der aber entspricht keine — wenn man es so ausdrücken darf — vertikale Kooperation oder koordinierende Vernetzung. Man „hirnt" an manchen Orten an den gleichen Problemen (oft in der Attitüde des alles rettenden Helden Winkelrieds) und erfährt oft nur durch Zufall, daß andere am gleichen Thema sind. Sie alle bedürften eines Forums, das zwar nicht die Eigenständigkeit vor Ort beschneidet, aber in vermehrtem Maße zusammenführt und aufeinander hören läßt. Sonst wirkt das Ganze wie ein griechischer Tempel mit vielen, zum Teil schon umgefallenen Säulen — aber ohne Dach.

(3) Unser *Konkordanzdenken* und der *Konsens* als Zwang zum *Kompromiß* führen zu defensiven Rücksichtsnahmen, die andere zwar leben lassen, aber sich streng dagegen verwahren, wenn andere den eigenen individuellen Weg versperren oder dreinreden wollen. Das kann auf Kosten der inhaltlichen Auseinandersetzung gehen. Der Alternativen gibt es dann viele,

aber als zugestandene „Sonderzüglein“. Das gegenseitige *konzeptionelle Ringen* um eine *verbindliche gemeinsame Programmatik* schränkt sich auf das Allernotwendigste ein (Wirtschaftsfragen, funktionale Demokratie!). Kann es daran liegen, daß auch die katholische Kirche Schweiz größte Mühe bekundet, ihren aktuellen Auftrag im gesamtgesellschaftlichen Horizont zu finden und ihren Auftrag mit einer vernehmbaren Stimme zu vertreten, sich Gehör zu verschaffen und auch genau hinzuhören? Es gibt zwar eindrucksvolle Stimmen und auch lohnende „Partituren“. Aber wo und wie verbinden sie sich zu einem „Chor“, und wo findet das „Konzert“ statt?

(4) Es ist mehrfach auf den *sprichwörtlichen Pragmatismus* in der Schweiz hingewiesen worden. Die katholische Kirche Schweiz reflektiert diesen allgemeinen helvetischen Eindruck, nämlich eine Art Patchwork, wo viele an eigenen Plätzen werkeln und ihr eigenes Gärtchen pflegen.
Eine kritisch-prophetische Präsenz der Kirche in der gesellschaftlichen Situation der Schweiz im Rahmen der Herausforderungen der Welt (die an den Schweizer Grenzen nicht haltmachen) und angesichts der Diskussion der Europafrage bedingt jedoch die Bereitschaft zur Analyse und kritischen Beurteilung der Wirklichkeit sowie jene Phantasie, die Lösungen vorschlägt und Konzepte entwickelt und auf dieser Basis zu verhandeln und zu handeln versucht — über den Tag hinaus.
Das ist zwar kein konfliktloser Vorschlag. Aber der Preis für einen einseitigen Pragmatismus ist auch zu bedenken, denn die Pflege „kleiner Gärtchen“ läßt an der selbstverordneten Enge erlahmen. Solidarität kann hingegen nur wachsen, wenn man sich gegenseitig argumentativ vermittelt, auf klare Stellungnahmen, eventuelle Auseinandersetzungen und auf Empfehlungen hinarbeitet und gemeinsame Optionen wagt. Aber dafür bedarf es über die pfarreilichen und regionalen Möglichkeiten hinaus eines geeigneten Forums, um auf gesamtschweizerischer Ebene diese Fragen zu erkennen, Probleme zu verstehen und aufeinander zu hören. Das ist in der Form einer Tagsatzung denkbar.

(5) Das Milizsystem in der Schweiz hat (noch) viele unverzichtbare Vorteile. Dies darf aber nicht die Nachteile übersehen lassen, die zunehmende Spannung zwischen ehren- und nebenamtlichen Aufgaben und der in allen Sparten zunehmenden Professionalisierung, die wachsende Bedeutung der funktionalen Demokratie auf der einen Seite und die Anspannung für ein zunehmend gefordertes Miliz-Parlament auf der anderen Seite usw. — Das erschwert eine differenzierte Herstellung von Öffentlichkeit, obwohl die Demokratie ihrer bedarf. — Auch die Kirche Schweiz erlebt den *Mangel an Öffentlichkeit*, es sei denn, daß sie durch die selbst verursachten Konflikte, wie etwa im Fall Chur, von den Medien in einer peinlichen und

hämischen Weise präsentiert wird. Aber ihr müßte im Dienste ihrer Anliegen an einer Öffentlichkeit liegen. Zudem ist nicht zu übersehen, daß auch die kleine katholische Kirche Schweiz über ein Potential an Kräften, Ideen und pastoralen Erfahrungen verfügt, die sich zuwenig finden, gegenseitig tragen und herausfordern. Es gibt auf gesamtschweizerischer Ebene kein Forum dafür. Manchen Impulsen und Projekten würde man wünschen, daß sie sich stärker einer Öffentlichkeit stellen und die schweizerische Öffentlichkeit selber in Frage stellten. Manche Entdeckung gäbe es zu machen, sogar solche, die selbstbewußt zu „exportieren" wären. Aber eben, wie schon gefragt, wer macht Entdeckungen? Wo geschieht ein Austausch, der zur Entdeckungsfahrt würde?
Könnte es sein, daß der stimmschwache und zum Teil wie bewußtlos wirkende, durch die Churer Ereignisse allerdings aufgeschreckte und gestörte Zustand der schweizerischen Kirche auch mit ihrer rechtlichen Verfassung zu tun hat? Mit anderen Worten: Für die gesellschaftlich wache und im umfassenden Sinn (kritisch und prophetisch) spirituelle Präsenz der Kirche im gesamtgesellschaftlichen Zusammenhang braucht es so etwas wie eine Plattform, nicht nur Stabsstellen und Kommissionen. Diese werden ohnehin punktuell und oft nur nach Gutdünken bemüht. In diesem Sinn wird die Notwendigkeit eines „Ortes" und eines „Instruments" verfochten, die den Rahmen bilden, wo miteinander gerungen werden kann um die konkrete Verwirklichung des Evangeliums in unserer Gesellschaft und in der Tagesordnung, die uns die Welt diktiert (und nicht wir uns selber). Das Anliegen soll seine Chance in einer konkreten Sozialform erhalten und zu unserer Chance werden.

b) Die gesellschaftliche Seite

Von der gesellschaftlichen Seite her gibt es gewichtige Gründe. Wenn sich Religion auf den einzelnen Menschen bzw. seine Alltagswelt (Lebensbereich) und auf eine diese Alltagswelt transzendierende Wirklichkeit bezieht, und dies immer im Horizont geschichtlich gewachsener gesellschaftlicher Prozesse und Horizonte, dann zeigt sich, auf welch labile und krisenanfällige Weise auch die Kirchen als für Religion zuständige Institutionen ihre Zukunft suchen müssen. Denn: durch die schon früher diagnostizierte Verkirchlichung des Christentums[14] verstärkt sich eher noch die Gefahr, daß sich die Menschen gerade der Kirche als Institution entfremden. Man verhält sich ihr gegenüber wie gegenüber anderen Institutionen und „Anstalten" in bestimmten Rollenerwartungen. Die religiöse Ansprechbarkeit von Menschen hängt somit von einer Vielzahl von individu-

[14] F. X. Kaufmann, Kirche begreifen (Freiburg i.Br. 1979) 100ff.

ellen Faktoren ab, die vom einzelnen Menschen her leben und getragen sein müssen und durch kein zentralistisches Vereinheitlichungskorsett mehr zu finden sind. Die einzelne Person identifiziert sich je länger um so weniger mit einer Institution total, sondern bewegt sich ihr gegenüber im besten Fall in einer spannungsvollen Beziehung. — Mit anderen Worten: Die Kirche kann wegen der gesellschaftlichen Entwicklung nicht mehr ins geschlossene Milieu zurück, sondern muß auch dem innerkirchlichen Pluralismus Beachtung schenken, ihn sogar fördern und für entsprechende Sozialformen besorgt sein. Von diesem Hintergrund her steht die Amtskirche auf verlorenem Posten, wenn sie allein entscheidend die Zukunft der Kirche sichern möchte.

Es wird somit viel mehr Freiraum erforderlich sein, um die einzelnen Menschen, die Jugendlichen und in vermehrtem Maße auch die Erwachsenen, in die Lage zu versetzen, Glauben zu vollziehen. Um dieser Motivation willen, die gesellschaftlich nicht mehr geleistet wird noch geleistet werden will, sind überschaubare Formen der kirchlichen Kommunikation zu wagen und zu versuchen, in denen Menschen den Doppelbezug zur Gesellschaft und Kirche ansatzweise im Auge haben bzw. aushalten können. Dies ist in einer patriarchalischen und von oben dekretierenden Art für die meisten nicht mehr denkbar. Es bedarf vielmehr der den einzelnen Menschen subjektiv erreichenden und im Konsens zu suchenden Gemeinschaft. Dem haben alle kirchlichen Instrumente im Sinne der Grundfunktionen zu Diensten zu sein.

Aber diese gewagte Vielfalt bedarf der Vernetzung, um der Zersplitterung der Orientierung und der Verzettelung der Kräfte zu entgehen. In diesem Sinne ist ein gesamtschweizerisches Organ der Aufgabenwahrnehmung, der Situations- und Kriterien-Vergewisserung sowie der Phantasie-Hilfen für Handlungsimpulse unumgänglich. Wie anders soll die Fülle der Vielfalt in der Kirche in die gesellschaftliche Wirklichkeit der Schweiz hinein eingebracht werden können? Diese kritisch-prophetische Präsenz in der schweizerischen Gesellschaft in der Form einer regelmäßigen Tagsatzung meint nun keine Super-Institution, sondern die Institutionalisierung von Dialog-Instrumenten, ein Forum, auf dem sich die Kirche Schweiz Rechenschaft gibt über den weiteren Weg ihrer Zukunft.

c) Theologische Gesichtspunkte

Aus theologischen bzw. ekklesiologischen Gesichtspunkten legt sich ebenfalls ein gesamtschweizerisches Forum, das die Vielfalt zur Einheit im Dialog versammelt, geradezu zwingend nahe. Im Zuge der pastoralen Verarbeitung der Impulse des Zweiten Vatikanischen Konzils kam wieder das ursprüngliche Kirchenbild, das lange Jahrhunderte bewußtseinsmäßig im reichen Schatz der kirchlichen Tradition geschlummert hat, ans Licht der kirchlichen Öffentlichkeit: Die Kirche wird als Leib Christi und als Volk Gottes wieder entdeckt. Damit hat sich ein biblisch fundiertes Kirchenbild eine Bahn gebrochen, das aus der Engführung einer klerikal und zentralistisch fest gefügten Kirche befreien kann. Dadurch ist auch die jahrhundertealte theologische und kirchliche „Enteignung" (Nicht-Anerkennung) der Laien grundsätzlich überwunden worden. Die Theologie gebietet sozusagen eine geschwisterliche Kirche, in der das Volk Gottes mitverantwortlich und mithaftbar ist für eine glaubwürdige Gemeinschaft in der Nachfolge Jesu. Strukturell ist das in Kommunikationsformen aufzugreifen, in denen die monologische Einwegstraße von oben nach unten durch dialogischen Gegenverkehr von unten nach oben ergänzt wird. Solchen „Gegenverkehr" ist man aber noch nicht gewohnt. Das ist aber letztlich das Anliegen eines synodalen und kollegialen Kirchenmodells.

d) Pastoralhistorische Gründe

Aber auch pastoralhistorische Gründe sprechen für ein Forum, auf dem die Verantwortlichen im Dienste der Einheit im Glauben und Beten mit den Vertretern und Vertreterinnen der kirchlich und pastoral vielfältigen Lebensbereiche in regelmäßigen Perioden zusammenfinden.
Wenn man an die reiche Erbschaft vieler seit dem letzten Jahrhundert gewachsener Impulse und Werke im Katholizismus und in der Kirche Schweiz denkt — etwa die Missionsidee, die sozialen und karitativen Werke, die ersten ökumenischen Schritte, Auf- und Durchbrüche in der Verkündigung und Liturgie, die Institution der Bischofskonferenz, die Messis und das Missionsjahr, das Fastenopfer, die Synode —, dann waren es vielfach Anstöße, Ideen, Vorschläge und Inspirationen von sogenannten Laien, von Männern und Frauen, die sich solidarisierten und handelten. Dabei wurden sie oft von Klerikern unterstützt und ermutigt. Und vorhandene Probleme haben kaum zu schismatischen Spannungen geführt. Insgesamt belegt doch auch die im Weltrahmen sich bescheiden ausnehmende katholische Kirche Schweiz durch ihre eigene jüngste Geschichte, daß es für die Kirche insgesamt zum Guten wurde, was Frauen und Männer — Laien — in die Hand genommen haben. Und diese Fruchtbarkeit der Laien erwies sich dadurch, daß sie einerseits tief in der Kirche verankert waren und andererseits — natürlich zeitbedingt und zeitbegrenzt — die Zeichen der jeweiligen Zeit wahrnahmen und als Herausforderung annahmen. — Den heute verantwortlichen Entscheidungsträgern, den Klerikern auf allen Etagen des Kirchengebäudes, kann im Grunde genommen gar nichts Besseres passieren, als daß sie — man erlaube die saloppe Ausdrucksweise — den „Laien" bzw. dem Volk Gottes noch mehr in die Hän-

de fallen. Sie finden damit immer zurück, wo man sie erwartet und wo sie immer zuerst hingehören, bevor sie einen Dienst im Auftrag der Kirche übernehmen: bei den Christinnen und Christen im konkreten Alltag.
In diesem Zusammenhang ist die doch klare — wenn auch verschleierte — Ablehnung einer „Tagsatzung“ seitens der meisten schweizerischen Bischöfe sehr bedauerlich. Auch der Einwand, in einer Zeit der Unruhe und Krise würde durch ein solches Unternehmen die Polarisierung nur verschärft, ist doch eher von Ängstlichkeit gekennzeichnet. Ähnlich wie bei der Ablehnung der „Luzerner Erklärung“ (22. März 1991), verweist man auf die Schürung von Emotionen und die Verunsicherung im Volk Gottes. Wer die Emotionen schürte, ist doch wohl offenkundig. Mit dem Hinweis auf die Verunsicherung übernahmen die Bischöfe die Argumentationsweise Roms in den siebziger Jahren gegen den von ihnen damals bejahten Pastoralrat. — Es ist in der Tat nicht von der Hand zu weisen, daß bei der gegenwärtigen Stimmungslage deutliche Worte gesagt werden, weil Konflikte nicht einfach direktiv beizulegen sind. Aber der Weg einer klaren Aussprache und Konfliktbereinigung (oder wenigstens klaren Konfliktbenennung) ist immer noch besser als Verschleierung und Rückzug in resignative Abwartehaltung gegenüber obrigkeitlichen Schritten. Der Konflikt in Chur ist eindeutig von oben inszeniert worden. Wie soll von dort dann eine Heilung erwartet werden dürfen? Es ist zuerst ein Personalproblem; und erst dann kam es zur tief zerstörenden Krise in der Kirche Schweiz. Wäre es nicht vielmehr geistlich und pastoral sinnvoll, wenn bei einem gesamtschweizerischen Treffen, bei dem die Kirche Schweiz ihren Weg sucht, die Kirche sich ihrer eigenen Schuld und Zerrissenheit stellte, aber auch Versöhnungsschritte wagte?
Das Unheilvollste an innerkirchlichen Zerwürfnissen ist doch, daß man/frau der Kirche davonläuft und daß die verschiedenen Lager in der Kirche — trotz Gruppensolidarisierungen — einander davonlaufen, daß Mauern errichtet und Burgen eingerichtet werden. Mit großer persönlicher Bekümmerung muß ich fragen, ob wir nicht an einer Selbstvergiftung der innerkirchlichen Kommunikation leiden. Wer heilt eine solche ekklesiogene Blutvergiftung? Wäre es in einer solchen Situation nicht angemessener und wohl auf lange Sicht eher heilend und befreiend, wenn eine Tagsatzung zum Erlebnis führte, daß man sich trotz alledem nicht gegenseitig alleine läßt? Trauerarbeit sowie praktische Versöhnungsschritte stehen uns allen in der Kirche Schweiz ins Haus. Wie großartig wäre eine Tagsatzung mit einer Bußfeier, bei der wir mit unserem ermüdendem Streit und heillosen Hader vor den Gott Jesu kommen dürften! Dann könnte es sein, daß durch alle Konflikte hindurch, so sie zugelassen werden, Atmosphäre und Raum geschaffen würden, einander wieder zum Anlaß von Hoffnung und praktischem Christen-Mut zu werden und wenigstens tolerant zu sein.

Das Anliegen, das sich mit der Tagsatzung verbindet, ist somit desavouiert, wenn man ihm taktisch reserviert oder gar ablehnend entgegentritt. Das Anliegen in die eine oder andere Richtung für andere Ziele zu „instrumentalisieren“ oder es auf die lange Bank zu schieben, verkennt wohl die tieferen Aspekte (Volk Gottes!) und die Chancen, die sich damit verbinden. — Zudem würde sich beispielsweise auch zeigen, daß manche Bischöfe und Kleriker mit ihren Sorgen, Ängsten und Verärgerungen nicht so alleine dastehen. Vielleicht schenkte sich ihnen im Umgang mit den Frauen und Männern — wie sich das bei den Diözesansynoden schon zeigte — ein menschlich auffangendes Netz, sogar die Sprache und Freiheit, in denen sie sich noch differenzierter selber fänden.
Sie würden vielleicht auch noch unmittelbarer wahrnehmen, wie Kirche bei vielen Menschen in unserer Gesellschaft am „Rande“ steht. Aber von ihrer Rolle her sind Bischöfe und Kleriker, Theologieprofessoren (wie wohl viele Professoren) und in einem gewissen Sinn auch Seelsorger und Seelsorgerinnen sozusagen im institutionellen Zentrum. Je mehr man rollenmäßig sich in einer solchen Position befindet, um so leichter wird man auf die Dauer eingeschläfert für die Tatsache, wie sehr die Institution selbst am Rande des gesellschaftlichen Lebens stehen kann. Um einander aus solchen Anästhesien des Bewußtseins zu retten, könnten „Tagsatzungen“ auf den verschiedenen Ebenen und gesamtschweizerisch eine echte Hilfe bedeuten. Denn sie institutionalisiert den Dialog und auch das Miteinander im Dialog in harter Währung: in der Auseinandersetzung und im Streit.
Finden die Bischöfe nicht die Kraft, sich zum Volke Gottes zu begeben[15] und mit ihm den Weg zu gehen, dann fürchte ich auch in der Schweiz „schismatisierende“ Selbsthilfe; man geht eigene Wege und fragt nicht mehr. Dabei denkt man unwillkürlich an Entwicklungen in der holländischen Kirche oder auch in der Dritten Welt.

---

[15] Die Pastoralplanungskommission (PPK) der Schweizer Bischofskonferenz, im Sinne des Zweckartikels (Statut Art. 1.3) für die interdiözesane Koordination bei der Behandlung gesamtschweizerischer Fragen ... mitverantwortlich, hat eine Arbeitsgruppe 34 „Tagsatzung der Schweizer Katholiken und Katholikinnen“ gebildet. Diese Arbeitsgruppe hat innerhalb eines Jahres zu Handen der PPK bzw. der Bischofskonferenz Überlegungen und Modellvorschläge unterbreitet. Die Bischofskonferenz hat sich auf ihrer Mai-Sitzung 1990 und ein zweites Mai im Juni 1991 damit befaßt. Ihre Reaktion ist nicht anders als eine verhüllt formulierte Sistierung zu verstehen. Man will sich auf sie zur Zeit nicht einlassen. — Der Einwand, es handle sich überdies um einen „politischen Begriff“, erscheint doch reichlich verlegen und verräterisch. Dann dürften sich die Bischöfe auch nicht mehr Diözesanbischöfe nennen, weil Diözese ursprünglich ein rein politischer Begriff gewesen ist. Natürlich muß man nicht auf dem Begriff beharren, obwohl er das Anliegen für schweizerische Ohren sehr plausibel macht.

3. Zum Modell einer „Tagsatzung"

Wenn von einem Plädoyer für eine Tagsatzung der Katholiken/Katholikinnen in der Schweiz die Rede ist, dann soll mit diesem vorerst befremdlich wirkenden Ausdruck Absicht und Anliegen deutlich gemacht werden, aber kein Patent-Modell hartnäckig verteidigt werden.

a) Institutionalisierung des Dialogs

Die Tagsatzung war eine Form von Delegierten-(Gesandten-)Konferenz, auf der über wichtige Fragen und die Richtung der weiteren Politik der gesamten Eidgenossenschaft verhandelt wurde, ohne allerdings die einzelnen Orte zu Entscheidungen zu zwingen, die nicht nochmals „heimgebracht" und eingehend beraten und dort entschieden wurden. Die einzelnen Orte wahrten ihre Freiheit und gaben nicht Kompetenzen nach oben ab.

Wichtig sind in diesem Zusammenhang die Eigenständigkeit der einzelnen Stände und die Bedeutung der Landsgemeinden, wo das Volk über Vorschläge und Entscheidungen der Tagsatzung befand und diskutierte. Es wird hiermit kein (ohnehin aussichtsloser) Versuch unternommen, für zentralisiertere Formen der Entscheidungsbefugnis der Kirche auf gesamtschweizerischer Ebene einzutreten oder für so etwas wie einen strukturellen Ausbau eines administrativen „Wasserkopfs". Zur Diskussion steht nicht der Ausbau einer Institution, sondern die Institutionalisierung des Dialogs im Bereich der katholischen Kirche, bei der alle Gruppierungen und „Säulen" in der Kirche und im schweizerischen Katholizismus vertreten sind oder Zugang finden können. In den fünfziger Jahren gab es noch einen Katholikentag und die Messis, in den sechziger Jahren die Missio und das Groß-Ereignis Konzil, in den siebziger Jahren die Synoden und um die Wende zu diesem Jahrzehnt wenigstens noch zwei Pastoralforen: alles doch Gelegenheiten und Chancen, bei denen die Kirche Schweiz weiterführende Impulse erhielt, Kräfte sich sammelten und (wenigstens innerkirchlich) Talsohlen durchquerten sowie Aufgaben und Herausforderungen sensibel wahrgenommen wurden. Warum soll sich dies nicht wiederholen dürfen — gerade beim derzeitigen Stimmungstief in der Kirche Schweiz?

Es ginge darum, das Hoffnungspotential aus dem christlichen Glauben an den Hecken und Zäunen der gesellschaftlichen und menschlichen Probleme und Fragen „einzusetzen" und auch in der Mühsal vieler kleiner Schritte zu wagen. Es ginge um eine gesamtschweizerische Vergewisserung für das konkrete Handeln vor Ort. Man mag die Form mit den Begriffen wie Forum, Drehscheibe, Meinungsmarkt oder mit Plattform oder

Gesprächsbasis umschreiben. Zu empfehlen ist ein regelmäßig stattfindendes (aber im Vergleich zu den beiden bisherigen intensiveres) Pastoralforum oder die Form eines katholischen Kirchentages oder die Vision einer erneuten Synode. Das sollte mit „Tagsatzung" gesagt werden.

b) Drehscheibe nach innen

Damit soll die vorhandene und durchaus reiche Vielfalt in den Pfarreien, Seelsorgebezirken, kirchlichen Gruppierungen und Bewegungen, in den Verbänden und auf den verschiedenen Ebenen des kirchlichen Lebens keineswegs angetastet werden. Dort liegen Reichtum und Chancen für eine lebendige Kirche Schweiz, ohne die die Überlegungen zu einem Pastoralforum usw. keinen Sinn ergeben würden. Aber auch Freiräume bilden und haben Mauern. Die kirchliche Kleinräumigkeit und die Provinzialität, die uns Eidgenossen durchaus angemessen ist und auch im kirchlichen Leben selbstverständlich spielt, dürfen nicht unserem Bewußtsein und der Kontrolle entgleiten. Dafür ist eine gesamtschweizerische Vermittlung vonnöten, sollen Rückzüge in die kleinen Räume und damit eventuell in perspektivenvergessene Anpassung, ermüdende und aufs Ganze gesehen lähmende Ängstlichkeit, taktisches Verhalten gegenüber Rom sowie verlegene Rückwärtsbewegungen sich nicht noch mehr ausbreiten. Denn Angst macht lernbehindert — auch gegenüber dem Heiligen Geist.

Aber man findet keine Modelle für eine solche Präsenz der Kirche in der Schweiz. Deshalb erfolgte der gewagte Versuch, die Mechanismen dieser „Bewußtlosigkeit" auf gesamtschweizerischer Ebene soweit als möglich zu enttarnen (im ersten Teil!), weil ein solches Vergessen auf die schlimmste Selbst-Enteignung der katholischen Kirche hinausliefe; ein solchermaßen erkaufter Friede wäre eine gefährliche Ruhe, die die Gegenwart mit ihren Aufgaben schwänzte.

Das Plädoyer für eine „Tagsatzung" der Schweizer Katholiken und Katholikinnen möchte also einer Drehscheibe das Wort sprechen, die Bewußtsein bildet und schafft, Aufgaben und Herausforderungen erkennt und gewinnt sowie Solidarisierung innerhalb der Kirche und kirchlicher „Kräfte" ermöglicht. Dabei müßte vom Synoden-Dreiklang: Arbeit — Gottesdienst — Feiern etwas zu spüren sein. Selbstverständlich sind — wie das ja stets der Fall gewesen ist — die Vertreter der Missionskirchen und Orden sowie anderer Teilkirchen, die Christen der anderen Kirchen sowie weitere gesellschaftlich bekümmerte und engagierte Gruppierungen und Organisationen zu diesem suchenden Dialog und Austausch einzuladen und in den Diskurs um die entscheidenden Fragen zu einzubeziehen.

Im Spiegel solcher Prozesse und Vorgänge würden wir uns der gesamtgesellschaftlichen Verpflichtungen bzw. Aufgaben im Sinne einer kritisch-prophetischen Präsenz wohl klarer bewußt; und den vielen Initiativen und ihren Trägern wären Begegnung, Auseinandersetzung und gegenseitige Inspiration ermöglicht. Der Gefahr der Unverbindlichkeit des scheinbar „vielen Redens“ kann durch Empfehlungen und Optionen begegnet werden. Immerhin geht die kirchliche Frauen-Kommission „Auftrag der Frau in der Kirche“ auf ein Votum des Pastoralforums in Lugano zurück.

c) Megaphon nach außen

Aber nicht nur die Funktion einer Drehscheibe macht den Vorschlag plausibel, sondern auch die Funktion eines „Megaphons“ im Rahmen der ganzen katholischen Kirche. Gerade eine kleine Kirche hat vermutlich hier eher Chancen, in ihrem Rahmen Fragen und Probleme zu erörtern, die auch von gesamtkirchlicher Bedeutung sind, dort aber nur schwerfällig zur Diskussion gelangen können oder als Gesprächspunkte abgewehrt werden. Eine Kirche, die die sogenannten heißen Eisen (wer macht sie eigentlich heiß?) charismatisch „selbstbewußt“ bespricht und um sie ringt, setzt vorhandene und zum Teil erlittene Probleme und Nöte sozusagen in ihr Recht ein, auch dann, wenn sie um ihre Solidarität mit der Gesamtkirche und ihre begrenzte Kompetenz bezüglich der Entscheidungsbefugnis weiß. Das größte Problem ist nicht die Verlegenheit der Gesamtkirche, wie manche Probleme praktisch zu lösen sind, sondern der wachsende Eindruck, daß die Entscheidungsträger in der Kirche die Probleme an der Basis und die pastoralen Herausforderungen und Verunsicherungen im Alltag der Pfarreien oder in einzelnen Bistümern nicht zur Kenntnis nehmen oder gar die Diskussion darüber mit Tabu belegen. In diesem Gesamtkontext bedarf es vieler Stimmen, die unterdrückte Fragen (auch die „dummen Fragen“) ernst nehmen und nicht abwarten, bis eine freie Rede offiziell gestattet wird. Es ist durchaus zu erkennen, daß viele im In- und Ausland froh wären, wenn die Kirche Schweiz sich etwas mutiger und selbstbewußt als Megaphon in diesem Sinne betätigte.

d) Synode: Brücken-Bau

Eine „Tagsatzung“ der Katholiken und Katholikinnen in der Schweiz als Drehscheibe nach innen und als Megaphon nach außen könnte kleine und größere Brücken bauen (mit dem Brückenbau fing es doch in der Eidgenossenschaft an), Brücken zwischen den vielen „Säulen“, Gruppierungen, Initiativen, Generationen, Bewegungen usw. in der Schweizer Kirche, aber auch den Brückenbau zu den anderen Kirchen verstärken, ebenso zu den Menschen „guten Willens“ außerhalb und innerhalb der organisier-

ten Kirchen. Die Alternative zum Brückenbau ist für die Schweizer Kirche nur ein sich selbst einigelnder und um sich verbissen kämpfender Brükkenkopf, der Angst macht und Abwehr auslöst.
Um Beispiele solchen Brückenbaus sind wir gar nicht verlegen: Schweizerischer Katholischer Frauenbund; Caritas Schweiz mit den Caritas-Stellen in den meisten Kantonen (allerdings fehlt der Basisbezug, denn die beabsichtigte Pfarreianimation greift doch vorerst kaum . . .); Fastenopfer; Jugendverbände.
Ähnlich wie beim Frauenbund sind auch im Bereich der Jugendverbände und der Jugendseelsorgertagung (in der die Jugendseelsorge-Stellen vertreten sind) Basisbezug und Vernetzung strukturiert. Zudem werden die einzelnen Verbände und Bewegungen einander zur Herausforderung und gegenseitigen Inspiration. Immerhin sind dort verschiedene Richtungen und Gruppen vertreten: Fokolare, Arbeiterjugend, Jungwacht und Blauring, Pfadfinder, Turnerinnen, Kolping, Gemeindeerneuerung aus dem Geiste (Charismatische Bewegung) usw. Vielleicht ergeben sich in den einzelnen Organisationen „kleine" Tagsatzungen und Landsgemeinden?
Wenn man dies alles — und es sind nur wenige Beispiele für eine größere Fülle — ehrlich bedenkt, dann ist das Plädoyer für eine gesamtschweizerische Tagsatzung in vielen kleineren Formen schon vorbereitet und praktisch vorweggenommen. Das Anliegen einer Tagsatzung kann eigentlich nur ablehnen, wer diese Realitäten negiert.

4. Merkmale einer solchen „Tagsatzung"

Es wäre eine Überforderung, vom grünen Tisch her ein akademisches Tagsatzungskonzept entwerfen zu wollen. Es ist ohnehin zu erwarten, daß ein solches Gremium im Verlaufe der Prozesse sich selbst eine Form gibt und dynamische Strukturen zielführend erprobt. Es geht dabei nicht um das Wort „Tagsatzung", so bezeichnend es für die Sache und suggestiv für die Schweizer und Schweizerinnen sein mag.

a) Ausschlaggebend ist eine möglichst breit akzeptierte Repräsentanz des Volkes Gottes

In einer Tagsatzung sollte nach dem Gesagten Kirche als „Volk Gottes" in ihrer Vielfalt und in ihrer Aufgliederung in unterschiedlichen Aufgaben, Charismen und Ämtern präsent sein. Es dürfte vermutlich der Kirche im Vergleich zu staatlichen und politischen Gremien gar keine großen Schwierigkeiten machen, eine echte Parität von Frauen und Männern zu erreichen.

Der wachsenden Vielfalt innerhalb des katholischen Christentums entspricht eine offene Struktur im Ansatz der Tagsatzung, die eine Vertretung insbesondere folgender sechs Gruppen und Einrichtungen berücksichtigt:
1. *Personen mit pastoraler Verantwortung* in der Kirche und auf den verschiedenen Ebenen kirchlichen Handelns. Die Mitglieder der Bischofskonferenz und eventuell auch sprachregionale Ordinarienkoferenzen wie etwa la Conférence des Vicaires généraux et épiscopaux de Suisse romande und die deutschschweizerische Ordinarienkonferenz wären gleichsam „geborene“ Mitglieder von Amtes wegen. Die Priester, Diakone, Pastoralassistenten und Pastoralassistentinnen, Katecheten und Katechetinnen, Jugendarbeiter- und Jugendarbeiterinnen, Spezialseelsorger und -seelsorgerinnen sowie die Räte müßten sich über einen bestimmten Verteilerschlüssel vertreten lassen.
2. Katholische Verbände, Hilfswerke, Kirchliche Kommissionen und Arbeitsstellen, Arbeitsgemeinschaften, Dienststellen, Theologische und Katechetische Ausbildungsstätten usw.
3. Orden, Kongregationen, Missionsgesellschaften, Säkularinstitute, Gesellschaften des Apostolischen Lebens, Basisgemeinden, neue religiöse Gemeinschaften, Bewegungen, Frauengruppen, freie Gruppierungen, gesellschaftlich orientierte Katholiken und Katholikinnen.
4. Staatskirchliche Institutionen, Kantonalkirchliche Organisationen und Römisch-Kath. Zentralkonferenz.
5. Vertreter und Vertreterinnen der anderen christlichen Kirchen.
6. Eingeladene aus der freien kirchlich nicht gebundenen Religiosität und anderer Religionsgemeinschaften in der Schweiz, inspirierende Persönlichkeiten aus Kunst und Kultur usw.

b) Tagsatzung von der Basis des Lebens her

Die Tagsatzung sollte sowohl von ihrem Aufbau wie auch von ihrer thematischen Ausrichtung her an der Basis der gesellschaftlichen Probleme und des kirchlichen Lebens ansetzen. Die Themen müßten in der Lebenspraxis der Menschen verwurzelt sein; sie sollten an den Anliegen einer Tagsatzung ihre echten eigenen Anliegen zu erkennen vermögen. Eine Tagsatzung, die sich für aktuelle Fragen in Dienst nehmen läßt, wird um ihre mobilisierende Wirkung kaum fürchten müssen. Primär sind die Sorgen und Nöte der Menschen; aber Thema sind auch die Sorgen in und mit der Kirche.

c) Regelmäßige Tagsatzungen als kontinuierlicher Prozeß

Eine Tagsatzung als Mitverantwortung aller getauften und gefirmten Christinnen und Christen, somit von „Klerikern“ und „Laien“, im Horizont kirchlicher Weltverantwortung sollte als ein kontinuierlicher Prozeß mit regelmäßigen Veranstaltungen eingerichtet werden. Sporadische Großveranstaltungen im Sinne von „Katholiken- und Katholikinnentagen“ sind dazu wohl kaum in der Lage. Beide Aspekte können aber in einem Ergänzungsverhältnis gedacht werden: Die Tagsatzung findet zum einen als Kirchentag im Abstand von drei bis fünf Jahren statt; zum anderen wäre eine jährliche Delegiertenversammlung vorzusehen, die als solche auf aktuelle Herausforderungen reagieren kann. — Ebenso denkbar wäre eine „Große Tagsatzung“, bei der eine Delegiertenversammlung mit einem katholischen Kirchentag verbunden würde, wobei eher langfristige Perspektiven zu entwickeln wären.

Eine „Kleine Tagsatzung“ bestände aus einer Delegiertenversammlung, die jedes Jahr zu einem synodalen Forum zusammentreten würde. Gesellschaftliche, religiöse und pastorale Themen hätten dort die Chance, eingehender erörtert zu werden. — Ebenfalls denkbar wäre eine Große Tagsatzung im Wechsel mit Kleinen Tagsatzungen in den einzelnen Sprachregionen oder gar Bistümern.

Doch hier kann es sich um kein Rezept handeln, sondern nur um Ideen und Vorstellungen, die sich im Prozeß und in der Zusammenarbeit vieler in der Art einer „Spurgruppe“ finden ließen.

d) Eine gesamtschweizerische Tagsatzung auf der Basis vieler Teil-Tagsatzungen und „Landsgemeinden“

Daß eine Tagsatzung gesamtschweizerisch gelingen kann, hängt von Tagsatzungen auf den verschiedenen Ebenen, in den Verbänden und Orden ab. Man könnte eben von „Landsgemeinden“ sprechen, um im Bild zu bleiben. — Erfahrungen mit solchen „Sozialformen“ hat die Kirche Schweiz viele sammeln können, besonders in den Jahren seit den erloschenen Pastoralforen.

Dabei ist zu denken an die genannten Gemeindetage der Basis-Gemeinden, an die Veranstaltungen der Charismatischen Bewegung, an die Frauenkirchentage in Luzern und Interlaken, an das Bistumstreffen in St. Gallen im September 1987 (das Bischof Otmar Mäder als Projekt gefördert und unterstützt hat), an die Treffen christlicher Basisgruppen im September 1988 in Bern, an den Genfer Pastoralplan einer ganzheitlichen Pastoral, an die Aufbruchbewegung „Kirche 88“ im Kanton Luzern, an die Impulstage im Kanton Solothurn „Solothurner Katholiken auf dem

Weg ins Jahr 2000“, Oster- und Ranfttreffen der Jugendorganisationen, die Basler Konvokation an Pfingsten 1989, an die Bewegung „Aufbruch“, an kantonalregionale „Tagsatzungen“, an schweizerische Symposien von Orden, die ihre Zusammenkunft durchaus im Sinn einer „Tagsatzung“ verstehen wollen . . . Die Beispiele sagen schon mehr, als meine Phantasie zu spekulieren vermag.

Abschließend ist wohl darauf zu verweisen, daß eine Tagsatzung in diesen Zusammenhängen als eine dringende Notwendigkeit geradezu darauf wartet, Realität zu werden.[16] Und wenn Bischöfen, ohne die eine Tagsatzung nicht möglich ist, aus teilweise verständlichen Gründen keine Kraft und keine kollegiale Einheit für ein solches Wagnis aufzubringen vermeinen, dann ist durchaus nicht auszuschließen, daß andere Kräfte im schweizerischen Katholizismus die Initiative ergreifen (und dann die Bischöfe einladen).

Wenn es um eine solidarische Kirche Schweiz geht, dann wird sie sich im Miteinander der Kräfte und im Miteinander des Ringens, Suchens, Betens und Streitens finden müssen. Eine Tagsatzung will keine Parakirche sein, sondern ein Dialog-Instrument, das der katholischen Kirche Schweiz helfen soll, die Dienstanweisungen Gottes zu erkennen und sich ihnen auszuliefern.

---

[16] Deshalb handelt es sich bei diesem erneuten und vertieften Aufgreifen der Idee nicht um eine penetrante Dickköpfigkeit (warum eigentlich nicht?), sondern um ein notwendiges Anliegen in der Logik dieser ganzen Publikation. Zudem würde ich all jenen Frauen und Männern gegenüber treulos, mit denen in zahlreichen Gesprächen und bei vielen (auch öffentlichen) Veranstaltungen die dringliche Notwendigkeit einer „Tagsatzung“ erörtert worden ist und sich ein (fast plebiszitärer) Konsens ergab.

XIV.
Statt eines Nachwortes: Ein Bruder-Wort auf dem gemeinsamen Weg

Zum Schluß der „langen“ Ausführungen über die katholische Kirche Schweiz will ich bewußt auf eine mehr subjektive Sichtweise überwechseln. Dabei ist zu beachten, daß „subjektiv“ nicht unbedingt mit „beliebig“ oder „zufällig“ zu verwechseln ist; es kann auch „authentisch“ im Sinne persönlich bedeutsamer Anliegen heißen. — Damit ist kein Herden- und kein Hirtenbrief gemeint, wohl aber sozusagen ein *„brüderliches Wort“*, das aus einer persönlichen Betroffenheit heraus etwas gewichten und ins Spiel bringen will. Denn die Herausforderungen an die Christinnen und Christen hierzulande und auch die Bemühungen um eine glaubwürdige Kirche sind rein theoretisch oder mit einer kritischen Distanz, die letztlich nur reagiert, nicht zu „meistern“ bzw. durchzuhalten. Es geht vielmehr um die spirituelle Dimension unserer Fragestellung, nämlich um die Vergewisserung, ob wir trotz des im einzelnen sicherlich beschränkten Handlungsspielraums uns selber für Wünschenswertes vereinnahmen lassen und durch eigenes Verhalten und persönliches Handeln davon eine Ahnung vermitteln, wofür wortreich eingetreten wird.
Erst wenn objektive Darstellungen, Analysen und großartige Optionen auf subjektiv bedeutsame Hoffnungen hin durchsichtig und persönlich verankert werden, erhalten sie einen verletzlichen Ernst. Irgendwie müßte doch alles Analysieren, Kritisieren, Suchen, Überlegen und Planen eine „Seele“ haben bzw. aus einer schöpferischen Tiefe kommen und dahin führen. Man muß doch erfahren und wissen, wovon die eigene Seele lebt. Sonst helfen auch dicke Bücher von Theologen und Theologinnen nicht weiter, geschweige denn, daß sie heilen und (christlichen) Lebens-Mut stärken.
Im folgenden sei versucht, auf einige — durchaus subjektiv gewichtete und angreifbar vorgetragene — Anliegen hinzuweisen.

1. Eine schwesterliche und brüderliche Kirche

Es kann wohl kaum ein Zweifel darüber bestehen, daß es auch für die katholische Kirche Schweiz zu einer Existenzfrage wird, ob es ihr gelingt, solidarische Partnerschaft von Frau und Mann in der Kirche zu verwirklichen. Wer sich auch nur knapp dazu äußern will, wird sich allerdings bewußt sein müssen, daß der Positionen und gefühlsmäßig besetzten Einstellungen so viele sind, daß jede eindeutige Meinung Widerspruch und Zuspruch auslösen wird. — Daß aber heute im Vergleich zu den siebziger Jahren die Fragen so gestellt werden können, ist eindeutiges Verdienst jener Frauen, die keine Ruhe mehr geben und aufgebrochen sind, um ihren Visionen auch in der Kirche zum Durchbruch zu verhelfen.

a) Fragen an die Kirche

Das Thema „Frauen“ erlebt — in der Kirche und in der Theologie — geradezu eine Hochkonjunktur. Für die einen ist Feminismus ein Krisenbegriff, mit dem das erwachte Bewußtsein für die vielfache Benachteiligung der Frau in Gesellschaft und Kirche bzw. für die geschichtlich gewachsene Situation der Frauen diagnostiziert wird. Für manche ist es aber auch ein kämpferischer Strategiebegriff als Emanzipation bzw. als Ausbruch aus aufgedrängten Rollen. Feminismus ist sozusagen ein Programm, gleiche Rechte und Chancen für Frau und Mann durchzusetzen und die Freiheit zu beanspruchen, daß Frauen und Männer ihr Leben selber gestalten.
In der ersten Phase der Weltbischofssynode im Oktober 1987 zum Thema „Berufung und Sendung des Laien“ war die Frau in auffälliger und für manche in geradezu überraschender Weise ein umfangreiches Thema. Einzelne Voten amerikanischer und europäischer Bischöfe (z.B. Weakland, Schwenzer, Bullet . . .) haben damals im deutschsprachigen Raum für Schlagzeilen sorgen können, weil sie sich gegen die Diskriminierung der Frau auch in der Kirche wandten und zum Teil in originellen Vorstößen für eine Erweiterung des innerkirchlichen Spielraums für die Frauen plädierten. — Eigentümlich und für das Synodengeschehen insgesamt bezeichnend war indes die Tendenz, daß die Aussagen *über* die Frau im Fortgang des Synodengeschehens zunehmend harmonisiert und entschärft worden sind. So hieß es auf der von den deutschen Synodenteilnehmern am Ende gewährten Pressekonferenz: „Die Frauenfrage hat sich beruhigt“. — Die Synode war von ihrer formalen Anlage her natürlich nicht in der Lage, mehr als bewußtseinserweiternde Prozesse zu benennen. Das macht ja auch leicht jede Bischofssynode zu einer bloßen Episode, eine Charakteristik, der allerdings Symptomcharakter zukommt. — Aber Probleme, die zur Lösung und Aufarbeitung drängen, nicht als bedrängende und echte Fragen in ihr Recht einzusetzen oder zur Kenntnis zu nehmen (auch wenn sie vorderhand noch arg verlegen machen), läßt sie erst recht zu sogenannten heißen Eisen erglühen; das erhitzt die Gemüter. Wie soll man wirklichkeitsbezogen wahrnehmen und kommunikationsfähig handeln, wenn Lebenszeichen und Aufbrüche zum Lebendigsein(wollen) unterschlagen, ignoriert, verdrängt und sogar ironisiert werden? Wovor hat man Angst?

Wie stehen nun (wir) Männer der Kirche und in der Kirche zu dieser Herausforderung? Daß ein Umdenken eingesetzt hat, beweisen nicht nur die Voten der genannten „Synoden-Väter“ auf der Bischofssynode 1987 oder das Buch von Weihbischof Ernst Gutting „Offensive gegen den Patriarchalismus“[1], das ja Aufsehen erregt hat, sondern auch das suchende und wachsende Miteinander in vielen kirchlichen Bereichen. Aber trotzdem will scheinen, daß ein „Ende“ des Weges kaum absehbar ist und der Weg vermutlich ein stets neuer Prozeß sein wird, selbst wenn die formale Gleichberechtigung erreicht wäre. So hat schon die Bischofssynode 1971 festgestellt: „Wir dringen darauf, daß die Frauen im ... Leben der Gesellschaft und auch der Kirche den ihnen gebührenden Anteil an Verantwortung und Beteiligung bekommen.“ Und die Würzburger Synode sagt recht selbstkritisch: „...Mann und Frau haben grundsätzlich die gleiche Verantwortung und die gleichen Rechte ... Ein solches partnerschaftliches Verhältnis von Mann und Frau ist in der Kirche ... eine weithin noch nicht erreichte Zielvorstellung ...“ (Dienste und Ämter 3.2). Die Schweizerische Synode 72 äußerte sich ähnlich: „Innerhalb der Kirche stehen der freien Entfaltung der Frau noch große Hindernisse entgegen. Die Gründe liegen vor allem in der patriarchalischen Struktur der Kirche, weshalb es erforderlich ist, diese immer wieder neu zu durchdenken und allmählich abzubauen“ (Ehe und Familie im Wandel unserer Gesellschaft, Diözese Basel VI, 3.7.3). — Es käme nun auch hier darauf an, nicht nur die Preise zu benennen, sondern institutionell endlich eigene Kosten zu übernehmen. Den vielen Frauen — nicht nur den Theologinnen und Eingeweihten — wird nämlich dieser Widerspruch immer unerträglicher bewußt. Letztlich gehorcht man den eigenen Prinzipien nicht. Diese Nicht-Anwendung löst Aggressionen aus und verursacht bei Frauen, aber auch bei Männern, Wut, Anklage und Trauer. Wird uns aber insgesamt bewußt, um welchen Preis verdrängt und weggeschoben wird? Die Fragen nach den Frauen in der Kirche und damit letztlich auch nach dem Selbstbild und dem Rollenverständnis der Männer lassen sich nicht mehr von der Tagesordnung der Kirche streichen; denn diese wird auf Dauer vom Terminkalender der Welt diktiert. Dafür sind Raum und Klima innerhalb der Kirche zu schaffen.

Zielvorstellung ist vor allem die Gleichberechtigung von Mann und Frau in der Kirche bei allen Entscheidungsvorgängen und auf allen Ebenen. Das ist aber keine ausschließliche Frage der Frauen-Emanzipation, wenn auch dort besonders deutlich ausgeprägt und durch die Geschichte unge-

---

[1] E. Gutting, Offensive gegen den Patriarchalismus. Für eine menschlichere Welt (Freiburg i.Br. 1987); vgl. auch: A. Lissner—E. Gutting, Praktizierte Partnerschaft von Mann und Frau, in: Diakonia 19 (1988) 186—189; siehe auch: B. Booten—N. Greinacher, Frauen in der Männerkirche (München—Mainz 1982); Diakonia 22 (1991) Heft 2: Lebenswirklichkeit von Frauen.

mein belastet. Es geht dabei um das umfassendere Thema gleicher „Christen-Rechte“ im Sinne einer synodalen Kirchenordnung; denn es ist nicht zu übersehen, daß auch den Männern innerkirchlich, sofern sie nicht zum Klerus gehören, Mitentscheidung vorenthalten ist. Dies wird meiner Ansicht nach in der Diskussion oft zu wenig berücksichtigt.

Aber insgesamt darf die Option von einer „geschwisterlichen“ Kirche bzw. von einer schwesterlichen und brüderlichen Kirche nicht dazu dienen, daß die ausstehende Einlösung echter Partizipation und in diesem Rahmen der Gleichwertigkeit und Gleichberechtigung von Mann und Frau gleichsam spirituell nur abgefedert wird. Die Gefahr bei manchen „Männern der Kirche“ (auch das mag ein Schlagwort sein) liegt doch darin, daß die feministische Theologie zu wenig als angewandte „Befreiungstheologie“ mit entsprechend institutionellen Reformanliegen gesehen, anerkannt und gewürdigt wird.

Zielführend sind Frauenemanzipation und feministische Theologie für mich jedoch dort, wo sie sich nicht gegen die Männer richten und nicht ohne Männer geschehen. Emanzipation als Frauen-Separatismus führt zum Gegenteil von dem, was Emanzipation überwinden will, nämlich die mangelnde Kultur der Gleichberechtigung und Gleichachtung. Partnerschaft bedeutet auch in der Kirche, daß Frauen und Männer sich gegenseitig differenzierend aufeinander einlassen und auf gemeinsame Aufgaben hin sich finden. Gerade wenn das Anliegen der feministischen Theologie darin liegt, das Personsein eines jeden Menschen als Ebenbild Gottes zu verstehen und von daher auf eine Veränderung in Richtung einer solidarischen Gleichwertigkeit hinzuwirken (C. Halkes), dann verbindet ein solches Anliegen Frauen und Männer. — Wenn uns die feministische Theologie und engagierte Frauen aufzeigen, daß die Frage nach der Frau (auch) in der Kirche eine Frage der Gerechtigkeit, Gleichwertigkeit, der Friedenssicherung (Abbau von Gewalt) und der echten partnerschaftlichen Kultur ist und daß die Sorge um das Überleben der Schöpfung engstens mit dem Anliegen des Feminismus verbunden ist, dann können doch auch die Männer gar nicht anders als befreit zustimmen. Vielmehr ist den Frauen für ihre geistige Kraft und den seelischen Mut zutiefst zu danken, denn es geht dabei entscheidend um das unteilbar ganzheitliche Humanum und um die befreiende und heilende Dimension des Christseins selbst. — Diese Dankbarkeit hängt durchaus mit persönlichen bzw. lebensgeschichtlichen Erfahrungen mancher Männer zusammen. Auch Männer können am Aufbruch und an den Fragen der Frauen erwachen.

b) Anfragen an uns Männer: Wer bist du, Adam?

Die Frage nach der Frau ist weiß Gott keine abstrakte Thematik, die ich an die Kirche oder andere weitergeben kann, sondern beinhaltet radikal (wurzelhaft) Anfragen an den einzelnen Mann persönlich und an sein Rollenverständnis. Damit steht man im ursprünglichen Sinn des Wortes bei sich selber, bei den bewußten Anteilen seiner selbst, die ja tief in die unbewußten Katakomben der eigenen Persönlichkeit reichen. Persönliche Bewußtseinsprozesse sowie viele Begegnungen mit Frauen und die konkreten, alltäglichen und dankbar machenden Erfahrungen in der eigenen Partnerschaft und Diskussionen in der Familie vermischen sich mit diesen bewußten und unbewußten Anteilen.

Ich selbst verdanke es entscheidend den Gesprächen mit Frauen, den Anregungen der feministischen Diskussion und nicht zuletzt der intellektuellen Hartnäckigkeit von Frauen in Auseinandersetzungen, daß ich zum Nachdenken über manche Fragen herausgefordert wurde; Fragen, die ich mir sonst nicht gestellt hätte. Behauptet man damit schon unbescheiden viel von sich selbst? Oder ist es nicht schon ein großer Erfolg, wenn Vorurteile nicht mehr so unbedacht funktionieren und in Verunsicherung geraten. Wie dem auch sei, all dies kann zur Spurensicherung dessen werden, was bei uns Männern zum Hindernis oder zum Drahtverhau für ganzheitliches Lebendigsein verkommen ist, was bewußtseinsmäßig verschüttet oder emotional in den versteckten Fjorden des Herzens eingeschlossen blieb. Dadurch wird einem bewußter, wie man beispielsweise in Gefühlswelten, Wertvorstellungen und in durchaus herrscherlichen Verhaltensweisen und in Attitüden des Bedientwerdens hineingewachsen und darin festgefahren ist. Mir kommt das zuweilen wie ein Fangnetz vor, dessen Knoten man nur mühsam lösen kann, um freier und offener zu werden. — So ist man immer wieder erneut erstaunt, wie eingefahrene Vorstellungen und Rollenverständnisse den Blick und die Sensibilität für die Situation der Frauen und für unsere männlichen Positionen vernebeln. Es ist ja durchaus so, daß an der erwachenden Einsicht für die Benachteiligung der Frau plötzlich das Bewußtsein von anderen Benachteiligungen bei sich und bei anderen miterwacht. Insofern kann man davon ausgehen, daß noch manches in der Tiefe des Unbewußten schlummert und abgelagert ist, was hochgehoben und gegebenenfalls verarbeitet werden muß.

Es ist mir auch verständlicher geworden, daß es durchaus eine kreative Wut geben kann. Als ich mich eingehender mit der Geschichte der „Laien" in der Kirche befaßte („Aufbruch der Christen. Das Ende der klerikalen Kirche") begann es mir ein wenig zu dämmern, wie die (historischen) Tatsachen Brisanz in sich bergen, auf die man zuerst einmal mit Aggression reagieren kann. Auf diese Weise lernte ich, manche Reaktionen von Feministinnen zu verstehen, die früher auf mich befremdlich

wirkten (z.B. die Entrüstung über Thomas von Aquin); und diese gaben wieder Hinweise und Sprache, wie eigene Reaktionen zu verdauen sind. Es soll der Hinweis nicht als indiskret erscheinen, daß die Erholungsphase nach einer längeren Krankheit zu einem persönlichen Prozeß führte, in dessen Verlauf Anliegen der feministischen Theologie und auch Gespräche mit feministisch sensiblen Frauen sozusagen die Sprache und die Bilder schenkten, die damaligen Prozesse zu verstehen, zu verdauen und zu verarbeiten: aushalten, nicht leistungsfähig zu sein und so eingeschätzt zu werden; Abhängigkeiten und Grenzen zulassen; subjektive Lebenskultur pflegen; eine letzte einsame Verwiesenheit auf sich selbst bejahen und nicht verkrampft abreagieren; von sich selbst weniger erpreßbar werden; verletzbar bleiben, ohne hart zu werden ... Es wurde mir deutlicher bewußt, wie rücksichtslos und oft von außen gesteuert („lieblos") wir mit uns selber und damit auch mit anderen umgehen. Dabei kann durchaus auch die engagierte Freude an einer Aufgabe oder am Beruf eine solche Unempfindlichkeit fördern gegenüber dem, was sonst noch in der eigenen Biographie zur Befreiung — als Umkehr zu den eigenen Quellen — drängt und damit zu einer vertieften Freiheit für andere und für vielleicht noch größere, aber noch ausstehende Herausforderungen des Lebens. Leben ist sowieso ein Differenzierungsprozeß („Wachstum"?), bei dem das Ich stets der anderen bedarf, um ein Verhältnis zu sich selbst und zur Um- und Mitwelt zu finden. Ansonsten lernt man wohl kaum, das Richtige vom Stimmigen zu unterscheiden, das Logische vom Sinnvollen, das Überhören vom Zuhören, Irrwege von Umwegen, das Wahrheitspathos von der Liebe, Temperament von der seelischen Kraft, Ungeduld mit sich und anderen vom Wachsen- und Reifenlassen ... und wie die feinen, aber entscheidenden Tonnuancen des Lebens alle heißen mögen.
Damit ist schon offenkundig, daß es dabei um Lebens-"Gesetze" geht, die nicht nur auf Frauen und ebensowenig nur auf Männer einzuengen sind. Es geht um grundmenschliche Lebens-Zusammenhänge, auf die der Aufbruch der Frauen vital hinweist und die für alle Menschen Geltung haben. „Es geht im Feminismus auch um die Sorge für das Menschsein des Mannes" (B. Licciano).
Diesen emanzipatorischen Weg zu sich selbst können weder die Frauen den Männern noch die Männer den Frauen abnehmen, auch wenn beide partnerschaftlich ergänzungsbedürftig bleiben. Ohne diese partnerschaftliche Polarität gäbe es keine Fruchtbarkeit. Aber trotzdem ist durchaus kritisch zu vermerken, daß die Frage nach der Frau nicht den Frauen alleine und die Frage nach dem Mann nicht den Männern alleine zu überlassen ist. Frauenkirchentage, Netzwerke und exklusive Frauengruppen usw. sind zwar nötig, damit die Frauen ihre Sprache für ihre Fragen und für ihre Antwortsuche finden; aber in einer grundsätzlichen Opposition radikal-feministischer Autonomie gegen die Männer könnte ich auf die Dauer

keinen Sinn und keine humanisierende Kraft erblicken, sondern nur einen Rückzug ins Getto. Es blieben reaktive, aber kaum identitätsfördernde Modelle. Denn menschlich sind den Frauen doch die gleichen Lebensfragen gestellt wie den Männern, wenn es um die Befreiung aus Lebenslügen und Vorurteilen, aus Angst und inneren Nötigungen geht sowie um die Ehrlichkeit sich selbst und anderen gegenüber und um die Versöhnung mit eigenen Grenzen (bzw. um das Auferstehen zu sich selber).
Aber ich will nicht verhehlen, daß mich in diesem ganzen Aufbruch, Durchbruch und Zusammenbruch, die sich mit Feminismus auch für uns Männer verbinden, die beklemmende Sorge beschleicht, ob ich die Anliegen wirklich umfassend verstehe und die noch aufbrechenden Fragen auf- und annehmen kann. Viele Probleme im menschlichen Leben sind ja oft nicht zuerst eine Frage der Einsicht oder des guten Willens, sondern eine Frage der seelischen Kraft und des psychischen Vermögens; sie sind oft giftige Früchte erpresserischer Ängste und Gefügigkeiten sowie demoralisierender Lebensverstimmung. Die Umkehr des Denkens oder gar die Verhaltensänderung wird — wenn überhaupt — wohl nur über kleine Schritte möglich sein; und selbst das ist, wenn man realistisch bleiben will, vielleicht schon viel, was man sich zutraut oder wünscht. In dieser Hinsicht habe ich oft den Eindruck, daß manche Feministinnen uns Männer, die Kirche und auch sich selbst überschätzen und überfordern. Insofern die feministische Bewegung Abkehr von entfremdenden Strukturen und Vorurteilen bedeutet, ist mit allem Nachdruck dafür einzutreten, daß die Frauen uns Männer in ihre Bewegung miteinbeziehen und uns gerade dort nicht nachahmen oder Fiktionen von uns nachlaufen, wo sie uns zu Recht in die Krisis und in die Änderungsbereitschaft führen. Es wäre wohl ein zu billiges Klischee, Männer wollten nur sitzenbleiben (auf Privilegien . . .), während Frauen gehen und stehen. Weder bei Frauen noch bei Männern ist das Sitzvermögen zu überschätzen und das Gehvermögen zu unterschätzen und umgekehrt. Es wäre tragisch zu verkennen, daß Lebensprobleme und -fragen auch befreiende Energiepotentiale in sich bergen. „Energie kommt zum Fließen, wenn wir uns den Problemen stellen", denn „Kraft wird befreit" (B. Licciano). — Gleichwohl meine ich zu beobachten, daß Frauen ihrem Leidensdruck eher Ausdruck verleihen und dafür eine direktere Sprache finden als wir Männer. Bei Männern in mittleren Jahren („jungen Senioren") ist doch immer wieder festzustellen, daß sie von der Devise ausgehen, Probleme würden erst dadurch entstehen, daß man von ihnen und über sie spricht. Es ist eine fatale Parallele zu jener Haltung amtskirchlicher Stellen, die erst in der Benennung von Konflikten oder Polarisierungen die Gründe für Streit und Zwietracht sehen.
Im Blick auf die Kirche Schweiz sind es nicht zuletzt das Engagement und die unerschütterliche Kraft vieler Frauen, die mir Hoffnung geben, daß wir hierzulande trotz der resignativen Stimmung und Verdrossenheit uns

selber nicht auf den Leim gehen. Man kann diese Frauen nur bitten, trotz enttäuschender Erfahrungen und überholter institutioneller Grenzen und trotz vieler auch entmutigender Verletzungen doch langen Atem zu entwickeln und unverdrossen die vorhandenen Freiräume zu füllen und neue zu besetzen. Sie werden dann erfahren, daß sie gar nicht alleine sind mit ihren Anliegen und Forderungen, sondern daß auch Männer zum Mitgehen und zur Mitverantwortung bereit sind. Für den „langen Atem" zum Durchhalten sind Frauen und Männer aufeinander angewiesen. Dabei soll das Vertrauen in die gemeinsame Solidarität gesetzt werden, nicht auf ein wirklichkeitsfremdes Idealbild von der Frau. Daß es für uns Männer und auch für die Frauen nicht leichter und weniger konfliktreich wird, liegt auf der Hand. Aber das Leben wird bunter, farbiger, üppiger, spannungsreicher, authentischer und weniger kontrollierbar. Und wir sind vermutlich gerade dort dem Leben näher, wo es uns Widerstand leistet.
Der feministischen Theologie ergeht es indes wie anderen Theologien auch: Es gibt eine unübersehbare Vielfalt von Positionen und gegensätzlichen Meinungen bzw. Streitpunkten. Somit verbietet sich, von *den* Feministinnen zu sprechen. Aber Tatsache ist, daß Frauen von allen Ecken und Enden aufbrechen und mit ihren Anliegen durchbrechen wollen. Dabei haben die Geduld-Ressourcen ihre Grenzen. Auch bei der gegenwärtigen Tendenz in der Kirche ist durchaus zu erwarten, daß die Aufbrüche und Umbrüche noch vitaler sich Raum und Stimme verschaffen werden. Die Gefahr bei „uns Männern" liegt bei diesen not-wendenden Umbrüchen oft darin, daß die feministische Bewegung unterschätzt wird und daß wir darin *nur* individuelle Probleme einzelner unzufriedener Frauen erblicken oder feministische Selbst-Einmauerung in einen ideologischen Überbau. In solchen Verallgemeinerungen wird auf tragische Art verkannt, daß der Abbau der männlichen Dominanz in unserer Kultur als herausfordernder Aufbruch in eine veränderte Zukunft erst noch vor uns liegt. Vor allem ist nicht damit ernst gemacht, daß die Ebenbildlichkeit Gottes von Frau und Mann sich auf das Personsein bezieht und nicht auf einseitig oder gegenseitig zugewiesene Rollenklischees. Durch die feministische Theologie habe ich begonnen, Gal 3,27—28 neu zu lesen: „Denn ihr alle, die ihr auf Christus getauft seid, habt Christus angezogen. Da gibt es nicht mehr Juden und Griechen, Sklaven und Freie, Mann und Frau . . ."

c) Aber bitte: Weder Patriarchat noch Matriarchat

Man kann nur hoffen, daß es durch den Aufbruch der Frauen zur autonomen Lebensgestaltung noch mehr gelingt, auch die Männer aus ihren eingefleischten Reserven zu locken. Das Patriarchat, das Frauen und Männer auf Geschlechtstypologien festlegt und strukturell die Kirche noch im

Griff hat, kann keine zukunftsprägende Kraft mehr sein, wenn wir an die Bewußtseinsschübe und globalen Herausforderungen denken. Aber ebensowenig kann die Schwarzweißmalerei überzeugen, die sich im Slogan „Böses Patriarchat — Gutes Matriarchat" ausdrücken mag.[2] Der jahrtausendealten männlichen Überlegenheit wird von einigen Feministinnen die weibliche Überlegenheit entgegengesetzt; nun wird der Mann zur Defizienzform des Menschen erklärt. Wenn man an die von Männern gestaltete Geschichte denkt, dann möchte man diesem Verdacht recht geben (obwohl nicht zu vergessen ist, daß auch Frauen Geschichten gemacht haben). Der Rückstand der Kirchen hinter der allgemeinen Entwicklung von Gleichberechtigung und Partnerschaftlichkeit sowie eine rigide Moral und ein männlich präsentiertes Gottesbild ... all das hat mit einer exklusiv von Männern gesteuerten kirchlichen Ordnung zu tun. Das gehört zur Trauer-Geschichte (auch) der Kirche. Aber die Umkehrung der Verhältnisse würde wohl kaum heilen, sondern nur der Weg zueinander und der gemeinsame Weg miteinander, was ohne Zweifel auch soziale Auseinandersetzung bedeutet. In diesem Sinn darf trotz des vielfachen praktischen Zueinanders und konkreten Miteinanders in der Kirche Schweiz nicht übersehen werden, daß in der unmittelbaren Auseinandersetzung viel Kraft für die Überwindung ideologischer Verhärtungen aufgebracht werden muß.

Es hilft nicht viel, wenn nun seitens einiger Theologen die Feministinnen unkritisch hofiert werden und man sich nicht dem „Streit" mit den Frauen stellt, weil sie idealisiert werden oder weil man verunsichert ist. Waren früher die Mutterschaft oder die Jungfrauschaft ideologische Rollen-Vorstellungen seitens der Kirchenmänner und Theologen, so gibt es unter den Theologinnen durchaus auch ideologische Positionen und verhärtende Verhaltensweisen, die zwar verständlich sein mögen, aber ihrerseits Ängste auslösen und Gewalt ausüben. — Zudem feiert die Attitüde Urständ, die die Schuld halbiert, indem andere beschuldigt werden und man/frau sich selbst nur als Opfer beklagt. Manche Theologen schlagen sich beflissen und gefügig auf die Seite der Richterinnen, als könnten sie dadurch deren Gericht entgehen. Vielleicht hängt dies aber auch mit der (zölibatären) Lebensweise zusammen, wenn da und dort statt der Auseinandersetzung entweder idealisiert oder ironisiert wird.

Aber auch die Frauen sind zu fragen, ob es nicht zutrifft, daß eigene Anteile an Lebenskrisen hinter feministischen Parolen versteckt werden können, ähnlich wie Männer auch ihre Probleme mit patriarchalischem Gehabe oder Rollenvorstellungen vertuschen können. In dieser Beziehung lohnt sich wohl, trotz aller Wünsche und Hoffnungen selbstkritisch nüch-

---

[2] Vgl. S. Heine, Das „Mannsbild" in der feministischen Theologie, in: Diakonie 19 (1988) 162—167.

tern zu bleiben. — Manchmal erschreckt es mich, wie Frauen bzw. Theologinnen re-agieren und sich in Gruppen mit der sozialpsychologisch bezeichnenden „Getto-Mentalität“ verbittert abgrenzen können oder jede kleinste Kritik bissig mit Angriffen auf die böse („typisch“, heißt es dann) Männergesellschaft oder die frauenfeindliche Kleriker-Kirche parieren. Feminismus hat mit Gerechtigkeit und mit autonomer Lebensgestaltung zu tun. Es wäre schade, diese Ziele durch Selbstüberschätzungen (vielleicht aus Minderwertigkeitsgefühlen heraus) und Idealisierungen zu kompromittieren, wonach alles viel besser würde, wenn man nur die Frauen ließe. Das dürfte wohl Wunschdenken sein. Ist eine feminine Welt auch schon eine bessere Welt? Die Krise der Menschlichkeit ist nicht nur eine Krise der Männer oder durch Männer. Und wenn eine extremer Feminismus sich gegen die Männer zu behaupten glaubt, dann blockiert er (*der* Feminismus!) Erkenntnis- und Handlungsmöglichkeiten. Wirklichkeit würde dadurch ideologisch ausgeblendet. Zudem bindet ein extremer und verbissener Feminismus Frauenenergien, die für partnerschaftliche Verantwortung mit den Männern so dringend benötigt sind. Vielmehr: Wir alle brauchen uns gegenseitig, damit wir uns nicht in der Isolation oder in ideologischen Verhärtungen verlieren. Weder Patriarchat noch Matriarchat sind Modelle für den Weg in die Zukunft. Nicht nur der autoritäre Vater kann Lebendigsein behindern, sondern auch eine Mutter kann Leben ersticken, wie gerade auch die Töchter wissen müßten. Und nicht nur Männer verhalten sich Frauen gegenüber in der Tat gemein und menschlich widerlich; auch Frauen können Männer beherrschen, sie besetzen und seelisch ausplündern. — So gilt es, nicht nur die leidigen und leidvollen Mauern zwischen Männern und Frauen (auch) in der Kirche abzutragen, sondern um die Mauern in uns selber zu wissen, die das Zueinander und Miteinander hindern. Diese inneren Mauern, die selbstverständlich mit den historisch gewachsenen kirchlichen und gesellschaftlichen Mauern zusammenhängen, beeinflussen uns vermutlich mehr, als uns im Alltag bewußt ist. Es liegt ein noch weiter Weg vor uns, wenn zu beobachten ist, wie sehr Männer und Frauen noch von herkömmlichen Mustern her denken, fühlen, planen, argumentieren, Sprechweisen wählen, Kirchenlieder singen, Gottesdienste feiern und ihr Leben steuern.

Persönlich würde ich am meisten bedauern, wenn bei solcher Sachlage die Frauen einzeln oder in Gruppen nur noch den Exodus aus der Kirche sähen, um „überleben“ zu können. Ich empfände das — menschlich und kirchlich gesehen — als einen ungeheuren Verlust; aber auch als Schwächung der Motivation all jener Frauen, die bewußt drinnen bleiben, und ebenso für jene Männer, die froh darüber sind, daß ihnen durch das erwachende Selbstbewußtsein und durch die Bewegung der Frauen die Augen und die Ohren und das Herz geöffnet oder geweitet werden.

Wir müssen uns gemeinsam auf diesem Weg voranbewegen, wenn etwas in uns und durch uns bewegt und zum Besseren geändert werden soll. Entscheidend ist doch — und das wissen wir wiederum deutlicher durch die Frauenbewegung —, sich gemeinsam zu entwickeln, aber auch den je eigenen Weg zu finden und zu beschreiten. Dabei wird sich natürlich zeigen, daß das Schrittvermögen unterschiedlich ist. Aber Gleichschritt wäre wohl kaum eine wünschenswerte Alternative.

2. Charismatisches Selbstbewußtsein: „Wir sind das Volk Gottes ...“

In einer Zeit, in der die katholische Kirche Schweiz an vielen Fronten herausgefordert ist, die religiöse Landschaft hier bei uns diffuser wird und die kirchliche Religiosität an Bedeutung — vor allem bei den Heranwachsenden — verliert, in der die Sandwich-Situationen zwischen vorwärtsdrängenden und traditionellen bzw. integralistischen und fundamentalistischen Kräften sowie zwischen ortskirchlichen und gesamtkirchlichen Entwicklungen und Einflüssen viele irritiert und verunsichert, ist es wohl reichlich naiv, von charismatischem Selbstbewußtsein sprechen zu wollen. Charismatisches Selbstbewußtsein meint die bewußte Gestaltung der kirchlichen Sendung auf die gesellschaftlichen und religiösen Herausforderungen hin, und zwar aus der in Taufe und Firmung grundgelegten Berufung aller Christen und Christinnen, der „Laien“ und der kirchlichen Dienstträger. Nur aus einer solchen Kraft heraus ist die Versuchung zur Resignation und zum polarisierenden Rückzug in binnenkirchliche Bekümmernisse ansatzweise zu überwinden. Immerhin ist durch die Aufbrüche im Jahre 1989 in den osteuropäischen Ländern mit dem Ruf „Wir sind das Volk“ in deutlicher Weise demonstriert worden, welche Bewegungskraft angestoßen wird, wenn Menschen ihre Belange und Anliegen selber in die Hand nehmen und sich solidarisieren beim Versuch, selber Subjekt der geschichtlichen Veränderung zu werden.

Zwar mag es paradox erscheinen. Aber die Umbrüche in Osteuropa stärken auf den ersten Blick die restaurativen Tendenzen in der Kirche, denn nach den Zusammenbrüchen in Polen, in der Tschechoslowakei, Ungarn usw. geht die Kirche daran, ihre institutionelle Präsenz zu etablieren und dies zum Teil nach theologischen Ordnungsvorstellungen, die der Zeit vor dem Zweiten Vatikanischen Konzil verpflichtet sind. Die Mühe, die Laien zu „aktivieren“ und die Einflußnahmen (aus Polen) auf die Entwicklung der Theologischen Fakultät in Prag, als versucht wurde, Laien vom theologischen Lehr- und Lernbetrieb fernzuhalten, sprechen für sich. Aber mittel- und langfristig werden die gesellschaftlichen Verhältnisse auch die katholische Kirche in diesen Ländern einholen und bis an den Rand der charismatischen und menschlichen Kraft herausfordern. Es ist nun unvor-

stellbar, daß die Menschen nach der Überwindung von Diktatur und Angst in einen engen kirchlichen Pferch wechseln wollen. — Man wird nicht konfliktlos „Subjekt“ seiner eigenen Geschichte; Identitätssuche ist stets auch schmerzliches Werden. Rückzug in ein kirchliches oder geistiges Getto ist keine Lösung; ebensowenig der Auszug in die gesellschaftlichen Mehrheitsverhältnisse, Moden und Konsumattitüden. Weder das eine noch das andere löst die spannungsvolle kritisch-prophetische Präsenz ein, ebensowenig moralisierender Sozialkitsch oder frömmelnde Christentümelei.
Bleiben da nicht viele Laien doch lieber insofern „Laien“, als sie in so unmittelbare Pflicht gar nicht genommen werden wollen? Es ist bequemer, gegenüber den Prozessen in der Kirche und den Herausforderungen der Welt in einer langweiligen Zuschauerrolle und in distanzierter Passivität zu verbleiben. So muß man nüchtern registrieren, daß es viele kirchlich nun wirklich nicht so „heiß“ haben wollen, wie Kirchenleute mahnen und manche Theologen meinen. Psychologisch verläßt man sich lieber auf Stellvertreter und Stellvertreterinnen, wie denn überhaupt Institutionen über ihre Experten und Funktionäre so viel „stellvertretend“ über- und abnehmen. Auch Stellvertretung kann „konsumiert“ werden; ja — wie bei allem Konsum — kann man/frau danach regelrecht süchtig und davon abhängig werden. Die Probleme mit dem Fundamentalismus und den traditionalistischen Lagern weisen darauf hin, daß man über religiöse Schienen Sicherheiten sucht; und Stellvertreter und Lehrämter sollen diese Sicherheit garantieren.
So ist praktischer Christen-Mut nicht allein vom gegenwärtigen kirchlichen Kurs eingeengt, sondern stets von der subjektiven Mühe bedroht, die Mündigwerden bedeutet. Das kann wie alles Werden und Wachsen auch herausfordernd sein, denn es geht um die Askese der Entfaltung, nicht um Abtötung. Es käme also darauf an, die Frauen und Männer zum Subjekt des gemeindlichen Lebens werden zu lassen, sie sich selbst vertreten und für sich eintreten zu lassen. Die in ihnen selbst vorfindlichen Anliegen und Begabungen (Charismen) können dann zur Sprache kommen (Deutung), aber sich auch entfalten und fruchtbar werden (Be-Deutung). Es geht dabei nicht zuerst um Rekrutierung von Kräften für Projekte und kirchliche Tätigkeiten, sondern darum, die in den Menschen oft schlummernden Fähigkeiten kommen zu lassen und zu wecken und darin ihren Christen-Mut zu stärken.
Mühelos ist praktischer Christen-Mut nicht. Auch in den kirchlichen Verhältnissen der Schweiz, wo man sich gegenseitig genau beobachtet und kontrolliert, setzt sich aus, wer sich engagiert. Mancher Christenmut bedarf deshalb des Zuspruchs, der konkreten Einladung, aber auch der Begleitung und solidarischen Motivationspflege. Dies ist nicht zuletzt deshalb unerläßlich, weil auch im kirchlichen („gemeindlichen“) Milieu Ei-

fersucht, Mißgunst, Neid, Machtgelüste, hämisches Geschwätz, Dominanz örtlicher „Päpste und Päpstinnen" sowie mangelnde Anerkennung manche Bereitschaft lähmen oder gar verjagen.
Hier kommt den Verbänden und den kirchlichen Gemeinden (die ja nicht zu Nischen für Rückzüge verkommen dürfen) eine wichtige atmosphärische und praktische Dimension zu. — Es sind somit Prozesse zu wagen, die den bereitwilligen Männern und Frauen nicht nur kirchliche Schrebergärtchen zuweisen, sondern zu einer echten mit den Seelsorgern und Seelsorgerinnen partnerschaftlichen Zusammenarbeit führen. Charismatisches Selbstbewußtsein bzw. praktischer Christen-Mut lebt nicht von der Anerkennung durch das Amt, sosehr die Seelsorger und Seelsorgerinnen ein gedeihliches Miteinander verantworten müssen, sondern von der menschlichen und spirituellen Vitalität der einzelnen Christen und Christinnen her. Wenn alles gefördert würde, was Menschen mitmachen und kommen läßt, dann sähe es in manchen Pfarreien und Gruppierungen lebendiger, wenn auch etwas weniger methodisch und perfekt aus. Es würden auch Konflikte entstehen und Fehler gemacht. Aber all dies könnte zum Index für konkreten Christenmut und für gewagte Lebendigkeit werden. Aus dem Miteinander der Vielen könnte sich ein charismatischer Synergie-Effekt ergeben.

3. Plädoyer für eine gedeihliche Kirchenkritik (oder: Christlichkeit und Kirchlichkeit)

Kritik an der Kirche hat Hochkonjunktur. Gegenüber manchen Ausdrucksformen dieser Hochkonjunktur ist äußerste Vorsicht (eben Kritik) geboten. Damit sind nicht so sehr dümmliche Medienprodukte gemeint, sondern jene, die zu einem Rundumschlag führen und hämische Schadenfreude ausleben. Aber dann fängt auch schon der Ernst der Kritik an der Kirche und des Protestes an. Die Verhältnisse, wie sie leider sind und wie wir sie gestalten, nötigen dazu. Was kann man aber verantwortlich in solcher Situation sagen, wenn Kritik an der Kirche Christenmut nicht lähmen und das charismatische Selbstbewußtsein nicht schwächen soll?
Ein Erlebnis in Rom während der Weltbischofssynode 1987 ist mir zum Symbol geworden. Als ich bei dieser Gelegenheit über den Petersplatz schritt, wurde ich von drei charmanten jungen Amerikanerinnen allen Ernstes gefragt, wo denn der Petersplatz wäre und wo sich der Vatikan befände. Mitten im aktiven Epizentrum und architektonisch „verewigten" Mittelpunkt der Weltkirche wird man gefragt, wo sich das „Zentrum" der Kirche befinde. — Ist es nicht so, daß wir oft vor lauter Kirche, Theologie, Kirchenrecht, kirchlicher Betriebsamkeit und Strukturproblemen fragen möchten, wo das Christentum in der Kirche sei? Verdunkelt diese durch

ihre Selbstdarstellung nicht Den, in dessen Dienst sie steht? Krankt die Kirche nicht daran, daß Kirche ihre große Sorge ist und nicht die Nöte der Menschen und der Welt? Spüren wir in der Kirche, welcher Bekehrungsbedarf ansteht? Haben wir nicht viel zu viel Kirche? — Kritik in und an der Kirche ist letztlich schon um ihrer Christlichkeit willen unerläßlich. Damit ist schon klar zwischen Christlichkeit und Kirchlichkeit unterschieden, auch wenn sie nicht zu trennen sind.

Von daher ist zu fragen, ob Kirche kritisch-prophetisch überhaupt zu „bewältigen" und zu erneuern ist, wenn sie nur an ihrer konkreten und widersprüchlichen Praxis oder nur an eigenen persönlichen Erwartungen und Wunschvorstellungen gemessen wird. Das eine geht nicht tatsächlich auf die „Stärke" der Kirche ein; und das andere birgt in sich die Gefahr, daß man sich selber als Elite und Lehramt zum Maßstab der Kritik macht, die dann recht behende zwischen Guten und Bösen oder zwischen Dummen und Gescheiten oder zwischen Rechten und Linken unterscheidet. Letztlich reagiert man nur noch, läßt sich aber nicht auf die christliche Dimension von Kirche — trotz ihrer Knechtsgestalt — ein: nämlich auf den Weg und die Botschaft Jesu von Nazaret, der aus seiner tiefen Gottverankerung heraus die Versöhnung zwischen Gott und Welt brachte und damit den Menschen Lebenshoffnung. Kirchenkritik ohne Gottes-Bezug wird und wirkt hoffnungs-los.

Das Gleichnis vom Sturm auf dem See (Mk 4,35—40) könnte eine Verständnisbrücke bauen. Setzen wir alles Vertrauen in den Kahn Kirche, wenn er in der stürmischen Brandung des Sees verschlungen zu werden droht? Oder vertrauen wir auf den im Kahn anwesenden Jesus Christus — trotz des Sturms? Könnte uns auch heute die Mahnung Jesu gelten: „Warum habt ihr solche Angst? Glaubt ihr nicht?" — Natürlich gibt es eine ernst zu nehmende Kritik aus soziologischen, psychologischen und menschenrechtlichen Überlegungen heraus. Und manche Kritik der Menschen an der Kirche entzündet sich leider und zu Recht daran, daß gesellschaftlich anerkannte Wertmaßstäbe (z.B. Gleichberechtigung, Mitverantwortung . . .) der kirchlichen Praxis voraus sind und für den kirchlichen Bereich reklamiert werden. Aber ohne das persönliche Wagnis des Glaubens an Jesus Christus wird die Kirche leicht ein überflüssiges und überdrüssiges Thema oder zu einem vorübergehend nützlichen Instrument für persönliche oder gesellschaftliche Pläne. Das wäre in der Tat ein Gott-loses Kirchenverhältnis und eine Gott-vergessene Kirchenkritik. Eine solche Kritik zeigt gerade das nicht, was die Kirche in ihrer Instrumentalität verletzt, nämlich ihre christliche Tiefendimension. Denn eine kritische Attitüde, die gleichsam am Gegenstand der Kritik kleben bleibt, ohne die Grundanliegen und Optionen der Kritik in Blick zu nehmen, resigniert leicht, weil sie reagiert. Dem gegenüber vermittelt gerade die kritikbedürftige Kirche jene Option oder christliche Lebensperspektive selber, von der

her radikale (wurzelhafte) Kritik und Umkehr-Bereitschaft eine unerbittliche Instanz erhalten. Aber es ist eine Kritik, die an ihrer Wurzel ein positives „Für etwas“ ist und Kriterien aus einer Option gewinnt. Weil man *für* Lebenshoffnung, *für* Gerechtigkeit, *für* Solidarität und *für* befreites und befreiendes Menschsein und *für* eine hoffnungsvolle Kirche ist und eintritt, ist man gegen etwas, und zwar unversöhnlich gegen Ungerechtigkeit, Hunger, Unfreiheit und gegen hinderliche Lebensbedingungen — auch in der Kirche.
Damit hängt zusammen, daß man sich selber einbringt im Sinne der vertretenen Optionen und sein eigenes Verhalten daran mißt (vgl. „Doppelstrategie“), sich also selbst gegenüber kritisch offen bleibt. Nur wenn ich letztlich die Kirche am Anspruch des Evangeliums messe und mich trotz der Kritikwürdigkeit der Kirche nicht von ihr distanziere oder mich mit Berufung auf Mißstände vom eigenen Handeln davonstehle, kann ich dazu beitragen, daß besser gedeiht und eventuell zu heilen beginnt, was zu Recht kritisiert wird. Wie kann man letztlich ohne Liebe heilen? — Um es im Bild zu sagen: Die Menschen werden in der Regel die Kritik an dem, was schwer „auf dem Magen“ liegt, gerne annehmen, wenn sie dabei spüren, was einem „am Herzen“ liegt.
Insofern ist prophetische Kritikfähigkeit eine für die Kirche unverzichtbare Aufgabe und Gabe (Charisma), aber auch eine unbequeme Last. Der Prophet und die Prophetin können sich selbst nicht herausnehmen; das Anliegen ihrer Kritik meint auch sie (oder sie wären wohl „falsche“ Propheten) und fordert sie selber ein. Natürlich darf und muß ich kritisch Stellung beziehen und Protest anmelden, auch dann, wenn ich persönlich im Sinne der Kritik Schuldner bleibe oder keine Patent-Rezepte kenne. Sonst wäre jede Kritik leicht abzufedern und auf die Kritiker umzubiegen. Aber es macht einen Unterschied, ob Beschuldigungen und Kritik nur andere in Pflicht nehmen oder ob sie auch eine Selbst-Verpflichtung meinen. Kritik ist in der Tat eine schwierige Kunst; daran muß es wohl liegen, daß sie mehr Techniker kennt statt Künstler — auch in der Kirche Schweiz.

4. Vom Gott Jesu her ist jede menschliche Situation Heils-Situation (oder: Was heißt schon Erfolg?)

Unsere Zeit kennt ganz spezifische Vorstellungen von Erfolg, Leistungsergebnissen, Erwartungserfüllungen, Glück, Resultaten und Renditen, Vorwärtskommen und Aufstieg. Und was wäre der Sport ohne Preise und ohne Siege? — Auch für den einzelnen Menschen ist Erfolg sehr wichtig, die Wirkung seines Wirkens und seiner Person. Das hängt mit einem fein verästelten Netz von Faktoren zusammen: mit der Lebensgeschichte und

mit den sogenannten Charakteranlagen; mit den Erwartungen und Zumutungen von außen; aber auch mit subjektiven Wünschen, Interessen und Bedürfnissen; mit der sozialen Stellung bzw. Rolle und darüber hinaus mit dem Selbstbild des Individuums usw.
Auch die Frage nach dem Christsein hängt mit so etwas wie Erfolg zusammen. Dabei ist an die mit der Botschaft Jesu verbundenen Verheißungen zu erinnern, an den auch ethisch verpflichtenden Aufruf zur Nachfolge Jesu, mit den Perspektiven und Optionen praktischen Christen-Mutes usw. In diesem ganzen Feld ist auch die Sendung der Kirche sozusagen „zweckgebunden", auf ein Ziel und auf eine Botschaft hin, die gleichsam zum „Erfolg" verurteilen, nämlich zur Treue und zum Dienst an der christlichen Tiefendimension von Kirche. Nein, Kirche und Christsein sind um ihrer Sendung und Hoffnungsperspektive willen ihrem „Erfolg" verpflichtet. Christsein ist keine Vertröstung auf das „Noch Nicht" eines ausstehenden Jenseits, sondern Ernstfall im „Schon Jetzt" des Diesseits. Bereits all unsere Überlegungen über die Dienstanweisungen Gottes an die Christen und Christinnen hierzulande und letztlich unsere Überlegungen über eine gedeihliche Kirchenkritik und über eine schwesterliche und brüderliche Kirche, die Überlegungen zum kirchlichen Personal, zu den Gemeinde-Modellen usw. machen keinen Sinn, wenn sie nicht als Ziele, Optionen und klar benennbare Absichten einklagbar sind. Ist damit „Erfolg" nicht zum Geheimnis und Maßstab christlichen Handelns und kirchlicher Bemühungen erklärt?
Kann das stimmen? Oder stellt nicht das Wort von Martin Buber, daß Erfolg keiner der Namen Gottes sei, unsere Überlegungen radikal in Frage? Welche Vorstellungen haben wir denn von Wirkung, Gelingen und Erfolg? Und warum leiden wir so unsäglich unter der Erfolglosigkeit heutigen kirchlichen Tuns und pastoralen Bemühens auch in der Schweiz? Die Bilanz des Miß-Erfolgs ist doch offenkundig. Und wie wir darauf reagieren, verrät hintergründig unsere enttäuschten Erfolgs-Kriterien. Und ist in einer Zeit der rationalen Machbarkeit nicht jedes — auch persönliche — Mißlingen ein Mißerfolg? Man wird subjektiv für Mißerfolg haftbar, weil alles „machbar" erscheint und man etwas Machbares nicht erbracht hat. Was kann man in dieser Spannung dazu verantwortlich sagen? Daß wir von Hoffnung inspiriert, an Perspektiven und Optionen orientiert bzw. von Zielvorstellungen her handeln und uns ins Spiel bringen, ist — wie schon vielfach belegt — unerläßlich. Es ist immer wieder kritisch zu fragen, ob unser Handeln auch zielführend ist oder nicht. — Die Frage ist nicht, ob wir Erfolg und Wirkung erzielen dürfen oder nicht, sondern welche Erfolgsvorstellungen uns steuern und wie wir uns verhalten, wenn sich die Wirkung und die Ergebnisse unseres Bemühens und Handelns nicht im Sinne unserer Erfolgsvorstellungen einstellen und erfüllen.
Ob nicht bei einer solchen Fragestellung die Spannung zwischen Idealität

und Realität (wie in der Einleitung beschrieben) eine Rolle spielt? Vielleicht sind unsere Interessen und Maximen auf eine solche idealistische Zielsetzung hin fixiert, daß wir nur von der perfekten Zielverwirklichung her denken und nicht auch den Weg (der Realitäten) dahin bedenken. Ob wir nicht auch im kirchlichen und pastoralen Handeln (die ja nicht einfach gleichzusetzen sind) oft so lösungsversessen auf perfekte Modelle hin agieren, weil wir den Widerstand der Realitäten kaum auszuhalten gelernt haben und deshalb zu wenig problembewußt vorgehen? Entweder zieht man sich wehleidig vor der kalten Luft der Wirklichkeit in „Kuschelgruppen" zurück (zum Teil in der Jugendarbeit und bei Basisgruppierungen beobachtbar), oder man verschreibt sich idealistischen Kirchenbildern und vergißt dabei, daß eine ideale Kirche nur auf totalitärem Wege zu „bauen" wäre. Beides verpaßt die Wirklichkeit und baut unüberwindliche Mauern; aber es gelingt kaum, sich in konkreten und stets begrenzten Schritten zusammen mit anderen in den Dienst von Optionen und Aufgaben zu stellen.

Natürlich muß man sich in diesem Zusammenhang stets bewußt sein, daß Idealisierungen bei sich und (in) der Kirche mit der je eigenen Biographie und psychischen Struktur zu tun haben. Wer in den Amtsträgern den idealen Vater oder in der Kirche die bergende und absolut schützende Mutter sucht, kann solchermaßen beeinflußte Erwartungshaltungen und verursachte Ent-Täuschungen nur dadurch ansatzweise heilen, daß ein Verhältnis zur eigenen Wirklichkeit gesucht wird. Wenn persönliches Ungenügen und Minderwertigkeitsgefühle am Selbstwertgefühl nagen, dann drängt das mit psychischer Energie auf Lösungen oder mindestens auf Kompensationen hin. Auch kirchliches Engagement ist von solchen oft unbewußten Energiesteuerungen her geprägt und auf Gedeih und Verderben „erfolgsabhängig" und gewalt-tätig. Jede Form von Leiden wartet doch auf möglichst schnelle Leid-Verminderung; und jedes Problem forciert eine eilige Lösung, je näher und unmittelbarer es erlitten wird. Nicht das Faktum solcher Verhaltensweisen ist das primäre Problem, sondern dessen Blindheit und Sprachlosigkeit, wodurch wir selber getäuscht werden und andere über die „wahren" Verhältnisse täuschen. Denn dann sind sie kaum zu benennen und zu heilen. — Auch kirchlicher Eifer von haupt- und ehrenamtlichen Frauen und Männern können hintergründig Flucht vor persönlichen Lebensfragen, vor eigenen Konflikten und Lebenslügen sein. Manche Eifer-Sucht (Aktivismus) auch im kirchlichen Feld oder Idealisierung, mit der man von der Realität gleichsam fremdgeht, sind unbarmherzige Rollen, in denen man sich selbst gefangensetzt und andere besetzt. So ist nicht zu übersehen, wie Erfolgs-Kriterien — auch im kirchlichen Bereich — mit einem ganzen Spektrum von persönlichen Motivlagen, Interessen, Abhängigkeiten und Kompensationen und mit beflissener Gefügigkeit bis hin zu seelischen Verwahrlosungen zu tun haben

können. Mancher Miß-Erfolg liegt somit nicht allein an der Situation oder an der Institution, sondern auch im dem begründet, was in uns und aus uns selbst zum Streß, Aktivismus und erpresserisch zur Angst (ver-)führt.[3] Hier liegen denn auch die Ursachen für verabsolutierte Kirchenbilder, ob sie nun „traditionalistisch" oder „progressistisch" begründet werden.
Von daher sind auch die idealen Leitbilder vom „vollkommenen Christsein" äußerst kritisch zu hinterfragen. Ist der kirchliche Aktivist schon ein guter Christ? Ist nicht die Frage nach Volkskirche und Entscheidungs-Kirche an Erfolgsrezepten orientiert? Ist man/frau schon dadurch erfolgreicher Christ oder erfolgreiche Christin, daß man alles befolgt und glaubt, was die Kirche lehrt und fordert? Oder: Sind etwa geschiedene Wiederverheiratete oder dispensierte oder dispenswillige Priester weniger gute Christen? Sind kontemplative Christen etwa automatisch besser als die politischen ... und umgekehrt? Oder sind Homosexuelle im Zugzwang, ihre Christlichkeit mit doppelter Leistung unter Beweis zu stellen? Oder ist ein Jugendseelsorger deshalb ein besserer Mensch, weil er will, daß „alle Jugendlichen glücklich" sind, oder ist es der Pfarrer, der möchte, daß die Jugendlichen auch den Gottesdienst besuchen? Wer sagt entscheidend, wer als Christ gut und erfolgreich ist und wer nicht? Die Frageliste wäre unendlich weiterzuführen.
In dieser Situation ist doch von Jesus zu lernen, der — soweit aus den Begegnungen ersichtlich — den Menschen nicht ihre menschliche Situation oder Schuld vorwarf oder sich von ihnen deshalb distanzierte. Bei Jesus wird jede menschlich noch so aussichtslose und verlorene Situation zu einer Heils-Situation, selbst bei jenen, die sich gegen ihn stellten und seine Botschaft ablehnten. Wenn Jesus auf Perfektionismus und auf Idealität oder gar Erfolg gesetzt hätte, dann hätte er wohl nie kommen dürfen. Er ist aber auf die Realität der Welt und der Menschen unmittelbar eingegangen und hat genau in den Humus des begrenzten, sündhaften, suchenden, kranken und ehrlosen ... Lebens die Saat seiner Hoffnungs-Botschaft gesät und Heil hineingesenkt. — Ohne die Erfahrungen des konkreten Lebens können auch keine religiösen Erfahrungen keimen und wachsen.
In diesem Zusammenhang darf sicher an die bekannte Tatsache erinnert werden, daß wir Menschen mit all dem Glück und Unglück, mit Gelingen und Mißlingen, mit unseren Begabungen und Schwächen, mit bewußten und unbewußten Anteilen, mit Schulderfahrungen und Neurosen, mit unserer Sehnsucht und Liebesfähigkeit, auch mit unseren Abgründigkeiten und tiefen Ängsten, mit unserem Humor und mit unserer Lebenslust, auch mit „unglücklichen" Veranlagungen — wie wir eben sind und uns erleben — vom Gott Jesu erwartet und geliebt sind. Das ist die konkrete vorder-

[3] Ein Beweis dafür ist sehr oft der Terminkalender, an dem offenkundig wird, wie sehr wir Täter und Opfer in einem sind.

gründige und hintergründige Wirklichkeit, mit der Gott rechnet, von der Gott mit seinen Berufungen ausgeht. Das ist das konkrete Leben, in dessen Furchen die Frohbotschaft zu säen ist, nicht in eine unwirkliche und lebensfremde Idealität oder fremdgesteuerte Leistungsfrömmigkeit. Wir sollten auch nicht vergessen, daß nicht nur die geistgewirkten Charismen, sondern auch die menschlichen Ängste, Neurosen und Verärgerungen „kirchenproduktiv" sind und viel Theologie erzeugen. Und vom Gott Jesu her sind auch unsere begrenzten Möglichkeiten, Schwächen und Störungen Einfallstore für sein Wirken und sein Ankommen; unter dem Einfluß seines Geistes wandeln sie sich zu Charismen. So ist auch kirchliches Handeln in der Schweiz dahin zu lenken, daß die Wirklichkeit der Realitäten mit den Lebens-Perspektiven der Botschaft Jesu verbunden werden. Auch Jesus ist die Härte der Realitäten nicht geschenkt worden; er hat aber seine (todbringenden) Wirklichkeitserfahrungen nicht am Erfolg in der Welt der Realitäten gemessen, sondern auf Gott hin geöffnet.
Für das Verhalten als Christen und ihr Handeln als Kirche könnte dies bedeuten, zwar durchaus Erfolg und Wirkung des Wirkens zu wollen und zu erzielen, aber nicht vom erwarteten Erfolg die Treue zum Auftrag abhängig zu machen. Nur dem wünschenswerten Anliegen gegenüber kann man treulos werden. Wie im persönlichen und zwischenmenschlichen Bereich, so ist es auch in der Kirche bzw. für das Handeln als Christen und Christinnen: Nicht Hoch-Zeiten der Auf- und Durchbrüche sind Zeiten der Treue, sondern Tief-Zeiten der Zusammenbrüche und Krisen.
Wer erlebt nicht, daß seine kirchlichen Träume nicht in Erfüllung gehen, daß seinem Engagement für lohnende Ziele und wichtige Projekte kein oder höchstens ein bescheidener Erfolg beschieden ist? Zudem wird man von manchen Zeitgenossen und Zeitgenossinnen müde belächelt, wenn man sich in einem so „aussichtslosen Laden" wie dem der Kirche engagiert. Und auch innerkirchlich gibt es viele Stimmen, die fragen: Was soll es noch? Es bringt ja doch nichts! Die kirchliche Schmerzgrenze ist auch für viele Schweizer und Schweizerinnen erreicht. Was sollen Erklärungen und Proteste? Wo sieht man Erfolg? Es ist doch aussichtslos ... Wer würde solche bekümmerten Einwände nicht kennen und davon nicht auch persönlich betroffen sein!
In solchen verständlichen Fragehaltungen und Auseinandersetzungen ist doch einander deutlicher zu vermitteln, daß wir als Christen und Christinnen und im kirchlichen Handeln letztlich dem Wünschenswerten und nicht trotzig oder verkrampft dem Machbaren verpflichtet sind. Dies vor allem deshalb, weil Christsein mit Menschen, Lebensprozessen und mit der personalen Ebene zu tun hat. Da gelten nicht Erfolgskategorien, sondern die Gesetze des Reifens und des Werdens, der Freiheitsgeschichte, der Persönlichkeitsentwicklung, des Fortschreitens und des Rückschrittes, der Zweifel und Ängste, des Suchens und Wartens, des Gelingens und

Scheiterns, der seligen Freude am geschenkten Glauben und der nagenden Zweifel und der abgrundtiefen Gottesferne ... Da dürfen keine pastoralen Profis, Kirchenleute und auch nicht Theologen und Theologinnen indiskret etwas zur religiösen oder kirchlichen Reife drängen oder forcieren wollen. Die Gefahr ist immer wieder, daß wir uns für die Menschen so verantwortlich halten, wie es letztlich nur der Gott Jesu selber sein kann. Es gibt auch den kirchlichen und pastoralen Gotteskomplex, nämlich das messianische Reich Gottes mit allen möglichen Mitteln herbeizuführen, anstatt es vom Gott Jesu her zu erwarten und uns auf dem Weg dahin zu verstehen. Vielleicht schiebt man sich zuweilen deshalb so macherisch und kontrollierbar („Erfolg") zwischen Gott und die Menschen, weil wir selbst gegenüber Gott und seinem (nicht meßbaren) Wirken mißtrauisch und letztlich ungläubig sind. Kann nicht manche kirchliche „Sicherheitspolitik" und Stellvertretungs-Anmaßung — auch bei Theologen und Theologinnen — ein versteckter Hinweis auf einen subjektiven „Atheismus" sein, ein Hinweis, daß Gott abhanden gekommen ist oder daß wir ihm gegenüber in die Unachtsamkeit des Herzens abgerutscht sind. Christen und Christinnen sind aber zutiefst Beschenkte — vom Gott Jesu her; von sich her dürfen sie deshalb auch etwas schuldig bleiben und doch letztlich alles wagen. So stellt sich die Frage, ob im Gespräch und Ringen mit anderen, im engagierten Tun und im Beten Raum für den Gott Jesu gefunden und freigehalten wird. Dann könnte es geschehen, daß auch Miß-Erfolg nicht zur Aufgabe des Anliegens führt.
So abhängig wir — auf der subjektiven Ebene — von „Erfolg" sind, so scheint auf der Ebene des christlichen Handelns und auch der seelsorglichen Rolle doch wichtig, nicht das von uns errechnete Resultat und auch nicht die zuweilen geradezu erpresserischen Rollenzumutungen der Umwelt zum Maßstab werden zu lassen, sondern den Auftrag, den Jesus der Kirche vorgegeben hat, das heißt vom *Anliegen* her sein Handeln zu definieren, nicht zuerst vom (kaum meßbaren) *Erfolg* (resp. der Erfolglosigkeit). Gerade wenn wir lernen müssen, daß der eigentlich Handelnde mit den Menschen der Gott Jesu ist, dann sollen und dürfen wir wohl „Erfolge" wollen, aber uns nicht über sie absolut (totalitär) definieren und davon abhängig machen. Selbst in Zeiten des Mißerfolgs, die ja vor Gott nicht Mißerfolg sein müssen, gilt die Treue zum Auftrag, gilt die sicher oft mühsame Treue zum grundlegenden Anliegen. Priorität hat nicht der Erfolg, sondern die Treue zur Sendung. Gottes Heilshandeln ist von uns her nicht einfach festzulegen. Und wer weiß, ob nicht ein verstehendes und Weg-weisendes Wort im rechten Moment diskret und oft später Früchte trägt. Wieviele können doch reichlich von solchen Erfahrungen berichten. Und manche säen, und die Frucht gedeiht, ohne daß sie es kontrollieren oder messen können. Aber nur denen, die säen, kann es blühen, daß die Kornfelder wachsen.

Das Gleichnis vom Unkraut und dem Weizen (Mt 13,24—30) gibt für unsere Frage einen diskreten Hinweis. Aufgetragen ist zu säen, nicht die wachsende Saat krampfhaft nach Unkraut abzusuchen und dieses auszutilgen. Es hilft und heilt wohl kaum, etwas vorzeitig zur Reife (zum Erfolg) zu drängen. Es zeigt sich mit der Zeit schon, was gut und was weniger fruchtbar reift, was trägt oder verdorrt, was kommt oder verkommt, ob jemand über seine eigenen Verhältnisse blufft oder seine Begabungen eher unterschätzt. Auch im kirchlichen Alltag ist den Wachstumsgesetzen ruhig mehr zu vertrauen und zuzutrauen, als wir „machen" können und voreilig in gute oder schlechte Ernte einteilen. „Wachsen-lassen" ist ein pastorales und zutiefst christliches bzw. menschliches Grundmotiv.
Es „tröstet" das Bild von der Ähre. Wenn das Korn im dunklen Erdreich liegt und sich selber sterben muß, dann weiß es nicht um die fruchtbare Fülle der Ähre, aber es hat die Kraft dazu, daß die Ähre voll erblüht und reift.[4]

5. „Brich auf ... und sei ein Segen" („Langstreckenlauf" ... wenn sich unsere Naherwartungen verzögern)

Der christliche Glaube „liebt die Erde", um es mit einem eindrucksvollen Buchtitel von Karl Rahner zu sagen. Das bedeutet: Der christliche Glaube geht in die Wirklichkeit mit ihrer Kontingenz und abgründigen Bruchstückhaftigkeit ein, ohne in dieser Wirklichkeit aufzugehen oder bei ihr stehenzubleiben. Christlicher Glaube ist im Grunde genommen wirklichkeitssüchtig. In dieser Spannung und Zerreißprobe ist Hoffnung die Schwester des Glaubens.
Aber die Hoffnung ist aus den zur Genüge erörterten Gründen bedroht, und ihre menschlichen Ressourcen sind teilweise verbraucht. Es sei nur an das schon zitierte Wort eines südamerikanischen Befreiungstheologen erinnert, der unter den Christen und Christinnen Westeuropas Glaube und Liebe sieht, aber keine Hoffnung.
Im Blick auf die Welt sind die Gefühle der Menschen doch sehr widersprüchlich. Trotz der Aufbrüche der Völker in Osteuropa zu einem wohl noch langen Weg zu stabilen Verhältnissen fragen sich manche Zeitgenossen und Zeitgenossinnen, ob nach den Erschütterungen des Golfkrieges, der grauenhaften Vorgänge um die Kurden und angesichts der stärkeren Verelendung der Länder in der Dritten Welt mit dem Sog einer zunehmen-

---

[4] Vgl. ausführlicher dazu: L. Karrer, Damit Gemeinde lebt, in: ders. (Hrsg.), Handbuch der praktischen Gemeindearbeit (Freiburg i.Br. 1990) 299ff; s. auch M. Bührer, Erfolg ist keiner der Namen Gottes, in: Diakonia 7 (1976) 110—118.

den Migration usw. auf die Menschen Zusammenbrüche zukommen, im Vergleich zu denen der Fall der Berliner Mauer nur ein sanftes Rieseln zu nennen ist.
Auch die kirchliche Lage im Weltmaßstab und in der Schweiz ist sehr zwiespältig; die Stimmung in der Schweiz — auch beim kirchlichen Personal — ist über weite Strecken sehr gedrückt und mißmutig bis wehleidig. Die Kirche verfügt zwar über eine große „passive" Mitgliedschaft; mindestens symbolisch zählt man sich zur Kirche (was pastoral nicht zu unterschätzen ist). Aber die Zeichen deuten klar darauf hin, daß die Kirche gesamtgesellschaftlich noch stärker in eine Diasporasituation gerät; und gegen den Zeitgeist haben es der Heilige Geist und gegen den Konsum die Hoffnung schwer. So fragen manche bekümmert, wo die Propheten und Prophetinnen geblieben sind, die kritisch protestierend die Probleme beim Namen nennen, die aber auch aus einer — man „erlaube" den Ausdruck — religiösen Tiefe und religiösen Glut heraus prophetische Kritik mit wirklichkeitsbewußter Hoffnung verbinden und praktischen Christen-Mut stärken oder wecken. Sind wir nicht in Gefahr — auch an manchen Orten der Kirche —, einer Ethik ohne Hoffnung zu erliegen, die in moralisierenden Appellen verkommt und mit Leistungsdruck überfordert?
Sehnsucht nach Hoffnung ist reichlich vorhanden, wenn auch mehr indirekt wahrgenommen und verschlüsselt geäußert. Wenn die christlich fundierte Hoffnung einen Wirklichkeits-Horizont bezeichnet, der in unserer Welt lächerlich gemacht oder als mystifizierte „science fiction" gewertet wird, dann soll dies nicht darüber hinwegtäuschen, daß viele Menschen darauf warten, daß der Hunger und Durst nach sinnvoller Lebensgestaltung, nach ganzheitlicher Hoffnung und nach religiöser Erfahrung gestillt werden.
Um so schmerzlicher berührt und aufgebrachter müssen Christen und Christinnen darüber sein, daß die institutionelle Kirche ein Bild bietet, das allzu oft an die Situation des „Letzten Kaisers von China" erinnert. Damit droht die Gefahr, daß wir uns binnenkirchlich aufreiben, im Streit um die kirchlichen Ziele und die Wege der Zielverwirklichung alle Kraft verschleudern und uns aneinander aufreiben. Dies sehe ich nicht nur bei den sogenannten fundamentalistischen oder traditionalistischen Kräften, die ja zum Teil „gewalttätig" und denkfaul reagieren, sondern auch bei sich progressiv einschätzenden Kräften, die intolerant nur die eigenen Positionen und in klüngelhaften Cliquen Gruppeninteressen verfolgen. Sobald die *Spannung* zwischen Idealität und Realität oder Option und Wirklichkeit ideologisch abreagiert wird, verkommt sachliche Gegnerschaft leicht zur Feindschaft (und die macht Angst). Bei beiden Extremen ist letztlich eine geistige Arbeitslosigkeit insofern am Werk, als die eigene Position verabsolutiert wird und man/frau sich nicht auf den Weg mit anderen begibt: im Dialog, im gemeinsamen Suchen und auch Ringen und

Streiten, aber auch im solidarischen Handeln, Meditieren und (Für-)Bitten und Beten. — In dieser Situation macht nicht so sehr die Arroganz Mühe (die vielleicht eine Versuchung eher der jüngeren Generation sein mag), welche die eigene Kraft gegenüber dem Widerstand der Realitäten überschätzt; viel tragischer ist wohl der zunehmende Zynismus, dem nicht nur bei einigen Leuten in pädagogischen Berufen zu begegnen ist, sondern auch im kirchlichen Bereich (eher bei der mittleren Generation). Mit Zynismus ist nicht die kritische und wache Skepsis gegenüber zu schnellen, naiven oder zu stromlinienförmigen Antwortversuchen gemeint; vielmehr ist er so etwas wie ein Zusammenbruch früherer „Ideale", Lebensinhalte, auch des Glaubens, für die man keine Zukunft mehr sieht. Man hat gleichsam den Boden unter den Füßen verloren, aber man handelt und funktioniert „ausgebrannt" weiter in der Manier von „als ob" und „wie wenn". Man hat zwar die Ziele bzw. die Hoffnung verloren, man werkelt, wurstelt oder funktioniert weiter — aber ohne inneren Sinn-Bezug zu dem, was man tut. Das ist menschlich und für eine christliche Lebensgestaltung grauenhaft. Dann besteht die verständliche Gefahr, daß gesellschaftliche und kirchliche sowie persönliche und lebensbiographische Gründe und Anteile nicht angemessen unterschieden und verarbeitet werden; man flüchtet in Beschuldigungen nach außen und von anderen und landet bei einer defensiven Entschuldigung seiner selbst. Aber kann etwas heilen, wenn subjektive Anteile ausgeschlossen und lebensgeschichtliche Symptome bei sich selbst verdrängt werden?

Diese „Vorbemerkung" scheint insofern wichtig, als wir zur Zeit in einer depressiven Kirchenstimmung leben, die auch damit zusammenhängt, daß viele unserer vom Konzil und dem Synodengeschehen genährten Kirchenträume und subjektiven kirchlichen Nah-Erwartungen sich verzögern. Wir haben auf kirchliche und pastorale Nah-Ziele hin gelebt und die schnelle Reife unserer (gutgemeinten) Kirchensaat und die eilige Erfüllung unserer berechtigten Kirchenhoffnungen erwartet. In den späten sechziger und frühen siebziger Jahren hielten wir uns sozusagen in erregter Vorfreude im Vorraum unserer erhofften Kirchenreform auf. Und die Türen schlossen sich leider wieder; der Vorraum erwies sich nicht als vorübergehendes Provisorium in eine bessere Kirchenzukunft. — Wenn sich solche innerkirchlichen Nah-Erwartungen verzögern, dann werden eine Hoffnungs-Sicht und ein Bild von Kirchenreform, die auf Nahziele hin orientiert sind, einer argen Geduldsprobe ausgesetzt. Wenn sich die Zeit so hinzieht, genügen die Techniken und Vorstellungen von Kurzstreckenläufern nicht mehr. Wir haben uns, wenn wir uns nicht „fundamentalistisch" oder „zynisch" zurückziehen, auf einen Langstreckenlauf einzurichten, auf einen langen Weg, der zwar um seine Optionen weiß, aber sich auf die vielen kleineren oder größeren Schritte zu diesen Optionen einläßt. — Dabei ist es wichtig, daß sich die Christinnen und Christen nicht einzelkämpferisch verzetteln, sondern zusammenfinden und sich gegenseitig stärken. Zur Spiritualität der gegenwärtigen Kirchenstunde gehört es auch, daß wir einander nicht alleine lassen, sondern immer wieder zueinander aufbrechen. Vielleicht beginnen wir dann gemeinsam zu ahnen, daß selbst unsere wünschenswerten Kirchenträume einem letzten Vorbehalt zu öffnen sind und Gottes Wege vielleicht doch anders sind als unsere gutgemeinten Erwartungen.

Wenn somit die christliche Dimension von Kirche die tiefste Motivation für diesen Weg und für alle kirchlichen „Instrumente" darstellt, dann ist dieser Weg zutiefst von seiner christlichen Grundoption her sinnvoll und zielführend und nicht wegen der kirchlichen Bedingungen und Hindernisse auf ihm. — Auf diesem Weg sind die Menschen durch die Christen und Christinnen als Volk Gottes unterwegs eingeladen, das persönliche und gesellschaftliche Leben aus der in Jesus Christus eröffneten Lebenshoffnung heraus zu gestalten und dafür die Kräfte des Lebens und der Phantasie, des Geistes, des Herzens und der Hände und Füße zu fördern und einzubringen. — Der Glaube ist zutiefst Erfahrung; und auch die Quellen des Glaubens sind an ihrem Ursprung Erfahrungen.

Wenn Kirche in ihrer ganzen christlichen Dimension Weg, Einladung, Mitgehen, Ermutigung, aber auch Ort der Traurigkeit und der Freude, Ort des Klagens und des tröstenden Zuspruchs, Ort der Angst und des offensiven Handelns in die Welt hinein sein darf und soll, schafft das einladendes Klima und hat Konsequenzen. — Man darf dann auch in den Gemeinden und unter den Profis „dumme" Fragen stellen ohne Angst, ausgegrinst oder milde belächelt zu werden. Man darf Fehler machen, weil man ein mutiges Wagnis eingegangen ist; man muß nicht nur gescheit sein, sondern Mensch mit vollem Gemüt und offen für Humor. Dann könnte der Weg breit genug werden für die dispensierten Priester; die geschiedenen Wiederverheirateten; die Gleichberechtigung von Mann und Frau; für die Partizipation aller an der Gemeinde Interessierten; für die Bewegung für Frieden, Gerechtigkeit und Bewahrung der Schöpfung; für die Jugendlichen und Kinder; für Fremde und Mühselige; für eine Ökumene, die nicht nur punktuelle Partisanentätigkeit von einzelnen Gemeinden oder Seelsorgern bleiben darf... Die Chance der Kirche liegt nur darin, sich selbst nicht zur Hauptsorge zu werden, sondern die Sorgen und die Glückserfahrungen der Menschen zu ihrer eigenen Sorge und zu ihrem eigenen Glück werden zu lassen. — Praktischer Christen-Mut geht bis an den Rand der Möglichkeiten der ethischen Verantwortung; er lebt aber aus einer Hoffnung, die nicht auf Ethik zu reduzieren ist, denn christliche Existenz lebt zutiefst aus einer Hoffnung, die sich angesichts der Botschaft Jesu als nicht selbstgemachte, sondern als verdankte Existenz verstehen darf. Dieser lebendigen Hoffnung allein dient Kirche.

Damit ist ein Plädoyer für eine Kirche als „Sakrament" für die Welt abgelegt, die sich als Zeichen, in dem Gott unaufhörlich zu den Menschen will, und als Weg-Genossenschaft und als Gemeinschaft im Glauben versteht, als Weg zu den Quellen und Grundlagen des Glaubens (Vertiefung im Glauben, Bibel-Meditation ...), als Weg, der sich immer wieder als Rückkehr zu den geistlichen Ressourcen erweist (Beten, Gottesdienst ...), als Weg, auf dem die Menschen die Gabe der geschenkten Hoffnung zu konkreten Hoffnungsschritten für andere und für die Nöte der Welt „auferstehen" lassen. Im Dienste solcher Weggenossenschaften steht alles, was die Kirche Schweiz und überhaupt Kirche ausmacht.

Aus all diesen Überlegungen heraus scheint unerläßlich, daß wir aus unseren laikalen und klerikalen Minderwertigkeitsgefühlen und Überschätzungen aus lähmenden Stimmungen und Mutlosigkeiten aufbrechen und mit charismatischem Selbstbewußtsein uns selber ins Spiel bringen und uns selber aufs Spiel setzen. Nur über diesen konkreten Weg kann das wachsen, sich ankündigen und in vielen Ansätzen lautlos werden, wofür letztlich (fast) alle plädieren: nämlich eine durch uns und mit uns, aber auch für uns lebendige und menschenfreundliche Kirche, die die Gottesfrage und die Menschenfrage leidenschaftlich wagt und als die zwei Seiten der einen Medaille versteht. Praktischer Christenmut bedeutet eben, die christliche Dimension von Kirche mit anderen zusammen zum eigenen Anliegen werden zu lassen.

Daß dies in der Kirche und durch die Kirche trotz Kirche und trotz uns immer wieder geschieht und sich schenkt, macht für mich die konkrete Kirche auch so „liebenswürdig" und unentbehrlich. Auch hier gilt: Christen und Christinnen stellen sich ihrer eigenen, der gesellschaftlichen und kirchlichen Wirklichkeit, geben aber bei ihr nicht auf. Denn der Weg ist der Preis des Zieles; der Preis des Weges sind wir selber. Er wird zum Weg, indem *wir* ihn gehen; wer denn sonst? Auch hier geht es letztlich nur über den Weg der einzelnen Christen und Christinnen, sozusagen über das „Subjekt", das autonom aufsteht, frei selber geht und verantwortlich selber handelt und haftbar wird. Welche Wege gäbe es, wenn nicht durch uns selber? — Wir selber sind die Brücken in die erhoffte Zukunft der Kirche hinein.

Von Jesus her ist uns kein ewiger Kirchenwinter angedroht, aber auch kein ewiger Kirchenfrühling angesagt und auch keine stete herbstliche Ernte verheißen; vielmehr sind wir zur Nachfolge in seinem Geiste und im Sinne seines Weges und seiner Botschaft aufgerufen.

Die Verheißungen an Abraham geben einen tiefgründigen Hinweis darauf, worauf es für die katholische Kirche Schweiz und für jede Christin und jeden Christen ankommt, wenn sie trotz der Verhältnisse, wie wir sie erleiden — aber auch selber gestalten! —, praktischen Christenmut wagen und Raum für Glaubens-Freude gewinnen wollen: „BRICH AUF ... UND SEI EIN SEGEN" (Gen 12,1).

Personenregister

Walter Gut

Politische Kultur in der Kirche

Reihe: Religion — Politik — Gesellschaft in der Schweiz, Band 4

216 Seiten, Fr. 29.—
ISBN 3-7278-0694-X

Wie im Staat so stellt sich auch in der Kirche immer wieder die Frage nach der Gestalt der politischen Kultur, zu deren Pflege sowohl die Verantwortungsträger wie die Glieder der Gemeinschaft berufen sind. Diese Einsicht zieht sich durch den vorliegenden Band wie ein roter Faden hindurch. Dem Verfasser, von Haus aus Jurist und Politiker, war es seit jeher ein besonderes Anliegen, daß die Kirche die ihr eigene Stellung in der Gesellschaft und im Gegenüber zum Staat erkenne und daß sie selbst in ihrem eigenen Bereich den Elementen einer zeitgemäßen rechtlichen und sozialen Kultur volle Aufmerksamkeit schenke.
Aus dieser Warte hat er u.a. aus persönlicher Initiative in einer Studie zur Ernennung eines Koadjutors des Bistums Chur aus rechtlicher Sicht kritisch Stellung genommen. Diese wird hier erstmals einer breiteren Öffentlichkeit zugänglich gemacht. Ein besonderes Augenmerk wendet der Verfasser auch den Verbindungslinien zwischen Religion und Politik zu. Außerdem geht er ausführlich auf die Verantwortung des Laien in Kirche und Welt ein.

Universitätsverlag Freiburg Schweiz